Jacoba van Tongeren

Jacoba van Tongeren

en de onbekende verzetshelden van

Groep 2000 (1940-1945)

door

Paul van Tongeren

en

Trudy Admiraal

Uitgeverij Aspekt

Speciale dank gaat uit naar twee subsidiegevers:
Rens Holle Stichting
Stichting Democratie en Media

Jacoba van Tongeren

Amersfoortsestraat 27, 3769 AD Soesterberg, Nederland
info@uitgeverijaspekt.nl - http://www.uitgeverijaspekt.nl

Cover: Schilderij Jacoba van Tongeren; door Max Nauta 1945
Fotografie: Rogier Veldman
Beeldredactie & vormgeving binnenwerk: ProjectM, Merit Veldman-van Tongeren
Omslagtypografie: Roy Verhaag, roverhoofdman.nl
Binnenwerk: Maarten Bakker

Eerste druk: 2015
ISBN: 9789461534835
NUR: 680

‘Een generatie die voor haar vrijheid gevochten heeft, kan die vrijheid doorgeven aan de volgende generatie. Maar wat zij niet kan doorgeven, is het diepe persoonlijke weten wat ervoor nodig is om die vrijheid te veroveren.’

J.W. Gardner
President van de Carnegie Foundation

Dit Motto had Jacoba vóórin het Album opgenomen dat zij in 1965 maakte.

Dankwoord

De memoires van mijn tante Jacoba hebben mij aangezet tot het maken van dit boek. Het was een intensief proces en zonder alle hulp die ik heb gekregen, zou dit boek niet zo mooi zijn geworden. Mijn diepe dank gaat allereerst uit naar mijn familie: mijn broer Herman en mijn zusters Ellen en Ingrid met wie ik gebeurtenissen uit de oorlog kon delen; mijn schoonzuster Hetty -van mijn overleden broer Ben- die nog met documenten van Jacoba kwam; mijn neef Rienk Arnold (wiens opa, Isaac Troostwijk, lid van de Groep was) die veel van mijn vragen over de Tweede Wereldoorlog gedetailleerd kon beantwoorden; mijn zoon Sander-Paul die me aanspoorde dit boek te schrijven, dochter Merit die de handgeschreven memoires uittypte en al het projectmanagement, inclusief de beeldredactie heeft gedaan, schoonzoon Rogier Veldman, professioneel portretfotograaf, voor zijn prachtige foto's in dit boek.

Ik bedank de medewerkers van het archief en de bibliotheek van het Cultureel Maçonniek Centrum (CMC) van de Orde van Vrijmetselaren in Den Haag voor hun hulp: conservator Jac Piepenbrock, directeur Marijke de Vries en medewerker Theo Walter. Zij bewaarden de unieke documenten en hielpen mij ze te vinden.

Mijn speciale dank gaat uit naar de directeur van het NIOD, dr. Marjan Schwegman die mij stimuleerde een boek over Jacoba en Groep 2000 te schrijven en het Voorwoord schreef. Hubert Berkhout van het NIOD heeft mij zeer geholpen bij het vinden van dossiers.

In mijn zoektocht naar familieleden van Groepsleden ben ik enorm geholpen door Pim Stiggelbout, zoon van Groepsarts Piet Stiggelbout en Frans Reitema, zoon van Groepslid Kees Reitema. Pim verzorgde een crowdfunding-brief waar veel reacties op kwamen en Frans heeft mij geholpen met het schrijven van tientallen persoonsbeschrijvingen van Groepsleden. Hij mocht hiervoor gebruik maken van de dossiers van de stichting 1940-1945; ik ben het stichtingsbestuur bijzonder erkentelijk dat zij dit mogelijk maakte.

Een aantal vrienden en familieleden bood aan mij commentaar te geven op concept-hoofdstukken. Dit was een grote steun. Dank Sander-Paul, Herman Igor van Tongeren, Rienk Arnold, Pim Stiggelbout, Frans Reitema, Yvonne Kool, Arnold de Voogt, Door Frankema, Cora en Chris Eggink, Janeke Wienk en Ineke Bodewes. Elisabeth van Blankenstein heeft mij zeer geholpen met genealogische kwesties. Edwin Elderhorst heeft in zijn archief veel stukken van twee Groepsleden.

Op 4 mei 2014 mocht ik gebruik maken van de gastvrijheid van de Loge van de Vrijmetselarij in de Amsterdamse Vondelstraat om hier mijn verhaal over Jacoba te vertellen in het kader van 'Huizen van Verzet', een activiteit van het Amsterdams 4 en 5 mei comité. Dank Jan Treffers en Henk van der Velden van de Loge en Corline van Es van 'Huizen van Verzet'. Op die bijeenkomst was ook Job Cohen, voorzitter van het Amsterdams 4 en 5 mei comité. Hij zette me op het spoor van tekstschrijver Trudy Admiraal en dat bleek een gouden greep. Op een heel bijzondere manier heeft Trudy dynamiek in mijn teksten gebracht, zij blies de memoires van Jacoba nieuw leven in. Zonder haar had dit boek nooit de zeggingskracht en snelheid gekregen die het nu heeft.

Ik dank ook uitgeverij Aspekt voor hun flexibiliteit en de geboden ruimte voor onze werkwijze.

Gaandeweg kwam ik steeds meer in contact met de familie van Groepsleden, die eerst slechts Codenummers waren. Vaak wisten zij niets van het verzetsverleden van hun ouders of grootouders. De gesprekken met deze familieleden waren zeer motiverend. Dank u allen!

Dit boek zou niet tot stand zijn gekomen zonder de financiële steun van familieleden (met name mijn zussen, mijn broer en mijn zoon), crowdfunders en de in grote dank ontvangen subsidies van de Rens Holle stichting en de stichting Democratie en Media.

Mijn tante Jacoba heeft twee jaar lang bij ons 'ingewoond'. Ik heb dit hele proces samen met mijn echtgenote Els mogen ondernemen en beleven. Heel veel dank Els voor je onvoorwaardelijke steun en betrokkenheid!

Paul van Tongeren

Bilthoven, maart 2015

Voorwoord

Het lezen van de memoires van Jacoba van Tongeren betekende voor mij een hernieuwde kennismaking met een intrigerende, raadselachtige persoonlijkheid. Vele jaren geleden was ik haar al tegengekomen tijdens mijn onderzoek naar de rol van vrouwen in enkele Nederlandse verzetsgroepen. Groep 2000, waarover zij de leiding had, was één van de groepen die ik onderzocht. Dankzij het door Jacoba van Tongeren al in 1945 geschreven *Beknopt Historisch Verslag van de werkzaamheden van Groep 2000*, kreeg ik een vrij gedetailleerd inzicht in de activiteiten van de groep en de taakverdeling tussen mannelijke en vrouwelijke groepsleden.[1]

Als ik nu teruglees wat ik in 1980 over het werk van Jacoba van Tongeren schreef, treft mij vooral dat ik destijds niet dieper inging op het bijzondere gegeven dat Groep 2000 door een vrouw werd geleid. Dit is des te opvallender, omdat het mijn streven was de rol van vrouwen uit de schaduw van die van mannen te halen. Waarom noteerde ik wel dat Van Tongeren als vrouwelijk verzetsleider een uitzondering was, maar blijft haar rol ook in mijn betoog tamelijk onzichtbaar?

Achteraf bezien denk ik dat dit te maken heeft met de aard van haar verslag van de geschiedenis van Groep 2000. Het is een zakelijk, bijna onpersoonlijk relaas, waarin individuen, inclusief zijzelf, opgaan in het anonieme geheel van het werk waarin niet het 'ik' telde, maar het 'wij'. Deze vertelstijl is typerend voor veel naoorlogse reconstructies van verzetsactiviteiten: het ging niet om individuele roem, maar om dat wat men gezamenlijk tot stand had gebracht. Deze stijl van geschiedenis schrijven onttrekt de achterkant van het verhaal aan het zicht: hoe kwam de veel geroemde gezamenlijkheid tot stand? Welke kleurrijke individuen vormden het geheel? Wie stelde(n) vast wat de collectieve gedrags-

1 Zie hiervoor mijn *Het stille verzet. Vrouwen in illegale organisaties. Nederland 1940-1945.* (Amsterdam 1980) 55-60. Het *Beknopt Historisch Verslag* is door Paul van Tongeren aan het NIOD geschonken en gedigitaliseerd. Het is via de website www.NIOD.nl te vinden via de online bibliotheek catalogus.

regels waren in een situatie waarin vooroorlogse gewoontes niet of niet zonder grondige aanpassing konden worden voortgezet? Wanneer en waar ging het schuren? Hoe ging men om met conflicten? Hoe zagen de gezagsverhoudingen eruit in die informele, flexibele verzetsnetwerken, waarin voortdurend mensen wegvielen? Hoe ging men om met de enorme spanningen, het verlies van medestrijders, het risico van represailles die volgden op acties van verzetsmensen? Op dergelijke vragen geeft een verslag als dat van Jacoba van Tongeren niet of nauwelijks antwoord.

De in dit boek dankzij de inspanningen van haar neef Paul van Tongeren gepubliceerde memoires van Jacoba van Tongeren vormen de persoonlijke keerzijde van haar onpersoonlijke Verslag. Door haar directe, indringende vertelstijl die bij vlagen doet denken aan die van een verslaggever, wordt de lezer haar wereld ingetrokken. Een wereld die, naarmate de bezetting voortduurde, steeds meer in het teken van verzet kwam te staan. Tegelijkertijd zorgt juist die blik van binnenuit ervoor dat allerlei ingesleten aannames over 'het verzet' aan het wankelen worden gebracht. Zo treft bijvoorbeeld dat Jacoba zichzelf niet als verzetsstrijdster presenteert, maar erop hamert dat zij de opdracht had om als maatschappelijk werkster bij de Bijzondere Kerkelijke Gezinszorg zoveel mogelijk mensen in nood te helpen. Zijzelf en vele andere leden van haar groep verrichtten hun veelzijdige activiteiten onder de dekmantel van legale organisatiestructuren. 'Legaal' en 'illegaal' is in haar wereld dan ook geen bruikbaar begrippenpaar, en dat geldt ook voor de tegenstelling 'goed-fout'. En toch laat dit onverlet dat zij zich ervan bewust was een vijand te bestrijden, een macht die zij zelfs een 'godverlaten schurkenbende' noemt[2].

Gedreven door een haarscherp besef van 'goed' en 'kwaad', nam zij haar besluiten snel, zonder lang na te denken, ook in situaties waarin mensenlevens op het spel stonden en het niet mogelijk was het goede te doen zonder zware verliezen te lijden. Dat doortastende optreden maakte haar leiderschap vanzelfsprekend. Toch laten de memoires ook de innerlijke strijd zien die gepaard ging met haar bijzondere verantwoordelijkheid. De persoonlijke band met God bood haar een moreel kompas, maar die band was niet vanzelfsprekend en moest keer op keer opnieuw worden geïnterpreteerd en bevestigd. De strijd die ze moest voeren was bovendien niet alleen van innerlijke aard: de memoires werpen ook licht op de spanningen die het leiderschap van een vrouw opriep. In de weergave van haar botsingen met Henk van Randwijk, leider van *Vrij Nederland*,

2 Hoofdstuk 12, op blz. 227.

schemert haar verontwaardiging en woede door, maar ook haar streven om het verzetswerk niet het slachtoffer te laten worden van persoonlijke conflicten. In haar beheerste Beknopte Historische Verslag ontbreken die spanningen dan ook.

Deze boeiende memoires werpen licht op de verborgen wereld van Jacoba van Tongeren. Door de pakkende schets van haar jeugd en haar positie binnen haar ouderlijk gezin, wordt niet alleen haar vechtlust begrijpelijk, maar ook haar hang naar een solitair bestaan. Zij wil op eigen kracht drijven en niet van anderen afhankelijk zijn, maar verlangt er tegelijkertijd naar die kracht aan te wenden voor een zaak die het individu ver te boven gaat. Die bij tijden raadselachtige combinatie van verlangens is kenmerkend voor haar hele leven, maar krijgt tijdens de Duitse bezetting een bijzondere vertaling. Gewoon en bijzonder, legaal en illegaal, verzet en soepele aanpassing vormen in haar relaas een intrigerend mengsel. Daarmee roepen haar memoires nieuwe vragen op over 'het verzet' die hopelijk leiden tot nieuwe verzetsgeschiedenissen.

Marjan Schwegman, Directeur NIOD

De Oorkonde van Groep 2000 is opgedragen aan Z.K.H. Prins Bernhard, als Opperbevelhebber der Binnenlandse Strijdkrachten. Deze Oorkonde is hem overhandigd op 23 juli 1945. Ontwerp: Max Nauta.

Band met embleem van de Groep, wat om de arm gedragen wordt. Ontworpen door Max Nauta. Bovenop de bijbel staat het beeld van de Pelikaan-vogel, die zichzelf de borst openrijt om zijn jongen te voeden. Symbool ontleend aan de vrijmetselarij.

Opdracht

Ik dank Jacoba, mijn vader Herman en grootvader Hermannus voor hun grote geestkracht en voorbeeld, in hun leven en in het verzet.

Paul van Tongeren

Inleiding

Dit boek is gebaseerd op de memoires van Jacoba van Tongeren (1903-1967). Het vertelt een uniek verhaal van de Tweede Wereldoorlog, gezien door de ogen van de leidster van een grote verzetsgroep in Amsterdam: Groep 2000. Vijf jaar lang leidde Jacoba, die mede aan de wieg stond van Vrij Nederland, haar verzetsgroep. Met zo'n 140 Groepsleden, georganiseerd in verschillende onderdelen, zorgde Groep 2000 voor uiteindelijk 4.500 onderduikers in de stad.

Groep 2000 werkte veilig en anoniem door het gebruik van een cijfercode in plaats van namen en adressen. Deze code is door Jacoba ontwikkeld, ingevoerd en al die jaren met hand en tand verdedigd. Zelfs de Groepsleden kenden elkaar alleen bij nummer. De Duitse bezetters, die op een bepaald moment de administratie in handen kregen, hebben de code niet kunnen kraken.

Ook na de oorlog bleef Groep 2000 onbekend bij het grote publiek.

In februari 2013 vond Paul van Tongeren (1942) de handgeschreven memoires van zijn tante in het archief van de Vrijmetselarij in Den Haag. Onder de indruk van wat hij las, besloot Paul al snel dat hij hier een boek van moest maken. Iets wat zijn tante had gewild, maar niet heeft kunnen uitvoeren. In de zomer van 2014 kwam hij in contact met tekstschrijver Trudy Admiraal. Zij las het eerste concept en wist: we hebben goud in handen. De ontdekker van het goud had zijn goudsmid gevonden.

Jacoba schreef haar memoires begin jaren '60 in briefvorm aan omroeppastor Klamer waarbij zij putte uit de dagboeken die zij haar hele leven had bijgehouden. Gedetailleerd gaat zij in op de vele gebeurtenissen tijdens de oorlog en verweeft deze met haar persoonlijke levensverhaal. Jacoba schreef op haar ziekbed, soms maar zes regels per dag vanwege een zenuwontsteking in haar rechterarm, van kantlijn tot kantlijn ruim 330 blocnote-vellen vol.

Voor dit boek hebben we een selectie moeten maken en verbindende stukken geschreven. Alle authentieke tekst van Jacoba is *cursief* gezet. Daar waar Jacoba de codecijfers gebruikt als ze over personen schrijft, hebben wij deze voor de leesbaarheid vervangen door namen. Wij hebben naast de memoires ook geput uit het Beknopt Verslag dat Jacoba in juli 1945 schreef en het album – opgeluisterd met foto's en gedichten- dat ze in de jaren '60 maakte over de oorlog en Groep 2000.

Dit boek begint met de jaren 1903-1940. In dit eerste deel beschrijft Jacoba haar leven tot de oorlog uitbreekt. Om de leidster van Groep 2000 in deel 2 beter te kunnen begrijpen, bevelen wij u aan dit als introductie te lezen. In deel 2 worden de oorlogsjaren 1940-1945 beschreven. We gaan hier ook nader in op de organisatie en code van Groep 2000 en de samenwerking met andere verzetsorganisaties. We eindigen dit deel met het voorjaar van 1946. In deel 3 zijn aparte hoofdstukken opgenomen over Jacoba's vader, Jacoba's broer en Jacoba zelf. Ook hebben we hier ongeveer 85 korte levensbeschrijvingen kunnen opnemen van Groepsleden en mensen uit het verzet met wie Jacoba intensief samenwerkte.

Achterin dit boek is een interview van Trudy met Paul opgenomen waarin hij vertelt over de afgelopen twee jaar: de jaren waarin zijn tante Co bij hem 'inwoonde'. De jaren waarin voor hem eindelijk de Tweede Wereldoorlog een plek kreeg in zijn leven.

Het werken aan dit boek was voor ons een unieke belevenis. We hebben met Jacoba meegegniffeld toen ze, 'zwanger' van het dikke bonnenvest dat ze onder haar kleding verborg, Duitsers in de tram voor zich liet opstaan. We hebben met haar meegehuild bij de moord op haar broer. Bij gevaarlijke acties die zij en haar Groepsleden ondernamen, zaten we op het puntje van onze stoel. Maar bovenal voelden wij een groeiend respect voor deze bijzondere vrouw. Wat ons betreft staat Jacoba van Tongeren 70 jaar na de bevrijding fier in het rijtje van belangrijke verzetshelden in Nederland.

Paul van Tongeren en Trudy Admiraal

Inhoudsopgave

Deel 1: Jacoba van Tongeren (1903-1940) 29
H1 'Schrijven is voor mij de ademhaling van de ziel' 30

H2 'Voor mij zijn die jaren heerlijk geweest' (1903-1916) 38

H3 'Weerloos was ik niet langer, maar strijdvaardig' (1916-1928) 52

H4 'Jacoba lééft, leeft voor de volle 100%' (1928-1940) 65

Deel 2: Groep 2000 (1940-voorjaar 1946) 109
H5 'Ik sta daar in opdracht' (mei 1940-mei 1941) 111

H6 'Ik heb geleerd in 's land dienst te zijn' (zomer 1941-voorjaar 1944) 127

H7 'Nu vindt eindelijk de erkenning plaats' (1 mei 1944) 144

H8 'Er is geen tijd om te denken aan eigen verdriet' (8 en 9 september 1944) 152

H9 'Ik kook bijna van verontwaardiging' (september-oktober 1944) 161

H10 'Ik maak het heus niet mooier dan het is' (3 november 1944) 179

H11 'Ik heb geen vreugde meer in mijn werk' (november 1944-januari 1945) 194

H12 'Leven! We willen leven' (9-13 maart 1945) 208

H13 'Tot een vruchtbare samenwerking is het helaas niet gekomen' (maart-april 1945) 240

H14 'De rouw neemt in deze dagen geen einde' (winter en voorjaar 1945) 255

H15 'De hele straat vlagt!' (4 mei 1945-voorjaar 1946) 267

H16 Organisatie en Veiligheidscode Groep 2000 288
H17 Samenwerking met andere verzetsorganisaties 308

Deel 3: Biografieën 347
H18 'Mijn nieuwe taak zal mij gewezen worden'; Jacoba na de oorlog 348

H19 'Helpt hen die blijven steken weer op gang te komen'; Hermannus van Tongeren, vader van Jacoba 356

H20 'Ik moest meer levens leiden'; Herman van Tongeren, broer van Jacoba 366

H21 Korte Biografieën 381

Ledenlijst met OPROEP 469

Interview Paul van Tongeren 476

Lijst Locaties Groep 2000 489

Codelijst Groep 2000 op alfabet 491

Codelijst Groep 2000 op nummer 494

Lijst gefusilleerden op 12 maart 1945 497

Bronnen 499

Register 503

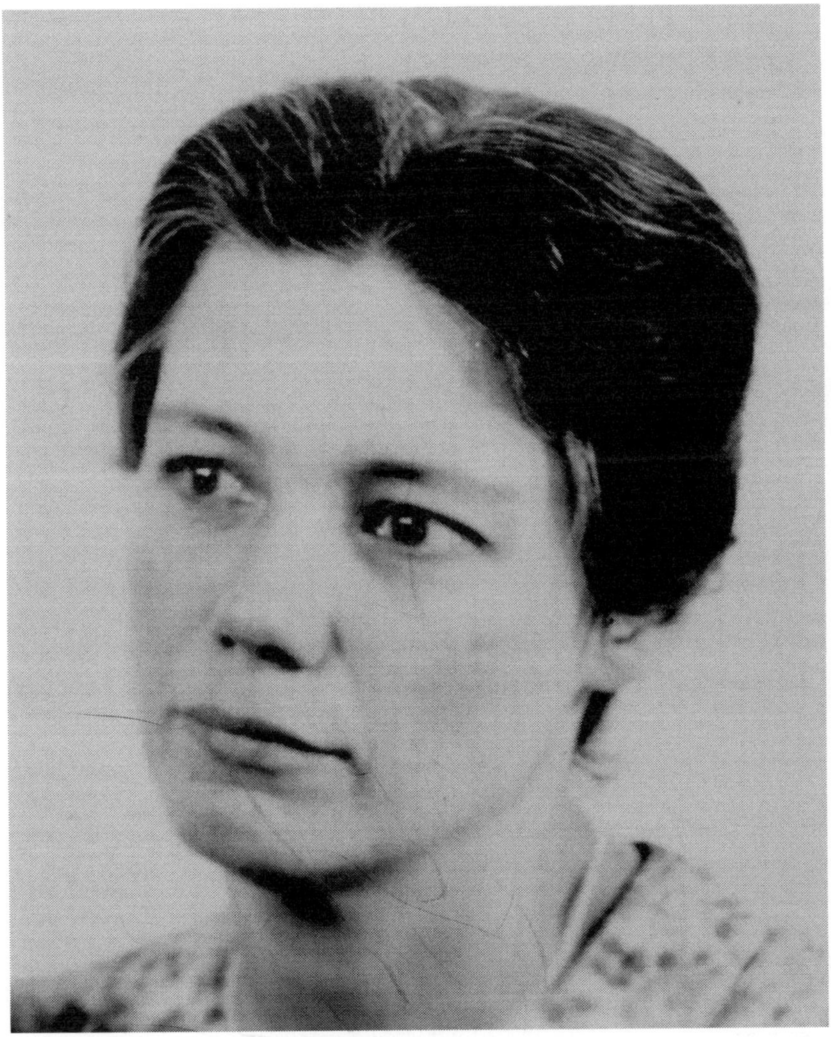

Pasfoto Jacoba.

Jacoba en Nel Wateler met het album, Trouw 22 mei 1965.

[2]

Vredeswerk in Oorlogstijd.

[redacted] Verzet der Kerk in het Lage land bij de Zee. 1940-[redacted]

Na 20 jaar werd dit album van de Kerk in het Verzet sa-mengesteld uit materiaal grotendeels reeds in de jaren 1940-1945 verzameld: foto's, dagboekknipsels, gedichten a-noniem gepubliceerd in de vrije, dus illegale, pers van die jaren, enz.
Misschien zal iemand bij het doorbladeren van dit al-bum zich afvragen hoe de samenstelster, zelf iemand uit het verzet, zulk een gedenkboek met bloemen op kon sieren?
Twee dingen moge men daarbij in ogenschouw nemen:
Ten eerste heeft iedere bloem, vlinder, of andere aangebrachte versiering, een symbolische betekenis, hetzij door de kleuren-combinatie waarin zij werden aangebracht, rood, wit, blauw en oranje, hetzij in de uitbeelding van een bepaald gebeuren, of van een bepaald persoon. Bv. de keizerskroon en de witte St. Jansroos: mijn vader; de akelei mijn broer; de orchidee mijn moeder; prikneus en schoenpoetsersbloem (di de vertaling van kembang sepatu, de hibiscus, omdat de inlander het moes van de fijngewreven bloemen gebruikt om de schoenen van zijn baas mooi glimmend te poetsen, een nederige functie van een edele bloem.) ds. B.J. Aris, mijn medestrijder in het verzet van de eerste dag af; de achillea „als lichaam van aarde en licht" [redacted] de gedichtenbundel van J.W. Schulte Nordholt, mijn [redacted] te vriend ds. A. Klamer, aan wien dit album is [redacted]n, omdat hij het was, die mij de moed deed vind[redacted]nneringen uit die jaren tot dit geheel samen te b[redacted]ten.

[redacted]roosje, ontsproten uit een druppel bloed aan de voet [redacted]ruis, mejuffrouw C.C. Wateler, met wie ik al 28 jaar sa[redacted] en die ieder feit in dit album genoemd mee doorleefde en -streed, mijn vriendin, verzorgster en verpleegster nu al 15 jaar. De vlinder, de geest, die zich niet boeien laat en bij de dood het sterfelijk lichaam ontstijgt. —
Ten tweede is voor mij, die dit album samenstelde, dit gedenk-boek ook een getuigenis van Gods leiding en goedertierenheid, ook in die allerdonkerste jaren van ons volksbestaan. Bij de gruwelijkste terreur, bij alles wat wij ontbeerden, kon het oor-logsgeweld ons toch niet de troost ontnemen, gelegen in de zang van een vogel, het openbloeiende leven in het voorjaar, de koes-tering van de zon, de warmte en gloed, maar ook oneindige broosheid van de herfst. Hoe dikwijls, juist in die bezettingsja-ren toen alles ons ontviel, werd ik getroffen door de schoonheid der natuur, die bleef. Een handreiking van mijn hemelse Vader was zij mij. Daarom mocht in dit album de schoonheid der bloemen niet ontbreken. Zij verkondigt Gods lof in een wereld vol nood, ontzetting en doodsstrijd, een wereld vol on-beantwoorde vragen en tasten naar houvast. Daarom bieden de bloemen in dit album hulde en dank aan Hem, die mij in de ja-ren 1940-'45, heeft willen sparen en leiden door alle gevaren heen, mij, Jacoba, het stofje gevallen uit Gods hand, neerko-mend op de juiste tijd en op de plaats waar Hij mij had gesteld als kerkelijk maatschappelijk werkster met de bijzondere sy[redacted]ale opdracht: de leiding en organisatie van het [redacted]

Verzet der Kerk.

Bergen NH. 20 Jan. 19[redacted]
20.0.[redacted]

Introductie van het Album door Jacoba: 'Vredeswerk in oorlogstijd'.

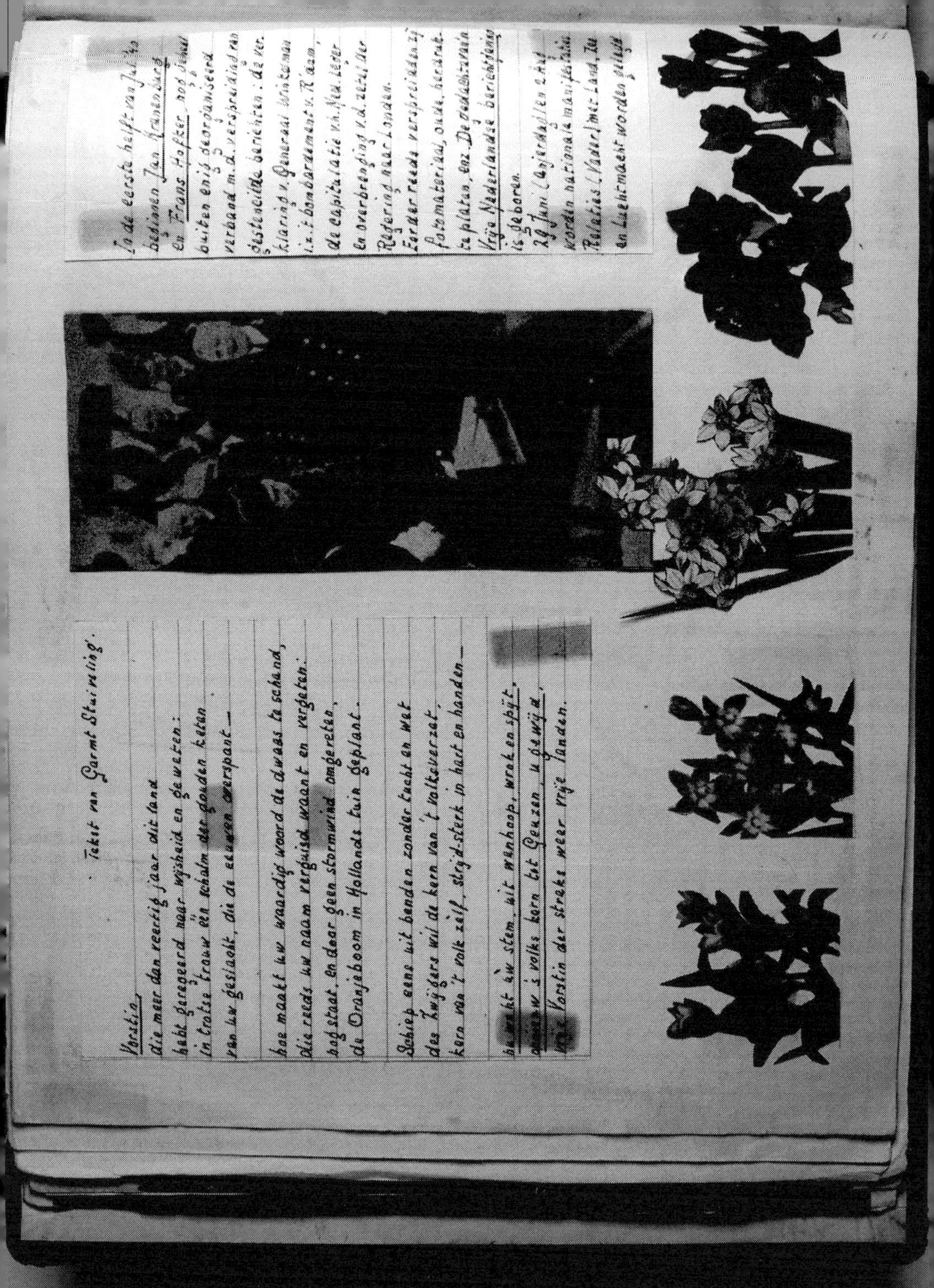

Pagina uit haar album: 'Vorstin'.

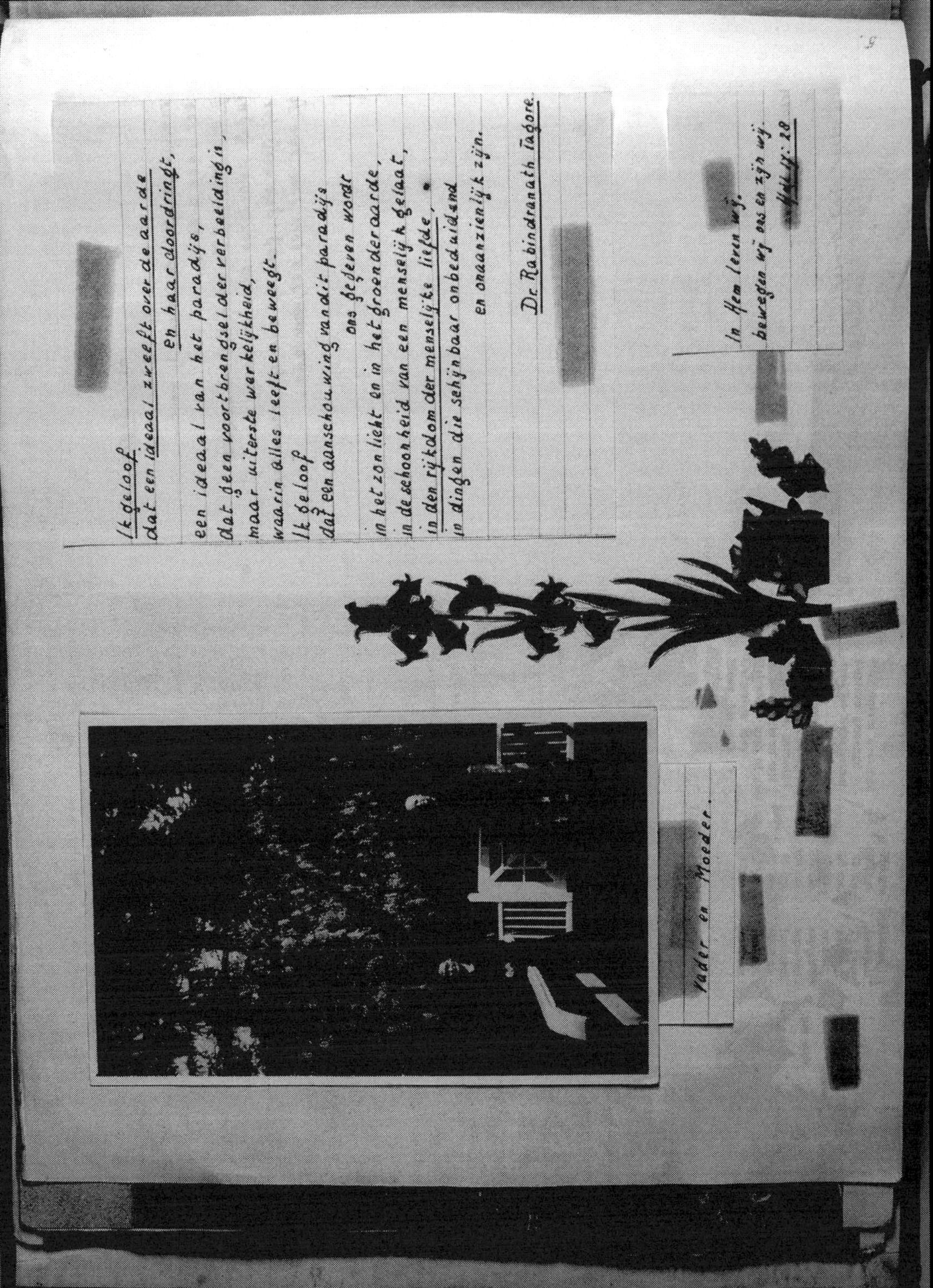

Pagina uit haar album: 'Ik Geloof'.

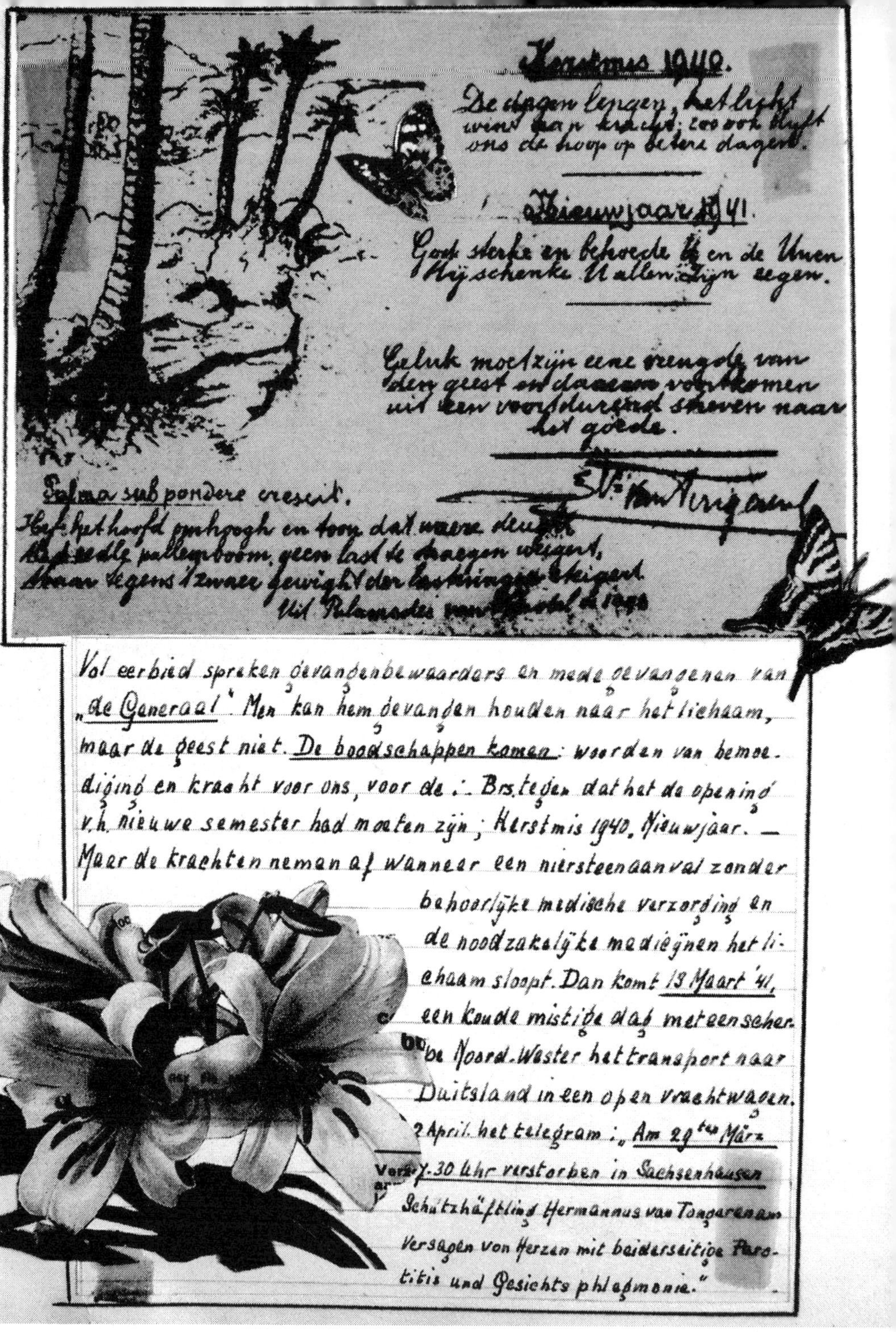

Kerstmis 1940.

De dagen lengen, het licht wint aan kracht; zoo ook blijft ons de hoop op betere dagen.

Nieuwjaar 1941.

God sterke en behoede U en de Uwen
Hij schenke U allen Zijn zegen.

Geluk moet zijn eene vreugde van den geest en daarom voortkomen uit een voortdurend streven naar het goede.

H.V. van Tongeren

Palma sub pondere crescit.
Hef het hoofd omhoogh en toon dat waere deught
Als edle pallemboom, geen last te draegen weigert,
Maar tegens 't zwaer gewight der lastringen steigert.
Uit Palmadres van Vondel 1648

Vol eerbied spreken gevangenbewaarders en mede gevangenen van „de Generaal". Men kan hem gevangen houden naar het lichaam, maar de geest niet. De boodschappen komen: woorden van bemoediging en kracht voor ons, voor de .:. Brs. tegen dat het de opening v.h. nieuwe semester had moeten zijn; Kerstmis 1940, Nieuwjaar. — Maar de krachten nemen af wanneer een niersteenaanval zonder behoorlijke medische verzorging en de noodzakelijke medicijnen het lichaam sloopt. Dan komt 13 Maart '41, een koude mistige dag met een scherpe Noord-Wester het transport naar Duitsland in een open vrachtwagen. 2 April het telegram: „Am 29ten März 7.30 Uhr verstorben in Sachsenhausen Schutzhäftling Hermannus van Tongeren am Versagen von Herzen mit beiderseitige Parotitis und Gesichtsphlegmonie."

Pagina uit haar album: 'Kerstmis 1940-Nieuwjaar 1941'.
Hermannus van Tongeren zat toen in het Huis van Bewaring.

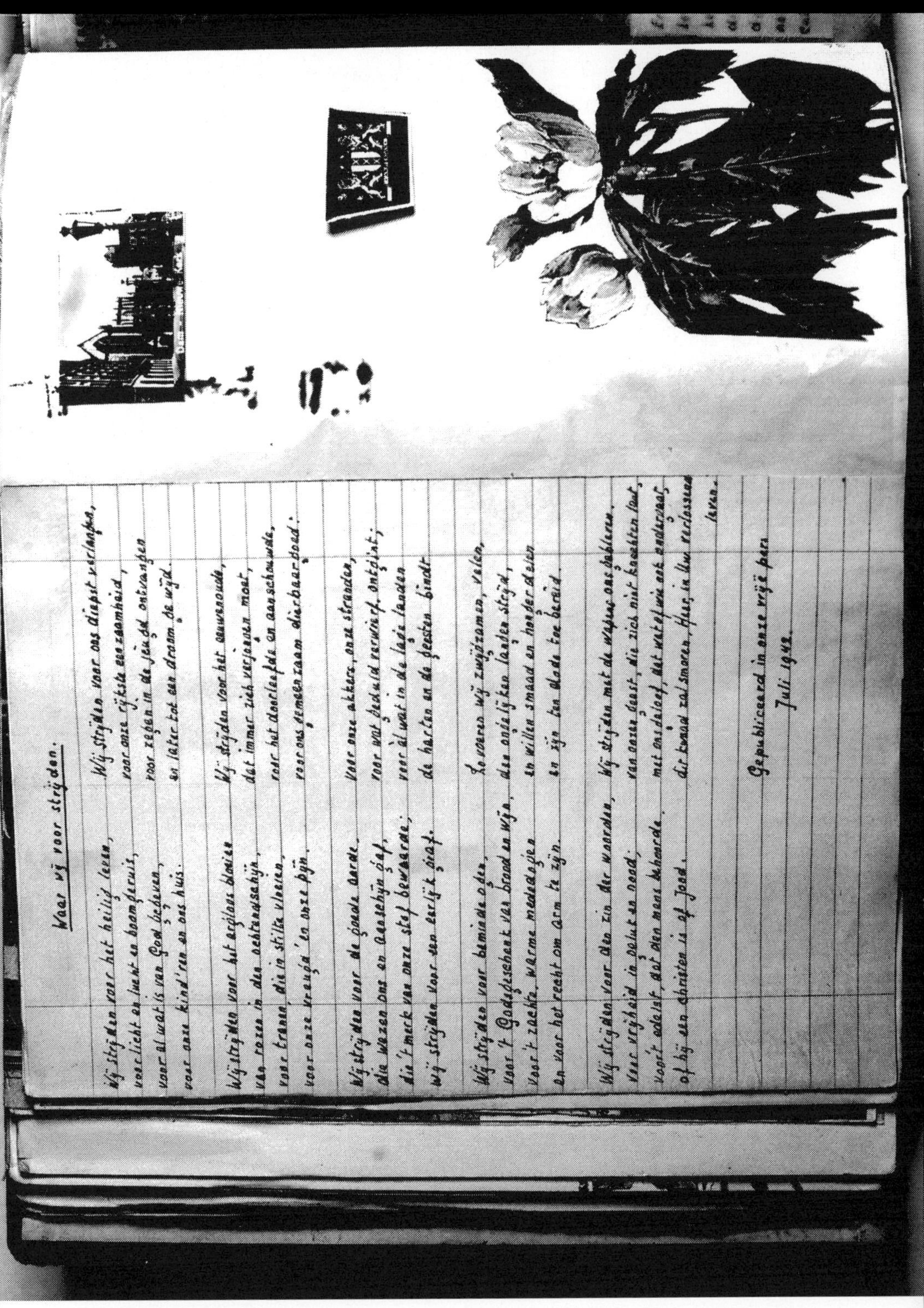

Waar wij voor strijden.

Wij strijden voor het heilig leven,
voor licht en lucht en boomgeruis,
voor al wat is van God gegeven,
voor onze kind'ren en ons huis.

Wij strijden voor het argloos bloeien
van rozen in den ochtendschijn,
voor tranen die in stilte vloeien,
voor onze vreugd' en onze pijn.

Wij strijden voor de goede aarde
die wezen ons en aanschijn gaf,
die 't merk van onze stof bewaarde;
wij strijden voor een eerlijk graf.

Wij strijden voor beminde ogen,
voor 't Godsgeschenk van brood en wijn,
voor 't zachte, warme mededogen
en voor het recht om arm te zijn.

Wij strijden voor den zin der woorden,
voor vrijheid in gelukt en nood;
voor 't edelst, dat den mens behoorde
of hij een christen is of Jood.

Wij strijden voor ons diepst verlangen,
voor onze rijkste eenzaamheid,
voor zegen in de jeugd ontvangen
en later tot een droom gewijd.

Wij strijden voor het eeuwenoude,
dat immer zich verjongen moet,
voor het doorleefde en aanschouwde,
voor ons gemeenzaam dierbaar goed:

Voor onze akkers, onze stranden,
voor wat geduld verwierf, ontgint;
voor al wat in de lage landen
de harten en de geesten bindt.

Zo voeren wij zwijgzamen, velen,
den ongelijken langen strijd,
en willen smaad en honger delen
en zijn ten dode toe bereid.

Wij strijden met de wapens ons gebleven,
van onzen geest, die zich niet knechten laat,
met ons geloof, dat wat ofwie ook ondergaat,
dit kwaad zal smoren, Heer, in Uw verlossend
leven.

Gepubliceerd in onze vrije pers
Juli 1942.

Pagina uit haar album: 'Waar wij voor strijden'.

Pagina uit haar album: 'Vredeswerk in Oorlogstijd/Huisindustrie'.

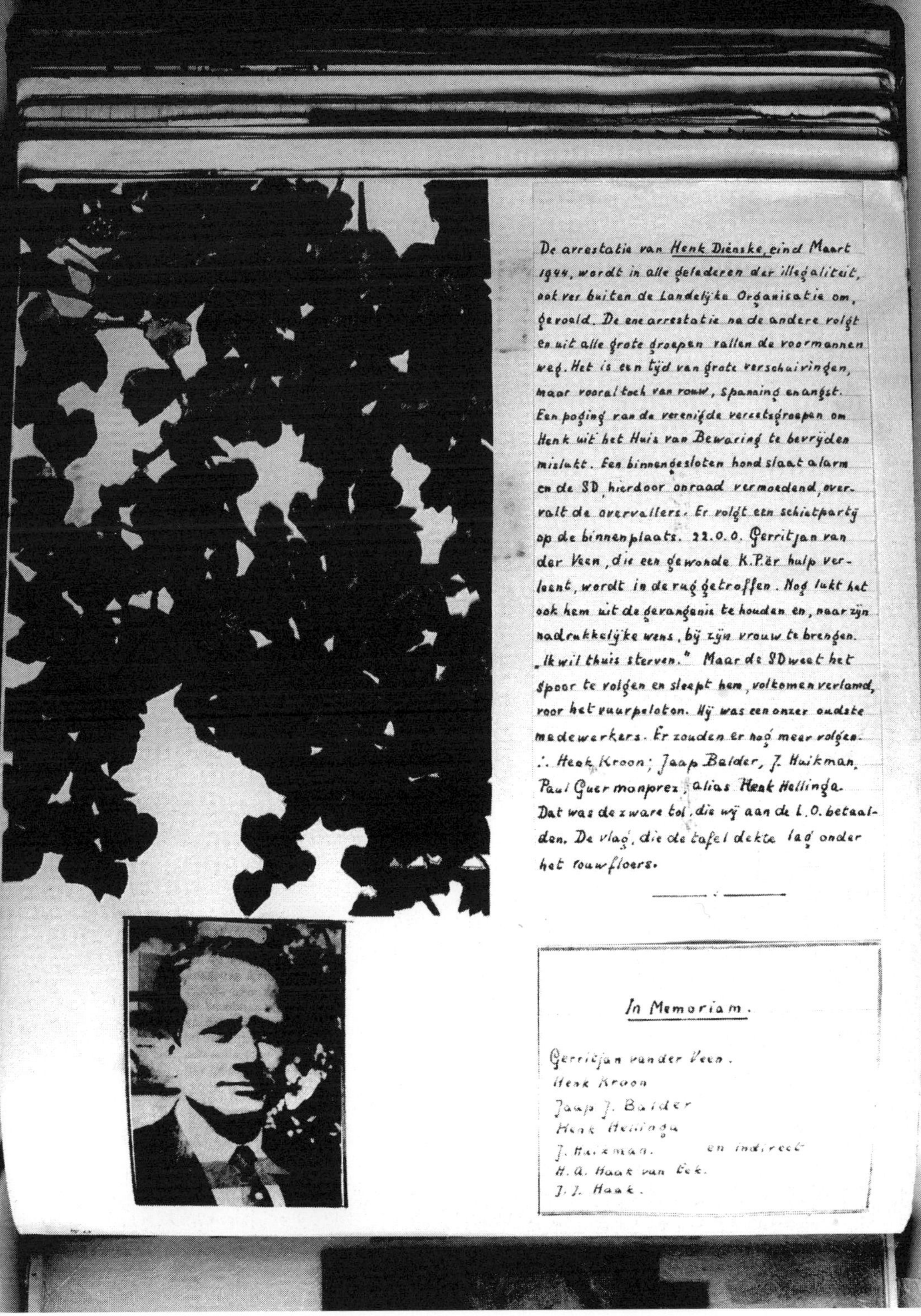

De arrestatie van Henk Dienske, eind Maart 1944, wordt in alle geledereen der illegaliteit, ook ver buiten de Landelijke Organisatie om, gevoeld. De eene arrestatie na de andere volgt en uit alle grote groepen vallen de voormannen weg. Het is een tijd van grote verschuivingen, maar vooral toch van rouw, spanning en angst.
Een poging van de verenigde verzetsgroepen om Henk uit het Huis van Bewaring te bevrijden mislukt. Een binnengesloten hond slaat alarm en de SD, hierdoor onraad vermoedend, overvalt de overvallers. Er volgt een schietparty op de binnenplaats. 22.0.0. Gerritjan van der Veen, die een gewonde K.P.er hulp verleent, wordt in de rug getroffen. Nog lukt het ook hem uit de gevangenis te houden en, naar zijn nadrukkelijke wens, bij zijn vrouw te brengen. „Ik wil thuis sterven." Maar de SD weet het spoor te volgen en sleept hem, volkomen verlamd, voor het vuurpeloton. Hij was een onzer oudste medewerkers. Er zouden er nog meer volgen. ∴ Henk Kroon; Jaap Balder, J. Huikman, Paul Guermonprez, alias Henk Hellinga. Dat was de zware tol, die wij aan de L.O. betaalden. De vlag, die de tafel dekte lag onder het rouwfloers.

In Memoriam.

Gerritjan van der Veen.
Henk Kroon
Jaap J. Balder
Henk Hellinga
J. Huikman. en indirect
H.A. Haak van Eck.
J.J. Haak.

Pagina uit haar album: 'In Memoriam'.

Deel 1:

Jacoba van Tongeren (1903-1940)

Hoofdstuk 1

'Schrijven is voor mij de ademhaling van de ziel' Jacoba van Tongeren (1903-1967)

Jacoba van Tongeren zit in april 1941 in de trein. Het is kort na de eerste massa-arrestaties onder de gelederen van Vrij Nederland[3] en de dood van haar vader. Ze voelt zich lamgeslagen. In een interview op 9 januari 1965 met het kerkelijk blad Hervormd Amsterdam vertelt ze: 'Op een stille zaterdag had ik de eerste trein naar Rotterdam genomen; de trein die om 18 minuten over vier van het Centraal Station vertrok. Ik moest naar Barendrecht om daar Engelse piloten van papieren - valse persoonsbewijzen - te voorzien. 'Wat heeft dit allemaal nog voor zin?' dacht ik. Toen reed de trein door de bloeiende bollenvelden en de zon was net opgegaan. De ochtendzon over Holland! 'Holland, Holland', mompelde ik en ik voelde het binnen in mij warm worden. Nee, ik móést doorgaan, ik móést blijven werken en ik heb dat - naar vermogen - al de jaren die nog kwamen, gedaan.'

Jacoba van Tongeren (1903-1967), leidster van Groep 2000, heeft haar hele leven geschreven. Als jong meisje vertrouwt ze haar dagboeken lief en leed toe. Als ze in 1928 ernstig ziek wordt en jarenlang moet revalideren, helpt het schrijven haar om met haar gevoelens om te gaan en het vol te houden. Ook tijdens de oorlog houdt Jacoba dagboeken bij; het is op basis van deze dagboeken dat ze rond 1964 haar memoires kan schrijven. Zelf formuleert ze haar drang om te schrijven zo:

Schrijven is voor mij de enige mogelijkheid tot ontmoeting. Als ik bid, schrijf ik. Dat is van jongs af aan zo geweest. Schrijven is voor mij de ademhaling van de ziel en kan men een levend wezen beletten te ademen zonder het te doden?

De bekende verzetsstrijder H.M. van Randwijk zegt in de oorlog tegen Jacoba: 'Een vrouw kan geen verzetsgroep leiden.'

3 Zie hoofdstuk 5 van dit boek: 'Ik sta daar in opdracht'. zie ook blz. 126.

Prins Bernhard, opperbevelhebber der Binnenlandse Strijdkrachten, complimenteert Jacoba na de oorlog met de woorden: 'In u zijn tien generaals verloren gegaan.' Wie was Jacoba van Tongeren? Hoe kon zij het volhouden om vijf jaar lang gedurende de Tweede Wereldoorlog een grote verzetsgroep te leiden?

Het antwoord op deze vragen is te vinden in dit boek. De memoires van Jacoba beginnen met haar kindertijd in Nederlands-Indië waar zij tot haar 13e midden in het oerwoud wordt opgevoed door haar vader die militair is. Ze gaat er niet naar school maar wordt door haar vader onderwezen. Discipline en zelfstandigheid zijn Jacoba met de paplepel ingegoten. Als in 1916 het gezin wordt herenigd in Amsterdam, leert Jacoba haar mannetje te staan. Ze volgt een opleiding tot verpleegster maar vlak voordat ze haar diploma op zak heeft, wordt ze ernstig ziek. Jacoba wordt opgegeven door de dokters maar ze herstelt op eigen kracht. Ze is 25 jaar oud als ze begint aan een lange weg van revalideren. Na zeven jaar is ze sterk genoeg om te gaan werken, eerst op kantoor bij haar vader, later als maatschappelijk werkster in Amsterdam. Ze is 36 jaar oud als de oorlog uitbreekt. Via haar vader, die Grootmeester is van de Orde van Vrijmetselaren, rolt ze als het ware in het verzetswerk. De leerschool uit haar jeugd wordt voortgezet: Jacoba's vader brengt haar nauwgezet alle militaire beginselen van geheimhouding en codeschrift bij.

Jacoba is Nederlands Hervormd en het geloof is voor haar van levensbelang. Het helpt haar door de oorlogsjaren heen, op momenten van twijfel en wanhoop vindt ze steun in haar geloof. De twee-wekelijkse bijeenkomsten onder leiding van predikanten helpen de Groepsleden ook tijdens de oorlog hun menselijkheid te bewaren.

Vrouw

Het is uniek dat een vrouw een verzetsgroep opricht en die vijf jaar lang leidt. Het verzet in de Tweede Wereldoorlog is lange tijd geassocieerd met stoer mannenwerk. Toch is het juist het vrouw-zijn dat van Jacoba de leider maakt die in de verschrikkingen van de oorlog zo nodig blijkt te zijn.

In november 1947 schrijft H.F. van Meer namens de Commissie van Beheer van Groep 2000 een getuigschrift voor Jacoba. Zijn woorden:

'Gedurende de jaren, dat ik als lid van de Commissie van Beheer van de Hervormde Groep 2000, samen met mijn collega de heer A. Abas, met mejuffrouw Van Tongeren samenwerkte en zoals ik haar later in haar particuliere leven heb leren kennen, past slechts de hieronder volgende beschrijving: een vrouw met zeer sterke persoonlijkheid, die een eens in het oog gevat doel zal najagen tot het bereikt is. Een Kenau in haar daden, maar met warm vrouwelijk gevoel. Een dynamische kracht en onuitputtelijke bron van energie en inspiratie voor haar medewerkers, met een visie op het leven en de toekomst die menige man vaak beschaamd deed staan. Een persoon van weinig woorden, maar met een blik die méér is dan taal of gebaar. Haar ogen keuren goed en veroordelen, strelen en striemen, hebben lief en verachten; kortom: de blik van mejuffrouw Van Tongeren is een bevel. 'Zware jongens' hebben daarvoor moeten zwichten; ondergetekende en de heer Abas, zomede als het Ministerie van Predikanten der Hervormde Kerk hebben ondervonden wat vrouwelijke leiding onder de moeilijkste omstandigheden vermag. Een leiding, die zonder in dictatuur te ontaarden, in principiële zaken niet wist van toegeven.'

Of Jacoba zichzelf als een Kenau ziet, is nog maar de vraag. Zelf vindt ze de 'moederrol' toepasselijker. Ze schrijft in haar memoires:

Ik heb altijd vrouw willen zijn, ten volle. Ik ben nu altijd, van jongs af aan, bewust geweest te staan op de plaats waar ik gesteld was: als meisje, als vrouw later. Vader heeft mij tot op m'n 12e-13e jaar meer opgevoed als een jongen dan als een meisje. Hij noemde mij zijn 'kwajongen' Maar toen de vrouw van de assistent-resident in Atjeh mij bij een openbare feestdag eens bezig zag met de kinderen van de militairen en officieren die vader bij mij gebracht had om hen bezig te houden en op hun te passen, terwijl de volwassenen luisteren moesten naar de toespraken van diverse hoge heren, vroeg zij: 'Je wilt zeker later graag schooljuffrouw worden?' Ik keek haar aan. Wat wist ik, die nooit een school had bezocht, van een schooljuffrouw? Ik antwoordde dus: 'Nee: mamma, want ik wil veel kindjes hebben.' U begrijpt dat daar toen gelachen is. Toch moet dat besef van vrouw-zijn er toen reeds in gezeten hebben. Ook in mijn werk als leidster van de Groep heb ik mij altijd vrouw geweten en getracht dit onder alle omstandigheden te blijven. Ik heb nooit willen leren schieten en was er een overval of iets dat door de Groep ondernomen werd waarbij wapens te pas zouden kunnen komen of gebruikt moesten worden, dan was ik aanwezig. Als 'commandant', zeiden mijn pastores. Als leidster natuurlijk op mijn post. Daar hoorde ik, maar voor mijn jongens was ik de toevlucht in nood. De vrouw die, als er gewonden vielen, zou kunnen hel-

pen, verbinden, lenigen. Als er een in paniek raakte, en hoe dikwijls is dat gebeurd, de vrouw (bijna zou ik zeggen: de moeder) die opving, die troostte, die luisterde. Toch was ik ook voorpost - uitziend en overziend het terrein van de strijd- waarschuwend bij onraad, de leidster die de gevaarlijkste post nam voor haar jongens in het heetst van de strijd, hen dekkend bij onraad zodat zij veilig weg zouden kunnen komen. Ik zou het niet anders gekund hebben. Dit was een vanzelfsprekendheid, want had vader het mij zo niet voorgeleefd?

Publiciteit

Groep 2000 is gedurende de oorlogsjaren een ondergrondse organisatie, veilig gecamoufleerd door de code die Jacoba heeft bedacht. Maar ook na de oorlog blijft Groep 2000 onbekend. Daar zijn verschillende redenen voor aan te wijzen: prins Bernhard raadt Jacoba direct na de bevrijding aan uitermate voorzichtig om te gaan met het vrijgeven van gegevens. De Gestapo zou nog werkzaam kunnen zijn en hij verwacht nog explosieve escalaties. Door het gebruik van de code weten veel Groepsleden niet van elkaar wie ze in het dagelijks leven zijn; namen zijn niet bekend. Ook de naam van de Groep zelf geeft de identiteit van de leider niet prijs. Veel verzetsgroepen dragen de naam van hun leider, en zij komen na de bevrijding in de publiciteit. Bovendien wordt Jacoba vrij snel na de bevrijding ziek, ze heeft wel wat anders aan haar hoofd. Het past ook niet bij haar om op de voorgrond te treden. Maar twintig jaar later zoekt Jacoba alsnog de publiciteit. 'Zij kan niet langer zwijgen' is de kop van het artikel in dagblad Trouw op zaterdag 22 mei 1965. Directe aanleiding zijn de verscheidene telefoontjes die ze krijgt van haar vroegere Groepsleden. Zij storen zich aan het feit dat Groep 2000 niet wordt genoemd in TV-uitzendingen over de bezetting. Dr. Loe de Jong is dan bezig zijn levenswerk over de oorlog[4] te publiceren en presenteert een serie op TV. In zijn kloeke delen noemt hij Groep 2000 een enkele keer, maar in de TV-serie wijdt hij geen woord aan Jacoba en Groep 2000.[5]

In een lang artikel in Trouw vertelt Jacoba aan journalist Willem Smitt dat zij bezig is een herdenkingsboek te schrijven over de oorlogsjaren van Groep 2000, met name bedoeld voor oud-Groepsleden. Het schrijven van de memoires vergt veel van Jacoba's gezondheid. Na verloop van tijd lukt het haar hooguit vijf à zes regels per dag op papier te zetten. Maar ze houdt het vol tot het hele verhaal is verteld.

4 Het Koninkrijk der Nederlanden in de Tweede Wereldoorlog.
5 Jolanda Withuis, onderzoekster van het NIOD, is auteur van 'Juliana's vergeten oorlog' (2014). In de NRC van 8 & 9 maart 2014 zegt zij: 'Ik wist door mijn proefschrift al dat De Jong verzetsvrouwen verwaarloost.'

Mejuffrouw Van Tongeren besluit het interview met de woorden: 'Maar het boek komt uit. Ik beschouw het als het aflossen van een ereschuld tegenover de kerk én de Orde.'

Jacoba heeft haar ereschuld zelf niet meer kunnen aflossen. Ze sterft op 15 september 1967 en wordt op 20 september begraven op de algemene begraafplaats aan de Kerkedijk te Bergen. Op de rouwkaart staat: Geen bloemen. Geen toespraken.

Ds. Klamer heeft alle handgeschreven brieven, totaal ongeveer 330 A4 blocnote vellen, bewaard en afgegeven bij de Vrijmetselarij. Daar hebben de memoires bijna 50 jaar in een archieflade gelegen.

'Jacoba van Tongeren en de onbekende verzetshelden van Groep 2000' blaast de memoires nieuw leven in en lost 70 jaar na de bevrijding Jacoba's ereschuld af.

Het gezin van Tongeren in Indië.

De Koewala Simpang brug, is met 228 meter, de langste brug in Atjeh, circa 1930.

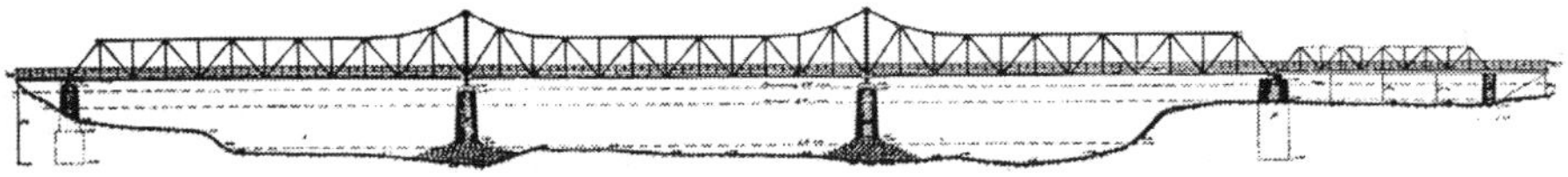

Illustratie van deze brug, vooraangezicht.

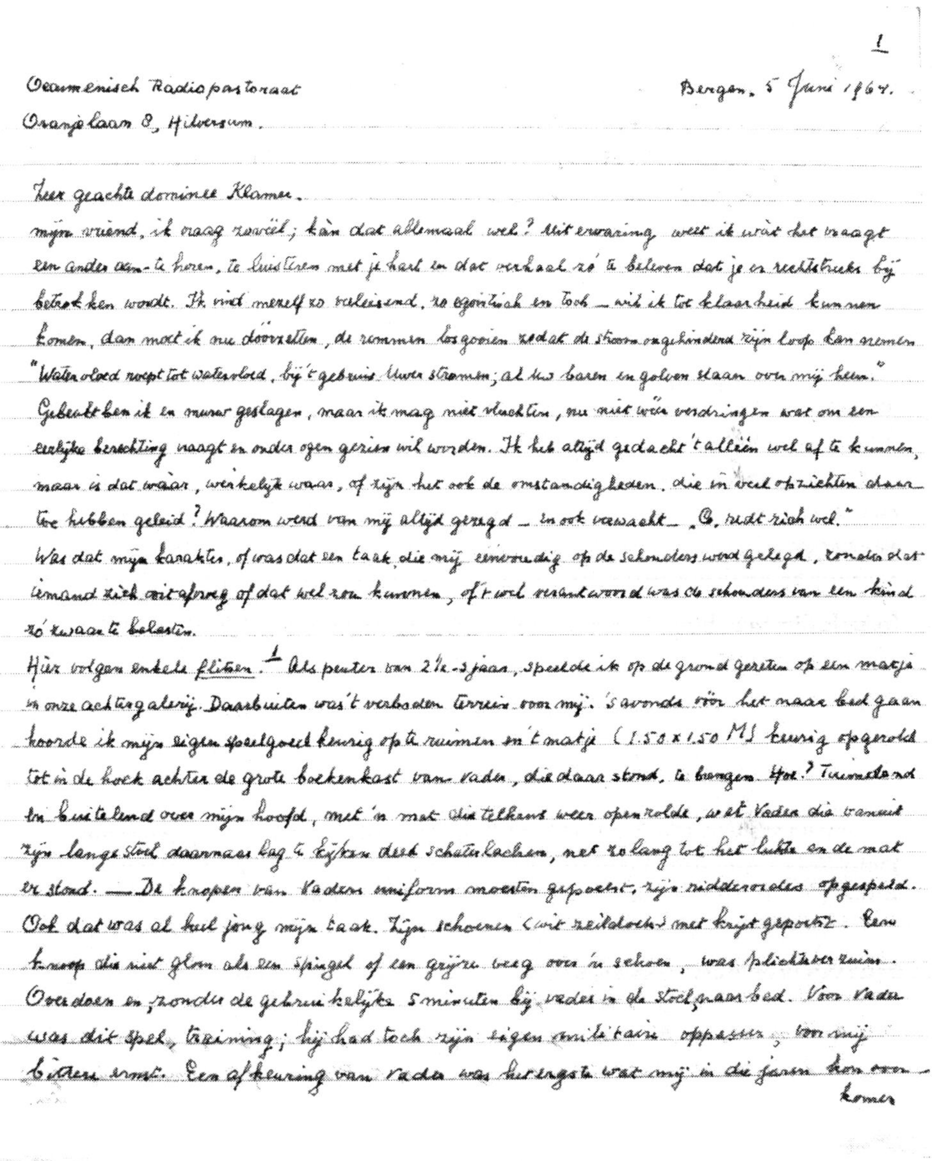

1

Oecumenisch Radiopastoraat
Oranjelaan 8, Hilversum.

Bergen. 5 Juni 1964.

Zeer geachte dominee Klamer.

mijn vriend, ik vraag zoveel; kàn dat allemaal wel? Uit ervaring weet ik wàt het vraagt een ander aan-te horen, te luisteren met je hart en dat verhaal zó te beleven dat je er rechtstreeks bij betrokken wordt. Ik vind mezelf zo veeleisend, zo egoïstisch en toch – wil ik tot klaarheid kunnen komen, dan moet ik nu doorzetten, de remmen losgooien zodat de stroom ongehinderd zijn loop kan nemen. "Watervloed roept tot watervloed, bij 't gebruis Uwer stromen; al Uw baren en golven slaan over mij heen." Gebeukt ben ik en murw geslagen, maar ik mag niet vluchten, nu niet wèèr verdringen wat om een eerlijke berechting vraagt en onder ogen gezien wil worden. Ik heb altijd gedacht 't alleen wel af te kunnen, maar is dat wáár, werkelijk waar, of zijn het ook de omstandigheden, die in veel opzichten daartoe hebben geleid? Waarom werd van mij altijd gezegd – en ook verwacht – „O, redt zich wel." Was dat mijn karakter, of was dat een taak, die mij eenvoudig op de schouders werd gelegd, zonder dat iemand zich ooit afvroeg of dat wel zou kunnen, of 't wel verantwoord was de schouders van een kind zó zwaar te belasten.

Hier volgen enkele flitsen. 1 Als peuter van 2½-3 jaar, speelde ik op de grond gezeten op een matje in onze achtergalerij. Daarbuiten was 't verboden terrein voor mij. 's avonds vòòr het naar bed gaan hoorde ik mijn eigen speelgoed keurig op te ruimen en 't matje (1.50 x 1.50 M) keurig opgerold tot in de hoek achter de grote boekenkast van vader, die daar stond, te brengen. Hoe? Tuimelend en buitelend over mijn hoofd, met 'n mat die telkens weer openrolde, wat Vader die vanuit zijn lange stoel daarnaast lag te kijken deed schaterlachen, net zolang tot het lukte en de mat er stond. – De knopen van Vaders uniform moesten gepoetst, zijn ridderorden opgespeld. Ook dat was al heel jong mijn taak. Zijn schoenen (wit zeildoek) met krijt gepoetst. Een knoop die niet glom als een spiegel of een grijze veeg over 'n schoen, was plichtsverzuim. Overdoen en, zonder de gebruikelijke 5 minuten bij vader in de stoel, naar bed. Voor vader was dit spel, training; hij had toch zijn eigen militaire oppasser, voor mij bittere ernst. Een afkeuring van vader was het ergste wat mij in die jaren kon overkomen

Voorbeeld van het handschrift waarin Jacoba haar Memoires schreef. Blz. 1 van de eerste brief gericht aan dominee Klamer, 5 juni 1964.

Hoofdstuk 2

'Voor mij zijn die jaren heerlijk geweest'

Jacoba van Tongeren groeit als kind op bij haar vader in Nederlands-Indië en kent dan geen gezinsleven. Dat komt pas als ze, 13 jaar oud, naar Nederland verhuist. 'Ik ben eigenlijk als een jongen opgevoed', schrijft ze later in haar memoires. Discipline en plicht zijn haar met de paplepel ingegoten, zozeer dat zij haar hele leven uitermate streng tegen zichzelf is geweest. Zij is altijd dol op haar vader geweest. Als ze op latere leeftijd terugkijkt op haar prille jeugdjaren, is dat een poging haar leven en haar persoonlijkheid in perspectief te zetten van haar opvoeding. 'Mijn leven was een leerschool van de eerste jeugdjaren af aan.'

1903-1916

Als Jacoba, bedlegerig, begin jaren '60 haar memoires schrijft, zijn dat in feite handgeschreven brieven aan omroeppastor Ds. Klamer. Om haar gemoed te verlichten, raadt hij haar aan het verleden van zich af te schrijven. Het zijn niet alleen de vijf oorlogsjaren die hun tol hebben geëist; van kindsbeen af kent Jacoba geen luchtig leven. Ds. Klamer moedigt Jacoba aan over zichzelf te schrijven. Dat doet ze. Wie Jacoba kent van vóór 1940, kan de verhalen uit de oorlog, en de rol die Jacoba daarin speelde, beter plaatsen. Jacoba schrijft zelf: 'Het is niet mogelijk te weten wie 2000 was en wie ik nu ben zonder deze voorgeschiedenis te kennen.' Ze begint met haar kinderjaren. In de eerste brief aan Ds. Klamer schrijft ze:

Uit ervaring weet ik wat het vraagt een ander aan te horen, te luisteren met je hart en dat verhaal zo te beleven dat je er rechtstreeks bij betrokken wordt. Ik vind mezelf zo veeleisend, zo egoïstisch en toch - wil ik tot klaarheid kunnen komen, dan moet ik nu doorzetten, de remmen losgooien zodat de stroom ongehinderd zijn loop kan nemen. 'Watervloed roept tot watervloed, bij 't gebruis uwer stromen; al uw baren en golven slaan over mij heen'. Gebeukt ben ik en murw geslagen, maar ik mag niet vluchten, nu niet weer verdringen wat om een eerlijke berechting vraagt en onder ogen gezien wil worden. Ik heb altijd gedacht 't alleen wel af te kunnen, maar is dat waar, werkelijk waar, of zijn het ook de omstandigheden, die in vele opzichten daar toe hebben geleid? Waarom werd van mij altijd gezegd - en ook verwacht - 'Co redt zich wel'. Was dat mijn karakter, of was dat een taak die mij eenvoudig op de schouders werd gelegd, zonder dat iemand zich ooit afvroeg of dat wel zou kunnen, of het wel verantwoord was de schouders van een kind zo zwaar te belasten?[6]

Kindertijd in Atjeh

Jacoba wordt op 14 oktober 1903 in Tjimahi, bij Bandoeng, in Nederlands-Indië geboren als derde kind van Hermannus van Tongeren en Jeanne Holle. Vader Van Tongeren[7] is sinds 1896 genie-officier bij het Koninklijk Nederlands Indisch Leger en legt bruggen aan voor onder andere een spoorlijn op Sumatra. Moeder Van Tongeren was onderwijzeres op Borneo tot ze in 1898 met Hermannus trouwt. Ze is zes jaar ouder dan haar man. Het gezin leeft maar kort met elkaar; na het eerste verlof van 1907 - 1909 blijft Jacoba's broer Herman bij zijn grootouders in Rotterdam om daar de lagere school te volgen. In 1909 gaat Jacoba's moeder met haar eerste dochter Charlotte (Lot) in Batavia wonen. Vader Hermannus neemt zijn jongste dochter Jacoba mee. Zij is dan 5 jaar oud. Vader en dochter wonen in het oerwoud, in een verplaatsbare ambtswoning voor legerofficieren waardoor hij vlakbij de bruggen kan wonen die hij aanlegt. De kleine Jacoba verhuist steeds mee, en blijft overdag onder de hoede van een Baboe[8]. Zij gaat niet naar school, Hermannus onderwijst zijn dochter zelf. Jacoba heeft geen leeftijdgenootjes met wie ze mag spelen. De genie-officier voedt zijn dochter op zoals hij gewend is om te gaan met zijn manschappen; gedisciplineerd maar ook liefdevol. Als Jacoba haar memoires schrijft, is ze ongeveer 60 jaar oud en heeft ze nog heldere herinneringen aan haar kindertijd in Atjeh.

Als peuter speelde ik op de grond gezeten op een matje in onze achtergalerij. Daarbuiten was 't verboden terrein voor mij. 's Avonds voor het naar bed gaan hoorde ik mijn eigen speelgoed keurig op te ruimen en 't matje (1.50 x 1.50 m) keurig opgerold tot in de hoek achter vaders grote boekenkast die daar stond te brengen. Hoe? Tuimelend en buitelend over mijn hoofd, met een mat die telkens weer openrolde, wat vader die vanuit zijn lage stoel daar-

6 Dit citaat is ontleend uit de eerste brief die Jacoba schreef aan ds. Klamer, op 5 juni 1964. De originele handgeschreven pagina is opgenomen in dit boek; zie blz. 37.

7 Zie ook hoofdstuk 19 van dit boek: 'Hermannus van Tongeren'.

8 Kindermeid.

naar lag te kijken deed schaterlachen, net zo lang tot het lukte en de mat er stond. De knopen van vaders uniform moeten gepoetst, zijn ridderordes opgespeld. Ook dat was al heel jong mijn taak. Zijn schoenen (wit zeildoek) met krijt gepoetst. Een knoop die niet glom als een spiegel of een grijze veeg over 'n schoen, was plichtverzuim. Overdoen en, zonder de gebruikelijke 5 minuten bij vader in de stoel, naar bed. Voor vader was dit spel, training; hij had toch zijn eigen militaire oppasser, voor mij was het bittere ernst. Een afkeuring van vader was het ergste wat mij in die jaren kon overkomen.

Belegerings-spel

Een staaltje van zijn opvoeding is het strategische Belegerings-spel[9] dat vader Van Tongeren vaak met zijn dochter speelt om haar belangrijke levenslessen te leren.

Vader speelde het Belegerings-spel heel vaak met mij, vooral in onze Atjehse jaren. Ik kon dat spel niet meer zien op het laatst en telkens weer haalde vader het voor de dag. Elke keer als hij het voor zijn dochter nodig oordeelde om het te spelen. Wat was dan wel de zin van dit spel: 3 blanke pionnen, 3 officieren (vader, majoor Zwartjes en kapitein Van Eck, wist ik) die hun vesting (de Benteng) verdedigen en desnoods na verraad heroveren moesten op de 50 zwarte amokmakers onder hun bendeleider Toekoe Oemar[10]. Toekoe Oemar, een bekende bendeleider in Atjeh, was een zwarte pion door vader van een rood hoofddeksel voorzien. Vader had heus dit kinderspel niet nodig tot toetsing en schepping van zijn militair beleid, al heb ik dat misschien in de allereerste tijd in mijn kinderlijke fantasie wel gedacht. Maar vader wilde zijn dochter vroegtijdig leren dat men niets wint zonder te wagen. Dat men ook niets verwachten kan te winnen, als men niet speelt met volledige overgave, dat wil zeggen met de volledige inzet van zijn persoon. Dat geen enkel spel mogelijk is zonder plan. Hoe denkt men te winnen en wat? Is de trofee waard wat er voor opgeofferd moet worden? Dat men volledige verantwoording moet nemen bij elke zet en tenslotte: dat wanneer men ondanks weloverwogen en verantwoord

9 Dit spel is beter bekend als het Toekoe Oemar Spel. 25 witte soldaatjes belagen een zwart figuurtje, voorstellend de strijd in Atjeh, Indië tegen Toekoe Oemar. Het spel werd in 1898 voor 90 cent verkocht. Het spel bestaat uit een bord met 25 gele schijven (de Nederlanders) en 1 zwarte schijf (Toekoe Oemar). Doel van het spel is om Toekoe Oemar in een vak op te sluiten of te omsingelen. Bron: Historisch Overzicht Nederlandse Gezelschaps Spellen (www.hongs.nl).

10 Toekoe, of Teukoe Oemar (1854-1899) was leider in de Atjehoorlog. Hij werd door de Hollanders in een hinderlaag gedood. In Indonesië wordt hij gezien als een held die streed tegen de koloniale overheersing. Veel straten zijn naar hem vernoemd.

doorgevoerd beleid toch zou verliezen, men dit verlies moet nemen, dat wil zeggen er lering uit trekken voor een volgende keer. Bij elke fout in de levenskunst van zijn dochter, nam vader het Belegerings-spel ter hand en werd er gespeeld, van weerskanten, met de volledige inzet van de mens die weet te kunnen falen, maar zijn kans waagt om het verlorene te herstellen en zo mogelijk een eindje verder te komen op de levensladder.

De kettingjongens

Jacoba beschrijft in een andere passage hoe haar vader hoge normen over medemensen heeft en die ook in de praktijk brengt. Op een dag komt hij arbeidskrachten tekort bij de aanleg van bruggen. Hij vraagt het Gouvernement om gevangenen. Jacoba staat naast haar vader op de kade van Kotta Radjah als deze 'kettingjongens' na een lange reis per boot aankomen. De voor die tijd ongebruikelijke manier waarop haar vader zijn nieuwe arbeidskrachten behandelt, maakt grote indruk op de jonge Jacoba[11].

Vader komt arbeidskrachten tekort. Zijn peloton genie jongens is niet toereikend voor al het graafwerk en zware arbeid die de wegenbouw en aanleg van een spoorlijn dwars door de rimboe vereiste. Een telegram naar het Binnenlands Bestuur brengt uitkomst. Vader krijgt een contingent kettingjongens, gevangenen, vier-aan-vier aan elkaar geketend. Voor deze gelegenheid reizen wij naar Kotta Radjah om de boot uit Batavia te zien aankomen. Bewogen staat vader daar. Mensen van hun vrijheid beroofd, mensen, minder dan vee, aan elkaar geketend, vervuild omdat het nemen van een behoorlijk bad zo niet mogelijk was en dat onder de tropenzon. Op elkaar vervoerd, eerst per trein van Batavia naar Soerabaja, een week reizen, dan 10 dagen in het ruim van een schip. De enkels geschaafd, rauw sommige en ontstoken door het schuren van de ketens. 'Mandoer!'[12] buldert zijn stem over de kade. 'Maak die kettingen los en als dat zo niet gaat dan vijl je ze door.' Hij neemt zijn dochter bij de hand, treedt op de eerste vier mannen toe en reikt ze stuk voor stuk de hand. 'Voortaan hebben jullie met mij te maken', beveelt hij weer. 'Dit is mijn dochtertje. Ik eis gehoorzaamheid van jullie zo goed als van haar. Kettingen kennen we hier niet, alleen vrije mensen en als die ongehoorzaam zijn, hoogstens een dag in het cachot. Begrepen?' Gebogen hoofden, vochtig glanzende donkere ogen. Samen gaan vader en ik alle rijen

11 Hermannus van Tongeren accepteert geen racistische vooroordelen. Hij schrijft hierover in april 1915 in het Indische Militair Tijdschrift het artikel 'Een genist over de Javaan als soldaat', als reactie op een eerder verschenen artikel dat door velen als 'haatzaaiend' werd getypeerd. Zie ook hoofdstuk 19 van dit boek: Hermannus van Tongeren.

12 Opzichter.

langs. Een mannenhand, een kinderhand. 'Kop op. Ingerukt, mars. Volg de mandoer naar de Passangrahan,[13] daar kunnen jullie je eerst wassen en zal ik samen met de mandoer jullie wonden nakijken.' Tegen mij: 'Loop even vooruit en zeg tegen de tweede mandoer dat hij vast schone pakjes van de genie-troepen uitlegt. Ik heb er 200 nodig. Ik moet me eerst melden bij de commandant, maar ben zo terug.'

Er heeft daar wat geknetterd bij die commandant, dat zie ik wel aan de donkere wolken op vaders voorhoofd; ook bij het Binnenlands Bestuur te Batavia, dat het volgende telegram ontving: 'Heb kettingen los gemaakt, neem volledige verantwoording'. Eerst de gouverneur, later de gouverneur-generaal zelf zijn komen kijken. Hij durft wat, die jonge kapitein, maar zijn vertrouwen in de mens(en) wordt niet beschaamd. Zelf heeft vader de eerste hulp verleend (deed hij altijd in de Benteng[14], elke dag maakte hij daar ook zijn vaste rondgang in de ziekenboeg, waar iedereen hem kon bereiken) en slechts een enkeling wordt doorgestuurd naar de militaire arts. Na een eenvoudige rijstmaaltijd die vader met zijn manschappen gebruikt, gaat het in de trein; open goederenwagens waarin losse banken, met z'n dochter midden tussen zijn nieuwe jongens van de genie, naar Langsar waar vaders kampement (allemaal inlanders) ligt en de Benteng nog weer een eind buiten dat kampement. Van het spoorwegemplacement te voet naar het kampement, van daar naar de Benteng. 'Marcheren zal ik jullie leren, jongens: een-twee, rechts-links; een-twee, rechts-links. Muziek hebben we niet, maar die maken we zelf en we zingen allemaal mee. Tamboer Maître (de tweede mandoer) voorop. Atmôh (dat is de eerste mandoer): Jij als commandant bij het tweede contingent en mijn dochter er tussenin, als tweede tamboer maître, volgen en doen precies als wij. Jij hebt de verantwoording voor de tweede honderd man en m'n dochter. Daar gaan we. Klaar?'

'En propjes drinken is mijn leus,
me dunkt, dat zie je wel aan m'n neus.
Ze zullen het zingen bij mijn graf,
hier ligt een jongeling, die aan meisjes zoentjes gaf.'

Dan volgt het hele repertoire: Turf in je ransel; Sergeant, sergeant, je broekje staat in brand enz. enz. Precies bij de Benteng maken we halt. Als de gezagvoerder er weer is, wordt de vlag gehesen en, eerbiedig nu, stram in de houding het Wilhelmus gezongen. Een klein, door vader zelf uit de inlanders gevormd en opgeleid muziekkorps speelt, uit de Benteng, rond de vlag getreden mee.

13 Soort herberg.

14 Vesting.

De troep wordt ontbonden, de mandoers nemen haar nu over. Er wordt nog een militaire groet gewisseld: 'Tot de volgende dag' en vader en ik, nog altijd marcherend, gaan huiswaarts. Op m'n vingers nu mijn denkbeeldige tamboers staf balancerend, dan weer de liederen fluit spelend trekken wij nog c.a. 3 km verder, waar heel alleen in de vrije natuur onze (verplaatsbare) ambtswoning ligt. De zon is gedaald en Tamboer Maître staat al op de uitkijk.

Onderwijs

In Nederlands-Indië gaat Jacoba niet naar school; die is er niet in het oerwoud. Haar vader onderwijst haar zelf. Ze groeit als enig kind op tussen volwassenen. Met de Indische kinderen uit het dorp mag ze niet spelen; haar vader is bang dat ze daar slecht Nederlands van gaat spreken.

Schooljaren heb ik niet gekend vóór de 2e klasse van het gymnasium. Vader heeft mij alle onderwijs gegeven. Maar vader was van voor het aanbreken van de dag tot zonsondergang de deur uit. Ik kreeg een taak voor de hele week. Voor elke dag leien vol. In dezelfde hoek waar ooit mijn mat stond, stond later de school. Een lessenaar met een stoel (door vader zelfgemaakt), leien schriften, boeken, griffels enz. enz. alles keurig netjes op een rek tegen de muur. Elke dag werkte ik daar aan mijn taak, eerst het schriftelijke deel, dan de lessen die ik leren moest. 's Zaterdagavond als ik al naar bed was keek vader het schriftelijke werk na en schreef de nieuwe taken uit. Zondagmorgen eerst leesles en dictee en dan overhoren: geschiedenis, aardrijkskunde enz. Dan de fouten bespreken uit 't gemaakte werk en overdoen wat slecht was. Iets afraffelen of overslaan was er niet bij: 'Wanneer je het doet en hoe je het doet als ik er niet ben, moet je zelf weten, maar gebeuren moet het. Mijn plicht is het te lezen en alles netjes te houden, want denk erom ik kijk alles na, net zolang totdat ik weet dat je alleen kunt werken, net als je vader.'

Hoe héél anders zijn de jeugdjaren van mijn broer en zuster geweest. Mijn broer Herman groeide op bij mijn Hollandse grootouders in een gezin; vader was de oudste uit een gezin van 11 kinderen. Lot was bij moeder in Batavia; moeder, die voor haar huwelijk onderwijzeres was geweest. Lot groeide ook in een gezin op bij een oom en tante en ging normaal naar school. Was het een wonder dat de aanpassing die eerste jaren in Holland voor mij onnoemlijk zwaar waren? Dat ik anders was dan andere kinderen, want ik was altijd alleen geweest. Met de inlandse kinderen mocht ik niet spelen. Niet om de kleur of 't andere ras, maar om 't Maleis en het kromme Hollands dat ze spraken. 'Je vader is een Hollander en als we later in Holland komen wil ik me niet hoeven schamen over de taal van mijn dochter.' 't Was alles gebod en verbod: Plicht! Hard? Misschien, maar dat heb ik in die onvergetelijke jaren toch nooit gevoeld. Wel heb ik de tederheid gemist, de liefde van een moeder, de huiselijkheid en warmte van het gezinsleven. Mijn leven was een leerschool van de eerste jeugdjaren af aan.

Oproer Chinezen

De genie legt een spoorlijn aan en Hermannus van Tongeren wil een grote brug bouwen over de Tamiang rivier bij Kuala Simpang[15]. Dat is geen eenvoudige klus; twee voorgangers faalden eerder en hebben het opgegeven. Elke keer werd hun brug weggeslagen door hevige 'bandjirs': overstromingen van de rivier. Zijn superieuren op afstand willen nu dat Van Tongeren een andere –kostbare- route kiest voor de spoorlijn: dwars door de bergketen Bukit Barisan. Als Jacoba's vader zijn idee in 1910 persoonlijk wil bepleiten bij zijn superieuren, moet hij een aantal weken op reis. Hij laat zijn dochter alleen thuis. 'Zij zal haar taak en haar plichten kennen', zegt hij. Tijdens zijn afwezigheid zorgt plotselinge politieke onrust voor een dreigende situatie waarin Jacoba zich, in al haar kinderlijke onschuld, beschermd weet door de 'kettingjongens'.

Vaders opdracht luidde: spoorbaan doortrekken tot aan Koewala Simpang en dan afbuigen van de kust af naar het binnenland. Vandaar dwars door de rimboe, door de bergketen heen, zuidoostwaarts. Vader had het hoofd geschud. Die plaats was juist. Zijn voorgangers hadden niet gefaald, maar de overspanning moest veel en veel groter zijn. 'Maak een ontwerp en kostenbegroting.' Dat had vader gedaan. Afgewezen, te duur, zo'n kapitale brug over zo'n kleine bergstroom. Vaders antwoord: 'Door de Bukit Barisan kost méér; gaat het gouvernement schatten kosten. Vraagt ook veel meer tijd en manschappen.' 'Maak de overspanning kleiner, 't is geen Missisippi.' 'Neem geen verantwoording', telegrafeert vader. 'Afgewezen. Dóór de Bukit Barisan.' 'Ik ga zelf', zegt vader. 'Van Eck en Zwartjes, jullie redden 't wel een paar weken zonder mij. Ik ga de zaak persoonlijk bepleiten.' 'En je dochter, die kan hier toch niet alleen blijven met de bedienden?' 'Mijn beide mandoers komen hier in huis. Dreigt er in enig opzicht gevaar dan gaan ze naar de Benteng. Daar zijn ze veilig.' 'Overste, dat is niet verantwoord. Daar zijn kettingjongens bij.' 'Het zijn mijn jongens van de genie. Kettingjongens kennen we hier niet, begrepen?' 'Ja, overste.'

Het is de resident van het gewest met wie vader dit gesprek heeft naar aanleiding van zijn mededeling aan 't Binnenlands Bestuur dat hij tijdelijk als militair hoofd zijn bevoegdheden overdraagt aan majoor Zwartjes en kapitein Van Eck. De controleur komt er ook nog aan te pas. Vader kan beter met hem overweg

15 Jacoba spelt de naam nog als Koewala Simpang.

dan met de resident[16] en assistent-resident. 'Meer mens', is vaders enig commentaar als hem ernaar gevraagd wordt. 'Kerel, ik wens je een goed resultaat. Zal niet meevallen ze daar te overtuigen; a propos, breng 't kind met de Baboe bij mij thuis. Mijn vrouw zal goed voor haar zorgen.' 'Dank je voor het aanbod. Kom zo af en toe maar eens kijken hoe het hier gaat. Ze blijven hier, mijn dochter zal haar taak en haar plichten kennen. Hoe jonger zij dat leert, hoe beter.' 'Je kunt van mij op aan.' Ja, twee vrienden zijn vader en hij. Beide vrijmetselaren. Hij houdt woord, maar wordt na tien dagen op patrouille uitgezonden, het binnenland in. Dan breekt er een oproer uit onder de Chinese bevolking van de vesting. De Chinezen hebben naast de burgerbevolking een aparte woonwijk. Hun opzichter, een zekere Tjong Phat Pho, heeft voor de zoveelste maal onregelmatigheden gepleegd met de rijst en voedseluitreikingen van het gouvernement en natuurlijk tijdens de afwezigheid van de controleur en het militair hoofd van de vestiging. Wie stuurt er nu ook tijdens afwezigheid van het militair hoofd, ook het politioneel hoofd op patrouille? Doorgestoken kaart, weten vader en die controleur later. 'Onverantwoordelijk', zegt de gouverneur, 'een onvergeeflijke beleidsfout.' 'Alleen maar een valstrik', aldus vader. Tjong Phat Pho wordt vermoord en de Chinezen zijn niet meer te houden. Het oproer slaat over op de inheemsen, plunderend en brandschattend worden de rijkere Chinese winkelwijken uitgekamd. Zelfs de Europeanen zijn niet meer veilig en de burgerbevolking neemt de wijk binnen het kampement. Vaders mandoer brengt ons het nieuws dat er gevaar was. Dan komt er een onregelmatige horde op ons huis toesnellen. Ze hebben pakjes van de genie aan. Het oproer is overgeslagen tot in de Benteng en de mandoers zijn in paniek. Ik kom argeloos naar buiten. Baboe Simah gilt. Het kind lacht, 't zijn de jongens van de genie, vaders jongens. Ze wordt op de schouders getild en rondgedragen onder gejuich, drie keer om het huis heen. Verwonderd staan Baboe en twee mandoers te kijken. Dit is geen oproer, het is een ovatie. Wat willen die jongens? Eindelijk zetten ze het kind neer. 'We komen jullie halen', roept er een. 'Het is amok[17] in de vestiging. We hebben de toean major[18] beloofd voor jullie te zorgen'. Kinderhanden klappen. Er wordt een bevel geroepen. De eerste mandoer stelt zich links van de troep op, de gelederen worden gesloten; de tamboer maître voorop marcheren we naar de Benteng. Ongeveer een uur later komen Baboe Simah, de andere bedienden, de paarden en bagage onder geleide van de tweede mandoer. Als de assistent-resident spoorslags komt aangereden om ons naar de vestiging bin-

16 Hoge bestuursambtenaar.
17 Oprocr.
18 Majoor.

nen het kampement ter brengen, vindt hij het huis leeg, maar voor de Benteng waait de vlag, want de dochter van de overste is daarbinnen en blijft daar zolang de rust in de vestiging niet volledig is hersteld. Een dag vóór vaders thuiskomst is ook de ijlings van zijn patrouille tocht teruggeroepen controleur weer op zijn post. Hij vraagt onmiddellijk naar ons, hoort het verhaal. 'Niets gebeurd gelukkig, man, man wat hebben we in angst gezeten. Onverantwoordelijk je kind alleen te laten in een land als dit. Krankzinnig gewoon daar in die Benteng met dat geboefte.' De controleur weet beter. 'Het zijn mensen met een hart, als ieder ander. Daar is ze veilig. Kan nergens veiliger zijn.' 'Ze zijn gek met dat kind. Alle dagen wordt de vlag gehesen.' 'Natuurlijk; in haar is de overste aanwezig. Begrijpt u 't dan nog niet, dat de overste de vesting gered heeft, enkel en alleen door zijn daad destijds tegenover deze jongens?' 'Onzin.' 'Inzicht', weet de controleur.

Noodweer bij de Koewala Simpang brug

Hermannus van Tongeren heeft het pleit gewonnen en mag zijn grote brug bouwen. Drie jaar later is de brug klaar. Het is december 1913. De Koewala Simpang brug staat fors en zich majestueus welvend over de Tamiang rivier. Wat een brug, wat een overspanning![19] Over drie dagen wordt de gouverneur van Atjeh verwacht voor de officiële opening. Maar dan komt een bandjir als nog nooit tevoren. De kleine Jacoba staat doodsangsten uit om haar vader en voelt voor het eerst krachten die groter zijn dan van de mens.

Op een zondag neemt vader het werk van een hele week met mij door, als kapitein Van Eck (vader is dan al overste) komt vertellen dat het water van de rivier onheilspellend hoog staat en dat de nieuwe brug gevaar loopt. Juist twee dagen tevoren was de overspanning gereed gekomen en de gouverneur van Atjeh zou 's woensdags komen om de plechtige opening te verrichten. 'Ik ga onmiddellijk mee voor inspectie', zegt vader.

Noodweer is 't. Het water raast in kolkende, ziedende massa's van de Bukit Barisan naar beneden. Oerwoud-reuzen worden ontworteld, stroomafwaarts gestuwd, meesleurend alles wat ze op hun weg tegenkomen. Rotsblokken donderen naar beneden, aardverschuivingen volgen. Af en toe vaart er een siddering door het stalen geraamte. Langs de gehele spoorbaan heeft de genie de wacht betrokken.

---

19 Zie foto's op blz. 36; ze zijn afkomstig uit het boek van Van Ballegoyen de Jong: 'Stations en spoorbruggen op Sumatra 1876-1941' (Bataafsche Leeuw 2001). De brug is met 228 meter de langste brug van Atjeh.

Een nacht en een dag zijn voorbij. Nog houdt het noodweer aan. Steeds grotere watermassa's moeten verwerkt, afgevoerd en gestuwd worden. Dan gebeurt het. Een hele rotswand begint te beven, kraakt. Als uit marmer gehouwen staat vader daar, op het uiterste punt tot waar, naar zijn berekening, risico genomen mocht worden. 'Dekking zoeken', geeft hij bevel. Maar zijn stem, hoewel vast en onverschrokken, davert niet. Hij kent de gevaren van het berglandschap. 'Toean Major.' Het is Atmôh, de eerste mandoer. Te laat om nog dekking te zoeken, grijpt vader de man beet, drukt hem plat tegen zich aan, houdt hem vast. 'Dekking zoeken had ik toch gezegd!' 'En u dan?' 'Deze plaats is berekend op een, niet op twee personen. Sta doodstil.' Met donderend geweld breekt de rotswand open, stort zich naar beneden, rotsblokken, woudreuzen, aardverschuivingen voor zich uit jagend. De hel lijkt losgebroken. Tot ver in de omtrek sidderen de bergketens, zuchten en steunen de woudreuzen, een kreunen dat zich duizendvoudig herhaalt. Vast omklemt een arm de als een espenblad trillende man, die zijn baas daar weg had willen roepen toen hij zag dat zijn toean major bleef staan. Geen stap naar voren, geen stap naar achteren. De andere hand houdt de kaken van deze mandoer als in een ijzeren greep geklemd, opdat hij niet zal schreeuwen; twee menselijke gestalten in uiterste nood versmolten tot een beeld van kracht en geloven temidden van een orgie van satanische krachten om hen heen. De regen striemt, het weerlicht speelt om dit wonderlijke beeld van vlees en bloed heen, een spookachtig schijnsel werpend op deze beide mensen. Een rotsblok hapert even langs de steile helling, zoekend naar evenwicht. Een strook graniet wordt over een lengte van zeker 15 meter opengereten. Het raakt uit de koers door al dat innerlijk beven van die rotswand en komt bijna loodrecht nu naar beneden donderen, recht op z'n doel, deze twee mensen af. Een adelaarsblik meet de hoek en berekent de kans. Atmôh beeft, wil zich loswringen, vluchten. Vaster nog snoert de ijzeren greep om hem heen.

'Sta! Om's levenswil, sta!' Hij wil gillen, maar de kaken zitten aaneen gesmeed. Stil, ademloos wachten brug en twee mensen op het oordeel. Een ogenblik nog: de uiterste boog van de overspanning wordt geschampt, zwaait heen en weer, maar herstelt zich. Een kreunen uitgroeiend tot een metaalachtige noodkreet vaart door deze reuzenkolos, overgenomen weer door bergwanden en kruinen der woudreuzen. Dan is een boog getroffen, raakt aan een kant los, maar blijft als een verlamde vlerk slap hangen. Het rotsblok stort zich in de ziedende, kolkende massa. Vader en Atmôh zijn ongedeerd. De spoorbrug over de kloof van de Koewala Simpang rivier staat en het ergste noodweer is nu voorbij. De bandjir gaat liggen nu er geen orkaankracht meer achter zit.

Ver van het kampement in de voorgalerij van hun woning staan een kind en een oude Baboe op de uitkijk. Het hele terrein om de paalwoning staat blank. Slechts de stallen, bijgebouwen en ambtswoning zelf liggen droog. Het bruine, modderige water uit de rivier heeft zijn weg gevonden tot onder de paalwoning en lijkt deze met de bijgebouwen als een ark op haar golven te willen verheffen, maar verder dan de met wit aangeven kolong[20] *grens komt het niet. Een orkaan rukt aan de binten en spanten. 'Nou, 't wordt te erg hier, kom mee naar binnen', zegt Baboe. 'Vader is buiten bij de brug.' 'Nou kom nu.' 'Vader is buiten', houdt het kind koppig vol. Ze klimt op het uiterste punt van de balustrade, deze met haar blote voeten omklemmend, de linkerarm om de pilaar die het dak van zinken golfplaten draagt, in de rechterhand de verrekijker. Ze tuurt en tuurt over de zelfs hier nog kolken trekkende watermassa. Achter haar, de armen beschuttend geheven, staat Baboe. Twee gestalten ineen vloeiend in een eindeloos sidderend wachten. 'Nou, kom er af. Ik zal wat warm drinken voor je halen. Je zult kou vatten.' 'Vader en zijn jongens hebben ook geen warm drinken.' 'Dat zijn mannen, non.*[21]*' Denkt dit kind: ik ben zijn dochter of zijn adjudant? Ze komt niet. Het kind weet 't niet meer. Ze hoort het razen van de storm. Ziet het zwiepen der boomkruinen, ziet stammen breken en het weerlicht langs de einder schieten. Ze hoort de paarden hinniken en stampen in de stallen, de donder groeit als een diep ondergronds geluid. Niet van boven meer komt dat geluid, maar uit de schoot der aarde en zij weet wat dit betekent in een berglandschap als dit: aardverschuivingen, splijtende rotsen, granieten reuzen die naar beneden storten. En ze weet haar vader op de uiterste grens, de gevaarlijkste voorpost, het risico bepalend dat zijn jongens nog nemen mogen. Zelf neemt hij het gevaarlijkste punt. Hoe zou dit kind naar binnen kunnen gaan of iets doen wat haar vader niet doet? Als de kapitein op de brug van zijn schip, zo staat daar dit koppige ding. Vader is buiten bij de genie-troepen, de dochter staat thuis op de brug van het veilige schip. Veilig? Hoor die orkaan! Baboe Simah geeft de strijd op. Er is geen praten tegen, net zo koppig, net zo volhardend als die grote toean besar.*[22] *Ze wachten, die twee en zien uit over de wateren. Het ergste is nu voorbij, 't wordt lichter, er komt niet zoveel modder en puin meer mee, zien zij. De wind gaat liggen en het water begint te zakken, de kolong*

20 Kolong is de tussen-paal-ruimte onder de woning. Op de palen werd altijd een zogenaamde kolong-grens aangegeven: de grens tot waar bij eventuele hoge vloed of zoals hier een bandjir, het water zou kunnen komen zonder gevaar op te leveren voor bewoners en woning.

21 Non: troetelnaam voor meisje.

22 Grote heer. Aanspreektitel van hooggeplaatste personen.

grens tekent zich weer duidelijker af en het kolken wordt minder. 'Ze zullen nu wel gauw komen', meent Baboe Simah. 'Kom nu mee.' 'Vader is er nog niet', zegt het kind. 'We zullen alles voor hem klaarleggen als hij komt. Hij zal droge kleren nodig hebben, kom nou, we leggen z'n kleren uit.' 'Heb ik al gedaan, meteen toen vader de deur uitging. Ik wacht hier.' En weer zwicht Baboe. Wat valt het wachten lang! Het is ook zo'n kind nog en de paarden zijn met zulk weer niet te gebruiken. Veel te gevaarlijk met al dat slibberende, glibberende slijk. Anders kan zij vader tegemoet rijden met twee paarden. Zij op Klaas en Piet aan de teugel. Er zit niets anders op dan te wachten. Dan -eindelijk- twee donkere stippen aan de horizon. Vader en zijn mandoer. Ja, duidelijk nu tekenen de beide silhouetten zich af in de lens van haar kijker: een forse, recht opgerichte, altijd nog veerkrachtige gestalte leidend en gedurig helpend een tengerder figuur naast hem, met een stok aftastend de begaanbaarheid van de overspoelde weg. Vader en Atmôh, ongedeerd en behouden weet dit kind en vóór Baboe iets heeft gezien of dit kan verhinderen glijdt zij van de balustrade langs de traptreden omlaag. Zo, dwars door de modder, tussen stenen en afgerukte boomstronken en takken heen, deze twee mensen tegemoet. Ze loopt niet, glijdt lenig als alleen een kind van het land zelf kan zijn, ontwijkend wat haar zou kunnen deren, met haar blote voeten trefzeker bepalend waar het veilig is te gaan, als zwevend door en over een geleiachtige massa. Baboe Simah gilt: 'Kom terug!' Maar haar stem verklinkt als een holle echo tot de roepster wederkerend. Twee mensen in de verte zien een kind op hen toe-ijlen en beduiden dit elkaar, versnellen zo mogelijk nog hun pas, maar vlugger nog is dat kind van de bergen en de wouden, van de zon en de bandjirs. Een kind, waar op dit moment openbaar wordt wat oost en west in heilige vereniging samen tot stand kunnen brengen. Dat kind ijlt voort en werpt zich aan het hart van haar vader. Ze wil wat zeggen, maar ze kan het niet, want dezelfde ijzeren greep die de kaken van Atmôh op elkaar geklemd hield, legt zich nu om haar kin; heft dat gelaat op naar de vader; een gelaat zo kinderlijk en toch bleek en vertrokken om de angst die dat kind heeft doorstaan. 'Vader', wil dit kind zeggen, 'ik ben zo bang geweest om u.' Maar als zij haar vader aanziet, breken een lach en een traan tegelijkertijd open in dit gezichtje en haar lippen vormen alleen maar het woord 'brug'. Een vaste maar o zo tedere hand legt zich over haar schouder. Tegelijkertijd de rug rechtend, want recht opgericht zal zij het horen. 'De brug staat er nog. Iets beschadigd, maar niet veel, zoals wij allemaal wel wat schade hebben opgelopen vandaag.' De brug staat! De brug waar zo veel om te doen geweest is, waarvoor die grote man, maar ook dit kind, reeds zoveel hebben moeten verduren. Vaders brug, het is meer dan een juichkreet, het is een lofprijzing en dankgebed tevens, want heel diep van binnen weet dat kind dat dit niet iets van de mensen is. Triomfantelijk nu, het kind voorop, gaat het huiswaarts. Blote kindervoeten markeren de meest begaanbare weg en twee mannen volgen. Een stok is niet nodig nu, want een kind, wadend tot boven haar knieën door het slijk, geeft de zekerste weg aan. Bij het erf gekomen heft zij het lied aan zoals haar vader haar dat geleerd heeft: 'Mijn schild en de betrouwen zijt gij, o God mijn Heer! Op u zo wil ik bouwen, verlaat mij nimmer meer!' Een oude inlandse vrouw, de sarong onder de oksels stevig opgebonden vanwege al dat drabbige slik, komt, de vlag op haar gestrekte handen eerbiedig voor zich uitdragend, dit drietal tegemoet. Ja, zij ook weet hoe het hoort. Ditmaal zijn het de mandoer en een kind die de vlag ontvouwen en hijsen. Langzaam ontplooit zich de Nederlandse driekleur onder een moeizaam openbrekende tropische onweershemel. Het Wilhelmus weerklinkt, meezongen door een oude inlandse vrouw, als eerbetoon aan haar toean, als bewijs ook van verknochtheid aan de blanda[23] die de oosterling naar zijn menselijke waarde weet te schatten, die zich niet ver boven hem verheven voelt maar weet zijn machtige en sterkere broeder te zijn.

Zeg niet dat dit een door de herinnering vertekend beeld is. Dat is het niet. Ik heb het u doorgegeven zoals het daar toen waarlijk is geschied, daar, bij die Koewala Simpang brug, zoals het mij verteld werd door Atmôh, door kapitein Van Eck vanuit de dichtstbijzijnde post, die alles voor zijn ogen zo heeft zien gebeuren; door de jongens van de genie, allemaal ooggetuigen, door majoor Zwartjes, die alles vanuit de verte met zijn kijker had gevolgd. De enige die erover zweeg was vader. Al die anderen kwamen met hun gelijkluidend verhaal.

Een eenzaam hart

Aan de kinderjaren op Sumatra komt een eind als vader Van Tongeren in 1916 op eigen verzoek de militaire dienst verlaat en met pensioen gaat. Hij gaat met zijn gezin in Nederland wonen. Hoewel Jacoba als enig kind opgroeit, heeft ze zich op Sumatra nooit eenzaam gevoeld. Ze is er gelukkig. Pas veel later, als ze volwassen is, realiseert Jacoba zich dat dit voor haar vader anders moet zijn geweest.

Voor mij zijn die jaren heerlijk geweest. Voor vader, naar ik vele jaren later eerst begrepen heb, zeer eenzaam, omdat voor hem na Pedir, Tjimahi (waar

23 Blanke.

ik geboren werd) en de eerste Atjehse jaren het veilige thuis, de beslotenheid van het gezinsleven en de intimiteit van het huwelijk wegvielen. Moeder verdroeg het zo rauwe militaire leven en de eenzaamheid der Atjehse binnenlanden niet. Birun Puntun, waar vader zijn eerste spoorwegbrug bouwde die de verbinding over 't ravijn sloeg dat binnenlanden en kuststreek gescheiden hield, werd voor vaders huwelijksleven geen verbinding maar een ruim 13-jarige scheiding. Militaire trofeeën, maar een eenzaam hart, vele jaren lang. Voor mij kwam de eenzaamheid ná die dertien jaren. De eerste jaren in Holland. Mijn volledige gymnasiumjaren, mag ik wel zeggen.

Hoofdstuk 3

'Weerloos was ik niet langer, maar strijdvaardig'

Jacoba is 13 jaar als ze met haar vader naar Nederland verhuist. Het gezin Van Tongeren wordt herenigd. Het leven verandert volkomen voor de jonge Jacoba; ze gaat niet alleen voor het eerst naar school waar ze moet leren omgaan met klasgenoten, maar het kost haar moeite te wennen aan het gezinsleven met een oudere broer, Herman van 17 en een zus van 14: Charlotte. Het is voor Jacoba geen gelukkige tijd. In die eerste jaren in Holland begint Jacoba een dagboek bij te houden. Dat heeft ze de rest van haar leven gedaan.

1916-1928

Zodra Jacoba in Amsterdam woont, pakt ze als vanzelfsprekend zorgtaken op in huis. Zelfstandigheid en de armen uit de mouwen steken is ze wel gewend, in tegenstelling tot haar moeder en zus. Pas veel later realiseert Jacoba zich hoe ongewoon de situatie bij haar thuis was. En hoe zwaar die eerste jaren in Holland voor haar vader geweest moeten zijn. Jacoba schrijft in haar memoires:

Hier volgen enkele flitsen. Stuk voor stuk geven ze een beeld van ons gezin en vader, die voor een ongelooflijk zware taak gesteld werd om na jaren van afwezigheid en vervreemding uit een samenraapsel van individualisten een gezin te vormen.

In Holland woonden wij in Amsterdam, achter het Concertgebouw, in de Johannes Verhulststraat. 13 Jaar was ik. In de eerste week na aankomst uit Indië logeerde ik bij mijn grootouders, leiders van een Hervormd Bejaardentehuis in Rotterdam. Grootmoeder riep mij bij zich: 'Kind, je krijgt nu een heel ander leven dan je tot nog toe gewend geweest bent; ook je vader, jullie allemaal. Je vader zal je nodig hebben; jij bent altijd bij hem geweest. Ik zal je alles leren, een flinke Hollandse huisvrouw van je maken in de vakanties, als je hier logeert, maar we beginnen er meteen vandaag mee.'

Heerlijk heb ik 't gevonden en altijd zal ik er oma dankbaar voor blijven. En zo vanzelfsprekend was het voor mij dat ik toen niet eens vroeg: 'En Lot dan?' In later jaren, als we vertrouwelijk samen spraken, ja toen is die vraag wel aan de orde gekomen. Moeder, het verwende, Indische kind-vrouwtje dat eigenlijk nooit volwassen is geworden en voor wie de aanpassing aan het zo volkomen andere, Hollandse leven eenvoudig niet mogelijk was. Moeder met haar suikerziekte al van haar 32-ste jaar af (toen wij in Holland kwamen was moeder 46 jaar, vader 40) en met een uitermate zwak zenuwgestel. En mijn zuster? Knap, uitermate intelligent, maar met 2 linkerhanden, zoals grootmoeder dat noemde. Verwend en bedorven tot in de grond en niet gewend ook maar in iets de handen uit de mouw te steken. Waarom ik als jongste dan wel? De vraag is nooit bij mij opgekomen. Vele, vele jaren later, ik was toen allang van huis en had al heel wat mee- en doorgemaakt, hoe vreemd 't ook mag klinken, drong 't pas tot mij door hoe tegen de natuurlijke orde alles bij ons thuis is geweest.

Het eerst van allen thuis, ook in de schooljaren, was ik op. Ik sloop naar beneden om vooral niemand wakker te maken, ledigde de asladen en porde de kachels op zodat 't behaaglijk warm was tegen de tijd dat vader beneden zou komen, maakte het fornuis aan in de keuken, zette thee voor de dienstmeisjes (we hadden er twee inwonend in die jaren) die ik om 7 uur ging wekken zodat ze om half 8 zouden kunnen beginnen, zette koffie voor vader en moeder die ik om half 8 hun kopje koffie op bed bracht, wekte m'n broer en zuster, zorgde voor het ontbijt, bracht moeder en Lot het hunne boven en ruimde de ontbijtboel weg voor ik om half 9 naar school ging. Dikwijls hielp ik in de keuken nog 't dienstmeisje door de eerste afwas heen. Zo had grootmoeder het waarschijnlijk niet bedoeld, omdat we personeel hadden, maar precies zoals ik in Indië het de gewoonste zaak van de wereld gevonden had voor vaders uniform enz. te zorgen. Omdat hij het mij geleerd had en hij 't niet aan zijn Mandur, maar aan mij opdroeg, was het voor mij een vanzelfsprekendheid deze dingen te doen. Grootmoeder had 't mij toch geleerd. Ze had zelf de schorten voor mij genaaid en me die gegeven vóór we naar Amsterdam gingen; bonte voor het werk, gezellige witte voor 's middags en in de keuken, en 1 héél mooi fantasie schortje voor de zondag. 's Middags uit school: schort voor, naar de keuken: theezetten voor moeder en de anderen en bovenbrengen op het zilveren blad. Daarna: helpen in de keuken, tafeldekken enz enz. Vader kwam thuis: een vers kopje thee, een glaasje oranje bitter. Na het eten, de vaat wassen, thee zetten en dan naar boven tot 9 uur om huiswerk te maken. Om 9 uur naar de keuken: koffie voor het hele gezin. Lot en Herman waren dan allang klaar met hun huiswerk; ik natuurlijk niet. Na de koffie was het 'taptoe' (voor de kinderen): een kruik maken voor moeder en Lot en ikzelf? Huiswerk afmaken. 'Wanneer je het doet en hoe je het doet, moet je zelf weten. Mijn plicht is de spoorbaan, de jouwe je huiswerk en dat je alles netjes houdt.'

Schoolrapporten

Jacoba werd de eerste 13 jaar van haar leven door haar vader onderwezen, maar hij was geen leraar. Op het Gereformeerd Gymnasium[24] in Amsterdam blijkt hoeveel basis lesstof ze mist. Als de rapportcijfers worden vergeleken, voelt Jacoba zich een slechte leerling. Ook haar leraren denken dat Jacoba te dom is voor het gymnasium, tot woede van haar vader.

Ook van vader had ik altijd cijfers gekregen voor mijn werk, maar ik was enige leerling. Nu met de school werd dat anders. Onze rapporten werden naast elkaar gelegd en met elkaar vergeleken. En niet alleen van ons drieën, maar van alle schoolkinderen waarover vader het toeziend voogd-schap had aanvaard, de kinderen die in de weekends, vaak ook s' avond's en in de vakanties bij ons waren: de Klusmans, de Rensens, Hilmer. Zij hadden in Batavia allemaal regelmatig de school bezocht. Waren ook wel eerder al in Holland geweest. Al onze rapporten werden naast elkaar gelegd. Elk punt vooruit was een dubbeltje: 2 punten vooruit 2 dubbeltjes. Een punt achteruit een dubbeltje betalen. Onvoldoende: zoveel punten als je beneden voldoende was, er 2-voudig bovenop als boete. Zoveel punten boven goed': 2-voudig er bovenop als beloning. Het hoogste cijfer dat behaald kon worden was een premie van één gulden. Hoe pover waren mijn rapporten in vergelijking met die van de anderen! Hoe beschaamd stond ik erbij als die anderen allemaal gecomplimenteerd werden. In de eerste plaats de 2 uitblinkers: mijn broer en zuster, maar ook die andere rapporten mochten er zijn. Hoe verdrietig keek ik dan naar die handen van mij, die alles deden wat ze een ander zagen doen, maar die geen mooie rapporten konden maken! En dat nog wel terwijl vader mijn leermeester was geweest. Later, veel later, zag ik in dat dit geen maatstaf was geweest. Wat vader voor mij gedaan heeft, verdient het grootste respect. Ik zal er hem altijd dankbaar voor blijven, maar de fijne kneepjes van het onderwijs geven kende hij niet. Hoe zou hij? Hij was een levenskunstenaar, geen docent. De grondslagen zaten er niet in bij mij en dat heeft zich gewroken heel mijn schooltijd door. En dan - werd hier niet wat teveel gevraagd van een kind? Hoe maakte ik mijn huiswerk? Vaak tollend van

24 Het Gereformeerd Gymnasium zat van 1889 tot 1972 aan de Keizersgracht 418-424. In haar laatste jaren heette de school het Woltjer Gymnasium, naar een van de oprichters die jarenlang rector was geweest.

slaap, want de dagen waren te lang. Ook de aanpassing die gevraagd werd, zo zonder enige overgang of voorbereiding was te groot. Maar hoe zou ik dat toen begrepen hebben? 'Ook ik heb van U mijn gaven ontvangen, Heer'. Bovenal die van mijn hart en handen, maar dat zag ik toen niet. Ik was maar een domme en slechte leerling. 'Hoe weinig Heer heb ik u toen begrepen'. Anders was ik dan de anderen, maar niet minderwaardig.

Er was nog iets: ook leraren zijn slechts mensen. Leraar M. hadden we voor Nederlands en Frans. O, wat zat ik met die grammatica, die zinsontledingen waar vader zich nooit mee bemoeid had. Ik had de lessen geleerd, maar de toepassing! Ten einde raad was mijnheer M. met zo'n leerling. Wat een stomme fouten! Hij is naar de rector en naar vader toegegaan. Ik moest naar een BLO school[25]*. Ik hoorde niet op een gymnasium thuis. Razend is vader geweest. Hij heeft die arme man het huis uitgeketterd; hij heeft de telefoon genomen en de rector gevraagd of 't gymnasium soms een asiel was voor achterlijke leerkrachten. Maar ik kreeg er ook van langs. De muren hebben gebeefd bij ons thuis, want ik had mijn ouders te schande gemaakt. Gebulderd heeft die Generaal*[26] *en mij door elkaar geschud, wat of ik dan toch wel gedaan of gezegd had dat die vent zo iets van zijn dochter had kunnen zeggen. En ik stond erbij, niet begrijpend waarom deze orkaan over mijn hoofd losbarstte, huilend van vernedering omdat ik 't niet helpen kon en te dom om er iets van te begrijpen. Toen heeft moeder het voor mij opgenomen: 'Kom Herman (zo noemde zij vader nooit, alleen als zij hem tot de orde riep), nu is 't genoeg; 't is nog maar een kind.' En tegen mij: 'En jij naar boven. Ga je gezicht wassen en ga in de keuken helpen.' En de anderen? Wat hebben zij gegniffeld en gelachen. Hoe vaak hebben ze ook later als ik iets doms of onhandigs had gezegd of gedaan, gefluisterd en gesard: BLO, BLO. Kinderen zijn vaak wreed, maar beseffen het niet.*

Jacoba herinnert zich een tweede aanvaring met leraar M. Hij gelooft niet dat ze haar opstel zelf heeft geschreven en Jacoba moet bij de rector komen.

Vrij opstel Nederlands. Keuze uit 5 onderwerpen. De andere weet ik niet eens meer, alleen wat ik gekozen had: ,Kleine tirannen'. Hoe heb ik daar op mijn kamer aan zitten schrijven! Ik heb mijn hart uitgeschreven, maar

25 BLO: Buitengewoon Lager Onderwijs, de voorloper van het speciaal onderwijs, bedoeld voor kinderen die in het reguliere onderwijs niet tot hun recht kwamen.

26 Jacoba noemt haar vader hier Generaal. Zij refereert aan zijn titulaire rang van Generaal-Majoor die hem in 1939 is verleend. Zie ook hoofdstuk 19 van dit boek: 'Hermannus van Tongeren'.

dat wist ik toen niet. Toen kwam de klassikale bespreking met de cijfers: een groot rood kruis erdoor. Cijfer 0. 'Gestolen' eronder. Ik begreep er niets van: Gestolen? Van wie? Ik was de enige die dat onderwerp had gekozen! Ik werd ter verantwoording geroepen voor de klas. 'Wie heeft dit opstel voor je gemaakt of van wie heb je dat overgeschreven en dan nog vol fouten ook! Dat is geen eigen werk.' 't Klonk zo streng en veroordelend, maar ik was niet bang: 't was toch van mij? 'Niemand.' En ik zag hem recht in de ogen.'Ga in de hoek staan, want je liegt.' 'Dat doe ik niet, want ik lieg niet; 't is van niemand anders, ik heb 't geschreven.' Ruw werd ik bij mijn arm gepakt en buiten de deur gezet: 'Ga je melden bij de rector, hier heb je je schrift.' Sprakeloos was ik. Blijkbaar wist de rector al van een en ander, had hij mijn opstel al gelezen. 'Kom binnen kind en ga hier eens rustig zitten. Zo.' Zelf schoof hij een gemakkelijke stoel voor mij bij. 'En vertel me nu maar wat er met dat opstel van jou aan de hand is.' 'Ik begrijp het niet; 't is toch echt van mij. Hoe kan je nu een opstel stelen?' 'Heeft niemand je er bij geholpen?' Ik schudde van neen. 'Heb je ook niet eens zoiets gelezen?' Weer een ontkennende knik. 'Ik schreef 't zo maar, omdat ik 't leuk vond. Hier kun je wat over vertellen: die andere onderwerpen waren zo gewoon, daar kan ik niets van maken.' Een hand op mijn schouder. 'Ik geloof je kind.' Toen: 'Heb je het moeilijk thuis?' Een knik: 'Ja! De anderen zijn allemaal zo knap.' 'Knapheid is niet het enige belangrijke mijn kind en dit', hij wees op mijn rood-doorkruiste opstel, 'dit is karakter, een meesterstukje waar ik mijn hoed voor afneem. Ga jij nu maar naar huis vanmorgen en vraag of vader vanmiddag even langs komt. Je opstel houd ik nog hier zolang.' Goeie, lieve vader... wat zou ik hem graag nu nog bedanken voor wat hij toen voor mij gedaan heeft. Thuis: 'Of u vanmiddag even bij de rector langs wilt komen, vader.' 'Wat is er nu weer?' 'Mijn opstel.' 'Onvoldoende?' Ik knikte: 'Nul', en ik holde snikkend naar boven. Ik hoorde op de gang nog hoe vader bulderde: 'Wat zal ik nu weer voor fraais beleven aan dat kind?' Maar toen vader om 6 uur thuis kwam was het anders. Zijn hele gezicht straalde en hij zwaaide met mijn schrift. 'Kom eens hier, jij klein canaille. Ja komen jullie allemaal maar, jij ook vrouw. Zo en nu lees jij ons dat nulpunt van die BLO idioot eens voor.' Ach alweer fout! 'Dat kan ik niet.' 'Wat zeg je me nou? Geen insubordinatie: lezen!' Ik huilde, bracht geen woord uit. Mijn broer Herman griste 't mij uit handen en begon. Als een furie wierp ik me op hem, scheurde het schrift in tweeën en wierp het in de kachel. Een klap om mijn oren van vader deed mij suizebollen en even later werd ik in de kelder opgesloten. 'Kom hier maar tot bezinning.'

Het gezinsleven

Ook het nieuwe gezinsleven, met broer en zus, is voor Jacoba wennen. Zij voelt in alles hoe zij, door haar kindertijd in het oerwoud, verschilt van de andere kinderen. Het geeft haar als tiener een minderwaardig gevoel. Ook de plagerijen doen haar pijn.

Ben ik muzikaal? Ik zou 't niet durven zeggen, ik weet 't niet. Wel heb ik van jongs af aan van muziek gehouden. Meer dan de anderen thuis, wat kon ik luisteren! Met heel mijn hart, met mijn hele wezen; 't ging door me heen, beroerde me, bezielde me! 't Was of er iets uit een andere wereld tot ons kwam, een wereld die ik niet kende, maar die mij aanraakte en begenadigde. Dat heb ik van moeder. Maar ik bespeel geen instrument. Zelfs geen noot kan ik lezen. Lot en Herman, zij hebben muziekles gehad. Mijn broer pianolessen al bij mijn grootouders, mijn zuster in Indië ook en later hier ook nog zanglessen op 't conservatorium in Amsterdam. Maar voor ons alle drie gold: de school is nummer 1, de muziek is bijzaak. Als ik weleens vroeg: 'Hé, vader mag ik ook pianoles hebben?', luidde steevast het antwoord: 'Zorg eerst maar dat je geen onvoldoende meer hebt.' Daarmee was de zaak afgedaan: een rapport zonder één enkele onvoldoende, dat heb ik nooit gepresteerd.

We hadden thuis een abonnement op 't Concertgebouw. Elke donderdagavond en zondagmiddag gingen vader en moeder naar 't concert. Om beurten mochten Lot en Herman op zondagmiddag mee. Wij hadden ook een abonnement op Artis. Dat was speciaal voor mij ; de anderen gingen er nooit heen. Ik kan me niet herinneren dat wij ooit als gezin in Artis geweest zijn. 'Het kind moet toch iets hebben', zei vader. 'Ga jij maar naar de apen.' Hoe vaak heb ik dat moeten horen en wat heb ik dat gevoeld als een vernedering. Kan ook maar iets dat Gij geschapen hebt, Heer en dat wij met onze ziel gadeslaan een vernedering zijn? Zijn wij niet zelf het maaksel uwer handen? Maar ik was toen nogal zo'n dom gansje.

Zingen kon ik ook al niet. Mijn hele repertoire toen we in Holland kwamen bestond uit het Wilhelmus, dat natuurlijk -het is ook het laatste geschenk dat ik van vader ontvangen heb, in luxe uitgave in september 1940- en wat soldatenliedjes: 'Op de heide zal ik je....',' Turf in je ransel....',' Sergeant, je broekje staat in brand'. Moeder en Lot zongen vaak samen. Mijn zuster had een heel lieve stem en vooral een goede voordracht. Vol eerbied, bijna met devotie luisterde ik daarnaar: zoiets ook te kunnen! Als ik 't probeerde: 'Ga weg kraai; je brengt ons in de war.' Grootmoeder vond dat ik maar een raar meisje was. 'Kind, wat heb jij toch een vreemde opvoeding gehad; die malle jongen van mij toch.' En dan vol vertedering en met een zucht: 'Hij was ook nog zo jong, nog geen 18 jaar.' Van haar leerde ik het Angelus. O, wat heb ik dat vaak zachtjes gezongen op mijn kamer. Op zolder van het Bejaardentehuis vond ik een oude citer. Die mocht ik hebben en grootvader wees mij hoe die te gebruiken. Op mijn eigen manier zocht ik de tonen om mijn zang te accompagneren: de psalmen die in de kerk gezongen werden. O, wat heb ik daar gezongen, daar durfde ik wel. Grootvader had eens tegen mij gezegd: 'Je kunt altijd zingen, iedereen, want God vraagt niet naar mooi of lelijk, als 't maar uit het hart komt. Je grootvader is ook maar een oude bromtol, maar ik zou 't lied niet kunnen missen in mijn leven.' Wat hebben die levensliederen mij gegeven in die moeilijke jaren thuis!

Toen - weer die wrede ontmaskering. Mijn kamer was helemaal op de bovenste verdieping van ons huis, vlak onder het dak. Langs het raam liep de dakgoot over het platte dak, dat lager lag dan het overige deel van ons huis. 't Was een soort uitbouw. 's Zomers zaten wij ook weleens op 't platte dak omdat je daar zo'n mooi uitzicht had. Ik zong nooit als ik iemand in de buurt of op het dak wist. Maar een keer schijnt mijn broer daar toch geweest te zijn zonder dat ik het gemerkt had. Hij had mij horen zingen en spelen. 'David met de harp'. Hij had de anderen geroepen, de hele schaar, 't was zondag. Ze hadden pannendeksels, lege blikken, van alles gehaald , een oude stukke trompet, Joost mag weten waar vandaan. Heel zachtjes waren ze het plat op geslopen. Plotseling een oorverdovend lawaai en gejoel, een gekrijs en gegil. 'Kom David! Speel! We zullen je begeleiden met tamboerijn en dans!' Ik weet nu dat ik 't sportief had moeten opvatten en dat het zo niet bedoeld was, maar wat voelde ik me betrapt. Belachelijk gemaakt. 'Waar blijf je nu met je vrome liederen David, moet je niet meer spelen voor Saul?' O, wat heb ik mijn broer gehaat op dat moment en aan tafel weer, toen alles nog weer in geuren en kleuren aan vader en moeder werd verteld en die ook lachten, dat de tranen erbij langs liepen.

Na dit incident zingt Jacoba niet meer thuis en de citer verdwijnt naar zolder. Pas jaren later, als ze ziek in bed ligt, verlangt ze weer naar het instrument. Dan blijkt dat Lot de citer na het overlijden van hun moeder met de voddenman heeft meegegeven.

Mijn dagboek

Zo zijn er wel meer plagerijen, en Jacoba weet niet goed hoe ze hiermee om moet gaan. Ze begint een dagboek bij te houden.

Ik vond schrijven heel wat gemakkelijker dan praten, want bij praten werd ik vaak uitgelachen omdat ik malle dingen zei. Dus schreef ik altijd in mijn dagboek. Op een dag in november 1918 deden mijn broer en zus en nog wat vrienden die er waren, een soort woordspel. Het kladblok was vol, dus gingen ze op zoek naar een ander blok. Lot keek of er bij Cobie wat lag. Op haar schrijftafel lag niets, dus keek ze in de klerenkast. Daar zag ze onder een stapeltje nachtjaponnen een cahier liggen. 'Niets voor Cobie, om een schrift tussen de kleren te stoppen, daar moet iets mee zijn.' Zij liet het zien aan de anderen. Het blijkt een dagboek te zijn, met hele rare zinnen, vinden ze. 'Daar moet iedereen van genieten', besloten ze. Tijdens het eten haalde Lot het dagboek te voorschijn vanonder het kussen op haar stoel. Lot begon: 'Ik open u de verborgen schrifturen van uw jongste talentvolle dochter. Luister toch ouders, en verbaas u over zulk een kunstgewrocht.' En zo begon ze er een paar zinnen uit voor te lezen, waarop de kinderen erg moesten lachen. Toen nam Herman het over, en las nog een paar zinnen voor. Nog meer gelach. Ik voelde me weerloos, overrompeld en verslagen en reageerde niet eens. Ik was verbijsterd over zo'n vurig verraad, zoals ik het ervoer. Mijn broer sloeg zich op de knieën van het lachen, en de anderen verslikten zich bijna. Opeens had vader door wat zich hier afspeelde en dat ik me in mijn dagboek dingen afvroeg over tijdens het eten gevoerde gesprekken. Wat onnozel geformuleerd, soms. Vader vond het genoeg en bulderde dat het moet ophouden. Zijn ogen schoten vuur. Hij pakte het dagboek en gaf het aan mij terug. 'Geen woord meer, begrepen! Jullie horen hier nog wel over.' Tegen mij zei hij dat ik het cahier goed moest opbergen en niet meer moest laten slingeren. Na het eten riep hij alle jongelui behalve mij op zijn kamer en sprak een hartig woordje met ze. Toen heeft hij tijdens de krijgsraad die aan zijn uitbrander voorafging, vast en zeker de ware toedracht gehoord over wat er zich heeft afgespeeld, namelijk dat Lot in mijn kast het dagboek had gevonden. Vader maakte in mijn werktafeltje een la die op slot kon, waar het dagboek in kon. 'Als je voortaan wat te schrijven hebt in je dagboek, laat het dan wat zinnigs zijn en niet dergelijke nonsens.'

Moeder

Het zijn niet alleen de plagerijen van haar oudere broer en zus die de jonge Jacoba pijn doen. Zij bracht haar eerst kinderjaren alleen met haar vader door. De reden waarom zij niet, zoals haar zus, bij haar moeder woonde maar alleen met haar vader in het oerwoud opgroeide, wordt haar pas duidelijk in Nederland.

Grootvader en grootmoeder kwamen logeren. Zelf had ik de logeerkamer in orde gemaakt. Al in bed, bedacht ik dat grootmoeder geen kruiken-zak had, zoals ze gewend was. Dus ging ik een mooie, die ik zelf had geborduurd, nog even op haar bed leggen. Als vader grootvader en grootmoeder de volgende morgen ging halen, terwijl ik op school zat, zou grootmoeder toch aan alles de liefde bespeuren waarmee zij werd verwacht. De logeerkamer was naast de badkamer en de kamer van vader en moeder. Eenmaal binnen in de logeerkamer, werd ik opgeschrikt door luide stemmen. Ik had willen vluchten, maar durfde het niet, uit vrees dat ik dan gehoord zou worden. Vader wilde dat moeder wat meer aandacht, meer liefde vooral, voor mij aan de dag zou leggen. Vader: 'Ze is nu een jong meisje, dat heeft haar moeder nodig; meer dan de vader. Ik wil niet dat zij opgroeit als een vreemde hier in huis.' Moeder: 'Ze redt zichzelf wel, ze heeft niemand nodig. Dat kind weet alles, ziet alles, ze is een gevaar hier in huis.' Vader: 'Zwijg!' Moeder: 'Ik zwijg niet. Zij is geen kind van mij. Ik wilde geen kinderen meer.' Vader: 'Vrouw, vrouw, dat is verleden. Je kunt toch dat kind niet verwijten wat ik heb misdaan. Het kind kan het niet helpen.' Moeder: 'Kind, kind! Jouw kind misschien. Van mij niet. Ze is geen kind; die ogen die alles zien, alles opmerken, maar zwijgen. Even ondoorgrondelijk als haar hele wezen. Praat ze weleens met jou? Met anderen? Neen, met haar dagboek praat ze en dan nog in een taal die ik niet versta. En jij vindt alles goed. Je vindt goed dat ze naar catechisatie gaat, dat ze naar de kerk gaat en het is helemaal je richting niet.' Vader zweeg. Ik stond daar nog lang nadat het stil geworden was in de kamer naast mij. Heel lang daarna, toen ik zeker was dat zij mij niet meer horen zouden, sloop ik naar boven. Koud was ik tot in mijn hart, maar niet eens bedroefd. Alleen beschaamd om vader, die vernederd werd en miskend in zijn liefde. Het was mij allemaal zo vreemd, zo onbegrijpelijk. Hoe haatte ik moeder daarom. Niet om wat zij van mij had gezegd. Ze stond immers altijd al buiten mijn leven, maar om wat zij vader aandeed.

De gebroken waterkaraf

Jacoba heeft afgerekend met haar onbezorgde kindertijd in Indië. Zij voelt zich een ongewenste vreemdeling in haar eigen familie. Een incident met een gebroken waterkaraf maakt de strijdbare vrouw in haar wakker.[27]

27 Het incident met de gebroken waterkaraf speelt zich af op 10 maart 1917 of 1918.

Het onderhoud van de wastafels was een van de dingen die ik mij vrijwillig tot taak had gesteld. Op elke kamer bevond zich zo'n ouderwetse waskast met marmeren blad en opstand, waarboven de spiegel was. Op de wastafel een lampetkan en kom; op de opstand een waterkaraf met wastafelglazen. In de kamer van vader en moeder stond een zacht blauw marmeren wastafel met twee kristallen karaffen en glazen en een pronkstuk van eenvoud en vakmanschap: een Indische waterkaraf. Dit was een zeer zeldzaam en kostbaar exemplaar, door vader zelf uitgezocht. Moeder was er ook zeer op gesteld. Als ik deze wastafel met toebehoren deed, was dat met alle toewijding van het kinderhart dat de liefde van de vader kende voor deze prachtige karaf. Toen ik op een dag thuis kwam, zag ik aan het gezicht van Bertha, een van de twee dienstmeisjes, dat er iets mis was. Toen ik naar de keuken liep om daar te helpen, zei Bertha: 'Ik zou maar eens eerst mijn excuses gaan aanbieden voor die mooie waterkaraf die je gebroken hebt. Een mens kan een ongelukje hebben, maar 't dan zó neerzetten dat 't niet te zien is en er niets van te zeggen, zodat een ander de schuld krijgt: bah!' Ik zei: 'Ik heb niets gebroken, Bertha.' Bertha: 'Dat moet, want jij hebt de wastafel gedaan vanmorgen en er is niemand in de kamer geweest na jou.' 'Ik heb het niet gedaan.' Bertha bitste: 'Nu nog er om liegen ook.' Maar er was wél iemand geweest en ik wist ook wie, want ik was Lot op de gang tegengekomen, juist op het moment dat ik de wastafel had gedaan. Moeder had haar juwelendoos op de schoorsteen staan, met zilveren kabaja-spelden, met gouden spelden, kleine diamanten, allemaal erfstukken uit de trotse nalatenschap van een oud, Indisch vorstelijk geslacht. Ik vroeg me af hoe de waterkaraf stuk kon zijn. Had Lot voor de spiegel willen kijken hoe een sieraad stond en toen een ongeluk gehad? Die spelden leende ze wel vaker. Meteen begreep ik dat zij niet kon zeggen dat ze hem gebroken had, omdat dit ook een zaak van vader was. Lot had grote angst voor vaders sterke handen en voor zijn stem wanneer die door het huis donderde. En moeder zou haar altijd in bescherming nemen. Hoe zou dit uitpakken? Ik rende naar boven om te zien wat er gebeurd was. Precies op de mooie slanke hals van de karaf, waarlangs zich de draak naar boven slingerde, eindigend in de dop, de kop van de draak, zat de breuk. Het leek wel of met een scherp voorwerp hals en romp van de karaf van elkaar waren gescheiden. De maaltijd verliep onder een beklemmend stilzwijgen. Toen zei vader: 'Ik heb gehoord dat een van jullie de waterkaraf gebroken heeft. Moeder vond hem zo toen ze boven kwam. Wie heeft het gedaan? Herman, heb jij 't gedaan?' 'Dat is onmogelijk, want ik ben meteen na het ontbijt de deur uitgegaan.' 'Lot? Jij bent op de kamer geweest, is 't niet?' 'Ja vader, maar toen ik er kwam was hij heel.' 'Co, heb jij de wastafel gedaan?' 'Ja, vader.' 'En de waterkaraf?' Ik: 'Die was heel, vader.' Vader: 'Wie van jullie liegt er?' Moeder: 'Dat hoef je niet te vragen. Lot is Cobie op de gang tegengekomen.' Dat was waar, maar ik kwam de kamer uit. Vader tot Lot: 'Is dat zo?' 'Ja, vader.' Vader: 'Rest niemand anders dan jij.' En hij stelde zich in volle breedte voor mij op: 'Waarom lieg je?' 'Ik lieg niet. Ik heb de waterkaraf niet gebroken.' Stellig had ik met een enkel woord opheldering van zaken kunnen geven, maar dan was ik een verraadster geweest. Afwisselend nu zag vader Lot, dan mij aan. 'Spreek op.' 'Ik lieg niet', wilde ik weer zeggen. Moeder: 'Ach man, 't heeft geen zin. Je weet hoe koppig ze is.' Een kletterende slag langs mijn oren beduidde mij dat voor vader 't pleit was beslecht, maar voor mij niet. Dat neem ik niet. Van vader niet. 'Weet u wie hier liegt en ons liegen leert? Moeder, als ze ons naar beneden stuurt als er bezoek is, om te zeggen dat ze hoofdpijn heeft, of niet thuis is, enkel en alleen omdat mevrouw in de middag nog niet aangekleed is. Als zij Lot de lekkerste hapjes bovenbrengt, omdat ze van u kamer-arrest heeft en moeder tegenover Bertha en ons doet of 't voor haarzelf is. Dát is liegen!' Ik krijste 't vader letterlijk in 't gezicht. 'Zwijg, brutaal nest!' En een tweede slag deed me bijna omvallen. Maar de maat was vol. Ik stortte me letterlijk op hem, zó onverwacht, dat die grote man zich mij nauwelijks van 't lijf kon houden. De slagen vallen, maar ik schopte, krabde, trapte, glipte onder zijn handen vandaan, tussen zijn benen door, hem wéér aanvallend van de andere kant. Het bloed liep vader letterlijk bij zijn gezicht en handen langs, maar nu was 't moeder die onhoorbaar van haar stoel gleed, mij van achteren naderend, als een moederdier haar jong behendig in 't nekvel pakte en de kamer uitzette. Tegen vader: 'Kom mee, Herman. 't Is verschrikkelijk zoals ze je heeft toegetakeld. Ik zal die schrammen toch moeten ontsmetten.' Toen de kamerdeur boven achter mij dichtviel deed alles mij zeer van die zware mokerslagen van vaders hand, maar meer pijn deed mijn hart om mijn vaderbeeld dat ik verloor, om een voorzitter van de krijgsraad die geen recht wist te spreken, om een vaderliefde die 't moest afleggen tegen list en bedrog. 's Avonds laat, toen allen allang naar bed waren, ging heel behoedzaam mijn kamerdeur open en vader sloop op zijn tenen nader, ging op de rand van mijn bed zitten: 'Had je het dan écht niet gedaan, jij kleine heks?' 'Nee, vader.' Toen legde een grote, verbonden hand zich op mijn voorhoofd. 'Ga dan maar gauw slapen. Morgen beginnen we alle twee opnieuw.'

Jacoba's vader laat merken dat hij spijt heeft en hoopt wellicht dat morgen alles bij het oude is, maar voor zijn dochter is er iets onherstelbaars gebroken.

Die avond was ik naar bed gegaan zonder zoals gewoonlijk in de keuken te helpen. Ik had me voorover gegooid in de kussens en geen tranen gehad om te schreien. Ik kende alleen een wilde opstandigheid en mijn machteloze handen hadden zich tot vuisten gebald. Later was ik opgestaan en had eigenhandig en moedwillig al die dingen uit Indië vernield die mij aan vader verbonden: de staf van de kleine tamboer maître[28] *en het pakje dat erbij hoorde, het marketentster*[29] *uniform en die van de ordonnans*[30]*, eerst met de schaar en toen aan flarden gescheurd, steeds kleiner. Toen hadden mijn voeten er op gedanst. Toen had ik door het vensterraam alle flarden in de lucht gegooid, die weg waren gedreven. Het voelde als een koude novemberlucht. Maar het was de 10de maart.*[31] *Afgerekend had ik met de jaren der jeugd, afgerekend met een leven van heerlijke en schone verbeelding. Maar dat was het toen niet.*

In haar dagboek schrijft Jacoba: 'Ik heb vandaag ook een naam gekregen: kleine heks. Dank je vader.' Ze neemt zich voor voortaan niet langer weerloos te zijn maar heks, tot verrassing en bewondering van haar broer Herman die zijn kleine zusje tot dan toe tamelijk onnozel vond. Vanaf dat moment verandert de band die Jacoba met hem heeft; hij krijgt respect voor haar.

Angstvallig waakte ik ervoor niet anders te zijn dan een heks. Weerloos was ik niet langer, maar strijdvaardig! De kleine heks zag meer dan een van ons allen thuis. Toen ik die dag keek naar het breukvlak van de gebroken waterkaraf, wist ik dat het geen ongeluk was maar opzet. Maar waarom, in vredesnaam? Jaloezie tegen dat jongere zusje dat in alle opzichten haar mindere was? Vader hoorde later van de restaurateur van het Rijksmuseum die hij om zijn oordeel had gevraagd: 'Dat kan onmogelijk een ongeluk geweest zijn, die hals is aangetikt met een vlijmscherp voorwerp, een ouderwets scheermes of zo iets.'

Het incident met de gebroken waterkan heeft bij Jacoba wraakgevoelens aangewakkerd jegens haar moeder en zus. Maar het heeft ook een positieve wending gegeven aan haar relatie met haar broer Herman.

---

28 De persoon die voor de fanfare uitloopt en met een stok aangeeft wat er moet gebeuren.

29 Wasvrouw van een legereenheid.

30 Hulpje van een officier.

31 10 maart is een beladen datum: op 10 maart 1945 heeft een schietpartij plaats op het hoofdkantoor van Groep 2000. Het is aannemelijk dat Jacoba vele jaren later deze datum expliciet noemt vanwege deze gebeurtenis. Zie ook hoofdstuk 12 van dit boek 'Leven! We willen leven'.

Ik had de koele, onbewogen en berekenende blikken van mijn zuster en van mijn moeder gezien die avond. Hier werd een spel gespeeld tegen mij. Twee tegen een. Ik was nu gewaarschuwd en een gewaarschuwd mens geldt voor twee. Het was me evenmin ontgaan hoe mijn broer daar gezeten had tijdens de krijgsraad over de gebroken waterkaraf. Hij had daar alert gezeten om bij te springen wanneer het de spuigaten uit zou lopen. Ik las in zijn houding en blik: hoe het ook was, ze bestond het toch maar, dat vurige nest, om die grote man daar te weerstaan. Dat wat geen van allen ooit had gedurfd. En zo iemand, dan was het mijn broer Herman, die het militaire bewind en de krijgstucht in dit huis haatte. Wie de schuldige was liet hem koud, maar de rebellie had haar entree gemaakt en dat juichte hij toe. Voor het eerst kwam er een toon van kameraadschap. De minachting in zijn toon en houding, het eenvoudig niet meetellen van dat onnozele mens dat zijn jongste zusje was, was verdwenen. Ik bleef Jacoba, maar nu Jacoba de strijdbare, die haar mannetje stond.

Hoofdstuk 4

'Jacoba lééft, leeft voor de volle 100%'

Na het gymnasium volgt Jacoba in de jaren '20 een verpleegstersopleiding in Rotterdam. Zij kiest voor deze opleiding vanwege een liefde die ongelukkig afloopt. Eigenlijk vindt haar vader een loopbaan in de verpleging maar niets voor zijn dochter, schrijft Jacoba in haar dagboek. Jacoba blijkt echter heel geschikt voor het beroep. 'Een geboren verpleegster', staat in haar getuigschrift. Maar vlak voor het behalen van de zo vurig begeerde broche met het witte kruis slaat in 1928 een ernstige ziekte toe. Jacoba ligt in het ziekenhuis met een streptococcus viridans infectie. Het kost haar 7 jaar om te revalideren. In die tijd wordt haar hart opnieuw beroerd.

1928-1940

Jacoba is begin 20 als ze verliefd wordt op ds. Gerard R., een getrouwde man. Het is een onmogelijke, verboden liefde. Het wordt in haar memoires niet duidelijk wat er precies is gebeurd tussen hen beiden, maar de toon is naderhand bitter.

Ik ging in de verpleging omdat ik verliefd was op een prul van een dominee, een nietsnut, een man zonder karakter. Nooit zou vader het goedvinden dat zijn dochter met dien man trouwde. Daarom haatte hij het verpleegstersuniform, want een vader kan zijn dochter niet haten. (...) Hoe zou het toch wel gaan in de wereld met dit nu volwassen geworden kind, met een zo grote behoefte aan tederheid, aan bescherming - met een zo grote bewogenheid en zelf zo fel bewogen levend? Ik verloor mijn hart en naar het scheen ook mijn onbesproken naam aan de pastor die zelf door onverstandige ouders en verkeerd gerichte familietrots gekluisterd zat aan de zonde van zijn jeugd. (...) Ik voelde me in mijn tederste gevoelens miskend en verraden.

Dan wordt Jacoba ziek. Ze belandt in 1928 in het ziekenhuis met een gevaarlijke streptococcus viridans infectie. 'Er waren toen nog geen antibiotica en zelfs nu geldt nog voor de streptococcus viridans infectie dat deze dodelijk is tenzij men deze in het allereerste stadium reeds met de sterkste antibiotica bestrijdt', schrijft ze later in haar memoires. Er wordt gevreesd voor haar leven.

Een lichaam, ziek en verziekt door de haat kan niet opgericht blijven onder de mokerslagen van het lot. Op de dag van het examen verkeer ik in levensgevaar. De familie wordt gewaarschuwd. Weken van angstige spanning. Doorlopend bezoek en steeds lossen ze elkaar af: vader, grootmoeder, grootvader, tantes. Maar moeder is niet gekomen; dat heeft mijn kinderhart gewond.[32] *Steeds verder ook wordt de datum van het uitgestelde examen verschoven. 'Als iemand van deze groep examinandi recht heeft op het diploma, dan u, Zuster Van Tongeren', heeft de directeur gezegd. 'U mag op bed examen doen, maar u moet eerst koortsvrij en herstellende zijn.' Maar de koorts zakt niet en zo raakt het examen op de achtergrond. Als de diagnose vaststaat 'medisch gesproken ongeneeslijk', wordt vader weer ontboden. 'Ze mag hier blijven, als zuster heeft ze recht op verpleging tot volledig herstel is bereikt of het einde, maar u heeft de middelen om haar de verzorging te geven die ze behoeft. Ik dacht zo, voor u en voor uw dochter is het toch prettiger deze laatste maanden thuis te zijn. Ze heeft nu een kleine opleving; profiteer daarvan en haal het kind thuis.' Een slag is dat voor vader. Hij kan het niet geloven en ik zie het als een schrikbeeld voor me: de jaren thuis met moeder en Lot, twee wezens die ik niet begrijp. 'Ik wil niet naar huis', zeg ik tegen vader. 'Het zal toch moeten, tot we een andere oplossing gevonden hebben.' Vader houdt mij voor dat moeder niet mag weten wat ik mankeer. 'Daar kan ze niet tegen!' Zo is het vroeger ook geweest. Nog altijd wijst moeder mij af. Als kind voelde ik fel en diep het verdriet dat vader daarom had. Zijn vernedering ook..... Welke moeder wijst een wettig kind van de man die haar verafgoodt af, ook al had ze liever niet meer dan twee kinderen gehad? Welke moeder zoekt haar kind niet op in het ziekenhuis? Domme Jacoba, begrijp je dan niet dat vader moeder niets verteld heeft? Ook mijn brieven moesten eerst door de censuur van vader. Dr. Burgerhout is een nobel en goed mens; hij begrijpt hoe belangrijk het diploma voor mij*

32 Later blijkt dat haar moeder, uit bescherming, niets is verteld over de ziekte van haar dochter.

is. Hij schrijft een getuigschrift. En een heel positief getuigschrift, daar zal vader trots op kunnen zijn. Het getuigschrift vermeldt: 'Een geboren verpleegster; in alle opzichten bekwaam en gerechtigd het diploma te voeren, technisch zowel als theoretisch en zij zou dit diploma ook zeker verworven hebben, ware het niet dat een zeer ernstige ziekte tijdens de examens dit had verhinderd. Voorbestemd voor een leidende positie in dit beroep, omdat zij naast haar gaven als verpleegster, ook als vrouw de gave bezit, anderen dit beroep voor te leven.'

Als ik dit getuigschrift aan mijn misprijzende vader overhandig, fronst hij de wenkbrauwen. 'Wat dan nog? 't Was toch zeker niet minder dan een staaltje van je plicht geen half werk te leveren? Dat je gedaan hebt wat je behoort te doen? Daarvan behoeft geen ophef gemaakt.' Ja, op die manier valt er tussen mij en vader niet veel te praten.

Groenekan

Vader Van Tongeren heeft een eenvoudig zomerhuisje in Groenekan, tegen de Bilt aan, waar het gezin vaak 's zomers verblijft of in de weekeinden. Hij kent de omgeving goed. Als Jacoba uit het ziekenhuis wordt ontslagen, huurt vader Van Tongeren een huis voor haar aan de Vijverlaan in Groenekan. Daar gaat Jacoba wonen, met een huishoudster. Vier-vijfde van het huis wordt verhuurd; daarvan kan Jacoba leven en de huur aan haar vader betalen. Ze is nog erg ziek als ze in Groenekan aankomt.

Dan komt de thuiskomst. En wat voor een, zo koud en koel. Vader is in Den Haag en niemand staat aan de halte Groenekan om me op te halen, laat staan te verwelkomen. Een ziek kind! Ik verzamel elke vezel kracht die in mij is, zoek het laatste beetje nog ongebroken fierheid op en ga alleen, vastbesloten dat ik aan niemand meer mijn onmacht zal laten blijken, al zou ik er bij neervallen; niemand, ook vader niet, zal merken hoe ziek ik ben. De consequentie van het virulente proces dat in mijn lichaam woedt, ken ik maar al te goed. Ik weet wat mijn kwaal is. Ik lees mededogen in de ogen van de geneesheer-directeur: een leven zo jong reeds afgebroken! Maar ik ken geen mededogen voor mezelf of mijn familie. De dorpsdokter, dokter Steyling, denkt ook dat het hopeloos is, met mijn ziekte. Maar dan gebeurt het onmogelijke. Stukje bij stukje wordt terrein veroverd.

Echter, plotseling treden verlammingen op en weer woedt de koorts in mijn sterk verzwakte lichaam. Vanaf mijn middel ben ik verlamd; zelfs me oprichten tot een zittende houding is onmogelijk. Ik heb de beheersing over mijn lichaam verloren, ook over mijn natuurlijke lichamelijke verrichtingen, ik ben incontinent. Dat is het meest vernederend. Mijn tranen stromen, maar niemand ziet het. Ik bid tot de Heer: 'Wat moet ik doen, Heer?' 'Zeg de kinderen Israëls dat zij voorttrekken', flitst het door me heen. Voorttrekken, hoe kan dat nu, terwijl ik hier zo lig? Ik lees en herlees voor mezelf de geschiedenis van de doortocht van de Joden door de Rode Zee. Ik moet deze gedachte doorgeven aan vader, want die moet me helpen. Maar hij mag mijn verdriet en wanhoop niet zien, want hij lijdt er al zo onder wat mij nu is overkomen. Na enige dagen besluit ik: 'Heer, ik begin.' Die ochtend vraag ik juffrouw Temmink, mijn huishoudster, of we nog een paar oude scheurlakens hebben. Ik ben weer strijdbaar en wijs haar hoe ze die lakens moet scheuren om vier lange en stevige zelen te krijgen: twee met lussen om de slappe, machteloze voeten te leggen en twee om aan het voeteneinde van het bed te bevestigen. De volgende dag scheur ik samen met juffrouw Temmink de lakens. Die met de lussen komen later aan bod. Nu moeten er twee heel stevig aan de spijlen van mijn bed bevestigd. Ik trek, maar de kussens bieden niet genoeg steun, de spieren zijn niet sterk genoeg om een lichaam dat niet meegeeft overeind te krijgen. Ik steek mijn handen uit naar juffrouw Temmink. Met een schreeuw van pijn laat ik me terugvallen. Mejuffrouw Temmink is geschrokken. Pijn, pijn, maar dan is die zenuw niet dood! Ik ga door met 't te proberen. In de middag komt vader. 'Vader, wilt u mij het slot van Exodus 13 en dan hoofdstuk 14 voorlezen?' 'Voorlezen? Maar kind....' Toch heeft hij de Bijbel al gepakt. 'Ben je zo moe vandaag?' 'Helemaal niet. Ik wil dat verhaal van de doortocht door de Rode Zee uit uw mond en door uw stem horen.' 'Maar kind.' Zijn ogen tasten zijn dochter af. Hij begint iets te vermoeden en leest. Maar dat is toch onmogelijk! Hoe kan dat kind nu zo'n verhaal kiezen onder deze omstandigheden? 'Mooi is dat: zeg de kinderen Israëls dat zij voorttrekken.' Zo herhaal ik de tekst, met dichte ogen. Ik wijs vader op de zelen. 'Wilt u nu de kussens wegleggen en schrijlings achter mij komen zitten? Dan gaan we oefenen.' Plotseling is alles duidelijk voor vader. Dat is zijn dochter, hij ziet de voetjes in de witlinnen laarsjes marcherend, voor de troepen uit; hij ziet dat kind naar hem toe komen rennen dwars door het slib van de Koewala Simpangrivier; hij ziet haar vechten voor lijfsbehoud en nu begint ze opnieuw. Hij zal haar helpen, al zou het niet baten. Hij zit al. Leunend tegen zijn borst, aan de zijkanten geschraagd door zijn benen trek ik me enige keren achtereen op, moeilijk en pijnlijk, maar het gaat. 'Ik heb een verstelbare rugsteun nodig. Er moet een kussen tegenaan en twee smalle kussens als een vogelnestje opzij.' Vader schat en meet. Mejuffrouw Temmink wordt erbij geroepen en haar wordt aangetoond wat voor kussens nodig zijn. 'Ik zal naar de dorpstimmerman gaan', zegt vader.

Die maanden heb ik met eindeloos geduld en mededogen steeds kleine stapjes vooruit kunnen zetten. Ik heb mijn lichaam weer zindelijkheid geleerd, het eerst wennend aan vaste tijden waar ik de wekker op zette. Daarvoor leerde ik me dat ik mezelf kon oprichten. Toen volgden de slappe en krachteloze voeten. Van hangen uit mijn bed, naar staan, dan kruipen, en dan lopen achter een stoel.

Wonderbaarlijk herstel

Stapje voor stapje knapt Jacoba op. Haar ijzeren zelfdiscipline en de hulp van dierbare vrienden zorgen voor een wonderbaarlijk herstel. Later schrijft ze in haar memoires: 'Zonder vader, zonder dokter, juffrouw Temmink en twee trouwe vrienden, ds. Bernard Aris en ds. F.C.M. Boenders, zou ik het nooit gerooid hebben.' Nu het wat beter met haar gaat, popelt Jacoba om wat om handen te hebben.

Nu de allerziekste dagen tot het verleden behoren, komt ook de behoefte aan een zinvolle taak. 'Vader, ik wil wat doén.' Groenekan heeft geen school met de Bijbel. Er is geen zondagsschool. Als ik eens begon met vertelklassen? Ik begin met vijf kinderen uit de allerarmste gezinnen. Het gaat goed, de een brengt de ander mee. De burgemeester hoort ervan en komt me opzoeken. Vader wordt huisbezoeker, zoekt naar werkverschaffing en herscholingsmogelijkheden. Ik opper een plan van een eigen werkverschaffing door verfraaiing van het dorpse schoon. 'Als we eens fietsers en wandelaars trekken naar het villapark en bos Voordaan.' Vader en de Copijns zeggen toe voor bloembollen te zorgen. Veel bollen. De werklozen kunnen die planten en de paden onderhouden. In de schafttijden kunnen ze bij mij melk, koffie, thee of chocolade krijgen. Juffrouw Temmink wordt buffet-juffrouw. Mijn draaibare ligtent achterin de tuin wordt kantoorruimte.[33] *Ik heb een volledige dagtaak. Het werk floreert. Jacoba lééft, leeft voor de volle 100%.*

33 Zie foto op blz. 327; De draaibare ligtent.

Jacoba floreert. Bernard Aris, die dominee is in Amsterdam waar hij met zijn gezin woont, bezoekt haar regelmatig in Groenekan. Jacoba en Bernard zijn bevriend en voelen een diepe zielsverwantschap tot elkaar. Zijn originaliteit, durf en vrijzinnige wijze van denken spreken Jacoba aan. Maar zij beseft ook ten volle dat zij niet afhankelijk moet worden van deze man.

Ik ben zo alleen en ik weet niet hoe ik het doen moet, omdat geen overleg mogelijk is: met vrienden die slechts druppelsgewijs kunnen komen, omdat het pastoraat voor allen is, niet voor mij alleen. (...) Zelftucht is een van de dingen die mijn vader mij heeft geleerd en ik begrijp dat ik vóór alle dingen mezelf en mijn emoties weer in bedwang moet krijgen, en dat Bernard en ik afstand zouden moeten kunnen nemen. (...) En ik zit daar stil en laat de rust over mij komen. Lang heb ik daar gezeten, zo maar, niets doend, de handen open in mijn schoot - om te ontvangen. En het komt van de muren tot mij, van het plafond en elk voorwerp, dat zich daar in de kamer bevindt.(...) De storm gaat liggen en de wateren keren terug tot binnen hun bedding. Langzaam, heel langzaam begint er weer wat tekening te komen in de veelheid van gedachten en indrukken.

Dan komt er een nieuwe man in haar leven: Joop. Maar Jacoba wil zich niet binden aan Joop, ze wil dat hij niet jarenlang in Indië op haar moet wachten zoals haar vader ooit jarenlang op zijn vrouw wachtte.

Er is nog iets: ik ben moe, doodmoe van het altijd maar sterk zijn. Er is een jongeman in mijn leven gekomen. Joop is een fijne kerel en zijn vriendschap betekent veel voor mij. Vaak begint hij over trouwplannen, maar ik kets dit af. Ik houd hem voor dat ons huwelijk kinderloos zou moeten blijven en realiseer mij maar al te goed wat dit betekent voor ons alle twee. Telkens weer maak ik met zachte drang een eind aan onze omgang, maar Joop kom terug binnen een maand, een paar maanden. Nu moet Joop naar Indië. Weer staat hij voor me. 'Ik kan wachten, 't gaat immers goed, maar als je kuur is afgelopen, trouwen we. Kinderen of geen kinderen.' Had ik moeten zwichten? Ik ken Joop. Ik ken het tropen-

leven, de eenzaamheid voor de blanda. Als Joop wachten moet, altijd maar wachten. Ik weet dat hij dit niet zou kunnen volbrengen. Daarom moet hij vrij zijn. Dit alles speelt zich af onder de ogen van heel die kring lieve en goede wachters om mij heen. Geen van allen heeft iets in de gaten. Misschien vader, die zijn dochter een paar maal nauwlettend gadesloeg. O Heer, wat is de zin van dit alles? Heer, geef mij één mens die mij werkelijk nodig heeft. Ik heb een hart barstens vol liefde en ik kan die niet kwijt. Is het teveel gevraagd wanneer ik u vraag om één mens voor wie ik wat zal mogen zijn? Zo moe ben ik dat ik er ineens genoeg van heb. Ik verlang naar tederheid, zachtheid, geen krachtmetingen, geen topprestaties. Leven, zoals ieder ander het recht heeft te leven, alleen ik niet. (...) Vanuit de opeenstaande tuindeuren waarvoor mijn bed staat, zie ik op in de sterrenhemel. Een ster verschiet: Een mens, o Heer!

Jacoba besluit dat ze opnieuw hoop mag krijgen van iemand te kunnen houden.

Dit is de sterkste drijfveer waarom ik besluit naar Amersfoort te gaan.

In Groenekan verhuurt Jacoba kamers om in haar eigen levensonderhoud te kunnen voorzien. Ze besluit om in 1936 te gaan kuren in Amersfoort waar tuberculose-patiënten in de buitenlucht liggen; de frisse lucht is goed voor het herstel. Het is een vlucht, maar Jacoba heeft ook samen met haar arts dr. Stiggelbout uitgerekend dat dit goedkoper is dan in Groenekan blijven.

'Ik kan het niet zelf betalen dokter, en ik wil niet van thuis afhankelijk zijn. Wanneer mijn geld op is, dat zult u zien en beleven, dan komen ze mij zonder meer halen. Wat voor zin heeft het hier alles op te geven als ik mijn kuur toch niet kan afmaken?' Zo is dr. Stiggelbout op de Amersfoortse Lighallen gekomen - gewone districts-dag lighallen van de algemene landelijke vereniging voor Tuberculose bestrijding annex een klein sanatorium van de Raad van Arbeid (20 bedden) waar men gedurende 1/2 jaar kan zijn met vergoeding van de Raad van Arbeid tot de helft van de dagprijs. Dat is 5 gulden p.d. Samen hebben we uitgerekend dat ik het dan net één jaar zou kunnen volhouden en dat is zo ongeveer

de tijd die dr. Stiggelbout uitgerekend heeft die ik nog zou moeten kuren vóór aleer ik er zelfs maar over zou kunnen peinzen in de maatschappij terug te keren. Hoewel het argument tot deze keuze tegenover vader niet wordt genoemd, heeft hij dit onmiddellijk aangevoeld en begrepen. In feite gaat het hier ook niet om het geld al speelt dit natuurlijk wel mee. Het gaat om moeder en Lot. Tot geen prijs wil ik weer naar huis en ik weet dat wanneer ik de verpleegkosten niet langer zelf zal kunnen bekostigen moeder niet zal rusten aleer ik weer thuis ben. Voor vader echter is mijn besluit een zware slag. Hij zegt er niets tegen, verzet er zich ook niet tegen, maar hij is het er niet mee eens. Dat het nu juist de Amersfoortse Lighallen zijn en geen gewoon sanatorium doet hem ronduit pijn.

Jacoba spreekt erover met Bernard Aris. Hij moedigt haar aan om deze stap te nemen, en noemt tot haar grote verrassing een nieuw argument: loskomen van haar vader.

Als ik er met Bernard over spreek, zit hij stil bij mij; zijn beide handen liggen over mijn smalle maar sterke hand nu. Stil ligt die daar en werkloos, zoals ik daar zelf ook lig, gekleed nu maar op mijn bed dat afgedekt is met een divankleed. Hij luistert, weegt de motieven vóór en tegen, zoals ik die tegen elkaar heb afgewogen. Op mijn vraag 'Bernard, ik wilde graag eens met je praten als je wat tijd voor mij vrij kunt maken' was hij dadelijk gekomen. En nu praat ik in de verte starend, maar ik weet dat hij bij mij zit. Over één ding zwijg ik: Joop. Dat is immers onbereikbaar en wat voor zin heeft het te spreken over dingen die niet mogelijk zijn? Niet Joop is hier de steen des aanstoots, niet de beschikkingen van mijn of zijn familie, maar een koele medische diagnose die een situatie heeft geschapen voor twee mensen waarvan één te gronde zou gaan aan het offer dat hij zou moeten brengen. Er is een vreemde aanvaarding in mij van dit feit. Geen opstandigheid, tot op zekere hoogte zelfs blijheid dat nu eindelijk de beslissing gevallen is en er geen terug meer mogelijk is. Want ik weet dat als Joop eenmaal daar en vrij is, het leven voor hem zal open bloeien. Er is alleen maar moeheid - een grote vermoeidheid van een eenzaam mensenhart. Als ik eindelijk zwijg, zegt Bernard: 'Ik geloof dat je besluit juist geweest is.' Besluit? Besluit? Ik had hem toch juist gevraagd te komen omdat ik zelf niet wist wat te besluiten? 'Het wordt hoog tijd dat je leert op eigen benen te staan en onder je vaders persoonlijkheid uitkomt, hoeveel bewondering ik overigens voor hem heb. Je vader is een prachtmens, een dynamische persoonlijkheid Co, maar jij moet leren los van hem je beslissingen te nemen en je leven te leven.' Neen, nu nog mooier! Alsof ik, Jacoba zo'n zwakkeling ben. Wie heeft er gestreden met alles wat in haar was, wie heeft het onmogelijke gedaan uit het geloof in haar Heer die haar bevolen had voort te trekken en dat alles om die grote maar weerloze man die gebukt gaat onder haar schuld? En nu wordt aan haar gezegd dat zij onder de invloed van die man uit moet, dat zij moet leren op eigen benen te staan. 'Maar vader is toch helemaal niet in het geding. Het is juist omdat hij voor lange tijd op reis zal moeten en wat moet ik dan eigenlijk hier?' Bernard ziet mij aan, en zijn ogen zijn een dringende vraag nu. 'Ik heb vertrouwen in je Co. Ik weet wat je hebt mee- en doorgemaakt deze jaren en toch - geloof me, het is de hoogste tijd dat je onder een druk uitkomt die je tot nog toe nodig had misschien, maar die je op den duur zal breken. Je moet noodzakelijk weer eens een tijd in een volkomen andere omgeving.' Hij vat mijn hand, drukt die, belooft: 'Ik laat je niet in de steek. Ik zal je daar blijven bezoeken, precies als hier.' Ik weet dat hij woord zal houden en ook al had hij niets gezegd, dan wist ik dat hij dat gedaan zou hebben.

In de Lighallen van Amersfoort ontmoet Jacoba verpleegster Nel Wateler die daar werkt. De twee worden vriendinnen.[34] Jacoba schrijft later: '2 oktober, de dag waarop wij elkaar leerden kennen, mijn entree in de Lighallen.'

Als ik eindelijk na de Lighallen in Amersfoort weer in de maatschappij terugkom, zal iemand die er niets van weet, beslist niet merken dat die benen en voeten eens verlamd geweest waren door een ontsteking aan de grijze schors, precies op een tussen-wervelvlak.

Terug in Amsterdam

Na haar verblijf in Amersfoort[35] verhuist Jacoba naar Amsterdam waar ze met Nel Wateler gaan samenwonen in de Antillenstraat. Na al die jaren bezoekt ze weer de kerk van haar oude geliefde, ds. R. Niet om hem op te zoeken, maar omdat ze de Parkkerk[36] mist. Jaco-

34 Nel Wateler en Jacoba van Tongeren worden levengezellinnen.

35 Waarschijnlijk verblijft Jacoba een jaar in de Lighallen Amersfoort.

36 De Parkkerk aan de Gerard Brandtstraat bij het Vondelpark heeft tot 1994 dienst gedaan als gebedsruimte. Het gebouw is thans in gebruik als Het Orgelpark.

ba verwacht niet dat iemand haar nog zal herkennen. Dan gebeurt er iets onverwachts: een kerkganger wordt onwel en Jacoba verleent eerste hulp.

Jarenlang ben ik er niet geweest. Rotterdam en mijn ziekte liggen ertussen. De enkele keren dat ik met vrije dagen na de wacht in Amsterdam geweest was had ik de Parkkerk angstvallig gemeden. Te pijnlijk was mij de herinnering. Een jonge vrouw die heel wat doorgemaakt heeft, komt weer in Amsterdam en een groot heimwee naar de kerk en de pastor van haar jeugd drijft haar naar de Parkkerk. Waarom tenslotte zou zij die kerk ontlopen? Was dat geen valse schijn op zich laden? Ik kan toch ieder eerlijk in de ogen zien. En bovendien, wie zou mij nog kennen na zoveel jaren! Dan gebeurt het. Vlak voor het einde van de dienst wordt de heer die voor mij zit niet goed. Consternatie in de kerk. Twee dienstdoende diakenen en een gewezen verpleegster dragen hem naar de consistorie. Er wordt gevraagd naar een dokter en als die niet aanwezig blijkt, wordt de GGD gebeld. Als deze verschijnt zijn de levensgeesten reeds geweken. De kerk uit. Mijn taak is nu ook afgelopen en ik wil mij door het catechese-lokaal langs de achteruitgang naar buiten begeven, want in de gang staan nog wat mensen te praten. Op de buitentrap sta ik in eens recht tegenover mevrouw, dominee Gerard en de twee dochters. Ik groet. Dominee licht z'n hoed, maar mevrouw houdt Gerard tegen en sist me toe: 'Slet, hoe durf je!' Een moment is het of er een wereld om mij heen instort, dan ben ik al weg onder de mensen in 't park. Slet. En als ik dat nu was, zou ik dan niet in de kerk mogen komen? gaat het door mij heen.

Jacoba zoekt die avond haar toevlucht tot haar dagboek om over zichzelf na te kunnen denken.

Een slet, ben ik dat? schrijf ik 's avonds in mijn dagboek. Welk recht had deze vrouw mij zo te noemen? Er is dus destijds gepraat, geroddeld ook over mij. Weer ga ik voor de spiegel staan en ik bekijk mezelf. Ik had het kunnen zijn, beken ik mezelf, eerlijk. Toen die avond in Rotterdam was je er zeker niet ver van af. Maar ik herinner mij ook nog andere keren dat ik voor de spiegel had gestaan en dat ik tegen mezelf gezegd had: dat kun jij ook als je 't zou willen. Iedere vrouw kan voor een man verleidelijk zijn en al ben je dan niet mooi, je hebt een goed figuur, je hebt sprekende ogen, dat weet je heel goed en je handen vertellen al wat je wilt voor je het hebt gezegd. Tenminste - als je dat wilt. Je bent een kind uit het oosten, waar de vrouw er is om de man te behagen. Wil je dat? Doe het dan. Ik was gevlucht van de spiegel en had geschreeuwd (voor mijn Heer, niet hardop). Zo niet Heer: zo niet. Maar - wees eerlijk, vergoeilijk niets voor jezelf en tracht niets te verbergen voor je Heer die elke verborgen schuilhoek van je hart doorvorst - is de gedachte aan een bepaalde zonde niet reeds de kiem van dat kwaad? Erken 't dan maar eerlijk, zeg het maar tegen je Heer die altijd groter is dan jouw oordeel en het oordeel van mensen. Ik ben een slet, niet in die zin als mevrouw het bedoelde, maar voor U Heer, en 't is alleen uw genade die de daad verhinderd heeft.

De volgende ochtend brengt de post een briefje van dominee Gerard.

Hij biedt zijn excuses aan voor de woorden van zijn vrouw. Die woorden hadden hem diep geschokt - zo is die pastor ook. Eerlijk, strikt rechtvaardig, onbuigzaam en hard soms, maar was een zaak eenmaal afgehandeld voor hem dan kwam hij er niet meer op terug. Een Christen hoort te vergeven. Toch doet dat briefje mij niet zo veel, net zo min als de woorden van mevrouw. Ik schrijf terug, even koel en zakelijk als de feiten er voor mijn gevoel liggen: 'Trek het u niet aan (dat doe ik ook niet, had ik er bij kunnen zeggen, maar vind dat al te kwetsend voor die trotse man, die zich al zo vernederd heeft). Een mens moet nu eenmaal de consequenties van zijn daden dragen. Al ben ik niet wat uw vrouw bedoelde te zeggen, zo heel ver van die gedachte af was u ook niet destijds toen u mij voor de commissie van kerkelijke tucht daagde.[37] *Laten we er een streep onder zetten en er niet verder over spreken.' Daar kunnen ze het wel mee doen, vind ik.*

Een koel en zakelijk antwoord, schrijft Jacoba. Toch zegt ze later tegen ds Klamer, aan wie ze haar memoires schrijft, dat het 'hoogmoedig' van haar was.

Hij kreeg nog een venijnige angel-steek toe - en ik wist zeer wel wat ik deed.

37 Over deze episode heeft Jacoba verder niets geschreven.

Terug in Amsterdam gaat Jacoba eerst een tijdje secretaressewerk doen op het kantoor van haar vader bij Fuchs & Rens. Later wordt ze maatschappelijk werkster bij de Centrale van Werklozenzorg. Ze geniet van het rustige leven met Nel in de Antillenstraat en brengt ook huiselijke avondjes door bij Bernard Aris en zijn gezin. Jacoba en Bernard zijn nog steeds goed bevriend en ook Cor, Bernards echtgenote, verwelkomt haar als een vriendin van de familie. In haar dagboek beschrijft Jacoba een voorval bij de familie Aris thuis, op een koude herfstavond in november 1939.

Bernard, Cor en ik zitten genoeglijk in de huiskamer rond de brandende kachel. Ik had met hem enkele dingen uit het werk bij de Centrale van Werklozenzorg doorgenomen en meestal bleef ik dan zo'n avond in de pastorie. Cor zit sokjes te breien voor haar jongste zoon, Titus, uit oude jumper wol van David. Ik help haar bij het uithalen en winden van de kluwens. Bernard, de voeten gestrekt bij de kachel, zit te lezen; zo af en toe mengt hij zich in het gesprek. De kinderen zijn al naar bed. Vader en moeders reis naar Indië komt in het gesprek, herinneringen aan de Groenekanse jaren. 'Je bent geloof ik weer helemaal thuis hier in Amsterdam', zegt Cor. Bernard heeft ons, de twee vrouwen, samenwerkend, samen pratend in stilte gade geslagen en het boek blijkt slechts schijn geweest te zijn. Plotseling de opmerking: 'Je zit erbij, Cor. En 't is dat ik jou eerder heb leren kennen dan Co, maar kan jij er met je verstand bij hoe die (wijst naar mij) 't bestaan heeft tot nog toe alle mannen ver van zich te houden?' Cor lacht, ik lach, 't kwam er ook zo vreselijk zot tussen. 'Wat weet jij daar eigenlijk van?' plaag ik terug. 'Houd jij je maar bij je pastoraat, want daar heb je nog wel andere en zwaardere problemen op te lossen.' Bernard zegt weer tegen Cor: 'Nou, maar ik verzeker je, dat als ik een kusje van haar af kan snoepen, dat ik het niet laten zal.' 'Daar zou ik je dan toch eerst de kans voor moeten geven en ik verzeker je, dat je die niet krijgt.' Cor schudt haar hoofd. 'Heb je weleens zo'n dwaze dominee meegemaakt?' vraag ze. 'Geen notitie van nemen. Een dwaas kan meer vragen dan tien wijzen kunnen beantwoorden.' We werken gewoon door. Plotseling laat Cor haar kluwen vallen en dat rolt tot vlak voor mijn voeten. Ik buk me om het op te rapen en op hetzelfde ogenblik voel ik een kus van Bernard in het kuiltje van mijn nek. Maar op hetzelfde moment ook wordt hij stevig bij zijn oor gepakt en leid ik hem naar de hoek van de kamer: 'Zo, dat is een veilige plaats voor een stoute jongen. Blijf hier maar eens totdat Cor of ik zeg dat je er weer uit mag.' Cor en ik gaan weer met breien en winden voort. (...) Zo staat het er in mijn dagboek op die datum. Waarom heb ik dit feit in mijn dagboek vermeld? (...) Op de een of andere manier echter moet het gebeurde op die avond mij op bijzondere wijze hebben aangesproken.

Kerstkaart getekend door de leiding én enkele leden van Groep 2000 onder vermelding van hun codenummer, inclusief 2000. (Waarschijnlijk Kerst '44).

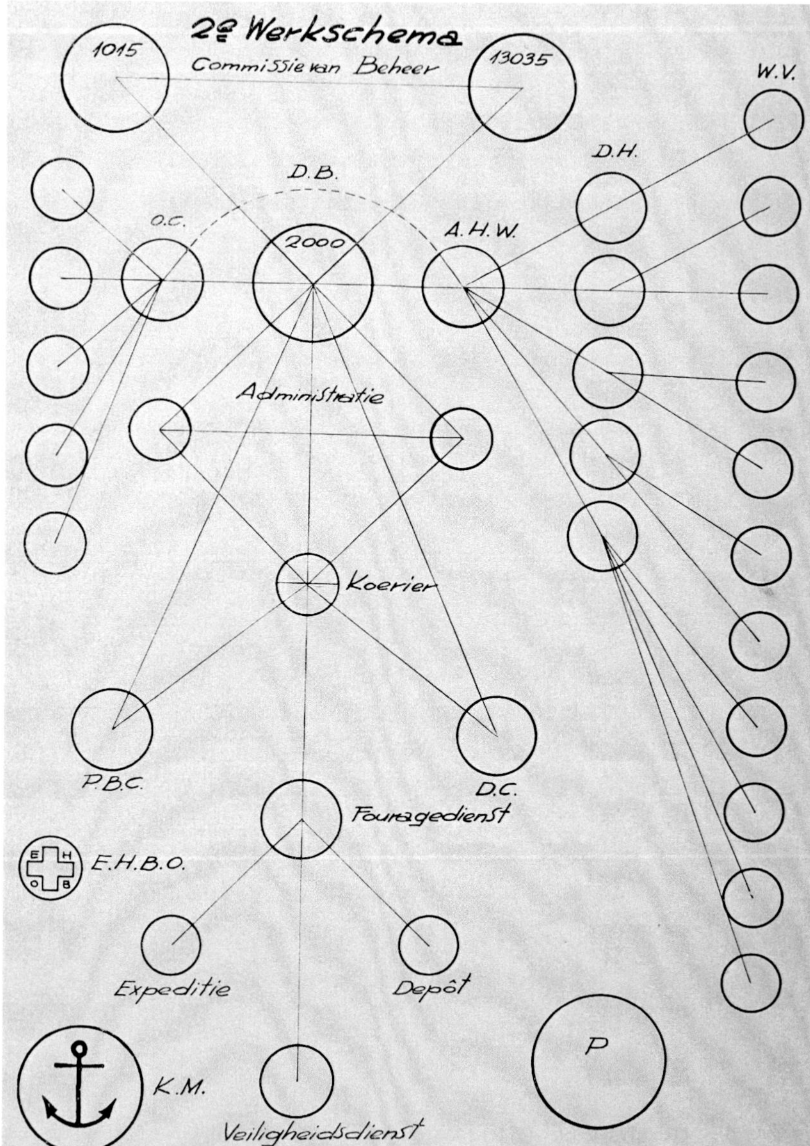

Werkschema van Groep 2000, najaar 1944.

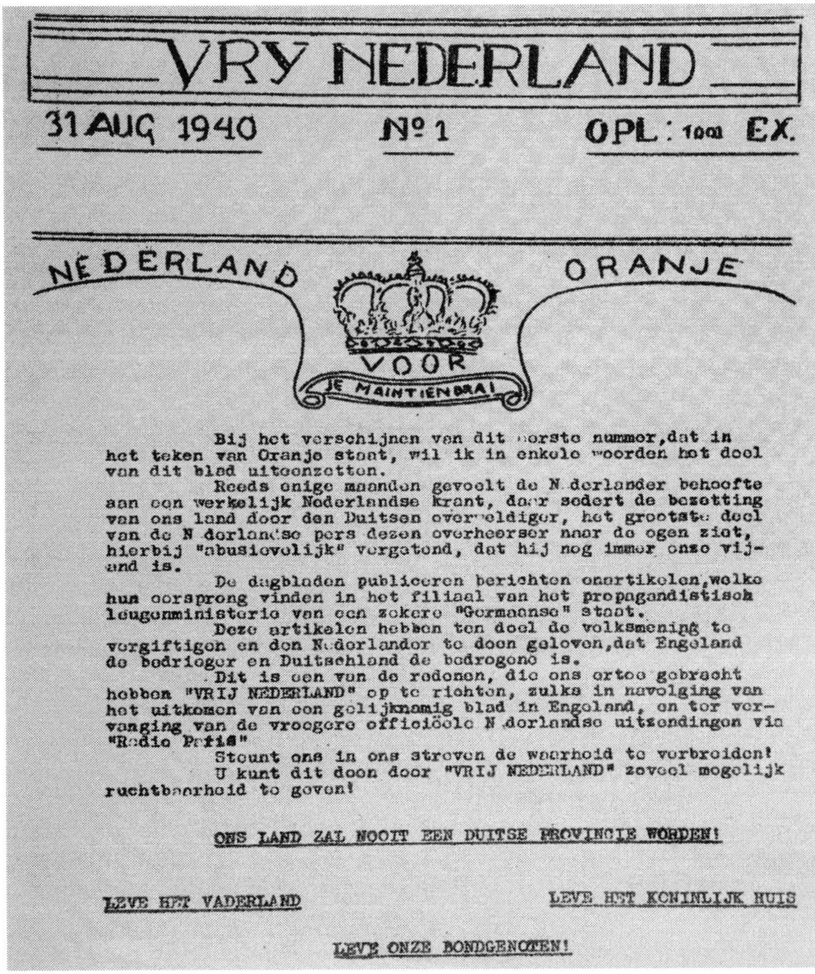

VRY NEDERLAND

31 AUG 1940 — № 1 — OPL: 1000 EX.

NEDERLAND — ORANJE

VOOR

JE MAINTIENDRAI

Bij het verschijnen van dit eerste nummer, dat in het teken van Oranje staat, wil ik in enkele woorden het doel van dit blad uiteenzetten.

Reeds enige maanden gevoelt de Nederlander behoefte aan een werkelijk Nederlandse krant, daar sedert de bezetting van ons land door den Duitsen overweldiger, het grootste deel van de Nederlandse pers dezen overheerser naar de ogen ziet, hierbij "abusievelijk" vergetend, dat hij nog immer onze vijand is.

De dagbladen publiceeren berichten enartikelen, welke hun oorsprong vinden in het filiaal van het propagandistisch leugenministerie van een zekere "Germaanse" staat.

Deze artikelen hebben ten doel de volksmening te vergiftigen en den Nederlander te doen geloven, dat Engeland de bedrieger en Duitschland de bedrogene is.

Dit is een van de redenen, die ons ertoe gebracht hebben "VRIJ NEDERLAND" op te richten, zulks in navolging van het uitkomen van een gelijknamig blad in Engeland, en ter vervanging van de vroegere officiëele Nederlandse uitzendingen via "Radio Paris"

Steunt ons in ons streven de waarheid te verbreiden!

U kunt dit doen door "VRIJ NEDERLAND" zoveel mogelijk ruchtbaarheid te geven!

<u>ONS LAND ZAL NOOIT EEN DUITSE PROVINCIE WORDEN!</u>

<u>LEVE HET VADERLAND</u> — <u>LEVE HET KONINLIJK HUIS</u>

<u>LEVE ONZE BONDGENOTEN!</u>

Eerste nummer van Vrij Nederland, 31 Augustus 1940.

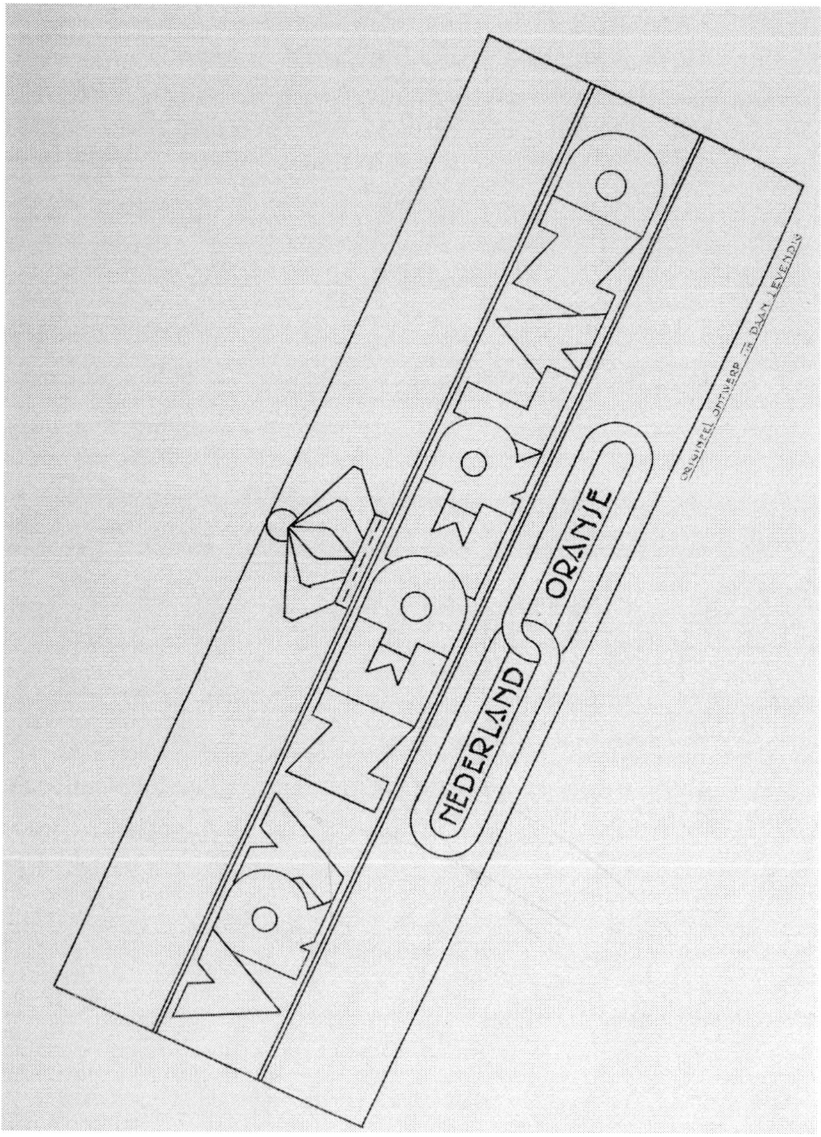

Het originele ontwerp van het logo van Vrij Nederland, van Daan Levendig.

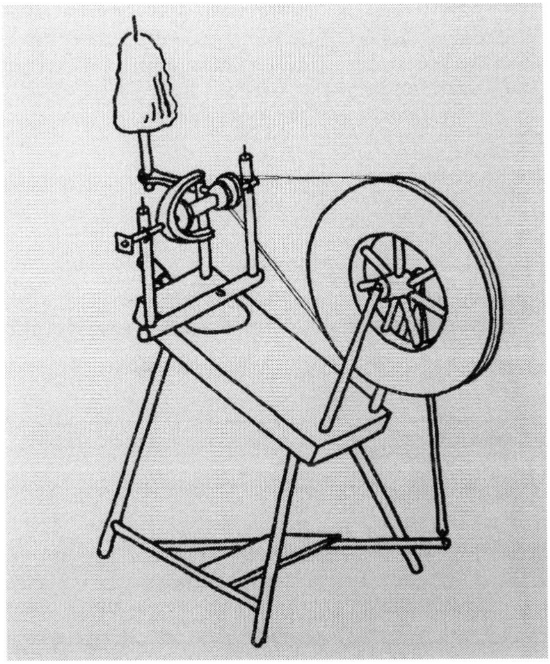

Spinnewiel, in het kader van huisindustrie voor onderduikers.

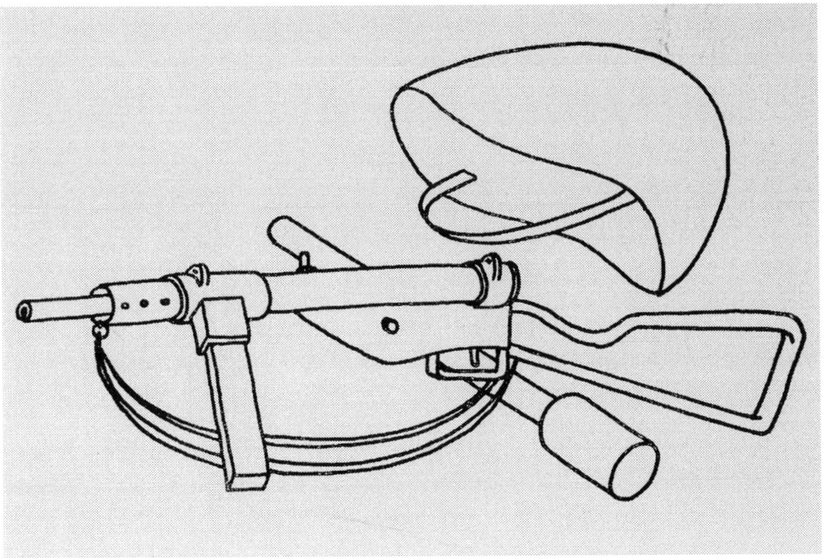

Het wapenarsenaal, een andere activiteit van Groep 2000.

De verborgen camera, één van de activiteiten van Groep 2000.

Aanvraag	BIJZONDERHEDEN	Afgesloten
	Abonnement Verzekerings-bode.	
	Levensverzekering.	
	Ongevallenverzekering.	
	Molestverzekering.	
	Brand en Inbraak.	
	Glasverzekering.	
	Transportverzekering.	
Agent	Ziekteverzekering.	
	A tot Z Polis.	

In 1944 huisde Groep 2000 in een pand van een groot assurantiebedrijf. De administratie is daarop aangepast.

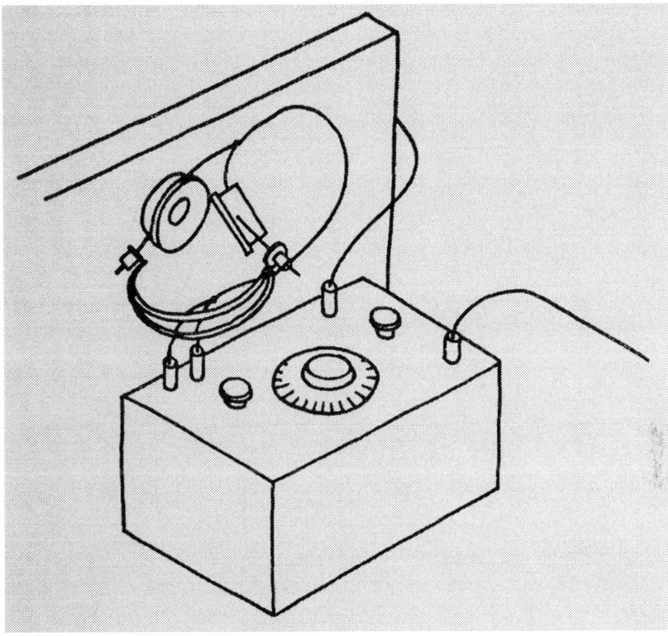

Koninklijke Marine/Zendstation.

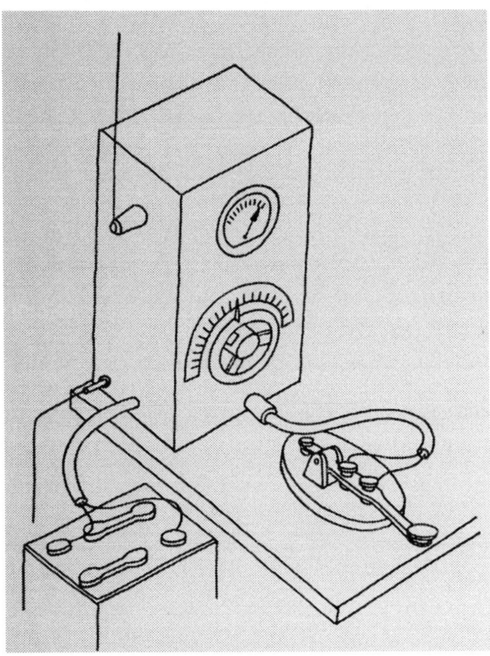

Koninklijke Marine/Zendstation.

14 Mei 1940. Het gebombardeerde Rotterdam. Foto uit het originele Album van Jacoba uit 1965.

Portret H.K.H. Wilhelmina.

Portret Prinses Juliana. Deze foto'tjes werden verkocht en waren ook bron van enige inkomsten voor het verzet.

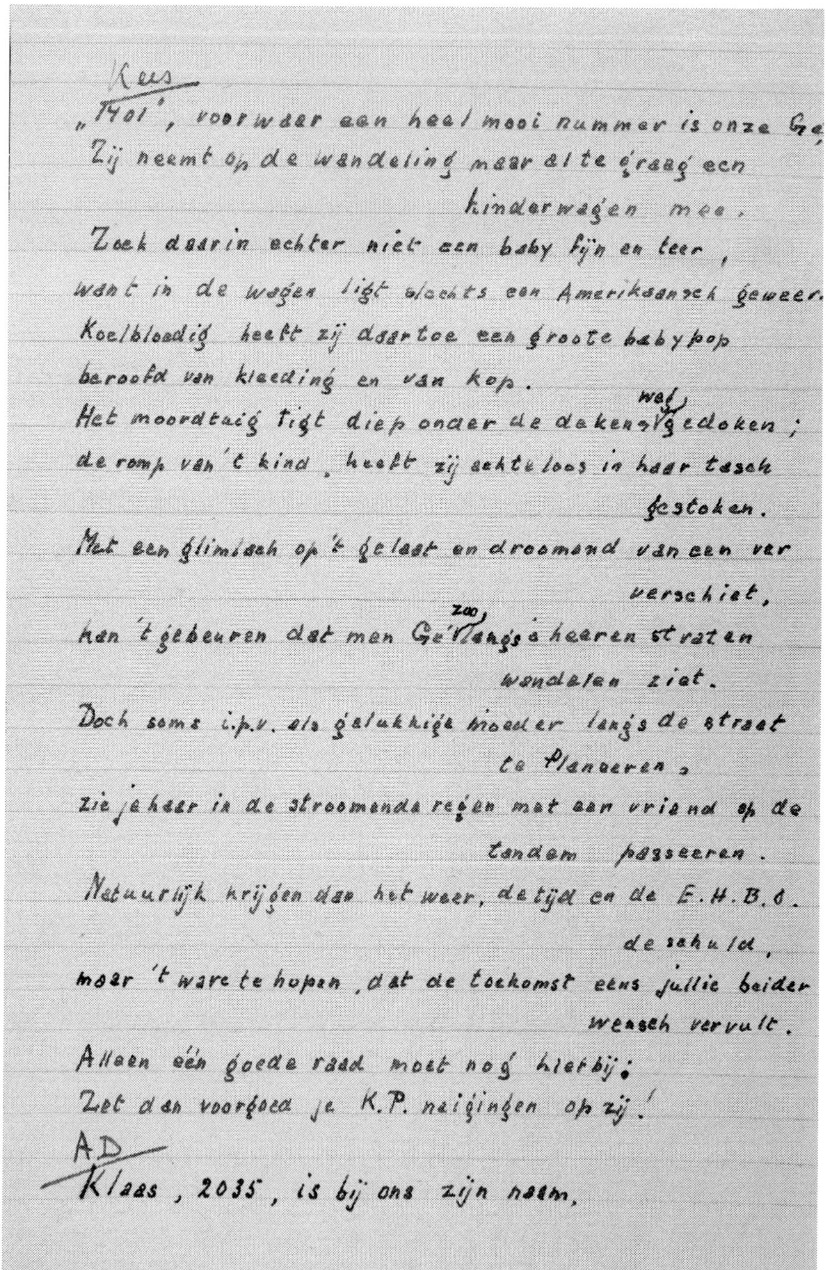

Kees

„Tiol", voorwaar een heel mooi nummer is onze Ge,
Zij neemt op de wandeling maar al te graag een
kinderwagen mee.
Zoek daarin echter niet een baby fijn en teer,
want in de wagen ligt slechts een Amerikaansch geweer.
Koelbloedig heeft zij daartoe een groote babypop
beroofd van kleeding en van kop.
Het moordtuig ligt diep onder de dekens weggedoken;
de romp van 't kind, heeft zij achteloos in haar tasch
gestoken.
Met een glimlach op 't gelaat en droomend van een ver
verschiet,
kan 't gebeuren dat men Ge zoo langs de heeren straten
wandelen ziet.
Doch soms i.p.v. als gelukkige moeder langs de straat
te flaneeren,
zie je haar in de stroomende regen met een vriend op de
tandem passeeren.
Natuurlijk krijgen dan het weer, de tijd en de E.H.B.O.
de schuld,
maar 't ware te hopen, dat de toekomst eens jullie beider
wensch vervult.
Alleen één goede raad moet nog hierbij:
Zet dan voorgoed je K.P. neigingen op zij!
AD
Klaas, 2035, is bij ons zijn naam.

Sinterklaas gedicht uit waarschijnlijk 1944, op Herengracht 520 Amsterdam.

Het kantoor van de Groep was ter hoogte van Herengracht 504, naast de ambtswoning van de Burgermeester. (Voorjaar 1944 - eind 1944).

Hoofdkantoor, lokatie Stadhouderskade 56 Amsterdam (1 januari 1945 - 9 maart 1945)

Boekomslag 'De Dam 7 mei 1945'.

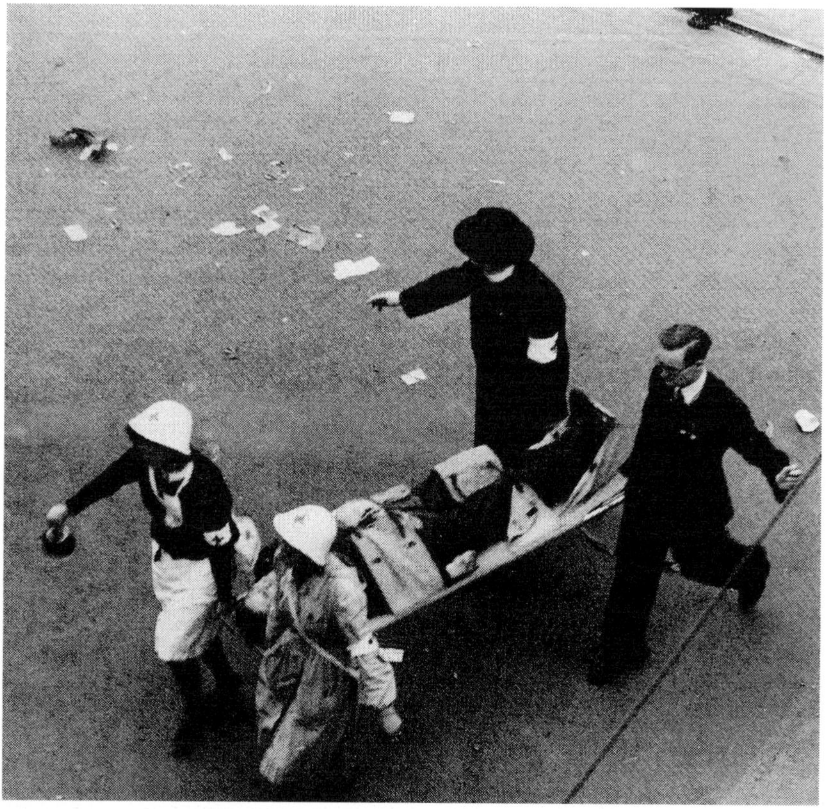

De EHBO-dienst van Groep 2000 rukt uit vanuit De Nieuwe Kerk, waar zij gestationeerd is, bij de schietpartij op 7 mei 1945 op de Dam. Rechts Kees Reitema.

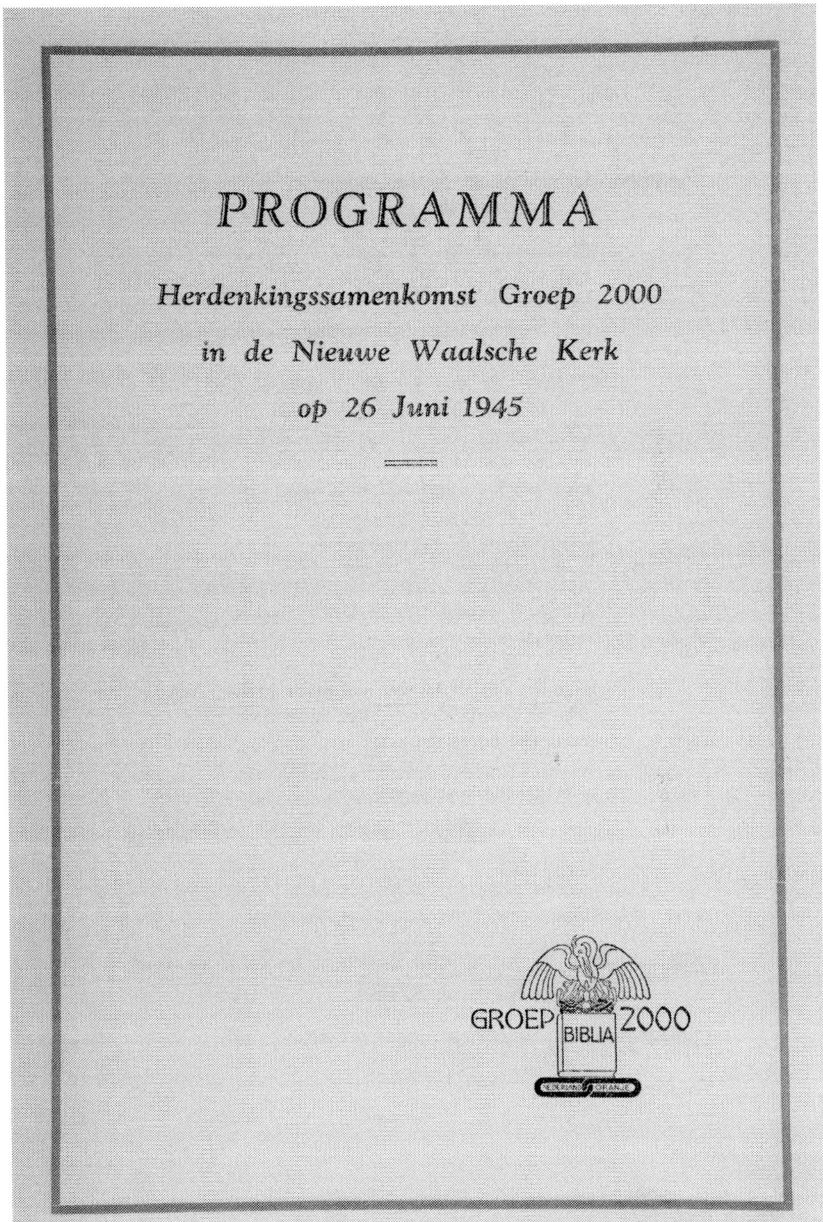
PROGRAMMA

Herdenkingssamenkomst Groep 2000

in de Nieuwe Waalsche Kerk

op 26 Juni 1945

GROEP BIBLIA 2000

Programma Herdenkingsbijeenkomst Groep 2000, 26 juni 1945, Nieuwe Waalse Kerk, Keizersgracht 676, Amsterdam.

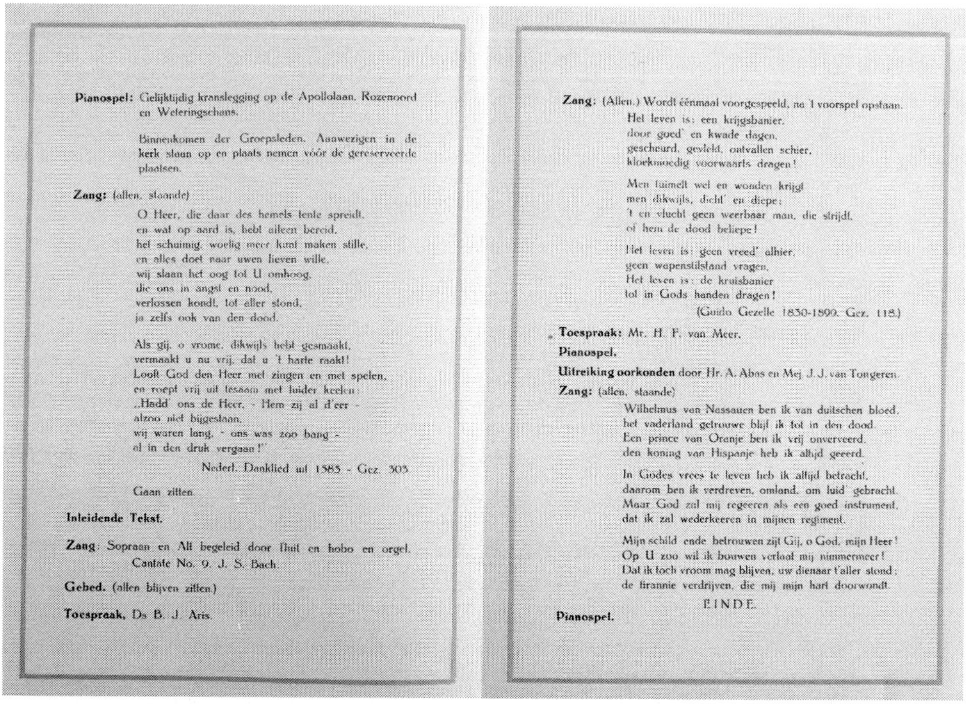

Pianospel: Gelijktijdig kranslegging op de Apollolaan, Rozenoord en Weteringschans.

Binnenkomen der Groepsleden. Aanwezigen in de kerk slaan op en plaats nemen vóór de gereserveerde plaatsen.

Zang: (allen, staande)

O Heer, die daar des hemels tente spreidt,
en wat op aard is, hebt alleen bereid,
het schuimig, woelig meer kunt maken stille,
en alles doet naar uwen lieven wille,
wij slaan het oog tot U omhoog,
die ons in angst en nood,
verlossen kondt, tot aller stond,
ja zelfs ook van den dood.

Als gij, o vrome, dikwijls hebt gesmaakt,
vermaakt u nu vrij, dat u 't harte raakt!
Looft God den Heer met zingen en met spelen,
en roept vrij uit tesaam met luider keelen:
„Hadd' ons de Heer, - Hem zij al d'eer -
alzoo niet bijgestaan,
wij waren lang, - ons was zoo bang -
al in den druk vergaan!"

Nederl. Danklied uit 1585 - Gez. 303

Gaan zitten.

Inleidende Tekst.

Zang: Sopraan en Alt begeleid door fluit en hobo en orgel. Cantate No. 9. J. S. Bach.

Gebed. (allen blijven zitten.)

Toespraak, Ds B. J. Aris.

Zang: (Allen.) Wordt éénmaal voorgespeeld, na 't voorspel opstaan.

Het leven is: een krijgsbanier,
door goed' en kwade dagen,
gescheurd, gevleld, ontvallen schier,
kloekmoedig voorwaarts dragen!

Men tuimelt wel en wonden krijgt
men dikwijls, dicht' en diepe;
't en vlucht geen weerbaar man, die strijdt,
of hem de dood beliepe!

Het leven is: geen vreed' alhier,
geen wapenstilstand vragen,
Het leven is: de kruisbanier
tot in Gods handen dragen!

(Guido Gezelle 1830-1899. Gez. 118.)

Toespraak: Mr. H. F. van Meer.

Pianospel.

Uitreiking oorkonden door Hr. A. Abas en Mej. J. J. van Tongeren.

Zang: (allen, staande)

Wilhelmus van Nassauen ben ik van duitschen bloed,
het vaderland getrouwe blijf ik tot in den dood.
Een prince van Oranje ben ik vrij onverveerd,
den koning van Hispanje heb ik altijd geeerd.

In Godes vrees te leven heb ik altijd betracht,
daarom ben ik verdreven, omland, om luid' gebracht.
Maar God zal mij regeeren als een goed instrument,
dat ik zal wederkeeren in mijnen regiment.

Mijn schild ende betrouwen zijt Gij, o God, mijn Heer!
Op U zoo wil ik bouwen verlaat mij nimmermeer!
Dat ik toch vroom mag blijven, uw dienaar t'aller stond;
de tirannie verdrijven, die mij mijn hart doorwondt.

EINDE.

Pianospel.

Inhoud programma Herdenkingsbijeenkomst 26 juni 1945, Nieuwe Waalse Kerk, Amsterdam.

Herdenkingsbijeenkomst.

Herdenkingsbijeenkomst, v.l.n.r.: Bep van Parreren, Jan Piet van Hoften, Frans Hofker, Harry Mouthaan, Kees Reitema en Daan Levendig.

Op de tweede rij tussen Bep van Parreren en van Hoften in: Cor Inja; tussen Harry Mouthaan en Kees Reitema zit ds. M. Groenenberg. Helemaal achteraan tegen het zwarte gordijn: W. Renshof, hoofdbewaker uit het Huis van Bewaring.

Dominee B.J. Aris, spreekt op de Herdenkingsbijeenkomst. Originele tekst uit Album Jacoba: 'Vriend, pastor en geleider, medestrijder in het verzet van het eerste uur, promotor en voorman was hij mij. Zonder hem zou ik nooit op deze plaats hebben gestaan, zou ook de Hervormde Groep 2000 nooit geworden zijn wat zij aan het eind van de oorlog was'.

De heer Abas spreekt de aanwezigen toe.
Let verder op de Oorkonde, die de volgende maand aan Z.K.H. Prins Bernhard als hoofd der Binnenlandse Strijdkrachten zal worden overhandigd en links v.d. kansel 't tafeltje met voor elk der groepsleden een afdruk van die oorkonde.

Jacoba spreekt via de Hoofden van Dienst en de eerste verzetstrijders: Daan Levendig en Frans Hofker de Groep als geheel toe.

v.l.n.r. Wim Wiebeld, Bep van Parreren, Jan Piet van Hoften, Frans Hofker, Harry Mouthaan, Kees Reitema, Daan Levendig, Ab de Boer, Jan Dekker, Leni Broersma en Frans Reitema.

Frits van Meer reikt Oorkonde uit aan Jacoba van Tongeren met de tekst: Uw dynamische persoonlijkheid, trouw en toewijding zijn voor de Groep van onschatbare waarde geweest, maar uw Johanneïsche visie en Salomonische wijsheid stuurden haar veilig door alle illegale stormen en gevaren.

Herdenkingsbijeenkomst na afloop, ter voorbereiding op de kransleggingen.

Kranslegging op de Apollolaan (vermoedelijk): Harry Mouthaan en Kees Reitema dragen de krans; Frits van Meer en Abraham Abas houden de linten vast.

Kranslegging bij Weteringplantsoen, Amsterdam. Naast Jacoba, Abraham Abas; daarachter Jan Tabak (naast Abraham Abas, Kees Reitema, en achter hem Piet Stiggelbout).

Aangekomen op de Weteringschans voegden de groepsleden en nagelaten betrekkingen der gevallenen uit onze gelederen zich bij ons. Na in formatie te zijn opgesteld gaat het in gesloten gelederen naar het Weteringplantsoen.

Kranslegging bij Rozenoord, Amsterdam. Op 14 april 1945 werden hier gefusilleerd: S.G. Kuster, Dirk Hulsman, Theo Schamp, Leendert Lauwerens en Chris Dobbinga. V.l.n.r.: Kees Reitema, Leni Broersma, Jacoba, Harry Mouthaan.

Foto gemaakt bij hotel Hamdorf in Laren, op de dag dat de Commissie van Beheer heeft gesproken met Prins Bernhard: 23 juli 1945. Jacoba staat in het midden, Abraham Abas staat tweede van rechts, Frits Van Meer staat tweede van links, mevrouw Abas staat tussen Van Meer en Jacoba in.

Deel 2:

1940 - voorjaar 1946

Pagina 'De Vrije Pers' uit het Album dat Jacoba zelf maakte in 1965.

Hoofdstuk 5

'Ik sta daar in opdracht'

De Tweede Wereldoorlog begint met de Duitse invasie in de nacht van 9 op 10 mei 1940. Op 14 mei bombarderen de Duitsers Rotterdam en dreigen ook andere steden aan te vallen. Nederland capituleert op 15 mei. Het eerste jaar van de Groep zonder Naam, zoals de Groep 2000 aanvankelijk heet, begint direct na de capitulatie. Eén van de eerste activiteiten van de prille verzetsgroep is het ondersteunen van het illegale blad Vrij Nederland. Jacoba fungeert aanvankelijk als tussenpersoon in het contact tussen haar vader Hermannus van Tongeren en de oprichters van Vrij Nederland: Frans Hofker, Jan van der Neut, Jan Peppink en Daan Levendig. Na de arrestatie van haar vader in oktober 1940 gaat Jacoba haar eigen weg. Jacoba is maatschappelijk werkster bij de Centrale van Werklozenzorg die in dit eerste oorlogsjaar wordt ontbonden door de Duitsers. Alle maatschappelijk werksters worden overgenomen door de Bijzondere Kerkelijke Gezinszorg, een interkerkelijke organisatie. Jacoba's baan is gedurende de hele oorlog haar dekmantel. Zij werkt als maatschappelijk werkster maar is ondertussen speciaal belast met het illegale werk onder officieel, maar geheim mandaat van de Nederlands Hervormde Kerk. In het eerste oorlogsjaar verliest het verzet haar onbevangenheid.

Mei 1940 – mei 1941

Hermannus van Tongeren, Jacoba's vader, is sinds 1929 Grootmeester der Orde van Vrijmetselaren. In de Duitse propaganda wordt vrijmetselarij als een volksvijandige organisatie afgeschilderd.[38] Die dreiging, onder meer vanuit de NSB, wordt ook in Nederland serieus genomen door de loges van de Vrijmetselaren. Er zijn al voorbeelden bekend waar-

38 De NSB heeft hier een tentoonstelling over gemaakt. Zie foto op blz. 337.

in het niet goed afloopt met vrijmetselaren: in Polen en Roemenië zijn Grootmeesters terechtgesteld en in België is de Grootmeester zelfs onthoofd. In de eerste maanden van de oorlog is de veiligheid van haar vader Jacoba's prioriteit.

Vanaf het eerste moment dat de bommen op Schiphol neerregenen en dat ik voor vader sta, sta ik daar in opdracht. Alles wat ik doe en wat ik onderneem, doe ik voor vader, in verantwoordelijkheid aan hem. Ik weet dat mijn vader in levensgevaar is: de ordeversierselen, papieren, ledenlijsten, en gelden moeten in veiligheid gebracht worden. De generaalsdochter die punctueel de bevelen van de generaal heeft uit te voeren: dit hierheen, dat daarheen. Vragen is niet toegestaan. 'Je weet van niets, begrepen?' 'Ja, vader.' Ik liet voor vader allerlei maçonniek[39] *materiaal uit het archief van de Orde van Vrijmetselaren in Den Haag verdwijnen op door vader aangegeven vertrouwde adressen.*

Vrij Nederland

De geschiedenis van het blad Vrij Nederland begint in het eerste oorlogsjaar met een prille verzetsgroep. De publicatie is een van de vroegste uitingen van verzet tijdens de Duitse bezetting. Sleutelfiguren in de beginperiode zijn Frans Hofker, Jan van der Neut, Jan Peppink en Daan Levendig. In de 'Inventaris van het Archief van Vrij Nederland' worden deze mannen beschreven.[40] Het begint met Frans Hofker, net 20 jaar, typist bij het plaatselijke PTT kantoor. Hij is een aardige, onopvallende jongen, met een afkeer van de Duitse bezetting. Hofker wil met die walging ook wat doen, wat uitzonderlijk is in die dagen. Via een collega komt hij in contact met Van der Neut die 'tastbaar' verzet wil, zoals spionage bedrijven en mogelijk ook sabotage. Verzetsmensen zijn op alle mogelijke manieren in soorten in te delen, maar deze jonge mannen behoren tot een heel bepaalde categorie: het zijn mensen die met veel energie een enorme dadendrang laten zien. De bijna hyperactieven, zoals voortrekker Jan van der Neut, die alles aanpakken en constant op zoek zijn naar nieuwe terreinen waarop ze de Duitsers een hak kunnen zetten. Hofker krijgt in juli 1940 een kopie in handen van een 'rondschrijven' waarin generaal H.G. Winkelman, die als commandant van het Nederlandse leger de capitulatie

39 Maçonniek: de vrijmetselarij betreffende. Maçon is het Franse woord voor vrijmetselaar.

40 Enigszins verschillend aan de andere hoofdstukken in dit boek is voor dit hoofdstuk niet alleen geput uit de Memoires van Jacoba en het Beknopt Verslag, maar ook uit de 'Inventaris van het Archief van Vrij Nederland' van Paul Koedijk en Gerard Mulder (1995).

overeenkomst had moeten tekenen, zich verweert tegen het Duitse verhaal over de Nederlandse schuld aan het bombardement van Rotterdam. Winkelmans verklaring is gestencild en verspreid. Van der Neut, die de schuilnaam Jan de Raad aanneemt, zoekt naar mensen die hem op spionagegebied wegwijs kunnen maken en die ook verder van nut kunnen zijn. Al piekerend komt hij op een naam die hij zijn vader dikwijls heeft horen noemen. Zijn vader werkt bij het Amsterdams gemeentelijk trambedrijf, en de directeur ir. Hoffman is een belangrijke vrijmetselaar in Amsterdam. Hoffman geeft hoog op van een prominente loge-broeder, een gepensioneerde generaal-majoor van het Koninklijk Nederlandsch-Indisch Leger (KNIL): Hermannus van Tongeren, tevens Grootmeester van de Orde van Vrijmetselaren. Deze Van Tongeren heeft goede contacten door het hele land. Van der Neut wil via zijn dochter met hem in gesprek komen en gebruikt als 'binnenkomer' de Winkelman circulaire. Als hij met een stapel exemplaren in Amsterdam aanbelt bij het woonhuis van Jacoba, komt hij nauwelijks verder dan de voordeur. Jacoba spreekt haar vader regelmatig op diens kantoor bij Fuchs en Rens.[41] Aan het begin van de oorlog gaan de gesprekken nog niet over verzetswerk. Dat verandert vanaf het moment waarop Jan van der Neut bij Jacoba aanbelt en haar een stapel pamfletten in de hand drukt.

Dikwijls zitten vader en ik in die dagen te praten in de vertrouwelijke sfeer van zijn werkkamer bij Fuchs en Rens. Soms verricht ik wat tikwerk of administratieve arbeid voor hem. Het blijft echter bij kleinigheden, tot op een morgen, dat ik alleen thuis ben, er gebeld wordt en een jongeman, Jan de Raad,[42] zich bij mij komt melden. Op mijn bevestigend antwoord, op zijn vraag of ik de dochter ben van Kolonel H. van Tongeren, Grootmeester van de Orde van vrijmetselaren, overhandigt hij mij een honderdtal exemplaren van de Verklaring van Generaal Winkelman inzake het bombardement op Rotterdam en de capitulatie van het Nederlandse Leger. Hij vraagt mij hiervan een gedeelte aan vader ter hand te stellen en zelf voor verspreiding van de rest te willen zorgdragen. Nog vóór ik gelegenheid heb van mijn verbazing te bekomen en zelfs maar te antwoorden is de jongeman weer verdwenen. Nieuwsgierig neem ik de stukken door. Ja, dat zal vader zeker interesseren! Ik pak de hele zaak in mijn tas en ga er mee naar de Johannes Verhulstraat. Maar... daar wacht mij een geduchte uitbrander voor mijn

41 Fuchs en Rens is een bedrijf dat in Nederlands-Indië auto's verkoopt. Hermannus van Tongeren is aanvankelijk procuratie-houder en later mede-eigenaar van het bedrijf. Na haar ziekte heeft Jacoba hier eind jaren '30 typewerk verricht.

42 Jan de Raad: schuilnaam van Jan van der Neut.

onverantwoordelijke handelwijze. Ik had gedacht vader een verrassing te bereiden. Een verrassing is het misschien wel, maar die valt niet in goede aarde. 'Hoe kom je daaraan?' vraagt vader streng. Ik doe hem het verhaal. Scherp onderzoekend neemt vader mij daarbij op, opdat vooral geen enkele onwillekeurige gelaatsverandering hem daarbij zal ontgaan. 'Hmmm. 't Is me wat moois! Je kent de jongeman niet, weet niet hoe of wat hij is en komt bovendien nog, of het de gewoonste zaak van de wereld is met die dingen zó maar in je tas hierheen! Waar heb je je hersens zitten? We leven in oorlog, weet je dat wel of is dat soms nog niet tot je door gedrongen? Het schijnt wel zo.' Ik ben hevig verschrikt, maar vader gaat voort: 'Wie waarborgt je dat die kerel geen agent provocateur is geweest? Het zal nu dit keer wel niet, daarvoor is het mij te veel kwajongens spel, maar laat het je een volgende keer tot een les zijn!' [43]

Jacoba voelt zich beschaamd na de reprimande die ze als volwassen vrouw van haar vader krijgt. Ze ziet het als een gemiste kans hem te laten zien dat zij haar plaats en taak in oorlogstijd begrijpt.

Hoe dom en lichtzinnig ben ik hier te werk gegaan. Ik moet wel erg beteuterd kijken, want vader krijgt heus medelijden. 'Kijk maar niet zo verschrikt', zegt hij, 'er is nu toch niets meer aan te doen.' Hij pakt de papieren zorgvuldig bij elkaar en... laat ze onder de trap achter de kolen verdwijnen. 'Laat ze daar maar eerst een dag of wat liggen', zei hij. 'Daarna zijn ze voor de mensen nog steeds nieuw en dan weten we meteen of het een valstrik is geweest of niet. Meestal wachten de heren niet zo lang voor ze toeslaan.' Dan, mij veel betekenend aanziend: 'En als er ooit iets van komt, dan ben je overdonderd en hebt de hele zaak meteen vernietigd, begrepen?' De eerste dagen verlopen voor mij vol spanning, maar er gebeurt niets. Een week, 14 dagen, dan komen de kostbare stukken weer voor de dag en... gaan in brede kring van hand tot hand.

Een illegaal krantje maken

Hofker besluit medio juli 1940 het voorbeeld van Winkelman te volgen. Hij wil een publicatie maken en verspreiden, als tegengif voor de Duitse propaganda. Ze zijn inmiddels met z'n drieën; Van der Neut is als aankomend elektrotechnicus in dienst bij de vader van zijn schoolvriend

43 Uit de lezing 'Het Aandeel der Vrijmetselarij in de werkzaamheden van Groep 2000' die Jacoba op 8 november 1945 houdt voor de Amsterdamse Loges van de Vrijmetselarij; geciteerd in het boekje over Hermannus van Tongeren door dr. M.J.M. de Haan dat in 2015 verschijnt.

Daan Levendig, die een installatiebureau heeft. Ook Daan Levendig sluit zich aan. De distributie gaat heel simpel en bijna nonchalant. De drie jongens laten losse exemplaren in de tram liggen of ze deponeren er een paar in tramhuisjes. Ook duwen ze exemplaren in willekeurige brievenbussen of geven ze aan vrienden en kennissen door. Zo krijgt ook Jan Peppink, een jeugdvriend van Van der Neut een blaadje in handen. Hij voelt veel voor een spionage-groep en sluit zich ook aan. Er zijn in die tijd verschillende illegale teksten in omloop, en Hofker komt op het idee deze teksten te bundelen in een krantje. Het plan is dit krantje uit te brengen op Koninginnedag, 31 augustus 1940. Maar dan hebben ze wel een eigen schrijfmachine en een stencilmachine nodig. Waar moeten ze dat van betalen? De vier jongelui hebben vrijwel geen eigen inkomen; ze zijn nog maar net van school. De jeugdige oprichters – hun leeftijd varieert van 17 tot 20 jaar – leggen elk een rijksdaalder van hun zakgeld of salaris in en de voorbereidingen kunnen beginnen. Van der Neut fietst half augustus 1940 opnieuw naar het huis van Jacoba in een nieuwe poging met generaal Van Tongeren in contact te komen. Van der Neut vertelt Jacoba het verhaal van de illegale krant die hij met zijn vrienden wil uitgeven en hij vraagt om steun.

Jan de Raad komt weer opdagen. Hij komt nu binnen, is wat rustiger dan de eerste maal en vertelt hoe hij met nog twee vrienden, Daan Levendig en Frans Hofker, een illegaal blad wil beginnen om leiding te geven aan de sluimerende gevoelens in brede kringen onzer bevolking. Vooral ook om een tegenwicht te vormen tegen de leugenpropaganda van de N.S.B. die onze volksaard tracht te vergiftigen. Hij raakt in vuur, vertelt hoe hij en zijn vrienden van plan zijn het eerste nummer van deze krant met 31 augustus te laten verschijnen. Het zal een echt Oranje nummer zijn.

Jacoba wordt aangestoken door zijn enthousiasme en wil graag meedoen. Ze belooft ruggespraak te houden met haar vader, die echter erg terughoudend reageert. Hij wil wel zijn schrijfmachine en stencilmachine tijdelijk voor het goede doel afstaan, maar verder niets.

Vader laat mij rustig uitpraten en zegt alleen maar: 'Met fantasieën en zucht naar avontuur is ons volk niet gebaat. Laten jullie eerst maar eens zien wat er in je steekt en dan zal ik weleens kijken of ik wat voor jullie kan doen.'

'Maar vader, we hebben niets. Hoe kunnen wij nu een krant beginnen, terwijl we niets bezitten. Geen schrijfmachine zelfs!' 'Je kunt voorlopig mijn oude Oliver van kantoor lenen en mijn hectograaf. Meer niet.' Heb ik weer een nederlaag geleden? Op Jans gezicht, met wie ik om half 5 bij onze melkboer op de hoek heb afgesproken, lees ik zichtbare teleurstelling. Ik monter hem echter op. 'Jij kent vader niet. Dit is juist een aanmoediging. Anders had hij mij wel meteen afgewezen. Kom, we beginnen! Ik ga morgen direct papier kopen en zal zorgen dat je die machines krijgt, als je maar zegt waar je ze hebben wilt. Als de kopie klaar is, ga ik er weer mee naar vader toe. Als die goed is, zal je eens wat zien.'

Eerste exemplaar Vrij Nederland

Het eerste exemplaar van Vrij Nederland[44] wordt thuis bij Van der Neut uitgetikt en vermenigvuldigd. De redactie van dit eerste nummer berust geheel bij Frans Hofker. De technische verzorging bij Daan Levendig en Jan van der Neut. In de weken na het uitkomen van 'Vrij Nederland' merken de oprichters dat hun initiatief succes heeft. Overal horen zij mensen over VN praten. Jacoba schrijft erover in het Beknopt Verslag:

Dat dit eerste nummer van VN een succes is geworden, danken wij dan ook voor een niet gering deel aan het grote doorzettingsvermogen, de onvermoeide werkkracht en het niet te doven enthousiasme van deze drie jongelui.

Ook Van Tongeren leest het blad en raakt enthousiast. Spontaan trekt hij zijn portefeuille en haalt er duizend gulden uit.[45] Dat mag zijn dochter aan Van der Neut geven, als 'aanmoediging'. Hij vraagt zijn dochter een afspraak met de volhardende jongeman te maken. De elektrotechnicus en de militair vallen bij elkaar in de smaak, zo blijkt tijdens het eerste gesprek. Van der Neut vertelt nogmaals wat hij wil: een spionage-organisatie opzetten. Van Tongeren zegt hem dit keer alle medewerking toe. Niet alleen van zichzelf, maar ook van de vrijmetselarij. Dat betekent een flinke steun in de rug voor het jonge verzetsgroepje.[46] Ondertussen maakt Jacoba zich voortdurend zorgen om haar vader.

---

44 Zie ook foto op blz. 81: 'Het eerste nummer van VN'.

45 1000 gulden in 1940 zou in 2013 een waarde van ongeveer 17.960 gulden vertegenwoordigen, ofwel bijna 8.150 euro. Bron: Consumentenprijsindexcijfers 1900 = 100 van het Centraal Bureau voor de Statistiek (CBS).

46 Na meningsverschillen heeft Jan Peppink met wat andere jongens begin 1941 ook een aantal nummers gemaakt van een ander blad: 'Nederland Vrij'. Bron: Beknopt Verslag.

Iedere dag hol ik naar de Verhulstraat. Dag na dag verwacht ik vader niet meer te treffen en telkens is er weer dat zwijgend, blijde weerzien. Ogenschijnlijk rustig werkt vader voort. Alleen zij die deze tijd van nabij meemaken, weten welke spanningen daarin door hem worden doorleefd; zo nu en dan een verhoor... dan schijnt de storm weer over te drijven. Intussen vertelt vader mij wel eens iets over illegaal werk. Altijd zo terloops en schijnbaar nooit met opzet, maar toch doelbewust mij leidend tot de voor mij beslissende stap.

Van Tongeren schakelt zijn dochter Jacoba in die als maatschappelijk werkster onopvallend kan reizen. Zij informeert namens haar vader door het hele land een aantal maçonnieke broeders en bereidt het bezoek van 'de jongens', zoals zij Jan van der Neut en diens vriend Jan Peppink noemt, voor. Het wachtwoord waarmee 'de jongens' zich moeten aandienen, luidt: 'De orde roept u! Nederland vrij!' Van der Neut en Peppink reizen haar na door het land, aanbellend op adressen die zij van Jacoba hebben gekregen. Als vader Van Tongeren op 11 oktober 1940 door de Duitsers wordt gearresteerd[47] en in het huis van bewaring aan de Weteringschans gevangen wordt gezet, is het zaad van verzet al gezaaid.

De spionage-groep krijgt vorm

Langzaam krijgt de spionagegroep van Van der Neut en Peppink vorm. Van der Neut heeft weliswaar een aanzienlijk deel van de duizend gulden van Van Tongeren voor VN gebruikt, maar de rest besteedt hij aan het spionage-project. Langzaamaan breidt het spionagenetwerk van Peppink en Van der Neut zich uit. Van der Neut vraagt ook Jan Kranenburg, een boekhouder bij de gemeente Amsterdam, om toe te treden. De aanbodkant van informatie bestaat primair uit de vele contacten die Van der Neut en Peppink aan de bemiddeling van Van Tongeren hebben overgehouden. En hoewel Hermannus van Tongeren al in oktober 1940 is gearresteerd, blijft zijn dochter Jacoba nog steeds actief bij het inschakelen van vrijmetselaars in het hele land. Peppink en Van der Neut vinden een goede bondgenoot in een logebroeder van Van Tongeren; de oud-militair Isaac Troostwijk, gepensioneerd luitenant-kolonel bij het KNIL. In het Beknopt Verslag schrijft Jacoba:

47 Hermannus van Tongeren sterft op 29 maart 1941 in Sachsenhausen. In haar memoires laat Jacoba weinig los over haar emoties rond de arrestatie en dood van haar vader. Zie ook de hoofdstukken 8 en 19 van dit boek.

Ondanks de geringe bewegingsvrijheid die Troostwijk als Jood genoot, wist hij met zijn buitengewone schranderheid van geest overal door te dringen. Hij legde samen met ons de grondslagen voor de spionage-afdeling van VN.

Troostwijk kent niet alleen veel mensen, hij weet ook iets van spionagetechnieken. Hij komt met ideeën voor objecten die de moeite waard zijn nader te onderzoeken. De spionagegroep richt zich in de eerste plaats op het verzamelen van inlichtingen op twee terreinen: vliegvelden en waterbouwkunde. Dat laatste in het bijzonder met betrekking tot Amsterdam en omgeving. In de 'Inventaris' van het VN-archief staat een voorbeeld beschreven van hoe dit in zijn werk gaat:

'In het Noord-Hollandse schildersdorp Bergen heeft sinds 1919 de huisarts en vrijmetselaar Jan Blok zijn praktijk. Tot november 1939 was hij tevens de vaste arts voor het personeel dat op de luchtmachtbasis Bergen was gelegerd. Daardoor kent hij het vliegveld goed. Vermoedelijk is Jacoba, zogenaamd als patiënte, naar hem toegegaan. Ze kondigt de komst van Van der Neut aan en vraagt Jan Blok om diens medewerking. Die geeft hij grif: als Van der Neut inderdaad komt opdagen, vertelt Blok hem alles over het vliegveld. Daardoor kan Van der Neut een vrij nauwkeurige kaart van Bergen en omgeving maken waarop alle militaire objecten staan aangegeven. Op soort gelijke manier bemachtigt de groep plattegronden en andere gegevens van onder andere het vliegveld Deelen bij Arnhem, vliegveld Twente, Schiphol, de Fokker-vliegtuigfabrieken, de fabriek van Werkspoor in Utrecht en kazernecomplexen. Het vergaren van zulke inlichtingen levert als bijproduct allerlei andere zaken op, zoals wapens die door gedemobiliseerde militairen achterovergedrukt zijn.'

De arrestatiegolf

In het vroege voorjaar van 1941 is nog helemaal niet zo duidelijk op welke manier verzet gepleegd kan worden zonder gevaar te lopen. De eerste verzetsmensen menen oprecht dat zij de vijand met open vizier tegemoet moeten treden. Zij willen er niet omheen draaien als ze opgepakt worden. Liegen geldt in het orthodox-christelijke milieu, waarin zoveel VN-medewerkers zijn grootgebracht, als een zonde. Aan deze calvinistische afkeer van liegen heeft de Sicherheitsdienst (SD) veel steun gehad...De SD verzamelt inlichtingen over onder andere verzetsactiviteiten in de door Duitsland bezette gebieden. Naarmate VN beter wordt geredigeerd en verspreid, wordt het blad door de SD als een steeds grotere luis in de pels van de bezetter gezien. Eind februari 1941 vinden de eerste arrestaties plaats. Hermannus van Tongeren heeft zijn dochter Jacoba en ook 'de jongelui' altijd voorgehouden: 'Nooit namen, nooit aantekeningen of aanwijzingen van adressen.' Maar het tekort aan disciplinaire scholing in VN gelederen wordt pijnlijk snel duidelijk. Een golf van arrestaties volgt en gaat door tot in augustus. Totaal 65 mensen die voor VN en andere illegale bladen werken, worden in die maanden opgepakt. De Groepsleden die worden gearresteerd, zijn onder anderen Daan Levendig, Jan van der Neut, Jan Peppink, Jan Kranenburg, Frans Hofker en Frans Reitema.[48] Van hen hebben Van der Neut en Peppink de oorlog niet overleefd.[49]

Onderduiken is in die dagen nog vrij onbekend. Veel mensen komen niet op het idee. Maar Jacoba heeft discipline met de paplepel ingegoten gekregen. Al direct na het begin van de arrestatiegolf verbreekt ze de contacten met Peppink, Van der Neut en de anderen uit angst voor een ontdekking van de connectie tussen VN en de vrijmetselarij. Na een bijna-arrestatie duikt Jacoba onder. Zij zet haar werk ondergronds voort in een groep zonder naam die later Groep 2000 zou gaan heten, en richt zich op het maken van valse persoonsbewijzen en hulp aan onderduikers. Met VN bemoeit ze zich voorlopig niet meer. In het Beknopt Verslag schrijft Jacoba over deze periode:

Door het wegvallen van de oprichters van VN, met vrijwel alle mij bekende hen omringende contacten, werd de band tussen de overgeblevenen dusdanig verbroken, dat er eigenlijk twee afzonderlijke groepen werden gevormd:

1. *De Pers- en Spionage-afdeling, het latere 'Vrij Nederland', dat het verband met zijn oorsprong zo volkomen kwijt was dat ik in september 1944, bij een hernieuwde aanraking, aan 'Vrij Nederland' zijn eigen oorsprong heb moeten onthullen.*[50]
2. *De Moedergroep, die zich genoodzaakt zag van de grond af opnieuw te beginnen, maar van toen af zich in een geheel andere richting is gaan ontwikkelen.'*

---

48 Van al deze mannen is een korte biografie opgenomen achterin dit boek.

49 Reitema zit acht maanden gevangen in het 'Oranje Hotel' in Scheveningen en wordt daarna vrijgelaten. Hij sluit zich direct weer aan bij de verzetsgroep van Jacoba. Levendig, Kranenburg en Hofker keren pas na de oorlog terug na jarenlang verblijf in kampen en tuchthuizen. Zie ook hoofdstuk 15 van dit boek: 'De hele straat vlagt!'

50 Zie ook hoofdstuk 9 van dit boek: 'Ik kook bijna van verontwaardiging'.

De VN organisatie moet opnieuw worden opgezet en nieuwe redacteuren, stencillers en verspreiders worden gevonden. Jacoba schrijft in haar memoires:

Dit is de geboorte van Vrij Nederland.

Het is ook de geboorte van Groep 2000, al zal deze pas later haar naam krijgen.

Gecodeerde correspondentie

Als in het vroege voorjaar van '41 de eerste grote klappen in de VN gelederen vallen, is er binnen de Hervormde Kerk onder aanvoering van Jacoba al landelijk een web gespannen van oost naar west, van noord naar zuid. Er wordt een uitgebreide –gecodeerde- correspondentie gevoerd over foto-verzamelingen van kerken en kerkinterieurs (lees: persoonsbewijzen en stamkaarten), foto's van het orgel (algemene bonkaart), en doopvont (sigaretten/snoepkaart). Er wordt verteld over dopelingen (Engelandvaarders) en catechisanten (Joden), aannemelingen (piloten), ouderlingen en kerkvoogden (verzetsstrijders en contribuanten) en diakenen (KP'ers, de leden van knokploegen).

De gecodeerde correspondentie gaat op deze manier: 'Ik sluit hierbij in een foto van onze fraaie kerk, uw hobby voor het verzamelen van kerkfoto's kennend. Wellicht heeft u deze nog niet. Indien gewenst, kan ik u ook helpen aan interieur foto's van doopvont en orgel.' Dat betekent zoveel als: Er is hier iemand voorzien van alle bescheiden maar voor wie een goed onderduikadres gezocht wordt. Contactadres: pastorie. Of: 'U kent mijn hobby voor het verzamelen van kerkfoto's en hun interieur. Kunt u mij ook helpen aan een foto van de hervormde/gereformeerde/RK kerk te (willekeurige plaats), liefst ook met volledige interieur-foto's?' Duiding: Ik heb hier een onderduiker die van volledige papieren voorzien moet worden. Godsdienst hervormd/gereformeerd of katholiek. Domicilie plaatsnaam waar de kerk zich moest bevinden. Het systeem laat voor de betrokkenen niets aan duidelijkheid over terwijl er tegelijkertijd niets wordt verstopt. Zoals Jacoba schrijft:

Doodeenvoudig, zo klaar als 't licht dat door het kerkvenster naar binnen valt: wie durft hier het woord illegaal te bezigen?

Jacoba krijgt een schutspatroon

Als de oorlog begint, is Jacoba maatschappelijk werkster bij de Centrale van Werklozenzorg in interkerkelijk verband. Maar werklozen zijn er niet meer sinds die meidagen. Vrijwillig of onvrijwillig moeten alle beschikbare arbeidskrachten immers naar Duitsland. In het voorjaar van 1941 wordt de Centrale van Werklozenzorg door de Duitsers ontbonden. Onmiddellijk wordt het werk overgenomen en voortgezet door de kerken, als 'Bijzondere Kerkelijke Gezinszorg', elk met eigen maatschappelijk werksters, dezelfde vrouwen van voorheen. Met haar collega's tracht Jacoba zoveel mogelijk morele steun te bieden. Dan krijgt Jacoba een bijzondere taak. Tijdens een vergadering met het bestuur wordt Jacoba aangewezen als de maatschappelijk werkster die belast is met het illegale verzetswerk, met de Hervormde Kerk als geheim schutspatroon.

'Vooral niet opzetten tegen de bezetter en niets doen dat de Centrale in gevaar kan brengen', is de opdracht van het bestuur. 'Maar wat te doen met degenen die niet willen?' Die vraag komt van mij op een vergadering met het bestuur in Utrecht. 'Die vallen buiten onze verantwoordelijkheid.' 'Zoiets van: ben ik mijn broeders hoeder?' Scherp klinkt het, misschien scherper dan ik zelf wil of bedoel. Verschrikte gezichten. Dan een tegemoetkomend: 'Wat had u dan gedacht?' Ik: 'Dat weet ikzelf niet. Ik zou er nog over moeten nadenken, maar we zouden in elk geval de gezinnen wel kunnen helpen, precies als van de anderen; dat is vast iets en voor de rest kunnen we zoeken naar mogelijkheden.' 'Dus toch illegaal?' Een luchtig schouder ophalen. 'Laat me er in elk geval over nadenken.' Een week later vergaderen we weer. 'Heeft u een voorstel?' Ik: 'Ja, alle aanvragen om hulp worden nauwkeurig geschift. Bij elk onzer afdelingen komen deze vanuit de kerkelijke gemeenten centraal binnen en worden dan door maatschappelijk werksters naar rayon verdeeld. Dat kan gewoon doorgaan. De rayon werkster bezoekt de gezinnen en onderzoekt het onderhavige geval. Stuit zij op iets illegaals of vermoedt zij maar in de verste verte dat iets illegaal zou kunnen zijn, dan geeft zij dat door aan een nader door het bestuur aan te wijzen kracht, die deze gevallen verder behandelt. Nog beter wanneer zij dat aan het bestuur meldt als een buiten haar competentie liggend geval en dat niemand van ons weet wie u daarmee belast. En wat het bestuur betreft: ook die dient buiten schot te blijven en elke illegale actie te vermijden.' Na een korte discussie verlaten de maatschappelijk werksters de vergadering en vergadert het bestuur alleen verder. Niet lang. Als de maatschappelijk werksters weer binnen zijn geroepen, deelt het voltallige bestuur ons mee dat dit voorstel is aangenomen en dat het bestuur zich alleen

nog zal beraden over de persoon in kwestie, die uiteraard geheel vrijwillig deze taak op zich zal nemen. Op de terugreis naar Amsterdam deelt Bernard Aris mij mee dat in feite de beslissing reeds is gevallen. Men wil alleen nog in een persoonlijk gesprek met mij tot een nadere precisering komen. De verbindende schakel met het bestuur, dat zogenaamd van mijn werkzaamheden niets mag weten, is Bernard Aris.

Bij alle veranderingen en groei blijft deze verhouding de hele oorlog door bestaan.

De generaalsdochter wordt zelf generaal

Ook de Bijzondere Kerkelijke Gezinszorg is een interkerkelijke organisatie, en de afspraak is dat alle maatschappelijk werksters door hun eigen kerk worden betaald. Alleen over één maatschappelijk werkster heerst een diepgaand meningsverschil. Welke kerk zal Jacoba's salaris moeten betalen? Ze is hervormd, maar werkt ook voor buitenkerkelijken en vrijzinnige groepen, en staat nergens ingeschreven. Haar standplaats is de Nieuwe Kerk, dat is waar, maar zij werkt samen met álle kerken, zelfs Gereformeerde, maar ook vrijzinnig hervormden. Dochter van de Grootmeester der Vrijmetselaren; ex-catechisant bij ds. Geelkerken en Jac Mossel van de Vrijzinnige Gemeente. Is dat niet wat al te 'lichtzinnig', waar blijft het principe?

De kerken werken samen in breed verband, elk daarin verantwoordelijk ook in financieel opzicht voor de eigen bijdrage, maar wie kan de verantwoording op zich nemen voor deze maatschappelijk werkster? Er wordt gestemd; fel kanten zich de Gereformeerden en de Gereformeerde Bonders tegen het voorstel. De Confessionelen? 'Wij hebben reeds twee maatschappelijk werksters hier in Amsterdam voor onze rekening. 't Kan echt niet.' Eén stem vóór namens de vrijzinnige groepen. Bernard Aris, nog zie ik hem voor me staan. Bedroefd, verslagen. Gewond ook. Oude littekens bloeden weer. 'Wat nu?' We kijken elkaar aan, begrijpen. Het werk gaat gewoon door. Even een oplichting in zijn ogen, dan de vraag: 'Maar je salaris dan kind?' Ik: 'Juffrouw Van Tongeren is niet te koop, legaal niet en illegaal niet.'

Bernard: 'Maar je moet toch leven, je huishouding, 't gaat toch allemaal door?' Ik: 'Wat zou je dan willen, malle jongen, dat ik 't erbij neergooi? Ik heb twee handen en een hoofd en er is immers geen werkeloosheid in deze heilstaat!' Een schaterende lach: Bernard gaat in de houding staan, salueert, de hielen klikken tegen elkaar: 'De generaalsdochter wordt zelf generaal. Tot uw orders, generaal!'

Elke dag voor de maatschappelijk werksters uitzwermen, komen zij op het centrale punt, hun bureau, bij elkaar. Niemand van haar collega's weet dat Jacoba geen salaris krijgt maar onder de dekmantel van de Bijzondere Kerkelijke Gezinszorg illegaal verzetswerk doet.

Op ons bureau gebruiken we heel vaak samen ons meegebrachte 12-uurtje. Bij een van die gelegenheden zegt Nel Schokking tegen mij: 'Ik vind het toch maar fijn, Co, dat jij gewoon doorgewerkt hebt destijds en dat 't daarna zo betrekkelijk gauw in orde is gekomen met de onderlinge regeling van de salarissen met de kerken.' Ik: 'Ja, ik ook.' Dan ineens: 'Zeg hebben jullie destijds nog iets gemerkt van de aanwijzing van de een of andere persoon als verbindende schakel met de illegaliteit?' Onderzoekend gaat mijn blik de kring rond. Ze schudden alle drie van nee. 'Het is dat jij't oppert', zegt Ella Donner.'Ik zou 't niet gek gevonden hebben als ze jou daarvoor gekozen hadden.' Esther van Hoogenhuysen: 'Co! Wel neen, dat zou al heel dom geweest zijn, om dat te doen.'t Was jouw voorstel. Als ze dat gedaan hadden, hadden wij 't zeker direct in de gaten gehad.' Nel weer, mij ineens scherp aanziend: 'Hoezo?' Ellen: 'Wel, met de tijden bijvoorbeeld. Juffrouw Punctueel zou zich dan wel niet zo precies meer aan de tijden van bijvoorbeeld de spreekuren hebben kunnen houden.' Algemeen gelach. We weten: Ellen, hoewel zij in Zeist woont, is altijd op tijd. Nel komt uit Den Haag, maar Esther, die haar kamer boven ons kantoor heeft, verlaat zich nogal eens. Juffrouw Punctueel (ikzelf) is gerustgesteld door dit gesprek. Dat mijn dag om 04.00 uur begint, dat ik voor mijn spreekuur start al heen en weer naar Nijkerk, Barendrecht of elders ben geweest, wie vermoedt dat? En zo moet het ook.

Juffrouw Brinkman

Een paar maanden later, als de Duitsers op zoek zijn naar 'juffrouw Brinkman', begrijpen de collega's pas hoe de vork in de steel steekt.

Dan komt die middag dat het er om spant. We zitten aan de lunch als er aangebeld wordt. Ik trek open: drie Duitse officieren stormen de trap op, vragen naar juffrouw Brinkman, die joden helpt. Ik: 'Juffrouw Brinkman is hier onbekend.' Er volgt een persoonsbeschrijving, maar twee grote, niets begrijpende ogen kijken de heren aan. 'Eerlijk, er werkt hier geen juffrouw Brinkman en ik heb geen flauw vermoeden zelfs wie dat kan zijn, al heeft u verteld dat zij hier vaak in de omgeving gezien is en dat zij maatschappelijk werkster is.' Ik houd steeds de deurknop van onze kantoordeur in de hand, de deur op een kier, zodat mijn collega's alles kunnen horen, maar zorg ervoor de heren zo lang mogelijk op te houden. Als er dan binnen nog iets te verbergen is, heeft men daar nog gelegenheid voor. Je kunt nooit weten, tenslotte. Eindelijk zeg ik: 'Heren, komt u binnen en overtuig u dat er een vergissing in 't spel is.' Ik gooi de deur wijd open en zeg zo argeloos mogelijk tegen mijn collega's: 'De heren zoeken een juffrouw Brinkman, maatschappelijk werkster, die hier zou werken of komen. Kennen jullie die?' Naar waarheid wordt ontkend. Er worden nog enige vragen gesteld, dan moet toch alles doorzocht. Zelf leid ik ze rond en eindelijk druipen de heren af. Als ik op mijn stoel neerval, beeft alleen mijn hand, maar in mijn boterhammen heb ik opeens geen trek meer. Ik doe ze terug in 't trommeltje. 'Hè, hè, dat hebben we ook alweer gehad. Wat hielden die lui koppig vol.' Dan met een blik op de klok: 'Ik moet opschieten, want anders zou ik nu heus te laat zijn voor mijn spreekuur.' Plotseling een greep om mijn hand van Nel Schokking: 'Co, dus toch jij? We hebben het even gedacht, maar omdat je zo kalm was zeiden we dat jij 't niet kon zijn.' Ella Donner: 'Meid dan toch, zal ik je spreekuur waarnemen vanmiddag?' En Esther: 'Gunst Co, hoe heb je dit allemaal zo kunnen doen?' Van alles flitst er nu door me heen: Bernard, de 'boodschappen' die er op mijn spreekuur binnen kunnen komen, Rudi (student en verzetsman). Drie beduusde maatschappelijk werksters zien mij snel uit hun gezichtsveld verdwijnen.

Jacoba waarschuwt Rudi Bloemgarten en Bernard Aris en houdt haar spreekuur. Het is rustig, maar toch staat bij Jacoba het alarmlicht op rood. Zij hebben zelf thuis een Joods meisje in huis, een nichtje van haar. Jacoba weet: ergens is een fout gemaakt.

Als ik thuiskom, vraagt Liesje, het Joodse meisje dat bij ons is ondergedoken: 'Bent u vrij vanavond, tante?' 'Nee, Lies. Wat zou jij ervan vinden om eens heerlijk een poosje buiten bij een boer te zijn? Ik zal morgen ds. Krebs in Hoogwoud vragen of jij er niet bij kunt.' Lies' ogen lichten op: 'O, tante!' Wat zal ik dit vrolijke, lieve kind missen.

Jacoba leert die middag een belangrijke les. Ze herinnert zich een van haar vaders stelregels: geen risico op risico stapelen. Ze zoekt een rustige plek om na te kunnen denken. Ze herinnert zich de lessen van haar vader en de militaire veiligheidsbeginselen die hij haar heeft bijgebracht. Dan komt ze op een idee dat Groep 2000 veiliger door de oorlog zal loodsen: de code.

Ik zit in het Vondelpark en denk na. In Gods vrije natuur kan ik altijd beter nadenken. Woord-letter. Letters-cijfers. Cijfers die letters en letters die cijfers hadden moeten zijn. Ik trek figuurtjes in 't zand met een takje. Een figuurtje, een nulletje. Er trekt een lach over dit gerimpelde voorhoofd. God heeft de zorgen weggevaagd. Floep-weg nulletje. En weer een. Zo speel ik nog een poosje door. 20: T. T: 20. Letters die cijfers en cijfers die letters hadden moeten zijn. T, de beginletter van mijn naam, de 20ste letter van het alfabet. 20. Zo maar een rangnummer dus.[51]

51 Jacoba bedenkt hier het codenummer voor zichzelf: 20 (T) plus 00 (de eerste van de reeks groepsleden): 2000.

Pagina uit haar album: 'Ode aan Holland/Stille Zaterdag 1941'.

Hoofdstuk 6

'Ik heb geleerd in 's lands dienst te zijn'

Midden 1941 verandert de focus van de Groep zonder Naam. Het oorspronkelijke tegengeluid via de illegale krant verplaatst zich meer en meer naar praktische hulp aan de groeiende groep onderduikers. Het gaat om Joden die onderduiken om deportatie te voorkomen, maar ook mensen die zich openlijk verzetten tegen de jodenvervolging en Duitse overheersing, zoals tijdens de Februari-staking van een paar maanden eerder, en mannen die niet naar Duitsland willen om daar te werken voor de vijand. De prille verzetsgroep heeft nog geen ervaring met het vinden van betrouwbare onderduikadressen of het maken van valse persoonsbewijzen en andere documenten. Ook moeten in grote hoeveelheden voedselbonnen worden bemachtigd om alle monden van onderduikers te kunnen voeden. Hiervoor worden onder meer distributiekantoren overvallen. Het vraagt om een veilige en gedisciplineerde organisatie, en Jacoba groeit in haar rol. Deze komende drie oorlogsjaren kenmerken zich door een enorme schaalvergroting van het illegale verzetswerk en de daarbij komende organisatie en financiering, maar vooral ook door de persoonlijke offers die zijn gebracht. Veel verzetsmensen met wie Jacoba intensief samenwerkt, vinden de dood onder wie Rudi Bloemgarten, Henk Dienske en Gerrit Jan van der Veen.[52]

Zomer 1941 – voorjaar 1944

Omstreeks de zomer van 1941 zijn bijna alle voor Jacoba vertrouwde en bekende illegale werkers achter elkaar gearresteerd: Jan de Raad/Jan van der Neut, Daan Levendig, Jan Peppink, Frans Hofker, Jan Kranenburg en Frans Reitema. Alleen Kroon en Troostwijk zijn overgebleven van de oorspronkelijke verzetsgroep.

52 Voor dit hoofdstuk wordt voornamelijk geput uit het Beknopt Verslag (pag.10-26) dat Jacoba schreef in 1945.

Jacoba's werkzaamheden als maatschappelijk werkster brengen haar via de Bijzonder Kerkelijke Gezinszorg op een geheel ander terrein van illegale werkzaamheden. Deze periode markeert het begin van de Persoonsbewijzen Centrale (Pb-C).

In februari 1941 heeft de eerste Jodenvervolging op enigszins grotere schaal plaatsgehad en dientengevolge de Februaristaking hier in Amsterdam. Hiermede doet zich voor ons voor het eerst het probleem van onderduikers en hun verzorging voor. Troostwijk, Hoekstra, Kroon en ik vatten dit werk onmiddellijk op. Het is pionierswerk. Geen van ons heeft enige ervaring op dit gebied. De moeilijkheden en gevaren die hier dreigen, zijn weer van geheel andere aard dan bij de oprichting van de vrije pers. Het onderdak verlenen en de financiële verzorging baren ons niet zoveel zorg, maar wel hoe deze mensen van voedsel en de nodige legitimaties te voorzien.

Persoonsbewijzen

De Groep vindt samenwerking met vooraanstaande chemici, onder wie de politiescheikundige van de Amsterdamse recherche, Co van Ledden Hulsebosch. Hij en zijn vakgenoten onderzoeken de Persoonsbewijzen (Pb's) op hun grondstoffen om ze 'onzichtbaar' te kunnen vervalsen. Zo worden namen veranderd, kan de J uit het Pb worden verwijderd, of wordt van twee Pb's één nieuw exemplaar gemaakt. Om een andere foto aan te brengen, wordt de gelatinelaag van de wettige foto afgelicht en vervangen door die van de persoon die moet onderduiken. Het is Jacoba die de Groep in contact weet te brengen met deze meestervervalsers.

Als door een toeval kom ik in contact met een vroegere schoolvriendin, Frieda Belinfante.[53] *Sinds mijn eerste Gymnasiumjaar heb ik haar niet meer ontmoet. Groot is onze wederzijdse verbazing elkaar op dit terrein weer te vinden. Ook zij is met twee vrienden, Gerrit Jan van der Veen en Rudi Bloemgarten, met dergelijke experimenten bezig. Bovendien tekent zij op meer dan meesterlijke wijze de stempels bij. Gerrit Jan kent weer een graveur van naam, die gehele stempels vervalst. Zo besluiten we samen te gaan.*

Jacoba's werkzaamheden als maatschappelijk werkster, en met name haar spreekuren, vormen een prachtige camouflage. Het grote Vrij Neder-

53 In januari 2015 is de biografie van Frieda Belinfante verschenen: 'Een schitterend vergeten leven', de eeuw van Frieda Belinfante; door Toni Boumans.

land-proces heeft de verzetsstrijders geleerd hoe gevaarlijk het is als medewerkers te veel bij elkaar aan huis komen. Dit wordt door Jacoba dan ook van meet af aan stopgezet. De groepsleden ontmoeten elkaar volgens afspraak, meestal op straat of in het Vondelpark. Daarnaast is Jacoba's spreekuur op woensdagmorgen op de Weteringschans 100, het Centraal Bureau voor Vrijzinnig Nederlands Hervormden, een vast moment waarop zij elkaar kunnen treffen. Elke ontmoeting hier gaat onder het mom van Jacoba's kerkelijk maatschappelijk werk. Ook hamert Jacoba erop altijd gebruik te maken van de cijfercode in plaats van eigennamen en adressen.[54]

Jacoba en de anderen verdelen de taken:

Isaac Troostwijk (20025), voor wie tengevolge van een hartaandoening en de steeds scherpere controle op Joden in de treinen het reizen vrijwel onmogelijk was geworden, en Simon Hoekstra (804): financiering en propaganda. Rudi (2010): het specifieke verzetswerk, zoals transport en fabricage van springstoffen, munitie, wapens e.d. Hierbij speelt ook Gerrit Jan van der Veen (2200) een belangrijke rol.[55] Frieda (203): falsificaties. Henk Kroon (1106): contacten. En ik het eigenlijke onderduikwerk: de verzorging van adressen, het bieden van geestelijke en morele steun, financiële ondersteuning en voorziening van bonkaarten.

Een klein kunstje

Opnieuw wordt het netwerk landelijk opgezet. Hierdoor is het mogelijk bepaalde personen illegaal te doen verhuizen en daarna legaal in de woonplaats waar zij onderduiken bij het bevolkingsregister te laten inschrijven. Een klein kunstje, noemt Jacoba dat. Ze legt uit hoe het in zijn werk gaat:

Onder vrienden en kennissen worden foto's ingezameld van hun kinderen die op de leeftijdsgrens zijn dat zij een persoonsbewijs moeten hebben. Met deze foto's reis ik stad en land af en plaats die middels onze relaties bij de vertrouwde instanties aldaar. In Den Haag worden dan voor deze personen de gewenste papieren aangevraagd. Komen de onderduikers ter plaatse, dan krijg ik een seintje om de bescheiden te halen en tegelijkertijd opgave te doen van overschrijving

54 In hoofdstuk 16 van dit boek wordt dieper ingegaan op de invoering en het gebruik van de cijfercode.

55 Later, nadat het contact met Gerrit Jan van der Veen enigermate is verflauwd, vindt Jacoba hem terug aan het hoofd van een eigen knokploeg (KP).

naar een andere gemeente. Is dit eenmaal geschied, dan is het een betrekkelijk klein kunstje om onze cliënten in de plaats van hun onderduikadres op deze valse papieren wettig te doen inschrijven. Een andere veel gebruikte methode is 'de opstanding der doden' waarbij de persoonskaarten en andere papieren van overledenen dienstbaar worden gemaakt voor onderduikers. Ook met de distributiebescheiden wordt al aardig gewerkt. Al vrij snel is het mogelijk voor onderduikers die nog in het bezit zijn van hun DSK (Distributiestamkaart) ook alle bescheiden bij de distributie te verkrijgen. Ook de DSK's van Joden die zijn gehaald of ondergedoken, worden in zulke gevallen gebruikt.

Kring Borgerstraat (of Kring 1400)

Het verzet in Nederland kent veel groepen en de verschillende groepsleden kennen elkaar of zijn actief in meerdere groepen tegelijk. Een voorbeeld is Kring Borgerstraat, of Kring 1400, die door de jaren heen een bolwerk van trouw aan de Groep van Jacoba blijft. Henk Hellinga, alias van Paul Guermonprez is de ziel van Kring 1400. In september 1942 vindt op het Distributiekantoor Borgerstraat in Amsterdam een eerste vergadering plaats met Groepsleden Els Kervers-van Tholen (1400), Keur (1400K) en Gré Ruhe (1400G). Er wordt besloten een soort sabotagegroep te vormen, waardoor onderduikers van de nodige bescheiden kunnen worden voorzien. Ze zetten een verkenningsdienst op touw tot het plegen van overvallen. Zo komen zij in contact met Jaap Balder die aanraadt het werk breed op te zetten. Jaap Balder (1400J), in het verzetswerk bekend als 'Ome Jaap', is lid van de KP van Kring 1400 van het Distributiekantoor Borgerstraat. Hij legt de verbinding met Kring 1400 lid Henk Dienske, topman van de Landelijke Organisatie voor hulp aan onderduikers (LO) in Noord-Holland. Balder heeft bij verschillende overvallen op distributiekantoren in Noord-Holland een actief aandeel gehad. Hij behoort tot de trouwe medewerkers van Henk Dienske. Het is het begin van een vruchtbare samenwerking tussen Dienske en Jacoba zonder dat andere leden van de LO hiervan op de hoogte zijn.

Ik zie Henk Dienske elke dag, altijd op een andere plaats. Ik ben zijn directe koerierster en secretaresse. Voor hem reis ik alle dagen door het land om nieuwe contacten te leggen of oude weer op te nemen en daarvoor de LO faciliteiten te verkrijgen. Tegelijkertijd komen op deze wijze de voor Noord-Holland noodzakelijke bescheiden, ruim 30.000 bonkaarten per periode, naar Amsterdam, van waaruit zij weer centraal worden gedistribueerd.[56]

56 Tegen het voorjaar van 1944 is dit aantal gegroeid tot 50.000 bonkaarten, waarvan ongeveer 35.000 alleen al voor Amsterdam.

Jacoba verstopt de bonnen in een speciaal bonnenvest dat ze onder haar kleding draagt.[57] Het bezorgt haar de bijnaam 'de Bonnenkoningin'. Veel mensen denken in die tijd dat ze zwanger is. In haar memoires geeft Jacoba een beschrijving van zo'n bonnentransport en hoe Rudi Bloemgarten zijn leven voor haar op het spel zet.

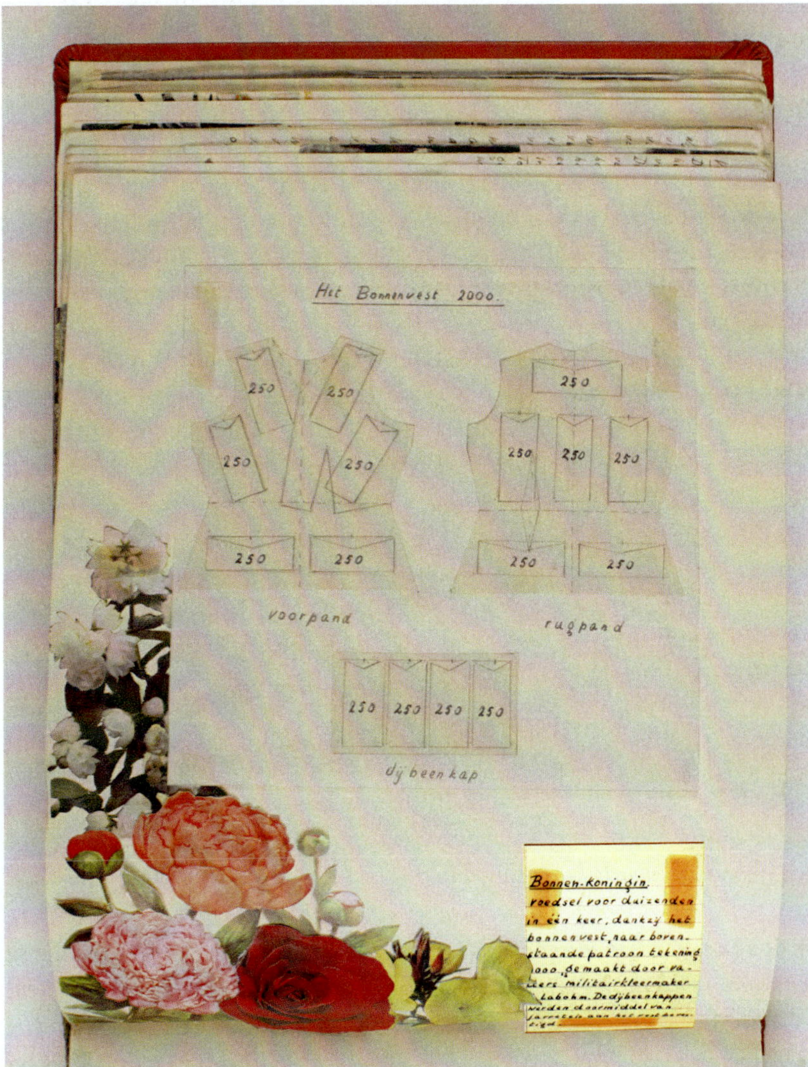

Pagina uit haar album: 'Het Bonnenvest'.

57 Het bonnenvest is speciaal voor Jacoba naar patroon gemaakt door haar vaders militaire kleermaker Labohm.

Bij een zeer gevaarlijk bonnentransport na een kraak te Wormerveer zit ik in de trein tegenover een non. Ik kan haar niet in het gezicht zien daar zij over haar brevier gebogen zit. Devoot bewegen zich de handen langs de rozenkrans. Ik kijk ernaar, geboeid. Het is precies of die handen mij bekend voorkomen, maar vervuld van eigen zorgen en gedachten sta ik er niet bij stil. Ineens zie ik 'n punt van een laars onder het habijt uitkomen. M'n hart staat stil. Een vermomde KP'er, weet ik ineens. Wie?

Jacoba weet dat in Wormerveer reeds arrestaties hebben plaatsgehad. Vier keer is deze route al afgelegd. Nog één keer moest iemand gaan, en Jacoba had zich aangemeld. Rudi had er zich tegen verzet en vond dat het genoeg was. Maar Jacoba wist dat er nog bonnen waren die weg moesten uit het tijdelijk depot. Er is nog een groep die tekort heeft en die geen koerierster meer over heeft. Eigenlijk durven ze geen van allen die laatste reis aan Woedend was Rudi geweest toen Jacoba toch ging. In de trein herkent Jacoba de handen van de 'non': het zijn de handen van haar vriend Rudi.

Ik ben gegaan, want het tijdelijk depot is bij een vrijmetselaar. Wanneer er huiszoekingen gedaan zullen worden, is zijn opslagruimte die wij mogen gebruiken vlakbij het Distributiekantoor een van de eerste ruimten die doorzocht zullen worden. Ik ben alleen gegaan. 'We nemen niet meer risico dan strikt noodzakelijk is.' Tenminste, dat dacht ik. Buiten Rudi en mij zijn er nog twee reizigers. Ik kan dus niets laten blijken, maar onheilspellend klopt mijn hart. We zijn vlakbij Amsterdam als het als een lopend vuurtje door de trein gaat: 'Persoonsbewijzen-controle; de SD is in de trein.' 5.000 bonkaarten heb ik bij me in mijn bonnenvest. Maar Rudi! Ik heb geen tijd om te denken. Ze zijn er al. Vóór ik me realiseren kan wat er gebeurt, zie ik een van de Duitsers door een fikse maagstomp kreunend voorover op de bank vallen; de tweede wordt buiten werking gesteld door een dreun op 't hoofd. De trein mindert al vaart. De coupédeur vliegt open. Een habijt fladdert weg in de wind, een kap vliegt over de rails, twee sterke armen vangen mij op in mijn sprong uit de nog rijdende trein, trekken mij mee langs onbekende weggetjes buiten de perrons en officiële uitgang om naar de fietsenstalling. Het krioelt er van de Duitsers, de uitgang is afgezet, maar wij zijn buiten. Weer langs een achteruitgang en langs onbekende wegen die geen officiële wegen zijn, voert hij mij tot we eindelijk buiten Amsterdam, maar toch onder de rook daarvan, uitblazen. 'Rudi!' 'Co!'

Zo staan we daar, de handen in elkaar. 'Dat was op 't nippertje.' Weg is Rudi en ik vervolg alleen mijn weg. Om mij zette hij zijn leven op 't spel.

Aanslag op de burgerlijke stand Amsterdam

De Jodenvervolging neemt steeds grotere afmetingen aan en daarmee het aantal onderduikers. Het is haast niet doenlijk om de mensen te blijven verzorgen. De eerste overvallen op distributiekantoren hebben plaats. Veel Nederlanders vinden bovendien dat de mensenjacht moet stoppen of op zijn minst dat de weerstand hiertegen van het Nederlandse volk zichtbaar moet worden. Verschillende verzetsgroepen, waaronder de Groep zonder Naam, willen iets ondernemen. Niemand weet precies wie er het eerst op het idee komt de burgerlijke stand in Amsterdam op te blazen. Het doelwit is niet zomaar gekozen; de gemeentelijke persoonsadministratie is uitzonderlijk goed georganiseerd. Het is voor de Duitsers een fluitje van een cent om via dit archief Amsterdamse Joden op te sporen. Het verzet wil deze officiële persoonsadministratie vernietigen met explosieven. Een grote actie waarvoor samenwerking nodig is, beseffen ze. Groepsleden Frieda (203) en Rudi (2010) hebben ook contact met De Vrije Kunstenaarskring, een groep verzetsmensen die gespecialiseerd zijn op dit gebied. Vier van hen spelen een belangrijke rol bij deze actie: Gerrit van der Veen, Willem Arondeus, Johan Brouwer en Wil Sandberg. Er wordt een contactvergadering belegd. Niet alleen wat de verkenning betreft, maar ook hoe de overval zal plaatsvinden.

Frieda, Rudi, Gerrit Jan en ik zitten avonden en nachten gebogen over het plan dat aan alle kanten op z'n uitvoerbaarheid wordt bekritiseerd en getoetst. Nauwkeurig worden voordelen en het geweldige risico tegen elkaar afgewogen. Ondanks alle moeilijkheden die zich hierbij voordoen, is eindelijk het tijdstip aangebroken: 27 maart 1943 gaat het gebeuren. Vlak van tevoren komen wij vieren nog een keer bijeen in het diepe besef wat hier op het spel staat en dat wij elkaar wellicht nooit weer zullen zien. Frieda betrekt de telefoonpost om elk bericht van onze altijd waakzame veiligheidsdienst onmiddellijk door te geven. Ik ben de uitkijk- en opvangpost om ieder onraad zo spoedig mogelijk te kunnen melden, om bij overhaaste vlucht de achterhoede te dekken. Boven verwachting vindt de vroege morgen elk van ons weer op het eigen adres.

In de nacht van 27 maart worden honderdduizenden persoonskaarten op vijf hopen gelegd en in brand gestoken. De brandweer blust de ontstane brand op de Plantage Kerklaan, hoek Plantage Middenlaan[58] (bewust) traag. De actie is voor een deel geslaagd; slechts enkele duizenden persoonskaarten gaan geheel verloren, de rest (85%) raakt niet of nauwelijks beschadigd.[59] Jacoba weet: de aanslag was een waagstuk. Later schrijft zij in haar Beknopt Verslag:

Nog dwingt dit stoute stukje ieder, die op het gebied van het verzetswerk ook maar enigszins thuis is, grote bewondering af. Dat onze jongens betrekkelijk kort daarop toch gearresteerd worden en voor het vuurpeloton vallen, mag hier aan de opzet en daad als zodanig niets afdoen.

Want de aanslag op de burgerlijke stand krijgt een dramatisch vervolg. De verrader slaapt nooit, en zeker niet in oorlogstijd. Er volgen veel arrestaties. Van de negen mannen die het bevolkingsregister wisten binnen te dringen, worden er acht al binnen twee weken gearresteerd. Jacoba spreekt haar goede vriend Rudi Bloemgarten nog kort voordat hij wordt opgepakt.

Een groot deel van de medeplichtigen is gearresteerd. Frieda is althans tijdelijk in veiligheid en bij ons ondergedoken. Thans rest niets anders dan volledig onderduiken. Rudi heeft nog enige zaken te regelen. Veel van het materiaal is reeds in veiligheid gebracht, maar niet alles. Ook daarvoor zet hij zijn leven in. Ik smeek Rudi dit niet te doen en meteen onder te duiken, maar met de dood voor ogen stapt hij vastberaden op zijn doel af. Dan, op een zondagmiddag, wordt er gebeld. Rudi staat voor mij met een klein koffertje. 'Rudi! Waarom heb je dit gedaan? Het wemelt overal van geheime agenten!' 'Frieda moet weg. Alles is voor haar verzorgd. Hier zijn haar kleren en papieren. Morgen om 6 uur aan de Oudemanhuispoort, ingang

58 Het Amsterdams bevolkingsregister was destijds gevestigd in de voormalige concertzaal van Artis. Op de gevel van Plantage Kerklaan 36 herinnert nu nog een gedenkplaat aan deze aanslag.

59 Een maand of zes na de aanslag is het register weer bruikbaar. L. de Jong schrijft hierover in deel 6 (juli '42-mei'43, bladzijde 704) van Het Koninkrijk der Nederlanden in de Tweede Wereldoorlog: 'Aan de Joden had de aanslag geen bescherming geboden, omdat -wat de organisatoren waarschijnlijk niet bekend was- de Duitsers op andere plekken twee aparte Joden-kartotheken hadden.(...) Minstens zo belangrijk zijn de indirecte gevolgen. Die zijn niet in cijfers uit te drukken, maar het komt ons voor dat wat Van der Veen, Arondeus en de hunnen in Amsterdam gepresteerd hadden, een belangrijke stimulans gevormd heeft voor de illegaliteit in het algemeen en speciaal voor de groepen die zich op de hulp aan onderduikers toelegden.'

NZ Voorburgwal staat een vriend in WA uniform. Wachtwoord: Marucka. Zorg goed voor haar.' Weer staan we tegenover elkaar. Rudi: 'Doe moeder en mijn broer de groeten, ik weet dat het aan jouw zorgen niet zal liggen.' We geven elkaar een laatste handdruk. Ik ben zeer ongerust en vraag Van Hoften (8047) mij meteen te berichten als er nieuws is. Geen twee uur nadat Rudi bij ons vandaan is gegaan, wordt hij aan 't station in Den Haag gearresteerd.

Elke avond zingen de gearresteerden in de gevangenis gezamenlijk het Wilhelmus en andere vaderlandse liederen. Een betrokkene schrijft later: 'Ik verbaasde mij over de opgewektheid van de jongens. Zij lachten, debatteerden en lazen om beurten hoofdstukken uit de bijbel voor. Arondeus en Brouwer waren steeds opgewekt; zij bezielden hun kameraden door hun lichtend voorbeeld.' In totaal krijgen twaalf betrokkenen de doodstraf, onder wie Arondeus en Bloemgarten. Deze laatste schrijft in een naar buiten gesmokkeld briefje: 'Wij hebben gedaan wat wij moesten doen en zijn volkomen verzoend met de dood.'[60] Het afscheid van Rudi Bloemgarten valt Jacoba zwaar. In haar memoires schrijft ze over haar vriend:

1 Juli 1943 wordt hij gefusilleerd. Zijn laatste daad en wilsbeschikking betekenen de vrijheid en leven voor Frieda - de gevangenis en dood voor hem zelf. Mannen als Rudi Bloemgarten telt Nederland niet vele. Rudi is een mijlpaal in mijn leven geweest. Juist de verbittering en hardheid in zijn leven waarmee hij zo manmoedig kampte, ondanks alle uiterlijke branie en bravoure, hebben voorgoed in mij iets losgemaakt, waardoor ik niet meer kan haten. Wij lijden in deze jaren niet alleen aan de bezetting en de NSB, maar méér nog aan een soort collectief schuldbewustzijn. Hoe hebben wij Gods wereld zo ver laten verworden?

De Groep wordt zware slagen toegebracht. Frieda kan niet meer actief aan het werk deelnemen en wijkt naar Zwitserland uit.

Door de ver om zich heen grijpende arrestaties zijn we er bijna even ernstig aan toe als destijds met het grote Vrij Nederland-proces. Bovendien wordt ons alle materiaal, waar onze jongens hun leven voor hebben ingezet, op lafhartige wijze ontstolen (600 blanco Pb's en 50.000 gulden). Rudi's koffertje is namelijk door een koerierster met het afgesproken wachtwoord gehaald,

60 Bron: L. de Jong, Het Koninkrijk der Nederlanden in de Tweede Wereldoorlog, deel 6 (juli '42-mei '43, bladzijde 701).

maar is vermoedelijk door oneerlijkheid nooit te bestemder plaatse gearriveerd. De Pb's zijn in de zwarte handel verkocht.

Gerrit Jan van der Veen verlaat de Groep omdat hij zich volledig wil wijden aan de Persoonsbewijzen Centrale (Pb-C) waarvoor de grondslagen zijn gelegd.[61] Hij blijft evenwel contact houden met de Groep die dankbaar gebruikt maakt van zijn diensten. Later schrijft Jacoba hierover:

Nooit hebben wij onze Pb's langs de 'officiële' weg van contacten (LO of andere illegale organisaties) behoeven aan te vragen. Dit geschiedde uit hoofde van onze relatie uit het verleden. Altijd rechtstreeks en binnen enkele dagen is aan onze opdrachten voldaan. Tot het laatste toe heeft Gerrit Jan zich Groepslid gevoeld.

Naar Wijkgebouw 'Irene'

Kort na de arrestaties als gevolg van de overval op het Amsterdamse bevolkingsregister op 27 maart 1943, neemt Jacoba haar ontslag bij de Bijzondere Kerkelijke Gezinszorg om zich voortaan volledig aan het illegale werk te kunnen wijden.

Hoezeer dit ook een paradox lijkt: de band met de kerk wordt hierdoor juist versterkt. Officieel vraag ik mijn ontslag; officieus blijf ik gehandhaafd. Zelfs wordt mij het gebruik van een der wijkgebouwen van de Ned. Hervormde Kerk toegestaan, namelijk Wijkgebouw 'Irene', Wijk XVI, Jacob van Lennepkade 310-312. Hierbij stuit ik op een oude VN-medewerker, Frans Reitema (1802B), die bij het VN-proces was veroordeeld maar inmiddels uit zijn gevangenschap is teruggekeerd. Frans Reitema is beheerder van dit gebouw. Dit is voor hem weer het eerste contact met de oude Groep. In ons werk neemt dit wijkgebouw een zeer voorname plaats in. Niet alleen dat ik hier gedurende geruime tijd mijn spreekuur kan houden voor illegalen, of dat van hieruit onze Rode Kruispakketten worden verzonden, maar ook omdat ik nooit vergeefs een beroep doe op de wijkpredikant, ds. M. Groenenberg (700) en Frans Reitema. Zeker is het dat met de huur van het wijkgebouw Jac. van Lennepkade een geheel nieuwe periode in onze werkzaamheden begint. Wij genieten nu een zekere sanctie van de Kerk. Ik ben niet langer een maatschappelijk werkster van de kerk die particulier ook nog illegaal werk doet, maar de gehele Groep voelt zich mede tegenover de Kerk verantwoordelijk.

---

61 Vanaf die tijd, tot aan zijn dood in juni 1944, kwijt Van der Veen zich onafgebroken aan die taak. De Pb-C heeft van juli '42 tot aan het eind van de oorlog 80.000 Pb's gedrukt.

Voedselpakketten

Door de fulltime inzet van 'commandant' Jacoba, die in de codetaal 'nummer 2000' heet, en de sterke band die Jacoba namens de Groep met de kerk voelt, verandert de naam van de Groep op een natuurlijke manier in Groep 2000. Vanaf juli 1943 worden, naast de verzorging van duizenden onderduikers, voedselpakketten gestuurd naar protestantse joden in Westerbork, en later ook naar Joden in Bergen-Belsen en Theresiënstadt. Een jaar later zijn daar ook 1300 voedselpakketten voor gevangenen en andere 'delicate gevallen' bijgekomen.

Cor Inja (901) leidt dit werk, maar aan de arbeid van mevrouw Wijsmuller[62](23030) is het te danken dat dit werk zo'n vlucht heeft kunnen nemen. In juli 1943 wordt in samenwerking met de Raad van Israël een Bureau geopend in de Nieuwe Kerk, speciaal belast met het verzenden van levensmiddelenpakketten aan die protestantse Joden[63] in Westerbork, die nooit iets kregen. De opzet is zeer sober. Wij begonnen met 10 à 20 pakjes per week, die door familieleden werden afgestaan en door ons van het Kerkstempel werden voorzien. Het aantal liep echter spoedig op tot 100, om in augustus 1944 te eindigen met 6 à 700 per week.[64] Ongeveer tegelijkertijd met de pakketten Westerbork beginnen wij met Rode Kruis-pakketten, verstuurd vanuit het wijkgebouw. Het begon met pakjes aan medewerkers en uit onze omgeving bekende gevangenen in Vught en Amersfoort, maar al spoedig worden dit veel grotere zendingen pakketten voor gevangenen in Vught en Amersfoort die nooit een pakje kregen. Hieraan is minstens 18.000 gulden besteed.

---

62 Truus Wijsmuller – Meijer (1896-1978) heeft tot juni 1943 zo'n 10.000 joodse kinderen naar Engeland weten te transporteren. Daarna werd ze lid van Groep 2000 waar ze zich bezighield met de voedseltransporten. Na de oorlog werd ze lid van de Amsterdamse gemeenteraad. Ze is veelvuldig onderscheiden. Zie ook haar korte biografie achterin dit boek.

63 Met protestantse joden worden waarschijnlijk de tot het protestantisme bekeerde joden bedoeld, oftewel de geschmadde joden, zoals ze in de joodse wandelgangen worden genoemd. Zij zaten in aparte barakken in Westerbork, hierover schrijft journalist Philip Mechanicus in zijn uitgegeven dagboek 'In Dépôt'. Mechanicus is in oktober 1944 in Auschwitz-Birkenau doodgeschoten.

64 Jacoba vermeldt dat het Bureau in de Nieuwe Kerk totaal ongeveer 80.000 gulden heeft uitgegeven aan het versturen van voedselpakketten naar Westerbork. Dat bedrag zou in 2013 ongeveer 1,2 miljoen gulden waard zijn; ruim 530.000 euro. Bron: Consumentenprijsindexcijfers 1900 = 100 van het Centraal Bureau voor de Statistiek (CBS).

Zulke verzendingen kunnen tot verwarring leiden bij Amsterdammers die geen weet hebben van de werkwijze van Groep 2000. In haar memoires beschrijft Jacoba hoe in de zomer van 1943 de conciërge van wijkgebouw 'Irene' vol verbazing ziet hoe aan de Jacob van Lennepkade een Duitse wagen wordt volgeladen met voedsel. Deze Baaij (200) bekijkt Rode Kruiszuster Jacoba vanaf dat moment argwanend.

Op een ochtend komt een WA-er op mijn spreekuur. Ik kan de verbazing en verontrusting bij Baaij zien. Ook Joden komen op het spreekuur... Baaij begrijpt er niets van. Reitema praat met hem. Baaij waarschuwt hem met klem voor die juffrouw: 'Die deugt niet.' Dan komen er, een paar dagen, later levensmiddelen. Boter, melk, eipoeder (wat niemand meer op bonnen kan krijgen), alle gedistribueerde kruidenierswaren, worst: 500 volledige bonkaarten van een periode omgezet in natura. Baaij en zijn vrouw staan erbij en Reitema en ds. Groenenberg, de wijkpredikant, tellen de dozen. Het is een wonder! Ik kom als Rode Kruiszuster, nu gevolgd door een heel stel helpsters en helpers (o.a. Mouthaan en Reitema Jr.). Drukkerij Bunders brengt adresformulieren, pakpapier en plakband en met twaalf man/vrouw sterk gaat men aan het sorteren, verdelen en pakken. Er stopt een Duitse wagen en een WA officier - dezelfde van enkele dagen geleden- gaat inladen voor strafkamp Amersfoort. Er gaat een Rode Kruiszeil overheen, een Rode Kruiszuster stapt in en de wagen rijdt weg. Precies zo'n wagen voor Vught. Er komen pakjes voor mensen uit Wijk 700 van ds. Groenenberg: delicate gevallen die (extra) voedsel nodig hebben. Pakjes voor de wijk diacones, pakken voor de tuberculosebestrijding, voor de zuigelingenzorg. Er is ook een pak voor Baaij en zijn vrouw. Dat is teveel voor hem en de oude (gebochelde) Baaij valt zomaar die maatschappelijk werkster om de hals en schreit. 'Toe maar, Baaij. Ik heb je ook zoveel hoofdbrekens en zorgen veroorzaakt.' Nu is eindelijk de spanning gebroken. Nu weet hij waar hij aan toe is. 's Avonds, als ik met Nel aan tafel zit, wordt er gebeld en schuift een levende bos hortensia's in alle kleuren van de beginnende herfst naar binnen. Baaij wilde mij eren en had ds. Groenenberg mijn adres gevraagd; het mocht wel niet, maar ds. Groenenberg had het voor deze keer gegeven. Dit zijn mijn lievelingsbloemen, en in de tuin van het wijkgebouw blijken alleen hortensia's te staan... 'O, Baaij, wat doet u me hier een plezier mee, het is de mooiste bloem die u voor me had kunnen bedenken.'

Na de oorlog schrijft Jacoba in haar memoires over mevrouw en mijnheer Baaij:

Nooit heb ik trouwer bewakers gehad dan deze twee lieve oude mensen. Wat hebben ze meegeleefd en meegeholpen in alles. Wat hebben ze mij vaak verkwikt met een kop thee. Vrouw Baaij zat achter haar spionnetje en overzag de hele kade. Baaij deed voortaan zelf de deur open en van een gegeven instructie werd niet afgeweken. Had iemand geen legitimatie, dan kwam hij niet binnen. Ik zat daar veilig en goed bewaakt op de Jacob van Lennepkade.

Overval Huis van Bewaring

Jacoba en Groep 2000 hebben zich hersteld van de grote verliezen na de aanslag op de burgerlijke stand in maart 1943. Maar net als alles voorspoedig lijkt te gaan, krijgt Jacoba een nieuwe grote klap te verwerken. Haar oudste vrienden in het verzet worden gearresteerd en gevangen gezet in het Huis van Bewaring aan de Weteringschans: Dienske, Kroon en Balder. In een poging zijn vrienden hieruit op 2 mei 1944 te bevrijden, raakt Gerrit Jan van der Veen ernstig gewond. Ook hij wordt kort hierop gearresteerd en sterft voor het vuurpeloton. De gebeurtenissen voelen voor Jacoba en haar Groepsleden als een bijna onherstelbaar verlies.

Dan, eind maart 1944, valt de grote klap. Henk Dienske wordt in een val gelokt en op het Spui gearresteerd. Nog geen tien minuten te voren hebben we elkaar nog ergens anders ontmoet. Met hem gaan in een maand tijds vele vooraanstaande mannen uit de LO-gelederen. Ook bij ons heeft dit zijn terugslag. Twee van onze beste en oudste medewerkers komen voor op een namenlijst, bij een der gearresteerden gevonden: Kroon wordt met zijn gehele gezin van huis gehaald en even later Jaap Balder. Hoewel geen Groepslid van ons, wordt de arrestatie van Henk Dienske breed ervaren door al onze leden en zo in het hele verzet gevoeld als een bijna onherstelbaar verlies. Pogingen om hem uit de gevangenis te bevrijden, mislukken. Gerrit Jan van der Veen is natuurlijk weer een van de eersten die zich voor dit doel opgaf. Bij de overval op het Huis van Bewaring raakt Gerrit Jan gewond. Het aanbod van zijn vrienden om bij hen thuis verpleegd te worden, aanvaardt hij niet. Weerloos te bed liggend en verlamd door schotwonden in het ruggenmerg, wordt hij gearresteerd en voor het vuurpeloton gesleept.[65]

65 Bij de overval op het Huis van Bewaring aan de Weteringschans, op 2 mei 1944, wordt Gerrit Jan van der Veen in zijn rug geschoten. Hij weet – verlamd- toch zijn onderduikadres op de Prinsengracht te bereiken. Daar wordt hij amper twee weken later gearresteerd. Uit angst voor een bevrijdingsactie fusilleren de Duitsers hem al op 10 juni 1944 in de duinen bij Overveen.

Kort na de mislukte bevrijdingsactie wordt Dienske naar het Huis van Bewaring in Vught overgebracht. Eén van de bewakers is Renshof die met Groep 2000 samenwerkt. Renshof weet aan 'mej. Van Tongeren' nog een op sigarettenpapier gekrabbeld afscheidsbriefje te doen toekomen.[66] Jacoba leest het laatste briefje van Dienske: 'Ik ben vol goede moed. Niets kan mij scheiden van de liefde in Christus. Maak je dus over mij niet bezorgd, God maakt het wonderlijk wel. Denk om Bep en de kinderen. Zij moeten in veiligheid gebracht worden. Vertel hun dat vader niet bang is geweest voor de dood en dat hij gedaan heeft wat God in zijn wonderbaarlijk bestier van hem vroeg. Nederland *zal* herrijzen. De dageraad der bevrijding licht reeds op achter de horizon. Het werk *moet* voortgaan, juist nú, maar niet in eigen kracht. De heer zal het maken.'

Het verlies van Dienske[67] en zijn kompanen treft Jacoba in haar hart.

Henk Dienske was naast een krachtige, ook een buitengewoon beminnelijke persoonlijkheid en de ziel van alle verzetswerk. Bijna bovenmenselijk was zijn werkkracht en uithoudingsvermogen. Groot zijn trouw aan het Vaderland en het gevoel voor zijn medewerkers. Naast al zijn werkzaamheden vond hij toch altijd nog tijd voor een persoonlijk woord of het bewijzen van een kleine attentie. Zelf was hij al ruim anderhalf jaar ondergedoken toen hij werd gearresteerd en hij wist wat het wilde zeggen opgejaagd te zijn. Van hem en zijn vriend Jan Holm heb ik geleerd wat het wil zeggen in 's lands dienst te zijn. Ik zal steeds in dankbaarheid terugzien op deze tijd en mijn contact met deze personen: Gerrit Jan van der Veen, Henk Dienske en Jan Holm zijn namen die toebehoren aan voormannen van het verzet die om hun daden en om hun persoon door ons nooit vergeten zullen worden.

Na de arrestatie van zowel Henk Dienske als Henk Hellinga sluit Kring 1400 zich volledig bij Groep 2000 aan.

Huisindustrie voor onderduikers

Onderduikers hebben niet alleen voedsel nodig voor het lichaam maar ook voor de geest. Het zijn vaak mensen die in de kracht van hun leven staan, en nu soms jarenlang opgesloten zijn voor de buitenwereld. Om te overleven, moeten zij iets nuttigs te doen hebben. Dat realiseert de

66 Bron: L. de Jong; Het Koninkrijk der Nederlanden, Tweede Helft, deel 7 (mei '43 – juni '44, bladzijde 744).

67 Henk Dienske sterft in februari 1945 in een Aussenkommando van concentratiekamp Neuengamme.

altijd actieve Jacoba zich terdege en zij verwelkomt het initiatief van Ger Battermann (205) uit Bussum die een geruisloze huis-industrie opzet voor onderduikers. Battermann begint zijn verzetswerk bij Groep 2000 met het vinden van onderduikadressen en het verzamelen van persoonsbewijzen bij bekenden uit zijn eigen kring door hen te vragen hun persoonsbewijs te 'verliezen'. Hij is de eerste die het spinnen van wol als huis-industrie opzet. Jacoba schrijft hierover:

Na zelf wolspinnen in Laren geleerd te hebben, vormt Ger Battermann door het hele land heen kleine industrie-centra, die hij van het nodige materiaal voorziet na hen eerst de daartoe vereiste vakbekwaamheid te hebben bijgebracht. Het materiaal wordt en gros bij de boeren opgekocht en naar verhouding over de verschillende spinnerijen verdeeld. Vanuit Amsterdam wordt dit bedrijf voortgezet en uitgebreid. Zo zelfs, dat al heel spoedig tot de fabricage van eigen spinnenwielen moet worden overgegaan. Oude fietswielen kunnen hiervoor worden gebruikt.[68] *Dat heeft bovendien het grote voordeel dat deze spinnenwielen bijna geruisloos lopen, wat een belangrijk voordeel is voor onderduikers op etagewoningen, die geen geluid mogen maken. De wol wordt in drie soorten: baby, middelsoort en grof, middels verschillende relaties op de witte markt gebracht of via Nel Wateler, het contactadres met de TBC-bestrijding, rechtstreeks aan particulieren en ziekenhuizen verkocht. Behalve de geweldige morele kracht die van dit werk uitgaat, is het ook een grote besparing in de kas.*

Schaalvergroting en financiering van het verzetswerk

Groep 2000 is één van de vele groepen die actief zijn in het verzet. Om het werk van alle bestaande verzetsgroepen in het land beter te kunnen overzien, zijn eind 1942 de Landelijke Organisatie voor Hulp aan Onderduikers (LO) en in 1943 het Nationaal Steun Fonds (NSF) opgericht. Groep 2000 werkt met de LO samen, maar sluit zich nadrukkelijk niet aan. De uitleg van Jacoba:[69]

Verschillende onzer groepsleden hebben meegeholpen om een centrale regeling van gelden en bonnen mogelijk te maken en hiermede een grotere controle op de uitgifte daarvan te verkrijgen. De Groep is echter niet tot de LO toegetreden om het principiële verschil in werkwijze. Na de grote arrestaties in VN

68 Deze spinnenwielen worden gefabriceerd in de werkplaats van Jacoba's broer Herman, in Heemstede. Zie ook hoofdstuk 20 van dit boek: Herman van Tongeren. 'Ik moest meer levens leiden'.

69 Zie ook hoofdstuk 7 van dit boek: 'Nu vindt eindelijk de erkenning plaats'.

in april 1941 heeft onze Groep nooit meer met namen of zelfs maar schuilnamen gewerkt. De nummer-code reeds in de begintijd van de Groep opgezet, wordt thans consequent doorgevoerd en ook gebruikt voor onze cliënten. Bij een zo grote organisatie als de LO is het praktisch ondoenlijk zo met een Code te werken, zoals Henk Dienske zeer terecht tegenover mij opmerkte toen wij het er eens over hadden, maar wij zelf zijn nooit van deze methode afgeweken en uiteindelijk is zij onze redding geworden! Overigens is de verstandhouding met de LO altijd uitstekend geweest.[70]

Gaandeweg de oorlogsjaren is de prille verzetsgroep uitgegroeid tot een organisatie van formaat. Met de enorme toename van het aantal onderduikers en de voedselpakketten die worden verstuurd, nemen de kosten evenredig toe. Hoe weet Jacoba het verzetswerk van Groep 2000 te financieren? Zij vertelt na de oorlog, in haar Beknopt Verslag, hoe zij zich over het geld nauwelijks zorgen hoefde te maken.

Ik praatte midden 1941 uitvoerig met Troostwijk over de plannen voor de hulp aan onderduikers. Zijn eenvoudige antwoord was: 'Er is voor gezorgd! Ik zal zorgen, dat je het krijgt. Naast dit fonds lijkt het me wenselijk om in vertrouwde kring propaganda te maken, want er kan nooit genoeg geld zijn voor dit doel. En je moet ook zorgen voor reserves.' Zo aanvaardde Troostwijk in de zomer van 1942 zonder Jodenster en met valse papieren de reis naar Zwolle. Voor de arrestatie van mijn vader had hij daar een deel van het kapitaal van de Orde van Vrijmetselaren in veiligheid laten brengen door Jan Peppink. Rudi Bloemgarten ging destijds mee naar Zwolle om Troostwijk te beschermen, als dat nodig mocht blijken.[71] *Troostwijk kwam terug met een grote gelakte enveloppe met 600.000 gulden.*[72] *Ik heb dit bedrag in beheer gegeven bij een speciale kas van het Moderamen*[73] *voor Bijzondere Kerkelijke Gezinszorg. Deze 600.000 zijn het grondkapitaal geweest, waar-*

---

70 In hoofdstuk 7 van dit boek 'Nu vindt eindelijk de erkenning plaats' worden de toenaderingspogingen van de LO om Groep 2000 in te lijven uitvoeriger beschreven.

71 Kort nadat Troostwijk het geld heeft opgehaald in Zwolle, wordt hij in september 1942 met zijn vrouw naar Westerbork getransporteerd. Hij overlijdt er eind november 1942.

72 Het gaat hier om 600.000 gulden vanuit de Orde van Vrijmetselaren voor het illegale werk. Dit bedrag is in 2013 ongeveer 14,6 keer zoveel waard: 8.754.000 gulden ofwel 3.972.000 euro (inflatie berekend vanaf 1942 toen het bedrag werd verkregen). Bron: Consumentenprijsindexcijfers 1900 = 100 van het Centraal Bureau voor de Statistiek (CBS).

73 Moderamen is de leiding van de kerkelijke bestuursraad.

uit wij onze onkosten bestreden. Hieruit hebben wij 50.000 betaald voor de oprichting van de Persoonsbewijzen-Centrale en is Vrij Nederland gesteund. 80.000 gulden werd gegeven voor de voedselpakketten voor Westerbork, Bergen-Belsen en Theresiënstadt. Ook de LO, de Landelijke Organisatie en het NSF, het Nationaal Steunfonds, hebben bij hun oprichting hun eerste gelden vanuit dit bedrag gekregen.

Hoofdstuk 7

'Nu vindt eindelijk de erkenning plaats'

Na de arrestatie eind maart 1944 van topman Henk Dienske, Jacoba's geheime contactpersoon bij de Landelijke Organisatie voor Hulp aan Onderduikers (LO), wordt vanuit de LO naar Jacoba gezocht. Wie is toch al die tijd Dienske's koerierster geweest? Het enige dat ze weten is een nummer: 2000. Ook wordt gezocht naar een vrouw die bekend staat als 'de Bonnenkoningin'. Groot is de verbazing als 2000 en de Bonnenkoningin één en dezelfde persoon blijken te zijn. Maandag 1 mei 1944 wordt een bijzondere, eervolle dag voor Jacoba. Op deze dag ontvangt Groep 2000 de in haar ogen waardevolle erkenning van zowel de LO als de Hervormde Kerk. Jacoba wordt uitgenodigd toe te treden tot het Dagelijks Bestuur van de LO in Amsterdam. Dat slaat zij af. Diezelfde middag krijgt ze tot haar grote vreugde van ds. Gravemeijer, secretaris van de Algemene Synode van de Nederlands Hervormde Kerk de sanctie van de kerk. Groep 2000 mag Hervormde Groep 2000 gaan heten.

1 Mei 1944

'De arrestatie van Henk Dienske, topman van de LO eind maart 1944, had ook verstrekkende gevolgen voor de Groep en voor mijzelf', schrijft Jacoba in haar memoires. Haar toon is hier vastberaden en tegelijk bijna laconiek. Jacoba is een vrouw die een sterke aversie voelt tegen autoritaire mannen. Toch is de trots op de erkenning die zij, en met haar Groep 2000, van de LO krijgt voelbaar.

In LO kringen begint men een ware klopjacht op 2000. Niemand kende de ware relatie van Henk Dienske en mij. Ik reisde veel voor Henk. Wie was die geheimzinnige koerierster? Zij moet als naaste medewerkster en dat van de vroegste tijden af een oude rot in het vak zijn. Dat zij ondergedoken is, laat zich verstaan, maar haar heeft men nodig voor een reconstructie over wat er gebeurd is. Maar er moet ook nog een ander geheimzinnig wezen zijn: de Bonnenkoningin, die eveneens onvindbaar is. Verschillende kleinere Groepen die hun bonkaarten van Henk ontvingen, hadden Henk vaak genoeg horen zeggen: 'Alsjeblieft, van de Bonnenkoningin.' Of: 'Hoeveel moet ik bij de Bonnenkoningin aanvragen voor de volgende keer?' Overal probeert men zijn licht op te steken.

Ds. Remme (18010) gaat er na de arrestatie van Henk Dienske ook van uit dat hij geen bonkaarten meer zal krijgen voor de 'delicate gevallen' onder zijn kerkgangers. Dat Jacoba zo intensief met Henk Dienske samenwerkte, is zelfs binnen de Groep niet bekend.

Ds. Remme stuurt het Kerkenraadslid Van Doesburg (4012, Groepslid) er op uit hoe aan bonkaarten te komen. Op zijn speurtochten wordt Van Doesburg aangehouden door Douqué (schuilnaam Fernhout), een van de topmannen van de LO in Amsterdam en Gerbrandy (topman van de Landelijke Knokploegen). Gerbrandy: 'Jij bent ook nogal een oude in 't vak en loopt al heel wat jaartjes mee. Weet jij soms wie die geheimzinnige Bonnenkoningin en 2000 zijn?' De Bonnenkoningin kent Van Doesburg niet, wel 2000. 'Kun je ons niet introduceren, we hebben die 2000 nodig.' Van Doesburg moet eerst ruggenspraak houden. Een ander contact van Henk weet te vertellen: 'Bonnenkoningin en 2000 zijn één.' Nog intensiever gaat de jacht voort. De Kerkenraad Amsterdam weigert mijn adres te geven. Van Doesburg hoort van Gerbrandy: 'Bonnenkoningin en 2000 zijn één.' Nu noemt Van Doesburg de naam. 't Is in het landsbelang. Het adres weet hij niet. Via het secretariaat van de Vrijzinnig Hervormden weet ds. Remme op een slinkse manier mijn adres te bemachtigen.

Bezoek van drie leiders LO en LKP

Op 1 mei 1944, ongeveer een maand na Henks arrestatie, krijgen Jacoba en Nel, als ze nog aan het ontbijt zitten, bezoek van drie leiders van de LO en LKP: de heren Prins (speciaal voor dit bezoek uit zijn onderduikadres gekomen), Douqué/Fernhout (LO) en Gerbrandy (LKP).

'Wij nodigen u uit deel uit te maken van de top van het verzet en daarnaast toe te treden tot de LO als lid van het Dagelijks Bestuur Amsterdam. Als Bonnenkoningin.' Is dat even een hoge onderscheiding! Maar ik schud het hoofd. 'Dat is mij om principiële redenen niet mogelijk. Bovendien heb ik mijn eigen Groep, die ik niet loslaat.' 'Dat behoeft helemaal niet; ook die gaat over in ons verband.' 'Onmogelijk. Wij zijn een

zelfstandig opererende Groep en uw en onze werkwijze lopen nogal uiteen, zodat fusie niet mogelijk is.' Er volgt een lang en ook wel emotioneel gevoerd gesprek, waarbij ik de nadruk leg op onze organisatie die geen medewerkers binnen haar verband opneemt, of ze zijn eerst opgeleid en getraind voor hun speciale tak van dienst; ons systeem van sterke centralisatie, de code, enz. enz. Ik kan niet anders zeggen dan dat de LO bereid is zeer ver te gaan, men wil voor mijn voornaamste medewerkers hoge posten inruimen, is bereid de dagelijkse leiding in mijn handen te leggen, maar daar is het mij allemaal niet om begonnen. Ik vat het samen: 'Wij werken vanuit een bepaald principe dat het uwe niet is en dit zou vroeg of laat tot diepgaande conflicten binnen de top leiden. Een overwegend bezwaar is ook de centrale registratie van bonkaarten en gelden op naam en adres zonder code.' Zij: 'Dat is mogelijk bij een kleine Groep als de uwe die per periode misschien een 1.000 bonkaarten uitgeeft, maar niet voor de LO. Wij hebben overigens maatregelen getroffen om een dergelijke ramp als nu heeft plaatsgehad voor de toekomst onmogelijk te maken.' Ik: 'Wij geven nu reeds, alleen voor Amsterdam, 4.500 bonkaarten uit, alle in code geregistreerd, en circa 1300 bonkaarten voor pakketten aan onze gevangenen en nog eens zoveel voor 'delicate gevallen': patiënten in ziekenhuizen, de wijk, tbc-bestrijding enz.' Zij: 'En die bonnen kreeg u, nemen we aan, van Henk Dienske.' Ik: 'Wij zijn selfsupporting en over en weer hielpen Henk en ik elkaar als de een teveel en de ander te weinig had.' Zij: 'Dat zal in de toekomst voor u toch niet meer mogelijk zijn zo door te werken. Wij hebben maatregelen getroffen dat in de toekomst de uitgifte van bonkaarten centraal loopt over onze depots, alle verenigd onder de leiding van één lid van ons Dagelijks Bestuur.' Ik: 'Het staat u natuurlijk vrij dat zo te regelen voor uw eigen groep maar ik zei u reeds dat wij selfsupporting zijn en ik betwijfel of de vele kleinere groepen die zich hierdoor gedupeerd zien, hierop zonder meer in zullen gaan.' Zij: 'Ze zullen wel moeten, want bij de volgende bon-uitreiking gaat het al in dat niemand meer bonkaarten afgeven mag dan aan de LO.' Ik: 'Dat zullen we ons dan voor gezegd houden.' Maar ik denk er bij: dat zullen jullie nooit waar kunnen maken. Ik zou eindeloos door kunnen gaan met dit gesprek, want we hebben lang en veel gesproken. Ik begrijp ook de moeilijkheden van een organisatie als de LO die in de eerste plaats landelijk, het hele land omspannend wilde zijn. Ik zeg echter: 'Wij zijn kerk.'

Waar die kerk begint, is niet zo belangrijk. In Jeruzalem, Samaria, als die kerk maar begint, dan zal hij haar weg wel vinden naar de buitengewesten. En er wordt geen buitenpost aangeboord of liever gesticht vóór er een volleerd en getraind medewerker voor die post is die daar zelfstandig kan werken. Mijn beide trouwe koeriersters Joke en Madeline van Geuns werken zo en hebben, precies zoals wij destijds begonnen waren, kleine kernen van verzet om zich heen gevormd die elkaar slechts onder codenummer kennen. Hoewel de bonkaarten centraal uitgegeven worden, streven wij ernaar de groepen zo zelfstandig mogelijk te maken. Indien mogelijk leveren wij ter plaatste onze kleine bonnetjes in waarop de bonkaarten kunnen worden verstrekt. Meestal blijft na aftrek van de plaatselijk benodigde bonkaarten daar nog een behoorlijke kwantiteit van over. Deze werden dan bijvoorbeeld afgestaan aan Henk. Zo hebben we door het hele land heen onze contactadressen en nooit is er sprake geweest van enige rivaliteit.

Een dergelijk autoritair optreden als van deze heren, min of meer onder de schijn mij een belangrijke functie aan te bieden, maar mijzelf en het hele werk gewoon te annexeren, is eenvoudig ondenkbaar. Ik begrijp de moeilijke positie waarin de LO door Henks arrestatie geraakt is, maar weiger pertinent op zulke voorwaarden in te gaan. Zij: 'Houdt u tenminste ruggespraak met uw DB.' 'Dat heeft geen enkele zin, want ik weet van tevoren hoe die daar tegenover staat, maar bovendien bent u particulier bij mij gekomen en behoud ik mij daartoe het recht voor u persoonlijk het antwoord te geven en dat is neen.' 'Bent u tot geen enkele vorm van samenwerking bereid?' 'Altijd, maar loyaal en het hoe en onder welke voorwaarden regelen we in een bespreking met het DB en in tegenwoordigheid van althans een van mijn superieuren.' 'Superieuren?' 'Ook wij hebben een overkoepelend orgaan. De Commissie van Beheer aan wie ik rapport zal uitbrengen. U hoort nader, heren.' Daar gingen ze dan, de hoge heren.

Opgaan in de LO en alle namen en adressen prijsgeven, is voor Jacoba onbespreekbaar. Maar hoewel Jacoba het aanbod van Gerbrandy resoluut afwijst, voelt ze wel degelijk zorg om wat is gezegd. De dreiging geen bonkaarten meer te kunnen krijgen via de LO is een bedreiging voor het welzijn van duizenden onderduikers die Groep 2000 van voedsel voorziet.

Juist in deze periode wordt Jacoba geveld door een acute heupzenuwontsteking. Het maakt haar ernstig ziek en tot haar grote frustratie kan ze niet zoveel doen als normaal.

Had ik de vrijheid van beweging gehad, dan had ik onmiddellijk hier in de stad en daar buiten de nodige stappen gedaan om de bonnen-voorziening voor onze cliënten, ook buiten de LO om, regelmatig te doen voortgaan.

Maar diezelfde dag, nog geen 2 uur later, bereikt haar een ander bericht; van de Kerkenraad Amsterdam. Of ze onmiddellijk bij ds. Van Bruggen, voorzitter van de Amsterdamse Kerkenraad, wil komen. Jacoba raapt al haar energie bij elkaar en gaat, mopperend op al die mannen die haar programma in de war schoppen, naar de Nieuwe Kerk.

Wat in de wereld kan er gebeurd zijn dat ik nog vóór de vergadering van het ministerie van predikanten daar in de middag bij de voorzitter van de Kerkenraad geroepen word? Alles spant deze morgen samen, lijkt het wel, om mijn dagprogramma in 't honderd te gooien. Eerst op mijn nuchtere maag het onderhoud met die heren van de LO waardoor ik al te laat was op kantoor, zeer tegen mijn gewoonte in. Nel (2300) en ik zaten nog aan het ontbijt notabene, zó bang waren de heren geweest mij niet meer thuis te treffen. Op kantoor gekomen deelt Leni (2045) mij mee dat juist Van Meer (13035) is geweest voor kascontrole. Op zichzelf niets ongewoons, maar wel nog maar tien dagen na de laatste controle en toch weer even een oponthoud voor Leni, terwijl wij vanuit de wijken letterlijk bedolven worden onder de nieuw binnenkomende aanvragen. Hele groepen in 't nauw gedreven door het uitvallen van Henk Dienske melden zich om steun, aansluiting, financiële hulp, bonkaarten enz. We zitten tot over onze oren in het werk. Ik had gehoopt nog deze morgen de zaak LO met het DB door te praten maar moet mij nu alweer naar de Nieuwe Kerk spoeden. Nee, ik kan echt niet zeggen dat het mij bepaald gelegen komt dat er alweer inbreuk wordt gepleegd op mijn tijdschema voor deze dag.

Gesprek met de Synode van de Nederlands Hervormde Kerk

Jacoba spoedt zich naar de Nieuwe Kerk voor het gesprek met dominee Van Bruggen. Als ze de kleine Kerkeraadskamer betreedt, treft ze er tot haar grote verbazing ook dominee Gravemeijer[74], secretaris van de Synode van de Nederlands Hervormde Kerk aan en Van Meer (13035), die haar kasboek en andere kasbescheiden voor zich heeft liggen.

Ik moet bepaald wel verbaasd kijken, want de drie heren schieten in de lach. Ds. Gravemeijer komt mij met uitgestrekte hand tegemoet om mij te

74 Ds. Gravemeijer, secretaris van de Algemene Synode van de Nederlands Hervormde Kerk was samen met kardinaal De Jong, leider van het Kerkelijke Verzet in de Tweede Wereldoorlog.

begroeten. 'Komt u verder, juffrouw Van Tongeren.' Het vermag nog niet tot mijn beneveld brein door te dringen wat deze drie heren daar met mij te bespreken zouden kunnen hebben. Maar wat is nu het geval: ds. Gravemeijer had, toen hij uit gijzeling terugkeerde, zijn werkzaamheden hervat waar hij die had moeten afbreken wegens zijn arrestatie.[75] *Hij herinnerde zich dat er in Amsterdam een kwestie liep over een maatschappelijk werkster uit het interkerkelijk werk van de Centrale van Werklozenzorg die zou worden opgenomen in het verband der Bijzondere Kerkelijke Gezinszorg. Dat er bij de Kerkenraad nogal bezwaren gerezen waren tegen haar benoeming, omdat zij binnen de Centrale van Werklozenzorg werkte voor de Vrijzinnige en buitenkerkelijke Groepen. Hij herinnerde zich hoe ds. Aris (102) zich hierover tot hem had gewend en hoe deze zaak nog niet opgelost was toen hij gearresteerd werd. Maar er was nog iets anders waarover deze voorvechter en strijder zich tot ds. Van Bruggen had gericht. Vanuit zijn gevangenschap had hij nauwlettend alle gebeurtenissen aan het internationale, het kerkelijke en politieke ondergrondse front gevolgd. Het hinderde hem uitermate dat er een Landelijke Organisatie was die haar wortels tot diep in de Anti-Revolutionaire Partij had geboord en dat de Nederlands Hervormde Kerk, buiten haar synodale afkondigingen, en dat was heel wat in die dagen, nergens als kerk of als CHU in het Verzet naar voren kwam. Toen had ds. Van Bruggen hem onthuld dat zo'n Groep er toch eigenlijk wel was, zelfstandig opererend onder die ene maatschappelijk werkster, geherbergd en geruggesteund door de kerk, maar alle risico opvangend in haar persoon en de onder haar leiding werkende Groep. Daar was ds. Gravemeijer uitermate verheugd over geweest en hij had daar alles van willen weten. Hoe en uit welke middelen die Groep gefinancierd werd en wie nu het salaris van deze maatschappelijk werkster betaalde enz. enz.*

Bij de inzage in de kasbescheiden merkt Gravemeijer dat onder de post 'Salarissen', in deze minutieus bijgehouden boekhouding, geen vermelding 'salaris 2000' voorkomt. Ook in de boeken 'uitgaven Diaconie' staan onder 'Salarissen Bijzondere Kerkelijke Gezinszorg' alleen de namen van de andere maatschappelijk werksters, niet die van 2000. Zijn reactie:

'Ik wil haar persoonlijk spreken.'

---

75 Ds. Gravemeijer is van 20 tot 22 maart 1941 door de Duitsers gevangen gehouden en van 4 mei tot 18 december 1942 door de Duitsers in Sint Michielsgestel gegijzeld.

Ik kan me wel voorstellen hoe ds. Gravemeijer te werk ging: kort, zakelijk, recht op het doel, op de vrouw af ook. In enkele bewoordingen wordt mij uit de doeken gedaan dat de Generale Synode der Hervormde Kerk opdracht heeft gegeven tot de oprichting van een Hervormde Verzetsgroep, naast de LO en andere min of meer politiek georganiseerde Verzetskernen zoals Parool en VN. Als voorvechter van het kerkelijk verzet heeft Gravemeijer tot zijn vreugde gemerkt dat de Amsterdamse Kerkenraad haar taak en plaats in deze had verstaan en het binnen haar kerkelijk arbeidsveld opkomend en zich moeizaam naar de oppervlakte borend verzetswerk had geherbergd en geprotegeerd. De salariëring van de betreffende maatschappelijk werkster was aan de aandacht van de Commissie van Beheer ontgaan, maar thans wordt er haast mee gemaakt om dit verzuim te herstellen met terugwerkende kracht en in evenredigheid tot de taak en verantwoording die ik vrijwillig op mij genomen had. De Groep zou nu nog vanwege 'de verhulling' Groep 2000 heten, maar bij de bevrijding zou zij uittreden als 'De Hervormde Groep 2000', omdat zij werkte met synodale sanctie. Deze Groep moet haar vertegenwoordiging hebben in de Raad van Verzet, door Van Meer en mij. Gravemeijer wil graag persoonlijk op de hoogte gebracht worden van onze werkwijze (werkschema + toelichting) en wij krijgen voortaan naast de maandelijkse bijdragen, een vast bedrag toegewezen uit het Fonds voor Bijzondere Noden van de Hervormde Kerk.

In deze sanctie vanuit de Hervormde Kerk ligt voor mij een zekere triomf. Tot nu toe heb ik slechts een aanstelling als maatschappelijk werkster der Vrijzinnig Hervormden. De uitzonderingspositie die ds. Aris, de predikant van de Vrijzinnig Hervormden, heeft in de Hervormde Kerk heeft mij altijd dwars gezeten omdat ik het voel als een onrecht. Nu vindt eindelijk de erkenning plaats om namens de Hervormde Kerk dit werk te organiseren en op te bouwen. En op deze post is een vrijzinnige benoemd. Voor mij is dit mede een van de grootste voldoeningen, die dit werk mij heeft geschonken. Hiermee is de Hervormde Groep 2000 geboren.

Als ik bij thuiskomst Nel de verdere wederwaardigheden van die dag meedeel, valt zij mij schreiend om de hals. 'O Co, eindelijk. Ik heb er zo om gebeden.' Ja dat is zo, want hoe zou ik die donkere en moeilijke jaren doorgekomen zijn zonder de voortdurende voorbede en trouw van mijn lieve vriendin? Zij hebben mij letterlijk door de bezettingstijd, zijn spanningen en gevaren heen gedragen. Een onneembare burcht, een altijd veilige veste voor mij.

Na deze bewogen eerste mei 1944 heeft Jacoba nog meerdere malen een onderhoud met ds. Gravemeijer. Altijd kort, zakelijk, recht op het doel af en toch zo menselijk, schrijft zij in haar memoires.

20 Minuten zijn wel zo wat het maximum aan beschikbare tijd. Toch is hij nooit gehaast of laat de ander voelen hoe iedere minuut voor hem kostbaar is. Persoonlijk reken ik het mij tot een voorrecht deze mens een paar maal van zeer nabij te hebben meegemaakt, ook al heeft ook ds. Gravemeijer nooit ten volle kunnen begrijpen wat dit werk en deze jaren voor mij geweest zijn.

Het probleem met de voedselbonnen, die voortaan buiten de LO om verkregen moeten worden, wordt opgelost. Groep 2000 kan voor zichzelf zorgen.

Ds. P.J. van Bruggen, voorzitter van de Amsterdamse Kerkenraad, stelt een paar mooie introductiebrieven op waarmee Buring (2014) Gé Van der Neut (1401) en ikzelf mee naar de dorpspredikanten gaan in noord, midden en zuid Nederland. Die predikanten brengen ons in contact met plaatselijke knokploegen die distributiekantoren kraken. Zo komen wij toch weer in elke periode aan de noodzakelijke 4.500 voedselbonnen.

Hoofdstuk 8

'Er is geen tijd om te denken aan eigen verdriet'

Vier maanden na de dag waarop Jacoba eindelijk de erkenning krijgt van de Hervormde Kerk voor het werk dat zij doet - voor Jacoba een ware triomfdag - volgt een zware slag. Haar broer Herman, die met zijn gezin in Heemstede woont, wordt kort na Dolle Dinsdag opgepakt door de Duitsers.[76] Zijn vrouw en kinderen zijn zonder pardon op straat gezet. Dodelijk ongerust fietst Jacoba midden in de nacht van Amsterdam naar Heemstede.

8 en 9 September 1944

Mijn altijd waakzame hulp, de politie, wist niets. Ze hadden mij gewaarschuwd: 'Er is iets mis in Heemstede bij uw broer.' Een overval? 'In elk geval hebben ze hem van huis gehaald.' Op dat bericht ben ik naar Heemstede gefietst. Die fiets had ik nodig op mijn speurtocht. Op aanwijzing van een plantsoenwachter vind ik hem langs de kant van de weg nadat ik door de politie ben gealarmeerd. 's Morgens voor 4 uur. Het was de vorige avond gebeurd.

Jacoba vindt haar broer zwaargewond op de Wagenweg bij het Huis met de Beelden. Hij is daar de avond ervoor uit een rijdende auto gegooid en vervolgens op korte afstand neergeschoten. Hij leeft nog.

Mijn broer kon zo heerlijk lachen, als jongen, later als man. In de donkerste ogenblikken zag hij altijd nog wel iets grappigs of dwaas en dan barstte de lach los. Hij lachte met z'n hele wezen en je moest meelachen of je wilde of niet. Mijn broer heeft dikwijls gezorgd voor de vrolijke noot thuis, later als hij zo kwam binnenwaaien op m'n kantoor, m'n spreekuur, of als we samen een moeilijke, vaak levensgevaarlijke job trachtten tot een goed einde te brengen.

---

76 Zie ook hoofdstuk 20 van dit boek; Herman van Tongeren. 'Ik moest meer levens leiden'.

Nu ligt hij daar, één kleine schotwond heeft die reus geveld.[77] *Alleen z'n ogen en z'n stem, die met de minuut zwakker wordt, leven nog. De tijd dringt. Samen tillen we hem op de handkar van de plantsoenwachter en afgedekt onder takken en bladeren rijden we hem naar het Elisabeth Gasthuis. Mijn broer is niet dood.*

Waar zijn vrouw en vijf kinderen? Ik ga op zoek. Mijn schoonzuster en de kinderen zijn op straat gezet; de oudste 14 jaar; de jongste 2,5 jaar.[78] *Waar zouden ze zijn? Overal is inkwartiering, nergens plaats. In het huis aan de Herfstlaan zitten Duitsers. Buren kunnen me niet zeggen welke weg dit zestal is gegaan. Ineens herinner ik mij de naam Bosman uit vroeger jaren. Twee oudere mensen al, waarvan de man korte tijd bij mijn broer gewerkt had toen het bedrijf nog pas in wording was. Niet zo heel lang geleden heeft mijn broer nog verteld dat er nood was bij deze twee oude mensen. Een van de zoons is gesneuveld in de meidagen van 1940; de tweede zoon zit gevangen in Duitsland. 'Als er soms voedselpakketten zijn (voor de gevangenen in kampen Vught - Amersfoort) waar een bonnetje voor sigaretten van overblijft (die zijn goud waard en kunnen voor levensmiddelen-bonnen geruild) denk dan eens aan die twee oude eenzame mensen.' Een paar maal als onbekende, als zuster van het Rode Kruis, had ik er reeds een pakje afgegeven zoals ook de diaconieën die van ons ontvingen. Nooit had iemand mij naar mijn naam gevraagd. Het Rode Kruis op een wit veld was immers voldoende! De heer Bosman had het de tweede keer reeds gedaan. Hij had mij lang en nauwlettend aangekeken en toen gezegd: 'Is het onbescheiden zuster wanneer ik u naar uw naam vraag?' 'O nee, zeker niet. Ik ben 2000; de Lichtvoetige' en weg was die vreemde zuster weer. Mijn broer was het verhaal ter ore gekomen. Heer Bosman: 'Het was als een sprookje; de eerste keer al met dat pakket en nu dit keer weer en die naam, weet je. Alleen....'. 'Alleen wat?' had mijn broer gevraagd. 'Er was iets in dat gezicht dat mij aan u herinnerde.' En scherp had hij mijn broer aangezien. 'Onmogelijk! Ik ben in de sprookjes wereld der lichtvoetigen niet thuis.' 'In die der engelen dan misschien wel', had de heer Bosman gezegd. 'Zeg zus', zei mijn broer later, 'je kan je voortaan beter vleugelen aanmeten als je bij Bosman moet zijn. Die man heeft bepaald de hemelen geopend gezien, en dan te denken dat die keiharde 2000 m'n zuster is.'*

---

77 Uit de politierapporten is gebleken dat er twee keer op Herman van Tongeren is geschoten: in zijn longen en in zijn nek.

78 De oudste kinderen uit het gezin Van Tongeren hebben hun eigen herinneringen aan de gebeurtenissen. In het interview met Paul van Tongeren, dat achterin dit boek is opgenomen, gaat hij hier nader op in.

Het is ongeveer kwart voor acht in de ochtend als Jacoba na een urenlange zoektocht aanklopt bij het kleine huis van de twee gepensioneerden. Misschien weten zij iets over haar schoonzus Miek en de kinderen.

Waar zou ik iets naders over Miek, mijn schoonzuster en de kinderen te weten kunnen komen? Mijn voeten spoeden zich naar de heer Bosman. Misschien kent hij namen, adressen, van vrienden, relaties. Het is wel een raar uur om ergens aan te komen, kwart voor 8 in de ochtend, maar er is geen tijd te verliezen. Als ik er aankom, is het daar al volop dag ofschoon de verduistering nog voor de ramen is. De heer Bosman doet zelf open. 'Zuster.' Hij ziet m'n ontsteltenis, m'n verdriet misschien. Maar nu herkent hij mij ook onmiskenbaar. Hij geeft mij een arm, trekt me naar binnen. In de gang nog roept hij: 'Vrouw! Miek!' De deur van de huiskamer zwaait open. 'Is er bericht? Weet je iets van Herman?' Miek ligt in m'n armen, weerloos, schreiend, het hoofd gebogen op mijn schouder. 'O Co, 't is zo erg. Waar is hij?' Vier paar kinderogen zien mij angstig, niet begrijpend aan. Ik neem Miek mee naar 'n hoek van de kamer, waar twee tegen elkaar geschoven stoelen een geïmproviseerd kinderbed vormen voor Paultje. Op de grond daar vlakbij een matras en daarop een slaapzak en haastig afgeworpen plaid. Kennelijk had ook de woonkamer moeten dienen om zes mensenkinderen in nood onderdak en slaapgelegenheid te bieden. De heer Bosman en z'n vrouw staan als beschermengelen vlak achter ons. 'Ik kom je halen Miek om je naar het Elizabeth Gasthuis te brengen bij Herman. Er is haast bij, hij is gewond.' Verbijsterde, angstige blikken. 'Wat is er gebeurd? Hebben ze hem geslagen, gebeuld?' O, hoe moet ik dat zeggen. Miek moet de waarheid weten. 'Hij wacht op je Miek, hij heeft naar je gevraagd, maar is heel zwak.' Stervende, zou ik hebben moeten zeggen, ik kan het niet. Eindelijk : 'Ze hebben hem neergeschoten bij de Wagenweg. Zo vonden we hem. Hij leeft, maar kan alleen nog maar spreken en zien. Elke minuut is er één. Kom. Je kunt achter op mijn bagage-drager.' Mevrouw Bosman is al weg naar de keuken. Heer Bosman heeft Miek's mantel uit de gang gehaald. Dan staat mevrouw Bosman voor ons met drie kommen warme havermout-melk. Haar man heeft z'n overjas al aan. 'Eerst wat warms voor jullie de deur uitgaan en ieder een sneetje brood om mee te nemen. Ik heb niet meer', verontschuldigde zij zich. 'Miek, ik zorg voor de kinderen.' Tegen haar man: 'Jij wacht in het ziekenhuis tot Miek naar huis gaat. Je laat haar onder geen beding alleen.'

Zo aanvaarden wij de tocht terug. Heer Bosman op een fiets zonder banden. Als ik Miek bij Herman heb gebracht, ga ik weg, naar Amsterdam. Moeder en Lot op de hoogte brengen en zoeken naar vervoer voor hen tweeën. O, dat ik toch altijd de brenger moet zijn van zulke vreselijke berichten. Heer, ontferm u over Moeder. Sta haar bij Heer. Het is zo erg. Eerst vader. Nu haar zoon. Na vaders arrestatie en dood had moeder al haar liefde en tederheid overgedragen op haar zoon. Moeder verafgoodde niet Lot, maar Herman. Ik fiets en fiets, alsof er nooit een eind komt aan die weg. Steeds in mezelf herhaal ik de woorden : 'de wereld der engelen'. Zou mijn broer die in de wereld der sprookjes niet thuis was, zich nu reeds bevinden in de wereld der engelen? God, geef dat we nog op tijd zijn. Voor moeder, Heer.

Als ik in de Verhulststraat kom, hebben moeder en Lot juist ontbeten. Moeder is nog in sarong, Lot in pyjama, de winterjas over het nachtgoed. 'Moeder ik kom uit Heemstede en ik kom u en Lot halen. Herman ligt in het Elizabeth Gasthuis. Hij is gewond.' Weer dat verhaal. Ik rakel de as uit de oude potkachel die nu staat op de plaats van het fornuis. Alleen maar opdat ze mijn gezicht en het beven van m'n handen niet zullen zien. 'Gewond?', vraagt moeder. 'Heeft hij dan een ongeluk gehad? Gevochten misschien?' Ik leid haar naar haar stoel, sla m'n armen om haar heen. Ze is zo'n oud vrouwtje geworden in deze jaren. Haar eens zo mooie en scherpe donkere ogen zien niet veel meer. Alleen van heel dichtbij. 'Sterk zijn moeder. De Duitsers, dezelfde die vader gehaald hebben, Kempin en Weber,[79] *zijn ook bij Herman geweest. Toen zagen ze vaders foto en een kwartier later is het gebeurd, op de Wagenweg in Haarlem.' Dood? vragen haar ogen, maar ze kan het woord niet uitspreken. 'Ze hebben op hem geschoten.'*

Jacoba weet meer dan ze nu loslaat. Zij heeft nog met haar broer gesproken in het ziekenhuis. Hij heeft haar kunnen vertellen wat er precies die avond ervoor is gebeurd.

Mijn broer heeft ons verteld hoe ze hem eerst uit de in volle vaart rijdende wagen hadden geworpen. Toen in de bocht had de wagen vaart geminderd. Kempin was eruit gesprongen en had zich naar mijn broer begeven die nog verdoofd van de val op de weg lag. Hij had hem naar de kant van de weg geschopt, nog een paar trappen en toen een nekschot gegeven. 'Schweinhund', had hij gezegd en was naar de inmiddels tot stilstand gebrachte wagen teruggekeerd. Dit alles vertel ik moeder niet. Nog niet. 'Als jullie je nou aankleden

79 In het verslag van V.C. Klep dat hij in 1996 maakte op basis van politie dagrapporten wordt gesproken over drie SD'ers die Herman van Tongeren heeft herkend en zijn vrouw Miek nog heeft kunnen vertellen: Otto Kempin, Kalb en Klaus Barbie. In het justitieel onderzoek naar de betrokkenheid van Barbie bij de moord op Van Tongeren is in 1983 vastgesteld dat niet kan worden bewezen dat Barbie in september 1944 in Nederland was.

zal ik zien dat ik vervoer voor jullie krijg, maar eerst maak ik de kachel hier aan. Ik ben al bezig.' Lot en moeder gaan naar boven. Ja vervoer! Daar zeg ik zowat: geen bus, geen blauwe tram, geen trein. Met Moeder achterop dat hele eind, daar zie ik geen kans toe, en dan is er altijd nog Lot.

Jacoba gaat op zoek naar een vervoersmiddel om haar moeder en zus naar het ziekenhuis in Haarlem te kunnen brengen.

De Groep die altijd helpen kon, staat machteloos op zo korte termijn. Onze wagens, waaronder ook die van mijn broer, zijn alle 'ondergedoken' en staan grotendeels ergens op blokken. Wat beschikbaar is, staat bij de betreffende instanties en kan niet gemist. Noch PTT, noch politie, brandweer, geneeskundige dienst, of Rode Kruis kan een wagen missen. Heel die dag fiets ik en stel alles in het werk: LO, LKP, VN, niet één verzetsgroep die maar vervoer heeft. In de chaos na Dolle Dinsdag is nergens hulp te verkrijgen voor een oude moeder die naar haar stervende zoon wil. Zelfs de Gemeentelijke Reinigingsdienst heeft niets. Pas de volgende morgen om 9 uur heeft de heer Noppen, directeur van de Gemeentelijke Reinigingsdienst, een wagen voor ons waar wij vieren in kunnen. Als we in Haarlem komen, is Herman een kwartier ervoor overleden. Hij heeft nog 36 uur geleefd, maar er was geen redding meer mogelijk. Bij volle bewustzijn heeft hij dit alles door moeten maken, zijn instructies moeten geven en orde op zaken kunnen stellen. Miek is niet van zijn bed geweken. De heer Bosman had een notaris, zijn bedrijfsleider en eerste ingenieur gewaarschuwd en gehaald. Alles had mijn broer zelf nog geregeld en beschikt. Moeder en zusters kwamen te laat. Men had mijn broer onmiddellijk weggereden naar 't lijkenhuis. Hij ligt op een der sterfkamers, zolang als hij boven aarde staat, dreigt er gevaar voor de ziekenhuisdirectie. De directeur zelf geleidt ons daarheen, hij is een der onzen. Dan laat hij ons in die grote, betegelde ruimte in het midden waarvan een brancard staat waarover een wit laken is gespreid. Hij slaat het terug, gaat behoedzaam achter zich de deur sluitend heen.

Twee dochters met hun moeder in haar midden geleiden een moeder naar haar zoon. Een schreeuw: 'Mijn kind!' Moeder zakt op haar knieën, haar hoofd tegen de brandcard. Haar hele lichaam beeft, haar schouders schokken, maar er komt geen geluid meer over haar lippen. Lot staat verwezen te staren naar dat ene, kleine schotwondje bij 't strottenhoofd. Daar moet de kogel die deze reus velde het lichaam weer verlaten hebben. Anders kan het niet. De trekker werd ook wel van zeer nabij overgehaald. Ik ben naast moeder neergeknield en probeer haar te ondersteunen, voorzichtig het schokken van het lichaam tegenhoudend. De geneesheer-directeur komt weer binnen. Samen helpen we moeder overeind en leiden haar naar de wachtkamer. Het is daar koud. Er zitten nog een paar mensen. 'Komt u even mee naar mijn kamer', zegt hij vriendelijk. 'Uw broer moet zo spoedig mogelijk begraven worden. We kunnen hem hier niet houden, dat is te riskant. Stel u voor dat de Duitsers navraag doen, lont ruiken.' 'Ik begrijp het.' 'Uw schoonzuster heeft gevraagd of u alles regelen wilt, eventueel met de heer Bosman, die uw broer volmacht heeft gegeven wat de zaak betreft. Er is ook een volmacht voor u om de persoonlijke zaken te regelen, wederzijdse familie te waarschuwen en de begrafenis in orde te maken. Zij zelf is er op het ogenblik niet toe in staat.' Hij staat op. 'Ik heb de stukken in de kluis. Ik zal ze even pakken.'

Even moet ik de ogen sluiten, wil ik niet zien, niet horen. Een soort laatste wilsbeschikking van mijn grote, sterke broer. En ik zou dat ten uitvoer moeten brengen? Herman, dat jij moest vallen, jij, die een vrouw met vijf kinderen achterlaat? Jij, die zoveel hebt gedaan en nog zo veel zou hebben kunnen doen. Vaders veelbelovende zoon. Veelbelovend in de Orde ook. O, Herman, ik ben geen keiharde vrouw, ik ben je zuster. O, Herman, ik was zo gelukkig met je sterke hulp en dat we elkaar in het werk zo goed verstonden. Het schreeuwt in me, maar er is geen tijd om te denken aan eigen verdriet. Er is een opdracht die vervuld moet worden, een opdracht naast m'n werk. Er moet orde op zaken gesteld. Ik reken al uit: donderdag 7 september is het geschied. Nu is het 9 september, de begrafenis moet snel, als ik 't voor elkaar kan krijgen. Eerst nu weer naar Amsterdam: de Kerkenraad, Commissie van Beheer en het Dagelijks Bestuur melden dat ik nog minstens tot en met zaterdag afwezig zal zijn, en orde op zaken stellen van de allerdringendste zaken op m'n bureau.

Jacoba regelt de begrafenis van haar broer maar mag daar uit veiligheidsoverwegingen zelf niet bij aanwezig zijn. Ze blijft thuis met haar jongste neefje Paul.

Alles voor de begrafenis heb ik geregeld. Ikzelf ben er niet bij. Ik blijf met Paultje thuis. De kist is in alle stilte van het ziekenhuis naar de begraafplaats gebracht. Pas daar heeft zich de allernaaste familie; moeder, Lot, Miek en de Bosman's achter de baar geschaard. Tussen een cordon van top tot teen gewapende maar in burger geklede LKP'ers en KP 2000 is mijn broer ten grave gedragen. Een laatste ere-saluut voor een goed Nederlander die lafhartig werd vermoord. Geen pastoor. Geen vertegenwoordiger van de Soefi, waar hij toe behoort. Zo heeft mijn broer het gewild. De LKP, die een trouw lid verloor, is vertegenwoordigd. De veiligheidsdienst van Groep 2000 ook. De leidster en eigen zuster, ontbreekt. 'Te gevaarlijk' had de Raad van het Verzet beslist. 'Te riskant' zei ook de Commissie van Beheer. Kan het gevaarlijk zijn als een zuster haar broer begraaft? Waarom moeten al die gewapende mannen daarbij? Ik had onze veiligheidsdienst gevraagd een oog in 't zeil te houden tijdens het transport van het ziekenhuis naar de begraafplaats. Dat was een noodzakelijke maatregel. Ook de geneesheer -directeur had daarom gevraagd. Dat men mijn broer de laatste eer wil bewijzen, zou ik dat ook niet gewild hebben? Maar dat ik zelf geweerd zou worden als een gevaar? Het was niet in mij opgekomen. Van Meer en Gerbrandy moesten mij dat uitleggen. 'Het is een gevaar voor je familie. Je hebt een leidende positie in het verzet. Bent al geruime tijd ondergedoken en gezocht! Laat de vonk niet nog weer eens overslaan. Het is wel genoeg geweest in jullie familie.' 'Een gevaar ook voor het verzet. Je weet teveel als je gepakt zou worden. Dat risico kunnen wij niet nemen.' Een gevaar voor de kerk ook, wist ik, al had mijn vriend Van Meer dat niet gezegd. En was ik niet de verhulling van de kerk bij haar vredeswerk in oorlogstijd? Een leidster die zelf niet kan gehoorzamen waar hogere plicht gebiedt, is geen leidster.

Aan het eind van de dag bezoekt Jacoba in haar eentje de begraafplaats om afscheid te nemen van haar broer.

Bij het vers gedolven graf leg ik drie rood bruin verkleurde eikenbladeren neer; bloemen zijn er niet meer te krijgen. Wat er nog aan bloemen beschikbaar was ligt reeds op 't graf. Ook die bloemstukken van familie en verenigd verzet zijn in stilte in een gesloten wagen (naamloos) in de vroege morgen naar de begraafplaats gebracht. Als een laatste groet en hulde verbeelden deze eikenbladeren 'hoop, geloof en liefde'. Woorden heb ik niet. Gedachten en herinneringen leggen een rouwfloers om mij heen. Een diep bedroefde zuster verlaat heel alleen het kerkhof en aanvaardt de terugtocht per fiets naar Amsterdam. O Heer, ik dank u dat vader dit niet meer heeft moeten meemaken. Heer, help ons, Miek en de kinderen. En Moeder. Ik ben zo alleen. Heer, zo moe. Ik zie u niet meer en ik weet niet meer hoe hier te helpen. O Heer, houdt mij vast! Ik ben te moe, te geslagen zelfs om in verzet te komen.

Terwijl Jacoba in Heemstede druk is met de tragische familiezaken, gaat ook in Amsterdam het oorlogsgeweld onverminderd door. Na Dolle Dinsdag lijken de Duitsers extra geprikkeld. Als Jacoba terug op haar post is, hoort ze hoe overal in Amsterdam mensen zonder pardon worden doodgeschoten.

In Amsterdam is er in die dagen ook heel veel gebeurd. Een van de pastores, ds. Ferwerda (van de Gereformeerde Keizersgracht Kerk) en koster Van der Baan zijn zomaar uit hun huis gehaald en zinloos neergeschoten. Gevangenen uit het Huis van Bewaring zijn met overvalwagen naar de Apollolaan gebracht en daar terecht gesteld. Het huis nr. 2 op de hoek, kruising Apollolaan/Beethovenlaan waar Nel's zuster woont op nr. 3 boven de Amsterdamse bank, is in brand gestoken en de bewoners hebben in nachtgewaad een heenkomen moeten zoeken. In de nacht van 6 op 7 september is dat gebeurd. 'Represaillemaatregelen' heet dat! Die morgen dat ik met moeder, Lot en de heer Noppen in een wagen van de Reinigingsdienst naar Heemstede ben gereden, was ik om 5 uur in de morgen nog bij Nel geweest. Van Hoften (groepslid 8047, agent van politie) was mij komen waarschuwen wat er die avond na Spertijd was gebeurd in de Beethovenstraat en dat het zaak was de Blokhoofden der EHBO-posten alsook de Hoofden van Dienst 2000 te waarschuwen op hun hoede te zijn. Een commandant hoort bij de troep! Ik ben dus die hele nacht in touw geweest. Als Rode Kruis-zuster heb ik door de hele stad een geldig verplaatsingsbewijs. Overal ben ik geweest. Ik heb de zaken geregeld, mijn orders gegeven voor de volgende dag. Bij Nel kan ik vanuit het grote raam uitzien op de Apollolaan en de gruwelen van de bezetting aanschouwen.

Jacoba gaat die avond niet naar het ouderlijk huis maar zoekt de eenzaamheid op in haar schuilplaats: de verborgen kamer op de vliering van een groenteloods van glastuinder Herman Ruhe, in de Sloterpolder.

Ik ben niet meer naar moeder en Lot gegaan. Ook niet naar Nel, die evenals ik ondergedoken, bij haar zuster is. Ik zit in de Sloterpolder in een groenteloods. Het water stroomt door die loodsen heen, maar boven de groente-opslagruimte is een soort vliering afgeschermd tot een kamertje. Ik overnacht hier vaker wanneer er droppings zijn of een overval moet worden gedaan. Ruhe, aan wie de loods behoort, is een der onzen. Zijn zoon is een van onze onderduikers. Greet, de dochter werkt op een der distributiekantoren in ons verband. 's Nachts gaan die loodsen dicht, zodat er geen schuit of mensen in of uit kunnen. Het woonhuis ligt een heel eind verder de polder in, maar Ruhe heeft mij een extra sleutel gegeven. Langs het trapje dat ingehaald wordt als ik boven ben, klim ik naar mijn kamertje dat Ruhe zelf daar heeft afgeschut. Vanuit een heel klein dakraampje krijg ik lucht, maar zie ik op m'n legerstee staande ook uit over de polder naar de stad, daar waar Nel en ik ons domicilie hadden - ons thuis! Hoe lang nog eer wij daar weer terug zouden kunnen keren?

Om half zes, als het terrein vrijgegeven wordt, fiets ik naar de Verhulststraat. Ik lig tot 7 uur op de rustbank, neem een douche, wek moeder en Lot en zorg voor het ontbijt. Zo is het leven in die jaren voor een kerkelijk maatschappelijk werkster in 't verzet.

Hoofdstuk 9

'Ik kook bijna van verontwaardiging'

In de zomer van 1944 ontstaat bij veel Groepsleden de behoefte om de oude band met dochtergroep Vrij Nederland aan te halen. Ook VN zoekt contact met Groep 2000. Het komt tot een aantal gesprekken tussen Jacoba en H.M. van Randwijk, de leider/hoofdredacteur van Vrij Nederland, in die tijd beter bekend onder zijn schuilnaam Sjoerd van Vliet. Het worden geen aangename gesprekken; twee sterke karakters botsen hard in hun benadering en opvattingen. Jacoba vergelijkt Van Randwijk met een Germaanse dictator. Van Randwijk typeert Jacoba later in zijn biografie[80] als: 'dat mens van 2000 dat mij het leven zuurder maakt dan de Gestapo.'

September-oktober 1944

Merkwaardigerwijze zijn zo omstreeks deze zomer van 1944 alle vroegere 'Vrij Nederland' -contacten, of nabestaanden en familieleden daarvan, weer in ons groepsverband teruggekeerd. Gé van der Neut (1401), de zuster van Jan van der Neut; Ariëne van Kalken(11040), de verloofde van Jan Peppink; Leni Broersma (2045), de verloofde van Jan Kranenburg; beide Reitema's (1802) en Henk Euwe (500). Is het wonder dat in onze kring vaak over de eerste tijd wordt gesproken en steeds sterker de behoefte wordt gevoeld weer contact te zoeken met onze dochtergroep? Van de hele verdere levensloop van VN is ons niets bekend. Alleen de regelmatig uitkomende blaadjes die ieder van ons zo nu en dan wel eens in handen krijgt, zijn voor ons de zekerheid dat onze dochtergroep leeft en met de jaren in macht en aanzien is toegenomen.

---

80 'H.M. van Randwijk. Een biografie' (Gerard Mulder en Paul Koedijk, 1988) blz 424.

Ook van de kant van VN blijkt er behoefte te zijn aan contact.

Sjoerd (H.M. van Randwijk) is daar aan de leiding gekomen. Hij heeft bij de LO aangeklopt voor bonnen voor nagelaten betrekkingen van VN-strijders en voor een aantal actief bij de BS ingedeelde strijdkrachten. Die bonnen had hij eerst van de LO betrokken, maar na de arrestatie van Henk Dienske[81] heeft de LO hem doorverwezen naar Groep 2000. 'Ga eens praten met die juffrouw 2000 die nogal wat kanalen en wegen kent, als een der oudsten een doorgewinterde in het vak is en bovendien over middelen schijnt te beschikken die wij niet hebben.' Leni Broersma kent Tuuk Buijtenhuijs[82] die voor Vrij Nederland werkt; ze vertaalt, stencilt en fietst als koerierster, en ze werkt ook voor Groep 2000. Via Tuuk Buijtenhuijs wordt een bespreking van Sjoerd en 2000 geregeld.

Ontmoeting met Sjoerd (Henk van Randwijk)[83]

Jacoba noemt deze bespreking in september 1944 later een 'merkwaardig weerzien'. Dat is een eufemisme: ze kookt van woede. Het wordt Jacoba tijdens het gesprek duidelijk dat VN zich niet bewust is van haar –kerkelijke- oorsprong en zelfs niet van het bestaan van Groep 2000 en haar nauwe betrekkingen met deze groep. 'Terwijl de oprichters van VN, 'de jongelui', allen een confessionele achtergrond hadden (hervormd of gereformeerd), was dat in het VN van '44 niet meer het geval', schrijft Jacoba in haar memoires.

Sjoerd is een beetje verbaasd een eenvoudige maatschappelijk werkster aan te treffen die zich bovendien in de allereerste plaats kerkelijk maatschappelijk werkster weet; geen kinderen, geen 'oude rot in 't verzet', maar een bewogen vrouw. Bewogen met het leed der wereld dat van alle kanten op haar aanstormt. 'Mijn hemel, hoe presteert u het om hier illegaliteit te bedrijven en dan nog wel zo dat ik naar u verwezen word als naar een soort

81 Zie hoofdstuk 6 van dit boek: 'Ik heb geleerd in 's lands dienst te zijn', onder het kopje 'Overval Huis van Bewaring'.

82 In een later rapport wordt deze VN-medewerkster Mej. J. Buitenhuis, alias Dicky genoemd.

83 In het 'Beknopt Verslag' (blz. 49) is het eerste gesprek tussen Jacoba en Sjoerd bij Tuuk Buitenhuis, in de Beethovenstraat 12 gesitueerd. Ook in de biografie van Van Randwijk wordt dit adres genoemd. In de memoires van Jacoba heeft dit eerste gesprek op het Centraal Bureau plaats; wij volgen hier de memoires.

duivelskunstenares?' 'Dat doe ik ook niet, ik bedrijf niets, maar 't komt naar mij toe. Er komt ook geen duivelskunst aan te pas, want het gaat vanzelf. Van 't een komt het ander. Heel gewoon dus.' Dat is wat, als je als stoere, trotse man (en dat was Mr. H.M. van Randwijk) voor een zo specifiek mannelijk werk verwezen wordt naar een doodgewone juffrouw van maatschappelijk werk, die je daar vertelt dat het niets bijzonders is wat je doet: de vijand trotseren en het verzet tegen de bezetter gaande houden, en dat het allemaal vanzelf gaat. Hij kan er geen hoogte van krijgen of 't verzet 2000 nu ernst is of niet. Met veel ophef begint hij te vertellen dat zij er niet gering over moet denken. Hij is een doorgewinterde verzetsstrijder en zijn organisatie de oudste verzetsbeweging, ook al heeft men hem weleens verteld dat er vóór (het huidige) VN een nog oudere beweging geweest moet zijn, die 'toevallig' dezelfde naam voerde. Ik laat hem eerst uitpraten. Dan roep ik mijn secretaresse, Leni Broersma en vraag: 'Zullen wij u nu eens vertellen wat dat voor een verzetsbeweging is geweest, wie de oprichters daarvan waren en waar uw eigen bakermat heeft gestaan?' Sprakeloos is die breedsprakige Sjoerd. Dan komen er de bewijzen: het oorspronkelijke hoofd van VN (ontwerp Daan Levendig), de eerste drie nummers, en steeds zwijgzamer wordt Sjoerd. 'Dus u bent eigenlijk onze moeder-groep.' 'Je zou 't zo kunnen noemen, maar de eigenlijke oprichters zijn Frans Hofker, Daan Levendig, Jan van der Neut, Jan Peppink en Jan Kranenburg. Mijn vader was de promotor en ik tussenpersoon.' 'Wij zijn één organisatie', concludeert Sjoerd. Ik: 'Met huid en haar. U bent VN en wij Groep 2000. Maar, niet zo hard van stapel lopen. Hardlopers zijn vaak doodlopers en moeder en dochter blijven twee onderscheiden persoonlijkheden. Maar toch van eigen vlees en bloed.' Sjoerd: 'Denk ik me daar als smekeling te komen en ben in mijn eigen huis.' 'Van dat 'smekeling' hebben wij hier nog niet veel gemerkt en voor het overige is het hier nog altijd het huis 2000, krachtcentrum van de hervormde kerk en geen Vrij Nederland.' Sjoerd: 'Geen vrouwenpraat nu. U wilt mij niet wijsmaken dat de hervormde kerk als geheel achter dit werk staat en dat VN een kerkelijke aangelegenheid zou behoren te zijn. Dit is onze bakermat en in feite zijn wij dus een en dezelfde organisatie.' Ik: 'U vergist zich. Wat ik destijds voor VN, uw oprichters gedaan heb, heb ik niet gedaan in mijn kwaliteit van kerkelijk maatschappelijk werkster, maar als dochter van de Grootmeester van de Orde van Vrijmetselaren. Ik heb dat gedaan voor vijf moedige, jonge jongens. Trouwe zonen der kerk, die de Nederlandse zaak wilden dienen. Dat is ook de reden waarom mijn vader hen geholpen heeft. De Nederlandse zaak dienen, dat wil ook 't hui-

dige VN, maar u zult moeten toegeven dat u geestelijk wel heel ver van deze jonge jongens afstaat. En wat Groep 2000 betreft: die werkt inderdaad met synodale opdracht. Ik sta hier voor u in mijn kwaliteit van kerkelijk maatschappelijk werkster en niet als illegaal werkster en vroedvrouw van VN.' Sjoerd: 'Uw toon is anders niet de toon der kerk wanneer een verloren gewaande zoon in het ouderlijk huis terugkeert. Omdat onze regering op coördinatie en bundeling van krachten van de binnenlandse strijdkrachten aandringt, is 't een vanzelfsprekendheid dat wij van nu af aan samengaan als één organisatie. Wat het strijdend gedeelte SG en de pers betreft: VN; wat de verzorging der onderduikers en bonkaarten betreft: 2000, aan het SG van VN toegevoegd als sectie. Met vertegenwoordiging in de Raad van Verzet: VN, in mijn persoon.' Ik weet dat mijn toon trots en hoogmoedig is, maar ik kook bijna van verontwaardiging over de arrogantie van deze verloren zoon, wiens gedrag allesbehalve dat van een verloren zoon is en die hier optreedt als een kleine verjongde uitgave van een Germaanse dictator. Ik: 'Over al of niet samengaan beslissen altijd nog twee personen en niet één en wat de vertegenwoordiging betreft in de Raad, daarin is allang voorzien. Ik zal u uw geboortebewijs en papieren overhandigen die ik zo lang voor u heb bewaard en ik verzoek u dit kantoor te verlaten. U kunt er pas terugkeren wanneer u uw verzoek wat betreft een commandant voor het SG VN behoorlijk kunt formuleren en ik zal u te woord staan in tegenwoordigheid van het Dagelijks Bestuur.'

Razend is ook Sjoerd; weggestuurd als een kwajongen. Als we weer samen zijn zegt Leni : 'Wat een Germaan! Had dat nu niet anders gekund?' 'Het schijnt het nieuwe gedragspatroon van de ondergrondse te zijn, sinds het gebeurde met Henk Dienske, maar ik kan het niet toejuichen.' 'Daar krijgen we last mee, want u hoeft niet te denken dat hij 't daarbij laat.' 'Dat zullen wij dan wel weer zien, maar dit gedrag ging eenvoudig alle perken te buiten.' Leni staat vlak naast mij en legt haar hoofd tegen mijn schouder (iets wat zij vaak doet als zij troost, hulp of steun zoekt). 'Arme Leni.' Mijn arm legt zich om haar heen. 'Ik begrijp zo goed wat er in je omgaat op dit ogenblik. Het spijt mezelf meer dan ik je zeggen kan dat het zo gelopen is om onze jongens.' 'U kon niet anders, maar nu is ook elke band met het verleden afgesneden.' 'Toch niet. Ik heb alles in duplo wat betreft de eerste nummers van VN en het originele stencil van Jan van der Neut en het ontwerp van Daan Levendig heb ik ook nog. De jongens hebben er recht op dat zij gekend worden als de ware oprichters van VN en het huidige VN moet zijn ware oorsprong kennen en straks zijn oprichters eren.' Leni: 'En u dacht dat die Germaan dat doen zou?' Ik schiet ineens in de lach. Die betiteling 'Germaan', de grootste belediging in deze dagen, vind ik prachtig. 'Die Germaan is zo kwaad niet als hij eruit ziet, denk ik; hij is een grote branieschopper die nog leren moet zich te gedragen al is hij dan ook Mr. in de rechten.' Dan lachen we alle twee en Leni nestelt zich tegen mij aan. 'Ik blijf hem toch een Germaan noemen.'[84] *Op dat ogenblik meldt zich Ariëne van Kalken, koerierster. 'Ariëne, ik had graag vanmiddag nog om 4 uur een vergadering met alle oud VN medewerksters of nabestaanden. Daar hoor jij dus ook bij en het voltallige DB. Reitema Sr. en Jr. Harry Mouthaan en Buring kan ik zelf wel per telefoon bereiken, maar wil jij naar Ab de Boer gaan op de marine etablissementen aan de Hoogte Kadijk? Ik had gedacht allemaal 4 uur hier.' 'Ik neem Willemse wel voor mijn rekening', zegt Leni, 'en Euwe.' 'Afgesproken, gaan jullie dan nu maar meteen, anders wordt voor jullie de lunchpauze te kort. Ik blijf op kantoor.' Ariëne is al weg. Leni keert nog even op haar schreden terug. 'Mag ik Jans vriend Jan Holm ook meebrengen? U heeft mij dikwijls over hem gehoord en hij heeft mij al een paar maal gevraagd hem te introduceren als groepslid, maar u had 't zo druk dat ik hem vroeg nog wat geduld te hebben. En zult u wat gaan rusten?' Echt Leni. 'Ik zal Jan wat vroeger bestellen, dan kunt u vast kennismaken en met hem praten. Hij weet alles van die eerste tijd en ook nog wel van daarna, voor hij aansluiting zocht met de LO. Maar nu wil hij niet meer met de LO samenwerken.' 'Goed dan, kom jij maar met jouw en Jans vriend.'*

Klokslag twee uur is Leni alweer terug met Jan Holm. Beiden schieten we in de lach als we tegenover elkaar staan. Voorstellen is er niet bij, want we kennen elkaar sinds lang. 'Hallo Jaap, ik merk tot mijn vreugde dat je de dans ontsprongen bent met de massa-arrestatie in LO gelederen. Ik had al eens hier en daar naar je geïnformeerd, maar niemand wist iets naders omtrent jou nadat ze bij je hospita om jou geweest waren.' 'Co, ben jij dan 2000?' Henk Dienske en ik noemden elkaar bij de naam en tutoyeerden elkaar. In het werk en tegenover zijn relaties was ik 2000 of de Bonnenkoningin. Jaap de Wit was een speciaal contact van Henk,

84 Niet alleen Jacoba krijgt als vrouw in het verzet te maken met de autoritaire houding van Van Randwijk. Zie ook hoofdstuk 17 van dit boek 'Samenwerking met andere verzetsorganisaties', onder het kopje 'Vrij Nederland'.

met wie hij vrijwel dagelijks overleg pleegde. Henk was officier. Jaap reserve officier. Als zodanig waren deze twee volledig op elkaar ingesteld. Na het gebeurde in VN kringen had Jan Holm alles wat hij illegaal deed, gedaan onder de naam Jaap de Wit. Als J. de Wit had hij ook een kamer gehuurd in de Waalstraat, vlak bij Henk Dienske en zo was ik voor Henk meermalen aan Jaaps adres geweest. Meermalen waren wij ook samen voor Henk op reis geweest zonder elkaars opdracht te kennen, maar wetend dat wij elkaar in de gaten moesten houden, opdat wanneer er met een van ons beiden iets mocht gebeuren de ander dit zou kunnen melden. Nu staan Jan Holm en ik tegenover elkaar en zijn oprecht verheugd elkaar weer te zien. Toetreding tot de Groep (Jan is gereformeerd, dat wist ik) is gauw geregeld. Indeling (als reserve officier) bij de actieve strijdkrachten, afd. Oud Zuid, zal die middag nog met het DB besproken worden. Nieuwe valse bescheiden zullen worden verzorgd. Ik nodig 'Jaap' uit de vergadering bij te wonen.

Bijeenkomst met oud-VN medewerkers

Jacoba brengt voor de vergadering begint kort verslag uit aan het Dagelijks Bestuur. Dan geeft ze aan haar medewerkers een uiteenzetting van wat er die morgen gebeurde tussen haar en Van Randwijk.

'Ik begrijp ten volle wat dit voor jullie als oud-VN leden zeggen wil en geef daarom ieder van jullie de vrije keus. Wie wil uittreden en zich wil aansluiten bij VN is volkomen vrij en zal ik daar geen enkel verwijt van maken.' Er is er niet een die er maar over denkt zelfs. 'We zouden er niet over peinzen.' Algemeen is de verontwaardiging over zo'n optreden. Dan ineens wordt door Reitema (1802) de vraag gesteld: 'En wat denkt u te doen met die blonde Germaan zelf?' Grote hilariteit en Leni (2045), die voor deze ene keer de notulen verslaat, verslikt zich bijna in de lach. 'Niets. Hij krijgt natuurlijk de bonkaarten die hij nodig heeft en ik had gedacht jou, Ab de Boer (206), als speciaal gedetacheerde van het SG 2000 toe te voegen aan het vendel VN, als commandant. Tenminste als jijzelf en het DB daarmee akkoord kunnen gaan.' Ab staat recht voor me, salueert en zegt: 'Op één voorwaarde: dat ik onder alle omstandigheden gehandhaafd blijf als lid van Groep 2000 en ter beschikking sta van u als u mij ergens voor nodig heeft.' 'Dank je Ab. Dat is dan afgesproken.' Zo zijn onze vergaderingen, kort, bondig, in een sfeer van onderlinge vriendschap en vertrouwen. Nooit langer dan strikt noodzakelijk, nooit extra zwaar of gewichtig. Er worden

nog een paar opmerkingen gelanceerd. Euwe zegt: 'Die Sjoerd had bij mij geen voet aan de grond gekregen, laat staan dat hij van mij die eerste nummers van VN had ontvangen, al geef ik toe dat ik 't standpunt van 2000 juist oordeel. Maar dacht u dat dat arrogante ventje zijn voorvechters zou eren? Dat moet ik eerst nog zien.' 'Dan is 't altijd nog tijd genoeg voor ons om te spreken, maar onze jongens hebben er recht op te kunnen thuiskomen als de oprichters van VN en dat zou niet mogelijk zijn als de huidige leiding niet eens de namen van hen kent.' Daar is men het mee eens, maar Martien Buring (2014) vindt dat 't nu toch wel tijd wordt dat de Groep 2000 wat meer naar voren treedt in de illegale wereld. 'Alles goed en wel maar de anonimiteit wordt ook weleens te ver doorgedreven.' Ik: 'De kerk timmert niet aan de weg.' 'Maar kan onder de hand de vuile was doen voor de Germanen', zegt Buring. Ik: 'Onze tijd komt nog wel, Martien.' Buring grijnst goedmoedig. 'Als 2000 dan tenminste eindelijk voor het voetlicht treedt en haar tanden laat zien aan al die keffers. Dat ligt u helaas niet.' Gelach. Ab de Boer (206): 'Ho, ho, niet zo somber. We zullen zorgen dat onze wapens kletteren.' Hij geeft Buring een slag op de schouder en maakt het gebaar van kruisende degens. 'Het Strijdend Gedeelte 2000 mag er zijn en staat goed aangeschreven bij de commandant. Geloof maar niet dat ze een kans krijgen ons onder de voet te lopen. En denk eens aan de EHBO dienst.' Martien schudt het hoofd. 'Eerst moet ik 't zien. Ik ken onze leidster als het op publiciteit aankomt.'

Op weg naar huis neem ik mijn route langs Van Meer (13035). Niet graag verstoor ik ook nog zijn rust thuis, maar vind het toch wel beter hem even op de hoogte te brengen van het gebeurde die dag. Hij luistert aandachtig, ernstig ook ondanks de pretlichtjes in zijn ogen. Als ik uitverteld ben, fluit hij tussen zijn tanden. 'Daar krijgt u last mee; wat dacht u, dat de grote Van Randwijk zich zo liet wegsturen?' 'Vindt u dat ik anders had moeten handelen?' 'Neen, beslist niet.' Peinzend staart hij voor zich uit, dan neemt hij de telefoon: 'Ja, hier Van Meer, zeg Van Hall, ik zou je graag even spreken. Wat doen we, zal ik even langs komen of doe je 't liever bij mij thuis af?' Tegen mij: 'Weet u wat ik zal doen? Ik bespreek dit met Van Hall en via de Raad ontvangt Van Randwijk dan het bericht dat hij natuurlijk kan rekenen op het benodigde kwantum bonkaarten en dat wij, de RVV dus, Ab de Boer als speciaal gedetacheerde van het SG 2000 hebben toegevoegd aan het vendel Vrij Nederland in de rang van commandant. Daar zal hij dan wel even over moeten slikken, maar dat verdient hij. U begrijpt wel dat hij dit van u nooit zou hebben geaccepteerd na het voorgevallene en tegen een beslissing van de Raad is nu eenmaal geen beroep meer mogelijk.' We staan recht tegenover elkaar, ik voel een vriendschappelijke handdruk op m'n schouder: 'Let op uw saack! Een vriendschappelijke samenwerking zal dit wel niet worden.'

Bezoek van Sjoerd en Gerbrandy

Het duurt niet lang of Van Randwijk meldt zich weer bij Jacoba, dit keer vergezeld door Gerbrandy, topman van de Landelijke Knokploegen.

Het is ongeveer tien dagen later: Leni en ik zijn samen bezig met het centrale coderegister, een nauwkeurig werk dat de volle aandacht vraagt en waarbij wij niet graag gestoord worden. Daarom doet Harry Mouthaan (1900), die samen met Reitema (1802) in de directiekamer de gegevens uit de wijk aan het uitwisselen is, open als er gebeld wordt. De heren Van Randwijk en Gerbrandy melden zich. 'Is 2000 aanwezig?' Harry Mouthaan wijst op het presentie-bord. 'Jawel, zoals u hier trouwens zelf kunt aflezen, maar het is niet de gewoonte dat hier niet-groepsleden komen zonder vooraf gemaakte afspraak. Trouwens, ook buiten de leden van het DB en de koeriersters hebben hier ook de groepsleden geen toegang, tenzij 2000 die verleent.'

'Dat klinkt aardig disciplinair', merkt Gerbrandy een beetje spottend op. 'Wij zijn gedresseerd in vrijheid en gewend zó te werken dat risico's hierbij tot het minimum worden beperkt', is het snedige weerwoord. 'Wij moeten 2000 spreken', zegt Van Randwijk. 'Dan had u een afspraak dienen te maken, want 2000 heeft laten weten dat zij niet gestoord mocht worden, maar ik zal kijken wat ik voor u doen kan.' Harry Mouthaan (1900) houdt de knop van de deur 'kantoor' in de hand als hij ziet dat de heren zich een weg willen banen naar de directiekamer. Breeduit staat hij daar ineens, de handen wijd uitgestrekt. 'Pardon heren, u kunt daar zo niet binnengaan. Ik moet u eerst aandienen. Wacht u even in de gang op de bank.' De buitendeur gaat weer open en Harry Mouthaan wijst naar de bank in de brede gang schuin tegenover de deur van het Centraal Bureau en naast het kantoor van de heer A. Dentz, Assuranties en Administratiekantoor. Dentz is Groepslid (404), tevens voorman van het Parool en de kantoorruimte behoort in feite aan hem.

Wat kunnen de heren anders doen? Dicht gaat de deur en Harry tuimelt bijna het kantoor binnen. 'Heb ik daar die hoogmogende heren even tuk gehad, dat stelletje keffers.' We krijgen een omstandig verslag. 'Laat hen in de directiekamer Harry, maar ruimen jij en Kees eerst alles op, dat er niets ligt van kaarten enz. Zeg maar dat ik zo gauw mogelijk kom, maar jullie blijven als DB erbij.' Kees is al aan het opruimen en Harry gaat de heren halen. Wijd zwaait de deur van het CB open, als een lakei buigt Harry: 'Willen de heren zo goed zijn mij te volgen?' Die twee moeten voelen dat zij in de maling genomen worden, maar de rasechte Amsterdammer Harry vertrekt geen spier van zijn uitgestreken gezicht. Wat kunnen ze anders doen dan volgen? In het portaal neemt Harry eerst nog jassen en hoeden aan en hangt die op de kapstok voor hij hen de directiekamer binnenleidt. 2000 is daar ook juist binnengekomen en heeft haar plaats ingenomen achter het kapitale bureau. 'De heren Gerbrandy en van Randwijk', dient Harry aan. Kort en zakelijk stel ik de leden van het DB voor aan Sjoerd. 'Ik neem aan dat de heren iets gewichtigs te bespreken hebben. U treft het dat het DB ook juist aanwezig is.' Sjoerd weet niet goed raad met z'n figuur. Gerbrandy neemt het woord. 'Mijn vriend', met een hoofdknik naar Sjoerd, 'heeft mij verteld dat het eerste onderhoud met hem nu niet bepaald in prettige sfeer verlopen is. Dat spijt mij temeer nu ik van Sjoerd vernomen heb dat uw beider groepen terugvallen op een en dezelfde oorsprong.' 'Dat heeft uw vriend dan toch niet zo goed begrepen. Hoogstens kan men stellen dat ik een tijdlang opgetreden ben als grootthesaurier van het eerste Vrij Nederland, toen onze gemeenschappelijke vijand dreigde alles te vernietigen.' 'Juffrouw Van Tongeren, laten wij er nu eens geen doekjes om winden: uw vader, in zijn kwaliteit van grootmeester van de Orde van Vrijmetselaren, was de oprichter van VN en na dienst arrestatie en dood heeft u zijn werk voortgezet.' 'U vergist zich. Mijn vader is hoogstens de promotor geweest van het verzetswerk der oprichters van VN. Wat ik in dit werk gedaan heb, is als boodschapster van vader bij zijn relaties het bezoek van deze jongelui voorbereiden. Aan het werk als zodanig heb ik minder deel gehad.' 'Hoe dan ook juffrouw Van Tongeren, waar onze regering op grotere eenheid in de illegaliteit aandringt, is het de aangewezen weg dat uw beider groepen zich verenigen.' 'Dat is niet aan u om dat te beslissen, maar nog altijd een zaak van onze gezamenlijke leiding, DB en Commissie van Beheer', valt Kees Reitema in en Harry zegt: 'En dan kan ik u wel bij voorbaat zeggen dat wij als één man rond en achter 2000 staan. Ons antwoord is zonder meer: Neen.' 'U heeft 't gehoord, heren?' vraag ik. Sjoerd: 'U handelt tegen de instructies van onze regering in.' 'Dan is dit een zaak van de RVV, maar u zult uit de mededeling van de Raad inzake de door u aangevraagde bonkaarten en de benoeming door de Raad van Ab de Boer tot commandant van het vendel VN als speciaal gedetacheerde van het SG 2000 toch wel begrepen hebben dat deze bepaald een andere mening is toegedaan dan u', zeg ik. De vlammen slaan Gerbrandy uit, die hier kennelijk niets van weet. Wit verbeten zit Sjoerd erbij. 'Het zou in elk geval redelijk zijn de oud-VN leden uit uw midden de vrijheid te laten over te gaan.' Een brede grijs op het gezicht van Harry verraadt dat het onderhoud voor hem eindelijk in de gewenste richting koerst. 'Dat zullen we dan heel gauw kunnen horen hoe zij daarover denken. Stelt u maar een datum vast, heren, en wij als DB staan er borg voor dat wij ons bij hun vrije keuze zullen neerleggen.' Hij wrijft zich in de handen alsof hij zich op een vreugdevolle gebeurtenis voorbereidt. Kees Reitema: 'Noemt u een paar data, heren, zodat er enige speling mogelijk is. U hoort zo spoedig mogelijk van ons.' Sjoerd noch Gerbrandy voelen zich erg lekker bij deze zo plotselinge ommezwaai naar een opgewekte, vriendschappelijke toon. 'We moesten die vergadering maar bij mij doen plaatsvinden', zegt Sjoerd. Ik: 'Pardon heren, dit is geen aangelegenheid van VN. Tenminste nog niet en ik stel er prijs op dat ook de Raad hierbij vertegenwoordigd is.' 'Dat is die toch al in onze persoon', zegt Gerbrandy. Ik: 'Dat is wel zo, maar u beiden noch ik zijn hierin bovenpartijdig, dus niet neutraal.' Weer staan de heren schaakmat. Tenslotte komen er drie data op papier te staan. De eerste is reeds overmorgen. Kees Reitema: 'Dicteert u maar wat er op de oproep voor deze vergadering moet staan.' Sjoerd ziet mij aan. Ik zeg: 'Gaat uw gang; het initiatief tot deze vergadering is van u uitgegaan. Harry, ziet u kans deze uitnodiging nog vanmiddag in zo veelvoud en geadresseerd in stencil te hebben en bij Sjoerd te bezorgen, dan kan hij ze na mij tekenen en sluiten, en dragen jullie beiden dan zorg voor de bezorging ter plaatse?' Harry: 'Ik begin meteen.' Gerbrandy: 'Dat lijkt mij redelijk, een oproep voor deze vergadering door u beiden ondertekend.' Sjoerd komt er niet meer uit en het is niet zoals hij het gewild heeft. Hij gaat akkoord. Harry trekt zich meteen met de copy terug. 'Tot ziens, heren.' Ik vraag: 'Kees Reitema, laat u de heren even uit?' Ook ik trek mij vijf minuten terug in mijn privé-kantoor. Waarom ben ik zo moe, Heer, zo kunnen wij toch niet verder gaan? Wij strijden voor dezelfde zaak; waarom dan zo'n vijandschap? Ik heb dit niet gewild en begrijp een dergelijk optreden van verzetslieden onder elkaar ook niet.

Pagina uit haar album: 'Ode aan Walraven van Hall'.

Ingang van het hoofdkantoor van het Centraal Bureau voor Maatschappelijk Werk, Herengracht 520 Amsterdam (1944).

Vergadering over toetreding tot VN

Twee dagen later heeft de bewogen vergadering plaats in tegenwoordigheid van Van Hall en Van Meer. Het is eind september of net begin oktober 1944.

De heer Prins moet helaas verstek laten gaan. Bewogen, ja dat is deze vergadering. Punctueel, stipt op tijd, zoals zij dat gewend zijn, zijn alle oud-VN strijders en contacten binnen het verband 2000 en het DB aanwezig. Op tijd zijn ook de heren Van Hall en Van Meer. Kwart over twee komen eindelijk met zware stappen Van Randwijk en Gerbrandy. Niemand zegt iets, maar de blik die de heer Van Hall op zijn polshorloge werpt, spreekt voor zichzelf. Na een kort woord van welkom aan de aanwezigen, reik ik de voorzittershamer aan de heer Van Hall, maar met een hoffelijk gebaar legt deze de voorzittershamer weer terug in mijn hand. 'Wij zijn vandaag de gast van 2000', zegt hij met een blik van verstandhouding naar zijn vriend Van Meer. In diens ogen lees ik het bevel: 'doen.' Als er één ding is waar ik een hekel aan heb dan is dit wel: het bijwonen en leiden van officiële vergaderingen, juist om alle plichtplegingen en gewichtigdoenerij die er veelal aan verbonden zijn. Maar in het gebaar van de heer Van Hall ligt reeds zijn afkeuring van het gedrag van Van Randwijk en Gerbrandy besloten en daar zal ik deze grote man uit het verzet altijd om eren. Een slag met de hamer, dan volgt een kort zakelijk overzicht van de gebeurtenissen die tot deze vergadering hebben geleid. 'Als ik het goed begrepen heb', zegt Van Hall, zich richtend tot Van Randwijk, 'betwist u Groep 2000 haar zelfstandig bestaansrecht naast VN omdat u in de oprichters van het VN vóór april '41 uw wettige en rechtmatige vóórstrijders meent te zien.' En zich nu tot Gerbrandy wendend: 'En u heeft getracht tot een synthese te komen in de persoon van wijlen de Grootmeester van de Orde van Vrijmetselaren, de vader van mejuffrouw Van Tongeren. Voor wij op deze beide agenda punten ingaan, stel ik voor in een stilte van twee minuten deze hoog eerwaarde voorman van het verzet te eren. Daarna zingen wij met elkaar gezang 293:1-4-5 en 6.' Een floers trekt voor mijn ogen, maar ik slik mijn tranen weg. Groot is ook deze man hier in ons midden en ik dank mijn Heer en Geleider die mijn vader de hulde biedt die hem als voortrekker toekwam. Allen zingen wij, behalve Sjoerd, die wat voor zich uit bromt omdat hij de woorden niet uit het hoofd kent en ik heb medelijden met deze stuurs uitziende, eenzame man. Hij moet zich wel heel verlaten voelen in ons midden. Daarna geef ik het woord, eerst aan Sjoerd, dan aan Gerbrandy om hun mening uitvoerig uiteen te zetten en te verdedigen. Zij hebben volop de gelegenheid tot spreken en vooral Sjoerd neemt die waar in sublieme stijl en to the point. 'Wil 2000 nu haar visie geven op deze zaak?' Het is Van Meer die dit vraagt. Kort, zakelijk geef ik mijn mening, zoals ik die hiervoor al heb uiteengezet. Geen woord te veel. Het volledige DB bekrachtigt deze visie ook als de zijne. Van Hall: 'U hoort het, heren.'Ik: 'Ik had graag een bovenpartijdig oordeel.'

Met een enkel handgebaar geeft Van Meer het woord aan de heer Van Hall. Nu volgt in een magistrale rede diens zienswijze op deze kleinburgerlijke bekrompen twist om de voorrang binnen de gelederen van het verzet. Hij weerlegt glashelder en voor geen misverstand vatbaar de mening van Van Randwijk: omdat de oprichters van VN toevallig in de persoon van 2000- die zij uit hun kerk kenden en daardoor een mogelijkheid hadden gezien en gekregen om tot haar vader door te dringen- , nu ook beide organisaties één oorsprong zouden hebben en dus in feite één zouden zijn. Bijna nog feller keert hij zich tegen de zogenaamde synthese van Gerbrandy, die de persoon van de grootmeester in dit conflict wil betrekken om zo toch nog tot het begeerde doel te geraken. Van Hall zegt: 'Boven alle partijen staat de integriteit van de Grootmeester die, zo hij in leven gebleven was, stellig hier aanwezig zou zijn als lid van de RVV. Omdat hij boven alle partijen stond, kon hij zijn steun geven aan vijf moedige Hollandse jongens, hoewel deze geestelijk en politiek behoorden tot een geheel andere wereld dan de zijne. Het gaat daarom niet aan diens persoon zo maar te annexeren als de oprichter van VN. Een voorman van het verzet was hij, maar van het Verenigd Verzet, ver buiten Nederlands grondgebied. Tegen alles wat het nazidom predikt en leert en met geweld tracht op te leggen. Zijn dochter, 2000, heeft dat zeer juist aangevoeld. Toch heeft zelfs zij zich niet de persoon van de Grootmeester willen toe-eigenen als auctor en bewerksteller van de verzetsgroep die zij leidt.' Scherp stelt de heer Van Hall de scheidslijn vast tussen wat ik gedaan heb als dochter van de Grootmeester en in diens opdracht als wegbereidster van de jongens bij vaders relaties vóór 31 augustus 1940, de verschijningsdatum van het eerste nummer van VN, én alles wat ik nadien heb gedaan in mijn kwaliteit van kerkelijk maatschappelijk werkster werkzaam in interkerkelijk verband bij de Centrale van Werklozenzorg en met bijzondere opdrachten voor de niet onder het legale werk der Centrale vallende aanvragen om hulpverlening. 'Zo iemand aanspraak kan doen gelden op de Grootmeester als schutspatroon en grote man achter de schermen dan is dat 2000, die in zekere zin het werk van haar vader heeft voortgezet, haar treden zettend in zijn spoor, werkend met de geldmiddelen die hij via zijn Orde heeft verschaft, gebruik makend van en een beroep doend op de relaties die zij in die Orde heeft. Wetend dat de Orde hier handelde en optrad volgens het beroep dat de Grootmeester op zijn ordeleden had gedaan: 'De Orde roept u'. Zij is hier zelfstandig opgetreden er steeds op wijzend dat zij kerkelijk maatschappelijk werkster is en dat ook haar richting niet die van haar vader was. Zo heeft zij haar eigen groep medewerkers om zich heen verzameld en gebouwd, gesteund door de Orde, werkend met synodale opdracht, staande in het verzet als haar vader, boven alle partijen, loyaal medewerkend naar alle kanten, maar nimmer strevend naar een voorrangspositie.' Ademloos luisteren wij allen. Hij is wél geïnformeerd, de heer Van Hall.[85]

Later hoort Jacoba dat Van Hall al lang voor deze vergadering, bij de allereerste moeilijkheden met Sjoerd, zijn licht heeft opgestoken bij de Kerkenraad van Amsterdam, ds. Bernard Aris, en enkele vooraanstaande relaties van haar vader binnen de Orde.

Wanneer de heer Van Hall uitgesproken is, is er niemand meer die nog iets wil zeggen. De feiten liggen er klaar en duidelijk en er is geen speld tussen te krijgen. Er kan geen sprake zijn van samengaan van twee onderscheiden groepen, VN en Groep 2000. De vergadering wordt voor 10 minuten verdaagd, want wij moeten allen even op ons verhaal komen vóór wij het laatste agendapunt: 'het al of niet uittreden van oud-VN leden/contacten binnen het verband 2000' in behandeling nemen. Het DB en de groepsleden verspreiden zich over het kantoor en de gang om zich even te vertreden. Van Randwijk en Gerbrandy blijven achter in de directiekamer. Van Meer, Van Hall en ik trekken ons terug in het privé kantoor. Borgman de conciërge en zijn vrouw serveren op het afgesproken sein echte koffie. Een ontroerde dochter staat in een stille, lichte grachtenkamer voor een man van formaat en brengt slechts met moeite haar stamelende dank uit voor de hulde haar vader bewezen en de hulp aan zijn dochter, maar haar wordt het zwijgen opgelegd met de woorden: 'Bedank mij niet. Het was hier de plaats en de tijd om deze woorden van gepaste hulde te spreken tegenover de dochter die het nog moeilijk genoeg zal krijgen, vrees ik, met zulke ambitieuze mede-verzetslieden.' Ik leg mijn handen in die van de heer Van Hall; Van Meer, die vlak achter mij staat, zijn hand op mijn schouder, zegt: 'Een ware dochter van haar vader.'

85 Jacoba is Van Hall intens dankbaar en brengt hem later hulde voor wat hij heeft gedaan. Zie foto op blz. 172.

Na de pauze geef ik een summier overzicht van Sjoerds eis dat althans de oud-VN leden van Groep 2000 zouden overgaan naar zijn gelederen, en van de daaraan voorafgegane bespreking van deze oud-VN leden met mij en het voltallig DB. Natuurlijk had ik dit nog maar enkele dagen terug aan de heren Sjoerd en Gerbrandy kunnen meedelen. Ik doe dit niet omdat ik er ten eerste prijs op stel dat elk van deze trouwe en bekwame medewerkers nu ook in de gelegenheid zal zijn haar of zijn mening hierover zelf aan de heer Van Randwijk mede te delen. Ten tweede omdat deze zaak beëindigd moet worden op een bovenpartijdig niveau. Wij kunnen als strijders voor het zelfde grootse en verheven doel: Nederland vrij van elke dictatuur - niet als vijanden tegenover elkaar blijven staan. Vrij Nederland streeft dit doel na in zijn vrije pers en verzet; Groep 2000 door haar vredeswerk in oorlogstijd. Eén in streven, maar verschillend in methode en weg om tot dat doel te geraken; elk met een eigen, specifieke taak en opdracht. Een daverend applaus, begonnen door de heren Van Hall en Van Meer, overgenomen door de Groep, Gerbrandy en tenslotte schoorvoetend en haperend door Sjoerd. Ik wend mij van de heren Van Hall en Van Meer, gezeten ter rechterzijde van mij achter de bestuurstafel, om mijn bureau maar eens zo te noemen, naar de linkerzijde en reik Sjoerd, die gedurende de hele vergadering vlak naast mij gezeten heeft, en Gerbrandy de hand. Er zijn nu heel wat hamerslagen nodig om de gemoederen tot bedaren te brengen. Er waait ineens een frisse geest door het vertrek. De spanning is doorbroken. Stuk voor stuk krijgen de Groepsleden, oud-VN strijders nu de gelegenheid hun mening te zeggen. Euwe neemt als eerste het woord, dan Kees Reitema, Jan Holm, Zuster Van der Neut en vele anderen. Elk van deze stelt nadrukkelijk dat hij of zij naar eigen keuze en uit vrije wil binnen het verband 2000 wil blijven. Ik kan het niet helpen dat 't toch weer een nederlaag wordt voor de grote Sjoerd en dat hij vanmiddag een bittere pil heeft te slikken. Een handdruk ook aan het slot van de vergadering vermag dat niet weg te nemen. Toch is er een eerlijke poging gedaan om het geschil bij te leggen en is de atmosfeer tussen ons althans voor het ogenblik opgeklaard.[86] *De vergadering wordt besloten met het staande zingen van gezang 112 de verzen 1,2 en 3. Als allen vertrokken zijn, trek ik mij nog even terug op mijn kamer en vind daar tot mijn verbazing de heren Van Hall en Van Meer in een nabespreking. Ik wil mij ongemerkt weer verwijderen, maar Van Meer treedt mij reeds tegemoet: 'Neen, neen,*

86 Een volledige beschrijving van de band met VN en reconstructie van de fusieplannen tussen Groep 2000 en VN is opgenomen in hoofdstuk 17 van dit boek: 'Samenwerking met andere verzetsorganisaties' onder het kopje 'Vrij Nederland'.

neen; wij zijn hier de inbrekers.' De heer Van Hall staat in aandachtige beschouwing van de kopergravure aan de wand. 'Ik veronderstel zo', zegt hij 'dat dit uw hoge vertrek is, met open vensters naar Jeruzalem.' Deze grote in het verzet is waarlijk een profeet in Israël.

Hoofdstuk 10

'Ik maak het heus niet mooier dan het is'

De bevrijding lijkt in zicht. Berichten over de invasie van Amerikaanse, Canadese en Engelse troepen aan de kust van Normandië op 6 juni 1944, en de opmars van deze geallieerden via Parijs (4 augustus), Brussel (3 september) en twee dagen later Antwerpen, richting Nederland doen het volk juichen op 'Dolle Dinsdag': dinsdag 5 september. Maar op 6 september stokt de opmars. Er is te vroeg gejuicht. Toch maakt het verzet zich op voor de laatste loodjes. De regering en prins Bernhard hebben het verzet in Nederland, en dus ook Groep 2000, opdracht gegeven de onderlinge samenwerking te verstevigen. Jacoba moet openheid geven over de activiteiten van Groep 2000. Zij leidt vier heren van de Raad van Verzet door Amsterdam en laat zien hoe goed Groep 2000 is voorbereid op het uur U.[87]

3 November 1944

Na Dolle Dinsdag wordt door de regering in ballingschap steeds meer aangedrongen op coördinatie van het verzet en intensiever samengaan van verzetsgroepen. Prins Bernhard, hoofd van de Binnenlandse Strijdkrachten, gebiedt dat in de toporganisaties, verenigd in de Raad van Verzet (RVV) absolute openheid moet bestaan inzake interne organisatie, wijze van werken en mogelijkheden van inschakeling bij de diverse diensten rondom uur U. In november 1944 leidt Jacoba de heren van de RVV rond in het centrum van Amsterdam langs locaties waar Groep 2000 activiteiten organiseert. Openheid druist tegen al haar gevoel voor veiligheid in; Jacoba doet dit tegen haar zin en alleen omdat het moet. De delegatie bestaat uit Walraven van Hall (Nationaal Steun Fonds, NSF), Vos de Mooy (schuilnaam Prins, LO), Gerbrandy (LKP) en Sjoerd (Van Randwijk, VN). De vier mannen zijn stomverbaasd.

87 Het uur U: het moment dat de bevrijding nabij is, met de dan te verwachten gevechten.

Dit hadden ze niet verwacht, vertelt Jacoba als ze de inspectietocht beschrijft.

We starten bij ons hoofdkantoor op de Herengracht 504 – 524[88] *en lopen vandaar naar het voedseldepot op de Nieuwe Keizersgracht.*

Voedseldepot

Een cruciale taak bij de hulp aan onderduikers is behalve het vinden van onderduikadressen en het verzorgen van valse persoonsbewijzen en andere documenten, het bemachtigen van voedselbonnen en het distribueren van voedsel. Groep 2000 heeft medio 1944 de verantwoordelijkheid voor de verzorging van zo'n 4.500 onderduikers, een aanzienlijk aantal.[89] De regelmatige voedselvoorziening aan hen is van het grootste belang. Bij het voedseldepot heerst altijd strak georganiseerde bedrijvigheid.

Er is zo juist een hele grote zending voedsel aangekomen: aardappelen, graan, kaas en boter. Voor het depot staan twee expeditie-wagens. Duitse wagens en chauffeurs in Duitse uniformen: Tiekstra (20020) en Jan Dekker (23025). Ondanks het feit dat wij als kerkelijke organisatie mogen rijden met voedseltransporten, heeft men ditmaal toch de reis per Duitse vrachtwagen gemaakt. De ervaring heeft geleerd dat dit op de weg vlugger en veiliger is. Men heeft al uitgeladen en is met vele rappe handen van Groepsleden bezig de zendingen voor de verschillende wijkposten en de Nieuwe Kerk klaar te zetten, tezamen met vele op bonkaarten verkregen artikelen. Onze mannen op deze posten zijn allen bewapend. Ook wordt het depot dag en nacht bewaakt. Politie en leden van de KP staan keurig naast elkaar, verdelen de diensten en delen hun sobere lunch of schaftmaaltijden. Maaltijden? Een snee droog of geroosterd brood, vaak zonder iets er op of er bij. En toch - ze hebben nog een boterham. Hoeveel mensen hebben dat in deze dagen helemaal niet? Binnen is overvloed: tarwe, rogge, kaas, jam, eieren, worst, spek, vlees, dozen vol geroosterd brood, biscuit. Dat is voor de ziekenhuizen, GGD, Tuberculose Bestrijding, doctoren en predikanten die er in hun wijk en onder hun patiënten wel weg mee weten. Niet één van hen die er aan denkt daarvan iets voor zichzelf te nemen. Doet hun maag dan geen pijn? Zien ze de magere armpjes en holle ogen van hun kinderen niet meer? Zien ze niet de vermoeide en droeve blik van hun vrouw? Er is geen tijd om aan

88 Het pand naast de ambtswoning van de burgemeester aan de Herengracht 502.

89 Ter vergelijking: het NSF verleent medio 1944 aan zo'n 8.000 Joodse onderduikers en ongeveer tienduizend niet-Joodse onderduikers steun; deze organisatie heeft een landelijke dekkingsgraad. Bron: NIOD.

de eigen nood te denken. Er moet geholpen worden. Achter de voorraadruimte is een vroegere kolenstortplaats. Door nijvere vrouwenhanden is deze omgetoverd in een kraakheldere ruimte.

Jacoba vertelt hoe Groep 2000 aan de betegelde opslagruimten is gekomen:

Niet zo heel ver van ons depot heeft een grote tegelhandel zijn kantoren en voorraden. De directie is NSB. Wij hadden grote behoefte aan die tegels om de vroegere kolenstortplaats te betegelen en geschikt te maken om voedsel op te slaan. De secretaresse van de directie is een nicht van Nel. Ik kom haar vragen nog weer eens een dagje met haar zuster en dochtertje bij haar tante te komen. Zij laat mij tussen de middag het hele kantoor en opslagruimte zien, en ik ben vol belangstelling: prachtig gebouw, mooie tegels, goed specie. Nog geen week later wordt er ingebroken. Geen vloer of wandtegel over. 'Zwart-handelaren' aldus de tierende directie. Alle markten worden uitgekamd. Henny (dat bewuste nichtje) belt mij op mijn kantoor: 'Zeg Co, moet je verbeelden: weet je nog wel dat ik je hier het hele bedrijf van Intercodam heb laten zien?' 'Ja, en?' 'Laat nu toch vannacht alles gekraakt zijn!' 'Wát zeg je?' 'Gestolen. Alles. We hebben niets meer over.' Nog geen twee weken later heeft Groep 2000 er drie betegelde opslagruimten bij.

Marine Zendstation

Jacoba neemt de heren verder en ze wandelen naar een vrijwel niet meer gebruikte expeditie-ruimte van een transportbedrijf, vlakbij aan dezelfde gracht, waar handkarren en wagens staan. Jacoba vertelt:

U begrijpt het: depot en expeditie liggen vlak bij elkaar; zo efficiënt mogelijk wordt er gewerkt. De handkarren zijn voor het transport binnen de stad. Achter de bedrijfsruimte is weer zo'n opslagruimte. S. van Loon's Expeditie Bedrijf v/h I.v.d. Kan & Zonen. Van Loon was een groot, bestaand expeditiebedrijf in Zuid. Een van de weinigen die zich de hele oorlog door staande heeft kunnen houden. Toen Isaac van de Kan als een van de eerste Nazi slachtoffers viel en zijn gezin onderdook, kocht Van Loon met Groepsgelden dit Joodse bedrijf. Later vond hij met Jan Kranenburg een plaats bij de spionage- en sabotage ploeg. Hij werkt onder eigen naam op Schiphol, heeft daar vrijwel alle transporten voor de Duitsers en voorziet onze Groep van het nodige fotomateriaal en de voor de sabotage-ploeg noodzakelijke informatie. Zijn jongere broer is werkzaam bij de politie en een waardevolle verbindingsschakel tussen twee belangrijke takken van dienst.

Boven zijn bedrijf had Van der Kan zijn domicilie: een dubbel bovenhuis. Dat kwam leeg te staan. Jacoba heeft er aan het begin van de oorlog al voor gezorgd dat het grachtenhuis nu wordt bewoond door betrouwbare mensen zodat een deel van de ruimte door Groep 2000 kan worden gebruikt. Hier is het Marine Zendstation ingericht geweest. Tijdens de rondleiding gunt Jacoba de heren een kijkje en geeft ze uitleg.

Wiebeld (23013), tijdens de eerste oorlogsdagen in Den Helder gelegen, was overgeplaatst naar het Marine hospitaal in Amsterdam. In de weekends was hij thuis bij zijn vrouw. Ik ging met hem praten. Maar wat moesten hij en zijn vrouw in zo'n groot, ouderwets grachtenhuis? Ik: 'Die huur is maar schijn. Jij hebt daar voortaan je domicilie. Groep 2000 betaalt de huur. De ruimte die jullie beiden niet nodig hebben is voor ons zendstation. Daar moet ik betrouwbare buren boven en beneden hebben.' Een complete zendinstallatie van de Koninklijke Nederlandse Marine duikt daar onder en heeft er al deze lange, bange oorlogsjaren dag en nacht de berichtgevingen wederzijds verzorgd.[90] *De Marine-mensen verzorgen de zogenaamde 'binnenlandse dienst', dat wil zeggen: het verspreiden van alle Engelse berichten door het binnenland (Groningen, Friesland, Drenthe en sinds september van dit jaar ook het rechtstreekse contact met bevrijd gebied- Eindhoven). Sporadisch wordt ook naar Engeland uitgezonden. Vijf man van de Marine, onder hun stafchef Kuster, zijn hier dag en nacht op hun post geweest, in een ploegenstelsel. Zij vinden hun plaats in het Centraal Register zonder enige nadere duiding als: 19016 K, -L, -D, -H en -S. U begrijpt dat elke nadere duiding hier overbodig en bovendien levensgevaarlijk is, voor de mannen zélf en hun stafchef in de eerste plaats, maar niet minder voor de Groep.*

De codenamen die Jacoba noemt, horen bij S.G. Kuster (19016K), L. Lauwerens (19016L), C.W. Dobbinga (19016D), D. Hulsman (19016H) en Th. J. Schamp (19016S). Een paar maanden na deze rondwandeling maakt een inval van de SD op 30 januari 1945 een einde aan hun werkzaamheden, waarschijnlijk na verraad. Op 14 april 1945 zijn deze vijf mannen met ir. Heyboer, chef van het Marine Zendstation, op Rozenoord aan de Amsteldijk gefusilleerd.

Naast de werkzaamheden op radiografisch gebied, heeft de Koninklijke Marine ook op ander gebied in Groepsverband 2000 en daarbuiten, il-

---

90 Het Marine Zendstation werkte ten behoeve van het Hoofdkwartier van de Ordedienst en Groep 2000. Zie ook hoofdstuk 16 van dit boek 'Organisatie en Veiligheidscode' onder het kopje 'Marine Zendstation'.

legaal gewerkt, vertelt Jacoba. Bijvoorbeeld door de verzorging van ondergedoken Marinepersoneel, het zenden van pakketten aan collega's in krijgsgevangenschap en het bieden van steun aan gezinnen van leden van de Koninklijke Marine die in het buitenland strijden. Ook wordt contact onderhouden met de illegaal werkende leden van het Departement van Defensie. Op grond daarvan wordt de verzetsbeweging geadviseerd. De Koninklijke Marine stelt ook eigen personeel beschikbaar voor de KP. Jacoba:

Vooral ook in dit opzicht heeft de Koninklijke Marine een belangrijk aandeel in het algemene verzetswerk. Zo zelfs, dat bij een meningsverschil[91] *tussen LO en Groep 2000 de bedreiging van Marine zijde, dan haar manschappen uit de KP terug te trekken, doorslaggevend was. In dit verband moet ook W. Francoise worden genoemd, medewerker van Groep 2000, nauw samenwerkend met Swiebel (19016) en Wiebeld (23013).*

GGD/EHBO dienst & Logementen 2000

Het groepje steekt de brug over naar de Nieuwe Keizersgracht 45. Daar is een Joods levensmiddelenbedrijf gevestigd geweest. Nu wordt de zaak gedreven door een paar jonge vooruitstrevende mensen onder wie W. Willemse (2307), die deel uitmaakt van het vendel VN (gewapend verzet). Jacoba legt haar gehoor uit hoe dat zo is gekomen.

Zijn schoonvader heeft een bloeiende zaak op de Ceintuurbaan, waar hij diens rechterhand was geworden. Het was een van de adressen waar ik regelmatig inkocht. De zaak aan de gracht stond leeg. Ik stelde Willemse voor daar een zaak te openen, want het woonhuis daarboven was ook leeg en daar konden we zijn zuster inzetten voor de Groep. Zuster Jo Willemse (2307) is vanaf de meidagen in 1940 een VN contactadres geweest. Na de arrestaties in maart '41 is zij als wijk contactadres een waardevolle informatiebron gebleken. Zij trad toe tot het verband 2000 als wijkverzorgster voor de Rivierenbuurt, waar veel Joden maar ook veel NSB'ers wonen. Daar kunnen alleen doorgewinterde en goed getrainde professionals werken en zo een is zuster Willemse. Maar een wijkverzorgster mag niet in haar eigen wijk wonen. Zuster Willemse woonde toen nog bij haar ouders in de Scheldestraat. Hier kwam een prachtkans: een vrij, dubbel bovenhuis op een uiterst belang-

---

91 Het meningsverschil waar Jacoba hier op doelt betreft naar alle waarschijnlijkheid het nogal dwingende verzoek op 1 mei 1944 van de LO aan Groep 2000 om op te gaan in hun organisatie. Jacoba weigerde. Zie ook hoofdstuk 7 van dit boek 'Nu vindt eindelijk de erkenning plaats', onder het kopje 'Bezoek van drie leiders LO en LKP'.

rijk punt. Zuster Willemse werd ingeschakeld bij de gecoördineerde GGD/ EHBO dienst. Een prachtig argument om telefoon en vrije huisvesting te vragen. Iemand die dag en nacht ter beschikking moet zijn en herhalingscursussen EHBO geeft, kan moeilijk inwonend zijn.

Zuster Willemse krijgt aan de Nieuwe Keizersgracht een ruime kamer met waranda, klein zijkamertje en keuken. De rest van de etage richt Groep 2000 in.

We zitten altijd met huisvesting van doorreizende Groepsleden, plotselinge onderduikers in afwachting van hun nieuw adres of van Groepsleden die tot laat in een bepaald stadsgedeelte bezig zijn geweest en die niet meer voor spertijd thuis kunnen komen. Voor zulke gevallen hebben we een paar 'Logementen 2000'.[92] *De woning van Willemse is daar een van. Zeven slapers kunnen hier op de tweede etage gemakkelijk geplaatst worden. Op de vliering zijn nog twee schuilkamers gemaakt, met nooduitgang. Op de eerste etage biedt een ruime, lichte suite plaats voor 20 bedden, voor het uur U. Daar staan ze, 20 keurige witte ziekenhuisbedden opgemaakt en wel met dekens en kussens onder een wit afdek laken. In de spoelkeuken zijn ook instrumenten, verbandmiddelen, enz. ondergebracht. Alles voor het uur U!*

U bent verbaasd? Zeg nog niets. De helft is u nog niet verteld. Neen, ik overdrijf niets en maak het heus niet mooier dan het is.

De gebeurtenissen rond Dolle Dinsdag, een paar maanden eerder, hebben Groep 2000 aangespoord voorbereidingen te treffen voor het uur U waarbij de gedachten voornamelijk uitgaan naar mogelijke gewonden. Amsterdam zou wel eens het strijdtoneel kunnen worden, is de gedachte. Zoals Jacoba het zegt:

Omstreeks september '44 gaf het tempo der gebeurtenissen de Groep aanleiding tot het concentreren van krachten die in staat zouden zijn tot het verlenen van de eerste en verdere voorlopige hulp aan slachtoffers van eventuele oorlogshandelingen in Amsterdam. Groep 2000 blijkt in staat in de kortst mogelijke tijd een volledige geneeskundige dienst te organiseren, die zelfs de

92 In het boek 'De Bezette Stad. Plattegrond van Amsterdam 1940-1945' (2005) van Bianca Stigter wordt op pagina 136 over de Nieuwe Keizersgracht 45 gezegd: 'Opvang van illegale werkers, opgezet door Groep 2000, die moesten onderduiken of uitrusten. Veel illegale werkers gebruikten pepmiddelen, bijvoorbeeld pervitine. Nadeel was dat wanneer het middel uitgewerkt was je meteen in slaap viel.' Het pand is later afgebroken.

ver- en bewondering afdwingt van dr. J.H. Tuntler, directeur van de Gemeentelijke Geneeskundige Dienst van Amsterdam.[93] *Groepsleden kunnen, uit hoofde van hun legaal beroep in deze Dienst leidende functies bezetten.*

Groep 2000 heeft vijf Hoofdverband-plaatsen en eerste hulpziekenhuizen door de hele stad heen (Noord, Centrum, Oost, West en Zuid), elk met 50 tot 80 bedden en 13 EHBO verbandplaatsen en noodziekenhuizen. Sommige zijn geïntegreerd in bestaande ziekenhuizen, andere bestaan zelfstandig. Ze zijn alle zo ingericht en geoutilleerd als op de Nieuwe Keizersgracht. Elke post bevindt zich in de onmiddellijke omgeving van een voedseldepot. Daarnaast wordt het ligschip 'Beatrix' gebruikt voor huisvesting en kantoor van de volledige medische staf. Bij een eventuele afsluiting van een bepaald stadsgedeelte kan zelfstandig worden doorgewerkt: men heeft hier een semi-permanent hulpziekenhuis. Elke hoofdpost heeft een ambulancewagen en vier brancards op de post zelf. De posten zijn permanent door professionals bezet voor het uur U, vertelt Jacoba.

Mag ik u nu onze vaste medische staf voorstellen? Allen verenigd in de kring: 13-6-8-15: 'Medische en Geneeskundige Hulpverlening bij Oorlogshandelingen'. Dit is geen afzonderlijke organisatie maar een aanduiding van deze aparte tak van Dienst, georganiseerd in en om het verband 2000 met mogelijkheid tot codificatie zonder persoonsduiding. Alleen ik ben met deze code bekend. De sleutel, bij eventuele ontstentenis van mij, bevindt zich in de kluis van Van Meer met opdracht deze dan door te geven aan de RVV.

136815 K: Dr. E. Kits v. Waveren, hoofd van het Medisch Contact (de illegale artsen organisatie).
136815 T: Dr. J.H. Tuntler, directeur van de Gemeentelijke Geneeskundige en Gezondheidsdienst A'dam.
136815 S: Dr. P.M. Stiggelbout, Groepsarts en groepslid (en heeft als zodanig ook een eigen code nr 1400St); binnen dit verband Gemeente arts en Hoofd van de medische Hulpverlening bij Luchtaanvallen.
136815 B: Dr. J. Bos, Hoofd Plaatselijke Afdeling van het Ned. Rode Kruis.
136815 L: Dr. G.H. de Leeuw, Hoofd der Verenigde Amsterdamse EHBO diensten.

93 Zie ook hoofdstuk 17 van dit boek 'Samenwerking en contact met andere organisaties'.

Hoofdverpleegsters
2300 Nel Wateler, werkzaam bij de TBC bestrijding.
2309 Waarnemend Hoofd van kamer 8 GGD.
1908 Hoofd Amsterdamse Vereniging voor Tuberculose Bestrijding.
23020 Adjunct Directrice WG.
2073 Hoofd Opnamedienst en Polikliniek Burger Ziekenhuis.

Eerste verpleegsters
1401 Zuster van der Neut, Hoofd chirurgische afdeling Juliana Ziekenhuis.
2307 Zuster Willemse, Nacht hoofdzuster, Valerius Kliniek.
11040 Ariëne van Kalken, Waarnemend hoofd Kinderziekenhuis.
2026 Hoofd ongevallen Dienst Binnen Gasthuis.
7016 Waarnemend Hoofd Prinsengracht Ziekenhuis.

Hoofden Verenigde Ambulance Diensten: Wiebeld (23013) en 12020 (Marine Hospitaal en GGD ziekentransport).
Hoofd Rode Kruisdiensten en verbindingsofficieren: Wijsmuller (23030).
Koeriersters en verbindingsschakels tussen de verschillende posten, onder anderen Dekker (23025), Kaufman (11050).

Om de Groepsleden Bos, Stiggelbout, Van der Neut, Van Kalken, Smith, Wateler, Wiebeld, Willemse, Grootjans is een kern gevormd van verplegend en getraind EHBO-personeel, in hoofdzaak gerekruteerd uit groepsleden en de Amsterdamse Vereniging tot Bestrijding van Tuberculose, waarin Groepslid Nel Wateler een grote rol heeft. Dr. Kits van Waveren is als Hoofd van het Medisch Contact tevens de verbindingsschakel met de Commandant Amsterdam (hoofd van de Binnenlandse Strijdkrachten in A'dam). Opleidings- en Herhalingscursussen worden gegeven door Kits van Waveren (Hulpverlening aan oorlogsslachtoffers), De Leeuw (Theorie EHBO Beginners en herhalingscursussen Gevorderden). De heer Smith, groepslid, is al 18 jaar docent anatomie aan de Hendrik de Keyserschool. Hij geeft ook Herscholingscursussen. De opleidings- en herhalingscursussen EHBO binnen het verband 2000 zijn een allround vakopleiding.

Aan het eind van de inspectietocht merkt Jacoba dat de vier heren van de Raad van Verzet onder de indruk zijn van wat zij hebben gezien en gehoord.

'Ik wist niet dat een vrouw zoiets kon' zegt Sjoerd. (Moet je dat meemaken!)

'Je zei vrouw? Niet ik, maar wij allen met elkaar. De Hervormde Groep 2000.' Voor Sjoerd en Gerbrandy vooral is het een moment of zij droomden.

De Ondergedoken Camera[94]

De rondwandeling met de vier heren is afgelopen, maar Jacoba had hen nog meer plekken kunnen laten zien die in het werk van Groep 2000 een belangrijke rol speelden. Zoals de Archimedeslaan in Amsterdam Oost waar een zeer technische dienst van Groep 2000 zat: de fotostudio van Euwe. In haar memoires zegt Jacoba over deze locatie:

Een eenmansbedrijf van de heer H.E. Euwe (500), ook sinds de eerste meidagen 1940 in het werk. Alles doet hij zelf. Als het te druk is, werkt zijn vrouw ook mee, maar niemand komt hier binnen in deze sterke vesting van het verzet. Voorzichtig dus dat we niet gezien worden. Ook hier wordt nu onder hoogspanning gewerkt. Eén vergissing, één onachtzaamheid en er kan een dodelijke ontlading volgen. Rond de meidagen '40 is de heer Euwe, zo maar op eigen initiatief begonnen foto's te maken van verwoest Rotterdam en heeft die in eigen kennissenkring verspreid. Dit werd het begin van een intensieve en zeer vruchtbare samenwerking, eerst in VN verband (spionage afdeling, met Jan Kranenburg). Later, na de grote arrestaties in VN-gelederen, voorjaar 1941, is hij het enige aan mij nog bekende VN contact dat toen 'niet besmet' bleek en behouden bleef. Toch heb ik dit waardevolle contactadres heel lang uit veiligheidsoverwegingen moeten laten rusten, zoals ik mij toen als 'Groep zonder Naam' helemaal distantieerde van VN. Vóór alle dingen was ik kerkelijk maatschappelijk werkster en ik had de kerk ver te houden van alle gevaren voortspruitend uit het zich schuchter aan de oppervlakte wagend, organiserend en re-organiserend verzet. Daar kwam bij dat mijn broer, in zijn ondergedoken bedrijf, hetzelfde deed en daarvoor een complete installatie bezat in Heemstede, waar hij woonde.[95]

---

94 De Ondergedoken Camera is de naam van een groep fotografen die onafhankelijk van elkaar de hele oorlog werkten. Zij maakten pasfoto's voor vervalste persoonsbewijzen en legden het leven tijdens de bezetting vast. Bekende namen uit die tijd zijn Eva Besnyö (1910-2003) en Cas Oorthuys (1908-1975), die een foto maakte van 30 gefusilleerde gevangen op het Weteringplantsoen (zie hoofdstuk 12 van dit boek). Pas in de herfst van 1944 verenigden zij zich op initiatief van Fritz Kahlenberg ('Joop') in een verband dat later De Ondergedoken Camera zou gaan heten. Bron: 'De Eerebegraafplaats te Bloemendaal' (2005) van Peter Heere en Arnold Vernooij, pagina 875. Jacoba gebruikt deze benaming ook voor het eenmansbedrijf van Euwe.

95 Zie ook hoofdstuk 20 van dit boek: Herman van Tongeren. 'Ik moest meer levens leiden'.

Het laten rusten van dit contact in maart/april '41 bracht dus voor mij niet al te groot ongerief. Het werk ging door. Anders was dit voor Euwe zelf, die geheel uit eigen middelen in een zo belangrijke tak van dienst het verzet moest voorzien. Alle respect voor deze eenzame strijder, die zijn post nimmer heeft verlaten. Al heel gauw schakelde Euwe over op kleinbeeld foto's die via Zwitserland naar onze Regering in Engeland gingen. Langs dezelfde weg kwamen foto's van ons Koningshuis, rapporten enz.. uit Londen binnen, die na vergroting aan het herrezen VN en andere kleinere verzetsgroepen werden doorgegeven. Jammer genoeg moest alle materiaal na afwerking worden vernietigd, omdat alles bij Euwe aan huis geschiedde. Nog een andere zeer belangrijke tak van dienst is hier ondergebracht, namelijk de verspreiding van foto's van beruchte Gestapo-agenten met bijgevoegd signalement, lijst van schuilnamen, arbeidsmethodes enz. Twee voor de illegaliteit zeer belangrijke takken van dienst. Euwe heeft zijn voelhorens tot ver binnen de illegaliteit. Hij krijgt zijn inlichtingen niet alleen van VN; sedert de eerste grote catastrofe in VN gelederen heeft hij zelfstandig doorgewerkt. Twee kleinere verzetsgroepen, een in Meppel en een in Venlo worden door hem financieel ondersteund (uit de opbrengst van het fotomateriaal) en van bonkaarten voorzien.

Vergroten oplage en verspreiden van de Illegale Pers

Groep 2000 is uitzonderlijk goed geoutilleerd. Zo ontstaat in eigen kring de gedachte om de oplage van de illegale pers te vergroten en ook de verspreiding in eigen hand te nemen. In 1944 is de vraag naar Nederlandse, vrije berichtgeving enorm toegenomen. Was een krantenwijk van 100 adressen in het begin al heel wat, nu groeit de vraag naar honderden, zelfs duizenden exemplaren. De illegale pers kan deze oplagegroei niet aan en verwelkomt de hulp van Groep 2000. Jacoba vertelt hoe dat in zijn werk ging en neemt ons mee naar het redactielokaal in Amsterdam-West.

Het halen en dan weer verdelen van zulke grote pakken is op zichzelf al een groot risico en tijdrovend werk. Ook het ten dienste staande materiaal stond een zo grote oplage ineens niet toe. Coördinatie en bundelingen van krachten is ook hier geboden. We gaan dus samen kijken in de Baffinstraat 3 in Amsterdam-West hoe dat gaat. Dit is een oude, wegens materiaalschaarste, sinds lang gesloten theemutsen - en lappenpoppenmakerij. U kent ze nog wel van die kleine eenmanszaakjes zoals we er voor de oorlog, zelfs in Amsterdam, vele hadden. De deuren zitten dichtgespijkerd en gegrendeld. Langs de wanden is allerlei pakmateriaal aangebracht om elk geluid te dempen. De vensters hermetisch gesloten en verduisterd. Bij een kleine petroleumlamp, de enige verlichting in deze ruimte, hebben drie journalisten (VN, Trouw en Parool) de gehele nacht koortsachtig gewerkt aan hun copy - eendrachtig tezamen en toch gescheiden of liever onderscheiden elk vertegenwoordigend een eigen duidelijk omlijnde politiek/geestelijke richting. Deze ruimte waarin zij werken is een van de lokaliteiten 2000, gehuurd van de daarboven wonende eigenaar Buring. Zijn ouders, en later hij en zijn vrouw hebben in deze zaak een goede broodwinning gehad. Het ziet er ook altijd erg fleurig en gezellig uit met die vrolijke lappenpoppen en gezellige, gebloemde theemutsen, mandjes enz. Zelfs de malaise tijd zijn ze goed doorgekomen. Moeder Buring is nooit sterk geweest maar naast haar gezin was het bedrijf haar vreugde. Altijd vond zij nieuwe verrassende mogelijkheden in de aankleding van de poppen, de vormen van de mutsen en zelfs het kleinste restje stof werd benut. Martien, de oudste, was na de dienst bij vader in de zaak gekomen en dat ging best. Henk, de jongste, had een goede kop en volgde avondcursussen. Hij had graag gestudeerd, maar ja, een beurs, daarvoor kwam hij niet in aanmerking. De zaak lag hem niet, dus werd hij jongste bediende bij een bank. Daar hield hij veel tijd over voor studie. Toen kwam de mobilisatie en oorlog. Vader Buring heeft zich bepaald teveel geërgerd aan de zwarthemden. De zo stille en tevreden werker werd agressief, hij wilde het huis en de werkplaats niet meer uit want hij kon niet aanzien hoe zijn schone vaderland onder de voet gelopen werd. Op een morgen, als de zwarthemden door de straat marcheren en hun liederen brallen, windt hij zich zo op dat er een bloedvaatje in de hersenen springt. Het is teveel geweest. Twee zoons en een oude moeder begeleiden hem naar zijn laatste rustplaats. Martien en zijn vrouw komen nu boven de zaak wonen en moeder woont bij de kinderen. Henk moet meer gaan verdienen want hij heeft kennis aan een meisje. Hij wordt hulpbewaker onder W. Renshof[96] in het Huis van Bewaring en zo samen met Renshof vormt hij de schakel tussen de gevangenen en hun gezinnen. Heel wat malen heeft hij boodschappen overgebracht van en voor vader uit het Huis van Bewaring. Als materiaalschaarste het werk in de zaak niet langer selfsupporting doet zijn, komt Martien bij de nacht- veiligheidsdienst en na herscholing bij Politieke Recherche (latere POD). De band met mij bleek een zeer hechte band te zijn. Wanneer de zaak gesloten moet worden huurt Groep 2000 de bedrijfsruimte.

96 Renshof is gevangenbewaarder en werkt samen met Groep 2000. Zie ook hoofdstuk 6 van dit boek 'Ik heb geleerd in 's lands dienst te zijn' onder het kopje 'Overval Huis van Bewaring' en hoofdstuk 15 van dit boek 'De hele straat vlagt!'.

Zo stuit je in de wijk altijd op verhalen, want verhalen zijn mensen. Wist u dat?

Jacoba legt uit hoe de samenwerking verloopt tussen de journalisten van Vrij Nederland, Trouw en Parool en de leden van Groep 2000.

Goed, het werk is voor deze drie journalisten gedaan in de nacht. De nachtdienst van Buring (2014) is dan nog niet over. Hij komt op zijn ronde langs en geeft het sein veilig. De drie journalisten gaan elk met hun copy naar hun krant, maar geven bij de deur (de voordeur van het woonhuis van Buring) elk een doorslag af aan Buring. Achter het venster op 25 I hoog staat Harry Mouthaan (1900) reeds op de uitkijk. Vanuit nr. 25 is een prachtig uitzicht op nr. 3. Als Harry Mouthaan de journalisten ziet vertrekken, is zijn tijd gekomen en hij beent met grote lange stappen naar Buring. 'Goedemorgen, tot zover een goede wacht gehad, niets bijzonders geweest?' Buring begint aan zijn laatste ronde. Twee (van de vijf) dienst hebbende districtshoofden zijn inmiddels ook gearriveerd en de opslagruimte achter de vroegere zaak gaat nu ook open, dat is namelijk de eigenlijke fotokopieer- en stencil-inrichting. De doorslagen worden in stencil getikt, de stencilmachines in gereedheid gebracht, de sorteertafels uitgezet en vele handen doen dit voorwerk in de kortst mogelijke tijd geschieden en dan is het stencilen en er een krant van maken.

Heel dikwijls als ik geen speciaal vroeg karwei heb, ben ik hier te vinden in dit prille morgenuur. De eigen leden van Groep 2000 zijn het wel gewend dat hun leidster zo maar ineens voor hen staat, mét hen de handen uit de mouw steekt of ook beslist: dat kan misschien toch beter anders. Maar die ene keer dat ik net iets vroeger en de journalisten juist wat later waren dan gewoonlijk, toen is 't gebeurd dat zij volkomen in paniek raakten en dachten aan verraad.

Om 6 uur heeft Buring het er voor de nacht op zitten. Gelijk met hem komen vijf van de Hoofden van Dienst de eerste partij kranten halen voor de wijkverzorgers die ieder op de eigen meldingspost staan aangetreden. Om half 8 moeten ze dan weer op een ander punt staan en moeten de eerste edities rond zijn. Om kwart over 8 moet alles geruimd zijn, want om uiterlijk half 9 is de bedrijfsruimte gesloten, zijn de machines 'verduisterd' of 'gedoken' zoals wij zeggen en is elk spoor van bedrijvigheid uitgewist. Buring gaat te ruste, de districtshoofden en Hoofden van Dienst nemen de laatste wijk edities mee voor de ronde van half 9, de wijkwerkers gaan naar hun eigen wijken. Harry Mouthaan met de twee districtshoofden die samen met hem deze week vroeg dienst hebben, nemen ieder hun kwantum van de VN, Trouw en Parool-bladen, die nog naar de betreffende organisaties moeten worden gebracht als bijdrage Groep van 2000 in het Verenigd Verzet.

De kerk aan het werk in oorlogstijd

Ook Wijkgebouw 'Irene' van de Hervormde kerk aan de Jacob van Lennepkade 310-312 is een plek die Jacoba beschrijft in haar memoires. Groep 2000 was hier jarenlang gehuisvest. Toen er meer kantoorruimte nodig was en ze naar de Herengracht verhuisden, bleven ze hier wel de twee-wekelijkse groepsbijeenkomsten houden onder leiding van de dominees. Jacoba vindt het belangrijk te vertellen over de geestelijke opbouw van Groep 2000: de bijbel helpt de groepsleden beter om te kunnen gaan met de persoonlijke innerlijke conflicten die deelname aan het verzet met zich meebrengt.

Verzetswerk vraagt veel van de mens. Lichamelijk, maar vooral geestelijk. Wij hebben een KP, maar een code is: wij zijn kerk. De KP heeft bij ons een zuiver defensieve taak. Overvallen waarbij de KP wordt ingezet en vaak de voorposten betrekt (Burgerlijke stand Amsterdam, Huis van Bewaring, Postkantoor Rotterdam en diverse distributie kantoren) geschieden steeds als een daad van het zich organiserend verzet, omdat de enkele groep machteloos staat. Nooit heeft onze groep zich aan de plicht tot hulpverlening onttrokken. Vaak is het initiatief genomen of een zaak geheel voorbereid, maar elk der groepsleden weet zich gebonden door het gebod: Gij zult niet doden. Hoewel het wel eens nodig was de signalementen van gevaarlijke personen door te geven, heeft onze Groep nooit zelf deze individuen uit de weg geruimd. Strikt is er de hand aan gehouden dat de uiteindelijke berechting bij onze wettige regering berust en voordien ingrijpen eigen rechter spelen zou zijn. Hoe moeilijk dit wel eens was voor velen onzer, wier naaste betrekkingen door de SD-beulen werden afgemaakt, valt moeilijk te zeggen. Dat onze Groep voor uitspattingen en verwildering is gespaard gebleven, dankt zij aan de geestelijke achtergrond en de steun van de Kerk en aan de predikanten, die op de achtergrond steeds hebben meegewerkt.

In de eerste plaats noem ik daarbij ds. M. Groenenberg (700). Nooit hebben wij vergeefs een beroep op hem gedaan. Naast zijn vele werkzaamheden in de gemeente, vindt hij toch nog tijd voor een persoonlijk gesprek wanneer een groepslid in het nauw zit of de felle slagen van het lot hem of haar neerdrukt. Zoals toen in september '44 mijn broer, Her-

man van Tongeren, te Heemstede standrechtelijk werd neergeschoten.[97] *Maar ook aan een systematisch uitgewerkt plan om de geestelijke leiding van de groep ter hand te nemen, heeft hij zijn volle aandacht geschonken. Deelnemen aan het verzet kan innerlijke conflicten teweeg brengen. Zoals vergeving onzer vijanden. Mogen wij doden? Het vraagstuk van de zelfmoord. De noodleugen. Taak der illegaliteit na de oorlog. Daarom roepen wij onze dominees te hulp. Om de 14 dagen vindt hier in het wijkgebouw Irene een gesprek plaats met alle groepsleden onder leiding van een van de dominees. Deze samenkomsten zijn niet verplicht, maar bijna nooit verzuimt iemand. Hier komt de Groep samen rond de Bijbel; hier wordt gelezen uit het Woord. Hier worden vragen gesteld. De predikant geeft zijn visie en de Groepsleden treden met elkaar en met de predikant in discussie. Voor elke samenkomst wordt een onderwerp vastgesteld en in de 'Groepsmededelingen' die ook om de 14 dagen verschijnen, aangekondigd. Men kent de spreker en het onderwerp van gesprek van te voren en heeft zo doende een week om zich daarop te bezinnen. Deze gesprekken zijn een zeer bijzondere vorm van catechese en gewetensscholing. Abas kan zich als drager van de Davidster moeilijk buiten zijn schuilplaats - de Nieuwe Kerk - begeven, hoewel hij trouw komt als Van Hoften hem een vrijgeleide kan verschaffen. In de Nieuwe Kerk kunnen deze samenkomsten niet gehouden worden. Dat loopt te veel in het oog. De Jacob van Lennepkade is een heel stille buurt en bovendien een zeer gezochte lokaliteit voor jeugdverenigingen enz.. Het vergaderverbod geldt voor ons als kerk niet. Wij komen hier niet als leden van het verzet, maar als leden der kerk. De liturgie wordt gelezen door mij. De dominee bedient het Woord. Reitema bespeelt het orgel. Ik sluit af met gebed. Ook de 'Groepsmededelingen' zijn meer dan alleen mededelingen. Meestal beginnen ze met een korte meditatie over een bepaald Schriftgedeelte. Dan een uittreksel van het gesprek van de vorige week. Dan een gedicht, meestal uit de vrije pers, een beschouwing over een of ander actueel onderwerp: Bijltjesdag, Winterhulp, maar ook een synodale afkondiging of nieuwe maatregel van de bezetter. Ik verzorg deze Groepsmededelingen vrijwel alleen. U ziet het - ook hierin heeft Groep 2000 een geheel eigen karakter. Zij wil zijn: de kerk aan het werk in oorlogstijd. Daarvan kunnen de Groepsleden niet genoeg doordrongen zijn. Zij wil steun bieden, helpen, kortom pastoraat zijn.*

97 Zie ook hoofdstuk 8 van dit boek 'Er is geen tijd om te denken aan eigen verdriet' en hoofdstuk 20: Herman van Tongeren. 'Ik moest meer levens leiden'.

Deze middagen hebben ons geleerd zuiverder de waarden van het Evangelie te peilen en onze taak te zien, niet alleen als verzetswerk, maar bovenal als een geestelijke opbouw in een tijd van decadentie en ontwrichting.

Hoofdstuk 11

'Ik heb geen vreugde meer in mijn werk'

Het is niet alleen het offensief tegen de bezetter dat Jacoba energie kost. Met name de strijd tegen Van Randwijk doet Jacoba twijfelen of ze nog langer Groep 2000 kan leiden. Haar gezondheid laat haar in de steek. Maar bovenal voelt Jacoba zich in de steek gelaten door haar eigen bestuur die, tijdens haar ziekte, toch in zee wil gaan met deze autoritaire man en zijn 'neo-Germaanse methoden'. Jacoba vraagt zich af of Van Randwijk nog wordt gedreven door een ideaal of door eigen grootheid, macht en roem. Dan blijkt dat veel trouwe medewerkers zich achter Jacoba scharen.

November 1944 - januari 1945

Twee dagen na de rondleiding met de vier heren van de Raad van Verzet op 3 november 1944 wordt Jacoba weer ernstig ziek.

Begin november krijg ik weer pericarditis, wat ik in mijn Groenekanse jaren[98] ook heb gehad. Het virulente proces is weer teruggekomen. Opname in een ziekenhuis is niet mogelijk, want ik moet in noodgevallen voor het werk bereikbaar blijven. Bovendien hoort een commandant bij de troep. Mijn kantoor wordt ingericht als ziekenhuiskamer; van de dichtstbijzijnde EHBO-post wordt een ziekenhuisbed overgebracht. Nel Wateler (2300) wordt vrijgemaakt voor mijn verpleging. Het werk gaat door, alsof er niets aan de hand is. Acht weken staan er zeker voor en dan nog een periode van rust van enkele maanden tot algeheel herstel. Maar na zes weken zit ik weer achter mijn bureau en hervat langzaam weer het werk. Dit is noodzakelijk, want mij is bij monde van burgemeester Voûte te verstaan gegeven dat de Duitse militaire staf door de gehele stad heen woonruimte vordert voor haar hogere militairen. Het oog is daarbij vooral gericht op de kapitale oude grachtenhuizen. Binnen een paar

98 Zie ook hoofdstuk 4 van dit boek 'Jacoba lééft, leeft voor de volle 100%'.

weken moet ik vertrekken; hij zal mij een lijst geven van beschikbare percelen. Van de Herengracht verhuizen wij naar de Stadhouderskade 56[99]*, vlakbij het Weteringplantsoen. Deze verhuizing is een van de redenen waarom ik eerder dan onze arts Stiggelbout wenselijk acht mijn werk hervat. De tweede reden is het voortdurend bemoeilijken van ons werk door VN en LO.*

Jacoba doelt hier op de toenaderingspogingen van VN (Sjoerd) en de LO (Gerbrandy) tijdens haar ziekte. Terwijl Jacoba absolute bedrust moet houden en verstoken blijft van alle informatie die opwinding zou kunnen veroorzaken, worden Van Meer (13035), Aris (102), Van Bruggen en Groenenberg (700) in een vergadering met VN onder druk gezet toe te stemmen in een fusie. Er wordt dan al overeengekomen het Strijdend Gedeelte (SG) van Groep 2000 op te nemen in het Vendel VN en de EHBO-dienst over te hevelen. Er wordt voorwaardelijk besloten tot een fusie tussen VN en Groep 2000. Als Jacoba er later van hoort, voelt ze zich verraden. Ze is woedend.[100]

Tijdens mijn ziekte proberen VN en LO het DB, Van Meer (13035) en Aris (102) ervan te overtuigen dat de ontwikkeling der oorlogshandelingen en de benarde situatie hier te lande het steeds moeilijker maken voor een vrouw aan het hoofd te staan van een verzetsgroep. En ook dat het voor een kerkelijke groep, wat de Hervormde Groep 2000 toch is, uitermate moeilijk zo niet onmogelijk zal zijn om als zelfstandige en gelijkberechtigde groep uit te treden bij de Bevrijding naast de andere groepen. Waar nu ook de kleinere groepen zich hadden verenigd tot een federatief verband, namelijk VGA (Vrije Groepen Amsterdam) -waar zelfs de Vrije Kunstenaars Kring, die steeds zelfstandig was gebleven- zich bij had aangesloten- zou het in het belang van Groep 2000 zelf zijn en van het verzet in het algemeen dat er een fusie VN-Groep 2000 tot stand zou komen. Het SG 2000 en de EHBO-diensten worden al overgenomen door VN. Het verzorgingsapparaat met code-administratie en wijkverzorging, wat nu onder Mouthaan ressorteert, zal als semi-zelfstandige groep in federatief verband met VN samenwerken en via VN (Sjoerd) en Ab de Boer (206) als commandant van het vendel VN, in de Raad van

99 Jacoba is niet gelukkig met deze locatie. Zie ook H12 van dit boek 'Leven! We willen leven'.

100 Een volledige beschrijving van de band met VN en reconstructie van de fusieplannen tussen Groep 2000 en VN is opgenomen in hoofdstuk 17 van dit boek: 'Samenwerking met andere verzetsorganisaties' onder het kopje 'Vrij Nederland'.

Verzet vertegenwoordigd zijn. Deze fusie zal, wat de samenstelling van een nieuw te benoemen bestuur betreft, naar evenredigheid uit onze en VN-kringen gekozen, nog in een nader vast te stellen vergadering worden geregeld.[101] *Het DB is voor dit voorstel gezwicht onder druk van VN, op voorwaarde dat na mijn herstel -men heeft mij er volledig buiten gelaten- de nadere regeling van deze fusie gepreciseerd en bekrachtigd zal worden. Ik voel mij verraden en verkocht. Ik ben razend en des duivels.*

Het loopt al niet zo soepel tussen Jacoba en Sjoerd en de relatie wordt er niet beter op als Sjoerd een paar maanden later een Groepslid thuis overvalt en beschuldigt van zwarte handel. Jacoba gaat op hoge poten verhaal halen.

We zijn nauwelijks verhuisd van de Herengracht naar de Stadhouderskade, of er wordt een inval gedaan bij Tiekstra (20020) thuis door Sjoerd en twee leden van zijn vendel. Tiekstra is grossier in koek en banket en vervult in de Groep de functie van inkoper en expediteur. Er wordt beslag gelegd op 700 bonkaarten die Tiekstra juist die middag van mij had ontvangen ter ravitaillering van ons depot voor het verzenden van levensmiddelenpakketten naar de Vereniging tot Bestrijding der TBC en zuigelingenzorg. Sjoerd meent echter dat deze bonkaarten bestemd zijn voor de zwarte handel. Tiekstra kent geen van de drie mannen die hem en zijn vrouw overvallen tijdens het avondeten en die het hele huis ondersteboven halen. Sjoerd heeft zich als controleur van de Rijks-prijsbeheersingsdienst Marktwezen voorgesteld, maar Tiekstra kent deze mensen goed. Daarom voelt hij argwaan. Per ongeluk valt de naam Sjoerd. De volgende morgen meldt Tiekstra zich meteen bij mij en vertelt wat er is gebeurd. Nu moet het toch niet gekker worden! Een illegaal strijder die bij een medestrijder uit een andere groep beslag gaat leggen! We gaan er samen op af. Tegen alle illegale en verzetsregels in overrompelen wij Sjoerd op zijn particuliere adres dat bij een enkeling bekend is. Ik ben echter door alles heen. Sjoerd sliep nog en verschijnt slaperig, on-gesoigneerd in een kamerjas. Dan ziet hij de man bij wie hij de vorige avond in huis is geweest naast mij staan. 'Verklaart u zich, mijnheer Van Vliet' (Sjoerd van Vliet luidt zijn volledige schuilnaam), 'waarom legde u gisteren ten huize van mijn medewerker Tiekstra beslag op eigendommen van Groep 2000, te weten 700 bonkaarten?' 'Omdat deze bonkaarten in de zwarte handel gaan.' 'Heeft u dit persoonlijk onderzocht en kunt u bewijzen wat u zegt?' 'Ja, Tiekstra staat op de markt in de Ten Katestraat en levert

101 Zie ook: Beknopt Verslag (bladzijde 50).

grote hoeveelheden verpakte levensmiddelen zonder bon af aan een vast mannetje dat deze goederen regelmatig met een handkar bij hem komt ophalen.' Dit is de zoon van Baaij, onze conciërge, die de goederen afhaalt aan de Ten Katestraat en naar de Jacob van Lennepkade rijdt waar ze grotendeels in voedselpakketten worden verwerkt. Van zwarthandel is geen sprake. Ik had al voorzien dat het ophalen van deze goederen argwaan zou kunnen wekken en mij met de marktmeester -ook een relatie van mij- verstaan als ook met de hoofdambtenaar van de prijsbeheersing. Ik had Tiekstra persoonlijk aan hen voorgesteld. Vandaar dat Tiekstra meteen wist dat het geen zuivere koffie was met die drie invallers. Waren deze drie invallers waarlijk te goeder trouw als verzetsstrijders op jacht geweest naar zwarthemden, dan hadden zij Baaij Jr. moeten schaduwen en dan was het wijkgebouw 'Irene', waar Baaij het afleverde, reeds voldoende geweest om hen van hun dwaling te overtuigen. Of men had bij de marktmeester kunnen informeren hoe Tiekstra bij hem bekend stond. Dit is het optreden dat misschien gangbaar is onder zware jongens die elkaar de buit afhandig trachten te maken, maar niet zoals men dat van vooraanstaande verzetslieden, en daar wil Sjoerd toch toe gerekend worden, mag verwachten. Bovendien kan een dergelijke blunder de héle verzetsbeweging in gevaar brengen en dat heb ik Sjoerd in mijn gramschap ook terdege laten voelen. 'Merkwaardig dat iedere standwerker, hoe integer overigens ook, met een afzet in het groot voor u onder de zwarte handel valt! Wij mogen van de eindredacteur van VN wel verwachten dat hij ons dat in zijn blad nader verklaart, want uw optreden heeft wel enige explicatie nodig. Ik reken erop dat de in beslag genomen bonkaarten bij Tiekstra terugkomen met excuses voor de begane vergissing.'

Boos als ze is, voegt Jacoba daaraan toe:

'Wat betreft de fusie van Groep 2000 met VN, deze wordt door mij ongedaan gemaakt. De oproep voor de Algemene vergadering hierover ontvangt u nog wel. Goede morgen.'

De aanvaring met Sjoerd kost Jacoba, amper hersteld van haar ziekte, niet alleen veel energie. Het doet haar voor het eerst twijfelen aan de zin van haar verzetswerk. Maar Van Meer (13035) haalt haar over op haar post te blijven en te vechten.

In elk geval komen de bonkaarten terug en heeft Sjoerd een lesje geleerd, maar het afleren van deze neo-Germaanse methoden blijkt een zeer diepe weg voor deze verzetsreus te betekenen. Trouwens, niet alleen voor hem. Wanneer ik mij 's avonds op mijn vlieringkamer in het schuitenhuis van Ruhe[102] *terugtrek, is 't mij vreemd te moede. Voor het eerst voel ik mij vreemdeling in deze omgeving en ben ik moe, doodmoe. Of moet ik zeggen: moedeloos? Wat heeft het voor zin, al deze strijd, opofferingen en zelf opgelegde ontberingen, wanneer datgene wat wij bestrijden reeds zozeer in eigen gelederen ingang heeft gevonden dat men zich daarvan niet eens bewust is? Aan Sjoerds oprechtheid in zijn verzet twijfel ik niet, maar uit welke gronden komt dit verzet voort? Vecht deze man nog voor iets? Is er nog een ideaal dat hij dient dat hij tot elke prijs gaaf en zuiver wil bewaren, of gaat het er alleen maar om zo gauw mogelijk aan de top te komen en moet daarvoor alles wijken? Al zal hij over lijken moeten gaan, dat zou deze Germaan niet deren, want niet het ideaal is leidmotief, maar de eigen grootheid, macht, roem. Vergeef mij vriend dat ik dit zo tegenover u uitspreek.*[103] *In het begin spraken wij af volkomen eerlijk te zijn tegenover elkaar. Ik kan deze dingen niet anders verhalen dan ik die aanvoel en doormaak en het kost mij een zware strijd om niet al te bitter tegenover de grote Sjoerd te staan en althans te blijven geloven in zijn eerlijke bedoelingen. Heer, hoe kan een mens zich van twee zulke heel verschillende zijden laten kennen? Wie is de ware Sjoerd; de dichter en schrijver H.M. van Randwijk? Of de verzetsman die maar één doel kent: zelf op de bovenste sport van de ladder naar succes te komen? Ik kom er niet meer uit: het benauwt mij en ik verlies mijn geloof, mijn vertrouwen.*

De volgende morgen bezoek ik Van Meer om hem rapport uit te brengen. Ik heb geen vreugde meer in mijn werk. 'Wat de RVV betreft, ik geloof niet dat ik daar nog kom. Geen Raad voor Verzet is het meer, maar voor mij is het een Illegale Raad geworden waarvan de leden in hun haast om vooraan te komen het recht met voeten treden. Ik heb er genoeg van. Laat ze het daar maar uitvechten.' Van Meer: 'U kunt niet uw werk afmaken en het andere nalaten. Als leidster hoort u erbij.' Ik: 'Als er iets van werkelijk gewicht te bespreken is, op voet van gelijkheid en in trouw aan het gemeenschappelijke doel, ja. Niet als het erom gaat elkaar de voorrang te betwisten. Ik pas.' Van Meer schudt het hoofd. 'Weet wel wat u verzaakt. Een leidster vermijdt de strijd niet, maar valt aan.' Ik: 'Goed, ik zal aanvallen. Om te beginnen maak ik de fusie van moeder- en dochtergroep,

102 Zie ook de korte biografie van H.G. Ruhe achterin dit boek.
103 De Memoires zijn oorspronkelijk lange brieven van Jacoba aan omroeppastor Klamer. Soms richt Jacoba zich direct tot hem in haar brieven. Zie ook hoofdstuk 1 van dit boek: Jacoba van Tongeren.

zoals Sjoerd VN en Groep 2000 placht te noemen, ongedaan. Bij iedere klap geef ik een klap terug, maar op m'n eigen manier. Ik strijd met open vizier, niet in het geniep. En voor haarkloverijen heb ik geen tijd.' Van Meer: 'OK. U kunt op mij rekenen.'

Vergadering Groep 2000 en Vrij Nederland

Op initiatief van Jacoba wordt op 12 januari 1945 een Algemene vergadering gehouden waarvoor het bestuur en de leden van Groep 2000 en die van Vrij Nederland zijn uitgenodigd. Het is Jacoba's bedoeling de voorlopige fusie tussen beide verzetsgroepen ongedaan te maken.

Op vrijdag 12 januari 1945 vindt in het KAMBO-huis[104] *de groepsvergadering plaats in tegenwoordigheid van Van Meer en ditmaal het volledige bestuur Vrij Nederland. Ook de Raad van Verzet is genodigd, maar Gerbrandy laat verstek gaan. De heren Van Hall en Vos de Mooy zijn onvindbaar ondergedoken. Alle groepsleden hebben ditmaal een convocatie ontvangen en allen zijn opgekomen. Sjoerd heeft blanco convocaties ontvangen voor alle VN leden. Hij heeft deze niet eens rondgestuurd. Hij heeft er de voorkeur aan gegeven met enkele trouwe satellieten op te komen, zo overtuigd is hij van zijn overwinning. Het kon eenvoudig niet misgaan; hij was duidelijk het DB, de Kerkenraad en Van Meer destijds de baas geweest. 2000 Was nog niet op volle kracht en hij en zijn bestuur konden die vrouw heus wel aan, vooral nu haar sterkste medestanders uit de RVV niet aanwezig konden zijn. Die Groepsleden - 't mocht wat! Maar één ding heeft hij over het hoofd gezien. 2000 weet zich omringd door een schare van trouwe medewerkers, wat door zijn psychologische kracht een belangrijke factor in het voordeel van 2000 is.*

Ik heb mijn strijdbaarheid herwonnen. Dit blijkt al direct bij de opening van de vergadering. Bij elke plaats ligt een volledig strijdprogramma, namelijk de tekst van de te zingen liederen die de agendapunten van de vergadering leiden en afsluiten. Wij zingen eerst uit Psalm 66, de verzen

---

104 Het KAMBO-huis was het gebouw van de Kameraadschapsbond der Nederlandse Politie (Stadhouderskade 34). Op deze locatie is eerder in november 1944 de vergadering gehouden tussen VN en Groep2000 in afwezigheid van Jacoba die toen bedrust moest houden. In het KAMBO-huis bevond zich het centrale bonkaartendepot van Groep 2000, veilig in het 'hol van de leeuw'. Alleen Jacoba en brigadier Van de Bunt (Groepslid 2047) die het depot beheerde, hadden hier de sleutel van.

2, 3, 8 en 10: Israël trok ten strijde achter de Heer der legerscharen. Machtig klinkt het lied der overwinning nog voor de strijdbijl wordt geheven, omdat het 't lied was van de overwinning van het geloof op een verlammend defaitisme, in feite de verloochening van Hem, die altijd onze Kracht is geweest. Mijn ogen ontmoeten die van Van Meer en lezen daarin de vreugde over het hervonden geloof, de herwonnen moed om te strijden in naam van de Heer voor een eerlijke zaak. Zij ontmoeten ook de blik van mijn tegenstanders, vijf in getal en lezen daarin de beduchtheid voor een strijd die direct al een andere loop neemt dan zij hadden verwacht en blijkbaar uitgevochten wordt op een volkomen onbekend terrein. Beduchtheid vooral om de Grote Onbekende die zij intuïtief in het midden weten van hun onderschatte tegenspelers. Wat bezielde jonge, maar ook oudere mensen, vergaard uit alle rangen en standen eendrachtig geschaard rondom die ene vrouw die de voorzittershamer hanteert als een toverstaf, die met een enkele blik die schare verzekert van hun overwinning en haar tegenstanders in de boeien slaat. Eenzaam en vergramd zit hun voorman daar, terugdenkend aan die eerste vergadering op 't Centraal Bureau, toen hij zich ook zo zeker van zijn zaak gewaand had. Eenzaam en verloren voelen ook zij, zijn medestanders zich. Hun kracht is gebroken, de geestdrift gedoofd. De agendapunten worden vlot afgedaan, vrijwel zonder een enkele interruptie. Eerst de voorgeschiedenis die aanleiding werd tot deze vergadering. Het Bestuur geeft zijn mening, zijn veranderde visie op het oorspronkelijke standpunt n.a.v. de jongste gebeurtenissen die achtergronden hebben geopenbaard die men onder strijders voor eenzelfde doel niet toelaatbaar en zelfs onbestaanbaar achtte. Sjoerd krijgt het woord. Hij vraagt er zelf niet om. Er is geen overtuiging in zijn verdediging en zelfs het koloriet van zijn anders zo sublieme taal ontbreekt. Het lukt zijn medestanders niet kracht bij te zetten aan een verloren zaak. Duidelijk blijkt ook dat er tussen Sjoerd en zijn DB niet dezelfde openheid en kameraadschap bestaat zoals dit bij Groep 2000 het geval is. Sjoerd wordt ondervraagd over punten die niet, of althans niet voldoende, bekend blijken aan zijn medebestuursleden.

Bijna ontstaat er onenigheid. Ik hamer af. Er moet gestemd worden - bestuur tegen bestuur, vijf tegen vijf. De kansen staan gelijk, tenminste dat denkt Sjoerd. Bij uitkomst 50-50 zal de Groep de doorslag kunnen geven. Zo is 't Sjoerds eigen voorstel geweest, maar zó zeker meende hij van zijn zaak te zijn dat hij volstaan heeft alleen te komen als bestuur van Vrij Nederland. Uitslag: twee stemmen voor de fusie, acht tegen. Drie leden uit de gelederen van VN voelen blijkbaar ook niet voor een samengaan van beide groepen. VN is ineengezonken, terneer gebogen. Het pleit is beslecht en Sjoerd en de zijnen willen de vergadering nog voor het einde verlaten.

Ik: 'Wacht u nog even, er zijn Groepsleden die u persoonlijk nog wat te zeggen hebben. Er is ook een vraag die ik u zou willen stellen.' Ter overdenking zijn in het programma ook nog enkele liederen van Gezang 77 opgenomen. Nu wordt vijf minuten stilte betracht. Van Meer speelt op de piano. Dadelijk daarna treed ik op Sjoerd toe: 'Is het thans niet de hoogste tijd dat wij elkaar de hand reiken om voortaan werkelijk vriendschappelijk naar en met elkaar verder te gaan op de weg naar het ene doel: vrijheid van geest, vrijheid van handelen binnen het voor ons geweten en Gods rechterstoel verantwoorde, vrijheid voor ons land en volk, zonder elkaar te hinderen of te belemmeren? Hier is mijn hand, uit naam ook van alle Groepsleden die het met mij betreuren dat het tussen Vrij Nederland en Groep 2000 niet tot een hechter samengaan kan komen, omdat wij nu eenmaal geestelijk elkaar te zeer zijn ontgroeid. Laten wij trachten elkaars taal opnieuw te leren verstaan en althans met wederzijds respect voor elkanders zienswijze en prestaties elkaar verdragen.' Het kost Sjoerd tijd de hem toegestoken hand aan te nemen; zijn medebestuursleden willen wel maar moeten wachten op hun voorman. Er valt opnieuw een stilte, die beklemmend dreigt te worden. Ik sta daar en trek mijn hand niet terug. Nog niet. Dan komt de persoonlijke interventie, die in ons midden zo dikwijls onverwachte uitkomst geboden heeft. Opnieuw klinken de eerste tonen van een overbekend gezang door de ruimte. Als één man staan alle aanwezigen op van hun zitplaats en geven het antwoord dat Sjoerds handdruk nog niet vermocht te bekrachtigen:

'Wij reizen met elkander, wij wandelen hand in hand;
d' een zij tot steun den ander op weg naar t' Vaderland;
Zijn wij als broederen één , geen strijd om beuzelingen,
daar engelen ons omringen en zweven voor ons heen!'

Langzaam, zwaar valt Sjoerds hand in de mijne. Zijn medebestuursleden volgen. Als allen weer gezeten zijn en ook de laatste tonen van de muziek zijn verstomd, geef ik als eerste het woord aan zuster Gé van der Neut (1401). 'Zuster Van der Neut, wilt u thans zeggen wat u mij reeds in vertrouwen hebt meegedeeld, waarom u wenst uit te treden en over te gaan in de gelederen van VN?' Verbaasde blikken, niet in het minst van Sjoerd en de zijnen, gemompel en onzeker geschuifel. De hamer valt. 'Stilte graag, het woord is aan zuster Van der Neut.' Die nu van haar stoel opstaat, een beetje onzeker, wat angstig ook. Ik kom haar te hulp in het zuiver menselijke vlak. Het vormelijke en plechtstatige '1401'[105] *(Zr. vd Neut), maakt plaats voor de eigen naam: 'Toe maar Gé, zeg het maar precies zoals je het mij gezegd hebt. Iedereen hier zal dat kunnen begrijpen en billijken.' Dan overwint Gé haar schroom: 'Ik ben de zuster van Jan de Raad, schuilnaam van Jan van der Neut, mijn jongere broer. Toen moeder jong stierf, hebben mijn zuster Mary en ik hem samen grootgebracht. Vader is werkzaam bij de tram en daarom veel van huis. Toen de oorlog kwam is Jan, als een van de mede-oprichters van VN vrijwel onmiddellijk in het verzet gegaan. Hij zit daarvoor nu al bijna vier jaren in Duitsland gevangen. Wanneer hij dit mag overleven en wij hem straks in vrijheid hier weer binnen leiden dan wil ik als zijn zuster hem graag als lid van zijn eigen organisatie tegemoet treden, want hij weet niets van hetgeen hier in al die jaren is gebeurd. Ik wil 2000 bedanken voor de geboden hulp en gastvrijheid in die jaren, vooral toen VN de naaste betrekkingen van zijn oprichters had vergeten. 2000 heeft het ons mogelijk gemaakt binnen de gelederen van haar Groep het werk voort te zetten en al het mogelijke voor onze jongens gedaan zolang zij nog voor ons bereikbaar waren. Mijn verloofde, ds. Beks (2035) en ik willen daarom alleen overgaan wanneer ons binnen de gelederen van VN de mogelijkheid geboden wordt ons werk in de gecoördineerde EHBO hulpdienst af te maken.' Ook ds. Beks is opgestaan. Ik richt me tot het bestuur van VN. 'Kunnen de heren hiermee akkoord gaan?' Sjoerd knikt, te verwonderd nog om te spreken. De satellieten volgen. Ook Martien Buring (2014) treedt uit en gaat over naar VN. Ik neem hem bij de hand en voer hem tot vlak voor Sjoerd. 'Ontvang hem uit de gelederen van 2000 als een verzetswerker van het eerste uur, een man op wie u kunt bouwen, met vele capaciteiten, maar bovenal als een vriend van alles wat waar en waarachtig is.' Sjoerd kan niet anders dan opstaan en Buring de hand schudden. Zijn bestuursgenoten heten Buring welkom en daarmee is het ijs gebroken. Andere Groepsleden treden naar voren en schudden Sjoerd en de zijnen de hand. Over en weer gaat men de rijen langs.*

Het is stil geworden rondom mij. Ik slik moeilijk een paar opwellende tranen weg. Plotseling voel ik de adem van Leni vlak bij mij. 'Mag ik bij u komen zitten? Het is allemaal zo vreemd vanmiddag. Ik zou nooit uit

105 In de dagelijkse omgang en tijdens vergaderingen spreken Jacoba en haar Groepsleden elkaar aan met hun codenummer.

kunnen treden, nooit, zelfs voor Jan niet en hij zou dat begrijpen ook.' Ze legt haar hoofd op mijn schouder, een fractie van een seconde maar. 'Wat zult u moe zijn na zo'n middag!' Even later voegen zich Reitema, Mouthaan, De Boer, Tiekstra, Dekker, Groenenberg en Van Meer zich ook bij mij. 'De oude garde heeft zich verzameld om de generaal', lacht Bernard Aris. De oude garde, ja maar met lege plaatsen, flitst het door mij heen. Verliezen door de dood is moeilijk; afstaan nog tijdens het leven vaak nog zwaarder, zelfs wanneer dit geschiedt met volledig begrip voor de wensen der anderen. De hamer roept tot de orde en voor één keer neemt ieder nog weer zijn oude plaats in. Sjoerd spreekt een woord van waardering over de geest van kameraadschap in de gelederen van Groep 2000 zoals hij die deze middag heeft 'geproefd'. Een woord van dank ook aan mij die de overgang van enkele van haar leden naar een andere organisatie niet in de weg heeft willen staan.

Bernard Aris

Het zijn zware tijden voor de Amsterdammers. Eind 1944, begin 1945 wordt de stad regelmatig opgeschrikt door razzia's, met name in Amsterdam Zuid. Jacoba beschrijft in haar memoires een gebeurtenis die haar gemoed hevig bezighoudt. Ze is thuis met Nel en Joke. Het is al laat, na Spertijd, als de bel gaat.

Klokke 10 uur gaat de bel. Een heel bescheiden belletje. Wie kan er om deze tijd nog bellen? Als ik voorzichtig het raampje openmaak, zie ik vlak in het gezicht van Bernard. Twee grote angstogen staren mij aan. Hij beeft over al zijn leden. Ik leg de vinger op de mond om hem te beduiden niet te spreken. Ik heb hem nauwelijks binnen en naar mijn kamer geleid of ik hoor Nel op de gang. Ze komt recht naar mij toe. Ik blijf op de drempel staan, een hand aan de deurpost; Bernard duikt achter de geopende deur en mijn bureau weg. 'Ik dacht dat ik had horen bellen.' 'Dat was ook zo. Voor mij. Voor het werk.' 'Hadden ze dat nu niet morgenochtend kunnen doen? Ze gunnen je toch ook nooit rust.' 'Ach daar denk je op zo'n moment niet aan. Razzia's in Zuid.' Zeg ik zo maar, niet wetend dat ik nog waarheid spreek ook. 'Arme Cor en Bernard,' zegt Nel. 'Wat zullen die doormaken.' Dan gaat ze weer naar haar kamer en sluit de deur. Bernard en ik staan tegenover elkaar. Ik zet hem in mijn gemakkelijke stoel, hang z'n regenjas weg. 'Hoe wist je dat van die razzia's?' 'Wist ik niet. Ik zei maar wat omdat ik veronderstel dat je niet weten wilt dat je hier bent.' 'Van donker af zijn ze bezig. Het is om gek te worden. Ik kon het niet langer aanhoren: dat gieren van de remmen, die laarzen, dat gebral. Ik wil niet van mijn bed gelicht worden.' Zwijgend zit ik er bij. 'Weet Cor dat je hier bent?' Hij schudt zijn hoofd. Ik draai het nummer. 'Wat ga je doen, zo laat nog?' Cor neemt onmiddellijk op. 'Hallo Cor. Ik vergat je nog te bedanken voor het pakje dat jullie me stuurden. Ik zal er zuinig op zijn, want zoiets is kostbaar. Welterusten hoor.' Ondanks de spanning komt er een grijns op zijn gezicht. 'Mooi pakje!' Hij strekt de lange benen. 'Jij denkt ook overal aan.' 'Gewoon. Ze hadden je onderweg evengoed kunnen oppakken. Je begrijpt toch dat Cor geen oog dicht gedaan zou hebben vannacht?' Bernard knikt. 'Ik kan zeker wel boven slapen?' 'Joke is boven. Je zult het met mijn bed moeten doen.' Op hetzelfde moment hoor ik weer de deur van Nels kamer. Ik ga haar al tegemoet. 'Ik dacht dat ik hoorde praten.' 'Ja. Ik zei je toch dat ze weer zo in Zuid bezig zijn? Ik wilde juist een kop koffie voor ons maken. Zal ik er je ook een brengen op je kamer?' 'Wist ik dat je Van Hoften binnen had gelaten! Wat hebben jullie nu weer allemaal te bespreken?' Nel af naar haar kamer en ik naar de keuken. Drie kopjes oorlogstroost. 'Ga nu maar gauw slapen; wij zijn ook klaar', zeg ik tegen Nel. 'Het zal tijd worden.' 'Wat warms', zeg ik tegen Bernard, 'en dan zullen wij ook maar eens nacht maken. We houden Nel maar uit de slaap.' Bernard kijkt mij schuldbewust aan. 'En waar slaap jij?' 'Hiernaast in de woonkamer.' We hebben geen bank. 'Op de grond zeker. Geen denken aan.' 'Op twee gemakkelijke stoelen tegen elkaar aan. Benard, hier beslis ik. Jij bent zo lang, dat past niet. En bovendien: als Nel niet slapen kan, komt ze 's nachts weleens een biskwie, een plak koek of wat er is halen. Ze zou zich dood schrikken als ze daar een man zou vinden.' 'Dan ga ik weg!' 'Waarheen? Na Spertijd!' 'Een predikant kan altijd weggeroepen worden, bij een sterfgeval bijvoorbeeld.' 'Doe niet zo dwaas Bernard. Waar zou je om deze tijd aan kunnen bellen? En je kunt moeilijk je eigen adres weer opzoeken. Ga nu maar fijn slapen, want je zult morgen je krachten wel nodig hebben.' Ik begin het divan-kleed eraf te halen en sla het dek terug. Dan slaat Bernard zijn arm om m'n middel. 'Je bent toch niet bang Co dat ik je iets zal doen? We kunnen best naast elkaar liggen. Dan kunnen we nog wat praten; ik kan toch niet slapen. Jij?' We praten nog lang samen. Dan merk ik dat de slaap macht krijgt over Bernard. De ademhaling wordt rustiger. Hij slaapt, maar ik kan de slaap niet vatten. Het is mij zo wonderlijk te moede. Naast mij ligt de man die mij, na vader, dierbaar is boven allen en alles, de enige aan wie ik mij na R. naar lichaam en ziel zou kunnen geven. Eigenlijk weet ik al heel lang dat wat tussen Joop en mij bestond vriendschap was, een wederzijds respect voor elkaars persoonlijkheid. En dat is al heel veel in dit leven. Ik heb mij zelfs afgevraagd of datgene wat er tussen R. en mij heeft bestaan ooit die zuiverheid, die volkomen overgave heeft gekend, dat woordloos verstaan dat de omgang van Bernard en mij kenmerkt. Er is alleen dit vreemde dat ik mij bewust word, dat het voor mij vast staat dat mijn Heer mij hierin iets te zeggen heeft. Wat - begrijp ik niet. Ik begrijp alleen dat onthouding een van de kenmerken van mijn leven moet zijn en ik maak er een open gesprek van met mijn Heer. Neen, ik ben geen heilige, zelfs geen bijzonder sterk of goed mens, maar mijn Heer heeft mij de kracht van het gebed geleerd. Als ik mijn dagboekgesprekken tenminste 'gebed' mag noemen. Het was en is voor mij nog altijd de enige manier om met mezelf in het reine te komen. Een man begeren die van een ander is, is overspel. (...) Hoe is dit alles zo gekomen? Heb ik het gezocht? Ik kan eerlijk zeggen: neen. Het is gegroeid uit onze vriendschap in de moeilijke jaren van ziekte en schijnbaar hopeloze strijd.'

Na een innerlijke strijd komt Jacoba tot de conclusie dat begeren iets anders is dan liefhebben en dat liefde niet verkeerd kan zijn.

En ik heb Bernard lief met heel mijn hart, met elke vezel van mijn bestaan. En hoe vreemd en onwaarschijnlijk het ook voor een buitenstaander mag klinken - ik heb nooit en ook later nooit begeerd hem de mijne te maken.

Jacoba is dolgelukkig dat ze naar eer en geweten haar vriendschap met Bernard niet hoeft te verbreken.

Hoe zou ik dat moeten motiveren tegenover Bernard, tegenover Cor, de buitenwacht? Bernard is zich absoluut van niets bewust. Cor, zo haar vrouwelijke intuïtie haar al iets heeft geopenbaard, vertrouwt mij ten volle. Zij betrekt mij bij het volle gezinsleven, in elk heuglijk zowel als droef gebeuren, in alle problemen met de kinderen, ook haar strijdpunten met Bernard. Niet altijd kan zij hem volgen in zijn aspiraties: 'Co, zie ik dit nu zo verkeerd? Wat vind jij nou?' Bernard niet; die verwerkt deze dingen op z'n eigen wijze, maar hij weet dat Cor mij overal in kent. Langs een omweg komt dan het gesprek toch daarop en lukt het zo tot klaarheid te komen. 'Jij staat bij Cor hoog aangeschreven', 'Ze is zo gesloten als een bus, behalve tegenover jou', 'Cor is een hoogstaande vrouw Co, maar zij geeft zich moeilijk. Des temeer daarom is ze jou toegewijd.' Dan zeg ik: 'Bernhard, houd haar in ere.' En Bernard: 'Ik weet het. Ik heb een vrouw uit duizenden. Ik ben rijk Co, ongelooflijk rijk: zo'n vrouw en vier kinderen.' (...) Deze nacht, die een nacht der verleiding had kunnen zijn, is een nacht van grote vreugde over het vertrouwen dat mijn Heer in mij stelt. Een nacht van woordeloze dank en aandachtig luisteren. (...)

Als ik om nauwelijks half 4 mij uit m'n bed laat glijden, slaapt Bernard nog; hij heeft alleen z'n colbertjasje afgeworpen. Z'n schoenen slingeren ergens in de kamer. Ik ben niet uit de kleren geweest. Doodmoe hebben we naast elkaar gelegen. Bernard zijn arm om mij heen. Zoals hij mij naar zich toegetrokken had, zo ligt hij nu nog. Weerloos als het leven zelf, zo broos, zo ongerept nog. Ontroerd kijk ik er naar. Wat zal hem nog te wachten staan? Het leven van een onderduiker, zou hij dat aankunnen? De meesten voelen zich op 't laatst als opgejaagd wild. Voor een gevoelig, nerveus type als Bernard moet het iets verschrikkelijks zijn. Ik weet nog altijd niet wat voor hem beter zou zijn, maar als onderduiker kan ik mij hem nauwelijks voorstellen. Ik ga naar de badkamer en zet onder de hand het theewater op op ons oliestel. Als ik terugkom met de thee en ons sober ontbijt zit Bernard recht overeind voor zich uit te staren. Weer haalt hij mij naar zich toe. 'Kom naast me zitten. De ogenblikken zijn nu kostbaar. Weet je Co, ik ben ontzettend blij dat ik hier heb mogen zijn vannacht en dat je mij hebt willen vertellen van je vader in zijn lijden, die laatste maanden voor zijn arrestatie, maar ook van je vader in Indië. Weet je, het was net of je vader hier bij ons was, zelfs vannacht toen wij sliepen. Ik ben nu niet meer zo bang. Ik ga naar huis, naar Cor en als ze mij hebben moeten, moeten ze mij daar maar komen halen.' Hij neemt mijn hand tussen de zijne en zegt oneindig teder: 'Een dochter van de grootmeester ben je mij geweest, meer dan dat Co. Een vrouw uit duizenden.' Er valt een traan op zijn hand en Bernard ziet mij aan door een floers. Hij neemt de Bijbel en we lezen samen de 108ste psalm. We knielen neer en bidden samen en ieder voor de andere. Hoe vaak heb ik in later jaren aan deze vreemde nacht en deze gewijde morgen gedacht. Was dat zonde? Hebben wij iets gedaan dat niet door Gods heilig aangezicht kon bestaan? Toch heb ik er nooit met iemand over gesproken. Te kwetsbaar, te teer is mij deze herinnering en Nel weet tot op heden niet wat zich zo vlak bij haar, twee kamers en een keuken verder dan de hare, onder hetzelfde dak heeft afgespeeld. Op weg naar de Frans van Mierisstraat zegt Bernard: 'Je zult mij wel een malle jongen vinden. Zul je Cor zien kijken straks.' 'Dat zijn we allemaal op z'n tijd Bernard. Ik ook.' 'Een malle meid dan toch altijd nog,' zegt hij lachend. Maar voor mij is hij de engel Gabriël geweest die mij teruggehouden heeft uit het paradijs van mijn dromen, wetend dat het ontwaken daar erger geweest zou zijn dan de werkelijkheid die ik nu tegemoet ga. Mijn geweten zou mij niet met rust gelaten hebben. Cor staat voor het raam uit te kijken om nog geen 5.30 uur in de morgen. Zou zij haar Bernard niet beter gekend hebben dan hij zichzelf?

Hoofdstuk 12

'Leven! We willen leven'

Midden in de hongerwinter krijgt Groep 2000 te maken met de grootste ramp in haar bestaan. Door een ongelukkige samenloop van omstandigheden bezetten de Duitsers begin maart 1945 het hoofdkantoor van Groep 2000 op de Stadhouderskade. De code dreigt ontdekt te worden; duizenden levens zijn in gevaar. Het gezag van Jacoba wordt ondermijnd met dramatische gevolgen. Op maandag 12 maart worden op het Weteringplantsoen 30 mensen door de Duitsers gefusilleerd. Later noemt Jacoba deze dag: 'De dag waarop ik mijn lichtvoetigheid verloor'.[106]

9 - 13 Maart 1945

Alle Groepsleden, maar ook de 4.500 onderduikers die zij ondersteunen, worden niet met hun eigen naam aangeduid maar met een cijfercode. Ook het adres is gecodeerd. Alleen de codesleutel kan de codes ontcijferen.[107] Elke week komen er veel nieuwe namen en adressen bij. Twee keer per week worden die mutaties ingevoerd na zorgvuldige controle, samen met iemand van de Centrale Recherchedienst van de Rijkspolitie. De controle is erop gericht fraude te voorkomen (door mensen die zich dubbel aanmelden om meer voedselbonnen te bemachtigen) en infiltratie van verraders tegen te gaan. Het contact met de medewerker van de Centrale Recherche heeft ergens buiten

106 In het boek *'De Eerebegraafplaats te Bloemendaal' (2005)*, geschreven door Peter Heere en Arnold Vernooij, wordt uitvoerig ingegaan op de fusillade op het Weteringplantsoen (blz. 860-879). Op deze Eerebegraafplaats liggen ook leden van Groep 2000 begraven: Jaap Balder, Rudi Bloemgarten, Chris Dobbinga, Henk Hellinga, Dirk Hulsman, Jan van Kan, Jan van der Neut, Theo Schamp en Gerrit Jan van der Veen.

107 Zie voor de uitleg van de cijfercode hoofdstuk 16 van dit boek 'Organisatie en Veiligheidscode Groep 2000'.

het kantoor plaats; hij mag niet gezien worden met iemand van de Groep. Hij krijgt namen en adressen van alle aspirant-onderduikers of- Groepsleden mee. Elke aanvraag voor steun heeft op deze manier ongeveer een week nodig om alle controleposten te passeren: de Centrale Recherchedienst en via hen, onder andere de Centrale Distributiedienst, de Politieke Veiligheidsdienst en het Politioneel Straf Register.

Op vrijdag 9 maart 1945 wordt het hoofdkantoor van Groep 2000 aan de Stadhouderskade 56 door de Duitsers bezet. Duizenden levens zijn in gevaar; alle gecodeerde gegevens van verzetsleden en onderduikers zijn in handen gevallen van de Sicherheitsdienst (SD). Zal de code solide blijken? Maar de grootste zorg betreft de codesleutel. De strikte orders van Jacoba zijn voor iedereen duidelijk: als er niet op kantoor wordt gewerkt, wordt de codesleutel meegenomen. Toch bevindt de codesleutel zich, tegen alle afspraken in, buiten kantooruren nog op de Stadhouderskade als de Duitsers er die vrijdagavond binnenvallen. De ontdekking van de codesleutel moet vóór alles worden voorkomen.

Jacoba weet dat de rampzalige gebeurtenissen die volgen niet haar schuld zijn; er is tegen haar nadrukkelijke bevelen in gehandeld. Toch is ze er innerlijk van overtuigd dat zij heeft gefaald. Vanaf het begin voelde ze er niet veel voor 'in te trekken' op het adres Stadhouderskade 56[108] omdat het een particulier woonhuis is in plaats van een kantoor. Maar het Ministerie van predikanten had er erg op aangedrongen deze locatie te accepteren. Ds. Remme (18010) is de huiseigenaar en woont er vlakbij, evenals ds. Bernard Aris (102), beiden leden van Groep 2000. Als camouflage voor het werk van Groep 2000 komt op de deur te staan: Centraal Bureau voor Maatschappelijk werk van de Nederlands Hervormde kerk. De werkplek van onder anderen Jacoba van Tongeren, maatschappelijk werkster. Boven de kantooretage woont de familie Verwoerd. De zoon is net ondergedoken omdat hij onder de Arbeitseinsatz valt. Jacoba heeft van tevoren uitvoerig met deze mensen gesproken die door ds. Remme worden getypeerd als 'goede Nederlanders, trouwe kerkleden'. Toch spookt de vraag nu door haar hoofd: had zij niet sterker bezwaar moeten maken? De gebeurtenissen nemen dat weekeinde een dramatische wending.

108 Zie ook hoofdstuk 11 van dit boek 'Ik heb geen vreugde meer in mijn werk'.

Ik word vrijdag 9 maart voor sluitingstijd weggeroepen voor een topvergadering over de bundeling en taakverdeling der Binnenlandse Strijdkrachten met Gijsbert van Hall,[109] *Sjoerd, Gerbrandy en nog zo'n paar groten. Voor ik vertrek geef ik order waar Leni de codesleutel heen zal brengen tezamen met de namen en adressen. Doodmoe kom ik vrijdagavond even over 8 uur thuis. Thuis? Sinds een jaar bijna hebben Nel en ik geen thuis meer. We zijn ondergedoken. Nel is nu bij haar zuster in de Beethovenstraat. Ik overnacht waar mijn plicht mij roept. Nu eens bij een van de predikanten die mijn werk begeleiden, dan weer bij een boer in een schuur of zo maar ergens. Een enkele maal 's dinsdags bij Bernard Aris thuis, die wil dat ik die avond en nacht voor hem en zijn gezin reserveer. Leni weet mij altijd te bereiken. Mijn eerste vraag die vrijdagavond geldt het pakje met de codesleutel dat voor mij bezorgd zou worden. Het is er niet. Zou er iets tussenbeide gekomen zijn en zou zij daarom zelf de code bij zich gehouden hebben? Zoiets is al eerder gebeurd, Leni kan ik vertrouwen. Zij neemt geen enkel risico. Toch denk ik erover helemaal naar oost, naar haar toe te gaan, ik heb tenslotte m'n papieren. Maar dan komt Van Hoften, opperwachtmeester bij de politie, me waarschuwen dat er iets mis is. Henk Verwoerd jr. heeft getracht zijn ouders te bezoeken. Hij moest tijdens een straatcontrole zijn Persoonsbewijs tonen. In zijn Persoonsbewijs was duidelijk geknoeid. Hij is toen opgepakt en naar het politiebureau gebracht. Later is hij met een overvalwagen naar huis gebracht en nu zullen de ouders ondervraagd worden.*

Signaal onveilig

De etage van de familie Verwoerd ligt pal boven het hoofdkantoor van Groep 2000, aan de Stadhouderskade 56. De Duitsers zullen zonder enige twijfel de woning van het gezin Verwoerd doorzoeken[110]. Zullen zij de rest van het pand met rust laten? Is de code nog veilig? In zijn ongerustheid moppert Van Hoften (8047): 'Dat Persoonsbewijs, weet je; 't lag er duimendik bovenop dat 't niet goed was. Zomaar de geboortedatum veranderd!'

---

109 Gijsbert van Hall zou later burgemeester van Amsterdam worden (1957 – 1967). Hij was de broer van Walraven van Hall die als verzetsstrijder de spil was van het Nationaal Steun Fonds (NSF). Walraven (Wally) van Hall was bankier in Amsterdam. Hij werd in februari 1945 gefusilleerd.

110 De familie Verwoerd heeft op dat moment een Joods jongetje in huis, Rob Waaker. In 2014 vertelde Rob Waaker hoe hij als 5-jarige jongen al twee jaar ondergedoken zat bij de familie Verwoerd toen op 9 maart 1945 de Duitsers voor de deur stonden. Mevrouw Verwoerd wist hem ongemerkt mee te geven aan een buurvrouw. Ook Robs ouders overleefden de oorlog.

Jacoba geeft haar commando's: 'Signaal onveilig. Alarmposten uitzetten. Ik neem de hoofdpost. Ieder moet zich melden bij zijn eigen commandant.'[111]

Van Hoften gaat en Jacoba springt op haar fiets.

Leni! (2045) Een angstig voorgevoel bekruipt me. Bij alarm zijn alle routes afgesproken. Leni naar mij, ik naar Leni volgens een vooraf bepaald plan. Hoeveel malen hebben we die weg gereden voor oefening? Maar ik kom Leni niet tegen. Voort jakkeren m'n voeten. Geen Leni, geen Leni, geen Leni - bij haar thuis hoor ik dat zij allang weg is. Als ik bij de blokpost van m'n fiets stap, zak ik bijna door mijn knieën. Van vier uur in de ochtend af ben ik al in de kleren na een nacht van twee uren rust, maar ik recht m'n rug en betrek de wacht. Tot 4.30 uur. Dan pas komt voor mij de eerste aflossing.

Jacoba bevindt zich in een voormalige blokpost van het blokhoofd Bescherming Bevolking uit de eerste oorlogsdagen; Luchtbescherming was dat toen. Langs volkomen wettige weg en toch illegaal zijn al deze posten EHBO-posten geworden, stuk voor stuk achter de schermen bezet door leden of contacten van Groep 2000. De blokpost waar Jacoba zit is een ruimte onder de oude Weteringbrug (brug 84 [112]) die, ter hoogte van de Ferdinand Bolstraat, de Stadhouderskade verbindt met het Weteringcircuit. Vanuit deze blokpost kan ongemerkt Stadhouderskade 56 worden geobserveerd.

De uren kruipen. Donker blijft het raam van ons kantoor. De overgordijnen zijn weggeschoven, een vaste order bij verlaten van het kantoor. Nog is er niets gebeurd. Een tweede overvalwagen rijdt voor. Alle lampen flitsen aan. Heer! Het is een kreet, geluidloos. Ik zie bij 't felle licht de gehate uniformen met hun handen alles leeghalen.[113] Machines worden naar buiten gedra-

111 Alle relaties worden gewaarschuwd, onder wie Van Randwijk van VN die onmiddellijk op pad gaat om zijn mensen te waarschuwen. In zijn biografie 'H.M. van Randwijk. Een biografie' van Gerard Mulder en Paul Koedijk (1988) wordt beschreven hoe het toch bijna mis ging: VN-medewerkster Tuuk Buijtenhuijs was al op weg naar nummer 56 toen ze halverwege naar huis terugkeerde om een paar handschoenen aan te trekken. Thuis trof ze Van Randwijk die haar waarschuwde.

112 Brug nr 84 is in 2005 gerenoveerd en heet sindsdien de Freddy Heinekenbrug.

113 Na de oorlog beweert F. Viebahn, Staffelsturmscharführer bij de Sicherheitsdienst in Amsterdam, dat Verwoerd had verteld over dit geheime hoofdkantoor. Bron: 'H.M. van Randwijk. Een biografie'. Gerard Mulder en Paul Koedijk (1988).

gen, archiefladen met ons zorgvuldig opgebouwde kaartsysteem. De code, de code... Hier hebben ze nog niet veel aan. Een dreigend noodweer pakt zich samen boven mijn hoofd. De codesleutel? Waar, waar, waar? Gillen zou ik willen, maar ik heb geen stem. Ik beef en tranen kroppen in mijn keel, maar huilen kan ik niet. Mijn hand zoekt houvast, iets om in te knijpen desnoods, maar er is niets. Een koud luchtledig lijkt deze verscholen wachtpost onder de brug bij 't Weteringplantsoen. Wie zal mij hier bij nacht zoeken, wie zal mij hier vinden? Een vrouw! Mijn verwezen blik glijdt langs mijn zustersuniform, de EHBO band om mijn arm. Ben ik dat dan niet? Verpleegster, officieel EHBO, blokhoofd nog wel van wijk C, waar ons hoofdkantoor zich bevindt. Kwart over 4 komt de aflossing. De trouwe en begrijpende ogen van Harry Mouthaan (1900) zien mij aan. 'Co, dit, voor jou!' Leni en Jan komen ook. Ze willen mij spreken onder vier ogen. Onze voorposten, de politie, dag en nacht voor ons in de weer, hebben feilloos gefunctioneerd. Elke post door de hele stad heen is gewaarschuwd. Elke wijziging in de situatie is centraal gemeld en vandaar weer aan de posters doorgegeven. Jan en Leni hadden die avond opeens ruzie gekregen. Jan had met haar nog wat willen wandelen om eens rustig te kunnen praten, maar met een codesleutel mag je niet gaan wandelen. 'Laat 'm dan hier, dan halen we 'm straks op en breng ik 'm voor je weg.' Dat mocht ook al niet. 'Nu ja, voor een keertje.' Maar Leni was onverbiddelijk. Jan wilde weten: 'Waar moet die heen?' 'Dat zeg ik niet.' Zo kibbelden ze een tijd door tot ze de codesleutel in een compromis verstopten in 't brandvrije geldkistje onder de drempel. Die ene keer dat de codesleutel in het kantoor bleef, was een noodlottige eerste en laatste keer. Als Leni de volgende morgen had gezorgd er vroegtijdig bij te zijn, dan had er geen haan naar gekraaid. Maar op het eerste signaal 'onveilig' was Leni in paniek naar Jan gevlucht. Daarom had ik haar gemist. Alles gaat mis.

Er zou nog veel meer volgen. Het 'dreigende noodweer' neemt alleen maar toe. Maar Jacoba hervindt zichzelf.

Twee schuldbewuste mensenkinderen, zou ik hen oordelen? Mijn handen zoeken hun schouders. 'Gedane zaken nemen geen keer. Jullie zijn genoeg gestraft, maar ga nu voor het helemaal licht is, want jullie hebben geen papieren voor deze post.' Ik ga naar Bernard Aris, die de predikanten moet waarschuwen. Daar tref ik ds. Remme. Ik vertel hen: 'De codesleutel is in het kantoor.' Meer niet. Ze vragen niet. Drie mensen staan daar met gebogen hoofden en bidden tot de Heer. Zo vindt Cor, Bernards vrouw, ons als zij heel zachtjes naar boven komt met de thee. Het is nota bene haar verjaardag. Tegen mij speciaal zegt ze: 'Je gaat toch zeker nog even rusten voor 't ontbijt? En neem een verfrissende douche, de kinderen slapen nog, dus niemand die je stoort.' Dat is Cor; geen omhaal van woorden. Gewoon, 't sprak allemaal vanzelf. Ineens hervind ik mezelf. De verbindingsofficier geeft de order door van de commandant. 'Predikanten op hun hoede. Onderduiken!' 'En jij?' Ditmaal is 't ds. Remme. Ik antwoord: 'De commandant hoort op z'n post.' 'Ik denk er niet over; ik blijf!' dondert ds. Remme door de studeerkamer. 'Ik blijf ook', zegt Bernard. Ik: 'Muiterij eist de doodstraf, maar ditmaal niet van mijn hand, maar door die van de vijand. Heeft u zich dat ook gerealiseerd?' Ds. Remme: 'Wat baat het een mens zo hij de gehele wereld gewint en schade lijdt aan z'n ziel?' Ik: 'Denk om de kerk. De kerk is belangrijker dan haar dienaren, maar wat zal een kerk zijn zonder haar dienaren? De kerk heeft u beiden straks weer nodig, maar als de Amsterdamse predikanten uitgekamd worden, wat dan? Wat hebben we aan massa-arrestaties onder de predikanten? Er zijn er al genoeg geweest, genoeg slachtoffers ook.'

Aris en Remme verdelen de wijken en bezoeken die zaterdag al hun collega-predikanten in de stad om hen in te lichten en dringend te verzoeken de volgende dag niet zelf te preken. Op zondag 11 maart 1945 luisteren Amsterdamse kerkbezoekers, op een paar uitzonderingen na, naar predikanten van buiten.

De Dag des Oordeels is nog maar nauwelijks goed ontwaakt of nieuwe beproevingen volgen. Na een bad, een half uur rust op de bank in Bernards kamer en een haastig gegeten ontbijt ben ik weer terug op m'n post, voor vandaag, zaterdag 10 maart, hoofdkwartier. 'Nog wat te melden?' vraag ik. 'Geen wijzigingen?' 'De hele familie Verwoerd is weggevoerd. De overvalwagens zijn nu weg. Naar schatting zijn er nog vijf man binnen, denk ik.' Arme familie Verwoerd. Vader, moeder, zoon en dochter.

De glazenwasser

In het onzekere wachten op wat komen gaat, krijgt Jacoba een goed idee.[114] Ze onderneemt onmiddellijk actie.

---

114 In een brief dd 7-10-1985 aan Paul Koedijk, biograaf van H.M. van Randwijk, vertelt Groepslid Kees Reitema (1920-2003) dat glazenwasser Zijtregtop een onderduiker was uit zijn rayon. Reitema schrijft dat hij Jacoba aanbood Zijtregtop te vragen. De glazenwasser was direct bereid.

Dan ineens tot de orde van de dag teruggeroepen vraag ik me af: wat doen we vandaag? We kunnen niets doen dan wachten. Wachten en afwachten. Plotseling flitst iets door mij heen: een glazenwasser. En weg ben ik. Bij Harry Mouthaan tref ik onze knokploegleider Ab de Boer. Als een lopend vuurtje is het nieuws de groepsgelederen doorgegeven. 'De codesleutel is in gevaar'. Ab had zich naar het hoofdkwartier gehaast. 'Bereiden we een overval voor?'Ik: 'We doen niets, begrepen? Er gebeurt vandaag niets tenzij ik daartoe eerst order heb gegeven.' 'Maar de codesleutel, al die namen en adressen!' 'Wachten, zeg ik je. Dat is toch duidelijke taal niet waar?' Ab ziet me vertwijfeld aan, zoiets begrijpt hij niet. Hoe zou hij ook; knokploegleider en daarom speciaal gedetacheerde van Groep 2000 bij de Binnenlandse Strijdkrachten. 'Er zijn veel rampen gebeurd in deze jaren maar een als deze... 'begint hij weer. 'Zwijg!' Hees is mijn stem maar gebiedend de toon. 'We zijn kerk, geen knokploeg!' Dan zachter: 'Ga naar je post Ab en doe daar je plicht zoals wij hier.' Hoog toornt in Ab de rebellie. Dit neemt hij niet, ik voel 't , ik weet 't. Ik heb hem gewond ook, maar ik kan niet anders. Ik steek Ab de hand toe maar hij weigert die. Met een ruk draait hij zich om. 'Ik zal weten wat mij te doen staat.' 'Laat het geen dwaasheid zijn Ab, want we kunnen nog niets doen.' Asgrauw en verkrampt staat Harry naast me. Samen kijken we Ab na. Wat zal hij doen? 'Harry, wil je even naar Ariëne van Kalken gaan en haar zeggen dat er vandaag geen enkele opdracht gegeven of uitgevoerd wordt tenzij deze van mijn persoonlijke ondertekening en zegelstempel (2000 geschreven en met lakstempel) voorzien is? Ik blijf zolang hier.' Even moet ik alleen zijn, trachten dit alles te verwerken. Wat gebeurt hier toch? Alles buiten mij om en door mij heen, zo fel, dat ik dreig eronder verpletterd te worden. Dan hoor ik zware stappen achter me. Sjoerd, de grote Sjoerd van Vrij Nederland. Nog niet zo lang geleden is 't dat wij daar op dat kantoor waar nu alles om gaat en hemel en aarde voor in beweging zijn, fel botsten. Nu komt hij naar mij toe, eerlijk, meevoelend, begrijpend. 'Dit is een taak zwaarder dan een vrouw dragen kan Co. Wil ik de leiding overnemen? Ik zal je plaats weer inruimcn zodra dit achter de rug is.' 'Wij zijn kerk Sjoerd, geen knokploeg, en wat de taak der kerk hier is kun jij niet bepalen.' Zo staan we tegenover elkaar. Rivalen? Neen, twee levensovertuigingen diametraal tegenover elkaar gesteld. Sjoerd weet: hier valt verder niet te praten. Komen en gaan. Harry komt terug, Sjoerd gaat. Ik ga naar Zijtregtop, onze glazenwasser. 'Als er iets bijzonders is Harry, ik ga naar de Jacob van Lennepkade 399, naar Zijtregtop, onze glazenwasser.'

Bij Zijtregtop bespreek ik mijn plan. De oude, door het leven zwaar getroffen man luistert. Zelf bezocht ik regelmatig dit gezin - alle oorlogsjaren door. Nu luistert vader Zijtregtop naar mijn verhaal over de overval op ons kantoor. 'Er bevinden zich daarin dingen die niet in handen van de Duitsers mogen komen. Ik zal je precies vertellen waar je kijken moet als je de ramen wast en je moet voelen of ramen los zijn, maar niets doen. Begrepen?' Hij knikt. 'Je mag alleen de voorkant doen en het achter-zijraam. De twee grote achterruiten kom je niet aan toe. Je moet via de achter-zijruit alles goed in je opnemen, want daar gaat het om. Van daaruit kan je namelijk de hele gang en deur naar mijn kamer overzien.' Ik maak een situatieschets voor hem, wijs hem de drempel die los zit, zodat deze door het losdraaien van een enkele schroef iets opzij kan draaien waardoor twee losse plankjes kunnen worden weggenomen. 'Neem deze schets goed in je op en vernietig 'm dan. De hele middag moet je in de buurt van het Weteringsplantsoen rondhangen, huis aan huis bellend of er ramen gewassen moeten worden, anders valt 't op dat je alleen maar naar ons kantoor gaat. Begrepen?' Z. knikt, twee handen vinden elkaar in een vaste handdruk. 'O ja, 't voornaamste zou ik vergeten. Precies om 6 uur stop je het werk, laat je ladder staan omdat je maandag terugkomt om 't af te maken.' Een grijns overtrekt het oude rimpelige gezicht.

De krijgsraad, 10 maart 1945

Jacoba spoedt zich naar de huisbaas die lid is van de LO, de Landelijke Organisatie voor Hulp aan Onderduikers. Ze vertelt hem van haar bezoek aan de glazenwasser en waarschuwt: 'Denk erom, 't is een abonnement als ze soms bij u mochten informeren.' Dan gaat ze terug naar Harry Mouthaan (1900). Daar is een oproep voor haar binnengekomen van de gecoördineerde verzetsgroepen uit die dagen voor een spoed topvergadering in verband met het gebeurde op het hoofdkantoor. Deze vergadering wordt gehouden in een woonhuis aan de Prinsengracht. Jacoba moet er die zaterdag 10 maart om 13.00 uur zijn om verantwoording af te leggen. Ditmaal zal ook de president kerkvoogd en directeur van de Koopmansbank H.F. van Meer (13035) ter vergadering aanwezig zijn. Jacoba wil haar post eigenlijk niet verlaten, maar heeft geen keus. De krijgsraad wacht. Ze is gespannen.

Wat zal er gebeuren als ik niet op m'n post ben vanwege de vergadering? Weer die dreiging precies als de afgelopen nacht. Ab de Boer, lid van het dagelijks bestuur, knokploegleider, door mij gekwetst in zijn eer als bij-

na gelijkgerechtigde, zou die zijn slag slaan? Ariëne komt terug met tien vierkante, met 2000 gestempelde kaartjes, met op de achterkant elk in eigen handschrift geschreven zijn eigen code.[115] *Eén ontbreekt: 206. Ab de Boer. '206 was bij u geweest', meldt Ariëne. 'Hij heeft uw order herhaald, maar niet bevestigd. Niet nodig, zei hij, omdat hij u persoonlijk al zijn antwoord gegeven had. Dat was meer dan een bevestiging, zei hij nog.' Ik knik. Bernard en Remme melden zich. Ze hebben predikanten gewaarschuwd en dringend verzocht zondag niet te preken in hun eigen kerk. Harry Mouthaan meldt zich, bijna kwart voor 1. Wat zal me te wachten staan? Zwaar valt mij deze gang naar de vergaderplaats. Deze plek is pal tegenover het gerechtshof. Ik zal staan met de ogen naar 't Gerecht en de anderen tegenover mij. Zal ik schuldig bevonden worden aan iets dat ik niet heb gedaan? Een chef is aansprakelijk voor de daden van zijn ondergeschikten, ook als er fouten gemaakt worden, zelfs als er gehandeld is tegen de nadrukkelijke bevelen in. Voort fiets ik. Een lichte kramp trekt langs mijn kuiten naar m'n hart omhoog. M'n lippen zijn droog, m'n tong dor en niets kan verkwikking brengen. Dorst. Ik ben er. In de gang is 'n fonteintje. Even m'n handen onder het koele water en een streek langs m'n lippen. Dan meld ik me. Precies op tijd. Zo past het een commandant, zelfs wanneer hij een gedaagde is en voor de krijgsraad treedt.*

Behalve Van Meer is de voltallige verzetstop aanwezig, onder wie Van Randwijk, Gerbrandy en Gijsbert van Hall, broer van Walraven van Hall die kort daarvoor is gefusilleerd.

De vergadering is voltallig. Alle ogen zijn op mij gericht. Er zijn goede, bevriende ogen bij van H.F. van Meer, die mij voorzichtig aftasten, trachtend dit raadselachtig en smartelijk gebeuren zo al niet te verklaren dan toch te peilen. Dan komen de vragen los. Wat is er gebeurd? Hoe is dit gebeurd? Hoe kon het gebeuren dat de codesleutel zich in het kantoor bevond? En ik vertel het verhaal, maar noem geen enkele naam. 'Ik moest naar uw vorige topvergadering; zo uit m'n werk. We waren alle verrichte betalingen en uitreikingen op ons kaartsysteem, in code, aan het invullen, maar we waren nog niet klaar. Ik moest weg. Er werd doorgewerkt. De codesleutel zou na kantoortijd aan mijn onderduikadres worden afgegeven. Daar is iets tussen gekomen en toen werd de sleutel verstopt.' Iemand

115 Dit zijn de gecodeerde identificatiekaartjes van Groep 2000. Zie ook de uitleg in hoofdstuk 16 van dit boek 'Organisatie en veiligheidscode Groep 2000' onder het kopje 'Legitimatieplicht voor bezoekers'.

vraagt: 'Wat is er tussenbeide gekomen?' 'Ik weet het niet. Omstandigheden die groter en machtiger zijn dan wijzelf.' Doodse stilte. Zouden deze mannen uit het verzet die niet kennen: omstandigheden, groter en machtiger dan zijzelf? Niemand vraagt meer. 'Wat doen we?' Het is Gijsbert van Hall die dit vraagt. 'Een overval voorbereiden?' vraagt Sjoerd. 'Wat denkt 2000 zelf?' wil Gerbrandy weten. 'Wachten.' Ik schrik van mijn eigen stem. Geamuseerd trekken even de lippen van Van Meer omhoog. 'Waarom en waarop?' vraagt hij nu. Hoe zacht, hoe vriendelijk is zijn stem, hoe bemoedigend zijn ogen. Ik: 'Wij zijn kerk en geen knokploeg. Er zijn nog geen arrestaties verricht. We weten niet of de codesleutel gevonden is.' 'Daar kunnen we niet op wachten. Tegen die tijd staan we allemaal tegen de muur', zegt Sjoerd. 't Is of ik Ab hoor spreken. 'Vertrouwen is meer dan sterk zijn', zegt Van Meer. 'Wij zijn geen kerk; wij zijn een verzetsgroep gecoördineerd in de Binnenlandse Strijdkrachten. Daar hoort 2000 ook bij', zegt Gerbrandy. 'Ik sluit me bij de heren aan.' Gijsbert van Hall. 'Ik voel veel voor wat 2000 voorstelt.' Van Meer. 'Laat een van ons tijdelijk de leiding overnemen.' Gijsbert van Hall weer. 'Dat heb ik ook al voorgesteld vanmorgen', zegt Sjoerd. 'Daar zit iets in als zij er tenminste zelf voor voelt. Hoe denkt u erover?' vraagt Van Meer mij. 'Ik blijf op mijn post tenzij ik door de kerk uit mijn functie wordt ontslagen.' 'U hoort het heren. Dit gaat te ver', zegt Gerbrandy. Sjoerd: 'Niet de kerk beslist hier, maar de gecoördineerde verzetsgroepen.' 'Daar hoort 2000 ook toe', merkt Van Hall op. 'Ja, maar dit is krankzinnig', zegt Gerbrandy. 'De kerk neemt toch ook de wapens op? Denk aan onze legerpredikanten. Denk aan de 80-jarige oorlog.' Vertwijfeld ziet Gerbrandy de vergadering rond. Dan: 'Ik weet het niet, het is om gek van te worden!' Onze ogen ontmoeten elkaar. Zijn vader, onze minister-president in ballingschap, zou wachten! Zou ik het durven? Het klinkt als een fluistering: 'In stilheid en in vertrouwen zal uwe sterkte zijn.' We stemmen opnieuw. Van Hall: 'Wachten.' Gerbrandy: 'Wachten.' Van Meer: 'Wachten.' Sjoerd, het potlood beweegt als in balans heen en weer. De K van Knokploeg staat er reeds. Strak rusten mijn ogen op de gebogen gestalte. Maar al te goed herinneren wij beiden ons het moment van niet zo heel lang geleden. De sterkere moest voor de zwakkere wijken. Nu is het geen moeten. Het feit is al beslecht trouwens - zal het een vrijwillige daad worden? Heb mededogen Heer met deze sterke man. Een driftige haal door de K. 'Wachten.' De krijgsraad heeft mij vrijgesproken.

De schietpartij

Op dat moment van opluchting wordt Jacoba's angstige voorgevoel bevestigd. Opperwachtmeester Van Hoften valt gelijktijdig met zijn klop op de deur binnen en roept: 'Een schietpartij op ons kantoor!'[116]

Een ogenblik is het of alles om mij heen draait en tolt. Krampachtig houd ik mij vast aan de stoel waarachter ik sta. Van Meer schiet toe, maar ik heb mij alweer hersteld. 'Wat is er gebeurd, Van Hoften?' Hij vertelt over een gewapende overval op Stadhouderskade 56 door vier mannen van de Binnenlandse Strijdkrachten. De overval is overigens zonder resultaat gebleven, daar men niet verder dan de voordeur gekomen was door de, op het vallen van het eerste schot, van alle kanten toeschietende overvalwagens. De BS-ers waren, voor zover aan Van Hoften bekend, ontkomen. Verbijsterd staren wij elkaar aan, want elk van ons weet maar al te goed wat dit betekent: represaillemaatregelen. Het eerst van allen heb ik me hersteld en nog voor een van de aanwezigen er erg in heeft, ijl ik terug op m'n fiets, vlugger dan de wind die ik nu in de rug heb. Vlugger ook dan Van Hoften op zijn politiemotor die, zodra hij mijn absentie ontdekt, mij achterna gaat om zo mogelijk overleg te plegen. 'Ab' en 'Zijtregtop', die twee namen hameren in mijn hoofd. Dat het niemand anders geweest kan zijn dan Ab de Boer met enkelen uit het Strijdend Gedeelte 2000[117], of misschien uit het vendel VN staat voor mij vast. Waar zouden zij zijn op dit ogenblik? In veiligheid? Gearresteerd al?

Later blijkt dat de vier BS-ers die op eigen initiatief de overval op het eigen hoofdkantoor hebben gepleegd, De Boer (206), Buring (2014), Van Doesburg (4012) en Bos (2040) waren. Bij de overval wordt SS Hauptscharführer Ernst Wehner door een kogel gedood. Jacoba probeert te redden wat er te redden valt.

De eerste die ik op de Stadhouderskade zie, is Zijtregtop; huis aan huis aanbellend. Wat heeft het nog voor zin? Waarvoor zal hij die Duitsers misschien nog meer op stang jagen, misschien zelfs achterdocht wekken? Ik spreek hem op straat aan. 'Zo, glazenwasser, hoe gaat het sinds vanmorgen?' 'Er valt hier niets te verdienen vandaag. Alle mensen hebben hun hoofd vol van wat daar

116 Ook dr. L. de Jong schrijft over de overval in 'Het Koninkrijk der Nederlanden in de Tweede Wereldoorlog', deel 10B (eerste helft, blz. 376/377).

117 Het Strijdend Gedeelte 2000 was het gewapende onderdeel van Groep 2000.

gebeurt (met een knik naar Stadhouderskade 56). Wat heb ik daaraan? Centen mot ik hebben, van neen verkopen kan ik geen brood kopen en laat er nou zo'n stel heethoofden aan 't schieten geslagen zijn! De schijters, bij 't eerste schot namen ze al de benen. Melkmuilen zijn 't. Wat doen ze bij d'r moeder weg te lopen om hier eens even de heleboel op stelten te zetten? Ze hadden beter kunnen bedenken dat die moffen dat niet nemen! D'r is ook nog een dooie gevallen. Kijk daar gaat hij met de ambulancewagen. Heb je wat aan als ze je eerst voor je raap schieten om dan netjes met je benen achteruit de deur uitgedragen te worden. Die soldaten zitten d'r ook niet voor d'r lol. Wat u!'

Jacoba is aanvankelijk bang dat Zijtregtop teveel aandacht trekt, maar dan begrijpt ze het: vlakbij staat in een portiek een meisje te praten met een zwarthemd. Jacoba staat met de rug naar hen toe, maar Zijtregtop heeft gezien hoe die twee elk woord dat er wordt gesproken trachten af te luisteren. Hij zou die twee wel even! Jacoba speelt het spel mee maar wordt al snel door haar 'beschermengel' Van Hoften naar binnen gesommeerd.

Zijtregtop is helemaal in zijn rol en ik moet erkennen dat hij het meesterlijk doet. Ofschoon helemaal niet in de stemming haak ik in: 'Is er geschoten? Wat is er dan gebeurd in die anderhalf uur dat ik weg geweest ben?' 'Dat zeg ik u toch, d'r is zo'n stel dolkoppen geweest die eens even wilden laten zien dat zij wel durfden. Nou en....' 'Zuster, u kunt beter niet blijven praten hier. Je kunt nooit weten wat er na zo'n schietpartij gebeurt.' Het is Van Hoften die dat zegt. Tegen het stel achter mij: 'Gaat u liever naar binnen.' Hij loopt alweer door naar een paar voorbijgangers die staan te kijken. Ik ga naar m'n post: geslagen - want alles lijkt verloren. Z. hobbelt achter mij aan: 'Zuster, zuster, heeft u misschien een glaasje water voor me? De koffie zult u vast wel in Indië moeten halen net als wij allemaal.' Eenmaal binnen staat hij kaarsrecht voor me. Ik maan hem: 'Niet te druk Zijtregtop, want dat loopt in de gaten. Trouwens - het heeft geen enkele zin meer. Je kunt beter naar huis gaan. Ze zijn natuurlijk razend en terecht. En als er met u iets zou gebeuren...' Ik krijg de kans niet uit te spreken. 'Geen enkele zin meer zegt u! Nu meer dan ooit moeten we weten wat daar gebeurd is; wat dacht u, dat ouwe Zijtregtop niet begrepen had wat daar in dat koppetje van u omgaat? U wilt d'r in om precies dezelfde reden als die jongens van daar even, alleen doet u 't een beetje omzichtiger en verstandiger en Zijtregtop moet daarbij helpen. Wis en waarachtig zal ik dat doen en als 't moet helemaal alleen!

Ik ben een oude man en als er met mij iets gebeurt, zorgt u voor ons gezin. Precies zoals u het al deze jaren al gedaan heeft. Natuurlijk, mijn vrouw en jongens zullen er wel een traan om laten, maar ik heb m'n tijd gehad. U heeft vele van zulke gezinnen als het onze. U kunt niet gemist worden.' Z. staat voor z'n woord. 'Ik was dat varkentje keurig schoon. U zult zien: het wordt een heerlijk hapje Schweinbraten!' Hij likt er nog zijn lippen bij af ook. Ik moet iets wegslikken.

De glazenwasser doet zijn werk

Ook Harry Mouthaan zit in de blokpost onder de brug. Hij is stomverbaasd en zegt tegen Jacoba: 'Laat ik me nu de kop gebroken hebben wat u in vredesnaam met een glazenwasser moest bespreken terwijl er zoveel ernstiger dingen op 't spel stonden!' Jacoba maant Zijtregtop nogmaals voorzichtig te zijn en niet teveel te wagen. Ze weet dat hij in zijn jonge jaren bij de marine heeft gezeten en dus kan inschatten hoever hij kan gaan. Daarop hinkt Zijtregtop weer naar buiten om zijn pogingen nog wat ramen te wassen voort te zetten. Op 56 voltrekken zich geen veranderingen meer nadat de ambulancewagen is weggereden. Mouthaan gaat naar huis. Jacoba blijft op haar post.

De minuten kruipen. Om 10 over half 6 blijft de ladderwagen van Z. met een harde bonk voor no 56 staan. Z. zet 'n ladder tegen de voorgevel en klimt omhoog met z'n emmertje. Ik zie twee groene uniformen hevig gebarend voor de ramen verschijnen. Eén komt naar buiten. Van bovenaan de ladder gebaart Z. terug en werkt onverstoorbaar door. De groene schreeuwt, zet z'n voet op de eerste sport. Z. heeft een ruit klaar, draait zich op de ladder om en met de rug daartegenaan leunend spreekt hij met de woedende man daar beneden. Deze gebaart nog wat en gaat weer naar binnen. Z daalt af, verzet z'n ladder en werkt door. Dan belt hij beneden aan en draagt door de gang de ladder naar binnen, om zo de achterkant te bereiken. Ik kan hem nu niet meer volgen. Het heeft al 6 uur geslagen als ik hem weer naar buiten zie komen, maar nu niet door het benedenhuis, maar door de deur van de St. Jozefs Gezellen (no 55) en met een halve ladder die hij achteloos op z'n wagen smijt. Hij wrijft zich eens in de handen ten teken voor mij dat alles naar wens is verlopen, sjort z'n vrachtje vast en hobbelt weg. Hij schampt z'n wiel langs de trottoirband, hijzelf struikelt bijna en wrijft met veel misbaar z'n pijnlijke enkel. De surveillerende Van Hoften zet de wagen weer recht. Van Hoften leidt de nu geheel kreupele Z.

naar mijn EHBO hulppost. 'Zuster, een klantje voor u die z'n voet wat verstuikt heeft.' Smith en ik zitten te wachten. Ik tegen Smith: 'Ik help deze man wel even. Zoudt u mijn fiets vast uit de stalling op 't Museumplein willen halen?' Als we samen zijn, somt Z. alles achter elkaar op: 'Alles OK, er is niets gebroken of opgenomen. Ze hebben stellig geen idee dat er zich nog iets onder de vloer bevindt. Vier man zitten er in. Alle kasten en machines zijn eruit gesleept, maar stoelen en tafel staan er nog. Niet uw bureau en de typetafels. Geen schilderij meer aan de wand en het behang daar achter afgescheurd. Matras divanbed doorgesneden. Ik moest mijn werk afmaken en mocht ladder niet laten staan. Beneden weet ik ook niet wat voor vlees ik in de kuip heb. Werken in elk geval niet mee. St. Jozefs Gezellen zijn safe. Heb daar schoon water gevraagd en gezegd dat mijn ladder eigenlijk moest blijven staan. Boden aan te helpen. We hebben het bovenstuk van de ladder afgekoppeld en daargelaten.' Ik zie Smith aankomen. 'Zou 't zo weer gaan Zijtregtop?' 'Fijn zuster, 't kan weer even mee, zo.' We drukken elkaar de hand. Ik neem de fiets over van Smith.

Het moederhart

Jacoba informeert eerst Bernard, fietst vervolgens naar Nel om het verhaal te vertellen en gaat dan naar de Johannes Verhulststraat 129, het huis van de familie Van Tongeren. Jacoba's vader woonde hier tot hij in oktober 1940 werd opgesloten in het Huis van Bewaring. Nu wonen hier alleen nog Jacoba's moeder en oudere zus Lot. Om haar moeder en zus niet ongerust te maken, vertelt Jacoba niets over de overval.

'Heb je al gegeten? Je gaarkeuken-maal staat er ook nog, je bent zo laat.' 'Er was zoveel vandaag en ik moet nog weer weg. Ik ga 'n uurtje liggen.' 'We hebben tomatensoep uit blik, ik breng je straks wel een bordje.' 'Graag moeder.' Ik verwonder mij er elke keer over hoe veranderd moeders houding is sinds 't gebeurde met Herman. Vragen doet moeder nooit, maar haar bijna blinde ogen zien scherper dan ooit. Er klinkt vaak bezorgdheid door in haar stem; vastberadenheid tevens. 't Is precies of zij zeggen wil: 'Ik weet wat je doet. Zet het werk van je vader en je broer voort. Het is voor de Nederlandse zaak'. Ik ben er haar dankbaar voor. Het is beter dat zij zo min mogelijk weet, vermoedt, want zij weet niet tegenover wie zij zwijgen moet. Precies een uur lig ik op de bank, ga onder de douche. Juist als ik gereed ben, komt moeder met een bord kokende soep en twee sneetjes geroosterd brood. Ze blijft erbij terwijl ik eet. Als ik weer vertrek zegt ze: 'God zij met je. Als je

vannacht naar de sterrenhemel ziet, weet dan dat je vader en je broer van daaruit op je neerzien en je bewaken.' Hoe onnaspeurbaar zijn de gevoelens van het moederhart. Een verborgenheid was zij voor vader. Een verborgenheid is zij thans ook voor mij.

De overval

Jacoba regelt het wachtlopen van de Groepsleden. Op nr 56 wordt de wacht eveneens afgelost. Vier man gaan, vier andere Duitsers komen ervoor in de plaats. Jacoba hoopte erop dat de wacht weg zou gaan zodat ze 's nachts ongezien het gebouw zou kunnen ingaan. Harry Mouthaan komt aflossen. Hij heeft nieuws; hij heeft Buring gesproken over de overval en vertelt Jacoba wat er precies is gebeurd.

Toen zij even na 12 uur aankwamen op 56 had de aflossing tegen hun verwachting in nog niet plaatsgehad of liever: bezetting en aflossing waren allebei nog boven geweest. De Boer was 't eerst naar binnengegaan en had geroepen: 'Handen omhoog of ik schiet!' Buring, vlak achter De Boer, had een waarschuwingsschot gelost, rechtstandig omhoog in het trapgat toen hij zag dat de man boven aan de trap een beweging maakte naar zijn eigen pistool om De Boer, die naar boven stormde, onder vuur te nemen. De kogel ketste precies in de flauwe bocht van de trap waar deze de eerste etage bereikte en waar Wehner stond, die werd getroffen en op slag gedood moet zijn. Hij was voorover naar beneden gestort boven op De Boer die zijn evenwicht verloor. Buring kon nog juist zien hoe vijf, zes groenen op 't tumult toeschoten en sjorde, samen met Van Doesburg, De Boer overeind onder het lichaam van Wehner vandaan, en de deur uit waar de verblufte Bos over een zo snelle afloop van de operatie nog net hoorde: 'Dekken, wegwezen!'

De vlucht

Van alle kanten was het nieuwsgierige publiek toegestroomd. Dat was het geluk geweest van de mannen; op hun vlucht werden ze opgenomen in de mensenmassa, net toen twee overvalwagens om de hoek aangierden. Deze overvalwagens hadden al de hele ochtend vlakbij, op het Museumplein gestaan. De mannen wisten veilig de fietsenstalling op het Museumplein te bereiken en konden van daar, ieder langs een andere weg, ontkomen naar 't verzamelpunt: het kantoor van de Gemeente Giro. Hier was de vader van De Boer werkzaam evenals het Groepslid Hoekstra. Toen bleek dat niemand was gevolgd door de Duitsers, is ieder weer naar z'n eigen duik- of woonadres gegaan. Zij hadden afgesproken althans gedurende het eerste etmaal 'gedoken' te blijven.

Ik voel een last van mijn schouders afgenomen: de onzen waren gelukkig in veiligheid. Maar er bleven vele, ook nog bange vragen. Waar kwam Van Doesburg ineens weer vandaan? Hoe moest mijn houding zijn tegenover De Boer in de eerste plaats? Wat zouden de gevolgen zijn van deze daad van rebellie binnen de Groep? Wat zouden de Duitsers doen? De codesleutel die zich nog altijd in het huis bevond. Ons coderegister, zou dit ook zonder sleutel iets, veel misschien van zijn geheim prijsgeven? Schijnbaar een toonbeeld van rust en beheersing wacht ik achter 't kelderraam het aanbreken van de dageraad. Wat zou de nieuwe dag ons brengen? Om beurten vertreden Mouthaan en ik ons binnen de besloten ruimte van deze kleine blokpost. Er gebeurt niets. Tergend langzaam verstrijken de uren. 6 Uur precies is Smith present. 'Nog altijd hier?' Ik knik. 'Ik kan niets doen en toch ook niet weg.' 'Ik begrijp het.' Om 8 uur zeg ik: 'Kunt u tot 12 uur hier alleen zijn? Ik wilde graag naar de kerk, maar ga me verfrissen en thuis ontbijten. Van Kalken kan gewoon naar huis. Om 12 uur komt Van Geuns, maar dan ben ik weer present hoop ik.'

Naar de kerk

De kerk aan de Keizersgracht 676 is voor Jacoba een plek om rust en vertrouwen te vinden. Maar op deze zondag lukt het haar niet in gesprek te komen met God. Haar vragen worden niet beantwoord. Toch doet het kerkbezoek haar goed vanwege een onverwachte ontmoeting.

't Geeft afleiding thuis voor het ontbijt van moeder en Lot te kunnen zorgen en het hen boven op bed te brengen. Een sterke kop koffie en m'n burgerkleren maken weer een ander mens van mij. Dan ga ik naar de kerk. Het is zondag 11 maart 1945, de zondag die in de kerkgeschiedenis zou moeten worden geboekstaafd als de bewuste dag des heren waarop de meeste Amsterdamse pastores buiten hun eigen wijkkerk en gemeente het woord verkondigen. Veel mogelijkheden zijn er niet, door de algemene spoorstaking. Men heeft geruild met de randgemeenten, maar veel trouwe kerkgangers missen geheel onverwacht hun eigen pastor. Bernard en Remme wist ik op hun post. Toch kan ik Bernards preek niet volgen die morgen. Het is mij eenvoudig niet mogelijk mijn gedachten te concentreren. De woorden komen van heel ver tot mij. Van hoever ze overigens tot mij komen en hoe onwezenlijk op dat moment

alles voor mij is; toch ben ik ontroerd. Hevig ontroerd, want twee plaatsen van mij af heb ik Ab de Boer ontdekt en ik weet dat Ab hier gekomen is in de hoop mij te treffen. Ik vecht nog steeds met mijzelf om mijn houding tegenover hem te bepalen. Waar moet ik streng zijn, onverbiddelijk misschien en waar mag ik mens, medestrijdster zijn? Is hij schuldiger dan Leni en Jan? Ik kan niet strenger zijn tegenover hem dan tegenover die twee anderen, al is zijn verantwoordelijkheid als lid van het DB misschien groter en zal zijn daad als hoofd van het Strijdend Gedeelte 2000 hem misschien zwaarder aangerekend worden en verstrekkender gevolgen hebben. Maar hoe zou de Groep dit zien, de overige leden van het DB en de Commissie van Beheer? Vragen, vragen, vragen waar ik niet mee klaar kwam. Heer, beantwoord ze voor mij, ik kan 't niet. In het kerkportaal, terzijde van de uitgang staat hij op mij te wachten. Ik ben hier kind aan huis, grijp de sleutel van een klein kamertje waar ik weet dat Bernard zich weleens na de dienst teruggetrokken heeft met deze of gene die hem spreken wilde. Ik beduid aan twee dienstdoende jongeren dat ik even van dit vertrek gebruik moet maken. Voor mij staat een ontredderde jongeman, die niet uit z'n woorden kan komen. 'Vertel het maar Ab, hoe is het allemaal gebeurd? Je hebt heel wat doorgemaakt in de afgelopen 24 uur.' 'Ik , ik kan het niet zeggen. Zo had ik 't niet gewild. Ik schaam mij zo voor u.' 'We maken allemaal fouten Ab. Mij ook is op de een of andere manier 't beleid uit de hand gelopen dat dit alles mogelijk geweest is. Leni, Jan, jij. Ergens moet ik fout geweest zijn en 't erge is dat ik niet eens kan zeggen waar.' Ab is van z'n stoel opgesprongen. 'U, u had het verboden! Wat Jan en Leni deden, wat ik deed.' Ik antwoord: 'Ik heb mij vannacht en vanmorgen terdege rekenschap gegeven van het gebeurde. Na mijn ziekte is er veel gebeurd dat mij de ogen heeft geopend. Maar de wortel van het kwaad moet er al eerder gezeten hebben. Jij, Jan en Leni moeten mij helpen die fout op te sporen.' Verbazing, blijdschap lees ik in zijn gezicht. 'Bedoelt u dat ik, wij, niet als Groepslid worden geroyeerd?' 'Voor zover het aan mij ligt ja, want ik sta naast en achter jullie. Maar je weet even goed als ik dat dit geen zaak meer is van mij alleen, maar van ons Bestuur en de Commissie van Beheer en eigenlijk van de gehele Groep. Wij allen zijn erbij betrokken.' Ab heeft er geen woorden voor. 'Ik ga het mijn vrouw vertellen. Dank u', zegt hij eenvoudig. 'Tot ziens Ab. De rest hoor ik later wel eens. O ja - maandag beginnen wij opnieuw, ieder op zijn eigen post. Hoofdkantoor voorlopig weer Jacob van Lennepkade 312. Alleen ik blijf nog vandaag en morgen posten. Als er dan nog geen veranderingen zijn op 56 geef ik 't op. Dan mogen we aannemen dat er niets gevonden is en ze daar ook niet meer zoeken.'

Geheel eerlijk is dit laatste niet. Weliswaar heb ik mij de uiterste termijn gesteld, maar altijd nog met op de achtergrond de hoop dat ik de codesleutel zal kunnen bemachtigen. Terug op mijn post tref ik precies nog Van Geuns en Reitema die Smith komt aflossen. 'Morgen beginnen wij allemaal opnieuw - onvoorziene omstandigheden dan voorbehouden, maar het werk kan geen langer uitstel gedogen. Zolang we nog geen ander adres hebben, is ons hoofdkantoor weer Jacob van Lennepkade 312.'

Jacoba geeft haar orders zodat de districtshoofden en koeriersters snel worden geïnformeerd over het tijdelijke nieuwe hoofdkantoor. Dan is er ineens goed nieuws.

Precies op dit moment komt Van Hoften. Hij is opgewonden maar 't zijn geen onweerswolken die zijn blijmoedig gezicht vertekenen. 'Jongens er is nieuws. Ik heb De Boer en Buring gesproken. Onze code heeft de vuurproef doorstaan. Vanaf gistermiddag en de hele avond en nacht door en ook vanmorgen nog worden politieke gevangenen uit het Huis van Bewaring aan de Amstelveenseweg met hun neus op onze coderegistratie gedrukt. Zonder resultaat. Bij de Sicherheitsdienst in de Euterpestraat hebben ze er twee specialisten bij gehaald en ook onze recherchedienst. Ze weten er geen raad mee.'[118]

'Bravo!' 'Gefeliciteerd!' 'Leve 2000, leve 2000, leve de code!' 'Fantastisch!' Ik: 'Jongens, jongens kalm een beetje. Er is geen luchtalarm geweest en ook geen oefening. 't Gaat niemand aan dat we hier in de blokpost zitten en dat met zo velen. Ingerukt en aan het werk. Tot vanavond.' Dan ben ik weer alleen. Meerdere Groepsleden vervullen hun wacht, maar ik stuur ze naar huis. 'En u dan?' 'Ik zit hier en slaap wel wat tussen de bedrijven door. Samen wachtlopen maakt de nacht korter, dat is waar en ik waardeer 't dat jullie gekomen bent, maar 't is beter als je gewoon naar huis gaat.' Even later ben ik alleen, maar niet lang. Ineens staat dr. Stiggelbout voor me. 'Ik kwam je vertellen dat jij en Nel vanaf morgen weer samen zijn. Bij Van de Vlies, Antillenstraat 4/II. Jullie krijgen twee kamers met gebruik van keuken. Niet zo groot, maar toereikend.' 'Dank u dokter! Het zal heerlijk zijn weer samen te wezen.' Stiggelbout ziet mij aan. 'Het is de hoogste tijd, want dit leven houd je niet lang meer vol. Ik moest hier in de buurt zijn bij een patiënt, daarom nam ik jou er maar meteen bij. Nel gaat er morgen meteen heen. Ze weet er

118 Na de bevrijding zou een officier van de Canadese Field Security bij mejuffrouw Van Tongeren inlichtingen inwinnen over het gebruik van de code.

al alles van en was in de wolken.' We geven elkaar de hand en mijn wacht vangt aan. Traag gaan de uren en vele zijn de gedachten. Hoe lang nog Heer?

Jacoba citeert een gedicht waarbij ze noteert: 'Uit het Gebed van K. Josselin de Jong door ons in de vrije pers gepubliceerd omstreeks april '44. Iets gewijzigd.'

'Ik ben zo moe,
ik ben zo moe van te lang wachten, God.
Zo moe van te lang pijn en te lang dragen,
ik ben haast den weg naar u verloren, God
en durf niet meer om uwen bijstand vragen.
Ik ben zo moe van teveel hopen, God.
Zo moe van teveel angst en teveel zwijgen,
ik ben bevreesd tot u te bidden, God
en durf niet meer voor u het hoofd te neigen.'

Hoe leven deze woorden nu in mij. Een dodelijke vermoeidheid, lichamelijk en geestelijk, legt zich over mij. Ik vecht met mezelf om niet in slaap te vallen, met de zinloosheid van deze wacht.

Maandagochtend 12 maart 1945 heeft geen verandering gebracht. Jacoba wordt door Leni Broersma afgelost voor de wacht van 6.15 tot 8.15 uur. Jacoba is dodelijk vermoeid. Maar ze moet door; 4500 onderduikers zijn afhankelijk van het werk van Groep 2000. Het is hongerwinter, de voedselbonnen moeten op tijd komen, crisis of geen crisis in de Groep. De commandant geeft instructies: 'Het Centraal Register moet opnieuw worden opgebouwd vanuit de wijkregisters. We zullen de code iets wijzigen, niet veel. Dat zoeken we samen wel uit. Voorlopig heb je genoeg aan het voorwerk. Er moeten kaarten besteld bij Bunders. Als hij door materiaalschaarste niet genoeg kan leveren dan moeten in de diverse kantoorboekhandels kaarten worden aangekocht en de vakverdeling erop aangebracht. Bij de nieuwe bon-uitreiking moeten we klaar zijn. Schakel de districtshoofden in en vraag de wijkregisters op. Laat de koeriersters de winkels afgaan en meehelpen met de indeling der kaarten. Mouthaan en Reitema kunnen ook helpen als ze van hun werk komen.'

Als ik om 8.15 terug kom heb ik een pakje van 100 blanco kaarten en begint het werk. Ik heb tenminste wat te doen en werk toch mee op 'n eenzame post van afzondering in het geheel. Om 10 uur begint er verandering te komen. Overvalwagens komen af en aan. Overal worden groene wachtposten uitgezet. Die zijn iets van plan!

Represailles

Het werk met de kaarten heeft de dreiging van represailles heel even op de achtergrond geduwd, maar de angst komt in volle hevigheid terug als Jacoba ziet hoe voorbijlopende, argeloze burgers worden aangehouden en tegenover het Weteringplantsoen worden opgesteld. Groenen lopen af en aan. Onafgebroken houdt Jacoba nr 56 en het bewegen op straat in het oog.

Mijn hart is samengeknepen. Heer, is er dan geen erbarmen meer bij u? Ik weet dat nu gebeuren gaat voor mijn ogen, waar ik al dien tijd bang voor ben geweest. Ik ben alleen; verkrampt sta ik daar, de nagels gedrukt in de palmen mijner handen. Ik zie de overvalwagens aankomen, vier in getal, afgeladen met groenen en merendeels jonge mannen. 20 weerloze gevangenen[119]*; hoe zij worden opgesteld in de berm van het Weteringplantsoen, naast de vuilnishoop, recht tegenover het vuurpeloton. O godverlaten schurkentroep! Hoe haat ik deze beulen! Niet bij machte ben ik de blik af te wenden of zelfs maar de ogen te sluiten. 'Vuur!' De schoten knallen, lichamen vallen. Heer! Meer dan een kreet die tegen de muren van mijn dodencel opklinkt is het niet. Ik val op de knieën, het gelaat in de handen en warme tranen sijpelen tussen mijn dode vingers neer. Ik huil zoals ik nog nooit gehuild heb, zelfs niet bij het overlijdensbericht van vader, bij de moord op mijn broer. 20 doden door mijn schuld. 20 doden, omdat ik leidster heb willen zijn en faalde. O God hoe haat ik! Hoelang ik zo gelegen heb, weet ik niet, maar als ik eindelijk moeilijk overeind kom, zie ik dat reeds de leerlingen van de middelbare scholen naar huis gaan en aangehouden worden door de Duitsers om geconfronteerd te worden met dit verschrikkelijke schouwspel. IJlings hol ik naar buiten en weet wat mij te doen staat. Zoveel mogelijk vang ik hen op en beweeg hen een andere route te nemen. Te gruwelijk is dit voor zulke jonge ogen.*

Honderden voorbijgangers, ook schoolkinderen, worden op deze maandagochtend gedwongen toe te kijken bij de fusillade. Onder hen

119 De namen van de gefusilleerden zijn opgenomen in de bijlagen. Jacoba noemt 20 doden, later blijkt dat er 30 mannen zijn gefusilleerd.

de latere minister van Volksgezondheid Els Borst die toen 13 jaar oud was.[120]

Dan zie ik een wagen van de geneeskundige dienst voor een huis op de Weteringschans, het huis van een der onzen, pastor Dr. J. Koopmans. Wat is hier gebeurd? Ik durf de vraag nauwelijks te stellen; mijn knieën beven.

Een verdwaalde kogel heeft dominee Koopmans getroffen toen hij van achter het raam in zijn studeerkamer de fusillade op het Weteringplantsoen gadesloeg. Hij sterft ter plekke. Koopmans was een van de centrale figuren van het geestelijk verzet in Nederland. Eind oktober 1940 schreef hij het bekende illegale pamflet 'Bijna te laat!' waarin hij opriep de Arier-verklaring niet te tekenen. Een deel van de 30.000 gedrukte pamfletten werd naar alle burgemeesters en alle Christelijke schoolbesturen gestuurd.

Als zijn stoffelijk overschot op een brancard wordt uitgedragen om in een van de rouwkamers van de prot. chr. Begrafenisonderneming opgebaard te worden, sta ik aan de baar: Wehner - 20 gevangenen, waaronder de heer Verwoerd en zijn zoon. Terwijl vrouw en dochter in het Huis van Bewaring zich niet bewust zijn van het lot dat man en vader getroffen heeft en ergens een Joods kind op weg is naar de gaskamer[121] - en een pastor. 22 Doden hebt Gij van mijn hand geëist, Heer, waar is uw mededogen?

Als een bange droom gaan de uren die nu volgen voorbij. Nog steeds blijft de bezetting op 56 gehandhaafd. Vier man sterk. 20 doden liggen uitgestrekt in de berm langs de weg. Voorbijgangers blijven staan. Nu komt ook Van Hoften. De Groepsleden komen, pastores ook, velen verbijsterd ontzet. Van Meer. Lang staat hij daar, het hoofd ontbloot. Een groene nadert en schijnbaar onverschillig schreeuwt hij iets naar Van Meer die zich afwendt en verder loopt. Dan zie ik iets wat ik nooit eerder zag. Als de groene zich onbespied waant, keert hij op zijn schreden terug en blijft staan bij de doden. Lang, aandachtig beschouwt hij die daar; een hand tast in de zak en een smoezelige zakdoek snuit de neus. Er wordt een kruis geslagen. Een man in een groen uniform, lid van de gehate dodenbrigade, walgt van wat zijn partij voor recht laat gelden.

120 Els Borst (1932-2014) vertelde in verschillende interviews hoe de afschuwelijke gebeurtenis op het Weteringplantsoen haar tot de wens bracht iets goeds te doen voor de mensheid. Ze besloot kinderarts te worden.

121 Jacoba weet hier nog niet dat de kleine Rob Waaker, onderduikertje bij de familie Verwoerd, is ontkomen.

Wake bij de doden

Jacoba voelt zich als commandant verantwoordelijk voor de slachtoffers die nog altijd naast de vuilnishoop liggen. Ze wil in haar eentje in de blokpost onder de brug een nachtwake houden bij de doden. Een wake waarin ze bij zichzelf en God op zoek gaat naar de schuldvraag.

Om 6 uur komt Nel mij halen: 'We gaan samen naar ons nieuwe huis.' 'Neen Nel, nu niet. Minder dan ooit kan ik hier weg. Ik betrek de dodenwacht tot die hier weggehaald zijn.' 'Co!' Vol ontzetting staart zij mij aan. 'Dat kun je niet menen. Dit alles was al erg genoeg, te erg.' 'Zij stierven voor ons, Nel.' 'Maar 't is onmenselijk; 't is om gek te worden dit steeds te moeten zien.' Ik: 'Straks komt de nacht. Ga naar huis Nel en laat mij met de doden alleen. Het is mijn plicht.' 'Dit is geen plicht, dit is zelffoltering. 't is God verzoeken. Hier blijven heeft geen enkele zin.' 'Ga Nel. Het is de laatste eer die ik mijn doden bewijs. Zij stierven door een beleidsfout van mij.' Nel weet: hier is geen praten tegen. 'Zal ik Dhont vragen je brood en misschien een thermosfles met koffie te brengen?' 'Dank je. Alles van 12 uur staat er nog. Ik heb genoeg. Goedenacht Nel.' Als Nel weg is, neem ik mijn plaats die ik al die dagen en nachten bezet heb, weer in. Hoe lang nog zal ik hier zitten? Moest ik hierop wachten Heer? O, als ik toch maar weer uw stem kon horen!

Daar liggen er twintig tegen den dijk,
ze liggen een dag en een nacht te kijk,
een koude zon werpt haar aarzelend licht,
op hun grauwe handen en hun dode gezicht.
Aarzelend zijn toen de mensen gekomen,
ze staren, ze kunnen er niet aan ontkomen.
Schuw en nieuwsgierig schuifelen de kinderen,
en niemand doet moeite om hen te verhinderen.
Bij mijn waken en straks in mijn dromen,
zie ik die twintig daar onder de bomen.

Dan zie ik die handen, in bidden gevouwen,
ik zie de stugge, of schreiende vrouwen.
Ik zie de kleine, nieuwsgierige kinderen,
geen steekt de hand uit om hen te verhinderen.
Ik bid: mijn God, laat mij nimmer vergeten,

die twintig, van wie wij de namen niet weten,
die daar als oud vuil liggen tegen den dijk,
tot schande en smaad van het derde rijk;
Het schreeuwt in mij: breng verlossing, o Heer!
Heer ik glijd mee, want ik kan niet meer.
Ginds bij die twintig, daar stonden de kinderen.
O Heer, waarom was er niemand om dit te verhinderen?

Die nacht breng ik door in een vrijwel voortdurend luisteren en spreken met mijn Heer. Niet wat op 56 gebeurde is meer belangrijk voor mij. Al let ik bij het aflossen van de wacht nog nauwkeurig op hoeveel soldaten erin gaan en hoeveel er uitkomen. Belangrijk is slechts wat mijn Heer mij te zeggen heeft. De nood en het leed in al die gezinnen, waarvan de vader, de zoon daar voor ons liggen, voor mij. De schuldvraag weegt zwaar. Hoe kon dit alles gebeuren in onze Groep? Was ergens mijn aandacht teveel op andere dingen gericht geweest en was mij daardoor ontgaan wat ik had moeten opmerken, moeten zien? Was ik te slap geweest in mijn beleid, teveel kameraad, medestrijder, te weinig leider van hen die mij werden toevertrouwd? Nauwkeurig ga ik na wat er sinds het allereerste begin binnen onze gelederen is gebeurd en dat aanleiding zou hebben kunnen geven tot veronachtzaming van een gegeven order. Ik weet dat velen in de Groep mijn houding tegenover Van Doesburg te toegevend hadden gevonden. Velen hadden gewild dat ik korte metten had gemaakt met Van Doesburg, vonden aanvankelijk althans dat een eenwording VN/Groep 2000 ons vele voordelen had kunnen bieden. Toch was ik in beide gevallen volgens mijn geweten te werk gegaan. Ik had hier zeker niet de gemakkelijkste weg gevolgd. Beide aangelegenheden waren voor mij een zaak van gebed geweest en ik had het er niet gemakkelijk mee gehad. Ik kom er niet uit, want wat mij betreft was er niet buiten de Groep om gehandeld. Wat Van Doesburg betreft had de directie verboden deze zaak openlijk te behandelen. Wanneer ik hier als rechter of aanklager was opgetreden, had dit de situatie als zodanig en de insubordinatie van Ab de Boer niet kunnen voorkomen. Had ik Sjoerd de leiding in handen gegeven toen hij mij dit in vertrouwen aanbood, dan was ook de KP ingeschakeld en zouden de gevolgen min of meer op hetzelfde vlak gelegen hebben. Of de operatie dan meer succes zou hebben geboekt, was zeer de vraag, want stellig zou Sjoerd Ab de Boer met de leiding hebben belast. Was 't juist zonder meer te zeggen dat leiding geven aan een verzetsgroep, wat Groep 2000 ontegenzeggelijk ook was, niet de taak was van een vrouw? Hoe waren de verhoudingen zo gegroeid? Niet ik zelf had hiernaar gestreefd - van meet af aan hadden mijn medewerkers mij belast met de organisatie en leiding. Menigmaal had ik zelf een ander daarvoor voorgedragen: Frieda Belinfante, Gerrit Jan van der Veen, Rudi Bloemgarten, Ab de Boer. Altijd weer hadden dezen en de andere medewerkers mij aangewezen. 'Als jij 't niet doet, trekken wij ons terug.' En: 'Jij bent de enige die het vertrouwen heeft van ons allemaal.' De Kerkenraad en ds. Gravemeyer hadden mij voor dit werk speciaal gezien als de persoon die zij daarvoor het meest geschikt achtten. Van eerzucht of dingen naar een positie was geen sprake geweest: 'U.' En daarmee was mijn benoeming een feit geweest. Natuurlijk was ik bij al deze dingen voor de volle 100% persoonlijk betrokken geweest. Ik had mij ingezet: ten volle. Ik had het ook gewild en had er mijn Heer voor gedankt dat ik voor Hem dit mocht doen, dat Hij daartoe mij op deze plaats had gesteld. Hoe ik ook zoek, ik krijg geen licht in deze duistere zaak. Machten groter en sterker dan de mens zijn hier in 't spel en ofschoon niet willoos daaraan overgeleverd, is niet de mens degene die 't heft in handen houdt, maar wel is hier zijn 'ja' of 'neen' tegen van alle kanten op hem toekomende satanische krachten van doorslaggevend belang. Mijn voortdurende bede is: Heer, houd mij vast! Blijf bij mij Heer. Heer Jezus, bid voor mij!

Wanneer het eerste licht de nieuwe dag brengt, vindt deze mij niet wijzer of verder dan voorheen, alleen dit weet ik: juist omdat ik mij niet zelf in deze situatie heb gebracht, mag ik er niet uit weglopen. Op de een of andere manier is dit antwoord tot mij gekomen. Ik behoor mijn taak bij en met de Groep af te maken door onze schuld heen. Hij, die ons tot zover had geleid, wacht op ons gehoorzaam volgen.

De codesleutel

Op dinsdag 13 maart 1945 is het stil op het Weteringplantsoen en omgeving. 'Amsterdam mijdt zoveel mogelijk dit gruwzaam oord', schrijft Jacoba in haar dagboek. Ze blijft posten. Eindelijk komt er tegen het middaguur verandering; de lijken worden weggehaald. Het gaat niet in één keer en 't duurt lang vóór men terug is om ook de laatsten te halen.[122] Nu is ook Jacoba's taak in de blokpost afgelopen. Het is rond 16 uur als ze ziet hoe vier mannen nr 56 verlaten zonder dat er een aflossing

122 Fotograaf Cas Oorthuys legt 12 dagen later, op 24 maart 1945, het moment vast waarop twee mannen haastig een Nederlandse vlag uitspreiden op deze plek. Voorbijgangers lieten er bloemen achter. Zie foto's op blz. 236.

komt. Hadden zij daar ook op dit moment gewacht? Een dag na de tragedie op het Weteringplantsoen brengt deze dinsdag toch weer hoop. Met gevaar voor eigen leven gaat Jacoba het kantoor op de Stadhouderskade 56 binnen.

Mijn tas, mijn zakken - alles ga ik nauwkeurig na of ik niets bij mij heb dat nieuwe complicaties zou kunnen geven. Dan voeg ik mij tussen het publiek dat in groepjes van twee en drie staat te praten en slenter schijnbaar onverschillig naar het huis van de St. Jozefs Gezellen. Even nog overweeg ik of ik niet mijn huissleutel gebruiken zal en dus gemakkelijker en vlugger in het kantoor kan binnenkomen. Maar wie garandeert mij dat niet ergens een SD man of handlanger op de uitkijk staat? Ongezien naar binnenkomen is vooralsnog het eerst nodige, dus bel ik aan bij de St. Jozefs Gezellen. 'Ik kwam om de ladder van de glazenwasser.' De deur gaat wijder open en sluit zich onmiddellijk achter mij. Een tweede Gezel wordt gewenkt: 'Sta jij hier op de uitkijk.' De eerste is mij behulpzaam bij het uitzetten van de ladder. 'Zou 't u lukken door het raam naar binnen te komen?' vraagt hij. Ik knik. 'Wilt u, zodra ik binnen ben de ladder weghalen en elke spoor uitwissen? Als u dan naar boven gaat naar de kamer naast de onze, geef ik u door het raam een kistje aan. Als u dat voor mij, onder uw soutane verborgen, wilt wegbrengen naar 't Museumplein? Als ik daar niet binnen het kwartier bij u ben is 't mis. Brengt u dit kistje met die boodschap dan naar de Frans van Mierisstraat 55.' Ik kijk in een paar bezorgde maar open en vriendelijke ogen. 'U kunt er op rekenen.' Er wordt een kruis geslagen. 'God zij met u.' 'Dank u voor uw hulp en uw bede.' Dan klim ik naar boven. Alles gaat voorspoedig; in ijltempo. In een ommezwaai heb ik de drempel los, de planken opzij. 't Kistje met de sleutel eruit en overgereikt. Het raam gaat dicht. De jas gaat uit, m'n uniform los en het bonnen-vest wordt gevuld met de groepsbanden die hier ook verborgen lagen; klaar. Vloer weer dicht, drempel vastgezet, kleedrand er weer over en tegen de drempel aangevlijd. Op de trap al schiet ik in m'n jas. Pas als ik een paar huizen verder ben, kijk ik op m'n horloge. Ik ben precies 12 minuten in het huis geweest; drie minuten vroegen de voorbereidingen. Maar m'n hart bonst en ik hijg of ik minstens een lange afstandsmars in looppas heb afgelegd. Op de hoek passeer ik twee groenen op weg naar 56. Was ik ook maar een minuut later geweest, dan liep ik hier nu niet als vrij mens. Pas halverwege het Museumplein zie ik mijn St. Jozefs Gezel. Hij was langzaam doorgelopen, richting Frans van Mierisstraat, want ook hier liepen groenen te posten. Een stilstaande of wachtende geestelijke zou de aandacht getrokken hebben, dus had hij de pas vertraagd, maar de weg gevolgd die ik had aangegeven. Kennelijk verheugd mij te zien komt hij mij met uitgestoken hand tegemoet. Een ogenblik staan wij tegenover elkaar, zonder woorden; het kruis van Christus is tevens uitdrukking van ons beider dank voor deze wonderbare bewaring. Nog even lopen we samen een eindje op, maar zodra wij de kust veilig weten, verdwijnt zijn pakje in mijn fietstas en scheiden onze wegen. Een handdruk, een eenvoudig, 'dank u', en 'moge de Here God u in uw moeilijke en gevaarlijke werk nabij zijn' - en onze wegen gaan uiteen.

Als Jacoba daags na de bevrijding tracht haar helper nog eens te bezoeken, hoort ze hoe hij 14 dagen daarvoor door een hartaanval is getroffen en in alle stilte is begraven.

Ook ditmaal tref ik Bernard en Remme samen op B's studeerkamer. 'De Codesleutel is weer in ons bezit, dankzij de glazenwasser en de St. Jozefs Gezellen.' B. schudt mij aan m'n schouder door elkaar. 'Wat is dat nu weer voor een verhaal. Kom op, vertel!' 'Er is niets te vertellen. De glazenwasser heeft het terrein verkend. Een St. Jozefs' Gezel is mij behulpzaam geweest om erin te komen en voor alle dingen de sleutel in veiligheid te brengen. Ik ben moe, Bernard. Wil jij ds. Van Bruggen en de heer Van Meer doorgeven dat alles in orde is nu. Ik wilde nog even naar moeder en dan naar bed.' B. is al bij de telefoon. Remme zegt: 'Ik breng u even naar de Verhulst en fiets door naar Van Meer.' Wanneer ik de sleutel in 't slot steek, is moeder al bij de deur en valt mij om de hals. B. had haar juist opgebeld. Na de fusillade op 't Weteringplantsoen was hij naar de Verhulst gegaan, denkend mij daar te treffen. Toen had hij moeder ook ingelicht. 'Kind, ik heb zo in angst gezeten.' 'Ik ook moeder; om jullie allemaal: als er iets met mij zou gebeuren, hadden ze u en Lot ook gehaald.' 'Blijf je nu vannacht hier?' 'Neen moeder. Ik moet nog een paar dingen afmaken en dan naar bed. Mag ik even telefoneren?' Terwijl moeder gauw een kop soep - aardappelwater met erwtenmeel – warmt, bel ik de Jacob van Lennep. 'Ja, Leni, de sleutel is gevonden dus we kunnen weer terecht. Wil jij straks langs de Antillenstraat rijden en wil je Kees en Ariëne waarschuwen dat ze niet langer hoeven te zoeken? Tot straks.' Lot is nu ook beneden gekomen en met ons drieën zitten we bij de keukenkachel. Ik ben stijf en koud tot in m'n botten en kan nauwelijks meer overeind komen. 'Wil je nog een kop soep?' vraagt moeder. 'Ze is heerlijk.' Dat meen ik; in de oorlog is 't moeders vindingrijkheid die uit alle restjes zoals aardappelwater, groentenat enz. nog iets smakelijks weet te maken. 'Maar ik moet nu gaan. Anders wordt het te laat.' Hoe ik nog de An-

tillenstraat haal weet ik niet. Ik word erheen gedragen door Gods adem, want mijn voeten glijden elk ogenblik van de fietspedalen. Nel, Pim Stiggelbout, Leni Broersma, Jan Dhont, Kees Reitema, Harry Mouthaan, Ab de Boer, Madeline van Geuns, Ariëne van Kalken en Joke wachten mij onder aan de stoep. Het onderlinge waarschuwingssysteem heeft perfect gefunctioneerd, maar blij ben ik er dit maal niet mee. Als ik van de fiets stap, zak ik zowat door m'n knieën. Ik reik Leni het corpus delicti over. 'Wil jij 't brengen waar 't hoort?' En met m'n hand op de schouder van Dhont: 'Wil jij voor deze ene, zeer bijzondere keer Broersma begeleiden en op de terugweg langs Jacob van Lennep 385 rijden? Zeg Zijtregtop dat hij zijn taak prima heeft vervuld. Alles is OK nu en morgen hoop ik hem zelf de hand te drukken. Ik ben nu te moe.'

Het hart

En weer geeft de commandant haar orders. 'Ab de Boer (206), ik kom morgen het Strijdend Gedeelte 2000 inspecteren. Daarna wil ik een bespreking met Dekker (23025), De Boer, Stiggelbout (1400St) en Wiebeld (23013) over de samenwerking SG-EHBO - Fourage en Expeditie dienst in de Nieuwe Kerk. Joke en Van Geuns (705), jullie gaan morgen samen per fiets naar Nijkerk. Afrit Jacob van Lennep, 8.30 uur. Ik ben daar om 8 uur. Van Kalken neemt de volledige stadsdienst met assistent-koerierster Abas.'

Jacoba is uitgeput en gunt zichzelf eindelijk rust.

En nu jongelui: een goede avond allemaal; ik ga naar bed, dus geen telefoontjes of boodschappen meer. Reitema neemt voor mij waar. Mouthaan, wil jij de boodschap aan Buring doorgeven? Vraag hem morgen op de koffie op de Jacob van Lennep 312.' Dan gaan Nel en ik, gevolgd door dr. Stiggelbout naar boven. Na een korte begroeting en een woord van dank aan onze gastheer en -vrouw, tuimel ik er letterlijk in bed. Even later komt Stiggelbout bij mij zitten. 'Is dat nu wel noodzakelijk dat je morgen weer meteen de gehele dag werkt? Kan er niet een dag rust af na alles wat je doormaakte?' 'Het is beter van niet. Het werk zal me helpen. Het was zo verschrikkelijk. Als ik er niet van verlost word, kom ik er nooit meer uit.' Zijn donkere ogen nemen mij onderzoekend op, terwijl hij nauwlettend de pols telt en het hart onderzoekt. 'Ik begrijpt 't, maar je krachten laten het nauwelijks toe. Spaar nog wat tot het einde. Ik zal je een injectie geven en nog een ampul naast je neerleggen. Ben je wakker, neem die dan om 12 uur en anders zodra je wakker bent morgenochtend. Ik kom nog wel bij je op je spreekuur. Welterusten.' Ik sluit de ogen, maar de slaap wil niet komen. 20 doden liggen er langs de dijk, 22 mensenlevens hebt gij van mijn hand geëist. Wat is leven, wat is sterven? Zijn de doden niet gelukkig te prijzen boven de levenden? Wat was mijn leven geweest deze laatste en vreselijke jaren, en eigenlijk vanaf dat ik bewust in het leven had gestaan? En toch - hoe hang ik aan het leven, hoe dank ik mijn Heer dagelijks voor elke dag mij hier gegeven. Zo zou 't toch ook wel zijn met die daar, wier leven zo abrupt, zinloos bijna, werd afgebroken. Ruim een dag en een nacht lagen zij daar. 'Leven! We willen leven' was de kreet van hun hart geweest. Heer wat is leven wat anders dan gelovend vertrouwen dat Gij het ons als een kostbaar onderpand hebt toevertrouwd voor een toegemeten tijd? Zo ik niet had geloofd in dit leven!

Op 24 maart 1945 legde Cas Oorthuys het moment vast waarop twee mannen haastig een Nederlandse vlag uitspreiden op de plek (een tijdelijke vuilnisplaats bij het Eerste Weteringplantsoen in Amsterdam) waar twaalf dagen eerder dertig mannen waren doodgeschoten en waar sindsdien door voorbijgangers bloemen werden achtergelaten.

Over het water van de Singelgracht is op de achtergrond de Stadhouderskade te zien, waar op nummer 56 op 10 maart 1945 Sipo-medewerker Ernst Wehner was doodgeschoten.

Direct na de bevrijding werden op de plaats van de fusillade, waar al spoedig een kruis en een vlaggenstok werden geplaatst, door velen bloemen neergelegd.

Het monument 'De gevallen hoornblazer'- kort na de onthulling in 1954 door Oorthuys gefotografeerd - was op 12 maart 1955 en ieder jaar sindsdien plek van samenkomst en herdenking.

Brug, Weteringplantsoen, Amsterdam. Vanuit de blokpost onder de brug, hield Jacoba de wacht tussen 9 - 13 maart 1945 met uitzicht op Stadhouderskade 56.

Beeld van 'De gevallen hoornblazer', Weteringplantsoen, Amsterdam.

Hoofdstuk 13

'Tot een vruchtbare samenwerking is het helaas niet gekomen'

De mogelijke fusie met VN houdt het bestuur van Groep 2000 nog steeds bezig. Jacoba en Ab de Boer zijn inmiddels voorstander van een fusie, ze waarderen de positieve toekomstvisie van VN. Maar de meerderheid van het DB wil de zelfstandigheid van groep 2000 niet opgeven. Ondertussen hebben de dramatische gebeurtenissen van begin maart 1945 Van Randwijk (Sjoerd) gesterkt in zijn oude overtuiging: een vrouw kan zo'n grote verzetsgroep niet leiden. Binnen de Raad van Verzet (RVV) wordt gesproken over Groep 2000 en haar leiding. Van Randwijk onderneemt via de RVV een nieuwe poging Groep 2000 te laten fuseren met VN. Trouw aan haar DB weigert Jacoba de beslissing van de RVV te accepteren. Toch gooit ze uiteindelijk de handdoek in de ring.[123]

Maart en april 1945

Na het eerste contact tussen Groep 2000 en VN in september 1944 wordt er een voorlopig voorstel gedaan over een eventueel samengaan van beide organisaties. In de biografie[124] van Van Randwijk staat dat 'ze besloten de kwestie van een echte fusie tussen de twee groepen nog even te laten rusten, al had Van Randwijk liever onmiddellijk spijkers met koppen geslagen.' Maar Jacoba verwijt hem juist te dralen. Later schrijft Jacoba in het rapport waarin ze verslag doet van de gebeurtenissen:[125]

---

123 Een volledige beschrijving van de band met VN en een reconstructie van de fusieplannen tussen Groep 2000 en VN is opgenomen in hoofdstuk 17 van dit boek: 'Samenwerking met andere verzetsorganisaties' onder het kopje 'Vrij Nederland'.

124 'H.M. van Randwijk. Een biografie'. Gerard Mulder en Paul Koedijk (1988).

125 Het rapport 'Scheuring Groep 2000 / Vrij Nederland' van Jacoba van Tongeren, bedoeld als rapportage naar Groep 2000. Sander Wellensiek, bestuurslid van Vrij Nederland, kreeg een kopie. Jacoba schreef dit rapport kort na de vergadering van 14 april 1945 bij Abas.

Er werd besloten[126] tot een samengaan van beide groepen waarbij:
A) onze EHBO onder leiding van Mej. G. van der Neut (1401) onmiddellijk en geheel naar VN overging;
B) ons SG2000 in het strijdend contingent VN zou worden opgenomen onder commando van A. de Boer (206);
C) de sociale verzorging zou blijven aan 2000, en deze zou méde alle VN-gevallen (dit waren er slechts een luttele 40) in haar organisatie opnemen. Groep 2000 zou dus als het ware een zelfstandig verzorgingsapparaat van VN worden.

2000 Zou hiertoe in het te reorganiseren Bestuur van VN worden opgenomen, terwijl op een nader te bepalen vergadering de fusie Groep2000/VN zou worden vastgelegd. Deze vergadering heeft NOOIT plaatsgehad. Steeds werden wij aan het lijntje gehouden. Wanneer ik vroeg om nadere stipulatie van de onderlinge verhouding, kreeg ik ten antwoord: 'Dat komt. We zijn druk aan de reorganisatie bezig.'

Pas in februari 1945 laat Van Randwijk weer van zich horen. Hij legt een voorstel op tafel voor het samengaan van Groep 2000 en Vrij Nederland. Op 21 maart 1945, na de dramatische gebeurtenissen op de Stadhouderskade, vergadert het DB van Groep 2000. Ab de Boer en Jacoba geven tijdens deze vergadering hun mening over de aansluiting met VN.

Wij achten het in het algemeen en groepsbelang het voorstel VN te aanvaarden. VN is een oude, landelijke organisatie met goede reputatie. Deze naam opent poorten die anders voor de Groep gesloten blijven. Bovendien is het gebleken dat in de Groep gebrek aan discipline heerst, daar het DB niet één lijn trekt. Hierdoor is het gewenst haar onder leiding te stellen. Wanneer VN tot nog toe niets voor de Groep heeft kunnen doen is dit in hoofdzaak daaraan te wijten dat er niet voldoende samenwerking was: de Groep wilde haar zelfstandigheid te zeer handhaven en VN meende deze fusie geleidelijk te kunnen doen plaatsvinden. Waar de Groep destijds vrijwillig contact met VN zocht, achten Ab de Boer en ik het moreel onjuist om thans weer over te gaan tot de Vrije Groepen Amsterdam (VGA), wat bovendien een stempel van onbetrouwbaarheid op de werkers, dus op de Groep zou zetten. De Groep werkt vanuit een bepaald principe. Dit principe mag onder geen beding worden prijsgegeven en vindt men in VN, hoe ruim ook overigens georiënteerd, terug. Het VGA daarentegen kent

126 In september 1944.

geen ander principe dan het niet LO willen zijn, wat hoogstens negatief genoemd zou kunnen worden, terwijl de opbouw van ons vaderland een positieve levenshouding vraagt.

De meerderheid van het DB (Zuster Van der Neut, Buring en Van Doesburg) is echter niet geneigd de zelfstandigheid van de Groep prijs te geven, schrijft Jacoba. Voor het eerst is de eenhoofdige leiding bij Groep 2000, waar VN de voorkeur aan geeft, punt van discussie bij sommige Groepsleden[127].

Van Doesburg en Buring zijn het oneens met het feit dat de leiding van de Groep in handen blijft van 2000, wat VN voorstelt. Wanneer ik en Ab de Boer, die de meerderheid van de Groep achter zich hebben, dit voorstel om ook in de toekomst een eenhoofdige leiding te hebben, aanvaarden, zal dit volgens hen (Van Doesburg en Buring) onherroepelijk tot een breuk leiden.

Jacoba zet nogmaals haar standpunt uiteen inzake de noodzakelijkheid van een eenhoofdige leiding. Maar ze krijgt de meerderheid van het DB niet achter zich.

Daar echter het gehele werk op mijn naam als kerkelijk maatschappelijk werkster vaart en hierdoor een dusdanige toestand is ontstaan dat de verantwoordelijkheid terug kan vallen op derden en niet-medeplichtigen (Verwoerd's, kerk, predikanten) eis ik dat ieder Groepslid zal weten waarvoor hij verantwoording schuldig is en aan wie, met een rangsgewijze verdeling van gezag en verantwoordelijkheid. Dus de Groepsleden ieder aan hun directe chef; deze als hoofd van dienst aan mij. Omgekeerd ben ik verantwoording schuldig aan het DB. Slechts onder deze voorwaarden ben ik bereid mijn huidige taak in de Groep te blijven vervullen. Ik bedank ervoor naar buiten uitgedragen te worden als leidster en aldus met een aureool omgeven te worden dat op niets wezenlijks betrekking heeft, waar het DB haar niet anders als gewoon DB-lid erkent.

Het interne meningsverschil over de eenhoofdige leiding die Jacoba en De Boer bepleiten wordt door Van Randwijk 'de coup' bij Groep 2000 genoemd. Hij laat onmiddellijk via een brief aan het DB van Groep

127 Opmerkelijk is dat Van Doesburg hier nog deel uit maakt van het DB. Zie ook hoofdstuk 14 van dit boek 'De rouw neemt in deze dagen geen einde'. Zijn naam ontbreekt op de speciale Oorkonde die na de bevrijding aan alle Groepsleden wordt uitgereikt. Waarschijnlijk is hij, evenals Buring, uit de Groep getreden.

2000 weten alleen met Jacoba van Tongeren te willen praten en met niemand anders. Maar wat Groep 2000 betreft is de fusie al gestrand. Van Randwijk laat het er niet bij zitten en gaat door met de precisering van zijn plannen. Hij wendt zich tot de RVV en gebruikt de dramatische gebeurtenissen volgend op 9 maart als argument. Ook doet hij steeds verdergaande voorstellen over het onttrekken van bevoegdheden van Groep 2000, bijvoorbeeld over geld, zodra de fusie een feit zal zijn. Zo bevat een concept-brief van de Centrale Leiding van VN aan Groep 2000 op 2 februari nog de passage: 'Wij stellen u dus hierbij nogmaals in de gelegenheid ten aanzien van deze samenwerking geheel vrij te beslissen', die in een volgende versie op 13 februari is geschrapt. In deze brief, en die van 9 maart is 'samenwerking' vervangen door 'reorganisatie' die al precies is uitgestippeld: 'De reorganisatie die zich bij een samensmelting als de onze moet voltrekken, houdt o.i. de volgende punten in: de hoofdgroep VN neemt de andere groep in zich op; er kunnen geen posten dubbel bezet blijven; niet ieders functie kan hetzelfde karakter behouden als vóór de samensmelting'. VN bepaalt verder dat het DB wordt opgeheven en er een commissie zal worden gevormd met vijf leden: 'twee uit het huidige DB; twee hoofden van dienst van VN en een vertegenwoordiger van de Centrale Leiding. Deze commissie moet alle steunzaken behandelen. Het contact met andere groepen zal berusten bij de Centrale Leiding evenals het beheer van alle geldmiddelen.'[128]

Jacoba heeft ondertussen andere zaken aan haar hoofd. Zo moet Groep 2000 verhuizen. Nu het hoofdkantoor aan de Stadhouderskade 56 niet meer kan worden gebruikt, gaat de Kerkenraad op zoek naar een nieuwe locatie. Door bemiddeling van Van Meer stelt een van zijn relaties een gedeelte van zijn kantoor aan de Herengracht 162 ter beschikking. Het is een mooie centraal gelegen plek vlakbij de Westerkerk en niet te ver van Jacoba's woonadres. De gezondheid van Jacoba baart Stiggelbout zorgen. Een ontsteking van het hartzakje blijkt een complicatie van de streptococcus viridans infectie uit haar jeugd, en Stiggelbout, de Kerkenraad en de Commissie van Beheer waken over de gezondheid van hun commandant. Op 1 april 1945 wordt het kantoor aan de Herengracht betrokken. Groep 2000 krijgt een groot, verwarmd vertrek. Daar achter ligt de kamer van J. van Donk, de conciërge, en diens vrouw. Beide zoons uit dit gezin behoren tot de onderduikers die door Groep 2000 worden onderhouden.

128 In het archief van het Nederlands Instituut voor Oorlogsdocumentatie (NIOD) bevindt zich een aantal concept-brieven van de Centrale Leiding van VN.

Hoog bezoek

Niet lang na de verhuizing naar de Herengracht 162 krijgt Groep 2000 weer hoog bezoek. Sjoerd en Gerbrandy komen een beslissing van de centrale Raad van Verzet (RVV) meedelen. Het loopt uit op een psychologische machtsstrijd.

Wij waren nog maar net verhuisd, dus nauwelijks op orde, als Sjoerd en Gerbrandy op mijn kantoor verschijnen. 'Wij zijn gekomen om nog eens te spreken over overname van de leiding. Het is geen werk dat een vrouw kan doen en het gebeurde op 't Weteringplantsoen wijst ten duidelijkste uit dat u de leiding niet meer aankunt. Kunnen we hierover vriendschappelijk overleggen?' 'Ik heb maar één antwoord en dat is: neen. Ik ben in dienst van de kerk en deze is blijkbaar een andere mening toegedaan.' Fel komen Sjoerd en Gerbrandy nu voor hun zienswijze op. 'Heren, hier wordt niet meer gediscussieerd. Als u 't hiermee niet eens bent, dan kunt u zich bij de Kerkenraad vervoegen. Goedemiddag heren.'

Wanneer ik de volgende morgen klokslag half 9 op m' n kantoor ben, komt Van Donk mij in het portaal al tegemoet. 'Juffrouw die twee heren, die gistermiddag bij u waren, kwamen vanmorgen al om even over 8. Ik zei dat het kantoor niet openging voor half 9, maar zij wilden u perse daar opwachten. Ik heb hen toen maar de sleutel gegeven.' 'Ik begrijp 't, Van Donk.' Wanneer ik binnenkom, overzie ik meteen de situatie. Sjoerd en Gerbrandy zitten breeduit, rokend, elk met hun eigen lijfblad, op mijn plaats en die van Reitema. 'Er wordt hier niet gerookt heren; wilt u uw sigaretten maar doven?' Ik zeg geen goedemorgen maar zet de stoel van Mouthaan recht tegenover die van Sjoerd en neem plaats aan 't bureau. 'Wij komen uw taak overnemen. Het is een beslissing van de RVV.' Op dat moment komt Leni Broersma binnen. Ik geef geen antwoord, maar zit al over mijn werk gebogen. Broersma zegt niets, verstaat onmiddellijk haar taak en plaats, en schuift bij achter haar tafel. Ik bespreek met haar het werk van vandaag. Bovenop de kaartjes die ik haar overreik, ligt een agenda-blaadje. 'Negeren. Vraag Van Donk de telefoon niet door te verbinden maar mij naar de centrale te roepen door middel van de huistelefoon. Er moet ook nog een rechte stoel bijgezet worden voor Mouthaan. Aan de code wordt niet gewerkt zolang de heren hier zijn'. Zo wordt het half 10. Mouthaan en Reitema komen samen binnen. Op de gang hebben zij al iets gehoord van Van Donk. Na een korte groet aan mij en Broersma nemen ook zij zwijgend hun plaats in en wisselen bijna fluisterend hun gegevens uit. 10.30 komt De Boer. Hij loopt rood aan van drift als hij de situatie overziet, maar een blik naar mij is voldoende om zich te beheer-

sen. Ik: 'We gaan even hiernaast, dan kun je rapport uitbrengen.' Op de gang treffen we Dhont. Ik zeg: 'A propos, binnen zitten twee heren die je wel zult willen negeren.' Ab en ik trekken ons terug. Ab staat voor me, gloeiend van verontwaardiging. 'U denkt toch niet dat ik hier de hand in heb?' 'Wel neen Ab, daarvoor ken ik je te goed.' 'Ik kon niet eerder, maar kwam juist om u in te lichten.' 'Hoezo?' vraag ik. 'Gisteren was er vergadering van de verenigde KP's. Daar werd zonder meer besloten u uit uw functie te ontheffen. Voor een vrouw was geen plaats in de leiding van het verzet. Doordat Keur is uitgevallen, waren Dekker en ik de enige tegenstemmers tegen drie voor. We spraken af dat ik u op de hoogte zou brengen omdat Dekker met een voedseltransport weg moest vanmorgen.' 'Zo, zo, de heren hebben er wel spoed achter gezet.' 'Wat denkt u te doen? Ik zou de heren graag van repliek dienen.' 'We negeren ze. Des te eerder hebben ze er hun bekomst van.' Plotseling is het gezicht tegenover mij een en al lach. Zijn forse handen komen met een lichte aarzeling in de mijne. 'U bent onbetaalbaar! Dat spelen we. Wat zullen ze de pest in hebben!' Ik lach: 'Hebben ze nu al. Gerbrandy heeft al minstens een pantalon van zijn colbertje versleten, zo heeft hij zitten draaien en wriemelen op z'n stoel en Sjoerd is er niet zo heel ver vandaan.' Ab schatert en Van Donk komt aarzelend om de deur. 'Zal ik u de koffie hier brengen?' vraagt hij. 'En binnen twee extra?' Voor ik kan antwoorden doet Ab het: 'Het gewone aantal en geeft u 't blad maar hier dan breng ik 't wel even binnen.' Tegen mij: 'Die kans laat ik mij niet ontnemen.' Als we weer binnenkomen straalt Ab achter zijn blad. 'Een kopje verse Chicorei op onze onvolprezen leidster: leve 2000!' Daar staan ze, mijn trouwe Groepsleden. 'Leve onze leidster. Leve 2000!' Ik klink terug. 'Leve mijn vrienden en medewerkers. Leve de Hervormde Groep 2000!' Beurtelings paars en wit lopen Sjoerd en Gerbrandy aan. Niemand schenkt ook maar enige aandacht aan de heren.

Jacoba schuift Mouthaan een papiertje toe. Extra bulletin: Groep 2000. Daaronder: Algemene mededeling

De jongste gebeurtenissen bij onze Centrale Oost en West[129] als mede op ons kantoor hebben 2000, het DB en onze leider van het SG 2000 aanleiding gegeven elk contact met VN en de LO te verbreken. Om niet tegen de instructies van ZKH Prins Bernhard der Nederlanden, hoofd der Binnenlandse Strijdkrachten in te gaan, ontvangt De Boer hierbij de

129 Jacoba doelt hier op het verraad van J.W. Brouwer waardoor het wapenarsenaal van Groep 2000 aan het Entrepotdok wordt geplunderd. Een paar Groepsleden worden hiervan het slachtoffer. Brouwer maakte deel uit van het vendel VN. Hij werd opgevolgd door Ab de Boer. Zie ook hoofdstuk 14 van dit boek 'De rouw neemt in deze dagen geen einde'.

herhaalde opdracht zijn functie bij het vendel VN te blijven vervullen. Het aangaan van nieuwe betrekkingen op welk terrein ook met een van deze beide organisaties is zonder voorafgaande bespreking met en toestemming van het DB niet geoorloofd. 2000.

'Ik wil dit vandaag nog rond hebben. Kun je daarvoor zorg dragen? Laat het De Boer nog even lezen, wil je?' Mouthaan knikt. 'Komt in orde.' Even later ligt er een briefje voor mij. Ik lees: 'Vindt u het goed dat ik op de eerstvolgende vergadering der KP's hier een hartig woordje over spreek? Heb ik volmacht eventueel mijn functie bij 't vendel VN neer te leggen als 't gaat om 't zijn of niet zijn van Groep 2000?' Getekend: De Boer. Terug gaat: 'In orde. Alleen wat 't laatste betreft: doe dat alleen in het alleruiterste geval wanneer je geweten je dit gebiedt. 2000'. De Boer staat op, salueert en verdwijnt met pretlichtjes in zijn ogen. Hij verheugt zich op 't varkentje dat hij zal gaan wassen. Er wordt rustig doorgewerkt. Mouthaan is kort na De Boer vertrokken om het bulletin te stencilen. Reitema zit de rapporten na te lezen en van aantekeningen te voorzien. Dhont controleert het Centrale Kas Register. Broersma en ik nemen de binnengekomen aanvragen en post door. Men kan een speld horen vallen. Er wordt geen woord meer gewisseld en een paar maal wil Gerbrandy opstaan en weggaan, maar gebiedend houdt Sjoerds blik hem gevangen en gaat hij gelaten weer zitten. Klokslag 12 ruim ik op. Reitema, Dhont en Broersma ook. Met het oog op 't vermijden van onnodige inspanning blijf ik tijdens de lunchpauze meestal over. Ook nu heb ik mijn broodrantsoen bij mij, maar voor alle dingen moet ik de 'bezetting' van ons kantoor kwijt. 'Heren wilt u voorgaan, want 't kantoor wordt gesloten.' Ik sta bij de deur en wacht. Sjoerd en Gerbrandy blijven zitten. Dhont en Reitema geven elkaar een wenk en stellen zich achter Sjoerd en Gerbrandy op. Een enkele blik van mij is voldoende om te beduiden: Wacht. 'Heren, ik heb niet veel tijd en herhaal mijn verzoek.' Ze blijven zitten. Ik neem de huistelefoon. 'Van Donk, wilt u Van Hoften en Van de Bunt sturen?' (Toen De Boer met de koffie naar binnen ging had ik Van Donk al een briefje gegeven met explicatie en 't telefoonnummer van Van Hoften met 't verzoek om klokke 12 op mijn kantoor aanwezig te zijn voor 't geval ik hun hulp nodig mocht hebben). Tot stomme verwondering van de mijnen zowel als van Sjoerd en Gerbrandy, treden twee geüniformeerde dienaren der wet vrijwel onmiddellijk na dit seintje binnen. 'Voor de derde maal heren, herhaal ik mijn verzoek. Wilt u mij voorgaan, want het kantoor wordt gesloten.' Purper is Sjoerd, maar hij staat op en gaat naar de deur. Gerbrandy volgt schoorvoetend. Hij weet kennelijk met z'n figuur geen raad. Tussen ons door moeten zij naar de deur. Ze zien niet op of om en gaan rechtstreeks naar 't portaal en zo naar de deur. Toch horen ze mij nog juist

tegen Van Donk zeggen: 'Van Donk, wil je voortaan de sleutel van 't kantoor aan niemand meer afgeven als ik er niet ben dan aan mijn secretaresse of één van deze heren?' Van Donk wil zich verontschuldigen, maar ik ben hem voor. 'Het is wel goed Van Donk. Je hebt volkomen te goeder trouw gehandeld en jou treft geen enkele blaam.' Ik steek hem de hand toe en zeg: 'Ik hoop om half 2 terug te zijn.' En tegen de Groepsleden: 'Ik ga naar de Nieuwe Kerk. Ds. Van Bruggen is daar tot half één aanwezig. Tot straks jullie.' Tot Van Hoften en Van de Bunt: 'Bedankt. Gelukkig was uw verschijning genoeg om het gewenste resultaat te bereiken.' Van Donk heeft mijn fiets al naar buiten gereden. Reitema zegt: 'Ik breng u; er is veel wind, dan duw ik u en hoeft u de wind niet te trotseren.'

Ik tref ds. Van Bruggen nog net. Met enkele woorden stel ik hem in kennis van het gebeurde en de inhoud van het groepsbulletin. 'Ik hoop niet dat ik hiermee buiten mijn boekje gegaan ben. Vanmiddag hoop ik even langs Van Meer te rijden.' 'U had veel eerder deze heren straf moeten aanpakken', zegt ds. Van Bruggen. 'Maar gezien de ontwikkeling in binnenlandse en buitenlandse politiek en aan het front was u gebonden aan de beslissingen van Radio Oranje. U zat in een dwangpositie maar de Kerkenraad staat achter u.'

Gesprek met Buring

De oude strijdvaardigheid van Jacoba is herleefd. Ze realiseert zich dat haar oude vriend en medestrijder Buring[130] in het bijzonder door haar besluit elke toenadering of samenwerking met de LO en VN te verbreken, getroffen wordt. Ze heeft hem na de overval op Stadhouderskade 56 niet meer gesproken en zoekt hem nu op. Wanneer ze hem mededeling van zaken heeft gedaan, zit hij stil en geslagen voor haar. Ze weet dat dit voor hem het einde van al zijn ambities betekent. Maar Buring reageert anders dan Jacoba verwacht.

Buring: 'Bij zo'n nazi-troep hoor ik niet.' 'Neen, Martien, ik weet dat jij hier buiten staat evenals De Boer. Daarom ben ik gekomen om je te zeggen dat ons kantoor te allen tijde voor jou toegankelijk is en dat de oude vriendschapsbanden gehandhaafd blijven.' Buring: 'Ondanks 56?' 'Daar praten we niet over. Als jij je tegenwoordigheid van geest toen niet had bewaard, waren de gevolgen voor de Groep niet te overzien geweest. Wat mij alleen altijd nog duister gebleven is: wat deed Van Doesburg erbij?' Buring vraagt:

130 Martien Buring is een van de Groepsleden die in de vergadering van 12 januari 1945 is overgestapt naar VN. Zie ook hoofdstuk 11 van dit boek 'Ik heb geen vreugde meer in mijn werk'.

'Weet u dat niet? Op 't eerste bericht van de arrestatie van de Verwoerd's en de inval in ons kantoor was hij bij ons. Hij heeft De Boer eenvoudig getart met 'Een juffershondje ben je. Als jij 't niet doet, zal ik 't alleen doen' en nog meer fraais. Wij verschilden van mening maar zouden nooit tegen uw opdracht in gehandeld hebben als Van Doesburg er niet was geweest. Zelfs toen De Boer bij u geweest was en u zijn voorstel tot een gewapende overval had afgewezen, zou hij toch niet tegen uw orders in gehandeld hebben als Van Doesburg toen niet begonnen was mannen om zich heen te verzamelen om een overval te ondernemen? Toen eerst hebben wij beslist dat als 't dan toch gebeurde, dat wij 't dan zouden doen en niet Van Doesburg. We hadden hem er niet eens bij willen hebben, maar hij liet zich niet afschepen.' Ik antwoord: 'We zullen nadenken: 't is gebeurd en er is niets meer aan te veranderen. Ik had destijds eerder en strenger moeten ingrijpen en daarin heb ik gefaald.' Buring: 'Weet u, u kunt niet slaan en toch is dat bij tijd en wijle ook nodig.' Als ik naar m'n kantoor terugfiets weet ik dat Martien maar al te zeer gelijk heeft. Precies half 2 ben ik op kantoor terug. Nel en Stiggelbout staan op mij te wachten. 'Je zou toch overblijven; dit is geen weer voor jou om er door te gaan', berispt Stiggelbout. Ik vertel wat er die morgen is gebeurd. Stiggelbout schudt z'n hoofd.

Ondanks deze overwinning worstelt Jacoba nog steeds hoe ze met 'die autoritaire Germaan' moet omgaan. Ze erkent Van Randwijk's kwaliteiten maar kan het niet verdragen dat hij haar zijn voorwaarden voor een fusie oplegt. Voorwaarden die inmiddels zijn veranderd: een maand eerder zou Jacoba nog worden opgenomen in het VN-bestuur; nu wordt haar een functie toebedeeld als 'controleuse'.[131] In het eerder geciteerde rapport 'Scheuring Groep 2000/Vrij Nederland' schrijft Jacoba:

Een bestuurscrisis in eigen kring en de inval op ons kantoor Stadhouderskade deed de heren plotseling haast maken, maar van een fusie op gelijke voet was ineens geen sprake meer, eerder van een subjugatie. Dat werd door mij botweg geweigerd. Van Randwijk zei toen dat ik toch oorspronkelijk had ingestemd met zijn woorden 'met huid en haar VN te worden' maar deze woorden hielden m.i. niet in dat verschillende onzer medewerkers, die goed werk geleverd hadden en die reeds lang in de illegaliteit hun sporen hadden verdiend, teruggezet moesten worden door VN-sterren die sinds enkele

131 Van Randwijk heeft nu Gerbrandy op het oog om de sociale dienst te gaan leiden. Bron: H.M. van Randwijk. Een biografie' van Gerard Mulder en Paul Koedijk (1988).

maanden aan het firmament waren verschenen (Arie van Nierop, ondergedoken Jood en Siep Gerbrandy). (...) 2000 zou bijvoorbeeld controleuse worden in de VN-wijken en ons kantoor zou komen onder leiding van de heer Van Nierop.

Na het onaangekondigde bezoek van Sjoerd en Gerbrandy begin april – door Jacoba later een 'bezetting' genoemd- volgt op zaterdag 14 april 1945 nog een vergadering bij Abas thuis. Namens het VN-bestuur is S. Wellensiek aanwezig. Hij laat weten dat VN niet langer wenst samen te gaan met Groep 2000. Maar in plaats van een fusie lijkt nu eerder sprake van een gedeeltelijke overname. In haar rapport schrijft Jacoba hier later over:

Namens het VN-bestuur deelde de heer Wellensiek toen mede dat VN niets meer met Groep2000 uit te staan wilde hebben[132] *en dat wij ook onze EHBO en verdere bezittingen terugkregen mits wij de gelden van VN terugstortten. Een bespreking met Van de Mooy wees echter uit dat dit géén VN-gelden waren maar van het NSF. Van de Mooy achtte een dergelijke boeking dwaasheid waarop VN onze EHBO confiskeerde.*[133]

De handdoek in de ring

In april 1945 heeft Jacoba het zwaar. De oorlog duurt al bijna vijf jaar, ze heeft haar vader, haar broer en veel vrienden verloren. De pericarditis is in november teruggekomen en het herstel heeft haar veel energie gekost. Haar positie als leidster is door de overval begin maart verzwakt. De fusillade van 30 gevangenen op 12 maart ziet ze als een van de zwaarste momenten van haar leven. In drie maanden tijd moet het hoofdkantoor van Groep 2000 twee keer verhuizen. Het slepende conflict met Van Randwijk is Jacoba niet in de koude kleren gaan zitten. Ook de opmerking van Buring 'U kunt niet slaan en dat is bij tijd en wijle ook nodig' doen haar twijfelen aan haar leiderschap. Jacoba besluit de handdoek in de ring te gooien en zich niet langer bezig te houden met de fusieperikelen. Ook wil zij niet meer namens Groep 2000 naar buiten treden. Op 16 april 1945 schrijft ze een brief aan de centrale leiding van VN. Het originele transcript van haar brief luidt:

132 Vreemd genoeg schrijft de Centrale Leiding van VN nog op 15 april 1945 in een briefje aan een medewerker: 'Er bestaat geen federatief verband tussen de voormalige Groep en VN. De Groep is volledig met VN gefuseerd en herenigd en aanvaardt ten volle de centrale leiding van VN.' Bron: Nederlands Instituut voor Oorlogsdocumentatie (NIOD).

133 De financiële afwikkeling heeft nog tot april 1946 geduurd waarbij Groep 2000 bakzeil haalde en alle EHBO-bezittingen eigendom bleven van VN.

16 April 1945

Aan de C.L. van // [134].

Zeer Geachte Heeren,

Met ingang van heden leg ik mijn functie als leidster van de Hervormde Groep en als haar vertegenwoordigster in Uw midden neer. Vanzelfsprekend zal een loyale overdracht van zaken alsook een uiteenzetting van de gronden waarop ik dit doe zoo spoedig mogelijk volgen. Evenwel wensch ik geen enkele commissievergadering meer bij te wonen en U erop attent te maken dat 162 vanaf heden weer het kantoor is van mijn volkomen legale kerkelijk maatschappelijke bezigheden. U zult daar dus geen menschen van U heen kunnen zenden met speciale opdracht voordat daarvoor belet is gevraagd en een afspraak is gemaakt. Ook uit illegaal technische overwegingen die bij U zeer zwaar wegen, is dit trouwens het eenig juiste standpunt.

Met beleefde groeten,

2000
Leidster der Hervormde Groep.

De reacties blijven niet uit. Er zijn Groepsleden die de centrale leiding van VN een brief schrijven om te laten weten hoe oneens ze het zijn met de gang van zaken en de manier waarop Jacoba is bejegend. Groepslid Kees Reitema legt op 18 april 1945 zijn werkzaamheden als hoofd van de Onderzoekscentrale neer. In zijn ontslagbrief aan de centrale leiding van VN schrijft hij onder meer: 'Dat zich op een bepaald ogenblik noodzakelijke beslissingen kunnen voordoen is logisch, en dat er dan juist in ons werk zo weinig mogelijk wordt vergaderd en gepraat is ook volkomen juist, maar dat men dan min of meer dictatoriaal te werk gaat, is volgens mij volkomen abuis. Het is begrijpelijk dat niet in alle zaken de medewerkers naar hun oordeel wordt gevraagd, maar daarom zijn wij echter nog geen automaten of in de stijl van onze vijanden uitgedrukt 'kuddedieren'. (...) Ik voor mij persoonlijk zie hier niets anders in dan een baantjesjagerij van bepaalde personen die, nu de oorlog bijna ten einde is, nodig nog naar voren gebracht moeten worden. Daar het mij daartoe nimmer te doen geweest is, bedank ik ervoor in een dergelijk verband verder te gaan. Hoogachtend, Kees Reitema.'

134 C.L. staat voor Centrale Leiding. // is de code voor VN.

Jacoba zelf schrijft op 20 april 1945 een persoonlijke brief aan Van Randwijk. Het is een lange getypte brief van ruim drie vellen waarin Jacoba 'de volgende feiten nog wil vastleggen' zoals ze in de eerste zin schrijft. Ze veegt de vloer met hem aan. De brief is een opsomming van gebeurtenissen en werkwijzen waarin Jacoba snelle conclusies en aannames van Van Randwijk weerlegt. Ze geeft aan hoe zijn manier van doen respectloos overkwam:

Ik kan mij voorstellen, waar het hier geheel andere principes geldt, dat u zich daarmee niet kunt verenigen, maar dit geeft u nog niet het recht dit te diskwalificeren als 'gezelligheidscoterietje of kransje' temeer waar u zich nog nimmer de moeite getroost hebt om u te verdiepen in de wijze van ons werken, noch in de historische ontwikkeling van ons werkverband.

Jacoba legt hiermee de vinger op de zere plek. Een fusie tussen Groep 2000 en Vrij Nederland was op papier een logische zet, maar in de praktijk bleken twee verschillende bloedgroepen zich niet vanzelfsprekend te mengen. Het is de toon die de muziek maakt, en de manier waarop Van Randwijk de zaken presenteerde, stuitte Jacoba tegen de borst. Ze schrijft:

Ik acht de wijze waarop u de fusie wilt doen plaatshebben onjuist en daarom moreel onaanvaardbaar. De fusie als zodanig is een feit, doch uw voorstel gold een nadere precisering van de voorwaarden waarop deze thans uitgevoerd zou worden. Hierin geldt nog altijd de persoonlijke gewetensvrijheid en vanuit dit oogpunt acht ik de door u gestelde voorwaarden onaanvaardbaar.

Ook beschuldigt ze hem van vriendjespolitiek en formuleert dit aldus:

Onze personen zijn niet presentabel genoeg. Hierom behoudt u zich het recht voor om, zij het ook nog slechts een halve minuut voor twaalf desnoods nog iemand van zijn functie te ontheffen en daar een ander neer te zetten die u wel presentabel acht. (...) Onze mensen mogen misschien voor een gedeelte uit een ander milieu komen dat u voor een luisterrijke verschijning van VN straks nodig oordeelt, zij hebben hun sporen in de illegaliteit verdiend! Dit is meer waard dan een klinkende naam alleen. Bovendien is een ontkennen van hun persoonlijk aandeel in de strijd van ons volk een verloochening van de geschiedenis en van de eigen afkomst van uw organisatie. Ook de oprichters van VN waren zeer eenvoudige jongens, een zoon van een tramconducteur en zijn vriend, die zeker niet uit een maatschappelijk hoger mi-

lieu kwam. Laten wij dankbaar zijn dat ons volk nog altijd onder al zijn gelederen ware Nederlanders kent die alles tot hun vrijheid en leven voor de goede zaak over hebben en ons niet blind staren op klinkende namen en intellectuele scholing alleen. Wij zouden hiermee weer in de zelfde fouten van voor de oorlog vervallen en dit is mede een van de voornaamste redenen waarom men onzerzijds niet met uw voorstellen accoord kan gaan. Uit het oogpunt van rechtvaardigheid en in het belang van alle betrokken personen heb ik gemeend deze uiteenzetting te moeten geven. Met beleefde groeten, 2000, de Leidster der Hervormde Groep.

Jacoba draagt in interne memo's en brieven de zaken over aan haar medewerkers. Daarin legt zij uit hoe de nieuwe organisatie eruit komt te zien. De situatie verandert weer als in een gesprek op 25 april 1945 met de Centrale Leiding van VN de leiding van Groep 2000 wordt duidelijk gemaakt dat VN niet langer prijs stelt op een samengaan van beide organisaties. In een memo van 26 april 1945 informeert Jacoba haar medewerkers.

L.S.

In een bespreking gehouden op woensdag 25 april jl. deelde de CL van VN ons mede dat zij geen prijs stelt op verder contact met onze Groep, noch op de verschillende takken van dienst uit ons midden die reeds in de septemberdagen naar VN overgingen. ZIJ BESCHOUWT HIERMEDE IEDERE BAND HARERZIJDE MET DE GROEP ALS VERBROKEN. Medewerkers die uit hoofde van oude relaties VN of om andere redenen er nog prijs op stellen tot haar gelederen toe te treden, moeten zich daartoe opnieuw schriftelijk onder no. of schuilnaam bij de CL melden. U gelieve in uw brief echter tegelijkertijd een contactadres op te geven daar 000[135] wel haar bemiddeling wil verlenen om uw brief ter bestemder plaatse te bezorgen, maar verdere besprekingen en correspondentie buiten haar om gaan. Met nadruk wordt er hier nog eens op gewezen dat alle medewerkers volkomen vrij zijn hun keuze te bepalen en wij in geen enkel opzicht pressie op u wensen uit te oefenen. Met medewerkersgroet,

<u>000.</u>

2000.

135 000 is het bestuur van Groep 2000.

De Centrale Leiding van VN geeft een andere voorstelling van zaken in een zakelijke bevestigingsbrief[136] op 30 april 1945, gericht aan 'de leden van het Dagelijks Bestuur der voormalige 'Groep'' die begint met de zinnen: 'Sedert de samensmelting van uw Groep met VN, die op uw verzoek plaatsvond in september 1944, zijn alle pogingen om tot een werkelijke eenheid te geraken mislukt. Onzerzijds zou er geen bezwaar bestaan nieuwe pogingen te doen, ware het niet dat de ondervindingen, de laatste tijd opgedaan, ons hebben geleerd dat wij door uw Groep op te nemen geen eenheid hebben opgenomen, doch een aantal mensen die ten opzichte van elkaar het diepste wantrouwen koesteren. Verder moeten wij met leedwezen constateren dat er onzerzijds redenen te over zijn om aan de oprechtheid ten aanzien van onze CL bij sommigen uwer te twijfelen. Door VN wordt niet naar vergroting van werkterrein noch naar uitbreiding van invloedssfeer gestreefd. Onze tijd is reeds meer dan bezet en wij willen geen belangrijk werk terzijde stellen voor nutteloos gedoe.' De brief meldt verder dat de CL alle werkers die via Groep 2000 zijn opgenomen, heeft ontslagen. Individuele aanvragen om terug te komen, worden in overweging genomen. Over de afwikkeling van de scheiding is 'nog het een en ander te doen' stelt de CL. De brief eindigt met: 'Besprekingen in dit verband zullen door ons worden gevoerd met 2000, tenzij door uw Dagelijks Bestuur eenstemmig een ander lid wordt aangewezen. Van het mondeling overeengekomene zal in aanwezigheid van de betrokkenen schriftelijk verslag worden gemaakt, teneinde onprettige ervaringen als in het verleden opgedaan te voorkomen. De CL van VN.'

In het Beknopt Verslag vat Jacoba deze episode onderkoeld samen:

'Tot een vruchtbare samenwerking tussen Groep 2000 en Vrij Nederland is het helaas echter niet gekomen; te zeer verschilden daartoe waarschijnlijk onze werkwijze en opvattingen. Ook deze roezige tijd vol spanningen en teleurstellingen is er waarschijnlijk mede schuld aan dat men na de bewuste vergadering op Herengracht 520 (zo'n vijf maanden daarvoor) nooit tot een nadere precisering der verhoudingen is gekomen, tot de inval in ons Hoofdkantoor, inmiddels verplaatst naar de Stadhouderskade 56, dit op korte termijn noodzakelijk maakte. Het zal wel niet de eerste keer in de geschiedenis geweest zijn dat een kind en de moeder volkomen van elkaar vervreemd raakten. Wij konden het niet eens worden over de wijze waarop de fusie zou

136 Bron: archief Nederlands Instituut voor Oorlogsdocumentatie (NIOD).

plaatsvinden. Zo werd vlak voor de Bevrijding besloten de fusie toch weer ongedaan te maken. Een en ander gevoegd bij de overval op 10 maart 1945 op ons Hoofdkantoor en het daarbij verloren gaan van alle daarin bevindend materiaal, waaronder ook ons gecodificeerd centraal-register, heeft ons uittreden bij de capitulatie wel bemoeilijkt.'

Hoofdstuk 14

'De rouw neemt in deze dagen geen einde'

Terwijl het zuiden van Nederland al is bevrijd, beleeft Amsterdam het zwaarste jaar van de oorlog. De hongerwinter van '44-'45 maakt veel slachtoffers. De mensen lopen op hun laatste benen, het 'normale' dagelijks leven raakt ernstig ontregeld en de spanningen nemen toe. Niet alleen de Duitsers zijn extra geprikkeld; ook onder de Nederlanders neemt de wanhoop toe. Er volgen veel nieuwe arrestaties en sommige verzetsmensen plegen onder druk van de Duitsers verraad. Terwijl de fusie-perikelen met Vrij Nederland de leidster van Groep 2000 bezighouden, en de overval op het hoofdkantoor haar slapeloze nachten heeft bezorgd, zijn er ook andere problemen waar Jacoba grote zorgen om heeft.

Winter en voorjaar 1945

In de winter van 1944/1945 worden steeds vaker verzetsmensen gearresteerd en vervolgens weer vrijgelaten. Dat gebeurt niet zonder reden: de arrestanten verkrijgen hun vrijheid op voorwaarde dat zij de bezetter gaan helpen. Vaak zijn het verzetsmensen die waardevol zijn voor de Duitsers; zij kennen immers de organisaties van binnenuit. Binnen de illegaliteit geldt vanwege de veiligheid een ongeschreven regel deze teruggekeerde verzetsmensen niet meer op te nemen in de organisatie. J.W. Brouwer, een van de vier commandanten van het vendel VN, wordt in november 1944 gearresteerd en vrij snel daarna weer vrijgelaten. Van Randwijk slaat alle raadgevingen in de wind en neemt Brouwer, broer van de secretaresse van Sander Wellensiek (één van de leiders van Vrij Nederland) weer terug.[137] Op 19 februari 1945 wordt C. de Jong, ondercommandant van het Vendel VN, na verraad van Brouwer gearresteerd. Zijn

137 Bron: 'H.M. van Randwijk. Een biografie'. Gerard Mulder en Paul Koedijk (1988). Na de oorlog is Brouwer voor verraad bestraft en kregen de critici van Van Randwijk gelijk.

wapenopslagplaats aan het Entrepotdok wordt kort daarna door de Duitsers ontdekt en leeggehaald. Hier liggen ook wapens van Groep 2000.[138] Jacoba houdt in die dagen een lijst bij van mensen die, al dan niet door verraad, zijn opgepakt. De lijst wordt steeds langer.

30 januari 1945: Arrestatie heer W. van Hall. Bij een top-vergadering van de NSF op de Leidsegracht slaat het nooit sluimerende verraad toe. 12 februari 1945 wordt hij te Haarlem gefusilleerd.

7 februari 1945: Heer J. Dons, Kerkenraadslid en steunpilaar der Vrijzinnig Hervormde Gemeente tezamen met de heer Smuling, met nog vijf andere leden van de Orde van Vrijmetselaren als 'leden ener gevaarlijke en tegen het Nationaal Socialistische regime gerichte organisatie' van huis gehaald en standrechtelijk bij Rozenoord neergeschoten.

19 februari 1945: Door het verraad van J.W. Brouwer binnen VN gelederen wordt ons wapenarsenaal aan het Oude Entrepot Dok/Hoogte Kadijk, ressorterend onder de Centrale Oost leeggehaald.

10 maart 1945: Overval op ons hoofdkantoor Stadhouderskade 56. Mislukte poging van De Boer, Buring en Van Doesburg om codesleutel te bemachtigen. SD man Wehner gedood.

12 maart 1945: Fusillade op het Weteringplantsoen van 20 weerloze gevangenen uit het Huis van Bewaring. Ds. J. Koopmans in zijn woning door een verdwaalde kogel dodelijk getroffen.

27 maart 1945: Arrestatie van J.P. Kan ten huize van zijn vriend Karel van Dongen. Op 11 april worden beiden gefusilleerd.

14 april 1945: Onze vijf mensen van het Marine Zendstation op Rozenoord gefusilleerd, gevallen door verraad: D. Hulsman, S.G. Kuster, Th. J. Schamp, L. Lauwerens, C.W. Dobbinga.

Zijn er nog woorden om zoveel rouw, zoveel leed te beschrijven? En dit is nog alleen wat er gebeurt binnen de allernaaste kring. Talloos velen zijn het slachtoffer van de naziterreur in alle gelederen van het verzet, van de gehele maatschappij in en buiten Amsterdam, in familie en vriendenkring. De

138 Zie ook hoofdstuk 13 van dit boek: 'Tot een vruchtbare samenwerking is het helaas niet gekomen'.

rouw neemt in deze dagen geen einde. Het verraad viert hoogtij en waar het niet het verraad is, daar doen honger, kou en ontbering de rest.

Hongerwinter

Want ondertussen is het hongerwinter. De kou is bijtend, er is vrijwel geen brandstof meer, en onvoldoende voedsel in de stad. Jacoba beschrijft de situatie in Amsterdam:

De gebeurtenissen volgen elkaar zo snel op, dat er nauwelijks tijd is om adem te halen, laat staan dat er gelegenheid zou zijn om ons te bezinnen op het wezen der gebeurtenissen om ons heen. Er wordt gewerkt en geleefd onder hoogspanning. Het is winter en bitterkoud. Er is geen brandstof - ook niet op de toegewezen brandstofbonnen. Kantoren en scholen zijn gesloten. Er is honger. De steeds schaarser wordende bonnentoewijzingen zijn nauwelijks toereikend om er het leven bij te behouden. Tijdens de hongertochten bezwijkt menigeen langs de weg. Er is geen hout en voor de doden kunnen geen doodkisten geleverd worden. Men kan zijn dierbaren niet begraven en deze liggen bij 10, bij 100 tallen in de Zuiderkerk. Er zijn geen doodgravers ook, want vrijwel alles wat mannelijk is, is gedoken, op hongertocht of zucht in Duitse gevangenissen of concentratiekampen. Het huisvuil wordt niet meer opgehaald; in verschillende stadswijken zijn de rioleringsbuizen gesprongen en lopen over. Het gehele leven is ontredderd en ontwricht. Alleen de illegaliteit werkt op volle toeren. Overal zetten onze hulpdiensten zich vrijwillig in, als het kan legaal; als het niet anders kan met de inzet van eigen veiligheid en leven illegaal. Leni en ik warmen elkaar , samen onder een plaid weggedoken bij het verrichten van onze code-administratie.

Nel Wateler en dokter Piet Stiggelbout zijn verontrust dat Jacoba geen vast duikadres heeft en na haar ziekte niet de verzorging krijgt die ze behoeft. Een aanbod van Stiggelbout om bij hem te komen logeren, wijst Jacoba af. In haar memoires beschrijft ze de discussie die ze hierover met haar dokter heeft.

Ik antwoord: 'U heeft drie zoons, alle drie min of meer in het verzet. Dat risico bij het uwe is al te groot.' Stiggelbout zegt: 'Als u de gehele dag gewerkt heeft, moet u rust en verzorging hebben. Dat zwerven is moordend.' 'De weekends kan ik verdelen over thuis bij mijn moeder en zuster en Nels zuster. Elke dinsdag kan ik bij Bernard Aris terecht. Dat zijn al drie van de zeven dagen.' 'En de andere vier? In een groenteloods of schuitenhuis?' 'Nu hier, dan daar. Met deze vorst, boven het bevroren watervlak kan ik nu niet zijn, dat is te onherbergzaam. Soms op een zolderkamer in de Jacob van Lennepstraat. Soms in de Borgerstraat.' 'Is daar verwarming, enig comfort ?' 'Het gaat wel, in elk geval voor mij genoeg. De nachten zijn niet lang, de avonden volledig bezet.' Hij schudt zijn hoofd en zal niet rusten eer hij een oplossing gevonden heeft.

Incidenten

Het is niet alleen haar gezondheid die Jacoba extra energie kost. In haar memoires beschrijft Jacoba incidenten die in de winter van '44-'45 spelen, als de gemoederen oplopen. Bij de mislukte overval op het hoofdkantoor van Groep 2000 aan de Stadhouderskade 56 bleek naderhand dat Ab de Boer 206 was getart door Groepslid Van Doesburg om de overval –met fatale gevolgen- te plegen tegen de instructies van Jacoba in.[139] Van Doesburg is diaken van de Hervormde Kerk en rechterhand van ds. Remme. Hij werkt bij de afdeling inkoop van Shell. Jacoba voelt al langere tijd dat Van Doesburg een grotere rol wil spelen bij Groep 2000, misschien wel haar positie ambieert. In haar memoires schrijft ze:

Hier ligt een van de wortels van het kwaad dat ik niet heb doorzien en voorzien; het langzaam afbrokkelen van het gezag van 2000 binnen de eigen Groep.

Van Doesburg (4012) zou zich gepasseerd en gekwetst voelen door de benoeming van Jacoba op 1 mei 1944, en jaloers zijn. Daar heeft Jacoba begrip voor en ze weet hem aan het DB van Groep 2000 toe te voegen als 'buitengewoon lid met algemeen adviserende stem bij kerkelijke, diaconale en pastorale zaken'. Het helpt niet.

Het was een pleister op de wond en Van Doesburg heeft, hoewel hij die benoeming met een minzame glimlach en slappe handdruk aanvaardde, zich nooit van zijn taak gekweten. Nimmer verscheen hij op 't appel of op welke samenkomst of vergadering ook.

Als Jacoba in november 1944 weer last krijgt van pericarditis en tijdelijk is uitgeschakeld, hoort ze hoe Van Doesburg naar buiten treedt als de vertegenwoordiger van Groep 2000. Jacoba wordt van verschillende kanten voor hem gewaarschuwd. Hij komt vaak op locaties van Groep 2000 als hij er zeker van is dat Jacoba daar niet aanwezig is en spreekt dan laatdunkend over haar in termen als '2000, heldin van de dag' of 'een sluwe vogel, die 2000' en zet mensen tegen haar op.

139 Zie hoofdstuk 12 van dit boek: 'Leven! We willen leven'.

Ik werd gewaarschuwd, maar hoe wapent men zich tegen een strijd die niet met open vizier gestreden wordt?

Veel Groepsleden vinden dat hij uit de Groep gezet moet worden, maar Jacoba besluit Van Doesburg thuis op te zoeken om met hem te praten. Als ze bij Van Doesburg aanbelt, hoort ze tot haar ontzetting van zijn vrouw dat hij al drie maanden niet thuis is geweest en is gaan samenwonen met een ander Groepslid, een domineesdochter.

In wat voor stinkend moeras ben ik geraakt? En hoe komen wij allen daar ooit weer uit? Ontzet, totaal ontredderd ben ik.

Mevrouw Van Doesburg ziet dit als het werk van de duivel en vraagt Jacoba: 'Als het in uw vermogen ligt: geef mij dan mijn man en de kinderen hun vader terug.' Jacoba, die een goede band heeft met de vader van het meisje, gaat bij haar ouders op bezoek. Zij maken zich zorgen om hun dochter die al enige maanden niet meer thuis is gekomen, ondergedoken vanwege het verzetswerk, denken zij.

Het is een rotte appel, snijd die uit tot op het hart, zegt een stem in mij. Maar is daarmee het kwaad bezworen en zijn deze beide gezinnen daarmee uit de nood? En Van Doesburg en het meisje zelf? Twee ontredderde mensen wier leven op drift geraakt is? Maar al te goed ken ik de gevaren van het illegale werk ook in dit opzicht. Niet voor niets wil ik er altijd bij zijn als er iets ondernomen wordt. Ik ken de spanningen, de psychische kortsluitingen die daar het gevolg van kunnen zijn en die op de een of andere manier moeten worden afgereageerd. Volwassen mannen, eerbare vaders van gezinnen die schreien als een kleine jongen, gillen als een kind in redeloze angst en daarmee hun hele ploeg in gevaar brengen. Die vaak tijdelijk verdoofd of met een kalmerend middel tot bedaren gebracht dienen te worden. Soms ook door een kaakslag of een stomp in de maag van een medestrijder buiten gevecht gesteld en aan 'de moeder in Israël' worden doorgegeven ter verzorging.

Jacoba praat erover met Nel die het meisje kent en kort geleden nog heeft gezien. Tot Jacoba's schrik zegt Nel: 'Je mag zoiets niet zeggen als je het niet zeker weet, maar ik heb als verpleegster nu eenmaal m'n ogen niet in m'n zak. Als je het mij vraagt dan is ze in de eerste maanden van een zwangerschap.' Jacoba vindt dat ze tekort is geschoten in de zorg om haar Groepsleden waarop Nel zegt: 'En hoeveel kom je aan de zorg voor je eigen gezondheid te kort? Je bent leidster, geen kindermeisje.' Toch is Jacoba vast van plan om het meisje te vinden.

Nel: 'Je weet niet eens waar zij op 't moment is.' 'Dat adres krijgen we wel. Wij gaan niet heen als aanklagers, maar om te helpen en wat mijzelf betreft, om goed te maken wat ik verzuimde. Als 't nog kán.' 'Wil niet teveel Co. Een mens kan niet alles. Het is hoogmoed Co te denken dat alles voor jouw verantwoording is.'

Jacoba weet het meisje te vinden en brengt het naar de ongeruste ouders terug. Er ontstaat tussen Jacoba en het meisje een warme vriendschap en nog jaren na de oorlog corresponderen ze met elkaar.

Moeilijker, veel moeilijker had ik het met Van Doesburg. Elke poging om een betere verstandhouding te scheppen leed schipbreuk. Elke toegestoken hand werd geweigerd.

Dan doen zich meerdere incidenten voor waardoor Jacoba het opnieuw aan de stok krijgt met Van Doesburg.

Er zijn vreemde dingen gebeurd tijdens mijn ziekte. Achter elkaar is er enige malen bij de Groep ingebroken. Het begon bij de Nieuwe Kerk, precies nadat daar een voedseltransport uit Groningen en Friesland zou aankomen. Op 't laatste moment is dit voedseltransport in Amsterdam Noord ten gevolge van een lekke band blijven steken. Men heeft de wagen met lading in onze centrale Noord in veiligheid gebracht tot de volgende dag. In de Nieuwe Kerk is het transport afgemeld, maar buiten het hoofd van onze fouragedienst is daar niemand van op de hoogte. De overval geschiedt door drie Duitse geüniformeerde mannen in 't bezit van een Duitse wagen. Wanneer de wachtpost wil toeslaan is hij één moment afgeleid, verbijsterd, want het is hem alsof hij de voorman van dit groepje kent, ondanks de Duitse vermomming en taal. Wáár heeft hij die man meer gezien? Die stem gehoord? Wanneer blijkt dat er niets te halen is, nemen de mannen de benen.

De wachtpost bij de Nieuwe Kerk wordt verdubbeld. Twee nachten later is er een soortgelijke overval bij de houthandel van Key, Ordelid en groepscontact, schrijft Jacoba.

Hier bevinden zich verschillende ondergedoken radiotoestellen en een partij Amerikaanse sigaretten afkomstig van droppings en bestemd voor de BS. Te laat wordt de inbraak ontdekt, men heeft alleen drie mannen in uniform gezien. De heer Key en de gehele directie verkeren in spanning. Men kan geen aangifte doen in dit geval, maar als er geen arrestaties volgen, kan als vaststaand worden aangenomen dat deze lieden geen Duitsers waren.

Tien dagen later is het weer raak. Uit het wijkgebouw aan de Jacob van Lennepkade wordt de gehele voorraad levensmiddelen gestolen en in dezelfde nacht wordt ook ingebroken in een opslagruimte van Groep 2000 waar kostbare goederen van een bevriend bedrijf in bewaring liggen. Er worden onder meer gordijnstoffen ontvreemd.

Al met al een vreemde geschiedenis. Men heeft wel een spoor dat voert naar een van onze eigen garages, de auto van mijn broer!

Jacoba gaat op onderzoek uit en hoort dat Van Doesburg degene is geweest die tijdens haar ziekte via het DB de sleutel van de opslagruimte kreeg om de gordijnstoffen daar op te kunnen slaan.

Een wee gevoel komt in mij op als ik dit verslag aanhoor en een donker voorgevoel inzake Van Doesburg. Ik ga er zelf op af, nog onzeker in mijn knieën en gauw buiten adem en duizelig, maar dit kan ik niemand opdragen. Ik tref Van Doesburg rustig rokend op zijn kantoor. Eén blik op 't doosje sigaretten dat vóór hem ligt is voldoende om mij ervan te overtuigen dat mijn vermoeden op droeve waarheid berust en in een gloeiende verontwaardiging deel ik hem mee dat hij als Groepslid is geroyeerd en dat ik hem ditmaal tegenover de Commissie van Beheer en de Kerkenraad niet zal sparen. Spottend hoort hij mij aan.

Jacoba is woest. Dominee Van Bruggen, voorzitter van de Kerkenraad, vindt royement te diskwalificerend en vraagt Jacoba of ze Van Doesburg niet beter geruisloos kan overplaatsen. Maar Jacoba houdt voet bij stuk: 'Ik zie geen andere weg. Vergeet u niet dat in dit werk elke post de volle 100% vertrouwen eist.' Als Van Bruggen zegt: 'Iemand die eens steelt is niet voor altijd een dief. Er is nog iets van vergeving ook', antwoordt Jacoba: 'Binnen de kerk gelden andere maatstaven. Hier moet ik hard zijn.'[140] Ze eist dat Van Doesburg de gestolen goederen terugbrengt en dreigt er anders een politiezaak van te maken. Tweederde wordt teruggebracht, de rest is al via de zwarte handel verkocht.[141]

140 Het is aannemelijk dat Van Doesburg ook na dit incident nog aanblijft als 'buitengewoon lid' van het DB. Zie ook hoofdstuk 13 van dit boek ; Tot een vruchtbare samenwerking is het helaas niet gekomen'.

141 Na de oorlog is Van Doesburg door de Bijzondere Rechtspleging veroordeeld tot 2,5 jaar gevangenisstraf, aldus Jacoba in haar memoires.

Joke gevangen

De fusieperikelen met Van Randwijk, de overval op het hoofdkantoor en de fusillade van 30 gevangenen op het Weteringplantsoen, de strijd met Van Doesburg: de winter en het vroege voorjaar van 1945 vergen veel van Jacoba. Als op 24 april 1945 Groepslid Joke Rietveld[142] wordt opgepakt tijdens een wapentransport, zet Jacoba alles op alles om haar vrij te krijgen. Ze is dol op het Joodse meisje dat via Groep 2000 is ondergedoken op kamp Vierhouten, een buitenterrein van Jacoba's oom.

Madeline van Geuns staat voor me; verwaaid, bleek, ontredderd. Zij en Joke Rietveld zijn een week geleden naar ons kamp Vierhouten vertrokken om er de bonnen voor de nieuwe uitreiking te bezorgen. Joke had daartoe mijn bonnenvest in bruikleen. In Vierhouten heeft mijn oom, vaders derde broer, een zomerhuisje op een uitgestrekt nog vrijwel ongerept bosterrein. Oom had dit terrein kort na de Eerste Wereldoorlog gekocht om gedurende de vakanties daar met zijn gezin Den Haag te ontvluchten. Als leraar wiskunde vielen zijn vakanties grotendeels samen met die van zijn beide dochters en ook tante genoot ervan zich eens helemaal uit het gecultiveerde leven terug te kunnen trekken.

Na tantes vroegtijdig overlijden was hij er nog eenmaal met zijn beide dochters Nini en Coba geweest. Zo stond het kleine huisje en het uitgestrekte terrein renteloos. Ik ging begin 1941 eens met oom praten en kreeg de volledige beschikking over terrein en huis. De afgelegen ligging maakt deze plek bij uitstek geschikt om er onderduikers onder te brengen. Oorspronkelijk was het een tijdelijk verblijf voor mijzelf op mijn reizen door het land. Een enkele maal hebben wij er ook piloten ondergebracht. Toen de grote stroom onderduikers kwam, zag ik hier vele mogelijkheden. Samen met oom reisde ik er heen en legde hem mijn plannen voor. Hij was onmiddellijk bereid. Er verrezen meerdere huisjes, zg. Padox woningen en een paar barakken; bepaalde stukken grond werden in exploitatie genomen. Er werden kippen en konijnenhokken gezet. Het land gespit, aardappelen gepoot, een moes- en fruittuin aangelegd en er kwam een kampleiding. Madeline van Geuns en Gerda Meijer/Joke kregen hier hun zelfstandig arbeidsterrein. Het kamp Vierhouten is een bloeiende onderduikerskolonie, waar gewerkt en geleefd wordt als in vroeger tijden in de emigrantenvestigingen in Afrika en Amerika. Tot de grote spoorwegstaking van 18 september 1944 bezocht ook ik het regelmatig. Daarna ben ik er nog twee keer geweest, maar mijn hart laat niet

142 Er is onduidelijkheid of Gerda Meijer ook Joke zou kunnen zijn. Het lijkt niet het geval. Na 70 jaar is dit niet meer helder te krijgen.

meer toe zulke afstanden op de fiets af te leggen. Toen bleef ook de supervisie voor mijn beide medewerksters.[143] *Nu hebben deze twee ook hun relaties met het Parool en zo gebeurde het dat men de hulp van hen had ingeroepen om een zending wapens, afkomstig van een dropping, fietsend naar Amsterdam te brengen. Joke was onmiddellijk bereid. Madeline zou haar volgen, zonder bezwarend materiaal.*

Tot vlakbij Amsterdam, even voor Diemen, was alles goed gegaan, vertelt Madeline.

Of er iets uitgelekt was van een wapendropping en transport? Een tegemoet rijdende fietser waarschuwt: 'Alle toegangswegen afgezet: controle op wapens.' Onmiddellijk stapt Joke af, ontdoet zich van het vest dat zij in een greppel verbergt en gaat op een afstand langs de weg haar laatste rantsoen nuttigen. Madeline doet hetzelfde op de afgesproken afstand. De groenen komen; er wordt niets op Joke gevonden, maar men vertrouwt de zaak niet en zoekt de omgeving af. Het vest wordt gevonden. Joke ontkent, weet van niets, maar men gelooft haar niet. Ze wordt gearresteerd en weggevoerd naar de gevangenis aan de Amstelveenseweg. Ook Madeline wordt aangehouden, maar kan na beantwoording van enige vragen doorrijden.

Als Jacoba het relaas heeft aangehoord, gaat ze onmiddellijk naar de gevangenis. Daar krijgt ze al via een contact van Groep 2000 een briefje van Joke in de handen gedrukt.

Geslagen, verontrust bovenal zijn ook wij: 'Joke'- een kind van het oude volk, al haar bescheiden zijn vals. Als dat ontdekt wordt, is zij onherroepelijk verloren en zal men haar zeker niet geloven inzake het vest. Wanneer ik mij naar de Amstelveenseweg haast, heeft onze man[144]*daar al een bericht voor mij: 'Houd goede moed, tante Cootje! Ik doe het ook, want er is geen enkel bewijs. Papieren in orde bevonden. Mijn Bewaarder sluimert niet; Hij zal niet toelaten dat mijn voet wankelt.' Dat is Joke ten voeten uit. Een kind van het oude volk. Zij kent de Here Israëls aan wien zij zich toevertrouwt. Dat geloof is haar kracht in de moeilijke, donkere dagen die volgen van zware, ononderbroken verhoren. Eén lichtpuntje is er: Joke is tamelijk fors, gezetter*

143 Het kamp wordt in oktober 1944 ontdekt door de Duitsers, de bewoners weten te ontkomen. Madeline van Geuns en Joke Rietveld blijven actief in het verzet. Meer informatie over schuilkampen in de Tweede Wereldoorlog is te vinden op www.verscholendorp.eu.

144 'Onze man' is Renshof, die eerder briefjes van Jacoba's vader en van Henk Dienske uit de gevangenis smokkelde.

dan ik en het vest is haar iets te nauw. Dat euvel wordt verholpen doordat zij de beide voorpanden sluit met lusjes van schouderband elastiek. Haar tegenwoordigheid van geest onder alle omstandigheden heeft haar deze lusjes doen verwijderen en de elastiekjes doen verdwijnen in het busje waarin zij haar lunchpakket geborgen heeft. Men had alles nagekeken, ook het trommeltje, en gevraagd wat deze bandjes betekenden. 'Het trommeltje is op de fiets weleens opengegaan en daarom heb ik er altijd een paar elastieke bandjes om. Die andere zijn reserve. Onderweg doe je nog wel eens iets op; dan is het altijd gemakkelijk als je wat elastiekjes bij je hebt.' Blijkbaar heeft men haar geloofd. Er is anders niet zo heel veel verstand en combinatievermogen nodig om het raadsel te onthullen: 6 elastieken lussen, 6 knopen en knoopsgaten en een te krap vest.[145] *Maar zeer bezwarend is het merk 2000 aan de binnenkant van het vest aangebracht. Nog steeds is daar de niet ontraadselde code-2000. Nu weer een wapenvest 2000. Er is verband, dat staat vast. Wie is de draagster van dit vest, wie gaat schuil achter die codenaam? Joke weet van niets. 'Hoe zou ik iets kunnen zeggen; dat vest is niet van mij.' Eindeloos zijn de verhoren en kruisverhoren. Van Hoften vertelt ons hoe zwaar. Joke niet: 'Het gaat goed op alle fronten. Een regen van milde gaven stort God uit; Hij versterkte zijn erfdeel, toen dit was uitgeput. Dag aan dag draagt Hij mij. Hij is mij een God van uitreddingen.'*

Joke blijft ontkennen iets van het vest af te weten. De Duitsers hebben geen bewijs, ze komen niet verder maar willen een daad stellen.

Dan komt Van Hoften met de verpletterende tijding 4 mei 's morgens: 'Er is geen enkel bewijs, maar ze willen een voorbeeld stellen. Dat wordt doodstraf.' 'Weet zij het?' 'Ik denk het wel.' 'Wanneer?' Hij haalt de schouders op. 'Ik denk wel dat ze korte metten zullen maken: morgen. Maandag misschien?' 'Kunnen we werkelijk niets doen?' 'Niet meer dan gedaan is. Alles wat meer ondernomen wordt, kan alleen bezwarend werken en meer slachtoffers eisen.' 'Ik dacht aan omkoping.' 'Geen kans. Men legt ondanks het ontbreken van elk bewijs verband met 56. Alles wat u onderneemt maakt het alleen zwaarder voor haar en riskant voor velen.'

Jacoba voelt zich verslagen, deze 4e mei 1945. Ze trekt zich terug in de kamer van haar vader om na te denken. Ze bidt.

145 Zie foto op blz. 131, hierop staat het patroon van het bonnenvest afgebeeld.

Elke dag heb ik aan onze man daar nog een woord voor Joke doorgegeven. Nu heb ik geen boodschap; geen moed om te gaan. Maar kan ik haar in deze uiterste nood alleen laten ? Die middag laat ik mijn normale werkzaamheden rusten en zoek in vaders kamer de afzondering. Weer vecht ik met de Heer om het leven van een der onzen, een die mij zeer na aan het hart ligt. Weer is er de schuldvraag. Waarom heb ik Joke en Madeline niet verboden buiten mijn voorkennis en toestemming om opdrachten van andere organisaties uit te voeren? Onze relaties met het Parool zijn zeer hecht en dateren nog uit de tijd van de Groep zonder naam. Sinds Bernards arrestatie[146] *en thuiskomst zijn deze nog verstevigd doordat Bernard regelmatig in het Parool schrijft. Dentz is niet slechts onze gastheer geweest op Herengracht 520; hij is tevens verbindingsman met de top van het Parool en informatiebron Engelse berichtgeving. Zijn rechtstreeks opgenomen bulletin wordt vergeleken met dat van het Marine zendstation en het bulletin van Euwe. Daardoor worden lacunes vrijwel uitgeschakeld en krijgen wij een gaaf en goed leesbaar relaas. Dentz, Joke en Madeline vormen binnen ons verband een hechte Parool-2000 formatie met in het hart Aris over wien zij angstvallig waken. Precies zoals destijds Gerrit Jan van der Veen van de Vrije Kunstenaars-kring, de Persoonsbewijzencentrale, die bij Van der Veen en Belinfante zijn oorsprong nam, en de Distributiekring 1400. Gestadig maar voorzichtig werken wij met elkaar naar hetzelfde doel, elkaar helpend waar we maar kunnen. Wel worden opdrachten altijd door mij verstrekt, maar dat is in dit geval niet mogelijk geweest, zelfs voorafgaand overleg niet. Joke had niet geaarzeld: 'Niet jij Madeline, maar ik. Je vader heeft als voorwaarde gesteld: geen wapentransporten. Bovendien moet jij dit keer volgen. De vorige keer was dat mijn taak. We houden ons aan de opdracht van 2000, ook op de terugtocht.' Dan is daar het bonnenvest 2000. Waarom heb ik niet gelast dat merk eruit te halen toen Joke het er met fijne rode kruisjes in had geborduurd? 'Waarom heb je dat gedaan? Het gaat toch nooit naar de wasserij?' 'Omdat ik er zo trots op ben. Het is uw vinding, uw ontwerp.' 'Je bent een malle meid. Zoveel fraais is het niet.' 'Wel origineel. Het hoort erin.' Ik had het zo gelaten en er geen kwaad in gezien. Nu kan dat merk aan Joke het leven kosten! Heer, eis niet ook nog dit leven van mijn hand. Ik heb gefaald, maar voltrek uw oordeel niet aan haar. Gij zijt de God der uitreddingen. Ontferm u Heer, toon nog eenmaal uw macht en wend dit vreselijke af. Zij is UW kind, een dochter van uw eigen, uw uitverkoren volk. Behoud haar Here, wij hebben haar nog zo nodig, haar ouders, haar broers en zusters, haar familie, haar volk. Zij is nog*

146 Bernard Aris is vanwege zijn preken, waarin hij het antisemitisme hekelde, gearresteerd en heeft van september 1942 tot eind maart 1943 gevangen gezeten in Amsterdam, Amersfoort en Vught.

zo jong en het leven houdt voor haar nog zoveel schone beloften in. Beproef ons niet te zwaar, o Heer. Vergeef mij mijn schuld, mijn ijdelheid; niet mijn naam is het, niet mijn vondst, maar de Uwe. U alleen zij de eer. Ik had geen recht mijn naam in dat vest te laten. Bestraf mij, niet haar. De gedachten vermenigvuldigen zich in mij; heel het groepsgebeuren gaat in al zijn felheid opnieuw door mij heen. Weer zijn daar de opstandigheid, fel oplaaiend, de twijfel, het wanhopig zich gewonnen geven, maar niet die volledige overgave, het zich geborgen weten aan Zijn Vaderhart.

Nog even ga ik naar kantoor, maak de noodzakelijke dingen af, geef Leni de opdracht inzake de code en schrijf op een sigarettenvloeitje: 'Lieve Joke, in deze zo uiterst zware dagen bidden wij veel voor je. Moge de Heer der uitreddingen je in Zijn speciale hoede nemen want alleen bij Hem ben je waarachtig veilig. Tante Nel en tante Co.' Ik neem mijn weg naar huis langs de gevangenis waar ik mijn laatste boodschap voor Joke afgeef. Als lood wegen mijn voeten, die nauwelijks de pedalen kunnen voortbewegen.

Thuis tref ik Henk, Joop, Martha, Jan en Nel in de grootste opwinding over de laatste berichten, maar Nel ziet mijn vermoeidheid. 'Ga maar gauw liggen. Ik breng je zo nog een kopje thee en straks je eten op bed. Misschien kun je er dan om 8 uur voor radio Oranje nog even uit.' Maar Joop weet het beter. 'We eten vanavond allemaal laat, zo vet schaft de pot toch niet tegenwoordig. We hebben alleen pannenkoeken met stroop. Heerlijke oorlogsbloem, jongens.' In de stilte van mijn kamer komt Nel naar mij toe: 'Wat is er? Joke?' Ik knik. 'Ze willen een voorbeeld stellen, morgen. Maandag misschien.' Nel slaat de handen voor het gelaat. 'O Heer, dat niet, dat niet. Het kan niet, Co, zo vlak voor onze bevrijding. Weet ze het? Is er een vonnis uitgesproken?' Ik vertel wat ik weet van Van Hoften, wat ik gedaan heb, maar dat ik de moed niet heb kunnen opbrengen de bewaker op te wachten en te vragen of hij nog een boodschap had. 'Ik begrijp het', zegt ze eenvoudig en knielt bij mijn bed en schreit. Dan vouwt ze haar handen om de mijne en samen bidden we voor Joke.

Hoofdstuk 15

'De hele straat vlagt!'

Na vijf oorlogsjaren komt dan eindelijke de dag waar Jacoba en de haren naar toe hebben geleefd. Vrijdagavond 4 mei 1945 wordt de capitulatie ondertekend en is de oorlog officieel voorbij. De volgende dag trekken duizenden Amsterdammers naar de Berlagebrug om de bevrijders te verwelkomen, maar de grote intocht blijft uit: de geallieerden komen pas op maandagmiddag 7 mei aan in Amsterdam. Op de Dam komt het die dag tot een gewelddadige confrontatie tussen de Binnenlandse Strijdkrachten (BS) en Duitse soldaten.

Zodra Jacoba hoort dat Nederland is bevrijd, vliegt ze de deur uit met maar één gedachte: Joke! Pas daarna kan ze met familie en naaste vrienden de bevrijding vieren en haar omgekomen Groepsleden eer bewijzen. Vermengd met de landelijke euforie is er de ongerustheid over landgenoten in Duitse gevangenschap. Zullen zij veilig thuiskomen? De eerste taak van Groep 2000 na de bevrijding is het repatriëren van Groepsleden.

4 Mei 1945 – zomer 1945

Het is vrijdagavond 4 mei 1945. Eerder die dag heeft Jacoba gehoord dat Groepslid Joke Rietveld de doodstraf heeft gekregen. Het Joodse meisje, dat in de gevangenis aan de Amstelveenseweg zit, zal de volgende dag, of maandag worden doodgeschoten. Uitgeput en verslagen komt Jacoba thuis op haar onderduikadres bij vrienden, ergens in een buitenwijk van Amsterdam, waar Nel haar in bed stopt.

Tot half 8 blijf ik liggen, en om 8 uur zitten we met ons vieren onder een deken vlak voor de radio om te luisteren. Maar het is nauwelijks mogelijk te luisteren door de storingen. Het hoeft ook niet, want het rumoer op straat, het verduisteringspapier dat van de ramen wordt gescheurd. Dan ineens dringt van de straat de eerste kreet tot mij door.

'Vrij! Wij zijn vrij!' In een oogwenk vliegen de deuren en ramen open. Mensen dringen zich om een agent die op het pleintje voor ons huis staat. Vlaggen en Oranjedoek, die reeds een week lang klaar stonden, worden te voorschijn gehaald en in een ommezien zijn plein en kade herschapen in een feesttooi van rood, wit en blauw. Het Wilhelmus weerklinkt en even later 'O, schitt'rende kleuren van Nederland's vlag'... Dan eerst dringt het tot mij door, wat al deze laatste weken met de dag nader kwam en sinds de voedselvliegtuigen eigenlijk reeds een voldongen feit was, maar waar toch niemand van ons nog aan kon. Dus tóch na vijf lange jaren vrij! Onze strijd, de offers die gebracht werden, waren niet vergeefs! Ineens staat ook voor mij de beeltenis van vader, de laatste maal dat ik hem zag in vrijheid, toen hij mij een klein boekje overhandigde: een luxe uitgave van het Wilhelmus. Hoe dikwijls heb ik later daarin zitten bladeren; hoe dikwijls is het mij tot troost geweest! Vader, ook één van de grondleggers van dit werk, hoe kort hij slechts zijn krachten daaraan heeft mogen geven. Een grote leegte vervult mij. Hij noch mijn broer hebben deze dag, waar zij met zó hartstochtelijk verlangen naar hebben uitgezien, mogen beleven. Maar tegelijk weet ik dat ik het niet anders zou willen, omdat zijzelf niet anders gewild hebben, zo min als een der anderen, die vielen: Jan Peppink, Rudolf Bloemgarten, Henk Dienske, Gerrit Jan van der Veen... noem ze maar op uit de lange schare van mannen en vrouwen, die hun leven lieten voor deze zaak.'

In het tumult kijken Nel en Jacoba elkaar na de eerste vreugde verschrikt aan.

'Joke!' is Nels en mijn kreet uit één mond. Ik ben al op weg naar de gevangenis. Nel holt met onze vlag naar ons huis. Op de Amstelveenseweg is het tamelijk rustig. Ik ga bij de portier naar binnen na een enkele druk op de zware bel. 'Ik kom voor Joke Rietveld.' 'Bezoek is niet toegestaan.' 'Man, we zijn vrij! Ik kom haar halen!' 'Dat kan niet zó maar. Er is nog geen order van hogerhand binnengekomen.' Op dat moment zie ik de hoofdcipier, mijn relatie[147]*, die de ronde van 8 uur heeft gedaan binnenkomen. We laten niet blijken dat we elkaar kennen. Hij blijft in de deuropening staan luisteren. Ik zeg: 'Van wie verwacht u die, van een verslagen bezetter soms? Bewijs dat u Nederlander bent en uw plicht kent. Alle politieke gevangenen zijn vrij.' Ik zie de hoofdcipier een sleutel (van het kledingmagazijn?) grijpen en weggaan. 'Het gaat niet juffrouw. Ik handel niet buiten mijn superieuren om.'*

---

147 De hoofdcipier is Renshof, lid van Groep 2000.

Jacoba van Tongeren, leidster van Groep 2000, gaat op haar strepen staan.

'Dan gelast ik u in naam van ZKH Prins Bernhard der Nederlanden, hoofd der Binnenlandse Strijdkrachten, enige drager van het wettig gezag tot onze regering uit Londen is teruggekeerd, mejuffrouw Joke Rietveld, ter dood veroordeeld wegens wapentransport, voor te geleiden en de vrijheid te hergeven.' Meteen haal ik mijn legitimatie als leidster der Hervormde Verzetsgroep 2000 en groepsband te voorschijn die ik die middag, zeker uit een onbestemd voorgevoel, bij mij had gestoken om op alle eventualiteiten voorbereid te zijn. Mijn contactman is juist terug. 'De eigendommen van gevangene 437', zegt hij, Jokes regenmantel, wollen jack, wanten, shawl en tasje op tafel leggend. 'Waarom maakt u zo'n haast; is morgenochtend niet tijd genoeg?' wil de man in de portiersloge nog weten, maar hij staat reeds met de sleutelbos van Jokes gang in de hand. 'Omdat haar leven niet veilig is hier in de gevangenis zolang er nog een Duitser in ons land is. Man, begrijp het dan toch en denk aan alles wat ná Dolle Dinsdag is gebeurd. Als er iets met haar gebeuren zou, terwijl er een kans was om dit te voorkomen, zou dit voor uw verantwoording komen. U kunt thans bewijzen uw plicht als Nederlander te verstaan.' Hij legt de sleutelbos in handen van de nacht-hoofdbewaker en zegt: 'Haal 437.' Nog staart hij mij verbaasd aan, argwanend zelfs. 'Mag ik uw legitimatie nog eens zien?' Opnieuw haal ik die uit mijn tas. Hij bekijkt de foto, de handtekeningen, mij: 'Is dit echt?' 'Zo echt als ikzelf die hier voor u sta. Als u het niet gelooft, belt u dan de commandant van Amsterdam maar op', en ik geef hem het telefoonnummer. 'Een vrouw! Verdomme, u had een man moeten zijn.'

Daar zie ik Joke, breid mijn armen uit, druk haar een ogenblik tegen mij aan: 'Joke!' 'Tante Cootje!' 'Kom mee, gauw. Goedenavond heren. Bedankt.' Ik trek Joke door de deuren die meteen achter ons weer sluiten. 'Jij op de bagagedrager, vlug.' 'Ik trap', zegt Joke resoluut. 'Geen sprake van, het is niet ver naar moeder en Lot en totdat je werkelijk veilig bent, ben ik nog je chef.' Bij de De Lairessestraat staan nog een paar soldaten van de Wehrmacht, maar daar geef ik de voorkeur aan boven de vier van de doodskoppen-brigade die ik eerder bij de Valeriusstraat heb gezien. Als wij veilig bij moeder op de stoep staan en ik de sleutel in het slot steek, fluister ik, alleen hoorbaar voor mijn Heer en Geleider: 'Ik dank u, o God van uitreddingen, dat Gij dat vreselijke hebt willen afwenden en Joke aan het leven terug geschonken hebt. Ik dank u Heer, ik dank U. Amen.'

Moeder heeft de sleutel in het slot gehoord en nog in de gang komt zij ons al tegemoet. 'Moeder, vrij! Joke vrij! O moeder, vader, Herman, al die anderen.' De spanning, het leed van die jaren ontlaadt zich een ogenblik aan moeders kant. 'Kind, ik dank je dat je het werk van je vader en broer hebt voortgezet.' Ze slaat dan haar armen om Joke en mij heen. Slechts een enkele zilveren draad aan haar slaap in het nog altijd gitzwarte haar verraadt haar bijna 75 jaar. Haar ogen zien slecht, maar haar tred is licht, haar bewegingen zijn gracieus. 'Dank u moeder, voor alles. Vader zou trots op u zijn geweest als hij u zo zag. Nu nog Indië, uw broers en zusters.'

Als Jacoba na de oorlog terugkijkt op de redding van Joke, weet ze dat ze er goed aan heeft gedaan onmiddellijk op vrijdagavond 4 mei actie te ondernemen. Ze schrijft in haar memoires:

Het was misschien overdreven zo'n haast te maken en toch - als ik denk aan de schietpartijen op de Amstelveenseweg, Van Baerlestraat en Dam en de vele slachtoffers die er toen nog gevallen zijn, dan huiver ik en weet dat Joke als een brandhout uit het vuur gerukt, werd bewaard. Later zullen we horen dat mijn angst niet helemaal ongegrond was want in Den Haag en in Utrecht waren in de gevangenissen ter elfder ure nog gevangen verzetswerkers terechtgesteld.

Jacoba laat Joke achter bij haar moeder en zus in de Johannes Verhulststraat. Dan rept ze zich naar de Antillenstraat waar Nel inmiddels thuis is.

Om de hoek van de Curaçaostraat is het eerste wat ik zie voor ons hoekraam een portret van koningin Wilhelmina, aan weerszijden twee hoge kaarsen speciaal voor dit doel bewaard, en het gehele raam versierd met oranje. Van ons balkon wappert fier de driekleur. Lieve Nel, ze heeft onze afspraak in het begin van de oorlog gemaakt, niet vergeten.

Boven treft Jacoba behalve Nel ook Leni Broersma, Kees Reitema en Harry Mouthaan aan.

De tafel is versierd. Op het dressoir staan de foto's van vader en Herman op het rood, wit en blauw. Nels oranje groepsband is zo gevouwen dat het groepsembleem precies zichtbaar is. Daarachter in Harry's keurige handschrift op een wit karton de namen van hen die vielen uit onze kring met het sobere opschrift: 'Zij, die met het offer van hun leven hielpen deze dag naderbij te brengen'. Een feestmaal met ons verenigd bezit aan blikjes sardines, zalm, augurken wordt klaargemaakt en dan opgegeten. We drinken nog een kopje koffie samen, dan stappen Leni, Kees en Harry op. Nel en ik gaan weer naar boven. Binnen gaan de tafel en stoelen opzij, wordt het kleed opgerold en de grammofoon aangezet. De buren van beide kanten komen ook en de benen gaan van de vloer. Als wij de volgende morgen klokke zes weggaan, is men nog niet uit gedanst.

Op zaterdagochtend 5 mei 1945 gaan Jacoba, Nel en Leni langs de fusilladeplaatsen. Het is 06.15 uur als ze samen door de stad fietsen.

Het is een stralende morgen als eens vijf jaar geleden op de 10de mei toen wij werden opgeschrikt door de bommen op Schiphol. Nu is het stil, wonderlijk stil in de natuur en in de stad. Zwijgend ook fietsen wij naar Rozenoord[148] *en leggen daar onze eerste bloemenhulde neer. Gisteravond zijn anderen ons al voor geweest, want hier en daar ligt reeds een tuiltje verse anemonen, een bos tulpen. Vandaar naar de Apollolaan. Nu komen we ze al tegen, al diegenen die als wij er behoefte aan voelen voor alles hun dankbaarheid en eerbied te tonen voor hen die deze dag niet meer mogen beleven, nochtans het hoogste offer brachten. We zien ze: de weduwen, maar ook de ouders, de kinderen. Zwijgend gaan ook zij hun weg. Tot zelfs de kleinsten dragen een tuiltje bloemen, niet ten volle begrijpend misschien, maar toch beseffend dat hier iets gebeurt waar ook zij op de een of andere manier bij betrokken zijn. 'Mamma', vraagt een klein meisje van misschien 3-4 jaar, 'ik zie pappa niet. U zei toch dat mijn bloemen voor pappa waren?' 'Leg ze maar neer, schat', zegt een jonge vrouw, 'pappa ziet het wel vanuit de hemel waar hij nu is.' Verder naar het Weteringplantsoen. De zwaarste gang: daar lagen er 20 tegen de dijk, ze lagen een dag en een nacht. Heel dat vreselijke gebeuren voltrekt zich opnieuw in mij. Nu moet ik als laatste nog bij mevrouw Verwoerd zijn. Na haar vrijlating uit het Huis van Bewaring ben ik als eerste er geweest om haar te vertellen welk lot haar man en zoon getroffen had. Ik had met haar niet veel gesproken; wel geluisterd. En sindsdien ben ik eens per week bij haar geweest. Dit gezin mocht ik niet aan de wijkverzorgster overdragen, maar nu valt deze gang mij net zo zwaar als die eerste maal, zo niet nog moeilijker. Het is kwart voor 8, dus nog wel wat vroeg, maar toch richt ik mijn schreden naar Stadhouderskade 56. Op het moment dat ik aanbel,*

148 Bij theehuis Rozenoord aan de Amsteldijk zijn tussen 18 januari en 14 april 1945 ruim honderd Nederlanders gefusilleerd, onder wie zes mannen van het Marine Zendstation.

zie ik Jeremia[149] *over de brug om de hoek komen, een grote bos oranje tulpen in de hand. Weer staan wij tegenover elkaar. 'Twee zielen, één gedachte', zegt hij en reikt mij de hand. 'Ik ben blij dat u er bent. Ik zag er heel erg tegenop.' 'Ik ook', zegt hij eenvoudig. De deur gaat open en samen aanvaarden we onze kruistocht. Nu blijkt echter ook welke sterke persoonlijkheid mevrouw Verwoerd is. 'Ik wist dat u komen zou. U alle twee. Neen, een mens komt niet los van het verleden. U niet en ik niet, maar hij mag dankbaar zijn wanneer het hem gegeven wordt er boven te staan zoals ik hier. Elke avond en elke morgen is mijn laatste en eerste blik bij het sluiten en openen der gordijnen op die plek daar. Daar hebben zij gelegen: mijn man, mijn zoon. Maar ik heb nu een taak tegenover mijn dochter en dat is haar te leren eerst omlaag te zien en dan naar omhoog.'*

Schuldgevoel

Het schuldgevoel over de represaille bij het Weteringplantsoen drukt nog altijd zwaar op Jacoba's schouders. Zij gaat bij zichzelf te rade. Zal het haar uiteindelijk lukken te kijken met de blik van mevrouw Verwoerd? Aan het eind van haar memoires schrijft ze:

Zie ik teveel omlaag? Waarom legt dit vreselijke gebeuren een ban over mijn leven waar ik maar niet onderuit kan komen? Is het de schuld die nog altijd als een loden last terneer drukt? Gekwetste trots, omdat zoiets in onze Groep nog nooit was voorgekomen? Verborgen haatgevoelens jegens Van Doesburg die tot op zekere hoogte de oorzaak was van de ondermijning van het gezag en mijn tanende energie? De oude veerkracht was gebroken en wat erger was- mijn geloofsblijheid en vertrouwen. Onzekerheid, twijfel aan mezelf, aan de mogelijkheid voor mij om mijn taak te vervullen, waren er voor in de plaats gekomen. Ik weet maar al te goed voor mezelf dat ik níet boven dit verleden sta. Dat ik niet, zoals mevrouw Verwoerd vanuit haar venster op de tweede etage, kan neerzien op deze plaats en dan bevrijd omhoog zien. Daar ben ik nog niet aan toe.'

Jacoba realiseert zich dat ze pas innerlijke bevrijding zal voelen als ze accepteert dat er niet altijd antwoorden zijn op vragen. Zij zal de ondoor-

149 'Jeremia' is ds. Remme die tijdens de Kerkenraadsvergadering waar moest worden gestemd over Jacoba's benoeming tegenstemde. Hij noemde Jacoba toen 'een lichtvoetig wezen', iets waar zij en Bernard Aris om moesten lachen. Zelf vond Jacoba die naam wel eervol. Jacoba en Bernard gaven – als grapje- de dominees bijbelse bijnamen; namen van profeten, en doopten Remme toen 'Jeremia'.

grondelijke wegen van God moeten aanvaarden. Het is een persoonlijke worsteling en Jacoba is ongenadig voor zichzelf.

Daarom sta ik nu vanavond weer aan het Weteringplantsoen, als toen die 13de maart 1945 nadat men de lijken had weggehaald. En weer zie ik hoe men, om alle sporen van zijn euveldaad uit te wissen, een paar emmers huisvuil over deze plaats uitstortte. Lege blikjes, as, zakjes, grote stukken verduisteringspapier op 56 van de ramen gerukt en alle rommel die men op dat moment maar bemachtigen kon. Hoe heb ik die lui daarom veracht en gehaat. Bij mijn weten is dat nooit eerder en ook daarna niet meer gedaan op enige fusilladeplaats. Men wilde er zijn haat en verachting voor de 'terroristen', zoals alle verzetswerkers werden genoemd, in demonstreren en botvieren. Maar vandaag wil ik het anders zien. Zij die hier vielen, lagen hier niet neer. Velen van hen hadden niets met verzetsstrijders te maken. Men had willekeurige gevangenen uit hun cellen gesleurd en voor het vuurpeloton gesteld: iemand die zich na Spertijd nog op straat had gewaagd, een ander die gearresteerd werd wegens een economisch vergrijp (hij had getracht op de zwarte markt voor zijn hongerende gezin nog wat voedsel te bemachtigen). Een derde, hulpambtenaar van Sociale Zaken, die volkomen te goeder trouw aan een besmet adres was geweest voor een zuiver ambtelijke informatie, maar omdat aan dat adres toevallig juist een arrestatie had plaatsgehad, werd deze jongeman ook maar meteen ingerekend. In feite gold de haat en verachting der Duitsers niet deze weerloze slachtoffers die als represaille het gelag hadden moeten betalen, maar het koppige Nederlandse verzet in het algemeen, dat zij niet vermochten te breken. Zij meenden op Stadhouderskade 56 dit verzet eindelijk in het hart getroffen te hebben en verwachtten op zijn minst een gehele groep strijders achter elkaar te kunnen oprollen. Die hoop bleek ijdel en hun ergernis daarover werd op deze wijze afgereageerd. Maar is het ook niet zo dat hier op die plaats een stuk zelfgenoegzaamheid van 2000 moest worden prijsgegeven? Dat ik moest leren dat die fouten, die ik in andere groepen zozeer had gelaakt, ook binnen onze gelederen konden voorkomen? Dat in elk werk dat men onderneemt rekening gehouden dient te worden met een stuk 'onvoorziene omstandigheden'? Dat 2000 niet falen mocht, omdat haar trots dat eenvoudig niet gedoogde? Van lieverlee is er van het 2000 niet veel meer overgebleven. In de wandeling is het 2000. Dat is gemakkelijker, efficiënter in het werk. Maar daarmee is ook een stuk geloofskracht en vertrouwen prijsgegeven. 2000 is een persoon, heeft een eigen ik. 2000 heeft niet anders willen zijn dan een niets en niemendalletje.

Vader, in zijn streven naar de keizerskroon, het hoogst menselijk bereikbare, kende zijn grenzen. En als hij in de Loge de woorden sprak 'Ziet naar mij' betekende dit naar zijn eigen uitleg:[150] *'aanvaard het niet-weten, aanvaard uw eigen beperking, dan zal twijfel plaatsmaken voor zekerheid, onrust voor rust. Ziet naar mij, maar volg mij niet na, want mijn wegen behoeven niet uwe wegen te zijn, maar ziet aan mij dat er een weg is, ziet aan mij dat twijfel niet nodig is, mits wij onze beperkingen aanvaarden, onze grenzen kennen, dat wil zeggen ons zelf aanvaarden en dat het dan toch mogelijk is te komen tot deze post, tot het hoogste wat wij als mens en als vrijmetselaar kunnen bereiken.' Schijnbaar heb ik mijn eisen niet zo hoog gesteld. Een verhulling had ik willen zijn, maar heb in feite mij daarmee iets aangemeten wat geen mens kan zijn, tenzij hij ook hierin zijn menselijke grenzen erkent en aanvaardt. Daarbij is ook inbegrepen de post 'onvoorzien' en het maken van fouten. Voor zover het mijn medewerkers betreft, heb ik dit altijd aanvaard en getracht, ook daar waar het mij strijd kostte, hen door dit falen heen naar een nieuwe toekomst te helpen. Maar wat mijzelf betreft heb ik dit niet gedaan. 2000 Mocht niet falen, maakte geen fouten. Ik zou geschrokken zijn als iemand het mij had gezegd en toch ligt dit er in. Hier op deze plek, die vuilnisbelt, die de Duitsers ervan gemaakt hadden, ligt 2000 begraven. Omdat zij vergeten had dat juist haar, als verhulling en leidsvrouwe der kerk in het verzet, niets menselijks vreemd mocht zijn. Omdat zij moest leren zichzelf te aanvaarden zoals haar Heer haar tot dit werk, op die plaats en in die tijd had willen roepen. Dat is met alle menselijke tekorten, met een grote post onvoorzien, die ertoe leidde dat 22 mensenlevens verloren gingen op deze plek. Dat een schoon ideaal werd vernietigd en vertreden als oud vuil en de Groep haar leidster verloor en slechts een ledige huls, een omhulling 2000, van wat zij had moeten zijn, 2000, overhield. Een mens die niet struikelen kan of mag, houdt op mens te zijn en verspeelt daarmee de schoonste gave die hem door zijn Heer is toevertrouwd. 2000 bleef leven tot op de dag van vandaag, maar het was een leven zonder glans of kleur, vlak en zonder hoogtepunten, omdat zij vergat vanuit de puinhopen van haar ideaal omhoog te zien. Zij bleef staren op het vuil van de rommel, zij kroop in het stof voor haar Heer en zag niet eens hoe Gods adem allang over deze plaats was heen gegaan en Zijn 2000 had weggevoerd, omdat dit lichtvoetige wezentje in al het vuil en stof door menselijke hoogmoed zou zijn verstikt en omgekomen. Verloren, maar niet gevonden door mij.*

150 Uit: Het Wonder van de Twijfel, Hermannus van Tongeren (pagina 31).

Schietpartij op de Dam

Tijdens die eerste dagen na de bevrijding is de situatie in de hoofdstad nog levensgevaarlijk. Uit angst voor represailles weigeren de Duitsers zich over te geven aan de Binnenlandse Strijdkrachten (BS) of gewapende verzetsgroepen. Ook de Duitsers wachten – tot het uiterste gespannen- op de komst van de geallieerden. Als op 7 mei de eerste Engelse tanks de Dam oprijden, vliegt de vlam in de pan. Mogelijk voelen de Duitsers zich geprovoceerd door de BS die op eigen houtje al NSB'ers en Duitse soldaten arresteert bij het Paleis. Duitse soldaten van de Kriegsmarine schieten vanuit De Groote Club[151] op de menigte die daar de bevrijding wil vieren. Bij het vuurgevecht tussen Kriegsmarine en BS komen meer dan 20 mensen om.[152] Ook Jacoba bevindt zich dan op de Dam en weet te ontkomen[153]. Zij schrijft:

Op 7 mei 1945 is Amsterdam het toneel van wilde schietpartijen tussen de BS en wegtrekkende Duitsers. Er vallen doden. Op de Dam zijn het grotendeels weerloze burgers die het slachtoffer worden van deze waanzinnige wraakoefening der verslagen Hitlerbenden. Onze EHBO is in functie[154]: twee trouwe vrienden, Harry Mouthaan en Kees Reitema, nemen 2000 op de fiets tussen hen in en slepen mij dwars door de vuurlinies heen.

Pas op 8 mei legt de bezetter ook in Amsterdam de wapens neer, en kan er gefeest worden. Op 9 mei worden de Duitse soldaten uit De Groote Club gehaald. Op die dag spreekt verzetsleider Van Randwijk de Amsterdammers op de Dam toe. In de maanden die nu komen schrijft Jacoba als leidster van Groep 2000 een Beknopt Verslag van de gebeurtenissen in de oorlog en het werk van Groep 2000.

Repatriëringswerkzaamheden

Onder het motto 'onze jongens zijn als slaven naar Duitsland gevoerd, laten wij hen in het land binnenleiden in vrijheid' zet Ariëne van Kalken zich namens Groep 2000 in om Groepsleden te repatriëren.

---

151 Herensociëteit De Groote Club, Dam 27 (gebouw Industria). Sinds 1975 De Industrieele Groote Club.

152 De stichting Memorial 2015 voor Damslachtoffers 7 mei 1945 telt al meer dan 30 slachtoffers. www.de-dam-zevenmei1945.nl

153 Er zijn die 7e mei meerdere Groepsleden op de Dam, onder wie Pim Stiggelbout, de 15-jarige zoon van Groepsarts Piet Stiggelbout.

154 In de Nieuwe Kerk aan de Dam bevindt zich één van de hoofdverbandplaatsen van Groep 2000.

Ariëne van Kalken, de verloofde van Jan Peppink, zet zich meteen na de bevrijding in om leden van de Groep die in Duitsland zijn te repatriëren. Voor Jan Peppink zal dit niet meer mogelijk zijn. Ariëne heeft hem vergezeld naar Kiel toen hij daarheen werd getransporteerd als gevangene. Hij is daar overleden, waar zij hem in den vreemde alléén de laatste eer bewijst. Het is niet mogelijk om als Groep een vergunning te krijgen dit zelfstandig te doen, maar wel onder auspiciën van het Rode Kruis. Groep 2000 mag als eerste onder auspiciën van het Rode Kruis uitrukken. De opdracht luidt: 'Het maken van een inspectietocht naar Wiesbaden en het mee terugnemen der ernstig zieken'. Van Groep 2000 gaan Ariëne van Kalken en dr. J. Bos mee met een ambulance in een colonne van het Rode Kruis. Na een week komen zij weer thuis met medeneming van aantal patiënten.

Naast de vreugde van enkelen die terugkomen, beleven wij ook de smart bij het horen van overlijdensberichten van sommigen. Jan van der Neut was voorjaar 1941 gearresteerd bij de razzia's op VN medewerkers. Met de haven in 't zicht heeft hij vele ontberingen moeten doorstaan. Hij overleed aan vlektyfus.

Henriëtte Haak van Eek had zich zeer ingezet voor het onderbrengen van Joodse onderduikers, vooral kinderen. Ook werkte ze bij de bonnen-voorziening. Toen de jongste zoon des huizes bij de verspreiding van het gedicht van Jan Campert: 'de achttien doden' werd gepakt en bij een inval in de woning van de familie Haak meer exemplaren van dit gedicht en 50 bonkaarten werden aangetroffen, werden zij en haar man in augustus 1943 gearresteerd. Mei 1944 werd de heer Haak op transport gesteld naar Dachau en later Sachsenhausen, waar hij eind 1944 overleed. Mevrouw Haak ging op transport naar Ravensbruck en vandaar naar Reichenbach, waar ze in december 1944 overleed. Tot het laatst is mevrouw Haak tot steun voor ieder geweest met wie zij in aanraking kwam.

Juni 1945 komen Frans Hofker en Daan Levendig thuis. Frans heeft negen gevangenissen en tuchthuizen achter de rug, Daan zeven. 24 Maart weet Frans uit Siegburg te ontvluchten en naar Holland te komen. Frans is even vol geestkracht als voorheen. Daan wordt op transport naar Dachau door de Amerikanen bevrijd. Wanneer ik 's avonds het bericht ontvang dat Daan behouden en wel is teruggekeerd, kan ik mijn oren niet geloven. Immers het gerucht ging dat ook Daan gelijk met Jan van der Neut overleden zou zijn. Ik durf er zijn ouders niet naar te vragen en besluit eerst eens zelf op inspectie uit te gaan. Als ik bij het Sarphatipark de hoek om sla van de 2de

Jan van der Heijdenstraat behoef ik niet langer te twijfelen. De hele straat vlagt! Later, in een rustig gesprek worden nog eens de dingen uit het verleden opgehaald en aan Daan en Frans de verklaring gegeven hoe het komt dat wij géén 'Vrij Nederland' zijn.

2 Juli 1945 komt ook Jan Kranenburg thuis. Wij waren ongerust geweest over hem omdat zijn gezondheid niet sterk was. Geheel zelfstandig en op eigen initiatief was Jan begonnen gegevens te verzamelen over militaire en andere objecten. Vanaf het begin van de oorlog heeft hij zich alleen aan spionage gewijd. Hij zocht met onze Groep contact om zijn rapporten naar de Nederlandse regering te zenden; dat was omstreeks september 1940. Mei 1941 werd hij gearresteerd. Maart 1945 is hij door de Amerikanen bevrijd. Zijn toestand was echter zó dat men hem in het lijkenhuis aantrof. Hij was opgegeven en had het aan zijn kameraden te danken dat hij in leven bleef doordat zij, ondanks eigen honger en de scherpe bewaking der Duitsers, voedsel voor hem stalen. Jan werd uit het rijk der doden weer aan ons teruggegeven! Merkwaardigerwijs is ook bij Jan, ondanks dit alles, de geest niet gebroken. Het heilige vuur is in hem brandend gebleven.

Het gebruik van codenummers en schuilnamen zorgt na de bevrijding voor enige verwarring.

Ook pas na de Bevrijding, wordt duidelijk dat Henk Hellinga en Paul Guermonprez dezelfde zijn. Toen na de arrestatie van Henk Dienske, Kring 1400 zich bij de Groep aansloot, heerste enige twijfel omtrent de persoon van 'Henk'. Henk Dienske had zowel rechtstreeks als via Jaap Balder contact met de werkgroep 1400. Men kende hem daar echter slechts onder de naam 'Henk de Ridder'. Daarnaast werkte deze kring met Henk Hellinga, die ik evenzeer uit het werk kende, maar slechts onder de naam van Paul Guermonprez. Ik kende hem uit het KP-werk. Hij was bij diverse overvallen betrokken en ook bij de bonnenuitreiking had ik met hem te maken. Het was mij echter onbekend dat deze 'Henk' de ziel uitmaakte van kring 1400, vóór de aansluiting bij de Groep, kring Borgerstraat. Henk Hellinga werd ongeveer gelijktijdig met Henk Dienske gevangen genomen. Hij werd gefusilleerd als Paul Guermonprez, wat tot verwarring leidde. In Henk Hellinga heeft Kring 1400 zijn grote medewerker en leider verloren, maar ook Groep 2000 mist in hem een trouw vriend.

Jacoba probeert meer helderheid te krijgen over de rol van haar vader in het verzet en over zijn dood. Dit blijkt heel moeilijk.

Isaac Troostwijk, met wie vader mij in contact bracht, is dood. De jongens die door vader werden geïnstrueerd, 'Jan de Raad' (Jan van der Neut) en Jan Peppink, eveneens.

In het Beknopt Verslag dat zij vlak na de oorlog maakt, schrijft Jacoba hierover:

Het is al zo lang geleden en de meesten uit die tijd zijn weggevallen. Anderen, zoals Prof. J. Schmutzer, nog niet teruggekeerd. Eén ding is echter zo goed als zeker: dat vader te Sachsenhausen niet een natuurlijke dood is gestorven. Destijds kreeg ik van de spionage-afdeling het bericht door dat vader vergast zou zijn, vermoedelijk met cyaangas, omdat dit de tonsillen aantast en zo enige schijn van waarheid verleend kon worden aan de opgegeven doodsoorzaak: 'Herzschwäche und beiderseitige Parotitis mit Gesichtsphlegmonen'. Nu is ook de heer J. Mendes, die gelijktijdig met vader in het Huis van Bewaring gezeten heeft, terug na vele omzwervingen en belevenissen. Hij vertelt mij, toen vader 13 maart 1941 op transport gesteld werd naar Duitsland, nog een gesprek te hebben gehad met één van de SS-begeleiders die gezegd had: 'Diese Leute gehen ja alle in Gasbunker.' Thans zoekt hij het spoor van vaders en mijn broers moordenaars en wie weet van hoevele anderen: Kempin en Weber. Joop Mendes kennende zou ik bijna met zekerheid durven zeggen: zij zullen hem niet ontgaan. Hoe weinige ook de gegevens zijn die ons ten dienste staan. Dan eerst echter zal ik volkomen zekerheid hebben. Nog vóór vaders transport naar Duitsland namelijk heeft Kempin op de vraag voor hoe lang vader weg zou moeten (een vonnis of veroordeling heeft nooit plaats gehad) geantwoord: 'Ihr Vater kommt nie wieder zurück.'

Herdenkingen

Kort na de bevrijding organiseert de Raad van Verzet een grote herdenkingsbijeenkomst in de Nieuwe Kerk voor alle verzetsgroepen. Omdat Groep 2000 zelfstandig is gebleven en zich daarmee uit de RVV plaatste, krijgt Groep 2000 geen uitnodiging. Toch zitten Jacoba en haar Groepsleden die dag in de Nieuwe Kerk. Jacoba schrijft:

Voor de Hervormde Groep 2000 heeft deze dienst, alleen toegankelijk op uitnodiging van de centrale RVV, nog heel wat voeten in de aarde. Na de bezetting van ons kantoor, Herengracht 162, is de samenwerking met deze verzetsgroepen en daardoor met de RVV verbroken. Hierdoor zijn wij buitengesloten van elke actie uitgaande van de RVV. De Kerkenraad staat echter als geheel achter ons en heeft voor onze gehele Groep en haar contacten plaatsen gereserveerd vóórdat de blanco uitnodigingskaarten aan de RVV werden toegezonden. Van de kranslegging van het Verenigd Verzet op de fusilladeplaatsen zijn wij echter uitgesloten. In de sigarenzaak 'De Drie Kistjes', recht tegenover de Nieuwe Kerk wordt de Groep opgesteld en betreedt vóór het Verenigd Verzet de kerk.

Op 26 juni 1945 houdt Groep 2000 een eigen grote herdenkingssamenkomst in de Nieuwe Waalse Kerk.[155] Het is een plechtige bijeenkomst en tegelijk kerkdienst waarin de gevallen Groepsleden worden herdacht. Het thema van de dienst is: 'bevrijding is verlossing door gehoorzaamheid'. Ook heeft Jacoba voor elk Groepslid een persoonlijk dankwoord en een oorkonde. Op deze oorkonde, gemaakt door de kunstenaar Max Nauta, staan 90 namen van Groepsleden met hun codenummer.

Dominee Aris en de heer Abas houden toespraken; de heer Van Meer en ik reiken Oorkondes uit en er wordt gezongen.

Van Meer spreekt Jacoba, leidster van Groep 2000 toe:

'Uw dynamische persoonlijkheid, trouw en toewijding zijn voor de Groep van onschatbare waarde geweest, maar uw Johanneïsche visie en Salomonische wijsheid stuurden haar veilig door alle illegale stormen en gevaren.'

Bezoek aan prins Bernhard

Na de bevrijding schrijft Jacoba als leidster van Groep 2000 het 'Beknopt Historisch Verslag van de werkzaamheden van Groep 2000'. Het kost haar ongeveer drie weken om het lijvige verslag te maken, in de ochtenden werkt ze ondertussen op kantoor. Bovenaan het voorblad is het embleem afgedrukt van Groep 2000, ontworpen door Max Nauta. Het is een beeltenis van de bijbel met daarboven een pelikaanvogel die zichzelf de borst openrijt om zijn jongen te voeden. Het symbool is ontleend aan de Vrijmetselarij maar ook de doornenkroon van Christus is erin verwerkt. Jacoba wijst op meer symboliek:

In ons groepsembleem komen dezelfde twee ineen geklonken schakels voor als in het embleem van VN van Daan Levendig: Nederland en Oranje, om uit te beelden dat wij de bakermat van VN zijn en daarmee de oudste bestaande verzetsgroep.

155 Zie ook foto's op blz. 93 t/m 106.

Helemaal onderaan op het voorblad van het Beknopt Verslag staat in kleine letters: Niet voor publicatie bestemd. Een commandant rapporteert immers aan haar meerdere. Op 23 juli 1945 gaat Jacoba met Abas en Van Meer naar Paleis Het Loo om haar Beknopt Verslag persoonlijk aan te bieden aan prins Bernhard.

Tien minuten voor 11, dus mooi op tijd, zijn we aan Het Loo. Even in de wagen overlegd en deze buiten het hek geparkeerd. En dan.... recht op het doel van de tocht af. De wacht geleidt ons, op vertoon van de door Prins Bernhard ondertekende brief, onmiddellijk naar de rechtervleugel van het gebouw. (De linkervleugel is nog volledig in gebruik door de Canadezen.)

Jacoba beschrijft uitvoerig het interieur van Paleis Het Loo; het is duidelijk dat de Duitsers ook hier hebben huisgehouden.

We worden naar een wachtkamer geleid die uitzicht geeft op de tuin. Dit is eenvoudig schitterend. Ofschoon de tuin niet direct onderhouden is, ziet het grasperk er prachtig uit. Juist op dit moment breekt de zon door, waardoor zelfs de armoedige ruimte waarin wij ons bevinden, iets feestelijks krijgt. Als ooit iets in tegenstelling is geweest met de luxe, dan is het wel deze entourage. De parketvloer is totaal afgelopen en kaal. Een kleed ligt er niet op de vloer, noch over de tafel, die middenin het vertrek staat. Overigens kan men hier moeilijk van tafel spreken, want meer dan een paar poten met een gehavend blad is het niet. De stoelen zijn zo wankel, dat geen van ons er gebruik van durft te maken en de Oud-Hollandse gebeeldhouwde kast bevindt zich al niet in betere staat. Deze stukken maken de enige meubilering van het vertrek uit. Na even gewacht te hebben, komt men ons halen en worden we langs verschillende gangen en trappen geleid naar de directe vertrekken van Prins Bernhard. Hier worden wij begroet door Baron van Tuyl van Serooskerken, maar nog voordat deze ons heeft kunnen aanzien, gaan de deuren van het aangrenzende vertrek open en verschijnt Prins Bernhard op de drempel. Mijnheer Van Meer is zo verrast, dat hij de uitroep 'Bernhard!' niet kan weerhouden. Op hetzelfde moment strekt Prins Bernhard beide handen naar ons uit, zodat er geen mogelijkheid gelaten wordt tot inachtneming van enige hofetiquette. Ook de kamer van Prins Bernhard is niet veel luxueuzer dan de zojuist beschreven wachtkamer. Het geheel is, zoals alles wat wij daar zien, een toonbeeld van Duits vandalisme. In de beide hoeken van de kamer een tafeltje met een grote vaas gladiolen. Op de tafel achter het bureau staan foto's van Montgomery, Churchill en Eisenhower. Die in de linkerhoek, dus waar Prins Bernhard als hij aan zijn bureau zit het gezicht op heeft; Koningin Wilhelmina, geflankeerd door Juliana en de Prinsesjes. Ook op de schrijftafel en aan de wand bevinden zich vele foto's van Juliana en de kinderen, alle in Canada genomen. Ook 'Martin' spelende met de kinderen, is niet vergeten. Martin, zelf aanwezig, geeft direct blijk van vriendschappelijke gevoelens, die echter door de baas onmiddellijk worden afwezen met een streng: 'Gauw, in je mand!'

Van Meer biedt de prins de oorkonde aan en houdt een 'korte maar kernachtige speech'.

Hierbij doet hij duidelijk uitkomen dat wij, hoewel direct na de capitulatie begonnen met het illegale werk, als Kerkelijk Maatschappelijke Groep niet zoals andere illegale groepen publiciteit aan onze daden en verrichtingen hebben willen geven; dat wij niettemin hierbij niet uit het oog hebben verloren dat Prins Bernhard, als Opperbevelhebber der illegale strijdkrachten ook onze Commandant was, en dat ons werk, wel Kerkelijk Maatschappelijk werk, financieel gedragen is door de Vrijmetselarij, en dat wij ook hierin hebben gemeend in hem een recht verstaander te vinden.

Gedurende deze speech staat Prins Bernhard vol aandacht te luisteren. Het is mij niet mogelijk ook maar enige gevoelens uit zijn gelaat af te lezen, dan hoogstens enige ontroering als de oorkonde wordt onthuld en hij zijn dank uit. Niet alleen voor het werk dat de Groep heeft verricht gedurende deze bezettingsjaren, maar vooral ook voor de gedachte, thans in een daad omgezet, in dit stoffelijke huldeblijk.

Jacoba legt hem de symboliek op de oorkonde uit en vertelt over de namen en codenummers die erop staan.

Plotseling wordt mijn oog getroffen door de serie foto's van de prinsesjes en ziet Prins Bernhard dat ik mijn oog niet af kan houden van een alleraardigst familietafereeltje: Juliana met de drie kinderen in de speelkamer, Irene en Beatrix gebogen over de poppenwagen en Margriet bij haar moeder op schoot met een teddybeer. Ik maak mijn excuses over mijn misschien al te onbescheiden blikken, maar Prins Bernhard trekt mijn stoel dichterbij en haalt een album met foto's tevoorschijn, alle in Canada genomen, die hij mij laat zien, met de woorden: 'Zijn het geen hondjes?' Hij vertelt hoe Beatrix een grote ondeugende rakker is geworden voor wie hij en zijn vrouw geen geheimen kunnen hebben omdat zij alles opmerkt en niets haar eenvoudig ontgaat. Aan Irene heeft hij de herinnering behouden van een schreiend kind, omdat zij gedurende de laatste maaltijd in Ottawa in gezinsverband gebruikt zó had zitten knoeien, dat papa haar over de knie had moeten nemen en van tafel verwijderen. Daarop was zij zo ontroostbaar geweest, dat geen grapjes meer baatten en zij zelfs bij het afscheid bitter had geschreid. Nu verlangt hij hevig de kinderen om zich heen te hebben. Zijn vrouw is de avond tevoren juist op Nederlandse bodem teruggekeerd, na een zeer vermoeiende reis die door de RAF nu niet bepaald vergemakkelijkt is geworden, waarover ZKH duidelijk zijn misnoegen laat blijken. Prinses Juliana zou reeds eerder weer in het land geweest zijn, had zij nog niet in Amerika inkopen moeten doen voor hun huishouden, daar zij niets meer bezitten. Alles is door de Duitsers leeggeroofd of vernield. Hij zelf kan als militair zich behelpen en slaapt op een brits of veldbed even goed als in een ledikant, maar kan zijn vrouw toch niet ontvangen in een huis zonder het minste gerief. Daarom is Juliana nog weer naar Amerika teruggekeerd, om daar althans het noodzakelijke aan linnengoed en woninginrichting aan te schaffen. Hij verheugt zich thans zeer op hun vereniging en de ook spoedig te verwachten thuiskomst van de Prinsesjes, al zou deze herenig slechts van korte duur zijn. Immers, Nederland is niet bevrijd zolang ook Indië niet volledig gezuiverd is van de Jappen en de Nationaal Socialistische invloeden. In verband hiermee vertelt hij ook hoe hij een farm heeft gekocht in Canada, samen met de heer Fritsche, voor zijn moeder. Armgard en Aschwin hadden namelijk van meet af aan een Hollands standpunt aangenomen en zich hierdoor in Duitsland onmogelijk gemaakt. Als Duitsers van geboorte menen zij na de capitulatie echter evenmin naar Nederland te kunnen komen, daar wij hier in Holland wel 'dik genoeg hebben van de moffen' en men het hen nu eenmaal niet kan aanzien, dat zij in hun hart Nederlanders waren. Hij is dan ook zeer bezorgd voor hen, vooral omdat emigratie op korte termijn zeker niet mogelijk zal zijn. Plotseling breekt Prins Bernhard dit familie intermezzo af met de woorden: 'Maar nu het verslag over de werkzaamheden van de Groep, waar ik meer van weten wil.'

Abas biedt het Beknopt Verslag aan. Jacoba vertelt hoe 'groot en ongekunsteld' de vreugde van prins Bernhard is als blijkt dat hij het boek mag houden. Ze neemt met hem teksten en tekeningen in het boek door en de opperbevelhebber is een en al oor. Over de fusieperikelen met VN zegt Jacoba geen woord.

Buitengewoon is de belangstelling voor het feit dat wij als bakermat van VN toch niet op deze voet hebben doorgewerkt, en voor de personen uit de eerste tijd. De naam van Jan Peppink is hem bekend en hierdoor ben ik in de gelegenheid nog eens met nadruk naar voren te brengen hoe juist het contactwerk van Jan Peppink de grondslagen heeft gelegd waarop het latere VN voort heeft kunnen bouwen. Vanzelfsprekend zwijg ik, evenals in het verslag, over iedere vete die wij met VN hebben gehad. Wel wijs ik op het principiële verschil in ons werk. VN was verzets- en spionage groep zonder meer. Ons werk was gedragen door een geestelijk fundament dat in de eerste plaats beoogde een strijden vóór, in plaats van een strijden tégen iets. Een positief beginsel dus.

Jacoba en prins Bernhard praten over de overval op het hoofdkantoor Stadhouderskade 56, het gebruik van de code en de organisatie van Groep 2000. Hij vraagt zich hardop af hoe Jacoba al die jaren leidster heeft kunnen zijn van Groep 2000:

'Hoe heeft u zo zakelijk kunnen werken? In alle mij bekende illegale groepen is steeds een element van verwildering en demoralisatie. Hoe heeft u als vrouw dat kunnen doen? Had u geen last met de jongens? Doorgaans is mijn ervaring, dat de oud-illegalen óf lui zijn óf een gemis aan discipline hebben, waardoor ik dikwijls straffer op moet treden dan ik zelf zou willen. De eerste maal kan ik heus wel wat door de vingers zien, maar dan moet het ook uit zijn. Een waarschuwing moet genoeg zijn en anders gaan ze onherroepelijk de bak in.' Hier kan ik weer uitvoerig uitweiden over de geheel andere grondslagen van ons werk, waardoor het voor mij als vrouw mogelijk is geweest de jongens toch binnen de band te houden. Immers, onze Groep is al het ware een groot gezin en hierdoor was voor mij een zeker moreel overwicht op anders misschien zware jongens mogelijk. Een en ander ontlokt Prins Bernhard toch de opmerking: 'In u zijn tien generaals verloren gegaan.'

Jacoba heeft al gehoord van het hoofdbestuur van de Orde der Vrijmetselaren dat prins Bernhard is toegetreden tot het Groot Oosten. Maar hij laat zich daar niet over uit.

Wel wil hij uitvoerig weten hoe het samengaan van Vrijmetselarij en Kerk hier mogelijk is geweest en welk aandeel de Vrijmetselarij precies in het werk heeft gehad. Na mijn uiteenzetting is zijn enige opmerking: 'Ik had van de Orde niet anders verwacht!'

Prins Bernhard waarschuwt zijn bezoekers dat het gevaar vanuit Duitsland nog niet helemaal voorbij is. Hij verwacht zelfs in de nabije toekomst nieuwe conflicten.

Wel maant Prins Bernhard tot grote voorzichtigheid aan. Hij is namelijk van mening dat Duitsland ons nog voor rare verrassingen kan plaatsen en dat het best mogelijk is dat hij binnen tien jaar nog weer een beroep op ons zou moeten doen. Daar in dit verslag niet alleen namen maar ook de methode van werken uitvoering beschreven staan, raadt ZKH ons aan met de uitgifte van dit verslag uitermate spaarzaam te zijn, temeer daar hij het niet voor onmogelijk houdt dat de gevreesde Gestapo nog werkzaam is en goed nota heeft genomen van de namen van alle oud-illegalen. Hij meent echter dat ook aan de HM verslag uitgebracht moet worden over de werkzaamheden van Groep 2000. 'De koningin heeft twee hobby's: de ene ben ik, de andere de illegalen,' merkt hij op. Om kwart over één verlaten wij weer Het Loo, in de overtuiging voor de Groep iets van blijvende waarde te hebben bereikt. Want bij het afscheid geeft Prins Bernhard nogmaals te kennen dat dit verslag nog eens uitgebracht zou moeten worden, en dan voor Hare Majesteit.

Op 31 augustus 1945 komt Groep 2000 bij elkaar om het eerste lustrum te vieren. Als oudste Groepslid houdt Frans Reitema een toespraak en spreekt hij Jacoba toe: 'Het scheepje dat bemand zou worden, werd Groep 2000 genoemd en op 31 augustus 1940 koos het zee en had veel stormen en hoge zeeën te verduren. Wij dachten menigmaal dat het onder de golven bedolven zou worden, maar door het tactisch ingrijpen van mej. Van Tongeren kwam het steeds ongeschokt uit de golven tevoorschijn en mogen wij haar zeker hiervoor wel onze bijzondere dank brengen.' Jacoba krijgt van haar Groepsleden een cadeau; het is een ring waar op het vlak het embleem van Groep 2000 is aangebracht. Reitema zegt: 'Wij meenden onze dank het beste te kunnen bewijzen door u een herinnering ter hand te stellen die misschien enigszins vreemd klinkt, maar bij nadere beschouwing toch juist is gekozen, namelijk een ring, daar deze bij levensverbintenis gegeven wordt en het symbool is van oneindigheid. Waar in deze zeer moeilijke jaren een echte vriendschapsband is gelegd, kwam dit bewijs van waardering ons het meest geschikt voor daar deze band moet blijven bestaan.'

Ruim een maand later, op 2 oktober 1945 heeft Jacoba een gesprek met koningin Wilhelmina. Hier is geen verslag van. De Groepsleden komen nog éénmaal bij elkaar voor een kerstdiner op 23 december. Bij die gelegenheid wordt Groep 2000 officieel ontbonden.

Acht maanden na haar bezoek aan Paleis Het Loo, besluit Jacoba in maart 1946 het Beknopt Verslag aan te vullen met nieuwe feiten en alsnog te verspreiden onder de voormalige Groepsleden. In het naschrift legt ze uit waarom:

Er bleek echter in ruime kring onzer medewerkers grote belangstelling voor te bestaan. Vooral waar de Groep, tegen ons aller verwachtingen in, werd ontbonden, meende het Bestuur aan het begrijpelijke verlangen van de Groepsleden in dit verslag een blijvend aandenken te ontvangen aan de tijd dat wij in het verband 2000 mochten samenwerken, tegemoet te mogen komen door althans in zeer beperkte oplaag dit verslag in druk te laten verschijnen.

Acht maanden na de eerste versie zijn haar ook nieuwe gegevens bekend geworden, vertelt Jacoba in het naschrift:

Onze oprichters waren nog maar pas uit gevangenschap teruggekeerd. (...) Toen ik dit verslag schreef, verwachtte de kerngroep – en ik zelf niet het minst – dat wij in de gelegenheid zouden worden gesteld om als Groep ook aan de wederopbouw deel te nemen. De plannen daartoe waren reeds ontworpen en aan bevoegde instanties voorgelegd. In deze kringen was men echter van mening dat naast de bestaande grote lichamen er geen behoefte bestond aan een Stichting 2000 van semi kerkelijke en semi maatschappelijke aard. Toetreding van individuele leden in andere verbanden stond natuurlijk open, maar het gros van de leden voelde hier niet voor. Het Bestuur besloot daarop tot ontbinding en liquidatie.

Jacoba moet de teleurstelling van haar Groepsleden haarfijn hebben aangevuld. Ze steekt de verzetshelden van Groep 2000 een hart onder de riem en besluit haar schrijven aldus:

Nu, evenzeer als tijdens de bezetting, is er voor ons maar één antwoord mogelijk; - met ons leven - en al betekent dit nu niet een doorlopende doodsdreiging, wel wordt van ons niet minder dan toen gevraagd de inzet van al onze krachten en gaven voor het éne doel: de opbloei van ons vaderland. Veel heeft de oorlog ons ontnomen. Veel zullen wij missen wanneer wij, ieder op eigen plaats en naar eigen talenten, aan de slag gaan. Maar er is ook wezenlijke winst; - er is een Doel – en er is de bereidheid om daarvoor te strijden. Wan-

neer de jaren van ingespannen samenwerken ons slechts geleerd hebben dit voor ogen te houden, dan zal Groep 2000, ondanks de uiterlijke ontbinding, toch ook haar deel hebben in de wederopbouw en zullen wij met elkaar het ons, door hen die vielen toevertrouwde pand, in trouwe hebben bewaard.
2000

J.J. van Tongeren

Leidster der Hervormde Groep 2000

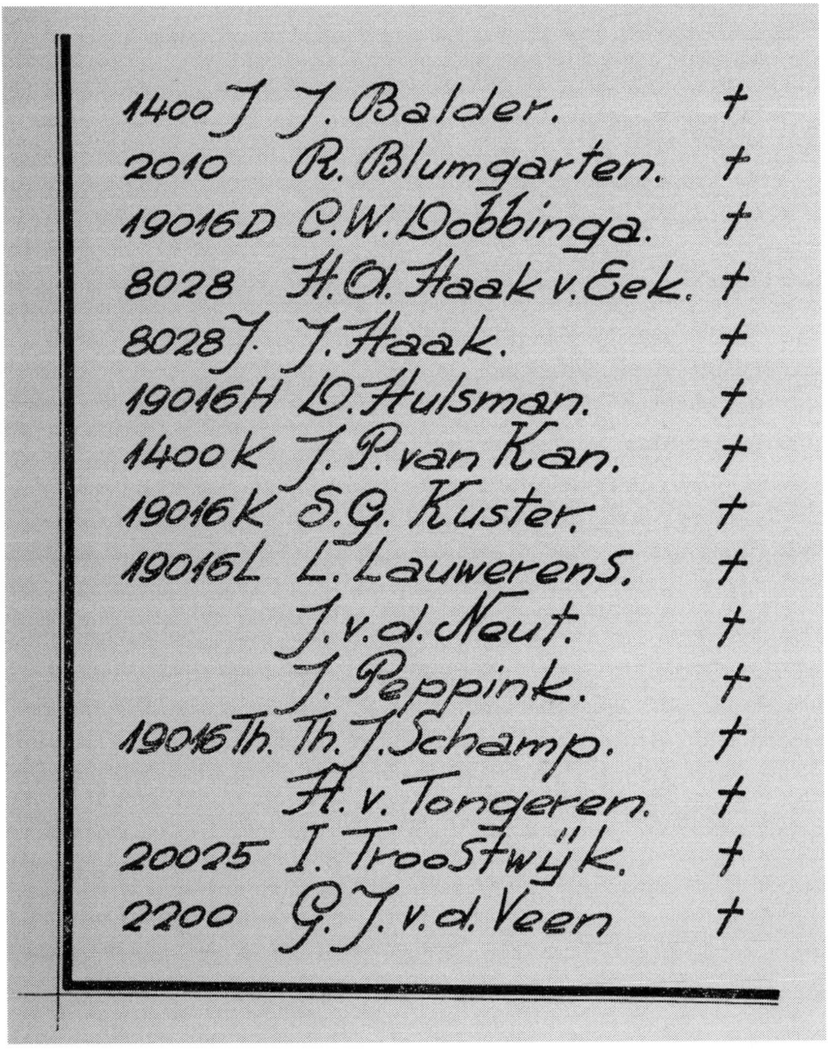

1400 J J. Balder. +
2010 R. Blumgarten. +
19016D C.W. Dobbinga. +
8028 H.A. Haak v. Eek. +
8028 J. J. Haak. +
19016H D. Hulsman. +
1400 K J.P. van Kan. +
19016K S.G. Kuster. +
19016L L. Lauwerens. +
J. v.d. Neut. +
J. Peppink. +
19016Th. Th.J. Schamp. +
H. v. Tongeren. +
20025 I. Troostwijk. +
2200 G.J. v.d. Veen +

Lijst van Leden van Groep 2000, die zijn omgekomen in de oorlog. Hierbij horen nog de namen toegevoegd van Hermannus van Tongeren sr.,Henk Hellinga alias Paul Guermonprez én Isidoor Huijkman.

Hoofdstuk 16

Organisatie en Veiligheidscode Groep 2000

Groep 2000 heeft gedurende de vijf lange oorlogsjaren actief verzet kunnen plegen zonder dat de vijand grip kon krijgen op de organisatie. De Amsterdamse verzetsgroep was een onzichtbare tegenkracht van de nazi's, en met name in het laatste oorlogsjaar joegen de Duitsers op de mysterieuze '2000'. Van de circa 140 Groepsleden en medewerkers van Groep 2000[156] zijn er uiteindelijk 18 door de Duitsers vermoord. Een belangrijke veiligheidsmaatregel was het consequente gebruik van de Code. Elke naam, elk adres werd aangegeven met een geheime cijfercode die de Duitsers niet hebben kunnen kraken. Hoe zag het strakke organisatieschema van Groep 2000 er uit, wat werd er gedaan om de veiligheid te borgen, hoe werkte de Code en met wie werd er samengewerkt? Opmerkelijk is Jacoba's beschrijving van de goede band met burgemeester Voûte.

Groep 2000 startte in 1940 letterlijk als Groep zonder Naam. De combinatie van opvoeding, natuurlijk leiderschap, betrokkenheid en maatschappelijke positie leidde er al vrij snel toe dat Jacoba van Tongeren leidster werd van de prille Groep. Zij heeft deze taak de hele oorlog vervuld. De naamsverandering naar Groep 2000 verliep geleidelijk en was voor iedereen vanzelfsprekend: Jacoba's codenaam was nr. 2000. Je zou kunnen zeggen dat een haast militaire discipline Jacoba met de paplepel was ingegoten. 'Opgeleid' door haar vader stuurde Jacoba de Groep met strakke hand door penibele periodes en wist ze bij gevaarlijke situaties het hoofd koel te houden. Niet alleen het geloof was een belangrijke steun voor Jacoba. Ook de 'backup' van een stevig bestuur vanuit de kerk gaf haar het vertrouwen dat zij kon doen wat ze goed achtte.

156 Op de Oorkonde die na de oorlog is gemaakt komen 90 namen voor van Groepsleden. In dit boek worden ook Groepsleden opgenomen die (nog) geen codenummer hadden of die als partner/medewerker actief waren.

De samenstelling van de leden van Groep 2000 was heel divers. Er waren joodse Groepsleden[157], christelijke Groepsleden, vrijmetselaren, mannen en vrouwen van alle leeftijden, sommigen nog maar net van school, met de meest uiteenlopende beroepen: van bontstikster en glastuinder tot bankier en beeldhouwer. Veel van de Groepsleden oefenden tijdens de oorlog gewoon hun beroep uit, zichtbaar voor de bezetter. Maar ondertussen verrichtten zij onzichtbaar verzetswerk.

Binnen de taakverdeling van Groep 2000 telt onderzoekster Marjan Schwegman[158] 35 vrouwen en 59 mannen. Zij schrijft in haar boek 'Het Stille Verzet. Vrouwen in illegale organisaties' over Groep 2000:[159] 'Getalsmatig verhielden mannen en vrouwen zich dus ongeveer tot elkaar als 5:3. Vrouwen verstuurden pakketten, verzorgden het 'kinderwerk', koerierden, administreerden en verzorgden het contact met de PBc en het Rode Kruis. Voorts was de algehele leiding in handen van een vrouw. Mannen onderhielden het contact met de Koninklijke Marine, fotografeerden, verzorgden de boekhouding en deden mee aan het gewapende verzet. De andere taken werden zowel door mannen als door vrouwen verricht. Mijn voorlopige conclusie voor Groep 2000 luidt dat sekse in sommige gevallen wel en in andere gevallen niet een criterium was voor de rolverdeling. Het meest opvallende in dit verband is dat een vrouw de leiding van de groep had.'

Organisatiestructuur

Gedurende de oorlog is de organisatie van Groep 2000 een aantal keren aangepast. Het organisatieschema[160] zoals hieronder beschreven betreft de situatie tot eind 1944.[161] Bovenaan staat de Commissie van Beheer die wordt gevormd door de heren Abas (1015) en Van Meer (13035). Aan deze Commissie van beheer is met informerende en adviserende stem toegevoegd: 2000, Jacoba van Tongeren, executief leidster.

157 De Joodse Groepsleden: Abraham Abas, Frieda Belinfante, Rudi Bloemgarten, Isidoor Huikman, Ellen Inja-Weijl, Malvine Kaufmann, Gerda Meijer, Joop Mendes, Isaac Troostwijk en Hermine Henriëtte Clara Weijl.

158 Prof. Dr. Marjan Schwegman is sinds 2007 algemeen directeur van het Nederlands Instituut voor Oorlogsdocumentatie (NIOD).

159 'Het Stille Verzet. Vrouwen in illegale organisaties, Nederland 1940-1945' (blz 59); Marjan Schwegman (1980).

160 In haar Beknopt Verslag heeft Jacoba een organisatieschema getekend (pagina 85) dat aan het begin van dit hoofdstuk staat afgedrukt.

161 Begin 1945 is de samenstelling van het DB veranderd.

De Commissie van Beheer heeft de bevoegdheid op elk moment controle uit te oefenen op de uitgifte van gelden en bonkaarten. Zij vertegenwoordigt het werk naar de kerkelijke instanties (Synode, Kerkenraad) en toonaangevende 'illegale' lichamen als de Raad van Verzet en later de Stichting 1940-1945. Zij heeft voorts het recht bij eventuele moeilijkheden in de Groep in te grijpen en bepaalde personen uit hun functie te zetten.

Het Dagelijks Bestuur (DB) wordt gevormd door Jacoba van Tongeren (2000, leider), Kees Reitema (1802, Hoofd Onderzoek-Centrale) en Harry Mouthaan (1900, Algemeen Hoofd Wijkverzorging). Het DB is belast met de dagelijkse gang van zaken en de verdeling van de werkzaamheden. Het DB benoemt de Hoofden van Dienst en verleent zijn goedkeuring aan de opname van personen in het Groepsverband.

De hiërarchie van Groep 2000 is helder: er heerst een éénhoofdige leiding (Jacoba van Tongeren) met rangsgewijze verdeling van gezag en verantwoordelijkheid. Indirect zijn de Groepsleden verantwoording over hun werkzaamheden en gedragingen schuldig aan het DB; direct slechts aan één persoon: hun directe chef. Jacoba van Tongeren is verantwoording schuldig aan de Commissie van Beheer en het DB.[162]

Onderdelen Groep 2000

Groep 2000 kent diverse ondersteunende diensten zoals de Administratie; het Distributie-Contact; de Fourage dienst; de Koeriersdienst; de Persoonsbewijzen-Centrale (PBc); en de Veiligheidsdienst. Daarnaast zijn er min of meer zelfstandige diensten als de EHBO; het Marine Zendstation; en de Persdienst.

Administratie

De administratie doet de centrale codificatie, boekhouding en wijkregistratie. De administratie staat onder leiding van Jacoba van Tongeren. Zij wordt geholpen door Leni Broersma.

Distributie-Contact. Kring 1400

(Ongeveer zeven medewerkers)

Bij Kring 1400 in de Borgerstraat zit het distributiekantoor.[163]

Hoofd van het Distributie Contact is Bep van Parreren (1400B).

---

162 Zie voor meer informatie over individuele commissieleden, bestuursleden en Groepsleden deel 3 van dit boek: 'Biografieën'.

163 Zie ook hoofdstuk 6 van dit boek 'Ik heb geleerd in 's lands dienst te zijn' onder het kopje 'Kring Borgerstraat'.

EHBO en Repatriërings-werkzaamheden
(Een tiental medewerkers)
De medische tak van Groep 2000 staat onder leiding van dr. J. Bos (2040), Hoofd plaatselijke afdeling Rode Kruis, en dr. P.M. Stiggelbout (1400St), gemeente-arts en arts van Groep 2000. Bij het opzetten van de EHBO is direct een traject gestart van opleidings- en herhalingscursussen. Deze cursussen zijn een allround vakopleiding.
Zuster Gé van der Neut (1401) staat tot aan de bevrijding aan het hoofd van de materiële verzorging en algemene uitvoering. Daarna neemt zuster Ariëne van Kalken (11040) deze taak over. Eind 1944 is Groep 2000 uitermate voorbereid op het uur U, met vijf Hoofdverbandplaatsen en noodziekenhuizen door de hele stad.[164]

Fourage dienst
Contact met leveranciers en bemiddelingsadressen, onder leiding van Jan Dekker (23025).
Chef depot en expeditie is Wiebeld (23013). Lange tijd wordt de expeditie verzorgd door Tiekstra (20020).

Koeriersdienst
(Ongeveer acht koeriersters)
De Koeriersdienst staat onder leiding van Ariëne van Kalken (11040).

Marine Zendstation
(Een tiental medewerkers)
Met de Koninklijke Marine wordt nauw samengewerkt in Kring 19016. Het geheel staat onder leiding van P.J. Swiebel (19016). Behalve het radiografische werk vanuit dit Marine Zendstation wordt hier ook steun verleend aan gezinnen van Marinemensen die in het buitenland strijden of van gevallen leden van de Marine.

Het Marine Zendstation is ingericht in een dubbel bovenhuis aan de Nieuwe Keizersgracht, boven expeditiebedrijf Van de Kan. De Duitsers proberen met apparatuur signalen van het zendstation op te vangen en de installatie te lokaliseren. Waarschijnlijk is het Marine Zendstation eind 1944 verplaatst van de Nieuwe Keizersgracht naar het gebouw Neerlandia aan de Nieuwe Herengracht 2. Dirk Hulsman is één van de

164 Zie ook hoofdstuk 10 van dit boek 'Ik maak het heus niet mooier dan het is' onder het kopje 'GGD/EHBO dienst & Logementen 2000'. En hoofdstuk 17 'Samenwerking met andere verzetsorganisaties' onder het kopje 'Medische Geneeskundige Hulpverlening bij Oorlogshandelingen'.

mannen die de zendpost bedienen. In maart 1944 gaat hij hier wonen met zijn vrouw Ans Hulsman-Broek en hun pasgeboren zoon Dick die later van zijn ouders hoort dat onder de trap naar de tweede verdieping de zendpost was ingericht. Het gebouw Neerlandia is thans in gebruik als educatief centrum bij de Hermitage Amsterdam; de Hermitage voor Kinderen. Het huidige huisnummer is 14.[165]

Onderzoek-Centrale (OC)
(Ongeveer 14 medewerkers)
De Onderzoek-Centrale, onder leiding van Kees Reitema, is belast met het onderzoek naar de binnenkomende steungevallen. Reitema wordt geholpen door een aantal assistenten/huisbezoekers en co-assistenten/hulphuisbezoekers.
Een groepje onder leiding van Jan Piet van Hoften (8047) kijkt naar de speciale gevallen waar recherche-werk voor nodig is.

Persdienst
(In het eerste oorlogsjaar zeven medewerkers)
Na de arrestaties in het voorjaar van 1941 van de makers van Vrij Nederland neemt Jacoba uit veiligheidsoverwegingen meer afstand van de illegale pers. In augustus 1944 wordt Groepslid Harry Mouthaan (1900) Hoofd van de Pers. Hij is belast met het stencillen en verspreiden van de gegroeide oplage van Vrij Nederland, Trouw en Parool.[166]

Persoonsbewijzen Centrale (PBc)
(Ongeveer vijf medewerkers)
Van Hoften is Hoofd Afdeling Persoonsbewijzen en falsificaties. Tevens verzorger ondergedoken politie-agenten en hun gezinnen.[167]

Predikanten
Een aantal predikanten is belast met de steun op geestelijk en moreel gebied. Zij richten zich met name op het Wijkwerk, de medewerkers en de Groepsleden.[168]

---

165 Zie ook hoofdstuk 10 van dit boek onder het kopje 'Marine Zendstation'.
166 Zie ook hoofdstuk 10 van dit boek onder het kopje 'Vergroten oplage en verspreiden van Illegale Pers'.
167 Zie ook hoofdstuk 17 van dit boek 'Samenwerking met andere verzetsorganisaties'.
168 Zie ook hoofdstuk 10 van dit boek onder het kopje 'De kerk aan het werk in oorlogstijd'. En hoofdstuk 17 onder het kopje 'Nederlands Hervormde Kerk'.

Veiligheidsdienst en KP
(Ongeveer 13 medewerkers)
De Veiligheidsdienst kan gewapend ingrijpen als dat noodzakelijk is en bestaat onder meer uit een knokploeg (KP) van ongeveer 10 leden voor sabotage en overvallen en een spionage-afdeling (drie leden). De Veiligheidsdienst staat onder leiding van Ab de Boer (206).

Wijkwerk
(Ongeveer 17 medewerkers)
Het Wijkwerk is het maatschappelijk deel van het werk van Groep 2000, door Jacoba de 'kern van ons werk' genoemd. Het staat onder leiding van Harry Mouthaan, Algemeen Hoofd Wijkverzorging (AHW). Hij wordt bijgestaan door vijf District-Hoofden.
Die worden weer bijgestaan door een of meer Wijkverzorgers.

Veiligheidsmaatregelen en Code
Overal in Amsterdam waren locaties van Groep 2000. Geheime locaties waar de Duitsers dagelijks nietsvermoedend voorbij kwamen. Zo werden in de Nieuwe Kerk voedselvoorraden opgeslagen voor de Rode Kruispakketten naar Westerbork en Duitse kampen. Ook was hier een Hoofdverbandplaats ingericht. Aan de Nieuwe Keizersgracht bevond zich het voedseldepot, in het oude Entrepotdok bij de Prins Hendrikkade lagen wapens opgeslagen. De Logementen 2000 boden verspreid door de stad een veilige slaapplaats voor bevriende reizigers, Groepsleden die niet meer voor Spertijd thuis konden komen of onderduikers in afwachting van hun nieuwe adres. Ook het KAMBO-huis, het gebouw van de Kameraadschapsbond der Nederlandse Politie aan de Stadhouderskade 34 was een veilige locatie. Groep 2000 bewaarde hier, in het hol van de leeuw, het centrale bonkaartendepot. Ook werd er soms vergaderd als er veel mensen werden verwacht, zoals bij de vergadering met VN. Jacoba schrijft in haar memoires hoe dat werkte:

Er gold immers een vergaderverbod en ik zag geen kans om deze voltallige groepsvergadering vermeerderd met de eveneens genodigde VN leden door te laten gaan als een kerkelijke samenkomst zoals onze samenkomsten rond de kerkelijke hoogtijdagen. Daarom ging ik praten met Van de Bunt (2047). Ik wist dat in het KAMBO-huis regelmatig samenkomsten werden gehouden voor Politie en Hulppolitie met hun gezinsleden boven de 18 jaar (bridgedrives, muziek en toneeluitvoeringen). Op vertoon van het lidmaatschapsbewijs had men toegang en vrij doorgang bij eventuele controle. Drukkerij Bunders had op volle toeren gewerkt en gelijktijdig met de convocaties waren de lidmaatschapskaarten (die na afloop van de vergadering weer bij Van de Bunt ter vernietiging moesten worden ingeleverd) uitgereikt.

Hoewel het organisatieschema van Groep 2000 strak en voor iedereen helder was, precies zoals Jacoba het wilde, bleek ook flexibiliteit in oorlogstijd een vereiste om de veiligheid te borgen. Regelmatig zijn organisatie en werkwijze aangepast omdat de omstandigheden daartoe dwongen. Ook is het hoofdkantoor van Groep 2000 zo nu en dan noodgedwongen verhuisd: van de Weteringschans 100 (het kantoor van het Centraal Bureau voor Vrijzinnig Nederlands Hervormden) naar de Jacob van Lennepkade 310-312 (Wijkgebouw 'Irene' van de Nederlands Hervormde Kerk), vervolgens naar de Herengracht 504-524 (ingang op 520), toen de Stadhouderskade 56 en als laatste de Herengracht 162. Het Wijkgebouw aan de Jacob van Lennepkade bleef ook na de verhuizing naar de Herengracht een belangrijk adres; hier kwam nog steeds de post voor Groep 2000 binnen.

Groep 2000 heeft veel gedaan om zich te beschermen tegen de Duitsers, maar ook tegen saboteurs en verraad. Allereerst werkte het dubbelleven dat Jacoba leidde zeer verhullend. Als camouflage was zij maatschappelijk werkster voor de Nederlands Hervormde Kerk. Ze reisde voor haar werk door het hele land en hield spreekuur in het Wijkgebouw 'Irene' van de Nederlands Hervormde Kerk. Tegelijk had ze een illegaal bestaan: ze begon haar dag vaak al om 4 uur 's ochtends. Het laatste jaar van de oorlog sliep Jacoba elke nacht ergens anders. Maar het is met name het gebruik van een gecodeerde administratie die Groep 2000 en alle onderduikers veilig de oorlog heeft helpen doorkomen. Jacoba heeft deze code met hand en tand beschermd.

Unieke Code

Het gebruik van een unieke cijfercode voor alle namen en adressen van de circa 140 Groepsleden en alle 4.500 onderduikers is de voornaamste veiligheidsmaatregel die Jacoba heeft getroffen.[169] Zelfs de Groepsleden kenden elkaars naam vrijwel niet en spraken elkaar aan met hun verhullende codenummer. De code is aan het begin van de

169 In het Beknopt Verslag (blz. 93-100) gaat Jacoba uitvoerig in op deze code.

oorlog bedacht door Jacoba na een bezoek van drie Duitse officieren die op zoek waren naar 'juffrouw Brinkman'.[170] Zij baseerde haar idee op militaire codes die ze van haar vader had geleerd. Door het gebruik van de code werd de Groep niet verbonden aan namen, zelfs de Groep zelf was lange tijd naamloos en werd door Jacoba aangeduid als Groep zonder Naam. Dit is een van de redenen waarom Groep 2000 onbekend is gebleven: eerst had de groep geen naam, en later werd de groep niet aangeduid met de naam van een persoon, zoals bij de meeste verzetsgroepen gebeurde, maar met een codecijfer. De code groeide mee met de gebeurtenissen in de oorlog, beschrijft Jacoba later in haar memoires:

Reeds direct bij de plannen tot oprichting van Vrij Nederland werd er door mijn vader de nadruk op gelegd nooit met namen en adressen te werken. Ook hierin had hij een vooruitziende blik. Hoe kort de tijd geweest is dat hij mij van advies heeft kunnen dienen, die tijd is voor de verdere ontwikkeling van het werk van onschatbare waarde geweest. Zo heeft hij mij onmiddellijk ingewijd in het gebruik van de militaire- en andere codes. Iedere middag werden daar enige uren aan gespendeerd, en nog kort voor zijn arrestatie nam hij de hoofdzaken nog eens met mij door. Het grote belang hiervan kon ik toen nog niet inzien; ook miste ik de ervaring om deze code direct aan ons werk aan te passen. Zoals hij daar lag, was hij voor ons onbruikbaar. Toen vader vlak na het uitkomen van het tweede nummer van Vrij Nederland gearresteerd werd, bleef dit deel van het werk liggen. De droeve gevolgen zijn niet uitgebleven. Jan van der Neut werd gepakt met een aantal namen, waardoor onder anderen ook Jan Peppink het slachtoffer is geworden. Voorjaar 1941 zijn 65 mensen door de SD opgepakt die voor VN en andere bladen werkten. Hier wreekte zich een gebrek aan disciplinaire scholing en veiligheidsmaatregelen in verband met namen en adressen. Opnieuw wierp ik mij op de code. Eén ding stond vast: namen en adressen moesten verdwijnen! De code is pas geboren na de kwestie Brinkman en de eerdere arrestaties in VN gelederen.

Jacoba legt de werking van haar code uit, en benadrukt en passant het belang van een goed geheugen.

170 Zie hoofdstuk 5 van dit boek 'Ik sta daar in opdracht' onder het kopje 'Juffrouw Brinkman'.

Ieder van ons kreeg een kengetal dat rechtstreeks van zijn naam werd afgeleid. Iedere letter van het alfabet werd vervangen door een cijfer en wel heel eenvoudig:

A= 1
B = 2
C = 3, enz.

Daar echter het alfabet 26 letters heeft en de mensen op hun grondcijfer ingeschreven werden in de volgorde waarin zij binnenkwamen, zou dit enige verwarring kunnen scheppen. Bijvoorbeeld 11 = K, maar zou ook kunnen betekenen 1-1 = de eerste klant wiens naam met een A begon. Daarom werd achter ieder grondcijfer een 0 ingelast. Dus Aalders als nummer 5 met een A die binnenkwam, werd 1-0-5. Iedere cliënt ontving bij inschrijving, hetzij als Groepslid of ondersteunde een kaartje met zijn kengetal daarop en werd voortaan alleen op dat cijfer aangesproken of geholpen. Ik herhaal het nog eens: men kende elkaar NIET bij naam, en werd ook alleen als nummer aangesproken. Wie zijn geheugen niet wil trainen, moet geen illegaal werker worden.[171] *Alles is een kwestie van onthouden en nog eens onthouden, en niet opschrijven.*

Het coderen van de namen en adressen –letter wordt cijfer- is op zich niet zo ingewikkeld. Maar Jacoba bedacht later een codesleutel die de cijfercode zodanig beveiligde dat zelfs de Duitse experts hem niet wisten te kraken.[172]

171 Ook mensen die geholpen werden, moesten een nummer onthouden. Kees Reitema vertelde later hoe een ouder echtpaar, bang om het te vergeten, hun kengetal achterop een schilderijtje hadden geschreven.

172 Zie ook hoofdstuk 12 van dit boek.

Ze koos een codewoord: BREDA. De vijf letters uit dit codewoord werden uit de normale reeks van het alfabet gelicht en achteraan geplaatst.[173] De Q verviel. Daardoor werd de nieuwe volgorde van het alfabet met bijbehorende cijfers:

C1 **F**2 **G**3 **H**4 **I**5
J6 **K**7 **L**8 **M**9 **N**10
O11 **P**12 **S**13 **T**14 **U**15
V16 **W**17 **X**18 **Y**19 **Z**20
B21 **R**22 **E**23 **D**24 **A**25

173 Zie foto op blz. 298. Deze handgeschreven code is later teruggevonden door Jeanne Reitema, de moeder van Kees Reitema. Bij haar lag het archief van Groep 2000.

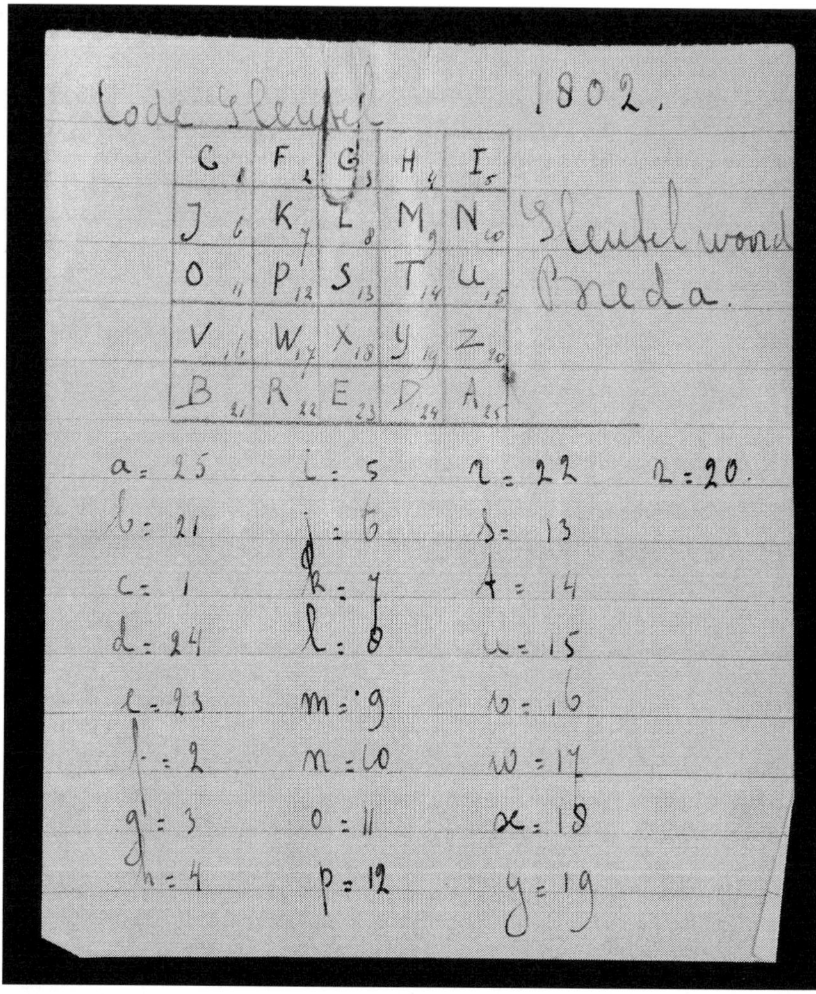

De Codesleutel. De Code heeft gemaakt dat niemand van de Groep of de duizenden onderduikers door het noemen van namen is opgepakt.

Legitimatieplicht voor bezoekers

Jacoba legt uit hoe de 'naamloze' Groepsleden zich toch wisten te legitimeren als zij zich meldden op haar spreekuur.

Ik had een heleboel kleine vierkante kaartjes laten maken, van een grootte dat er een rijksdaalder[174] *op kon liggen. Deze kaartjes waren allemaal aan één kant bestempeld met '2000' en werden als legitimatiepenningen uitgegeven. Alle Groepsleden moesten hun code-nummer kennen, maar behoefden niet te weten hoe dit nummer werd samengesteld. Daarom kregen ze een kaartje met aan de ene kant '2000', en aan de andere kant de eigen naamaanduiding. Wilde X mij spreken - dus toegang verkrijgen tot het spreekuur of het CB - dan werd aan degene die opendeed de legitimatiepenning afgegeven. Anders werd hij niet binnengelaten. Ook deden die legitimaties dienst als meldingssysteem. In geval van oefening of alarm meldde ieder zich bij zijn chef. Op het CB hadden we naast de binnendeur een klein rekje. Ieder van de medewerkers zette daarin zijn nummerkaartje erbij.*

Wijkcodes

Amsterdam werd ingedeeld in 34 wijken. In hoofdzaak waren dit de wijken van de Hervormde Kerk, maar de nummers werden veranderd om ongewenste speurhonden op een dwaalspoor te zetten.

Elke wijkwerker ontving een eenvoudige kaart waarop zijn wijk, in tegenstelling tot de andere zwart omrande wijken, rood stond aangegeven. Daarnaast ontving hij een lijstje van alle in zijn wijk voorkomende straten, waarvoor een nummer stond. Deze nummering werd verkregen door een gewoon stratenboekje van Amsterdam aan te schaffen en daarin de straten domweg door te nummeren.

In het Beknopt Verslag legt Jacoba uit hoe het stratenboekje van achteren naar voren werd genummerd; de laatste pagina werd dus nr. 1. Vervolgens werden alle straten per pagina van beneden naar boven genummerd. Iedere straat kon hierdoor door twee nummers worden weergegeven.

Bijvoorbeeld Frans van Mierisstraat volgens onze nieuwe nummering op pag. 39 straat No. 17 werd geregistreerd als: 39-17. Deze beide cijfers kwamen onder het wijknummer te staan. De codificatie van straten en wijken was voor beide registers hetzelfde. Alleen wisten onze wijkwerkers niet hoe wij aan

---

174 Een rijksdaalder is iets groter dan een 2-euro muntstuk. Meer over de Code is te vinden in het Beknopt Verslag (blz 93-100).

deze code kwamen. Iedere wijkwerker bezat namelijk voor zijn wijk een eigen code-sleutel. (...) Iedere wijk had ook weer een eigen sleutelwoord waardoor er in de ene wijk een arrestatie zou plaats kunnen hebben zonder dat er voor de andere wijken gevaar bestond dat daarmee de code bekend zou worden. (...) Hier kwam dus best nog heel wat geheugenwerk bij te pas. De wijkverzorgers hadden nooit meer dan hoogstens 50 namen en adressen te onthouden. Had een wijk meer ondersteunden, dan werd die gesplitst of de wijkverzorger kreeg een assistent. De centrale registratie moest echter alle nummers thuis kunnen brengen en dit werd op deze primitieve wijze al heel gauw ondoenlijk. De praktijk van ons werk bracht mij op een idee. In de wijken had iedere wijkwerker ook een eigen register van zijn wijk. Daar was alles gebaseerd op Evangelisatie. Immers, de hulpverlening geschiedde vanuit het wijklokaal. Dit bracht al gauw een codificatie mee van de te verstrekken bescheiden. De bonkaart heette bv. het 'evangelisatie-blaadje'. De illegale krant de 'Kerkbode', enz. De centrale administratie moest echter anders zijn, ten eerste uit veiligheidsoverwegingen - mocht er iets in de wijken gebeuren, dat dan niet de hele administratie veranderd hoefde te worden- en ten tweede omdat wij ons eerste officiële kantoor gevestigd hadden in een lokaliteit van een groot assurantie-bedrijf. Dit gaf ons de sleutel in handen voor deze code: we vertaalden alles nu in termen van het assurantiewezen, in plaats van evangelisatie.

Aldus:

Wijkadministratie:	***Centrale administratie:***	***Betekenis:***
AK = Abonnement Kerkbode	*= abonnement Verzekeringsbode*	*= illegale krant*
AE = Abonnement Evangelisatiebode	*= Levensverzekering*	*= bonkaart*
ZV = Zangvereniging	*= Ongevallenverzekering*	*= persoonsbewijs*
Z = Zondagsschool	*= Molestverzekering*	*= Zegel kaart*
OD = Ondersteuning diaconi	*= Verz. tegen brand en inbraak*	*= fin. ondersteuning*
JV = Jeugdvereniging	*= Glasverzekering*	*= warmvoedselkaart*

TV = Toneelvereniging	*= Transportverzekering*	*= ausweis*
VH = Vakantiehuizen	*= ziekteverzekering*	*= onderduikadres*
BK = Bijbelkring	*= A tot Z Polis*	*= 2de distr. Stamkrt TD*
AI = Arbeidsinzetter		
KG = Krijgsgevangene		
S = Saboteur		
St = Student		
IW = Illegale Werker		
J = Jood		
M = Marine		
P = Politie		
E = Ereschuld		

Geboortedatum:
16-5-18
481518 *datum en maand met 3 vermenigvuldigen*

In het Centraal Register werden naam en adres in zijn geheel als polisnummer geregistreerd.

Toen 10 maart 1945, door omstandigheden die geheel buiten onze verantwoordelijkheid vallen, ons Centraal Bureau op de Stadhouderskade 56 met alle zich daarin bevindende bescheiden door de SD werd bezet, was het deze code, die ons leven redde.[175] *Geen van ons werd gepakt, noch zelfs maar één naam of adres werd bekend. Ondanks alle pogingen die van Duitse zijde zijn aangewend, tot in Berlijn toe, heeft men de code niet kunnen ontcijferen. Meteen na deze bezetting van ons kantoor is onmiddellijk vanuit de wijken het Centraal Register weer opgebouwd, maar met geheel nieuwe, daartoe ontworpen code.*

De Onderzoek-Centrale

Het werk van de Onderzoek-Centrale (OC) was een cruciale tak van dienst om de veiligheid van Groep 2000 en allen die geholpen werden te vergroten. Het OC was feitelijk het recherche-apparaat van Groep 2000 en is gedurende de oorlog een ultiem veiligheidsinstrument gebleken. Het motto van Jacoba luidde: 'Geen hulp zonder voorafgaand onderzoek'.

175 Zie ook hoofdstuk 12 van dit boek 'Leven! We willen leven'.

Dit geschiedde om twee overwegingen. Ten eerste, omdat de aard van het steungeval moest worden vastgesteld (bonkaart en/of geld, vluchten voor Arbeitseinsatz, saboteur, etc) en alleen zo ons werk ook maatschappelijk verantwoord kon zijn. Ten tweede, omdat er groot gevaar was dat onder degenen die zich bij ons om steun meldden, ook een agent of provocateur zouden kunnen schuilen. Dus was de Onderzoek-Centrale nodig als een recherche-apparaat. In de begintijd heb ik dit werk gedaan met Madeline van Geuns (705), die onvermoeid naast mij de stad doorkruiste en soms zelfs het werk van mij overnam om uitvoerig verslag van diverse steunaanvragen binnen te brengen. De OC heeft haar werkelijke betekenis gekregen onder Ab de Boer en Kees Reitema die door de wijze van organisatie en verdere uitbouw van dit werk hun stempel op de OC hebben gezet. Als ambtenaar van Sociale Zaken bracht Ab de Boer niet alleen een geheel eigen methode in het werk van de OC, maar tegelijk een zekere scholing daarin die ons als leken vreemd was. Verschillende fraudegevallen konden op die manier worden voorkomen. Kees Reitema was eerst de rechterhand van Ab de Boer, maar toen die in september 1944 andere taken kreeg, werd hij het hoofd van de OC. Er werd ook een heel camouflagesysteem om het werk van de OC heen gebouwd. De meeste aanvragen om steun bereikten ons vanuit de wijken en uit de kring van bekenden. Via het CB kwamen ze bij de OC binnen. Voordat Kees Reitema deze aanvragen onder zijn medewerkers verdeelde naar het stadsdeel waarin zij werkten als assistent/huisbezoeker of co-assistent/hulp-huisbezoeker, werden de namen en adressen in een apart Bezoekers-register geboekt. Dit diende ter controle en om bij eventuele arrestatie van een der medewerkers niet voor het feit te komen te staan dat men niet wist welke gevallen deze persoon in behandeling had. Deze registratie bracht echter haar risico's mee. Het werken met namen en adressen, op het CB geheel verbannen, zou in de OC dan weer welig getierd hebben. Daarom werd door Kees Reitema dit Bezoekers-register volledig ingepast in het register der ziekenverpleging wijk XVI zodat, wanneer er ooit iets zou gebeuren, de namen van aanvragers zouden doorgaan als die van patiënten uit de wijk. De huisbezoekers van de OC hadden naast hun kennummer voor het CB in de OC nog een schuilnaam, zoals Zr. Agnes, Zr. Henny, etc. Nadat de namen in het Bezoekers-register waren ingeschreven, werden de nieuw binnengekomen aanvragen over de vijf districtshoofden verdeeld. Zij waren de pijlers waarop het bouwwerk van de Groep rustte. Elke ochtend zwermden zij uit over Amsterdam, met hun hulp-bezoekers. Tussen 1 en 2 uur waren zij in hun wijklokalen met hun staf. Zo was ons werk steeds meer gedecentraliseerd.

Drie maal in de week kwamen de leden van de OC op een afzonderlijk kantoor, dus niet op het CB, onder leiding van Kees Reitema bijeen. Hier werden de rapporten ingeleverd en verslag uitgebracht van eventuele moeilijkheden. De aanvragen die in behandeling waren genomen, werden in het Bezoekers-register ingeschreven en weer 'afgeboekt' als het onderzoek was voltooid.

Hierdoor werd de grootst mogelijke veiligheid t.o.v. de werkers en de ondersteuningsgevallen in acht genomen. In tijden van een plotselinge toevloed van onderduikers werd de OC vaak overstelpt met binnenstromende onderzoeken. Toch heeft dit nooit tot stagnaties geleid. De OC bezat een merkwaardige elasticiteit. Uit zijn omgeving, vooral het Hervormde Jeugdwerk, wist Kees Reitema het aantal beschikbare krachten naar verhouding uit te bouwen en weer in te krimpen, naar behoefte. Het liep uitstekend onder leiding van Kees Reitema.

Gemeentelijke diensten

Cruciaal voor de OC was dat zij gebruik kon maken van informatie van alle politionele dossiers en gemeentelijke diensten van Amsterdam. Groep 2000 had goede contacten met mensen binnen de politie en op het stadhuis. Van Hoften, opperwachtmeester bij de politie, zorgde bijvoorbeeld dat alle informatie uit politiedossiers beschikbaar kwam als er werd onderzocht of nieuwe Groepsleden en onderduikers betrouwbaar waren. Van de Bunt was brigadier, hij zetelde in het KAMBO-huis waar het centrale bonnendepot van Groep 2000 werd bewaard. Groepslid Keur was Directeur van het Distributiekantoor en ook Groepslid Van Kan werkte daar. Tuntler, actief bij de EHBO dienst van Groep 2000 was directeur van de Amsterdamse GGD.

Burgemeester Voûte

Vlak na de Februaristaking in 1941 werd E.J. Voûte door de Duitsers aangesteld als regeringscommissaris ofwel burgemeester van de hoofdstad. Hij gold daardoor voor veel Amsterdammers als een 'foute' burgemeester.[176] Rienk Arnold, kleinzoon van Groepslid Troostwijk, deed literatuuronderzoek naar de rol van Voûte. Hij schrijft: 'Loe de Jong noemt Voûte vaak in zijn standaardwerk. Het beeld dat daaruit oprijst is weliswaar dat van een 'foute' burgemeester in oorlogstijd, maar toch ook van iemand die 'gematigd fout' was in die zin dat hij van tijd tot tijd tegengas gaf bij Duit-

176 Edward John Voûte (1887-1950) werd na de oorlog berecht voor collaboratie. Het Bijzonder Gerechtshof in Amsterdam veroordeelde hem in 1947 tot 6 jaar gevangenisstraf die in hoger beroep werd verlaagd tot 3,5 jaar. Het Hof oordeelde dat Voûte door het aanvaarden van het ambt een alliantie was aangegaan met de Duitse leiders.

se plannen. In zijn boek 'In plaats van Bijltjesdag. De geschiedenis van de bijzondere rechtspleging na de Tweede Wereldoorlog' (2011) schrijft A.D. Belinfante, zonder de naam Voûte te noemen: 'De Amsterdamse burgemeester viel het minste te verwijten van de burgemeesters van de drie grootste steden. Hij was geen lid van de NSB, hij kon ook zaken tegenhouden. Maar het feit dat 80.000 Joodse Amsterdammers werden gedeporteerd, was voor hem geen reden om ontslag te nemen'.'

Het is opmerkelijk hoe Jacoba over Voûte schrijft in haar memoires.

Mijn nicht Ena Rens[177] *was getrouwd met Voûte, de deken van Amsterdam. Zijn broer werd burgemeester van Amsterdam. Hoewel deze geen vrijmetselaar was, was hij een groot bewonderaar van mijn vader en een toegewijde vriend voor mij. Hij heeft Groep 2000 onschatbare diensten bewezen. De burgemeester is het hoofd van de politie. Voûte was de grote man achter de schermen die een wakend oog in het zeil hield, opdat de weduwe van vader niet nog meer leed zou treffen. Hij gebruikte Van Hoften (8047) van de politie als schakel opdat alle gemeentelijke diensten meewerkten met Groep 2000. Als de OC nieuwe namen had van onderduikers zorgde Van Hoften er voor dat alle informatie uit politionele dossiers beschikbaar kwam. Natuurlijk moest ik zelf overal daartoe mijn entree maken als ik bepaalde gemeentelijke diensten wilde inschakelen, maar de tijd die daarvoor gunstig was en de gelegenheid om onder politiebescherming te werken, bepaalde de burgemeester en hij gaf die in een 'toevallig' telefoongesprek of bij een ontmoeting door.*

In 1943 groeide het aantal onderduikers sterk en zo ook onze activiteiten en medewerkers. Er moest een vast kantoor komen waar de gehele dag gewerkt werd. Waar de allernaaste medewerkers (DB, hoofden van dienst, koeriersdienst en dominees) mij zouden kunnen bereiken buiten de spreekuren. Ik was namelijk moeilijk te bereiken.

De vader van Groepslid Madeline van Geuns werkte bij een groot assurantiekantoor aan de Herengracht. Zij had al eens verteld dat bij haar vader in de buurt de ene kantoorruimte na de andere vrijkwam.

177 Ena Rens is de dochter van Daniel Rens en Aldonse Holle, de zus van Jacoba's moeder Jeanne. Daniel Rens vertrok als 18-jarige naar Deli waar hij bij Fuchs ging werken, een onderneming in rijtuigen en paarden. Later werd hij directeur van het bedrijf Fuchs en Rens, een pionier in de autohandel in Nederlands-Indië. Jacoba's vader werd procuratiehouder en later ook mede-directeur van Fuchs en Rens.

'Zeg Madeline, zou je vader soms bij hem in het gebouw of daar in de buurt geschikte kantoorruimte weten?' Een afspraak met de heer Van Geuns was spoedig gemaakt. De sleutels van het hele complex bevonden zich onder zijn berusting en de keuze was spoedig gemaakt- naast de ambtswoning van de burgemeester, Herengracht 504-524. Onder de naam Centraal Bureau voor Maatschappelijk Werk huurden wij daar een kantoorruimte, op de bovenste etage.[178] *Bij alarm was er ruimschoots gelegenheid om via diensttrappen het gebouw te verlaten. Onze ingang was 520. Mijn eerste bezoeker daar was de heer Voûte, mijn buurman. Hij kwam mij welkom heten en de 1000 gulden brengen die hij mij elke eerste van de maand gaf voor mijn werk. Hij was een wachter en vriend van vader voor mij. Altijd had hij een persoonlijk woord voor mij. Het woord illegaal is vanzelfsprekend nooit tussen ons gevallen. Hij had interesse in alles wat op sociaal terrein voorviel. Ik was maatschappelijk werkster. Dat was het raakvlak. Sinds de Centrale van Werklozenzorg was opgeheven, begreep hij heel goed dat er buiten Winterhulp niet zo heel veel meer legaal maatschappelijk werk te doen viel. Het was daarom beter niet te vragen, maar daadwerkelijk te steunen. En dat heus niet alleen financieel. Het ging soms zo: 'Ik dacht in wijk ... een nieuw blokhoofd van de luchtbescherming te benoemen. U komt door de hele stad en kent zoveel mensen. Denk er eens over na en noem mij een paar gegadigden. Ik kan die namen dan weer aan de betreffende instanties doorgeven'. Of: 'Dan en dan gaat er weer een belangrijk transport medicamenten en verbandmiddelen naar Duitsland. Ik mag dan wel zorgen dat de juiste mannen van de politie dienst hebben, want de ondergrondse is tegenwoordig een macht waar je als burgemeester rekening mee moet houden'. Of: 'U is als vrouw veel te veel bij de weg bij nacht en ontij. Er loopt tegenwoordig zoveel luguber volk langs de weg, - ook wat de Duitsers betreft -, u moest Van Hoften eigenlijk altijd even melden waar u heen gaat'. Heel toevallig was die Van Hoften altijd van alles op de hoogte van wat onraad voor de illegaliteit kon betekenen.*

Het beeld van de foute burgemeester houdt nog jaren na de oorlog stand. Zo schrijft oud-burgemeester Ed van Thijn[179] in 2006 een column naar aanleiding van het dan verschenen boek 'Burgemeesters in oorlogstijd' van historicus Peter Romijn: 'Kort na de Februaristaking werd E.J. Voûte tot regeringscommissaris benoemd, zichzelf - ten onrechte - burgemeester noemende. Voûte was weliswaar geen NSB'er maar hij omringde zich met vier

178 Van Geuns stortte iedere maand de betaalde huur weer terug.

179 Ed van Thijn was tussen 1983 en 1994 burgemeester van Amsterdam.

wethouders van NSB-huize. Uit het boek 'Dienaren van het gezag, de Amsterdamse politie tijdens de bezetting' van Guus Meershoek blijkt dat Voûte zich wel degelijk intensief met de politie bemoeide - hij noemde zich zelfs 'politiepresident' - en na aanvankelijke pogingen om de marechaussee het vuile werk te laten opknappen uiteindelijk toch, zoals zijn hoofdcommissaris Tulp graag wilde, medewerking verleende aan het wegvoeren van de Joodse bevolking.( ) Het is overigens opmerkelijk dat in het boek van Romijn, dat uitvoerig stil staat bij de lotgevallen van de NSB-burgemeesters elders in Nederland (er waren er uiteindelijk 345), amper op de rol van Voûte wordt ingegaan. ( ) Het is trouwens opvallend hoe weinig aandacht er in de diverse boeken over de geschiedenis van Amsterdam in de 20ste eeuw aan de rol van Voûte wordt gegeven. Zelfs Richter Roegholt maakte geen woord aan hem vuil. Dat wringt des te meer omdat na de bevrijding een aantal prominente Amsterdammers - dat vermeldt Romijn wel - een goed woordje voor hem hebben gedaan vanwege zijn 'grote verdiensten voor de stad, onder meer gelegen in het verzachten van tal van maatregelen van de bezetter'. Waaruit die verdiensten nu precies bestonden is moeilijk te achterhalen.'[180]

Eén van die Amsterdammers die 'een goed woordje' voor Voûte deden, was Jacoba.

Ik heb deze feiten na de bevrijding ook aan de Politieke Opsporingsdienst, de POD, bericht, toen Voûte was gearresteerd en werd beschuldigd een NSB'er te zijn. Dit was volgens mij niet waar. Het heeft de arrestatie van burgemeester Voûte niet kunnen verhinderen. Ik heb erover geschreven naar ZKH Prins Bernard en aan HM Koningin Wilhelmina, maar kreeg als enig antwoord dat met deze feiten bij de bepaling van de 'straf' rekening gehouden zou worden. Voûte zelf had mij verboden in deze richting welke stap ook te doen. 'De regering zal zelf recht weten te schaffen. Ik heb gedaan wat ik op deze plaats kon doen en getracht bij veel dat ik niet tegen kon houden de druk een klein beetje te verlichten. NSB'er ben ik niet en ook nooit geweest. Pro Duits nog veel minder. Er zijn echter in het nationaal socialisme enkele facetten die mij aantrekken boven die van onze politieke partijvorming. Dat heb ik voor de oorlog nooit onder stoelen of banken geschoven en ik vermoed dat men mij daarom voor deze post heeft aangezocht. Ik had kunnen weigeren. Dat was de weg van de minste weerstand geweest. Ik heb geaccepteerd en misschien op deze plaats voor Amsterdam een paar nog grotere onheilen

180 De column van Van Thijn verscheen in september 2006 in het maandblad Ons Amsterdam.

kunnen afwenden.' Dat was burgemeester Voûte zoals ik hem heb leren kennen en hoogachten.

Hoofdstuk 17

Samenwerking met andere verzetsorganisaties

Hoe kon een belangrijke verzetsorganisatie als Groep 2000 bijna onzichtbaar blijven, zowel in de oorlog als daarna? Het sleutelwoord is: geheimhouding. Het gebruik van een cijfercode maakte de Groepsleden anoniem. Vaak kenden ze elkaar alleen bij nummer of schuilnaam en wisten ze niet van elkaar bij welke verzetsgroep de ander nog meer hoorde. Jacoba werkte bijvoorbeeld nauw samen met Henk Dienske van de LO maar die twee hielden dat uit veiligheidsoverwegingen voor iedereen verborgen. Toen Dienske werd gearresteerd, ging de LO op zoek naar die mysterieuze Bonnenkoningin. Ook ontdekte Jacoba pas na de oorlog dat Paul Guermonprez, met wie ze samenwerkte, de schuilnaam was van Henk Hellinga, en dat hij de spil was van Kring Borgerstraat[181]. En Jan Holm, die al jarenlang met Jacoba samenwerkte, ontdekte pas in 1944 dat hij al die tijd met de leidster van Groep 2000 te maken had gehad.[182] Een tweede oorzaak van de onbekendheid van Groep 2000, ook na de oorlog, was de leidster zelf. Jacoba meende dat zij als commandant uitsluitend aan haar meerdere verantwoording diende af te leggen. Zij schreef haar Beknopt Verslag dat zij aanbood aan prins Bernhard[183], gaf nog een lezing bij de Vrijmetselarij, en daarmee was voor haar de kous af. Groep 2000 kwam niet in de publiciteit.

Ondanks alle terughoudendheid werkte Groep 2000 niet solistisch; er werd wel degelijk samengewerkt met andere organisaties. Ook waren sommige Groepsleden (soms ongemerkt) lid van andere verzetsgroepen. De omvang en aard van Groep 2000 trok verzetsorganisatie Vrij Nederland aan; VN-leider Van Randwijk ontwikkelde een fusie-

181 Wat het extra verwarrend maakte, is dat Henk Hellinga als Paul Guermonprez op 10 juni 1944 werd gefusilleerd.

182 Zie ook hoofdstuk 9 van dit boek 'Ik kook bijna van verontwaardiging'.

183 Zie ook hoofdstuk 15 van dit boek 'De hele straat vlagt!'

plan waarbij hij de algehele leiding op zich zou nemen. Het is niet tot een fusie gekomen.

Voor Jacoba van Tongeren is de oorsprong en het bestaansrecht van Groep 2000 altijd in moreel opzicht de Hervormde Kerk geweest; in contacten en financiële middelen wist zij zich onvoorwaardelijk gesteund door de Orde der Vrijmetselaren. Beide schutspatronen waren even belangrijk, en altijd geheim.

Vrijmetselarij

De invloed van de Vrijmetselarij en individuele vrijmetselaren op Groep 2000 was groot. De Grootmeester van de Orde van Vrijmetselaren onder het Grootoosten der Nederlanden, Hermannus van Tongeren, was een drijvende kracht in het ontstaan van Groep 2000. Hij inspireerde zijn dochter, gaf haar opdrachten, leerde haar een code op te zetten, steunde de 'jongelui' van Vrij Nederland en introduceerde hen -via Jacoba- bij vele vrijmetselaren onder het wachtwoord: 'De Orde roept u'. Voorts verschafte hij ruime financiële middelen voor het werk vanuit de gelederen van de Vrijmetselarij. De financiële steun vanuit de Orde met 600.000 gulden[184] was een substantiële bijdrage aan het verzet. Hiermee werd niet alleen Groep 2000 gesteund, maar konden ook 'strategisch' goede startsubsidies worden gegeven aan Vrij Nederland, de PbC, de LO en later het NSF. Dat Jacoba nooit steun heeft hoeven te vragen aan het Nationaal Steun Fonds (NSF) vanwege dit grote startkapitaal, is een groot voordeel geweest: Groep 2000 is altijd financieel onafhankelijk gebleven en kon daardoor ook zelfstandig opereren.

De Groep had zich in de breedte en de diepte niet zo kunnen ontwikkelen in de eerste anderhalf jaar zonder de bekendheid, het gezag en de integriteit van grootmeester Van Tongeren en het belangrijke landelijke netwerk van de vrijmetselaren.[185] Zo werd via ook Van Tongeren contact met Engeland gelegd. Er bestond een rechtstreekse briefwisseling met prof. Gerbrandy en minister van Kleffens. Vanuit deze contacten is het Marine Zendstation[186] opgebouwd, dat gedurende bijna de gehele

184 Het gaat hier om 600.000 gulden vanuit de Orde van Vrijmetselaren voor het illegale werk. Dit bedrag is in 2013 ongeveer 14,6 keer zoveel waard: 8.754.000 gulden ofwel 3.972.000 euro (inflatie berekend vanaf 1942 toen het bedrag werd verkregen). Bron: Consumentenprijsindexcijfers 1900 = 100 van het Centraal Bureau voor de Statistiek (CBS).

185 Zie ook hoofdstuk 5 van dit boek 'Ik sta daar in opdracht'.

186 Zie ook hoofdstuk 10 van dit boek 'Ik maak het heus niet mooier dan het is'.

vijfjarige bezetting, berichtgeving vanuit Engeland voor Nederland verzorgde. Ook werd samenwerking met de Koninklijke Marine gelegd, via Vice-Admiraal L.J. Quant. De band van Groep 2000 met de Koninklijke Marine heeft de volle vijf oorlogsjaren standgehouden.

Jan van der Neut ging in 1940 op zoek naar Grootmeester Van Tongeren. Dat zorgde voor het contact tussen Jacoba en het prille Vrij Nederland.[187] Midden 1941, na de arrestaties bij Vrij Nederland, moest de 'Groep zonder Naam' opnieuw worden opgezet, waarbij ze zich richtte op de hulp aan onderduikers. Dit pionierswerk werd door Jacoba aangepakt, samen met de vrijmetselaren Isaac Troostwijk, Simon Hoekstra en Henk Kroon.[188] Ook Bernard Aris, Max Nauta, Piet Stiggelbout, Stolk, Herman van Tongeren Jr., Isaac Troostwijk, Tuntler, Jan Blok en Co van Ledden Hulsebosch waren vrijmetselaren en hebben actief meegewerkt aan Groep 2000.

Aan het begin van de oorlog had Van Tongeren een kleine kring van jongeren om zich heen gevormd die hij samen met Troostwijk instrueerde inzake spionagetechnieken: doorgeven van berichten, draadloze telegrafie, morse seinen en dergelijke. Zijn belangrijkste leerling was zijn dochter Jacoba. Van Tongeren leerde haar de meest elementaire beginselen van militaire- en andere codes. Hieruit is de Code geboren; het was een combinatie van het militaire code-vierkant en maçonniek geheimschrift.

De belangrijkste les die Van Tongeren zijn dochter meegaf, was dat er een vast plan, een Systeem nodig was. 'Illegaal werk is geen in het wilde weg werk. We moeten ons niet door avonturierszucht laten verleiden', hield hij haar voor. Hij maakte de vergelijking met een generaal die een grote veldtocht op de kaart ontwerpt en pas als alles op papier vaststaat, zijn slag slaat. 'Denk er om Co dat niet alleen je eigen leven, maar ook dat van andere mensen op het spel staat en iedere stap dus weloverwogen moet zijn. Doordenk de hele opzet van wat je wilt doen.'

Het gezag en statuur van haar vader heeft voor Jacoba gedurende de oorlog vele deuren geopend. Zo kreeg Jacoba (en via haar Groep 2000) steun van burgemeester Voûte, die een groot respect had voor haar vader. Hij wendde het politieapparaat en gemeentelijke diensten aan om haar te helpen.[189] Jacoba had meerdere aanvaringen met Van Randwijk, hoofdredacteur

187 Zie ook hoofdstuk 5 van dit boek 'Ik sta daar in opdracht'.
188 Zie ook hoofdstuk 6 van dit boek 'Ik heb geleerd in 's lands dienst te zijn'.
189 Zie ook hoofdstuk 16 van dit boek 'Organisatie en veiligheidsmaatregelen Groep 2000'.

van Vrij Nederland. De steun die zij daarbij kreeg van Walraven van Hall dankte ze grotendeels aan de eerbied die Van Hall voelde voor haar vader.

Op 8 november 1945, een half jaar na de bevrijding, hield Jacoba van Tongeren op verzoek van vrijmetselaar Ariëns Kappers, vriend en vertrouwensman van haar vader en Gedeputeerd Grootmeester, een lezing voor Amsterdamse loges met als titel 'Het aandeel van de Vrijmetselarij in de werkzaamheden van Groep 2000'.[190] Jacoba vertelde hierin hoe de Vrijmetselarij en haar vader gehoorzaam en trouw waren aan de maçonnieke en evangelische waarden die niet macht en machtsaanbidding, maar de liefde centraal stellen:

De Vrijmetselarij heeft het aangedurfd om het wezen van het Goddelijke Mysterie, de diepste Kracht, die wereld en leven draagt en doordringt, het hart van alle dingen is, te belijden als Liefde. De Vrijmetselarij weet dat geen waarheid duurzaam wortel kan schieten in het mensenhart, noch in de wereld van maatschappij en cultuur, tenzij haar dienaren bereid gevonden worden het kruis te dragen, door solidariteit van het menselijk geslacht. Het Evangelie stelt de mens onder de roeping tot en de verantwoordelijkheid voor het leven. Dat wil zeggen, dat wij onvoorwaardelijk elke verabsolutering van volk, bloed, bodem, ras en staat hebben af te wijzen. Het is ons niet geoorloofd de eenheid van het menselijk geslacht te verloochenen. Vrijmetselarij is verzet tegen alles wat naar nationaal-socialisme of dictatuur zweemt. De Orde en haar Grootmeester stonden pal tegenover de radicale loochening van diep in onze ziel verankerde levenswaarden. Waar het op neerkomt, is dat de Vrijmetselarij in en met Groep 2000 gestreden heeft tegen het nationaal-socialisme en zijn radicale loochening van de hoge waarden der menselijke persoonlijkheid, van Recht, Waarheid en Barmhartigheid, zoals deze zijn gegrondvest in het Evangelie.

Nederlands Hervormde Kerk

Jacoba was maatschappelijk werkster bij de Centrale van Werklozenzorg in interkerkelijk verband. Die werd aan het begin van de oorlog door de Duitsers ontbonden en voortgezet als 'Bijzondere Kerkelijke Gezinszorg', met eigen maatschappelijk werksters. Op haar eigen voorstel werd Jacoba aangewezen als de verbindende schakel met de illegaliteit. Haar taak was officieus; de kerk wilde dit geheim houden. Vanaf midden 1940

190 Zie ook hoofdstuk 19 van dit boek: 'Hermannus van Tongeren' waarin uit deze lezing wordt geciteerd.

reisde Jacoba door het land om contacten te leggen. Met name vrijmetselaren en dominees werden door Jacoba benaderd om onderduikadressen te vinden en financiële middelen beschikbaar te stellen voor het verzet. Ze hielp 'de jongelui van Vrij Nederland' aan goede contacten en informatie, onder meer voor spionage-activiteiten. Dat Jacoba kerkelijk maatschappelijk werkster was, bleek een prachtige camouflage. Onder haar kleding droeg Jacoba een bonnenvest waarin ze voedselbonnen kan verstoppen. Ze kreeg de bijnaam 'de Bonnenkoningin'.

Toen in het vroege voorjaar van 1941 de eerste grote klappen vielen bij Vrij Nederland, had Jacoba al binnen de kerk een web gespannen van oost naar west, van noord naar zuid.[191] Er werd gecorrespondeerd in termen van kerkinterieurs, dopelingen en ouderlingen maar de goede verstaander haalde er informatie uit over bijvoorbeeld persoonsbewijzen en bonkaarten. Na de affaire 'juffrouw Brinkman'[192] verhuisde ze haar kantoor naar het Centraal Bureau voor Vrijzinnig Nederlands Hervormden aan de Weteringschans 100. De vrijzinnig hervormde dominee Bernard Aris was haar verbinding met de Hervormde Kerkenraad in Amsterdam. Na de gevaarlijke aanslag op het Amsterdamse Bevolkingsregister[193] wijdde Jacoba zich fulltime aan het verzetswerk.

Kort na de arrestaties als gevolg van de overval op de Burgerlijke Stand (27 maart 1943) neem ik ontslag bij de Bijzondere Kerkelijke Gezinszorg om me geheel aan het illegale werk te wijden. Paradoxaal genoeg wordt de band met de kerk hierdoor juist versterkt. Officieel vroeg ik mijn ontslag; officieus blijf ik gehandhaafd. Zelfs wordt mij het gebruik van een der wijkgebouwen van de NH Kerk toegestaan, namelijk Wijkgebouw 'Irene' aan de Jacob van Lennepkade 310-312.

Dit wijkgebouw Irene van de Nederlands Hervormde Kerk was voor Groep 2000 een belangrijke locatie. Hier hield Jacoba gedurende geruime tijd haar spreekuur voor illegalen; vanuit dit wijkgebouw werden de Rode Kruispakketten verstuurd en in dit gebouw heeft Groep 2000 veel hoogtepunten beleefd. Jacoba kon, ook in kritieke dagen, altijd een beroep doen op wijkpredikant ds. M. Groenenberg en ook de beheerder van het gebouw, Frans Reitema, was voor haar van grote steun. Reite-

191 Zie hoofdstuk 5 van dit boek 'Ik sta daar in opdracht' onder het kopje Gecodeerde correspondentie.

192 Zie hoofdstuk 5 van dit boek 'Ik sta daar in opdracht' onder het kopje Juffrouw Brinkman.

193 Zie hoofdstuk 6 van dit boek 'Ik heb geleerd in 's lands dienst te zijn'.

ma was al in 1940 verspreider van Vrij Nederland. Hij heeft hiervoor een half jaar gevangen gezeten in het Oranjehotel.[194] Vanaf de tijd dat de Groep in het wijkgebouw aan de Jacob van Lennepkade zat, genoot ze een zekere sanctie van de Kerk. Jacoba was niet langer een maatschappelijk werkster van de kerk, die particulier ook nog illegaal werk deed, maar de gehele Groep voelde zich mede tegenover de Kerk verantwoordelijk. Ook toen de Groep naar de Herengracht verhuisde, bleven hier de twee-wekelijkse groepsbijeenkomsten plaatsvinden onder leiding van de dominees. Jacoba beschrijft in haar memoires hoe deze religieuze bijeenkomsten van waarde waren:

Verzetswerk vraagt veel van een mens, lichamelijk , maar vooral geestelijk. Actief deelnemen aan het verzet kan innerlijke conflicten teweeg brengen. Mogen wij doden? Vergeving van onze vijanden. Vraagstukken van zelfmoord en noodleugen. Daarom worden onze dominees te hulp geroepen. Om de 14 dagen vindt in het wijkgebouw 'Irene' een gesprek plaats met alle groepsleden onder leiding van een van de dominees. Met name ds. B. Aris, ds. M. Groenenberg, ds. E.L. Smelik en ds. Kroon spelen hierbij een grote rol. Deze samenkomsten zijn niet verplicht, maar bijna nooit verzuimt iemand. Hier komt de groep samen rond de Bijbel; hier wordt gelezen uit het Woord. Het vergaderverbod geldt voor ons als kerk niet. Wij komen daar niet als leden van het verzet, maar als leden der kerk. Hierin heeft Groep 2000 ook een heel eigen karakter. Zij wil kerk zijn, aan het werk in oorlogstijd. Zij wil steun bieden, pastoraat zijn. Deze middagen leren ons zuiverder de waarden van het Evangelie te peilen en onze taak te zien, niet alleen als verzetswerk, maar bovenal als een geestelijke opbouw in een tijd van decadentie en ontwrichting.

Op 1 mei 1944 had een belangrijke ontmoeting plaats in de Nieuwe Kerk in Amsterdam tussen ds. K.H.E. Gravemeijer, Secretaris van de Synode van de Nederlands Hervormde Kerk, en Jacoba als leidster van Groep 2000.[195] Ds. Gravemeijer vertelde Jacoba dat de Generale Synode der Hervormde Kerk opdracht had gegeven tot de oprichting van een Hervormde Verzetsgroep, naast de LO en andere min of meer politiek georganiseerde verzetskernen. Hij was verheugd dat de Amsterdamse Kerkenraad het verzetswerk van Groep 2000 had gehuisvest en gesteund. De betreffende maatschappelijk werkster, Jacoba, zou met terugwerkende kracht salaris ontvangen. Groep 2000 zou vanwege de 'verhulling'

194 Het Oranjehotel: de gevangenis in Scheveningen waar veel verzetsmensen werden opgesloten.

195 Zie hoofdstuk 7 van dit boek 'Nu vindt eindelijk de erkenning plaats'.

nu nog Groep 2000 heten, maar na de bevrijding zou de nieuwe naam Hervormde Groep 2000 worden. De Groep zou maandelijks een bedrag uit het Fonds voor Bijzondere Noden van de Hervormde Kerk krijgen; dit is zo'n 300.000 gulden geweest.

Tot dan toe had Jacoba slechts een aanstelling als maatschappelijk werkster der Vrijzinnig Hervormden. Ze voelde het als een erkenning om namens de Hervormde Kerk dit werk te organiseren en op te bouwen.[196]

Landelijke organisatie voor hulp aan Onderduikers (LO)

Vanaf het najaar 1942 werkte Jacoba nauw samen met Henk Dienske, een van de leiders van de Landelijke organisatie voor hulp aan Onderduikers (LO). Het contact tussen Jacoba en Dienske kwam tot stand via het Distributiekantoor Borgerstraat en Jaap Balder die een actief aandeel had in verschillende overvallen op distributiekantoren in Noord-Holland. Hij behoorde tot de trouwe medewerkers van Henk Dienske. Jacoba zag Henk elke dag, altijd op een andere plaats. Zij was zijn directe koerierster en secretaresse. Voor hem reisde zij alle dagen door het land om nieuwe contacten te leggen en voor de LO faciliteiten te verkrijgen. Met haar camouflage als kerkelijk maatschappelijk werkster kon zij deze rol zonder argwaan te wekken vervullen. Op deze wijze kwamen voor Noord-Holland ruim 30.000 bonkaarten per periode beschikbaar die centraal vanuit Amsterdam werden gedistribueerd. Tegen het voorjaar 1944 waren het er zelfs 50.000, waarvan ongeveer 35.000 voor Amsterdam alleen. Zowel Groep 2000 als de LO wisten uit veiligheidsoverwegingen niet van deze samenwerking af. Het intensieve contact tussen Jacoba en Dienske, die elkaar blind vertrouwden, was uitermate praktisch van aard: zij konden elkaar helpen. De werkwijze van de LO verschilde met die van Groep 2000. Het belangrijkste verschil was dat de LO werkte met namenlijsten in plaats van codenummers. Dit had een noodlottig effect toen Henk Dienske eind maart 1944 werd gearresteerd. Een grote arrestatiegolf volgde. Tegelijk met Henk Dienske werd ook Henk Hellinga, alias Paul Guermonprez, de ziel van Kring Borgerstraat, gearresteerd. Toen beiden waren opgepakt, sloot Kring Borgerstraat zich als Kring 1400 bij Groep 2000 aan.

---

196 In 'Het Verzet der Hervormde Kerk' van ds. H.C. Touw is merkwaardigerwijze niets terug te vinden over de Hervormde Groep 2000 en de uitspraken van ds. Gravemeijer. Ook in de paragrafen over de Bijzondere Kerkelijke Gezinszorg (blz 274-276) en Illegale Actie, is er geen enkele verwijzing naar de Groep. Het kan zijn dat de camouflage die uitstekend heeft gewerkt gedurende de oorlog, ook ná de oorlog werkte.

Op 1 mei 1944, kort na de arrestatie van Dienske, kreeg Jacoba bezoek van Prins, Fernhout en Gerbrandy, de top van de LO en LKP. Zij waren erachter gekomen dat Jacoba de Bonnenkoningin was met wie Dienske zo intensief had samengewerkt. Jacoba werd uitgenodigd toe te treden tot het Dagelijks Bestuur Amsterdam van de LO en deel uit te maken van de RVV, de top van het verzet. Ze sloeg de uitnodiging om verschillende redenen af.[197] De belangrijkste reden was de eis van de LO om alle namen en adressen van Groepsleden en onderduikers vrij te geven. Dat weigerde Jacoba en zij werd hierin gesteund door haar DB. Hierop dreigde de LO de uitgifte van voedselbonnen te blokkeren.

Er werd een werkbaar compromis bereikt waarin, evenals Groep 2000, ook de Persoonsbewijzen Centrale (PBc), de Koninklijke Marine en de Vrije Groepen Amsterdam zich konden vinden:

- Groep 2000 zou zich vooral op Amsterdam richten en alle aanvragen om hulp binnen het rayon Amsterdam zouden door de LO aan Groep 2000 worden doorgegeven;
- Groep 2000 zou voorzien in alle noodzakelijke bonkaarten in Amsterdam;
- Alle contactpunten en opererende groepen buiten Amsterdam zouden aan de LO worden doorgegeven, tenzij deze groepen nadrukkelijk voor zichzelf een andere regeling wensten (de meeste groepen buit Amsterdam stemden hiermee in, een aantal weigerde om principiële redenen of uit loyaliteit jegens Jacoba);
- Voor controle op de uitgifte der gelden en andere bescheiden zouden alle aanvragen via Van Hoften via het Bevolkingsregister en het Centraal Distributiekantoor passeren. De LO zou al haar geregistreerden hetzelfde traject laten doorlopen om doublures te vermijden;
- Alle zaken van gemeenschappelijk belang zouden voortaan aan de RVV worden voorgelegd en hierin worden besproken.

Raad van Verzet, RVV

Organisatie die het verzet op landelijk niveau wilde bundelen. De RVV onderhield contacten met (grote) verzetsgroepen in het land zoals OD en LO en coördineerde sabotage-acties, stakingen en gewapend verzet. Op 1 mei 1944 werden Jacoba en Groep 2000 uitgenodigd toe te treden tot de LO, en daarmee indirect ook tot de RVV, zoals Van Randwijk het stelde. Het is er niet van gekomen.[198]

197 Zie hoofdstuk 7 van dit boek 'Nu vindt eindelijk de erkenning plaats'.
198 Zie hoofdstuk 7 van dit boek 'Nu vindt eindelijk de erkenning plaats'.

Vrij Nederland

In het eerste jaar (mei 1940-mei 1941) waren Jacoba en haar Groep betrokken bij de uitgave van de eerste nummers van Vrij Nederland, tot de arrestaties toesloegen.[199] Jacoba's vader hielp de jonge initiatiefnemers Jan van der Neut, Jan Peppink, Frans Hofker, Daan Levendig en Jan Kranenburg aan belangrijke contacten om hen materieel en financieel te steunen en op weg te helpen met spionage. Na de eerste arrestatiegolf in mei 1941 onder VN-mensen verbrak Jacoba uit veiligheidsoverwegingen het directe contact met VN en ging verder met haar Groep zonder Naam, later Groep 2000. In 1944, als de oplage van de illegale pers waaronder Vrij Nederland is gegroeid, bood Groep 2000 een helpende hand in de verspreiding van de krant.[200] Vanaf de nazomer van 1944 tot de aan de bevrijding werden gesprekken gevoerd over een fusie tussen Vrij Nederland en Groep 2000. VN is dan uitgegroeid tot een grote verzetsorganisatie, geleid door H.M. van Randwijk. De toenadering kwam aanvankelijk van beide kanten, maar de gesprekken verliepen moeizaam. Jacoba en Sjoerd van Vliet (schuilnaam van Van Randwijk) wisten bij elkaar niet de juiste toonhoogte te vinden. [201]

Na de oorlog doken meer voorbeelden op van de autoritaire houding van Van Randwijk, vooral wanneer als hij een sterke vrouw tegenover zich wist. Een jaar voor de eerste aanvaring tussen Jacoba en Sjoerd heeft Hebe Kohlbrugge het al met hem aan de stok gekregen. Kohlbrugge zette 'de Zwitserse Weg' op, een kanaal via Zwitserland om documenten, boeken en microfilms naar de regering in Londen te sluizen. Zij was daarin uiterst succesvol. Van Randwijk greep in, en formeerde een 'Politieke Commissie' van vier mannen (onder wie Van Randwijk zelf) die als 'redactie' van deze Zwitserse Weg moest fungeren. Voor Hebe Kohlbrugge was geen plaats in deze 'Politieke Commissie'. Dr Loe de Jong schrijft in zijn levenswerk 'Het Koninkrijk der Nederlanden in de Tweede Wereldoorlog' hierover: 'Dit werd aan mej. Kohlbrugge gezegd - ze was er diep gegriefd door. ( ) Zij had het gevoel dat zij nu tot een soort technisch hulpje gedegradeerd werd. Notabene: wie had de eerste verbinding gelegd, en tegen Van Randwijk's advies in? Zij! Ze eiste alsnog in de Politieke Commissie opgenomen te worden. Hierover vond op 31 augustus '43 een bewogen bespreking met haar plaats, maar vooral Van Randwijk was onverbiddelijk. Hij gaf daar later twee gronden voor

199 Zie hoofdstuk 5 van dit boek 'Ik sta daar in opdracht'.
200 Zie hoofdstuk 10 van dit boek 'Ik maak het heus niet mooier dan het is' onder het kopje 'Vergroten oplage en verspreiding van de Illegale Pers'.
201 Zie hoofdstuk 9 van dit boek 'Ik kook bijna van verontwaardiging'.

aan. 'De eerste was', zo vertelde hij aan de Enquêtecommissie, 'dat commissies in de illegaliteit niet te groot mochten zijn' (maakte vijf zoveel verschil met vier?), 'de tweede (dat was de werkelijke reden) dat het ons er om ging de commissie uit te breiden met politieke figuren, althans mensen die van staatskunde in de breedste zin verstand hebben, en niet met een aantal illegale amateurs op dat gebied.' Politieke amateur! Mej. Kohlbrugge was woedend, maar dat baatte haar niet.' Hebe Kohlbrugge besloot heimelijk van alle documenten een kopie te maken voor Six, chef-staf van de Ordedienst, een man met wie Van Randwijk vaak in de clinch lag. Het leidde tot een groot schandaal toen dit uitkwam: de ene verzetsorganisatie die de ander bespioneerde.[202] Ook Marie Anne Tellegen, die een leidende positie had in het verzet, verklaarde voor de Enquêtecommissie Regeringsbeleid 1940-1945: 'Ik heb meer dan een jaar lang bij Vrij Nederland gewerkt, maar dit werkte uitermate dictatoriaal; men kreeg zijn orders en er werd verder niet over gesproken'. Bij VN werden vrouwen aangeduid als 'juffies', 'potige dames', 'kinderen' of 'tikjuffies'.[203]

Ondanks de botsingen tussen Jacoba en Sjoerd werden vanuit VN fusieplannen gesmeden; de belangen waren groot, ook met het oog op de na-oorlogse periode. Aanvankelijk werden in september 1944 concrete stappen genomen voor een samengaan van beide organisaties maar vlak voor de bevrijding, eind april 1945, was een fusie definitief van de baan.

Een fusie tussen Groep 2000 en VN was een logische gedachte, niet alleen vanwege de historische band. Er speelden verschillende zakelijke motieven die spraken voor een nauwer samengaan aan het eind van de oorlog. Allereerst werd in 1944 door de regering en prins Bernhard, hoofd van de Binnenlandse Strijdkrachten, opgeroepen tot samenwerking tussen grote verzetsorganisaties, met het oog op 'uur U', de bevrijding die gepaard kon gaan met geweld en slachtoffers.[204] Amsterdam zou wel eens het strijdtoneel kunnen worden, was de gedachte. Gezagsgetrouw als ze was, gaf Jacoba openheid van zaken en organiseerde ze een rondleiding langs locaties van Groep 2000 voor een aantal hoge heren van de Raad van Verzet. Ook Van Randwijk wandelde mee. Groep 2000 is dan al begonnen met de inrichting van een aantal EHBO-pos-

202 Bron: Het Koninkrijk der Nederlanden in de Tweede Wereldoorlog; deel 7, tweede helft (pag. 903) door dr. L. de Jong.

203 Bron: Vrouw achter de troon; Marie Anne Tellegen, 1893-1976. (W.H. Weenink, 2014).

204 Zie hoofdstuk 10 van dit boek 'Ik maak het heus niet mooier dan het is'.

ten en de mobilisering van het Strijdbaar Gedeelte. In haar memoires schrijft Jacoba:

Daar kwam nog een andere factor bij. De regering drong sterk aan op meer samenwerking tussen de belangrijke verzetsgroepen. Zij moesten onderling open zijn over hun interne organisatie en activiteiten en bekijken hoe ze konden samenwerken rondom het uur U. Tegelijkertijd hadden de gebeurtenissen na Dolle Dinsdag de gedachte doen opkomen bij VN, LO, VGA en de Politie, alle ingeschakeld bij de BS, dat het nodig was om een gecombineerde en gecoördineerde EHBO dienst op te richten. Vanuit Groep 2000 was toen medegedeeld dat zulke EHBO diensten al bestonden en dat deze diensten bij het uur U ter beschikking stonden van het Verenigd Verzet. De RVV wilde zien wat het voorstelde. Ik heb toen de rondleiding georganiseerd langs EHBO-diensten en de logementen.[205] Ik voelde bij de LO en VN geen verbazing, maar afgunst en wrok dat zij niet zelf aan deze noodzaak hadden gedacht.

Een ander motief was de toekomst. Van Randwijk had grootse na-oorlogse plannen met VN en de relaties met Groep 2000 pasten daar goed in. In zijn biografie[206] is te lezen: 'VN moest niet alleen een weekblad plus boekenuitgeverij worden met daarnaast een centrum voor vormingswerk, maar er lag ook een belangrijke taak op het gebied van het maatschappelijk werk. Er was al een uitgangspunt in de vorm van het steunen van de onderduikers en de familie van omgekomen of gevangen zittende verzetswerkers, maar Sjoerd had nog iets omvangrijkers voor ogen. Een steeds terugkerend thema in zijn stukken in VN was de maatschappelijke ontreddering als gevolg van de oorlog: tienduizenden gezinnen zonder bron van inkomsten, uit elkaar geslagen gezinnen, de problemen van de uit Duitsland teruggekeerde gevangenen en dwangarbeiders, enz. Groep 2000, al jaren actief in het steunwerk, met honderden relaties en 'cliënten', én een professionele maatschappelijk werkster aan het hoofd, zou prachtig als de 'sociale arm' van de VN-organisatie kunnen fungeren, zo redeneerde Sjoerd. Bovendien waren er die historische banden tussen beide groepen. Wat lag er dus meer voor de hand dan aan te sturen op de fusie die ook al bij het eerste kennismakingsgesprek in het najaar van 1944 was geopperd?'

205 Zie voor de beschrijving van deze rondwandeling hoofdstuk 10 van dit boek: 'Ik maak het heus niet mooier dan het is'.

206 'H.M. van Randwijk. Een biografie' van Gerard Mulder en Paul Koedijk (1988).

Maar na de eerste concrete stappen in september 1944 stagneerde de voortgang. Jacoba werd in november 1944 ernstig ziek, er ontstond binnen Groep 2000 een verschil van inzicht over een eenhoofdige leiding ná de fusie. Bovendien voelde Jacoba zich aan een lijntje gehouden door VN.[207] Om de impasse te doorbreken, kwam Van Randwijk in februari 1945 met zijn voorstel. In zijn biografie [208] staat: 'Half februari 1945 kwam Van Randwijk met een voorstel om de impasse te doorbreken: Vrij Nederland en de Groep 2000 moesten hun verzorgingswerk bundelen in een organisatie, bestuurd door een commissie met afgevaardigden uit beide groepen, maar wel onder de supervisie van de Centrale Leiding van Vrij Nederland. Als vertegenwoordiger van VN schoof hij een verzetsrelatie, de advocaat mr. Sjoerd Gerbrandy (een zoon van premier Pieter Sjoerds Gerbrandy) naar voren.[209] Het leek een volmaakt voorstel: een bepaalde mate van zelfstandigheid voor de groep en toch onder de paraplu van Vrij Nederland.' Binnen Groep 2000 waren er mensen die daar wel iets in zagen, aldus Van Randwijk. Hij doelt hier op Ab de Boer én Jacoba. De wens is hier waarschijnlijk de vader van de gedachte geweest. Jacoba bekeek de situatie zakelijk: 'Het was voor Groep 2000, als kerkelijk apparaat, uiterst moeilijk als verzetsgroep uit te treden', schrijft ze later in het Beknopt Verslag. Maar Jacoba kreeg haar DB niet mee.[210]

Het geloof vormde voor de leden van Groep 2000 de belangrijkste motivatie en steun om verzet te kunnen plegen. Het belang van deze kerkelijke achtergrond was voor Van Randwijk onbegrijpelijk. Uit de biografie van Van Randwijk: 'Allerlei hervormde predikanten bemoeiden zich ermee en ook de Hervormde Kerk had als onderdeel van de nagestreefde herrijzenis plannen voor het opzetten van een grote sociale dienst. Aan twee kanten werd er dus aan Groep 2000 getrokken.' Volgens Van Randwijk werkte ds. Gravemeyer, secretaris van de hervormde synode, aan zijn ideaal: 'een machtige hervormde zuil annex staatskerk'. Ondanks de afwijzing van Groep 2000 ging Van Randwijk door met het uitwerken van zijn fusieplannen.

---

207 Zie ook hoofdstuk 13 van dit boek 'Tot een vruchtbare samenwerking is het helaas niet gekomen'.

208 'H.M. van Randwijk. Een biografie' van Gerard Mulder en Paul Koedijk (1988).

209 Zelf schrijft Jacoba in haar memoires dat zij onder supervisie van de heer Van Nierop zou komen te staan. Zie hoofdstuk 13 van dit boek 'Tot een vruchtbare samenwerking is het helaas niet gekomen'.

210 Zie ook hoofdstuk 13 van dit boek 'Tot een vruchtbare samenwerking is het helaas niet gekomen'.

Aan het eind van de oorlog –het is hongerwinter in Amsterdam- had iedereen het zwaar. Van Randwijk wordt door Frans Goedhart, oprichter van Het Parool dan omschreven als 'een emotioneel onberekenbare man'.[211] Kennelijk had niet alleen Jacoba moeite met 'die Germaanse dictator' zoals ze hem noemde.[212] Ook binnen de gelederen van VN liep het niet lekker met Van Randwijk. In zijn biografie staat bijvoorbeeld: 'Van Randwijk was weliswaar altijd emotioneel geweest, maar hij was veranderd: kortaf, opvliegend, autoritair tot op het bot en daardoor niet vatbaar voor tegenargumenten. (...) Hij was instabiel en onzeker geworden, de verantwoordelijkheid voor de organisatie drukte hem als een loden last. De mensen van zijn groep waren hem allemaal tegen gaan staan. Hij was hen als incompetente lamzakken gaan beschouwen.'

In april 1945 kwam het tot een nieuwe botsing tussen Jacoba en Van Randwijk die onaangekondigd in haar kantoor zat en haar mededeelde dat hij, met de zegen van de RVV, per direct haar taak overnam. Jacoba werkte hem de deur uit en wist zich gesteund door haar medewerkers en haar bestuur.[213] De scherpte van de tegenstellingen in de verstandhouding tussen Sjoerd en Jacoba is ook te lezen in de biografie van Van Randwijk. Op pagina 424 staat bijvoorbeeld: 'Door de tragedie rond de Groep 2000, eindigend in het doodschieten van de dertig gevangenen, was de verstandhouding tussen Van Randwijk en Jacoba van Tongeren gedegradeerd tot een machtsstrijd. Het was hem duidelijk geworden dat zij geen enkele controle over haar eigen organisatie meer had en om nieuwe rampen te voorkomen, wilde Van Randwijk de leiding van de Groep van haar overnemen. Van Tongeren wilde daar niet van horen, wat Henk ontzettend kwaad maakte. Tegenover anderen sprak hij alleen nog maar snerend over 'dat mens van 2000', dat 'mij het leven zuurder maakt dan de Gestapo.'

Van Randwijk was het helemaal zat. In zijn biografie wordt de correspondentie tussen Van Randwijk en zijn vertrouwensman Jaap Cramer aangehaald. Van Randwijk schreef op 13 april 1945: 'Met de Groep 2000 is het hooggaand gedonder. (...) Morgen, zaterdag, is er een bespreking met mej. T. en enkele kerkelijke mensen en ik ben van plan om te zeggen dat ze met hun hele hebben en houden kunnen opsodemieteren.'

211 Bron: 'H.M. van Randwijk. Een biografie' van Gerard Mulder en Paul Koedijk (1988).

212 Zie hoofdstuk 9 van dit boek: 'Ik kook bijna van verontwaardiging'.

213 Zie hoofdstuk 13 van dit boek 'Tot een vruchtbare samenwerking is het helaas niet gekomen'.

Die zaterdag, 14 april 1945, is Van Randwijk niet zelf aanwezig bij de vergadering ten huize van de heer Abas. Namens de Centrale Leiding van VN liet Sander Wellensiek weten dat VN geen prijs meer stelde op een samengaan met Groep 2000. Op 16 april 1945 trok Jacoba zich uit de hele kwestie terug als leidster van Groep 2000. Zes dagen voor de bevrijding, op 30 april 1945, stuurde de Centrale Leiding van VN het bestuur van Groep 2000 een bevestigingsbrief en meldde daarbij dat zij alle medewerkers die vanuit Groep 2000 waren opgenomen per direct ontsloeg. [214]

Persoonsbewijzen Centrale (PbC)

Vanaf midden 1941 waren Groepsleden bezig met het vervalsen van persoonsbewijzen. Na enige tijd gingen ze samenwerken met Frieda Belinfante, Gerrit Jan van der Veen en Rudolf Bloemgarten die erg actief waren met experimenten op dat gebied. In 1942 werd de behoefte aan dit werk steeds groter en ging het zich in de zomer van 1942 verzelfstandigen als Persoonsbewijzen-Centrale onder leiding van Gerrit Jan van der Veen. De relaties tussen Groep 2000 en PBC zijn altijd goed gebleven. Na de arrestatie van Van der Veen werd J.P. van Hoften, Groepslid en werkzaam bij de Amsterdamse recherche, hoofd van de afdeling Pb's en falsificaties van Groep 2000.

Medische Geneeskundige Hulpverlening bij Oorlogshandelingen

De Medische en Geneeskundige Hulpverlening bij Oorlogshandelingen was een onderdeel van Groep 2000 waarin werd samengewerkt met de illegale artsenorganisatie het Medisch Contact, de GGD, de plaatselijke afdeling van het Rode Kruis, het Hoofd van de Amsterdamse EHBO diensten, de TBC bestrijding en verschillende ziekenhuizen. Groep 2000 had verspreid over Amsterdam vijf hoofdverbandplaatsen en 13 EHBO verbandplaatsen en noodziekenhuizen ingericht. Zij waren deels bij bestaande ziekenhuizen ondergebracht, en deels bevonden ze zich geheel los daarvan op bestaande locaties van Groep 2000. Eén van de hoofdverbandplaatsen bevond zich bijvoorbeeld in de Nieuwe Kerk. De locatie aan de Nieuwe Keizersgracht werd bij de wandeling van de top van de RVV op 3 november 1944 bezocht.[215] In het najaar 1944 werd het van-

214 Zie hoofdstuk 13 van dit boek 'Tot een vruchtbare samenwerking is het helaas niet gekomen'.

215 Zie ook hoofdstuk 10 van dit boek 'Ik maak het heus niet mooier dan het is'.

wege de oprukkende geallieerde troepen noodzakelijk geacht medische voorbereidingen te treffen voor een uur 'U'; bij eventuele oorlogshandelingen in Amsterdam zou voldoende hulp verleend moeten kunnen worden aan slachtoffers. Jacoba beschrijft hoe zij vermomd als verpleegster in een Rode Kruis uniform aanklopte bij dr. J.H. Tuntler, directeur van de Gemeentelijke Geneeskundige Dienst (GGD) van Amsterdam.

Een andere keer meldde ik mij als verpleegster in Rode Kruis uniform bij de GGD aan de Nieuwe Achtergracht 100 zonder mijn naam te noemen. 'Mijn naam zegt de directeur niets', en ik toon een vals persoonsbewijs aan de portier. 'Zegt u maar: een zuster van het Rode Kruis die een zakelijk gesprek met de directeur aanvraagt.' Als ik binnen ben, reik ik de geneesheer directeur van de Gemeentelijke Geneeskundige en Gezondheidsdienst van Amsterdam, dr. J.H. Tuntler (136815T) de broederhand van de vrijmetselaren: 'De Orde roept u.' Er is daar ineens dat blij verraste herkennen: 'U, juffrouw....' Hem wordt beduid dat die naam hier niet mag vallen, want het is de eerste keer dat ik hem ontmoet en het is alleen de wijze van benadering, een zekere intonatie ook en gelijkenis die hem in mij de dochter van de Vader doet herkennen. 'Als er ooit iets van komt, is het veel beter dat u geen namen kent.' Ik vraag hem de lijst van de nachtdienst doende broeders van de GGD. Twee daarvan zijn de onzen, maar ook nu noem ik geen namen. Ik moet alleen het dienstrooster hebben en de tijdstippen van aflossing weten. 'Dan en dan is er een groot transport naar Duitsland van alle nog voorradige medicijnen, verbandmiddelen en instrumenten. Dat moet tot elke prijs voorkomen worden. Voor die datum moet al dit materiaal verdwenen zijn om bewaard te blijven voor onze medici en ziekenhuizen met het uur U.' Weer verbazing. 'Hoe weet u dat?' 'Vraag niet. Ik kan u alleen aantonen dat ik goed geïnformeerd ben.' Ik noem hem enkele feiten en aanzeggingen die hij heeft ontvangen en waarvan naar zijn weten alleen hij en zijn directe staf op de hoogte zijn. 'Dat klopt.' 'Welnu, dit klopt ook. Binnen tien dagen ontvangt u deze aanzegging. Het is kort dag. We moeten hen voor zijn. Nederland Vrij is het parool en elke rechtgeaarde Nederlander werkt mee.' Hij capituleert, geeft mij het dienstrooster en noemt mij ongevraagd de namen van betrouwbare artsen en broeders. 'Wilt u mij nu laten zien waar alles zich bevindt en onder wiens berusting de sleutels zijn?' Ook dat gebeurt en een nauwkeurige rondleiding door het hele gebouw volgt. Op de gang komen wij Nel Wateler tegen die bij de TBC-bestrijding werkt, wat onder de GGD valt. Nel heeft daar op de gang op de uitkijk gestaan, maar met nog geen knipoog van de ogen verraadt zij dat ze mij kent en van mijn komst op de hoogte is. Zij spoedt zich met een aantal patiëntenlijsten naar kamer B waar het hoofd van de plaatselijke Vereniging voor Tuberculose Bestrijding zetelt, zuster Sandman, en fluistert haar in het oor: 'De directeur is in aantocht met een zuster van het Rode Kruis die hij rond moet leiden. Laat niet merken dat u haar kent.' Als de directeur langskomt, overlegt hij met zr. Sandman over een zending extra voedselpakketten voor tbc-patiënten. Ook zuster Sandman mag een lijst samenstellen van patiënten die daarvoor in aanmerking komen. De rondleiding gaat verder tot zelfs binnen de garage voor de ambulancewagens waar Wiebeld (23013) juist bezig is een nieuwe band om te leggen. De directeur overlegt met hem dat hij zal invallen voor een ander in de nachtploeg. De hele nachtploeg is daarmee betrouwbaar geworden. Twee nachten later verdwijnen de twee nieuwste volledig als veldhospitaal ingerichte ambulancewagens en alle instrumenten en verbandmiddelen. De fabrikant van ziekenhuisbedden voor het Wilhelmina Gasthuis levert bedden en brancards. Tilburg levert lakens, een ander dekens. Allen verstaan hun plicht als de oproep tot Nederlanderschap hen bereikt.

Groep 2000 bleek in staat in de kortst mogelijke tijd een volledige geneeskundige dienst te organiseren. Groepsleden konden uit hoofde van hun legaal beroep in deze dienst leidende functies bezetten. In het najaar van 1944 gaf Jacoba een rondleiding in de hoofdverbandplaats in de Nieuwe Kerk.

Enige tijd later heb ik de complete medische staf mogen rondleiden: dr. E. Kits van Waveren, hoofd van Medisch Contact (136815K); dr. J.H. Tuntler, directeur GGD (136815T); dr. P.M. Stiggelbout, gemeentearts en hoofd Medische Hulpverlening bij Luchtaanvallen en arts van Jacoba en Groep 2000 (136815S); dr. J. Bos, hoofd plaatselijke afdeling van het Nederlandse Rode Kruis (136815B) en dr. G.H. de Leeuw, hoofd van de Verenigde Amsterdamse EHBO diensten (136815L). Dan valt dat merkwaardige woord van dr. Tuntler: 'Mijn ziel weidt hier met een bewonderend oog en ik doel niet slechts op deze schone, historische omgeving maar op alle materiaal dat u bijeen heeft kunnen brengen. Het overtreft zelfs mijn toch waarlijk niet geringe verwachtingen na alles wat ik reeds heb gezien aan prestaties van uw groep.'

Vrije Kunstenaarskring

Groep 2000 had goede contacten met verzetsgroep de Vrije Kunstenaarskring en verschillende kleine groepen.

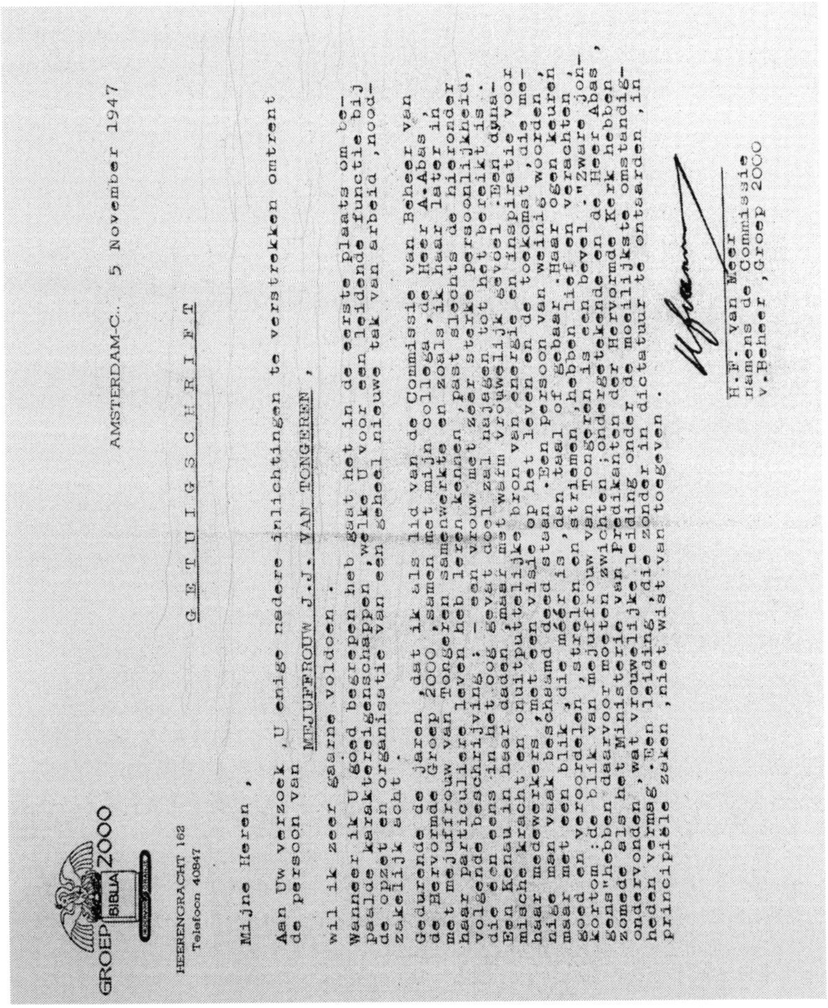

GROEP BIBLIA 2000

HEERENGRACHT 162
Telefoon 40847

AMSTERDAM-C.. 5 November 1947

G E T U I G S C H R I F T

Mijne Heren ,

Aan Uw verzoek ,U enige nadere inlichtingen te verstrekken omtrent de persoon van MEJUFFROUW J.J. VAN TONGEREN ,

wil ik zeer gaarne voldoen .

Wanneer ik U goed begrepen heb gaat het in de eerste plaats om bepaalde karaktereigenschappen ,welke U voor een leidende functie bij de opzet en organisatie van een geheel nieuwe tak van arbeid ,noodzakelijk acht .

Gedurende de jaren ,dat ik als lid van de Commissie van Beheer van de Hervormde Groep 2000 ,samen met mijn collega ,de Heer A.Abas , met mejuffrouw van Tongeren samenwerkte en zoals ik haar later in haar particuliere leven heb leren kennen ,past slechts de hieronder volgende beschrijving : - een vrouw met zeer sterke persoonlijkheid, die één eens in het oog gevat doel zal najagen tot het bereikt is . Een Kenau in haar daden ,maar met warm vrouwelijk gevoel .Een dynamische kracht en onuitputtelijke bron van energie en inspiratie voor haar medewerkers ,met een visie op het leven en de toekomst ,die menige man vaak beschaamd deed staan .Een persoon van weinig woorden , maar met een blik ,die méér is ,dan taal of gebaar .Haar ogen keuren goed en veroordelen ,strelen en striemen ,hebben lief en verachten , kortom :de blik van mejuffrouw van Tongeren is een bevel ."Zware jongens"hebben daarvoor moeten zwichten ;ondergetekende en de Heer Abas , zomede als het Ministerie van Predikanten der Hervormde Kerk hebben ondervonden ,wat vrouwelijke leiding onder de moeilijkste omstandigheden vermag .Een leiding ,die zonder in dictatuur te ontaarden ,in principiële zaken ,niet wist van toegeven .

H.F. van Meer
namens de Commissie
v.Beheer ,Groep 2000

Getuigschrift van Jacoba van Tongeren van 5 november 1947, namens de Commissie van Beheer, Groep 2000.

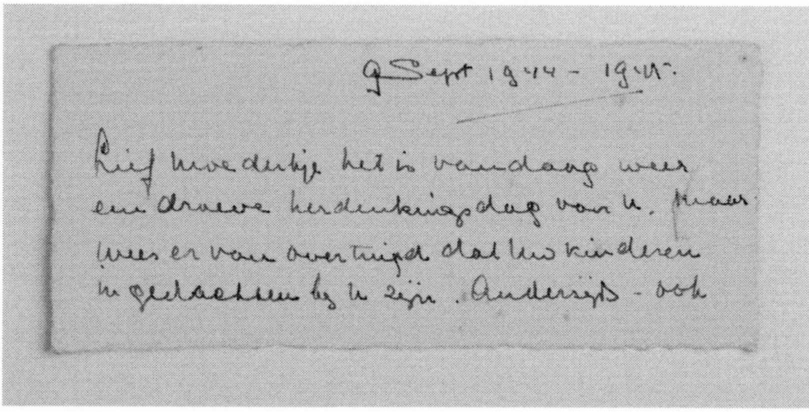

9 Sept 1944 - 1945.

Lief moedertje het is vandaag weer een droeve herdenkingsdag voor u. Maar wees er van overtuigd dat uw kinderen in gedachten bij u zijn. Anderzijds - ook

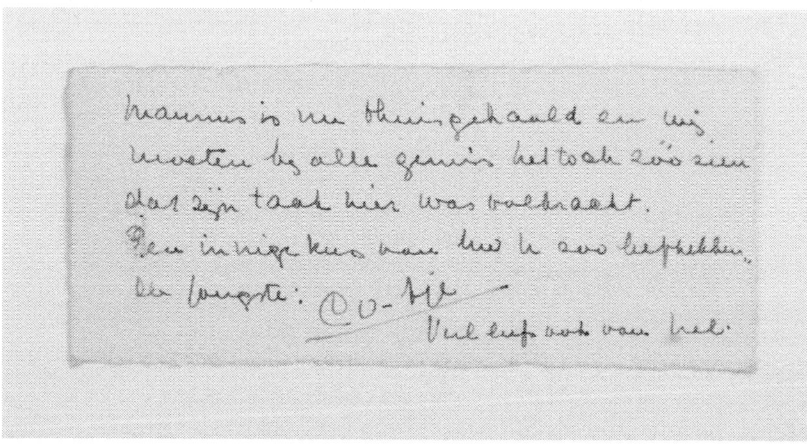

Mannus is nu thuisgehaald en wij moeten bij alle gemis het toch zóó zien dat zijn taak hier was volbracht.
Een innige kus van uw u zoo liefhebbende oudste: Co-tje
Veel liefs ook van Nel.

Persoonlijk briefje van Jacoba gericht aan haar moeder Jeanne, op 9 september 1945, een jaar na de moord op haar zoon.

Ligtent van Jacoba bij haar woning in Groenekan, waar zij zeven jaar kuurde.

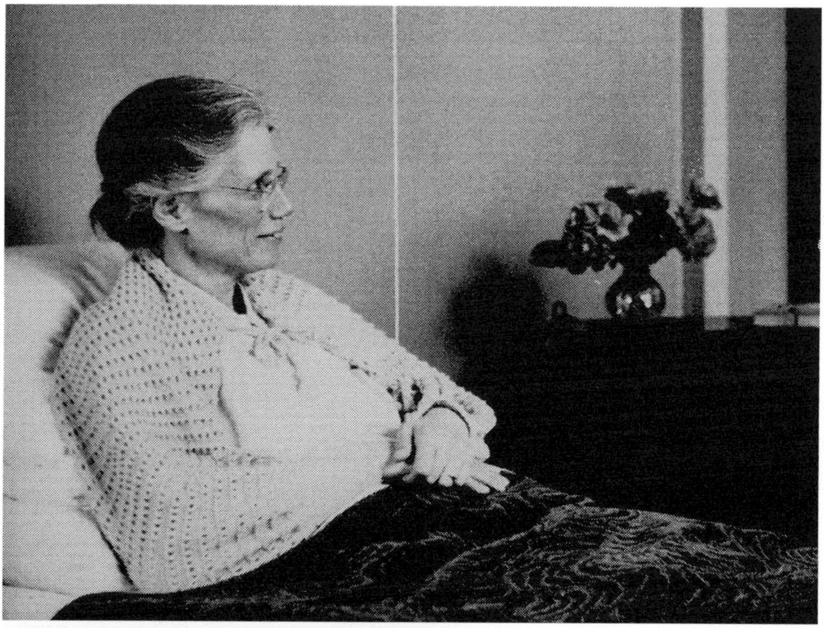

Jacoba op haar ziekbed te Bergen.
Jacoba en Nel Wateler.

R O Z E N

markeren uw levensweg.

Tekst van J.J.van Tongeren
Illustraties ontleend aan
het Grote Rozenboek v.d.
Koninklijke Kwekerij Moerheim.

Rendez-Vous.

Tekst
Gesproken door mevrouw E.J.v.Tongeren-
Boers. Roos: Visioen .

Home sweet home .

Ook in andor opzicht nog was Amersfoort
voor u beslissend ;
werkte het zijn daar voor hart en geest
bepaald verfrissend .
Er werden banden aangeknoopt ,heel hecht,
heel teer ,
al waren wij ons dat toen nog niet bewust
zo zeer .
Toch,- er was in u iets veranderd ,
dat lag heel diep in u verankerd ,
want als men de 50 nadert ,of zelfs is
gepasseerd ,
is er niets ,dat zó vurig wordt begeerd,
als een plekje voor jezelf alleen,het
eigen thuis ;
dat is iets héél anders nog dan de eigen
kamer ,of een huis,
want thúis ,dat ademt een aparte sfeer,
dat ervaart een ieder telkens weer.
Zo werd bij u de wens geboren een eigen
home te stichten;
een eind te maken aan 't zich steeds
naar anderen te moeten richten
Jij ,Nel en Co ,hebben toen de handen in
elkaar geslagen,
en zagen in den geest een schone toe-
komst dagen .

Omslag van het Rozenboekje, dat Jacoba maakte ter gelegenheid van de verjaardag van Nel Wateler, waarschijnlijk 1966.
Binnenpagina's Rozenboekje.

Hermannus van Tongeren in 1903.

Jeanne van Tongeren-Holle.

Familie van Tongeren in 1908 tijdens verlof, Jacoba tweede van rechts.

Familie van Tongeren, waarschijnlijk 1908.

Jacoba (rechts) met broer Herman en zus Lot, circa 1917.

Jacoba.

Hermannus van Tongeren als Grootmeester. Geschilderd door Albert Hemelman.

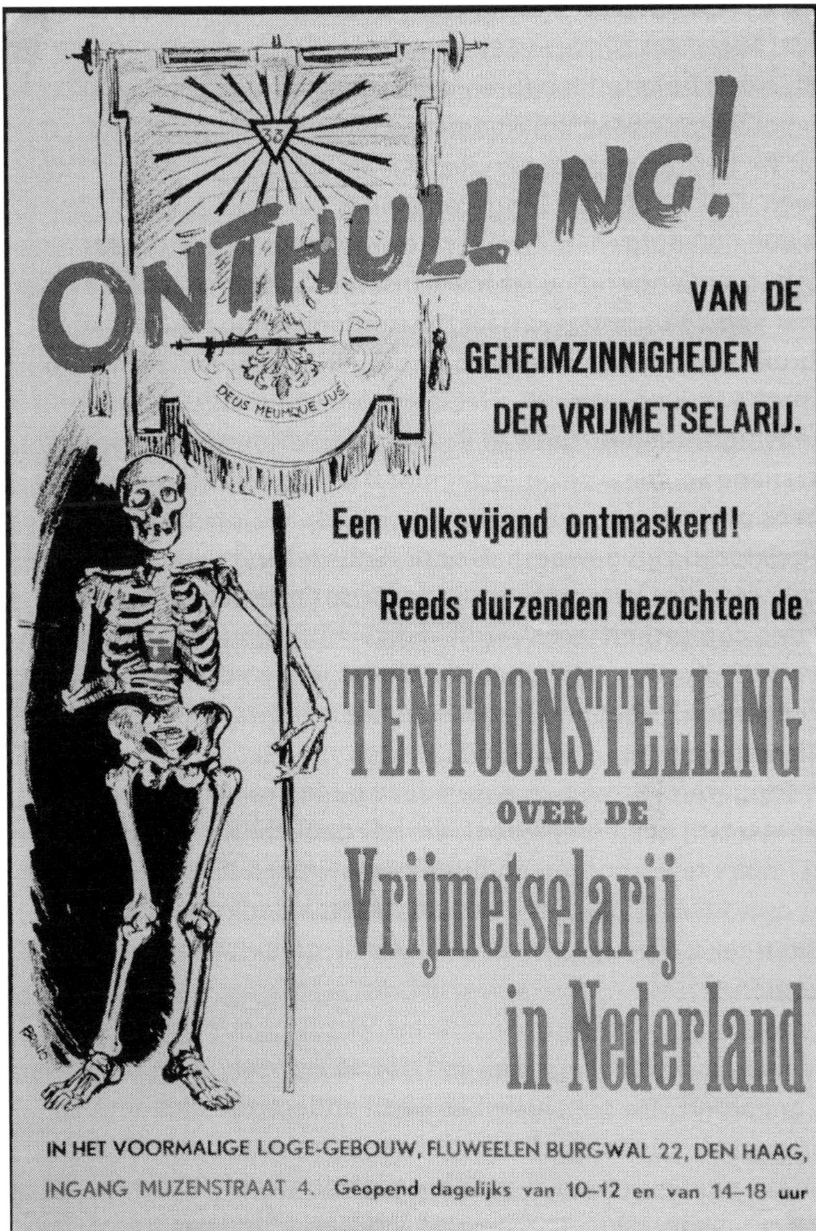

Anti-Vrijmetselarij tentoonstelling van NSB, tijdens Tweede Wereldoorlog 1941-1942.

Portret Hermannus van Tongeren.

Jeugdportret Herman van Tongeren, studietijd in Delft, 1923.

Herman van Tongeren, portret uit 1939 in Polen.

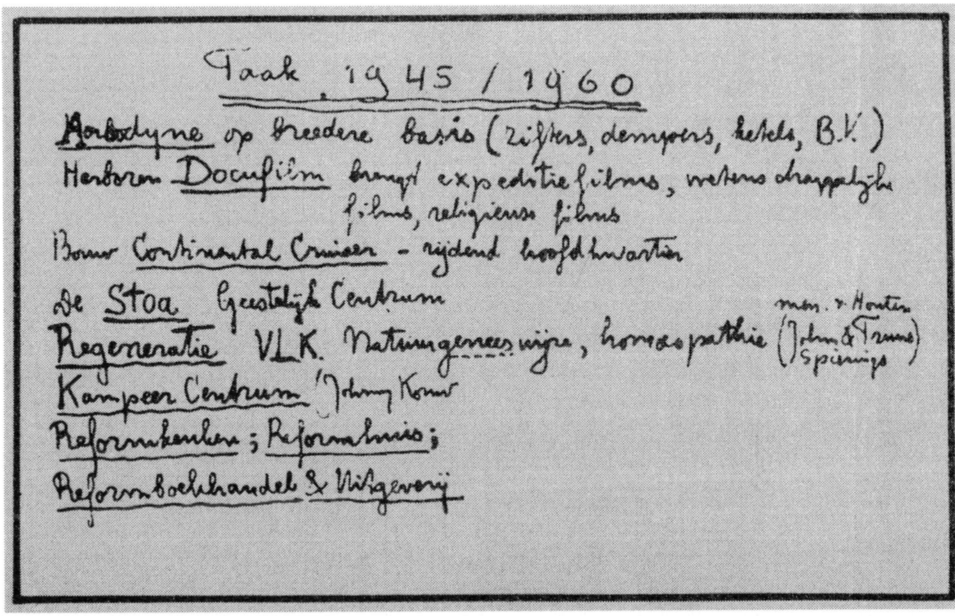
Taak 1945 / 1960
Aerodyne op breedere basis (zifters, dempers, ketels, B.V.)
Herboren Docufilm brengt expeditiefilms, wetenschappelijke films, religieuse films
Bouw Continental Cruiser - rijdend hoofdkwartier
De Stoa Geestelijk Centrum
mev. v. Houten
Regeneratie VLK. Natuurgeneeswijze, homoeopathie (John & Truus Spiering)
Kampeer Centrum (Johnny Kouw)
Reformkeuken; Reformhuis;
Reformboekhandel & Uitgeverij

Taak 1945/1960, zoals Herman zich die voornam voor ná de oorlog.

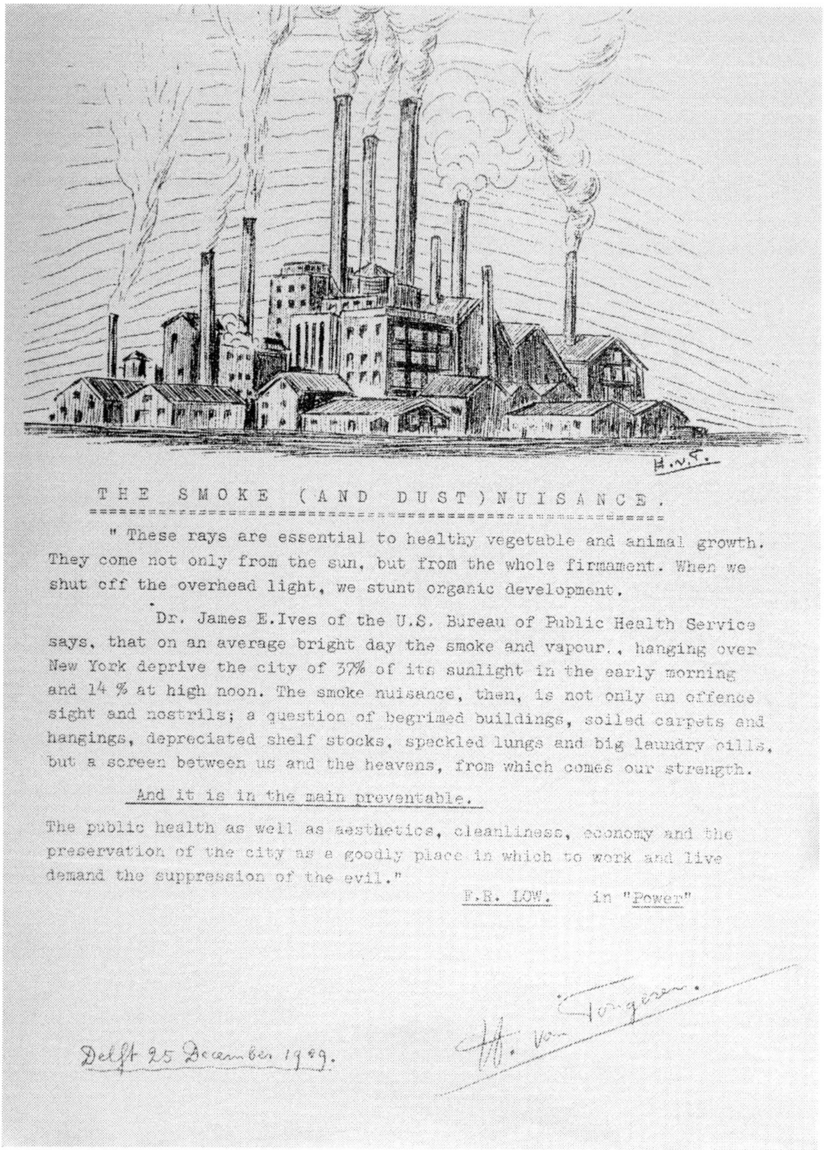

H.v.T.

THE SMOKE (AND DUST) NUISANCE.

" These rays are essential to healthy vegetable and animal growth. They come not only from the sun, but from the whole firmament. When we shut off the overhead light, we stunt organic development.

Dr. James E. Ives of the U.S. Bureau of Public Health Service says, that on an average bright day the smoke and vapour., hanging over New York deprive the city of 37% of its sunlight in the early morning and 14 % at high noon. The smoke nuisance, then, is not only an offence sight and nostrils; a question of begrimed buildings, soiled carpets and hangings, depreciated shelf stocks, speckled lungs and big laundry bills, but a screen between us and the heavens, from which comes our strength.

And it is in the main preventable.

The public health as well as aesthetics, cleanliness, economy and the preservation of the city as a goodly place in which to work and live demand the suppression of the evil."

F.R. LOW. in "Power"

Delft 25 December 1929.

H. van Tongeren.

Affiche Rokende schoorstenen. The Smoke (and dust) nuisance. Opgetekend door H. van Tongeren, Delft 25 december 1929.

De Van Tongeren Cycloon.

Woonhuis op de Herfstlaan 20, in Heemstede.

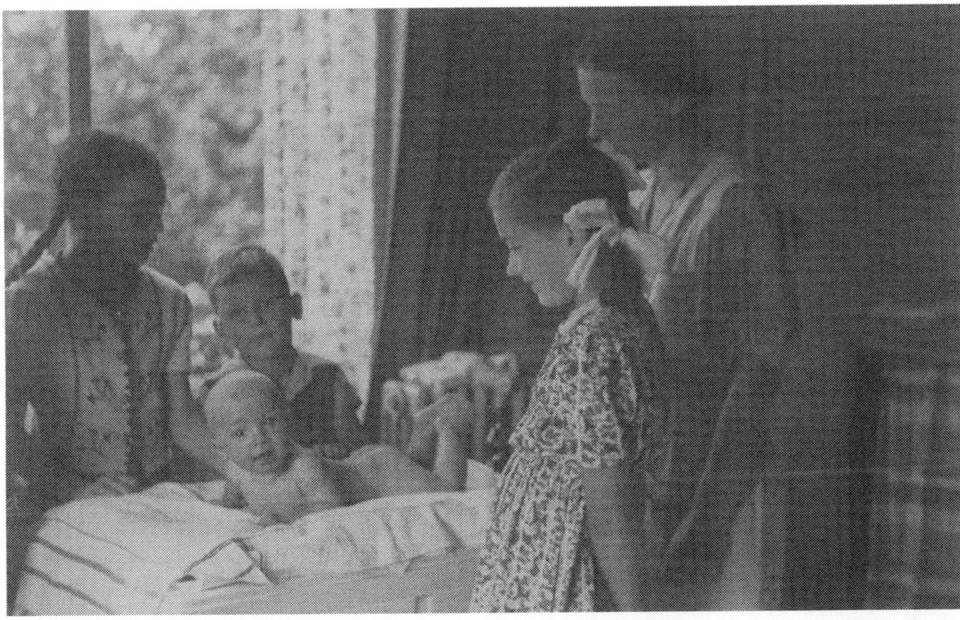

Baby Paul van Tongeren samen met broer en zussen op de Herfstlaan; v.l.n.r.: Ingrid, Ben, Ellen en moeder Miek. Broer Herman ontbreekt op deze gezinsfoto.

Collectekaart, 1940-1941 van Genootschap Liefdadigheid naar Vermogen/Amsterdam. Deze kaart hing in de werkkamer van Hermannus sr.

Deel 3:

Biografieën

Hoofdstuk 18

'Mijn nieuwe taak zal mij gewezen worden'

Jacoba na de oorlog

Jacoba van Tongeren spant zich na de bevrijding in om voor haar Groepsleden uit het wijkwerk een functie te krijgen via de nieuwe stichting 1940-1945. Maar hoe ziet de toekomst er voor Jacoba zelf uit?

Als het werk weer in geregelde banen geleid moet worden en onze mensen uit de wijken via de Stichting 1940/1945 overgeheveld worden naar de Buitengewone Pensioenraad, staat ineens op mijn kantoor ds. Gravemeijer voor mij. Het mag niet weer zo gaan zoals destijds bij de aanvang van het werk dat ik geen salariëring kreeg voor verantwoordelijk werk, zegt hij. Persoonlijk heeft hij er zich daarom van overtuigd dat voor mij een topbetrekking, onmiddellijk naast en samen met de directeur Vos de Mooy is gereserveerd en open blijft tot de werkzaamheden voor de Hervormde Groep 2000 zijn afgewikkeld. Ik dank hem daarvoor, ontroerd, maar wijs die betrekking af. 'Daar hoor ik niet. De Stichting is voor de oud-illegalen.' Zelf heb ik voor verschillende van mijn medewerkers daar een functie gezocht en de betreffende personen met elkaar in contact gebracht. 'Ik ben kerkelijk, zo u wilt pastoraal werkster.' Er daagt hem iets en weer is deze grote man bewogen. 'De kerk heeft u geen functie te bieden in overeenstemming met uw capaciteiten en de leidinggevende positie die u heeft bekleed. Freule Mackaay is belast met de leiding van het Gezinszorg-werk dat in geheel nieuwe banen geleid zal worden, maar toch is dat niet de plaats die ik voor u ambieer.' 'Ik weet het dominee, ik zal de laatste zijn om het u of de kerk ten kwade te duiden wanneer er voor mij geen plaats is binnen het kerkelijk arbeidsterrein, maar bij de Stichting zou ik mij nooit thuis kunnen voelen.' Er wordt nog veel gepraat, overwogen. De Horst, waar ik zelf ook over gedacht heb en waarover ikzelf met prof. Banning reeds een onderhoud heb gehad. Maar het verplichte jaar intern is hier de moeilijkheid. Na alles wat zij in de afgelopen jaren reeds heeft mee en doorgemaakt, kan ik Nel dit niet aandoen. Heeft zij niet ook haar rechten? En dan mijn gezondheid. Deze jaren zijn onnoemelijk zwaar geweest. Afgezien nog van alle spanningen en het persoonlijk leed heb ik noodgedwongen arbeidstijden gemaakt die zelfs een gezond mens op den duur niet kan volhouden. Steeds duidelijker en vaker krijg ik 'waarschuwingen' dat de grens reeds lang overschreden is. Commissie van Beheer en Kerkenraad hadden mij daarom sinds mei '44 eigenlijk al bevolen mij alleen nog bezig te houden met het overkoepelende en coördinerende werk, maar een commandant hoort bij de troep. In het werk zelf was vervanging á la minute mogelijk. Het werk liep wel, maar de morele steun voor mijn medewerkers; '2000 is er bij', was niet zo gemakkelijk te ondervangen. Onze Groepsarts, dr. Stiggelbout, heeft voor mij een speciale regeling getroffen met de hartspecialist van het Wilhelmina Gasthuis dat ik ook buiten de daarvoor staande uren bij hem terecht kan. Elke dag krijg ik bovendien een 20-minuten zuurstofbehandeling en sinds de bevrijding stel ik mij daar dagelijks onder behandeling in de polikliniek. Maar ik weet, ook zonder de mededeling van de specialist, dat ik in feite aan een tijd van absolute rust toe ben. Geen geschikte tijd dus om een geheel nieuwe tak van arbeid aan te vatten of te solliciteren. Ik zeg dit eerlijk tegen ds. Gravemeijer. We spreken zeer openhartig. 'Ik ben ervan overtuigd, al zie ik nu niet hoe of waar, dat wanneer het zover is, mijn nieuwe taak mij gewezen zal worden.' Daarmee beëindigen wij dit gesprek.

Vrij snel daarna willen de artsen dat Jacoba tenminste een jaar volledige bedrust houdt. Ze is dan 42 jaar oud.

Gezondheid

Al voor de oorlog kampt Jacoba met ernstige gezondheidsproblemen.[216] De intensieve oorlogsjaren vergen veel van haar lichaam, met name de hongerwinter van 1944-1945. In het laatste oorlogsjaar slaapt de leidster van Groep 2000 noodgedwongen elke nacht op een ander adres. Zij heeft drie 'luxe wijkplaatsen' zoals ze het zelf noemt: haar privékamer naast de directiekamer op het hoofdkantoor, bij het gezin Aris en bij haar moeder in de Johannes Verhulststraat. De andere onderduikadressen variëren van een vliering in een groenteloods in de Sloterpolder, een kamertje zonder stromend water of licht ergens op drie hoog in West bij

216 Zie hoofdstuk 4 van dit boek: 'Jacoba lééft! Leeft voor de volle 100%'.

een ouder echtpaar, tot een vergeten hokje in een brandweerkazerne of de fietsenstalling bij het Centraal Station waar een van de fietsenbewakers achterin een slaapplek voor haar heeft ingericht. Soms kan Jacoba gebruik maken van een van de Logementen 2000. De lange dagen – Jacoba staat elke dag om 04.00 uur op - en de voortdurende dreiging ontdekt te worden en verzetsvrienden te verliezen, gaan Jacoba niet de koude kleren zitten. Ze kampt op een bepaald moment met een ernstige zenuwontsteking en in het laatste jaar van de oorlog krijgt ze vanwege hartproblemen dagelijks een speciale zuurstofbehandeling van 20 minuten in het ziekenhuis. Ook de infectie die ze begin jaren '30 had, komt terug waardoor ze eind 1944 twee maanden absolute rust moet houden. Jacoba verliest in de oorlog haar vader, haar broer en veel dierbare vrienden. Maar er is geen tijd om te rouwen, ze gaat door. Een gevleugelde uitspraak die steeds terugkomt in haar memoires is: 'Een commandant hoort bij de troep'.

Een jaar bedrust na de oorlog blijkt niet voldoende. Vanaf 1947 is Jacoba bedlegerig en wordt ze verzorgd door haar vriendin en levensgezellin Nel Wateler. In een verklaring van 5 juli 1948 die nodig is voor de aanvraag voor een pensioen bij de stichting 1940-1945 staat: 'Een en ander heeft van haar gezondheid zeer veel gevergd. Het vele, ja bovenmatige trappenklimmen hier in de stad om ondergedokenen te bezoeken en van levensmiddelenkaarten te voorzien, reizen met bonkaarten en illegale bladen, kortom het geheel der werkzaamheden aan de illegaliteit heeft haar gezondheid dermate benadeeld dat zij na de oorlog lange tijd niet in staat is geweest enig werk te verrichten en haar vroegere werk als sociaal werkster bij de Bijzondere Kerkelijke Gezinszorg geheel heeft moeten opgeven omdat haar hart dit niet meer toelaat. Bovendien heeft zij nog steeds last van een in de oorlog verwaarloosde neuritis in het rechterbeen.'

Bibeb[217]

Tien jaar na de bevrijding wonen Jacoba en Nel nog steeds in de Amsterdamse Antillenstraat als Jacoba wordt geïnterviewd door Bibeb die bij haar thuis komt. Het artikel verschijnt op 30 april 1955 in Vrij Nederland ter gelegenheid van het tweede lustrum van de bevrijding. Bibeb schrijft: 'In een kamer in Amsterdam-West, bij het raam, zit een tengere vrouw in bed. Ze draagt een roze nachtpon met daaroverheen een lichtblauwe peignoir. Ze ligt al jaren, de enige keren dat ze 't huis uit kan

217 Bibeb is het pseudoniem van Elisabeth Lampe-Soutberg (1914-2010), de journaliste die bekend werd om haar meer dan 600 spraakmakende interviews die ze met name schreef voor Vrij Nederland.

is als de auto van de GGD voorrijdt en ze de trap wordt af gedragen, opdat ze het driemaandelijks onderzoek kan ondergaan. Er is een tijd geweest, een tijd waarvan we nu het einde herdenken, dat mejuffrouw J.J. van Tongeren de ziel was van een verzetsgroep die naar haar werd genoemd. De Hervormde Groep 2000. Er is een tijd geweest dat ze het land afreisde en met duizenden bonnen naar de hoofdstad terugkeerde. Ze eiste het uiterste van haar lichaam en hart, negeerde de ziekte die zich toen al aankondigde. Na de bevrijding leek het of een jaar liggen in staat zou zijn om de schade te herstellen. Mej. Van Tongeren nam daarna haar werk van kerkelijk-maatschappelijk werkster weer op. Maar in 1950 protesteerde het hart heviger dan ooit, en maakte de leidster van Groep 2000 invalide. Wellicht zullen velen, die eens door haar geholpen werden, dit niet weten. Ze zullen evenmin weten dat ze al blij is dat de lente- en zomerlucht door het open raam naar binnen kan. *'Maar er is kans dat we een huisje buiten kunnen krijgen. Dan kan ik in de tuin, al was het maar in een rolstoel. Hier gaat dat niet met de trap!'* Ik heb die middag naast haar bed gezeten en geluisterd naar hetgeen ze vertelde van haar werk in de oorlogsjaren. Het was een waardig verslag, vrij van zelfbeklag in welke vorm dan ook. Het hart, dat haar vaak pijn doet, aanvaardt mejuffrouw Van Tongeren als de consequentie van haar taak in de bezettingstijd. Zoals vele anderen de dood aanvaardden.'

Tijdens het interview waakt Nel over haar vriendin. Bibeb schrijft: 'Mejuffrouw Van Tongeren (schuilnaam 2000) was een vrouw die zich nauwelijks rust gunde. Nu heeft ze na een paar uur praten zwarte randen om de ogen. En haar vriendin, mejuffrouw N. Wateler, die de oorlogsjaren met haar deelde, waarschuwt: *'Het pakt haar te veel aan.'* Ze is een stille, vriendelijke vrouw, lang en rechtop, wier aanwezigheid in de kamer men vergeet tot ze haar patiënt een beker melk brengt. Dan mengt ze zich even in het gesprek. Ze zegt: *'En dan stond ik daar te wachten tot ze terugkwam en als 't later werd en ze was er nog niet...'* Mejuffrouw Van Tongeren glimlacht. *'Ik heb er geen spijt van', zegt ze. 'Als ik 't zou kunnen, deed ik 't weer. Maar niet uit avonturenzin. Ik heb 't zuiver gezien als een opdracht.'* (...) Het streng en consequent doorvoeren van haar knap gevonden code maakte een volledige administratie onmogelijk. Die administratie hebben de Duitsers in handen gehad, ze wisten er geen raad mee. Niemand kon er wijs uit worden. Met het ontwerp voor zich wijst haar vinger de lijnen en cirkels. *'Dit ben ik: ze zijn nooit te weten gekomen wie 2000 was.'* Nog is er geamuseerde triomf in haar intelligente ogen.'

Handgeschreven brieven

Kort na dit interview wordt het huisje buiten waar Jacoba en Nel van dromen werkelijkheid: ze verhuizen naar de Reigerslaan in Bergen (NH). De tuin zal haar goed hebben gedaan, maar de eenzaamheid in Bergen is groot. Dominee Bernard Aris, om wie ze zoveel gaf, is al in 1947 plotseling overleden. In Bergen krijgt ze geen bezoek van dominees, terwijl ze juist verlangt naar de gesprekken en geestelijke ondersteuning die haar gedurende de oorlog op de been hielden. Het is de bekende omroeppastor ds. Klamer die Jacoba begin jaren '60 adviseert om alles wat er in haar leven is gebeurd, en met name in de jaren 1940-1945, op te schrijven. Jacoba neemt zijn advies ter harte en schrijft hem talloze brieven waarin ze nauwgezet al haar belevenissen en gedachten verwoordt. Ze begint haar memoires met haar kindertijd in Nederlands-Indië en de jaren 1916-1940 in Holland. Dat is niet zonder reden:

Het is niet mogelijk te weten wie 2000 was en wie ik nu ben, zonder deze voorgeschiedenis.

Wie de memoires leest, kan zich gemakkelijk een beeld vormen van een sterke vrouw met ijzeren wilskracht en doorzettingsvermogen. Streng voor zichzelf, soms twijfelend aan zichzelf. Een vrouw die steun en kracht vindt bij het geloof. Iemand die mensen weet te binden en diepe vriendschappen kan sluiten. Maar Jacoba heeft dan wel de stoere uitstraling van een leider; het is ook vrouw die kan en wil liefhebben. Een mens die een ander mens nodig heeft.

Ik was leidster, dus oefende ik gezag en droeg de verantwoordelijkheid. Maar ik wist mij op die post gesteld en daardoor alleen heb ik het die jaren kunnen volhouden. Daardoor kon ik met een lach en scherts nemen dat men mij 'de generaal' noemde. Maar altijd, hoe ongewild ook, deed dat mij ergens pijn. Daarom geloof ik niet mijn vriend dat ik iedereen bewust of onbewust op een afstand hield als men mij wilde benaderen. Denkt u aan de Groenekanse jaren en hoe ik elke geboden hulp aanvaardde, en ook vroeg, waar ik wist het niet alleen te kunnen. Maar men heeft eenvoudig gemeend in mij de sterke te zien en vergeten dat ik ook een sterke geestelijke nood kan hebben! 'Co klaart het wel', zei vader en zo hebben zelfs mijn beste vrienden gemeend dat het was. 'Co kent geen geestelijke problemen zoals wij die hebben', zei mijn broer eens. 'Bij haar gaat alles vanzelf. Waar wij jaren voor nodig hebben om het te leren, doet zij het zo maar.' En Nel zei vaak: 'Bij jou is het hele leven spel.'

De liefde en aandacht die Jacoba heeft voor haar familie, vrienden en mede-Groepsleden laat zich misschien nog het meest zien ná de oorlog. Jacoba's grootste vriendin, steun en toeverlaat in haar leven is Nel Wateler. Al voor de oorlog wonen ze samen en als vanzelfsprekend is Nel een van de eerste Groepsleden. Het is Nel die over Jacoba's gezondheid waakt. Als kort na de bevrijding alle Groepsleden een oorkonde krijgen, spreekt Jacoba hen één voor één persoonlijk toe. Tegen Nel zegt ze:

Nel, ik weet dat ik veel van je uithoudingsvermogen en lankmoedigheid heb gevraagd en dat jij het ook weer bent die de stormen moet verduren die aan anderen voorbij gaan, omdat in mijn werk nu eenmaal de uiterste zelfbeheersing wordt gevraagd en deze spanningen toch ongewild een uitweg zoeken. Toch is het mij een behoefte je hier te zeggen hoezeer in deze jaren en door het werk onze levens samengegroeid zijn. Wij horen bij elkaar Nel, ondanks de vele schermutselingen die er dikwijls zijn. Jouw liefde heeft mijn leven een heel andere invulling geschonken dan ooit zonder jou mogelijk geweest zou zijn. Door ons samenwonen legde je op mij een zekere verantwoordelijkheid die ik voordien nooit gekend heb en die vorm en lijn aan mijn leven gegeven heeft. (...) Van jou ben ik overtuigd Nel, maar mijn onstuimig karakter zal nog weleens moeilijkheden opleveren. Toch ben ik je zo innig dankbaar voor alles wat je voor mij deed, je lieve zorgen, dat je mij in de gelegenheid stelde mij zozeer aan het illegale werk te geven terwijl toch jouw taak hiermee werd verzwaard. Je gebed waarmee je mij zelfs in mijn lelijkste momenten omringde. Vergeef mij als ik je dikwijls verdriet deed en laten wij samen een nieuwe fase van ons samenwonen ingaan, in een beter verstaan van elkanders behoeften.

Album

Liggend in bed is schrijven nog een van de weinige dingen die Jacoba kan doen. Op 9 september 1945 stuurt ze haar moeder een kaartje. Het is dan precies een jaar geleden dat haar broer stierf:

Lief moedertje, het is vandaag weer een droeve herdenkingsdag voor u, maar wees ervan overtuigd dat uw kinderen in gedachten bij u zijn. Anderzijds - ook Mannus is nu thuisgehaald en wij moeten bij alle gemis het toch zó zien dat zijn taak hier was volbracht. Een innige kus van uw u zo liefhebbende jongste: Co-tje. Veel liefs ook van Nel.

Ze onderhoudt een warme correspondentie met veel vroegere Groepsleden. Zo ontvangt Abraham Abas een brief van Jacoba waarin ze hem condoleert met het overlijden van zijn vrouw. Ze schrijft:

'Zij was zo het hart van uw gezin, maar ook voor ieder die bij u thuis kwam en die weleens met haar gesproken heeft laat zij een ledige plaats achter. Hoe menigmaal heb ik 's morgens niet 't kopje koffie of 's middags onder het thee-uurtje met haar op de bank in de voorkamer gezeten een gesprek gehad, vaak over de gewoonste dingen, en toch wist zij er altijd iets van zichzelf in te leggen waardoor de ander rijker heenging dan hij gekomen was.'

Op Nels 75e verjaardag geeft Jacoba haar én alle genodigden een Rozenboekje. Ze heeft de boekjes zelf gemaakt; op elke bladzijde zijn uitgeknipte plaatjes van rozen geplakt en in elk boekje (op de rug met een draadje gebonden) staat een gedichtje van Jacoba voor Nel. Elke genodigde leest het gedichtje voor. Het verhaal van deze gedichtjes is het verhaal van Nel en van hun vriendschap. Een paar regels die betrekking hebben op Nels werk in het ziekenhuis tijdens de oorlog:

Maar zuster Sandman, het hoofd van kamer acht,
zwaaide haar scepter met majesteitelijke macht.
Zij kende haar zusters en stond haar man:
'We werken door, zolang het kan,
en kan het niet, dan boren we nieuwe bronnen aan,
totdat de moffen weer buiten onze grenzen staan.'
Zo werd het daar een broeinest van illegaliteit,
en zuster Wateler kon er heel wat bonnen kwijt.

In 1965 maakt Jacoba een album ter herinnering aan de oorlogsjaren: 'Vredeswerk in Oorlogstijd'. Het is een tastbare aanvulling op alle brieven die ze schrijft aan ds. Klamer, aan wie ze het album opdraagt. Ook in dit album is de symboliek van bloemen zichtbaar[218].

Na 20 jaar is dit album van de Kerk in het Verzet in het Lage Land bij de Zee samengesteld uit materiaal grotendeels reeds in de jaren 1940-1945 verzameld: foto's, dagboekknipsels, gedichten anoniem gepubliceerd in de vrije, dus illegale pers van die jaren, enz. Misschien zal iemand bij het doorbladeren van dit album zich afvragen hoe de samenstelster, zelf iemand uit het verzet, zulk een gedenkboek met bloemen op kan sieren?

---

218 Zie foto's op blz. 20 t/m 27 en blz. 110, 126, 131 en 172 in dit boek.

Twee dingen moge men daarbij in ogenschouw nemen: Ten eerste heeft iedere bloem, vlinder of andere aangebrachte versiering, een symbolische betekenis, hetzij door de kleurencombinatie waarin zij werden aangebracht, rood, wit, blauw en oranje, hetzij in de uitbeelding van een bepaald gebeuren of van een bepaald persoon. De keizerskroon en witte St Jans roos: mijn vader. De akelei: mijn broer. De orchidee: mijn moeder. Prikneus en schoenpoetsers-bloem (de bloem van de hibiscus die de inlander gebruikte om de schoenen van zijn baas glimmend te poetsen, een nederig werk): Bernard Aris, mijn medestrijder in het verzet van de eerste dag af. De achillea: mijn pastor en vriend, ds. A. Klamer, aan wie dit album is opgedragen, omdat hij het was die mij de moed deed vinden al de herinneringen uit die jaren tot dit geheel samen te bundelen. Doornroosje: Nel, met wie ik al 28 samenwoon en die ieder feit in dit album genoemd mee doorleefde en streed, mijn vriendin, verzorgster en verpleegster nu al 15 jaar.

Ten tweede is voor mij, die dit album samenstelde, dit gedenkboek ook een getuigenis van Gods leiding en goedertierendheid, ook in die allerdonkerste jaren van ons volksbestaan. Bij de gruwelijkste terreur, bij alles wat wij ontbeerden, kon het oorlogsgeweld ons toch niet de troost ontnemen gelegen in de zang van een vogel, het openbloeiende leven in het voorjaar, de koestering van de zon, de warmte en gloed maar ook oneindige broosheid van de herfst. Hoe dikwijls, juist in die bezettingsjaren toen alles ons ontviel, werd ik getroffen door de schoonheid der natuur die bleef. Een handreiking van mijn hemelse Vader was zij mij. Daarom mocht in dit album de schoonheid der bloemen niet ontbreken.

Op het schutblad van het album schrijft Jacoba:

'Een generatie die voor haar vrijheid gevochten heeft, kan die vrijheid doorgeven aan de volgende generatie. Maar wat zij niet kan doorgeven, is het diepe persoonlijke weten wat ervoor nodig is om die vrijheid te veroveren.'
J.W. Gardner

President van de Carnegie Foundation

Het motto van Jacoba's album is ook het motto van dit boek.

Hoofdstuk 19

'Helpt hen die blijven steken weer op gang te komen'

Hermannus van Tongeren (1876-1941)

Jacoba's vader Hermannus van Tongeren (1876-1941) is van grote invloed geweest op het ontstaan, de groei en het voortbestaan van Groep 2000. De Grootmeester in de Orde van Vrijmetselaren wendt al direct na de capitulatie zijn invloed en contacten aan om de prille verzetsgroep op weg te helpen. Van mei tot oktober 1940 stoomt Van Tongeren zijn dochter Jacoba als het ware klaar om haar taak te kunnen vervullen als leidster van Groep 2000. Hij is militair geweest en leert zijn dochter de militaire beginselen van veiligheid en geheimhouding. De band tussen Jacoba en haar vader is al sinds haar kindertijd hecht en verstevigt zich nog meer in dit eerste oorlogsjaar.[219]

Hermannus van Tongeren wordt op 16 april 1876 geboren te Bergen op Zoom. Het is de bedoeling dat hij na de lagere school bij de melkboer gaat werken, maar het hoofd van de school en de dominee wijzen vader Van Tongeren op de opmerkelijke ijver en leergierigheid van zijn zoon. Hermannus mag naar de middelbare school. In september 1891 wordt hij aangenomen als cadet op de Koninklijke Militaire Academie te Breda voor het wapen der genie. Op 19-jarige leeftijd verlaat hij als eerste van zijn jaargenoten de academie, wordt benoemd als tweede luitenant en krijgt in 1896 een opdracht bij de genie van het leger in Nederlands-Indië.

---

219 Voor dit hoofdstuk is onder meer geput uit het artikel 'Hermannus van Tongeren, 1876-1941' door mr. H.J. Zeevalking. Thoth, Tijdschrift voor Vrijmetselaren (1, 1957) en 'Enkele lotgevallen van de Vrijmetselarij in het eerste oorlogsjaar', door dr. M.J.M. de Haan en W. van Keulen, Thoth, (51, 2000, blz 67-88).

Vanuit Atjeh maken zeerovers de Straat van Malakka onveilig, de belangrijkste doorvaartroute tussen Malakka en Sumatra. De bescherming van deze vaarroute is de eerste aanleiding van wat de Atjeh-oorlog (1873-1914) zou worden, een koloniale oorlog die het Koninkrijk der Nederlanden voert. Het is de taak van de genie doorgangen te maken in doornhagen rondom versterkte dorpen. Hermannus van Tongeren doet dit werk onder vijandelijk vuur, en wordt op 22-jarige leeftijd onderscheiden met de Militaire Willemsorde wegens moedig en beleidvol optreden. Hij dient drie jaar in Atjeh, met vaak lange en uitputtende expedities. Door het gebrek aan drinkwater krijgt hij niersteenaanvallen. Daarom wordt hij naar Bandoeng overgeplaatst waar het klimaat beter voor hem is. Hermannus trouwt hier in 1898 met Jeanne Holle. Het echtpaar krijgt drie kinderen, een zoon: Herman (1899) en twee dochters: Charlotte (1902) en Jacoba (1903).

Hermannus wordt belast met de uitvoering van diverse grote werken zoals de bouw van militaire kampementen op Java. In 1907 krijgt hij verlof en gaat hij met zijn gezin naar Europa en de familie in Nederland. In Berlijn, Wenen en Delft volgt hij cursussen in draadloze telegrafie en betonbouw. In 1909 vertrekt hij weer naar Indië. Dan werkt hij mee met de aanleg van een spoorwegverbinding tussen Atjeh (Noord-Sumatra) en het cultuurgebied aan de oostkust van Sumatra. Een belangrijk onderdeel daarvan is de overbrugging van een brede rivier op een plaats waar afwisselend zeer grote verschillen in de waterstand optreden.[220] Als waardering voor de bouw van deze Koewala Simpang brug wordt hij benoemd tot Officier in de Orde van Oranje Nassau. In de rang van kolonel wordt hij in 1916 op eigen verzoek uit militaire dienst ontslagen en gepensioneerd. Hermannus van Tongeren is dan 40 jaar. Hij verlaat Indië en vestigt zich in Amsterdam. In 1939 wordt hem de titulaire rang van Generaal-Majoor verleend. Hij werkt als vertegenwoordiger in Nederland voor de firma Fuchs en Rens, gevestigd in Batavia, die in Indië dure auto's verkoopt. Eén van de eigenaren is zijn zwager Rens, getrouwd met een zuster van Jeanne. Hermannus is eerst procuratiehouder, later mede-directeur. Daarnaast vervult hij veel (bestuurs)functies in het maatschappelijk leven, zoals bij de vrijwillige burger Brandwacht; Kinderhulp; een blindeninsti-

220 Zie ook hoofdstuk 2 van dit boek: 'Voor mij zijn die jaren heerlijk geweest'.

tuut. In zijn werkkamer hangt een spreuk: 'Helpt hen die blijven steken weer op gang te komen'.[221]

Gezinsleven

In zijn Indische tijd bestaat het gezinsleven nauwelijks voor Van Tongeren. Zijn zoon Herman blijft in 1909 na het verlof in Rotterdam bij zijn grootouders wonen om hier naar school te kunnen. Hermannus heeft alleen zijn jongste dochter Jacoba bij zich als hij in het oerwoud van Sumatra bruggen bouwt bij de genie; zijn echtgenote leeft met hun oudste dochter Charlotte (Lot) in Batavia. Jacoba bewaart fijne herinneringen aan de tijd met haar vader op Sumatra. In haar kindertijd wordt de basis gelegd voor een zelfstandig leven, maar ook voor een onvoorwaardelijke liefde die ze voor haar vader voelt. In 1916 besluit Hermannus van Tongeren terug te gaan naar Nederland en zijn gezin te herenigen. Ze gaan in de Amsterdamse Johannes Verhulststraat wonen, vlak achter het Concertgebouw. Voor het eerst vormen zij een gezin, dat is voor iedereen wennen.[222]

Van Tongeren koopt een zomerhuisje in Groenekan waar het gezin veel zomers doorbrengt. Als Jacoba in 1928 ernstig ziek wordt, huurt hij in Groenekan een huis voor haar waar zij kan revalideren. Ook in die periode is hij een grote steun voor zijn dochter.[223]

Vrijmetselarij

Al heel jong voelt Hermannus van Tongeren zich aangetrokken tot de Vrijmetselarij. Op 20-jarige leeftijd verzoekt hij lid te worden, maar dat wordt afgewezen omdat hij te jong is. Dat neemt hij hoog op en hij reageert: 'Ik dacht niet dat op leeftijd werd gelet, maar op ons karakter en onze innerlijke overtuiging.' In 1909 hernieuwt hij zijn verzoek en wordt hij tot de Orde toegelaten. In 1917 wordt hij lid van de Amsterdamse Loge 'Nos Vinxit Libertas', waarvan hij tussen 1922 en 1936 voorzitter is. In 1923 wordt hij in het Hoofdbestuur van de Orde gekozen en in 1929 wordt hij Grootmeester.

Hermannus heeft een afschuw van racisme, en dat steekt hij niet onder stoelen of banken. Nog werkzaam in Nederland-Indië schrijft hij in april 1915 in het Indische Militair Tijdschrift het artikel 'Een genist over de

221 Zie foto op blz. 346.

222 Zie ook hoofdstuk 3 van dit boek: 'Weerloos was ik niet langer, maar strijdbaar'.

223 Zie ook hoofdstuk 4 van dit boek: 'Jacoba lééft! Leeft voor de volle 100%'.

Javaan als soldaat'.[224] Het is een reactie op een eerder verschenen artikel in dit blad door 'Asymptoot', waarover veel commotie was ontstaan vanwege de haatzaaiende strekking. In 2002 wordt hierover een beschouwend artikel geplaatst in het blad van de vrijmetselarij: 'De gelijkheid in wezen van ieder mens. Broeder Hermannus van Tongeren in discussie tegen bedenkelijke vooroordelen' door dr. M.J.M. de Haan. Hij vat het artikel van Van Tongeren uit 1915 hierin samen en stelt dat Van Tongeren 'bedachtzaam en zorgvuldig' te werk is gegaan om zijn mening te geven: 'Van Tongeren accepteert geen racistische vooroordelen.'

In de jaren '30 stelt Van Tongeren zich als Grootmeester vele keren in woord en geschrift teweer tegen de steeds heftiger aanvallen op de vrijmetselarij van katholieke zijde en van de kant van de NSB. Hij maakt er geen geheim van fervent tegenstander te zijn van het nationaal socialisme en het fascisme. In 1933 schrijft hij een Open Brief aan het verbond van nationalisten in protest tegen beschuldigingen aan het adres van de Orde, en in 1938 aan het episcopaat in Nederland in verband met kwetsende artikelen in de Roomse pers. Dit optreden van de Grootmeester ligt geheel in het verlengde van zijn optreden vóór de oorlog, waarbij hij zich in woord en geschrift kritisch uitlaat over het nationaal socialisme in Duitsland. Met zijn dochter Jacoba heeft hij discussies over de vrijmetselarij. Het is vrouwen niet toegestaan toe te treden tot de Orde. Daar kan Jacoba zich niet in vinden. Ze vindt het tegen de scheppingsorde ingaan en uit de tijd. De Orde zet de klok achteruit tot vóór onze jaartelling, zegt Jacoba tegen haar vader.

Als de vrouw nog niet aan de Orde toe is, zoals u dat zegt, dan is dat de schuld van de Orde en haar voorgangers die hier een taak hebben veronachtzaamd. Zij hebben verzuimd de vrouw te brengen op het niveau waarop zij zou hebben kunnen en moeten staan.

Geloof

Ook over het geloof voeren vader en dochter gesprekken. Jacoba schrijft in haar memoires:

Eén ding blijft in die jaren tussen vader en dochter onuitgesproken. Hoe dicht die twee elkaar ook naderen, de vader vermag niet ten volle te begrijpen vanuit welke bron zijn dochter leeft. (...) *Nog altijd ook onderhoudt*

224 Bron: Thoth, uitgave van de Maçonnieke Stichting Ritus en Tempelbouw; 53de jaargang-2002-nummer 2 (blz 63-71) door dr. M.J.M. de Haan.

zij haar relaties met de orthodoxie, nog altijd noemt zij zich orthodox en tegelijkertijd is zij bevriend met Aris. Haar vader heeft er eens iets van gezegd, zo van dat je in het leven niet uit twee ruiven kunt eten, heel voorzichtig nog, maar zij had dat heel gemoedelijk en gekscherend naast zich neergelegd. Toen had hij haar verweten dat dit een mens uit één stuk onwaardig was. En ze had gezegd: 'Als men Frans of Duits probeert te leren is dat dan oneerlijk? Wat heeft u dan met mij gedaan vader? U heeft mij twee catechisaties laten volgen vroeger.' 'Toen moest je nog kiezen', had hij zich verweerd, 'het ligt nu heel anders.' 'Ik heb gekozen en ik kies, of liever: ik toets dagelijks', had ze gezegd en was rustig doorgegaan met haar werk.

Aan de vooravond van de oorlog vraagt Bernard haar of zij hem wil introduceren bij haar vader.

'Willen? Vader weet al zoveel van jou, van wat je allemaal voor mij gedaan hebt, dat je heus geen introductie nodig hebt.' 'Toch wel. Want ik kom niet als vriend van zijn dochter, maar als lid van zijn Werkplaats (zijn Loge).' 'Jij?!!!' 'Ja, wist je dat niet?' 'Hoe zou ik; we hebben er toch nooit over gesproken? En vader ook niet.' 'Ik dacht dat je daarom bij mij gekomen was om je die taal te leren. Die is goed!' En daar stijgt een schaterende lach op tegen alle wanden van het huis, door het trapportaal tot in de keuken en roept Cor naar de studeer: 'Wat hebben jullie voor plezier?' 'Waarom zou vader nooit iets gezegd hebben? Als je toch lid van zijn Werkplaats bent dan heeft hij dit toch wel geweten?'

Bernard legt uit hoe de ledenadministratie dit als het ware verhindert. Ook vertelt hij hoe de jonge leden opzien tegen haar vader.

Bernard zegt: 'Als hij nu komt, komt hij als Hoog Eerwaarde en hij staat daardoor zo ver van alle jonkies af dat wij hem wel, maar hij ons nauwelijks kent.' De term 'jonkies' in hiërarchisch Orde-verband doet me opnieuw schaterlachen. 'Doet de Hoog Eerwaarde niets met die jonkies? Bernard wat een term!' Bernard lacht ook. 'Het ligt niet aan hem maar aan ons. Die stem weet je.. Hij wil wel, gaat gewoon tussen de broeders zitten. De ouderen komen allemaal om hem heen, maar wij durven dat niet. Hij is de hoogste onder ons en zo gewoon, maar die stem daar zijn we bang voor.'

'En heeft hij jullie nog nooit afgeblaft?' Ik heb in lange tijd niet zo gelachen. 'Hij blaft niet.'

Hermannus stemt toe, het komt tot een afspraak. Dan ontstaat voor het eerst een wezenlijke ontmoeting tussen beide mannen.

Maandagavond staan vader en ik voor het erkerraam in vaders kamer. 'U mag hier weleens nieuwe vitrage hebben, vader', en ik wijs hem erop hoe zon en wind duidelijke slijtageplekken hebben gegeven. 'Zorg jij er maar voor. En o ja, het linoleum in deze hoek begint ook oud te worden. Eigenlijk heeft de hele kamer verjonging nodig. Dat moest jij maar eens in orde maken.' Nog vóór ik kan antwoorden, zie ik in de verte Bernard aankomen, behoedzaam s-bochtjes rijdend om de bomen in de straat. Hij is kennelijk zijn ontmoeting aan het voorbereiden. Ook vader heeft iets gezien. 'Kijk daar eens, daar komt een schooljongen op de fiets. Die lijkt me toch wel een beetje te oud voor zulke fratsen.' Heeft vader iets doorzien, wil hij mij uit mijn tent lokken? Hij krijgt geen kans. Ik ga nergens op in. De 'schooljongen' stapt bij ons huis af, zet de fiets tegen een boom en op slot. 'Je wilt me toch niet vertellen dat die daar (hij wijst naar beneden) die dominee Aris is!' 'Dat is hem. Ik zal even open doen.'

Hermannus heeft een boeiend gesprek met Bernard, de jongeman bevalt hem wel.

Bernard zakt bijna door zijn knieën door de slag op zijn schouder. Vader zegt: 'Je bent niet ver van de meestergraad meer af jongeman. Ik kan niet beloven aanstaande zondag, maar ik kom nog eens bij je in de kerk. Ik wil horen hoe jij werkt. Nu iets heel anders - die dochter daar (met een armzwaai naar mij), wat zoekt die bij jou? Ik heb haar al meermalen aan haar verstand trachten te brengen dat je in het geestelijke niet twee richtlijnen tegelijk kunt aanhangen. Ze zal toch eindelijk eens kleur moeten bekennen.' 'Hoog eerwaarde, uw dochter staat er zo gekleurd op als maar kan. Ze is direct bij mij gekomen met de mededeling: ik ben de uwe niet en ik denk er ook niet over van kerk te veranderen, maar wilt u mij de taal der vrijzinnigen, en de taal van mijn vader leren verstaan? (...) Daarom heb ik haar die cursus aanbevolen. En verder: misschien doet u er goed aan ook de taal van uw dochter te leren.' (...) Weer boven staat vader in de erker en kijkt naar een verdwijnende stip op de weg. 'Die is uit het juiste hout gesneden. Zal het ver brengen.'

Tweede Wereldoorlog

In de Duitse propaganda wordt de Vrijmetselarij als een volksvijandige organisatie afgeschilderd.[225] Deze dreiging wordt zeer serieus genomen: in Polen en Roemenië zijn al Grootmeesters terechtgesteld en in België is de Grootmeester zelfs onthoofd. Eén van de eerste voorzorgsmaatregelen die Hermannus van Tongeren treft na de Duitse inval is het veiligstellen van maçonniek materiaal. Hermannus wijkt niet uit naar Engeland, en slaat tot driemaal toe een aanbod van de Koninklijke Marine af hem naar Engeland te brengen. 'Ik heb de vreugde van het Grootmeesterschap gekend en zal óók de lasten dragen', zegt hij. Moed blijkt ook uit zijn Open Brief aan de burgemeester van Hilversum van 28 juni 1940 als deze in een radiotoespraak zich weinig vleiend over de Orde uitlaat.

De Haan en Van Keulen schetsen in hun artikel hoe Van Tongeren hoogstwaarschijnlijk bewust tactisch langs twee sporen manoeuvreerde. Enerzijds schuwde hij niet mee te werken aan het opzetten van een spionage- en verzetsnetwerk en het steunen van de financiering van het verzet. Anderzijds probeerde hij provocatie van de bezetter te vermijden. Daarvan zijn meerdere voorbeelden te noemen, zoals het feit dat hij vrijmetselaren ontried bijeen te komen en hij weliswaar gelden voor het verzet fourneerde, maar 'uit de kring van' vrijmetselaren, niet direct uit de Orde-kas. Hij was ervoor beducht dat dat uit zou komen en tot represailles zou leiden. Hemzelf trof een zwaar lot, maar geen van de leden van het hoofdbestuur is verder nog lastig gevallen.

Hermannus steunt zijn broeders vrijmetselaren met zijn 'Rondschrijven aan alle Ordeleden', gedateerd 'Midzomer 1940' waarin hij onder meer schrijft: 'Veel ging in enkele dagen verloren, maar oneindig veel meer werd behouden. Er zijn blijvende waarden die nimmer teloor kunnen gaan. Een enkele witte roos op onze tafel wekt herinneringen in ons op aan ons samenzijn in vorige jaren. Die roos, ontsproten aan een struik die de achter ons liggende barre winter heeft overleefd, getuigt voor ons dat het Licht schijnt ook in de duisternis. (…) Al wat wij zien gaat voorbij, doch er zijn eeuwige waarden. Behoudt die en wanhoopt niet.'

---

225 De vrijmetselarij was in ogen van de nazi's een volksvijandige organisatie. Zie ook foto op blz. 337. Het laat een tentoonstelling zien die de NSB tijdens de oorlog organiseerde over en tegen de vrijmetselarij.

In een artikel over Hermannus van Tongeren schrijft H.J. Zeevalking later: 'Van Tongeren heeft niet gewanhoopt, niet getwijfeld, hij bleef trouw aan zijn opdracht ook op zijn laatste reis.'

Onmiddellijk na de capitulatie op 14 mei 1940 pakt hij samen met zijn logebroeder Isaac Troostwijk, gepensioneerd luitenant-kolonel van het Nederlands-Indisch Leger, een studie voor waterbouwkunde op, speciaal met het oog op een eventuele verdediging van Amsterdam en omgeving bij de bevrijding en met het oog op spionage en het doorgeven van belangrijke bombardement-doelen. Van mei tot oktober 1940 stoomt Hermannus zijn dochter klaar voor haar taak: een verzetsgroep oprichten en leiden. Zijn invloed op het ontstaan en de groei van Groep 2000 is groot.[226] Hij leert Jacoba nooit namen te gebruiken. Op basis van wat haar vader en Troostwijk haar hebben geleerd, ontwikkelt zij later de code waardoor alle Groepsleden en de 4.500 onderduikers een nummer krijgen voor hun naam en adres. In de zomer van 1940 laat Hermannus met vooruitziende blik 600.000 gulden uit de kring van de vrijmetselarij veilig onderduiken. Een jaar later haalt Troostwijk dat op en geeft het aan Jacoba om het verzetswerk te financieren. Van het gezag van haar vader en zijn grote netwerk heeft Jacoba de hele oorlog profijt gehad. De voorbeelden hiervan zijn legio: De vader van Jan van der Neut, een van de oprichters van Vrij Nederland, was trambestuurder in Amsterdam. Hij hoorde hoe de directeur van de Gemeentetram ir. W.B.I. Hofman, die vrijmetselaar was, altijd met het grootste respect sprak over de Grootmeester. Dus toog Jan van der Neut tot vier keer toe naar Jacoba om de Grootmeester te spreken te krijgen in de zomer van 1940.[227] Hierdoor ontstond het contact met Vrij Nederland. Ook burgemeester Voûte had groot respect voor de Grootmeester, steunde diens dochter waar hij kon en hielp mee dat de gemeentelijke diensten ingeschakeld werden ten dienste van Groep 2000. Walraven van Hall steunde Jacoba in haar conflict met Van Randwijk, vooral uit respect voor haar vader. Jacoba heeft zeer veel vrijmetselaren in het land bezocht die zij inschakelde bij het verzetswerk of introduceerde bij Groepsleden: 'U krijgt binnenkort X op bezoek, die zal zeggen: De Orde roept U! Nederland Vrij! Wilt u hem dan verder helpen?' Dit heeft vele deuren geopend. Belangrijke contacten uit het netwerk van de Grootmeester raakten betrokken bij het verzetswerk.

226 Zie ook hoofdstuk 5 van dit boek: 'Ik sta daar in opdracht'.
227 Zie ook hoofdstuk 5 van dit boek: 'Ik sta daar in opdracht'.

Dr. L. de Jong noemt Hermannus een 'nobel en moedig man'.[228] Zijn enorme werkkracht en uithoudingsvermogen worden vaak genoemd. Tijdens de Rouwloge, die de Orde van Vrijmetselaren hield op 20 december 1945 vertelt een vrijmetselaar die hem enige jaren kende: 'Van Tongeren verstond de kunst van een uur zeven kwartier te maken. Hij was een goed organisator en uitvoerder van grote werken. Hij was een bruggenbouwer; daarom vond hij het zo fijn om bij de Genie te werken en met een brug tegenoverliggende oevers te verbinden.' Voorts wordt zijn eenvoud en grote bescheidenheid geroemd, wars van eerbetoon.

Op 11 oktober 1940 wordt Hermannus gearresteerd als Grootmeester der Orde van Vrijmetselaren. Vanuit zijn cel schrijft hij meerdere boodschappen, zoals deze: 'Verzamel de brokken en ge zult ervaren dat er nog heel wat behouden bleef'. Jacoba schrijft:

Ook vanuit het Huis van Bewaring waarin hij wordt opgesloten, komen nog zijn boodschappen naar buiten. De man in cel A-1-16 dwingt ieders respect af, zelfs van bewakers. Vader krijgt twee maal een niersteenaanval in het Huis van Bewaring, waarbij hem de noodzakelijke medicijnen en drinken worden onthouden wat een kwelling voor hem moet zijn geweest omdat hij altijd last heeft van een droge mondholte. Het tekort aan speeksel heeft hij 'opgelopen' in de expedities in Atjeh. Ook voedsel wordt hem onthouden. Op 13 maart 1941, na zes maanden gevangenis, wordt hij op transport gesteld naar Sachsenhausen. Vóór het vertrek van dit transport wordt hij op zijn verzoek eerst op de binnenplaats van de gevangenis gebracht, waar hij zich naar het Oosten gewend laat plaatsen om aldus voor het laatst in zijn geliefde vaderland de komst van het licht te begroeten. Als hij op transport wordt gesteld, is hij een zieke, koortsige, broodmagere man voor wie de reis op een open, met wat kleden afgedekte vrachtwagen een kwelling moet zijn geweest. Het is zeer slecht en koud weer met hagelbuien. In Kleef wordt de reis voortgezet in speciale celwagons. Pas op 22 maart komt het transport te Sachsenhausen aan. Hij overlijdt op 29 maart 1941. De doodsoorzaak is vermoedelijk uitputting en onthouding van medicijnen.

---

228 'Het Koninkrijk der Nederlanden in de Tweede Wereldoorlog', De Jong, (deel 5, blz 395).

Op de kalender, die met zijn as uit Sachsenhausen terugkeert, heeft Hermannus een spreuk aangestipt: 'Verspreid in Uwen kring een licht dat zal kunnen aanblijven ook als Uw levenslicht uit is'.

Hoofdstuk 20

Herman van Tongeren (1899-1944)

'Ik moest meer levens leiden'

Toen Jacoba als 13-jarig meisje vanuit de rimboe in Atjeh met haar vader verhuisde naar Amsterdam en het gezin Van Tongeren werd herenigd, moest ze als jongste ook wennen aan de plagerijen van haar oudere broer en zus. Dit hoofdstuk gaat over haar broer Herman over wie Jacoba met liefde en bewondering vertelt. Herman van Tongeren was geen lid van Groep 2000 maar speelde op de achtergrond een belangrijke rol in het verzet tegen de Duitsers. Hij kende de rol van zijn jongste zus in Groep 2000 en steunde haar onvoorwaardelijk.

Hermannus van Tongeren jr. (1899-1944) was een breed ontwikkeld en bereisd man die Duitsland 'mijn tweede vaderland' noemde maar die vlak na Dolle Dinsdag de dood vond door kogels van de Duitse SD. Hij studeerde werktuigkunde in Delft en heeft uitvindingen gedaan die nog steeds worden toegepast. In de oorlog woonde hij met zijn gezin van vijf kinderen in Heemstede. In een serie artikelen in het Haarlems Dagblad beschrijft journalist Jan de Roos[229] in 1983 het leven en de gewelddadige dood van ingenieur Van Tongeren. In 1990 vertelt Jan Verspoor, die Van Tongeren persoonlijk kende, in de Nieuwsbrief Oud-Heemstede-Bennebroek over de uitvindingen en de oorlogsactiviteiten van zijn plaatsgenoot. Herman van Tongerens oudste zoon Herman jr. (1933) heeft veel herinneringen aan zijn vader opgeschreven. In dit hoofdstuk wordt dankbaar gebruik gemaakt van deze bronnen.

Herman van Tongeren wordt op 6 oktober 1899 geboren in Kota Radja in het toenmalig Nederland-Indië. Hij is het eerste kind van Hermannus en Jeanne van Tongeren - Holle. Herman is 3 jaar als hij een zusje krijgt,

229 Haarlems Dagblad 3 en 4 mei 1983.

Charlotte (Lot) en net 4 jaar oud als Jacoba wordt geboren. In 1907 krijgt vader Van Tongeren, die genie-officier is bij het Koninklijk Nederlands Indisch Leger, verlof. Hermannus sr. volgt tijdens dit verlof cursussen draadloze telegrafie en betonbouw in Berlijn, Wenen en Delft. In 1909 gaan Hermans ouders met zijn zusjes terug naar Indië; zij laten de dan 10-jarige jongen achter in Nederland bij zijn grootouders in Rotterdam omdat zij het belangrijk vinden dat hun zoon in Nederland naar school gaat. Herman is een veelzijdige jongeman met een voorliefde voor techniek. Al op de HBS in Rotterdam heeft hij samen met wat vrienden het zolderkamertje bij zijn opa en oma ingericht voor natuur- en scheikundeproeven. Zijn grootouders maken een eind aan de experimenten als de jongens op een dag de kraan laten openstaan en de boel overstroomt. Pas in 1916 wordt het gezin herenigd in Amsterdam. Herman zit dan al enkele jaren op de HBS in Rotterdam. Hij doet in 1917 eindexamen en gaat vervolgens in Delft studeren aan de Technische Hogeschool om werktuigkundig ingenieur te worden. De eerste twee jaar van zijn studie woont hij opnieuw bij zijn grootouders in Rotterdam.

Tijdens zijn studie volgt Herman nauwelijks colleges. Hij vindt dat hij veel meer kan opsteken door zelf in de boeken te duiken. De jonge student verdiept zich in de meest uiteenlopende technische onderwerpen: van de ontwikkeling van stoomketels tot aan het ontwerpen van helikopters. Maar Herman is niet alleen geïnteresseerd in techniek; uit brieven die uit zijn studententijd bewaard zijn gebleven, blijkt duidelijk dat hij zijn geestelijke ontwikkeling boven het halen van een ingenieursdiploma stelt. Hij zoekt intensief naar 'de raadselen van het leven'. Herman is 20 jaar als hij, om zijn studieboeken te kunnen bekostigen, in 'De Ingenieur' een verhandeling publiceert over Einsteins relativiteitstheorie. Zijn vader, die hiervan niet op de hoogte is, krijgt tot zijn stomme verbazing complimenten voor de heldere uiteenzetting van zijn zoon. Herman brengt ook veel tijd door bij Müllers scheepvaartmaatschappij in Rotterdam en in Hoek van Holland waar duikboten worden gemaakt. Een tijdlang ziet vader Van Tongeren met lede ogen aan dat zijn zoon nauwelijks colleges volgt en zo druk is met andere zaken. Herman denkt dat zijn spijbelen niet wordt opgemerkt, tot hij voor een examen tekeningen moet tonen die hij niet meer kan maken. Na twee jaar grijpt vader Van Tongeren in en geeft zijn zoon een jaar huisarrest in Amsterdam om zich volledig te kunnen concentreren op zijn studie. Herman mag alleen tussen zeven en acht uur 's avonds naar buiten. Na dat jaar gaat hij terug naar Delft waar hij onverstoord veel nieuwe activiteiten ontplooit. In

1923 is hij bijvoorbeeld lid van 21 verschillende verenigingen; van kampeervereniging tot debatingclub. Theosofie, soefisme, vrijmetselarij en Rozekruisers hebben zijn belangstelling maar ook van astrologie maakt hij een uitvoerige studie. Hij schrijft bijvoorbeeld een boek over de filosofie van de astrologie, zit in de redactie van het astrologisch tijdschrift Urania en trekt horoscopen om er een centje bij te verdienen. Ook geeft hij een astrologie-cursus in de Vrije Religieuze Tempel in Amsterdam. Regelmatig houdt Herman lezingen voor de verenigingen waar hij lid van is. Hij schrijft artikelen, geeft bijlessen en verslindt boeken over tal van onderwerpen. Als student beschikt hij over een bibliotheek van duizenden boeken. Voor zichzelf heeft hij het idee dat hij almaar tijd tekort komt. 'Hoe beter een dag geweest is, hoe meer ik me erover beklaag dat een dag maar 24 uur heeft. Ach een dag is zóó om. Het is treurig. (...) Ik moest meer levens leiden, meer lichamen bezitten! Want hoe welbesteed deze avond ook is, hij beduidt verlies t.o.v. het examen en dat moet ik nu gaan inhalen', schrijft hij in een brief. Hij is dan net 24 jaar oud.

De ingenieur in wording kijkt met een haast filosofische blik naar techniek. De studie van stoomketels, locomotieven, windmotoren en helikopters beschouwt hij niet als puur technisch; het gaat er bij Herman om alles zoveel mogelijk zelf te onderzoeken en te doorgronden. Zo schrijft hij na een avond lang bezig geweest te zijn met de stoomketel-studie: 'Men moet feitelijk alwetend zijn om een stoomketel te kunnen berekenen en de beste te maken in ieder speciaal geval. Mijn stoomketel-studie wordt tevens tot een soort filosofie. Ik ben bezig allerlei stellingen op te schrijven en te bewijzen, om die tegelijk met het ketelontwerp in te leveren, dat is niet *meer* werk; het zijn de afvalproducten van het werk, en die hebben even goed waarde - zo niet meer- dan het hoofdproduct. Alle weten is in wezen *een*. Het getal regeert alle dingen. Niets is daarvan uitgezonderd.'

Herman ontmoet de vrouw van zijn leven als hij nog in Delft studeert en zij verpleegster is in Amsterdam. Het liefst zou ze direct willen trouwen, maar Miek Boers (1900-1988), begrijpt dat dat nog niet kan en dat ontroert Herman tot in het diepst van zijn ziel. Hij ziet dit begrip voor de situatie en de manier waarop zij de teleurstelling draagt als een geschenk. In een brief van 16 februari 1924 schrijft hij haar: 'Ik hoop dit geschenk waard te zijn en ik zie ook maar één weg om dat te worden. Het grootste geschenk wat ik jou geven kan, dat is mijzelf, maar niet mijzelf zoals ik nu ben, maar het verbeterde en harmonisch ontwikkelde zelf dat ik worden kan. (..) Niet wil ik zijn een louter wetenschappelijk mens die geen liefde kent en geen ontroering, maar ook niet één die *slechts* de liefde kent of de kunst. (...) Wanneer ik in deze drie rust gevonden heb, ben ik de beste echtgenoot voor jou en kan ik ook voor mijn medemensen het meeste betekenen.' Herman en Miek trouwen in 1926.

In oktober 1927 doet Herman kandidaatsexamen, een jaar later haalt hij summa cum laude zijn ingenieursdiploma. Zijn belangrijkste uitvinding heeft hij dan al gedaan. Elf jaar zijn verstreken als hij in 1928 de TH Delft verlaat. Het zijn welbestede jaren geweest. In de laatste fase van zijn studie heeft hij zich in opdracht van een van zijn hoogleraren toegelegd op het ontwerpen van een cycloon of stofvanger. Jacoba schrijft later in haar memoires:

Mijn broer, Herman van Tongeren, was werktuigkundig ingenieur, afgestudeerd in Delft. Hij was heel veelzijdig en hield zich bezig met het ontwerpen van stoomketels en helikopters, maar ook met soefisme en astrologie. Hij was in de twintiger jaren zeer bezorgd om het milieu en ontwikkelde een cycloon of stofvanger, waarmee vuil en andere verontreinigende stoffen uit fabrieksschoorstenen werden opgevangen. Stofproblemen werden daarmee effectief bestreden in industriegebieden.

De 'Van Tongeren Cycloon', zoals het apparaat al spoedig wordt genoemd, blijkt een waardevol en binnen enkele jaren op grote schaal gebruikt apparaat waarmee het stofprobleem in industriegebieden effectief kan worden bestreden. Het apparaat vangt vuil en andere milieuverontreinigende stoffen op maar wint ook waardevolle stoffen terug die in industrieën, olieraffinaderijen, bakkerijen, hoogovens en goudmijnen anders verloren zouden gaan. Het vangstpercentage van sommige cyclonen komt door verdere perfectionering tenslotte dicht in de buurt van honderd procent. De Van Tongeren Cycloon laat Herman niet meer los. Hij specialiseert zich op het gebied van vliegas bestrijding. Bij het zoeken naar de juiste wegen om tot een stofvanger met zo hoog mogelijk rendement te komen, ontdekt hij hoe de tegenstroom die elke beweging oproept, positief dienstbaar gemaakt kan worden. Zijn eerste stofvangers worden geplaatst op de schoorstenen van de Amsterdamse stadsreiniging.

In april 1930 gaan Herman en Miek wonen aan de Postlaan in Heemstede. Hij begint daar zijn eigen ingenieursbureau 'Aërodyne, bureau voor toegepaste aërodynamica en voor natuurkundig researchwerk'. De eerste proeven worden gedaan in de badkamer en een schuurtje. De naweeën van de Eerste Wereldoorlog en de grote crash van Wallstreet van 1929 zijn nog voelbaar in Europa, het is crisis. Ondanks de malaise en de grote werkloosheid zal het bedrijf van Herman van Tongeren in tien jaar tijd uitgroeien van twee naar 40 werknemers. Tussen 1930 en 1934 krijgt het echtpaar Van Tongeren vier kinderen: Ellen (1930), Ingrid (1931), Herman (1933) en Ben (1934). Het jonge gezin verhuist in 1934 naar een dubbel woonhuis met klein laboratorium aan de Johannes Verhulstlaan 32-34 in Heemstede. Het biedt ruimte aan gezin én de zaak.

Aërodyne richt zich op het toepassen van de aerodynamica (stromingsleer) in de techniek. Dat gebeurt vooral langs experimentele weg, door onderzoekswerk in de proefstand waar modellen-op-schaal van de toekomstige werkelijke constructies worden onderzocht op de daarin optredende verschijnselen. Op de experimenteel ontwikkelde of verbeterde constructies wordt octrooi aangevraagd in binnen- en buitenland. Daarna worden licenties verleend aan fabrieken die de 'echte' apparaten vervaardigen. De vele duizenden guldens die jaarlijks aan de proeven in het laboratorium worden uitgegeven, worden bekostigd uit de exploitatie van de octrooien.

Docufilm

Een speciale afdeling van Aërodyne is 'Docufilm', waar proeven op foto en film worden vastgelegd. In 1935 is Docufilm al uitgegroeid tot een volwaardig filmbedrijf dat in opdracht van derden bedrijfs- en industrie-smalfilms met en zonder geluid vervaardigt. Jacoba schrijft hierover in haar memoires:

Mijn broer had uitbreidingsplannen. Hij was altijd een goede amateurfotograaf geweest. Las vakbladen, was op de hoogte van de nieuwste vindingen op dat gebied en schafte zich de allernieuwste toestellen aan. Zo besprak hij met vader de mogelijkheid om in zijn fabriek naast vliegas-vangers en generatoren een klein- of smalfilmbedrijf te starten. Vader zag er wat in en nam er deel aan door een belangrijk deel van het beginkapitaal in renteloos voorschot te verstrekken.

Docufilm beschikt over een enorme collectie: natuurfilms, sportfilms, tekenfilms, speelfilms en films over land- en volkenkunde waar zijn kinderen van genieten. Herman organiseert ook filmavondjes voor zijn medewerkers en gezellige filmmiddagen voor het personeel en familie van de Amsterdamse stadsreiniging.

In 1937 verhuist de familie Van Tongeren naar de Herfstlaan 20. Herman heeft aan de Herfstlaan een huis laten bouwen dat hij zelf heeft ontworpen. Het is een lichte villa vol loggia's en een prachtige tuin. Het huis voldoet aan zijn droombeeld. Aan de Kanaalweg in Heemstede is inmiddels een laboratorium annex werkplaats bijgekomen. Met de groei van het bedrijf neemt ook het aantal medewerkers snel toe. Dat is opmerkelijk in een tijd van grote economische crisis waarin het bij vele andere bedrijven juist ontslagen regent. De sfeer bij Aërodyne is buitengewoon goed. M.J. Bouwer, die er vanaf 1937 werkt als manusje-van-alles, omschrijft Herman van Tongeren als een 'beminnelijk en bezielend man die eigenlijk de vader van één grote familie was'. Van Tongeren is een goed zakenman die een voor die tijd sociaal beleid voert. Zo kent het bureau al in de jaren dertig de vrije zaterdag en wil Van Tongeren zijn personeel vier weken vakantie geven. Herman is een energieke directeur die altijd met twee treden tegelijk de trap op rent en er van houdt om hard te rijden in zijn auto. Het is een man die altijd zichzelf blijft. Als hij naar de bank moet, wisselt hij snel even zijn sandalen voor gewone schoenen. Hij reist het halve jaar de wereld rond om zijn licentienemers te bezoeken; hij heeft tientallen patenten op milieugebied in Europa, Amerika en Australië. De Amerika-reizen kosten hem elke keer twee maanden. Als hij in Amerika lezingen houdt voor fabrieksdirecteuren, kijken die vreemd op als hij in kniebroek verschijnt. Maar zodra Herman begint te spreken en op een bord uitlegt geeft, vergeten ze wat hij aan heeft. In Australië bezoekt Herman de Kalgoorlie goudmijnen, 600 kilometer oostelijk van Perth. Hij vliegt er naar toe en het toestel landt in de troosteloze woestijn waar een Amerikaans echtpaar de passagiers ophaalt met een vrachtwagen die zij als rijdend restaurant hebben ingericht. Vier tot vijf keer per jaar moet hij naar Berlijn om zijn octrooien te verdedigen. Hij geeft er ook lezingen over zijn stofvanger. Weer thuis wacht er de gebruikelijke drukte op kantoor. Echte vakantie is er niet bij. De weinige tijd die hij heeft, brengt hij het liefst door in de natuur. Hij valt op: er zijn in die tijd weinig Nederlanders van zijn leeftijd die in korte broek gaan wandelen. Of die gaan langlaufen zodra er een sneeuwdek ligt in bos Groenendaal, tegenover de Herfstlaan. De natuurvriend aarzelt ook niet om zijn mensen naar Groenendaal te sturen om daar in alle rust te peinzen over verbeteringen aan een bepaald apparaat.

Oorlogsjaren

Dan breken de oorlogsjaren aan. Het Heemsteedse ingenieursbureau komt snel in de problemen. De financiële positie verslechtert omdat er van meet af aan geen geld meer binnen komt van licentienemers in de geallieerde landen. Toch probeert Van Tongeren zijn veertig werknemers zoveel mogelijk aan de slag te houden. Af en toe verschijnen de Duitsers op het laboratorium om een opdracht te verstrekken. Herman is niet bepaald vriendelijk voor ze. Hij schroomt niet zijn afkeer van Hitler te laten blijken tegenover de Duitse bezoekers. M.J. Bouwer herinnert zich dat iemand Herman onder tafel een schop geeft om te waarschuwen dat hij zich wat moet inhouden. De ingenieur, die veel reizen naar Duitsland heeft gemaakt, het land zeer goed kent en zelfs is gaan beschouwen als zijn tweede vaderland, kan niet begrijpen dat, zoals hij zelf in een brief schrijft, 'dit volk door blindheid en gebrek aan zelfkennis bezig is zijn eigen ondergang te bewerken'.

Ook in Duitsland geniet het ingenieursbureau van Herman van Tongeren een grote reputatie. Herman maakt daar handig gebruik van en weet de bezetter om de tuin te leiden. De Duitsers weten dat Aërodyne zich ook bezighoudt met het ontwikkelen van een houtgas-generator die autorijden zonder het gebruik van benzine mogelijk maakt. Herman benadert de Ortskommandant van Haarlem en biedt hem aan de houtgas-generator verder te ontwikkelen om het wagenpark van de Wehrmacht ook in de toekomst mobiel te kunnen houden. Hiervoor heeft Van Tongeren uiteraard een legertruck van de Wehrmacht nodig om het apparaat te kunnen testen en verbeteren. Een truck waarmee kilometers gemaakt moeten worden om het rendement van de houtgas-generator en de actieradius te kunnen vergroten. Door zich te begeven in het hol van de leeuw, neemt Herman een groot risico. Maar zijn plan werkt: hij krijgt een truck tot zijn beschikking met alle benodigde vergunningen en stempels van de Ortskommandant zelf tot en met een Duits uniform voor de chauffeur. Met deze truck kan onbeperkt door Nederland worden gereden, zelfs 's nachts na Spertijd. Herman maakt veel ritten naar Zeeland waar hij onderduikers en andere vluchtelingen naar toe brengt, verstopt in de Wehrmachttruck, en aardappelen, suikerbieten en bonen mee terugneemt. In de Betuwe haalt hij fruit, aardappelen en groenten op en verdeelt die onder mensen in Noord-Holland die hulp nodig hebben. Honderden onderduikers hebben nooit geweten dat zij in leven zijn gebleven door deze slimme zet. Onderweg geeft Herman zijn ogen goed de kost en speelt gegevens door aan zijn zuster Jacoba die Groep 2000 leidt.

Jan Verspoor (1925-1997) beschrijft hoe hij in de herfst van 1943 wordt uitgenodigd mee te gaan bij transporten die door Van Tongeren zijn georganiseerd. Zijn verslag:[230] 'Van twee op Apeldoorn geconcentreerde reizen herinner ik me dat de voor de verhuizing in aanmerking komende onderduikers elk apart in de avond van hun onderduikadressen naar het centrale vertrekpunt van de truck moesten worden begeleid. De wagen kwam voorrijden als elke passagier bij het vertrekpunt (café) aanwezig was. De eerste reis betrof Joodse onderduikers, de tweede tocht waren het Russische vluchtelingen. Na aankomst in Heemstede werd op verschillende adressen overnacht, waarna de volgende dag per fiets of te voet de beloodsing volgde naar de permanente adressen. In verband met zijn redelijke beheersing van de Russische taal werd tijdens de tweede reis de heer Kemeling, destijds eveneens wonend aan de Herfstlaan, als tweede begeleider meegenomen. Bij de diverse controles onderweg, zowel heen als terug, bleken de papieren met stempels en handtekeningen voldoende autoriteit te suggereren.'

Herman van Tongeren is geen lid van een verzetsgroep, maar heeft Groep 2000 en zijn zuster Jacoba veel diensten bewezen. Niet alleen op transportgebied - hij wordt bij veel acties haar persoonlijke chauffeur- maar ook vanuit zijn bedrijfsonderdeel Docufilm en de werkplaats in Heemstede.

In de memoires van Jacoba komt de inzet van haar broer met enige regelmaat terug in haar beschrijvingen:

Herman werkte meteen mee in het verzet, toen ik het hem vroeg. 'Zou vader ook gedaan hebben', was zijn enige verklaring. (...) Herman was geen lid van Groep 2000: 'Geen risico op risico stapelen' wisten we allebei. Hij heeft mijn risico niet nog groter, mijn verantwoordelijkheid niet nog zwaarder willen maken. Hij was geen lid van enig andere illegale groep, maar werkte naar alle kanten. Even voor Dolle Dinsdag had hij zich wel gemeld voor het georganiseerd verband van de LKP. (...) Alle bruikbare materialen van de Dreef verdwenen in de duikplaatsen van 2000. Docufilm dook ter plaatse en

230 Bron: Nieuwsbrief Oud-Heemstede-Bennebroek, nummer 66, 1990.

draaide op volle toeren. Boven de grond werd dit hele pand 'evacuatie centrum', in werkelijkheid broeinest en centrum van het verzet. (...) In zijn werkplaats in Heemstede worden uit machineonderdelen en oude fietswielen spinnewielen vervaardigd, die geruisloos lopen, een extra voordeel voor onderduikers.[231] *(...) Herman stelt zijn typemachine ter beschikking aan jongens van een illegale groep, die bij hem thuis op zolder regelmatig luisteren naar Radio Oranje en de BBC. Zo kunnen radioberichten worden getypt en vermenigvuldigd.*

Het is mogelijk dat Herman zijn misleiding van de Ortskommandant met de Wehrmachttruck zelfs voor zijn zuster heeft verzwegen. In haar memoires schrijft Jacoba:

Zijn fotokopieer inrichting draait dag en nacht. Microfilms moeten worden gemaakt en ontwikkeld. Piloten en Joden moeten worden vervoerd. De personenauto en de vrachtwagens van mijn broer, gespoten en gecamoufleerd als wagens van de Wehrmacht, doen dienst voor het transport: mijn broer is chauffeur in Duits uniform. Alle vooroorlogse materialen, verbandmiddelen en instrumenten van de Gemeentelijke Gezondheidsdienst, zo goed als uit het Marine Hospitaal en Militair Hospitaal in Utrecht moeten verdwijnen en in veiligheid gebracht worden voor het uur U. De broer rijdt zijn zuster en die zuster dirigeert: naar de Nieuwe Kerk, naar post A, naar post B. Wapen- transporten, bonnen-transporten. Altijd zijn het de verdwenen auto's uit de fabriek van m'n broer en bijna altijd is hijzelf de chauffeur.

Broer en zus weten elkaar in de oorlog te vinden en trekken samen op. Jacoba beschrijft ergens in haar memoires een gesprekje dat zij met haar broer voert. Herman laat hier blijken hoe hij over zijn jongste zus denkt.

Herman en ik waren eens samen aan het fotokopiëren. 'Als vader ons toch nog eens zo had kunnen zien. Weet je het nog van die eerste jaren in de Verhulststraat?[232] *'Wat was jij toch een onnozele hals. Een onmogelijk kind vond ik je. Pas die keer dat je met vader vocht, zag ik je. Een wilde kat in doodsnood. Daaraan heb ik in deze oorlogsjaren dikwijls moeten denken.*

---

231 Zie ook hoofdstuk 6 van dit boek: 'Ik heb geleerd in 's lands dienst te zijn' onder het kopje 'Huisindustrie voor onderduikers'.

232 Jacoba doelt hier op het ouderlijk huis in Amsterdam. Zie ook hoofdstuk 3 van dit boek: 'Weerloos was ik niet langer, maar strijdvaardig'.

Wat jij beet hebt, laat je niet meer los! Die keer met Weber en Kempin bij de SD, eind 1940. Razend als die vent was en je keek hem alleen maar aan. We waren daar om het bezoek van moeder aan vader aan te vragen. Kempin had je kunnen vermoorden. En jij stond daar onbewogen, je leek wel een beeld, alleen je ogen. Kempin kon je eenvoudig niet aanzien, hij durfde niet op te kijken van z'n bureau. En die Weber werd hoe langer hoe nijdiger. Hij wilde je aanvliegen maar je ontweek hem precies op tijd zodat hij struikelde. Wij weg, maar jij nog bij de deur: 'Es war mir ein wahr Vergnügen. Morgen bin ich wieder da.'

Toekomstplannen

Oorlog verandert het leven van mannen, vrouwen en kinderen in bezet gebied. Het verandert niet de innerlijke kracht van mensen; veel Nederlanders hebben in de oorlogsjaren uitzonderlijke overlevingskracht en heldhaftigheid getoond. Herman van Tongeren, natuurvriend, uitvinder, filosoof, dromer en ingenieur behoudt tijdens de oorlog een idealistisch verlangen om aan een betere toekomst te werken. Het is eind 1943, begin 1944 als zijn medewerkers een circulaire krijgen getiteld 'Ontwerp of Fantasie, Plan of Luchtkasteel?'. Het is zijn plan voor na de oorlog. Als de vrede er eenmaal is, wil Herman van Tongeren heel Europa door trekken voor het maken van reisfilms, natuurfilms en films over de cultuur en leefwijze van allerlei volken. Voor het opnemen van die films ontwerpt hij een rijdende colonne, bestaande uit een trailer, een tractor, een caravan en een achtpersoons auto. Koortsachtig werkt hij aan de verwezenlijking van dit filmideaal. Het grote filmplan neemt in de herfst van 1944 al zeer concrete vormen aan. Maar Herman heeft veel meer plannen. Dat blijkt uit de notitie 'Taak 1945-1960' die hij maakt:

Taak 1945-1960

- *Aërodyne op bredere basis (zifters, dempers, ketels, BV)*
- *Herboren Docufilm brengt expeditiefilms, wetenschappelijke films, religieuze films.*
- *Bouw Continental Cruiser – rijdend hoofdkwartier*
- *De Stoa, Geestelijk Centrum*
- *Regeneratie Natuurgeneeswijze, homeopathie*
- *Kampeer Centrum*
- *Reformkeuken; Reformhuis; Reformboekhandels & Uitgeverij*

Dan slaat het noodlot toe.

7 September 1944
Is het de Ortskommandant in Haarlem die achter het bedrog met de Wehrmachttruck is gekomen? Heeft de SD zijn oog laten vallen op de kapitale villa van Van Tongeren om er Duitse officieren onder te brengen, zoals Jacoba denkt? De buurhuizen waren immers al gevorderd voor Duitse officieren. Of is Herman één van de Nederlanders die door de Duitsers als een bedreiging worden beschouwd nu zij zien dat zij de oorlog gaan verliezen? Feit is dat op donderdag 7 september 1944 in de namiddag drie leden van de Feldgendarmerie uit Haarlem, vergezeld door de Heemsteedse opperwachtmeester van politie J.C. Last, aanbellen bij de Herfstlaan 20.[233] De Duitsers doen voorkomen het huis te willen bezichtigen met het oog op een eventuele vordering. Eenmaal binnen, gaan twee van hen direct naar boven. De derde blijft bij Hermans echtgenote Miek die alleen thuis is met de kinderen en hun 25-jarige kindermeisje Martine Smink, die nog probeert een radiotoestel te verbergen. In het huis worden behalve de radio, een schrijfmachine en een stencilmachine aangetroffen. Ook vinden de Duitsers 300 exemplaren van het illegale blaadje De Patriot. Het is de Duitsers duidelijk dat deze blaadjes zijn gestencild in het huis van Van Tongeren. In de boekenkast vinden zij een jubileumuitgave van het door de Duitsers verboden genootschap van de Vrijmetselaars. In dit boek staat een foto van Hermannus van Tongeren, Hermans vader in vol ornaat. Als de Duitsers zijn woning doorzoeken, is Herman bij Aërodyne aan het werk. Zijn zoon Herman jr, die dan 11 jaar oud is, beschrijft later hoe zijn moeder wordt gedwongen zijn vader te bellen om naar huis te komen. Bij Aërodyne is op dat moment iemand van Groep 2000 aanwezig die Herman aanraadt met hem mee te gaan en onder te duiken. Maar Herman wil niet dat zijn angstige vrouw voor verhoor meegenomen zal worden, en gaat naar huis. Daar eet het gezin nog met elkaar onder politietoezicht, aldus Herman jr.

Dan belt de Feldgendarmerie met de Sicherheitsdienst (SD) in Amsterdam die binnen een kwartier met drie man ter plaatse is. Dat is te snel om met een auto uit Amsterdam te komen; ofwel de SD bevond zich al in Haarlem, of zij waren al onderweg geweest. Herman wordt die avond in een geblindeerde auto meegenomen voor verhoor naar het SD-bureau in

233 Bron: Uittreksel dagrapporten gemeentepolitie Heemstede 1939-1945, samengesteld door V.C. Klep. Tweede herziene druk, juni 1996 (eerste druk 1992).

Amsterdam.[234] Rond middernacht is de auto op de Wagenweg in Haarlem ter hoogte van het Huis met de Beelden in de Haarlemmerhout. Daar wordt Herman van Tongeren uit de snel rijdende auto gegooid. Een van de Duitsers[235] stapt even later uit en schiet Van Tongeren op korte afstand neer.[236] Ze laten hem voor dood achter, maar Herman leeft nog. Het is gezien zijn verwondingen aannemelijk dat hij enige tijd buiten bewustzijn is geweest. Er zou zelfs nog een Duitse colonne voorbij zijn gekomen, maar Herman wordt niet ontdekt. Het nekschot heeft hem gedeeltelijk verlamd, toch lukt het hem om hulp te roepen. Rond 3 uur in de ochtend wordt zijn hulpgeroep gehoord door een Haarlemse agent van politie die op de Wagenweg fietst. In het politie dagrapport staat dat de agent 'maatregelen trof om de heer Van Tongeren naar het ziekenhuis te brengen'. De naam van Jacoba van Tongeren komt niet in de politie dagrapporten voor, maar uit haar memoires blijkt dat Jacoba wordt gewaarschuwd en haar broer in de vroege morgen vindt aan de rand van de weg. Samen met een plantsoenwachter tilt ze hem op een handkar en brengt hem naar het ziekenhuis.[237] Herman van Tongeren wordt volgens het politie dagrapport op vrijdag 8 september 1944 om 04.00 uur opgenomen in het Groote- of Sint Elisabeth Gasthuis aan de Gasthuissingel 47 in Haarlem. Zijn vrouw wordt gewaarschuwd. Ondanks zijn verwondingen, is Herman helder van geest en in staat met zijn vrouw te praten en met iemand van kantoor zijn zaken te regelen. Na een verblijf van ruim 26 uur in het ziekenhuis sterft Herman van Tongeren op zaterdag 9 september 1944 om half zeven in de ochtend.

Jacoba schrijft:

---

234 Dit was ongebruikelijk, stelt V.C. Klep in zijn verslag. In principe werden 's nachts geen arrestanten overgebracht. Zij werden in een cel van het lokale politiebureau ingesloten en de volgende dag door Nederlandse politie-ambtenaren overgebracht of door Duitsers opgehaald.

235 In haar memoires noemt Jacoba de Duitser die schoot bij naam: Kempin. Zie hoofdstuk 8 van dit boek 'Er is geen tijd om te denken aan eigen verdriet'.

236 In het Huis met de Beelden kwam het Haarlems verzet bij elkaar. Het is wellicht niet toevallig dat Herman van Tongeren juist op deze plek is neergeschoten.

237 Zie voor Jacoba's uitvoerige beschrijving van de gebeurtenissen op 7, 8 en 9 september 1944 hoofdstuk 8 van dit boek: 'Er is geen tijd om te denken aan eigen verdriet'.

Na Dolle Dinsdag, 5 september 1944, zoeken de Duitsers mooie huizen voor inkwartiering van hooggeplaatste militairen van de SD en zo valt hun aandacht op een kapitale villa aan de Herfstlaan in Heemstede, waar mijn broer woont. Dat lijkt wel wat voor de hoge heren. Het zijn dezelfde Duitsers, Kempin en Weber, die ook vader hadden gehaald en gearresteerd in oktober 1940. Zij vorderen het huis, op 7 september. Een foto van vader in vol ornaat op de schoorsteen in mijn broers werkkamer maakt hem als zoon van de vader bekend. Daarnaast vinden ze verzetsbladen die nog verspreid moeten worden, een radio en een grote kaart met daarop alle geallieerde verrichtingen. Dit doet hen besluiten hem voor verder verhoor mee te nemen naar de Euterpestraat in Amsterdam waar het hoofdkwartier van de SD in Nederland is gevestigd. Op de Wagenweg, waar Heemstede aan Haarlem grenst, bij het Huis met de Beelden, gooien ze hem uit de rijdende auto en geven hem daarna een nekschot. Het is een lafhartige moord.

Na de moord op Herman van Tongeren wordt zijn gezin opgevangen door buren, de familie Penterman. Daarna vinden ze onderdak bij de familie Bosman en later bij de familie Verspoor. Ir. L.A. Peletier, zwager van Herman, krijgt de voogdij over de kinderen. Paul komt later bij zijn oom en tante in huis.

Klaus Barbie

De vraag waarom de Duitsers Herman van Tongeren hebben gearresteerd en vermoord, zal nooit beantwoord worden. Na Dolle Dinsdag was de bezetter in alle staten; de oorlog leek een verloren zaak te worden. Veel mensen werden in die periode zonder pardon doodgeschoten, alsof elke bewijslast - voor na de oorlog- uit de weg moest worden geruimd. Na de bevrijding stelt de Gemeentepolitie Haarlem een onderzoek in naar de arrestatie en dood van ir. Van Tongeren. Terwijl hij met de zaak bezig is, moet Gé van Buuren zijn concept Proces Verbaal inleveren. Ondanks herhaald verzoek mag hij niet doorgaan met het onderzoek, schrijft V.C. Klep in zijn verslag. Klep stelt in 1992 allerlei vragen die hier en daar wat ver gaan, maar die in ieder geval tot op heden onbeantwoord blijven: 'Wat was hiervoor de reden? Waren het wel SD'ers die de heer Van Tongeren hebben meegenomen? Is hij soms het slachtoffer geworden van een liquidatie door het verzet? Als er door de Haarlemse Politie niets te verbergen was, waarom mocht Van Buuren zijn werk niet afmaken?'

Bij de reconstructie van de moord op Herman van Tongeren komt de naam van oorlogsmisdadiger Klaus Barbie steeds naar boven. Op zijn sterfbed vertelt Herman zijn vrouw de drie SD'ers te hebben herkend als de mannen die in 1940 en 1941 op het SD-bureau in Amsterdam werkten toen zijn vader gevangen zat. Wanneer ze bij Van Tongeren sr. op bezoek wilden, moesten zijn moeder, zussen en hij bezoekpasjes afhalen in het kantoor van de SD. Herman heeft daar meerdere keren de drie SD'ers ontmoet: Klaus Barbie, Otto Kempin en Kalb. In het ziekenhuis vertelt Herman zijn vrouw dat van de drie die hem de avond ervoor hebben meegenomen, Klaus Barbie de leider was. Hij zegt: 'Barbie en ik herkenden elkaar met dodelijke haat.'

Klaus Barbie (1913-1991) werkt van juni 1940 tot begin 1942 bij de SD in Amsterdam. Eind 1942 gaat hij naar Frankrijk waar hij de leiding krijgt van de Gestapo in Lyon. Barbie schept er plezier in eigenhandig mensen (dood) te martelen en wordt al snel 'de slachter van Lyon' genoemd. Barbie emigreert na de oorlog naar Bolivia waar hij in 1972 door nazi-jagers wordt gevonden. Pas in 1983 wordt hij uitgeleverd aan Frankrijk waar zijn proces in 1987 wordt gehouden. In aanloop naar dit proces wordt ook in Nederland door Justitie een onderzoek ingesteld naar oorlogsmisdaden van Barbie in ons land. Het onderzoek door de Landelijke Officier voor de opsporing van oorlogsmisdadigers en het RIOD wordt in 1984 afgerond met 'Verslag van het Rijksinstituut voor Oorlogsdocumentatie en de Landelijk Officier van Justitie belast met de opsporing van oorlogsmisdadigers en andere politieke delinquenten uit de tweede wereldoorlog met betrekking tot de activiteiten in Nederland van de SS-Obersturmfuhrer Klaus Barbie'. De onderzoekers komen tot de voorzichtige conclusie dat Barbie niet bij de arrestatie en later uit de auto gooien en schieten op Herman van Tongeren betrokken kan zijn geweest. Er is onvoldoende bewijs dat Barbie in september 1944 in ons land was. Ondanks dit verslag blijven er twijfels. Allereerst is er de verklaring van Herman van Tongeren zelf. Zoals V.C. Klep schrijft in zijn verslag: 'Aan de verklaring van mevrouw Van Tongeren, dat haar man Barbie zou hebben herkend, dient toch waarde te worden toegekend. De heer Van Tongeren, die tijdens zijn uitspraken helder van geest was, zou dit toch niet gezegd hebben als hij niet zeker was van zijn zaak.' In 1983 herhaalt de dan 81-jarige Charlotte van Tongeren dat haar broer Klaus Barbie herkende als een van de drie SD'ers die hem meenamen.[238]

238 Bron: Elseviers Magazine, 26 februari 1983.

V.C. Klep schrijft in 1992 over de gegevens van de Duitse legeradministratie in het Berlin Documentation Center (BDC) waaruit zou blijken dat Barbie in september 1944 níet in Nederland was: 'Dit is in tegenspraak met verklaringen van mensen die beweren dat dit wel het geval was. De Amsterdamse advocaat mr. A.W. Kymmell heeft gezegd dat Barbie in september 1944 wel degelijk een weekje in ons land is geweest. In 1945 zou Barbie volgens andere getuigen ook in Nederland zijn geweest.' De Nederlandse Justitie kreeg in 1983 toestemming van de Franse Justitie om Klaus Barbie zelf te verhoren. Op 16 en 17 november 1983 waren mr. Brilman en Rijksrechercheur Koppe in Lyon voor het verhoor waarmee Barbie aanvankelijk had ingestemd. Maar op advies van zijn advocaat weigerde Barbie op het laatste moment mee te werken aan een verhoor over het motief van de moord op Van Tongeren.

Hoofdstuk 21

Inleiding op de korte biografieën

Toen Paul van Tongeren begin 2013 het initiatief nam een boek te maken over Jacoba van Tongeren en Groep 2000 lag de focus op het leven van zijn tante en de verzetsactiviteiten van Groep 2000 in de Tweede Wereldoorlog. Wie was deze vrouw en hoe laat zij ons 70 jaar na dato de oorlog beleven via haar memoires?

Maar gaandeweg het verhaal werd het indringend duidelijk dat Jacoba zich heeft weten te omringen door talloze gewone Nederlanders die tot uitzonderlijke daden in staat bleken te zijn. Een ambtenaar die wapens stal van de Wehrmacht, een scheikundige die vakkundig persoonsbewijzen vervalste. Maar ook een boekhoudster die voedselbonnen achteroverdrukte en een onderwijzer die illegale bladen verspreidde. Vergrijpen waar de doodstraf op stond.

Deze verzetshelden van Groep 2000 zijn onbekend gebleven en Paul van Tongeren besloot al snel dat hierin verandering moest komen. Hij kwam in contact met Frans Reitema, zoon van Groepslid Kees Reitema en kleinzoon van Groepslid Frans Reitema, en samen ondernamen zij een speurtocht naar de circa 140 leden van Groep 2000. Dat bleek niet eenvoudig: door het gebruik van codenummers en schuilnamen waren de Groepsleden lastig te traceren. De voorbije tijd maakte het er niet eenvoudiger op. Geen van de Groepsleden is nu nog in leven.

De oorkonde die Jacoba namens Groep 2000 op 23 juli 1945 aanbood aan prins Bernhard, opperbevelhebber der Binnenlandse Strijdkrachten, bevat 90 namen van Groepsleden, veelal met hun codenummer. Dit was het eerste aanknopingspunt. Maar uit veiligheidsoverwegingen of toen nog onbekende identiteiten komen niet alle namen op de oorkonde voor. Gelukkig bracht de stichting 1940-1945 uitkomst. Evenals zijn vader heeft Frans Reitema jarenlang bij deze stichting gewerkt. Via stichting

1940-1945 konden oud-verzetsmensen een buitengewoon pensioen of uitkering aanvragen; veel leden van Groep 2000 hebben hier gebruik van gemaakt. Van hen zijn hierdoor persoonlijke feiten opgeslagen. De dossiers van de stichting 1940-1945 zijn niet openbaar. Het is te danken aan de welwillendheid van het stichtingsbestuur en de medewerking van Frans van Domburg en Josine Oost, dat de samenstellers van deze korte biografieën speciaal voor dit boek toegang kregen tot het archief. Frans Reitema heeft er urenlang doorgebracht en heeft uit zo'n 40 dossiers van leden van Groep 2000 een korte persoonsbeschrijving kunnen componeren.

Voorts werd via publiciteit in kranten en tijdschriften contact gezocht met familieleden van Groepsleden van wie vaak niet meer bekend was dan een naam. Bij het verschijnen van dit boek heeft Paul van Tongeren contact met families van ruim 45 Groepsleden. Veel van deze families hebben nooit geweten dat hun vader, moeder, opa of oma actief was in het verzet.

Dit hoofdstuk bevat korte biografieën van zo'n 85 verzetshelden. Onder hen zijn ook mensen die geen lid waren van Groep 2000 maar die vanwege hun grote betrokkenheid bij Jacoba en Groep 2000 toch zijn opgenomen in deze lijst. Twee namen worden hier al genoemd: Henk Dienske en Henk van Randwijk. Twee uitersten: met Henk Dienske had Jacoba een warme band. Zij werkte intensief samen met deze topman van de LO. Van midden 1942 tot maart 1944 zagen zij elkaar elke dag en wisselden contacten en voedselbonnen uit zonder dat de andere leden van de LO en Groep 2000 iets van de samenwerking afwisten. Naar buiten toe was het alsof Jacoba Dienskes secretaresse was.

Met Henk van Randwijk klikte het minder goed; Jacoba en 'Sjoerd' botsten flink in karakter en opvattingen. Toch was hun contact zo intens en bepalend voor de ontwikkeling van Groep 2000 dat ook Van Randwijk thuishoort in deze lijst.

Bij de Groepsleden is onder de eigen naam het codenummer opgenomen, in feite de 'naam' waarmee zij binnen Groep 2000 werden aangesproken. Onder de naam staat cursief het beroep genoemd en daaronder de functie tijdens de oorlog.

Sommige persoonsbeschrijvingen in dit hoofdstuk zijn door familieleden zelf geschreven, de andere door Paul van Tongeren (PvT) of Frans Reitema

(FR). Een tiental biografieën is overgenomen uit het boek 'De Eerebegraafplaats te Bloemendaal' (met soms kleine toevoeging). Het is helaas niet gelukt informatie over de overige 55 Groepsleden te vinden. Het zou mooi zijn om deze lijst in een volgende druk compleet te krijgen. Wie informatie heeft over Groepsleden die nog ontbreken in dit hoofdstuk, wordt verzocht contact op te nemen met Paul van Tongeren via email paulvtongeren@gmail.com.

Verzet wordt gepleegd door helden; moedige mensen die met gevaar voor eigen leven de bezetter trotseren door belangeloos anderen te helpen.[239] Dit boek, en met name dit hoofdstuk, wil deze mannen en vrouwen eer bewijzen.

239 In het boekje 'Moedige mensen. Helden in oorlogstijd', van Jaap Cohen en Hinke Piersma (2014) staan geschreven portretten van gewone Nederlanders die verzet pleegden, deels in het verlengde van hun dagelijkse werk, vergelijkbaar met de verzetshelden van Groep 2000.

Abraham Abas (1895- 1986)

1015

- Onderdirecteur van de Amsterdamsche Bank.
- Lid van de Commissie van Beheer van Groep 2000.

Op zijn 17de treedt Ab Abas in dienst bij de Amsterdamsche Bank - later AMRO bank. In 1938 wordt hij onderdirecteur. De ouders van Ab Abas zijn joods. Al vroeg in de oorlog ontslaat de Bank hem omdat hij joods is. Zijn vader wordt via de Hollandsche Schouwburg en Westerbork afgevoerd naar Sobibor, waar hij is vermoord. Abas is 'gemengd' gehuwd met Heikeliena Nijman Tak. Zij hebben drie dochters.

Al in 1926 is Abas lid geworden van de NH kerk. Sinds 1936 is hij ouderling en vanaf 1940 kerkvoogd en scriba. Gedurende de oorlog is Abas werkzaam in de Nieuwe Kerk. In de kelders van de Nieuwe Kerk liggen o.a. voedselvoorraden van het verzet opgeslagen. Hij draagt onder meer zorg voor het vervoer van voorraden van de Eggertstraat, waar ze binnenkomen, naar de Nieuwe Kerk waar hij ze verder beheert. Hij is een van de verbindingsmensen tussen de NH kerk en Groep 2000.

In Groep 2000 vervult hij een belangrijke functie in de Commissie van Beheer. Samen met Van Meer controleert hij de boeken en vertegenwoordigt hij de Groep bij kerkelijke instanties als de Kerkenraad. De Commissie van Beheer is geboren in de dagen van hoogspanning en conflict met Vrij Nederland; najaar 44/begin 45. Jacoba van Tongeren beschrijft in haar 'Beknopt Verslag' uit 1945 heel duidelijk de rol van Abas en Van Meer in de Commissie van Beheer: 'Aan de beslistheid, waarmede zij zich toen in die dagen (van strijd, PvT) achter Groep 2000 en haar leiding hebben geschaard, danken wij het, dat wij als Groep zijn blijven bestaan en thans ons deel hebben aan de wederopbouw van ons land'. Abas reikt op de Herdenkingssamenkomst op 26 juni 1945 samen met Jacoba de Oorkonden uit aan de Groepsleden en vergezelt Jacoba als zij in juli 1945 rapport uitbrengt aan Prins Bernhard. Ook zijn dochter Albertine Olga heeft voor de Groep verschillende werkzaamheden verricht als koerier en als persoonlijk secretaresse voor Jacoba. Zij heeft daarvoor de Oorkonde ontvangen.

Na de oorlog kan Abas terugkeren bij de Amsterdamsche Bank. Hij wordt onder meer lid van het bestuur van de afdeling Amsterdam van de Stichting 40-45.

Heikelien Verrijn Stuart (kleindochter)

ds. Bernard Aris (1899-1947)

102

- Leidsman van de Vrijzinnig Hervormden in Amsterdam.
- Schakel tussen Groep 2000 en de Amsterdamse Hervormde Kerkenraad.

Bernardus Johannes Aris is geboren op 22 juni 1899 te Drachten. Zijn vader is orthodox Hervormd predikant. Bernard wordt ook predikant, maar Vrijzinnig Hervormd. Vanaf 1932 tot zijn dood is hij de leidsman van de Vrijzinnig Hervormden in Amsterdam. De overwegend rechtzinnige kerkenraad van de Amsterdamse Hervormde gemeente kan hem niet als 'gewoon' predikant aanvaarden; de kerkdiensten, waarin hij voorgaat, worden in de kerkbladen verzwegen. Toch blijft hij aan zijn ideaal vasthouden: de vrijzinnigen in het geheel van de Hervormde Kerk te integreren. Juni 1947 is hem dat bijna gelukt: op een kerkenraadsvergadering staken de stemmen: 236 stemmen voor, 236 tegen en 2 onthoudingen. Dat betekent dat de integratie is afgewezen.

Zijn prediking is eenvoudig, zuiver, en bezielend. Hij is een modern mens met praktische ideeën. Hij ziet het belang van de radio in en is met zijn volkse bijbelvertellingen een steunpilaar voor de VPRO. Vaak dramatiseert hij zijn onderwerpen door de indruk te wekken dat hij de gebeurtenissen werkelijk heeft meegemaakt. Hij is vooral ook een groot stimulator voor liturgische vernieuwing.

Jacoba van Tongeren werkt in 1940 als maatschappelijk werkster bij de Centrale van Werklozenzorg in interkerkelijk verband. Na de bezetting wordt haar voorstel aangenomen dat een van de maatschappelijk werksters de schakel met de illegaliteit zal zijn. De verbindende schakel met het kerkbestuur, dat zogenaamd niets van haar werkzaamheden mag weten, wordt ds. Bernard Aris. Hij vervult die belangrijke rol de hele oorlog, ook als Jacoba overgaat naar de 'Bijzondere Kerkelijke Gezinszorg' en als na 1 mei 1944 Groep 2000 (officieus) de Hervormde Groep 2000 wordt. Aris is al die jaren een grote steun en vriend voor Jacoba. Dat zij na 1 mei 1944 haar werk voor Groep 200 kan doen namens de Hervormde Kerk heeft haar buitengewoon veel voldoening gegeven. Aris is hierin de cruciale verbindende schakel.

Bernard Aris is in de oorlog opgepakt omdat hij in zijn preken het antisemitisme hekelt; hij zit van september 1942 tot eind maart 1943 in Amsterdam, Amersfoort en Vught gevangen. Zijn gezondheid is in gevangenschap zo geknakt, dat hij vrij snel na de bevrijding, op 2 oktober 1947 te Amsterdam op 48-jarige leeftijd overlijdt.

Titus Aris (zoon)

Jaap Balder (1900-1944)

1400J

- *Zelfstandig timmerman-aannemer.*
- *Leider LO-district Heerhugowaard.*

Jacob Balder Abrzn wordt op 7 augustus 1900 geboren. Balder ('Oom Jaap') werkt als zelfstandig timmerman-aannemer in Broek op Langedijk. Hij is getrouwd en Nederlands Hervormd.

Eind 1940/begin 1941 begint hij zelfstandig illegaal werk te verrichten. In zijn woonplaats is hij betrokken bij de oprichting van de OD. In LO-verband houdt hij zich bezig met hulp aan joodse en niet-joodse onderduikers, onder meer door het verlenen van onderdak in zijn woning, het zoeken van andere onderduikadressen en het verzorgen van bonkaarten. Daarnaast heeft hij vanaf mei 1943 een actief aandeel in de hulp aan gecrashte of neergeschoten geallieerde vliegers die trachten naar onbezet gebied te ontkomen. Hij werkt mee aan verschillende overvallen op distributiekantoren in Noord-Holland. In februari 1944 wordt hij leider van het LO-district Heerhugowaard. Tevens is hij nauw betrokken bij het verzetswerk van Groep 2000. Oom Jaap legt de band tussen Groep 2000 en Henk Dienske en de Kring 1400 van het Distributiekantoor Borgerstraat. Er is een nauwe samenwerking met de LO over de distributie van door overvallen verkregen bonkaarten.

Op 23 juni 1944 wordt hij na verraad gearresteerd en op 16 juli 1944 terechtgesteld in de duinen bij Overveen.

Uit:'De Eerebegraafplaats te Bloemendaal'.

Frieda Belinfante
(1904- 1995)

203

- Dirigent.
- Vormt met o.a. Gerrit van der Veen de kern van het Kunstenaarsverzet.

Frieda Belinfante wordt geboren op 10 mei 1904. Haar vader is joods, haar moeder niet. Ze is een succesvol celliste als ze een keer het schoolorkest van het Baarns Lyceum dirigeert. Ze geniet er van. Daarna dirigeert ze succesvol het koor en het studentenorkest van de Universiteit van Amsterdam. In 1938 geeft ze in het Amsterdamse Concertgebouw een serie concerten met haar eigen kamerorkest. De critici zijn enthousiast. Tijdens een dirigenten-opleiding in Zwitserland is ze volgens de jury de beste van de twaalf jonge dirigenten.

Als op 10 mei 1940 de Duitsers Nederland bezetten, ontbinden ze het orkest waarin joodse en half-joodse musici spelen. Frieda kiest voor het verzet. Ze begint met het vervalsen van persoonsbewijzen en hulp aan onderduikers. Daarin werkt ze samen met Gerrit Jan van der Veen en Rudi Bloemgarten. Midden 1941 ontmoet ze haar oude schoolvriendin Jacoba van Tongeren. Ze besluiten samen te werken in het vervalsen van persoonsbewijzen. Willem Sandberg, conservator van het Stedelijk Museum, richt de Centrale Kunstenaars Commissie op; een fonds voor kunstenaars die brodeloos zijn geworden na hun weigering lid te worden van de Kultuurkamer. Frieda is contactpersoon voor de musici, Gerrit van der Veen voor de beeldhouwers, Willem Arondeus voor de schilders. Zij vormen de kern van wat later het Kunstenaarsverzet is gaan heten. Deze groep beraamt ook mede de aanslag op het Amsterdamse Bevolkingsregister in maart 1943. Na de aanslag worden vrijwel alle leden van de verzetsgroep opgepakt. Frieda duikt onder maar de mensen bij wie ze onderdak vindt, lopen gevaar. Daarom vlucht ze naar Zwitserland waar ze in februari 1944 arriveert.

De terugkeer in Nederland, in 1945, is een desillusie. Niemand bekommert zich om de joodse mensen die terugkomen uit de onderduik of de kampen. Noch om verzetsmensen die vijf jaar lang in de illegaliteit hebben geleefd. Ze heeft bovendien het gevoel dat er voor haar als musicus geen plaats meer is. In 1947 vertrekt ze met haar cello naar Amerika en vestigt zich in Californië. Binnen een jaar is ze een veelgevraagd musicus. In 1954 wordt ze de eerste vrouwelijke dirigent van een professioneel symfonie orkest. Als het orkest in 1962 wordt opgeheven geeft ze tot op hoge leeftijd muziekles aan individuele leerlingen. De laatste vijf jaar van haar leven woont ze in Santa Fe, New Mexico, waar ze in maart 1995 overlijdt.

Toni Boumans (haar biograaf)

Rudi Bloemgarten (1920- 1943)

2010

- Student medicijnen.
- Vervalst persoonsbewijzen, houdt zich bezig met wapentransporten en neemt deel aan sabotage-acties.

Rudolf Bloemgarten wordt op 7 mei 1920 geboren. Hij is van joodse afkomst. Hij studeert medicijnen aan de Universiteit van Amsterdam. Eind 1940 stelt hij zich teweer tegen het ontslag van de joodse docenten. Vanaf 1942 is hij betrokken bij het vervaardigen en verspreiden van het illegale blad 'Rattenkruid'.

Rudi sluit zich aan bij Groep 2000 nadat Jacoba van Tongeren begin 1941 in contact komt met een vroegere schoolvriendin, Frieda Belinfante die dan al experimenteert met het vervalsen van persoonsbewijzen, samen met twee vrienden: Gerrit Jan van de Veen en Rudi Bloemgarten. Rudi vervalst persoonsbewijzen en verzorgt ook bonkaarten. Hij houdt zich daarnaast bezig met transport en fabricage van springstoffen, munitie, wapens e.d. Hij raakt goed bevriend met Jacoba. Begin 1943 neemt hij onder andere deel aan een spoorwegsabotage bij Sloterdijk en de aanslag op het Amsterdamse bevolkingsregister. In april 1943 wordt Rudi Bloemgarten na verraad gearresteerd en op 1 juli 1943 in de duinen bij Overveen gefusilleerd.

Uit: 'De Eerebegraafplaats te Bloemendaal'.

Frans Boenders (1887-1955)

- Predikant en advocaat.
- Regelt in 1944 een aantal maanden in Zuid-Nederland distributiebonnen voor Groep 2000.

Franciscus Coenraad Marinus Boenders is geboren op 19 mei 1887 te Middelburg als zoon van een boekhandelaar. Hij studeert theologie en rechtswetenschappen (gepromoveerd). Hij is van 1911-1916 Nederlands-Hervormd predikant en wordt daarna dominee in een krankzinnigenkolonie in België. Er zijn in deze kolonie een paar honderd Nederlanders voor wie Boenders tot in de jaren vijftig zorg zal dragen. Vanaf 1922 is Boenders werkzaam als advocaat in Utrecht.

Eind jaren twintig vervult Boenders belangrijke functies in de Vrijmetselarij. Onder meer is hij (in 1929) Groot Redenaar (woordvoerder) van de Orde van Vrijmetselaren onder het Grootoosten der Nederlanden. In 1935 wordt hij predikant in Oss.

Boenders is zeer bevriend met Hermannus van Tongeren, de Grootmeester. Hij komt regelmatig bij hem thuis. Ook met Jacoba heeft Boenders een goede band. Hij zoekt haar vaak op in Groenekan als ze ziek is. Jacoba schrijft dan ook over die periode in Groenekan: 'Zonder vader, zonder de dokter, juffrouw Temmink en mijn twee trouwe vrienden, ds. Bernard Aris en ds. Boenders, zou ik het nooit hebben gerooid.'

In de oorlogsjaren is bij Boenders een Joods echtpaar ondergedoken. Dit wordt ontdekt, waarna hij wordt gearresteerd. Van 12 augustus 1942 tot 24 juni 1943 zit hij gevangen; eerst zes weken in de gevangenis in Haaren, daarna in het 'Oranje Hotel'.

Na zijn vrijlating zet hij zich in voor Groep 2000. Hij regelt als predikant in zijn gemeente te Oss distributiebonnen voor Groep 2000. De bonnen worden opgehaald en per trein naar Amsterdam gebracht, tot dit vanwege de spoorwegstaking niet meer mogelijk is. Na de oorlog is hij nog tot 1948 predikant in Oss. Daarna wordt hij benoemd in Oisterwijk. Op 26 april 1953 gaat hij met emiritaat. Hij overlijdt op 2 mei 1955 te Budel.

FR

Ab de Boer (1911-1979)

206

- Informator bij de Gemeentelijke Sociale Dienst.
- Hoofd van Onderzoek-Centrale en vanaf juni 1944 commandant van de K.P. van Groep 2000, later het VN-Vendel.

Ab de Boer wordt geboren op 14 oktober 1911 te Amsterdam. Hij trouwt in 1937 met Nel Coens. Ab de Boer is oud reserve-officier en van beroep informator bij de Gemeentelijke Sociale Dienst in Amsterdam.

Bij Groep 2000 heeft hij vanaf het begin tot september 1944 de leiding van de Onderzoek-Centrale. Hij helpt Jacoba met het opzetten van het centraal-register en met het aanpassen van de code aan het administratieve systeem.

In juli 1944 wordt naar aanleiding van de oproep van de regering uit Londen tot mobilisatie van de Binnenlandse Strijdkrachten onder leiding van Ab de Boer en Martin Buring overgegaan tot het formeren van een korps jonge mannen die bij de omwenteling dienst zullen doen als speciale bewakingstroepen voor vitale bedrijven. Er worden ook wapenoefeningen gehouden. In het oude Entrepôt-dok krijgt het Strijdend Gedeelte een pakhuis toegewezen voor oefening en de opslag van wapens. In september 1944 wordt het Strijdend Gedeelte overgedragen aan Vrij Nederland, waardoor het VN-vendel tot stand komt. Ab de Boer wordt commandant van het VN-vendel. Onafgebroken wijdt hij zich aan deze uiterst gevaarlijke en verantwoordelijke taak. Ab de Boer neemt deel aan de tegen-aanval als het Centraalkantoor van Groep 2000 bezet wordt door de SD.

Zijn vrouw Nel steunt hem in de oorlog voortdurend. Dat Ab al die jaren zijn taak kan vervullen dankt hij voor een groot gedeelte aan zijn vrouw en zijn broer Theo.

Het VN-vendel wordt op 5 mei 1945 gemobiliseerd en komt dan in actieve dienst. Ab de Boer wordt belast met arrestatie van NSB-ers en zwart-handelaren. Al spoedig komt er veel kritiek op de wijze waarop de berechting van deze mensen plaats heeft. Ook voor Ab de Boer is dit zeer frustrerend. Als er vrijwilligers voor de strijd in Nederlands-Indië worden gevraagd, meldt De Boer zich dan ook snel. Hij gaat naar Londen, waar hij gescreend wordt. Vervolgens wordt hij Commandant van het 3e Compagnie Depôt Gezags Bataljon Indië.

Na in Indië gediend te hebben, emigreert hij van daaruit op 9 april 1950 naar Australië. Hij heeft het met Nederland 'gehad'. In Australië werkt hij als houtvester op een landgoed. Ab de Boer overlijdt op 20 juli 1979 in Australië.

FR

Pieter Bol (1902- 1999)

207

- Kruidenier.
- Verzorgt voedselpakketten voor onderduikers en de Rode Kruispakketten met de duizenden voedselbonnen die Jacoba bij hem inlevert.

Pieter Bol wordt geboren in Warmond op 7 maart 1902 in een boerengezin. Hij verhuist naar Zwolle, waar hij zijn vrouw ontmoet en trouwt. Het jonge echtpaar gaat naar Amsterdam, waar hij eerst zijn klanten opzoekt met een bakfiets. In de dertiger jaren kan hij een kruidenierszaak openen aan de Hoofdweg in Amsterdam.

Jacoba kent hem als een heel betrouwbaar persoon en levert in de winkel van Bol voedselbonnen af. Bol stelt daar voedselpakketten van samen die bedoeld zijn voor het levensonderhoud van onderduikers en voor de Rode Kruispakketten die naar Vught, Amersfoort, Westerbork en Bergen Belsen gaan. Aan het eind van de oorlog maakt Bol voedselpakketten voor duizenden onderduikers per periode. Hij is al die jaren een belangrijke schakel in de zorg voor de onderduikers. Na de oorlog schrijft Jacoba hem: 'U heeft op uw bescheiden plaats in de Groep, toch zeer veel voor het werk gedaan. De grote zorg en toewijding waarmee u alle opdrachten uitvoerde, hebben het mogelijk gemaakt in een tijd van zo grote nood en ellende, in menig gezin of bij onze gevangenen nog wat verlichting te brengen.'

Na de oorlog krijgt Bol van zijn dankbare klanten een herinnering aangeboden, waarbij ze hem bedanken voor zijn menslievende houding in de oorlogsjaren. Bol heeft zich nooit ingelaten met zwarthandel maar altijd hulp aan anderen geboden. Hij geeft na de oorlog onder andere les in retorica en spreken in het openbaar. Pieter Bol overlijdt in Amsterdam in 1999.

PvT

Leni Broersma (1914- 1994)

2045

- Stenotypiste.
- Doet samen met Jacoba de centrale administratie en codificering bij Groep 2000.

Leni Broersma (Amsterdam, 1914) kan goed leren en mag na de lagere school naar de HBS. Daarna krijgt ze een baan als stenotypiste op het secretariaat van een import- en exportbedrijf in het hart van haar geboorteplaats. Ze zit vol levenslust, leest veel (ook in het Frans, Duits en Engels), speelt piano, bezoekt musea, theaters en concerten, kortom: ze leidt een bloeiend sociaal en cultureel leven. In het begin verandert er voor haar niet veel door de oorlog; het is vooral hinderlijk. Wel wordt het geleidelijk rustiger op kantoor omdat er minder werk is. Als ze zich verlooft met Jan Kranenburg en hij negen dagen later wordt opgepakt, verandert de bezetting voor haar van karakter. Jan wordt naar Duitsland afgevoerd en als ook een Joodse vriendin moet onderduiken, raakt Leni actief betrokken bij de hulp aan Joodse onderduikers via de Vrije Kunstenaars kring en Groep 2000.

De hongerwinter van 1944 wordt voor haar extra zwaar als haar rodekruis-pakketten voor Jan onbestelbaar terugkomen. Ze vreest dat hij is omgekomen. Na 5 mei blijft haar onzekerheid nog maandenlang bestaan: pas eind juli '45 blijkt hij nog in leven.

Leni en Jan trouwen met elkaar en gaan naar het buitenland. Ascetisch, flexibel en zelfstandig als ze is, zijn vervolgens hun pioniersjaren op Borneo en Java voor haar niet moeilijk. Ze valt er een beetje uit de toon: „Ik dans niet, ik drink niet, ik rook niet, ik vloek niet." Maar het is een onbedreigd bestaan.

Dat is begin jaren zestig niet langer het geval. Door zijn onverwerkte oorlogstrauma's stort Jan in en valt hij uit als kostwinner. Het gezin met 5 kinderen komt onder zeer zware druk te staan. Trouw aan zichzelf en haar keuze voor man en kinderen neemt Leni er een baan bij tot de financiële problemen achter de rug zijn. Zo draagt zij ook haar gezin door hun crisisjaren.

In deze periode krijgt ze, na het overlijden van Jacoba, de Groep 2000-ring aangeboden. Dit aanbod slaat ze onder dankzegging af, ook omdat ze bang is dat het Jans problemen zal verergeren. En zij heeft ook geen behoefte aan eer: ze deed gewoon haar plicht.

Deze sterke vrouw van weinig woorden, die zeer raak en geestig uit de hoek kon komen, overlijdt in 1994 temidden van al haar kinderen.

Jan Kranenburg (zoon)

Willem van de Bunt
(1896 – onbekend)

2047

- *Hoofdwachtmeester bij de Staatspolitie.*
- *Beheerder van het centraal-bonkaartendepôt.*

Willem van de Bunt wordt op 5 juli 1896 geboren in Barneveld. Na het vervullen van de militaire dienstplicht wordt hij in 1918 agent van politie.

Hij wordt op 31 augustus 1940 bevorderd tot brigadier bij de Gemeentepolitie te Amsterdam. Op 1 maart 1943 wordt Van de Bunt aangesteld tot hoofdwachtmeester bij de Staatspolitie, standplaats Amsterdam.

Willem van de Bunt speelt voor Groep 2000 een belangrijke rol als beheerder van het centraal-bonkaartendepôt. Dit depôt van Groep 2000 is gevestigd in het KAMBO-huis van de Kameraadschapsbond der Nederlandsche Politie op de Stadhouderskade 34. Opmerkelijk genoeg is dit als het ware het hol van de leeuw: de Kameraadschapsbond der Nederlandsche Politie bestaat van 21 november 1942 tot 8 mei 1945. Het is de nationaalsocialistische eenheidsorganisatie voor de Nederlandse politie en als zodanig de enige door het Reichskommissariat Niederlande erkende vereniging voor Nederlandse politieambtenaren. Na de bevrijding wordt de bond voortgezet als de Centrale van Politieorganisaties (CPO).

Alleen Willem van de Bunt en Jacoba hebben de sleutel van dit depôt. Zuster V.d. Neut en M. van Geuns zorgen er vervolgens voor dat de bonkaarten bij de verschillende wijkverzorgers komen.

Na de bevrijding is Willem van de Bunt één van de betrokkenen bij de totstandkoming van de gedenksteen voor in de oorlog omgekomen politiefunctionarissen. Deze gedenksteen wordt in de hal van het hoofdbureau van politie te Amsterdam aangebracht.

Op 8 mei 1945 wordt Van de Bunt gedetacheerd bij de Nederlandse Binnenlandse Strijdkrachten en op 1 juli 1947 bevorderd tot adjudant van de Gemeentepolitie te Amsterdam.

In 1953 wordt aan Willem van de Bunt de Eremedaille in goud in de Orde van Oranje Nassau toegekend. Bij besluit van 30 juli 1954 wordt aan hem eervol ontslag verleend wegens het bereiken van de pensioengerechtigde leeftijd. Hij is dan woonachtig in Soestdijk.

FR

Martin Buring (1907-1990)

2014

- Colportage-leider en bestuurslid van een vakbond.
- Bedrijfsleider en lid Dagelijks Bestuur Groep 2000.

Martin Gerardus Nicolaas Buring is geboren op 18 juni 1907. Hij wordt colportage-leider en is vanaf 1938 tevens bestuurslid van een vakbond. Eind 1939 is hij betrokken bij de oprichting van 'Het moderne Vendel', een Burgerwacht die onder leiding stond van Koos Vorrink, om collaboratie te voorkomen. Martin Buring vormt in 1940 een illegale groep met Koos Vorrink e.a. In 1941 sluit hij zich aan bij Groep 2000. Hij wordt er een soort bedrijfsleider en maakt deel uit van het Dagelijks Bestuur. Jacoba noemt hem 'Martien'. De bonkaarten voor de onderduikers die geholpen worden door Groep 2000, komen aanvankelijk van de KP Alkmaar, later van de KP Jos uit Rotterdam. Martin Buring is de verbindingsman tussen bovengenoemde knokploegen en Groep 2000. Bovendien onderhoudt hij contacten met andere illegale groepen. Hij reist door het hele land voor het leggen van contacten. In 1943, op weg naar een wapendropping, wordt de auto waarin hij samen met André van de VGA zit beschoten waarna deze tegen een bunker komt. André wordt gedood en Martin raakt gewond. Eind 1943 moet hij als gevolg hiervan een operatie in het Binnengasthuis ondergaan. In 1944 breidt het werk van Groep 2000 zich uit met het inrichten van noodhospitalen in kerken. Buring legt hiervoor contacten. In juli 1944 raakt hij in groepsverband betrokken bij het oprichten van een korps dat bij de bevrijding kan worden ingeschakeld als hulppolitie. De gevechtsgroep gaat na een paar maanden op in 'het VN-vendel'. Het 'niet strijdend gedeelte' blijft onder leiding staan van Buring en gaat later op in de hulppolitie. Buring wordt begin 1945 gearresteerd door de Feldgendarmerie. Op weg naar de Euterpestraat weet hij te ontvluchten, waarbij hij een schot in zijn linkerknie krijgt. Hij kan na de overval op de Stadhouderskade anderhalve maand niets doen en moet in het Wilhelmina Gasthuis worden opgenomen. Naar aanleiding van verwikkelingen in het bestuur treedt Buring kort voor de bevrijding uit Groep 2000.

Na de bevrijding helpt hij bij de formatie van de hulppolitie die begin 1947 wordt omgevormd tot Vrijwillige Politie. Daarna wordt Buring aftekenaar/plaatconstructiewerker bij de NDSM in Amsterdam. In 1966 wordt hij afgekeurd wegens gezondheidsklachten.

Meijer 2014, zoals Buring zich noemt, is drager van het Verzetsherdenkingskruis. Hij overlijdt op 11 januari 1990.

FR

Jan Dekker (1919-2003)

23025

- *Assurantiemedewerker.*
- *In Groep 2000 hoofd fouragedienst en lid van het Strijdend Gedeelte (de KP).*

Jan Dekker wordt op 19 juli 1919 geboren in Strijp (Eindhoven). Al tijdens de beginjaren van de oorlog raakt Jan betrokken bij de illegaliteit: hij laat Engelse piloten onderduiken en sluist deze piloten door naar België.

In 1942 vertrekt Jan naar Rotterdam om bij een verzekeringsmaatschappij te gaan werken. Nadat hij in Eindhoven wordt gezocht en zijn adres in Rotterdam is doorgegeven aan de bezetter vertrekt hij naar Amsterdam naar de Fa. Roland Holst. Vanuit Eindhoven heeft hij in het begin van de oorlog al contact met Groep 2000. Het is dus vanzelfsprekend dat hij zich bij deze groep aansluit. Er worden vanuit het zuiden bonkaarten naar Amsterdam vervoerd voor de onderduikers. Jan fungeert als hoofd van de fouragedienst en is lid van de knokploeg. Zijn dekmantel is de Fa. Roland Holst die hem alle vrijheid geeft. Als na de bevrijding van het Zuiden de toevoer van distributiebonnen van daaruit is afgesloten, heeft Jan er een dagtaak aan om langs andere wegen zo veel mogelijk distributiebonnen te regelen. In dit verband heeft hij goede contacten met ambtenaren, onder wie de distributieambtenaar Jan van Kan. Ook krijgt hij bonnen na overvallen op distributiekantoren van KP West. Samen met leden van deze KP haalt hij 's nachts diverse keren kolen van door de Duitsers gevorderde boten. Ook neemt hij deel aan de overval op het distributiekantoor Borgerstraat.

In februari 1945 gaat hij met zijn collega Jan Heere per fiets en boot naar Leeuwarden en Groningen om aardappeltransporten naar Amsterdam te regelen. Het is een zeer gevaarlijke tocht. Hiertoe heeft hij vergunningen gekregen via burgemeester Voûte. Op de avond van 4 mei raakt hij betrokken bij een vuurgevecht in Amsterdam in de omgeving van een EHBO post van Groep 2000 bij de Valkenburgstraat. Hierbij vallen doden en gewonden. Jan raakte alleen aan zijn hand gewond.

Na de oorlog wordt Jan Dekker sergeant bij de afdeling van Prins Bernhard (sectie G2), gelegerd in Apeldoorn. Opdracht van deze afdeling is te zoeken naar verkeerde elementen in het leger en berichten over mensen met een nazi-verleden te verifiëren.

In 1948 start hij in Eindhoven een eigen assurantiekantoor. Jan Dekker overlijdt op 15 oktober 2003 te Eindhoven.

FR

Henk Dienske
(1917- 1945)

- Procuratiehouder van een Amsterdams houtimportbedrijf.
- Hoofd van de LO-LKP Noord-Holland.

Henk Dienske wordt in 1917 in Schiedam geboren en groeit op in Amsterdam. Als overtuigd christen is hij actief in kerk (Gereformeerd) en politiek (ARP). Hij is procuratiehouder op een Amsterdams houtimportbedrijf. Als reserve-officier wordt hij vanaf 1939 in Rotterdam gemobiliseerd. Daar maakt hij in mei 1940 de Duitse inval mee. Direct daarna begint hij met verzetsdaden. Via kerkelijke en politieke kringen legt hij contacten voor hulp aan (aanvankelijk vooral joodse) onderduikers. Voor duizenden onderduikers worden adressen gevonden en de bonkaarten verzorgd. Hij bouwt de LO-organisatie in Amsterdam op en legt overal in het land contacten met andere verzetsgroepen zoals Groep 2000. Dienske is geen lid van Groep 2000 maar overlegt tussen september 1942 en maart 1944 dagelijks met Jacoba van Tongeren. Later wordt hij Hoofd van de LO-LKP Noord Holland. Zijn zwager Frits de Die, bij wie hij onderduikt, getuigt later van hem: 'Alleen een schier bovenmenselijke werkkracht en een perfect georganiseerde dagindeling maakten dit mogelijk. Zijn leven was één legkaart van afspraken; met zijn beroemd geworden tassen vol compromitterende papieren fietste hij de hele dag door Amsterdam. Welbewust laadde hij alle risico's op zich, al had hij dat bezorgen van bonkaarten ook aan anderen kunnen overlaten'. In april 1944 wordt hij door verraad gearresteerd en gedetineerd in de gevangenis Weteringschans. Zijn briefjes, die in het wasgoed worden verstopt, getuigen van groot geloof en vertrouwen in een snel einde van de oorlog. Die zomer mislukken twee pogingen om hem en andere verzetsstrijders uit de LO-LKP groep te bevrijden. De tweede poging, 15 juli, kost vele dapperen het leven. Zo worden Johannes Post en zijn makkers in de duinen bij Overveen gefusilleerd en begraven.

In september '44 wordt Henk Dienske via Vught naar Duitsland getransporteerd. In maart 1945 komt het bericht dat hij op 16 februari 1945 is overleden in een Aussenlager van concentratiekamp Neuengamme bij Beëndorf. Van medegedetineerden die overleefden, zijn er de getuigenissen over het leven in het kamp en de rol die hij in zijn groep speelt. De gevangenen worden in een zoutmijn tewerkgesteld. Het werk is zwaar; de ontberingen groot. Waar anderen dreigen te bezwijken, neemt Henk hen het werk uit handen. 's Avonds spreekt hij hun moed in en getuigt van zijn geloof. Hij overlijdt aan dysenterie. Er is diepe rouw bij de groep Nederlanders om hem heen, zij mogen hem wel begraven. Dienske krijgt postuum het Nederlandse Verzetskruis, de Amerikaanse Medal of Freedom en de joodse Yad Vashem onderscheiding. In Amsterdam is een school en een straat naar hem vernoemd.

Job Dienske (zoon)

Chris Dobbinga (1898-1945)

19016D

- Sergeant-telegrafist bij de Koninklijke Marine.
- Marconist bij het illegale Marine Zendstation.

Chris/Kik Wilhelmus Dobbinga is geboren op 2 oktober 1898. Hij vervult een diensttijd van bijna 28 jaar bij de Koninklijke Marine, waarvan ruim 16 jaar in Nederlands-Indië. Dobbinga is sergeant-telegrafist. In 1940 wordt hij gepensioneerd. In september van dat jaar trouwt hij met een ruim acht jaar jongere weduwe (verloskundige) die een vijfjarig dochtertje heeft. Het gezin gaat in Amsterdam-Noord wonen. Eind april 1943 duikt hij onder na een oproep voor terugkeer in Duitse krijgsgevangenschap te hebben ontvangen.

Vanaf mei 1944 is hij -samen met enkele andere oud-marinemannen- ten behoeve van het Algemeen Hoofd Kwartier van de Orde Dienst en Groep 2000 als marconist verbonden aan het Leidend Station -II van de OD-Radiodienst. De radio-, zend- en ontvangstpost is geïnstalleerd in een gehuurd gedeelte van het Oudelieden-tehuis aan de Nieuwe Herengracht 2 te Amsterdam. Van mei tot september 1944 werkt Dobbinga wekelijks mee aan het illegaal verzenden van gecodeerde telegrammen; na Dolle Dinsdag is hij dagelijks betrokken bij de activiteiten van LS-II.

Na een inval in het pand op 30 januari 1945 wordt Dobbinga de volgende dag gearresteerd. Op 14 april 1945 wordt hij op de Amsteldijk gefusilleerd.

Uit: 'De Eerebegraafplaats te Bloemendaal'.

Gré Driessen-Ruhe (1920-2003)

1400G

- *Boekhoudster.*
- *Koerierster bij Groep 2000 en lid van een sabotageploeg binnen het Gemeentelijk Distributiekantoor.*

Margaretha (Gré) Wilhelmina Maria Ruhe wordt op 27 juli 1920 geboren als dochter van Herman Ruhe en Wilhelmina Wichmann. Zij is het vijfde kind uit dit RK-gezin van dertien kinderen. Vader Ruhe is tuinder. Het gezin woont aan de Sloterweg aan de rand van Amsterdam-West in de Sloterpolder, daar waar nu het Rembrandtpark ligt. Gré is de eerste van de kinderen die naar de MULO ging; de St. Mariaschool aan de Da Costakade. Ze behaalt haar diploma in 1937. Vervolgens gaat ze werken bij de Rooms-Katholieke Grafische Bond als kantoormedewerkster, maar dat bevalt haar niet. Ze kan overstappen naar de Gemeentelijke Distributiedienst en komt te werken op het kantoor in de Borgerstraat in Amsterdam-West. Daarnaast doet ze de boekhouding voor het bedrijf van haar vader. In de oorlog raakt Gré betrokken bij Groep 2000 via twee vriendinnen: Els van Tholen en Bep van Parreren. Laatstgenoemde is haar collega bij de gemeentelijke Distributiedienst. Samen met Els van Tholen en G.S.W. Keur vormt Gré een sabotageploeg waardoor onderduikers vanuit het distributiekantoor Borgerstraat heimelijk van de nodige distributie-bescheiden kunnen worden voorzien. Tevens wordt een soort verkenningsdienst op touw gezet, voor het plegen van overvallen om aan bonkaarten te komen. Gré is voor Groep 2000 koerierster. Ook verspreidt zij Vrij Nederland. Af en toe neemt zij van kantoor voedselbonnen mee voor onderduikers. Bij een overval op het distributiekantoor Borgerstraat, uitgevoerd door de KP van Groep 2000, is Gré informante voor de overvallers. Als zij, evenals de andere medewerkers, haar handen omhoog steekt, geeft ze met haar vingers aan op welke verdieping de overvallers moeten zijn. De portier van het kantoor is echter bewapend en begint te schieten waarna de politie wordt gealarmeerd en de overval mislukt. Later vertelt ze aan een van haar dochters dat een kogel vijf centimeter boven haar hoofd in de muur sloeg. Gré gaat de dag erna weer gewoon naar haar werk, want het mag niet opvallen. Na de bevrijding neemt Gré deel aan de herbegrafenis van omgekomen verzetslieden, onder wie Groepsleden, op de Eerebegraafplaats te Overveen. Dit maakt grote indruk op haar.

In 1946 trouwt ze met Henk Driessen. Het echtpaar verhuist vanuit Amsterdam naar Gelderland. Zij krijgen zes kinderen.

In 1982 wordt aan Gré Driessen-Ruhe het Verzetsherdenkingskruis toegekend. Zij overlijdt op 3 maart 2003 in Nijmegen.

FR

Henk Euwe
(1900-1965)

500

- Ambtenaar Belastingdienst.
- Vervaardigt microfilms en fotomateriaal voor de regering in Londen.

Hendrik Evert Euwe wordt geboren op 20 augustus 1900 te Amsterdam. Hij is opsporingsambtenaar der Invoerrechten en Accijnzen bij de Belastingdienst in Amsterdam.

Euwe neemt vanaf 1940 tot de bevrijding deel aan illegale activiteiten. Het begint met de verspreiding van Vrij Nederland. Euwe richt een fotografische afdeling op voor VN (tot het eerste VN-proces). Daarnaast wordt hij betrokken bij de verzorging van onderduikers. Hij zorgt ervoor dat veel Amsterdammers kunnen onderduiken in Drenthe, waar hij contact heeft met een verzetsgroep. Verder neemt hij enkele malen deel aan overvallen op distributiekantoren in Drenthe. Hij (of zijn vrouw onder haar corset) neemt de buitgemaakte bonkaarten mee naar Amsterdam.

Henk Euwe maakt op grote schaal foto's van leden van het Koninklijk Huis bestemd voor de verkoop, de opbrengst komt ten goede aan onderduikers. Ook neemt Euwe in zijn functie bij Invoerrechten en Accijnzen smokkelwaar van Oostfrontstrijders in beslag en speelt deze door voor hulp aan onderduikers.

Euwe heeft vanaf 1940 contact met Groep 2000 (voor het leveren van bonkaarten). Als hij na de spoorwegstaking niet meer naar Drenthe kan, wordt hij officieel lid van Groep 2000. Voor Groep 2000 drukt Euwe microfilms uit Engeland af en maakt hij klein-beeld fotomateriaal bestemd voor de Regering in Londen (wordt verzonden via Zwitserland). Meestal zijn dit rapporten en tekeningen van belangrijke industriecentra waar door de Duitsers oorlogsmateriaal wordt vervaardigd. Maar ook foto's van Gestapo agenten die door het verzet moeten worden geliquideerd.

De berichten voor Euwe worden steeds gebracht naar het wijkgebouw van de Emmakerk aan de Middenweg. Hij doet dit werk meestal 's nachts na beëindiging van zijn dagtaak. Het laatste oorlogsjaar heeft hij een onderduiker in huis. Steeds staat hij onder spanning en is hij bang dat bij een overval van de SD alles gevonden zal worden. Euwe staat op zeker moment hierom op het punt te stoppen met zijn fotowerkzaamheden. Jacoba van Tongeren weet hem echter te overtuigen door te gaan vanwege het grote belang van zijn fotowerk voor Groep 2000.

Het vele werk 's nachts, onder enorme geestelijke spanning, leidt ertoe dat zijn gezichtsvermogen erg achteruit gaat.

Na de oorlog werkt Euwe nog enkele jaren bij de Belastingdienst. Uiteindelijk wordt hij blind. Henk Euwe overlijdt op 4 augustus 1965.

FR

Ben Fetter
(1919- 2013)

2049

- *Machinist bij de kustvaart.*
- *Neemt deel aan wapentransporten en overvallen op distributiekantoren.*

Bernardus Fetter wordt geboren op 6 november 1919 te Huizem, gemeente Leeuwarderadeel. Hij is de zoon van Johannes Fetter en Bernardina van der Meulen. Voor de oorlog werkt hij tot oktober 1939 bij de kustvaart als machinist. Daarna gaat hij in Amsterdam werken bij Werkspoor.

Ben Fetter neemt vanaf augustus 1940 deel aan illegale activiteiten. Voor Groep 2000 voert hij onder meer wapentransporten uit en hij neemt deel aan overvallen op distributiekantoren. Hij is de wapeninstructeur van de Groep.

Hij maakt deel uit van de Veiligheidsdienst van Groep 2000 (de KP), die later opgaat in het Vendel 'Vrij Nederland'. Ben Fetter is een van de twee ondercommandanten (samen met J.O.C. van der Meer). Het Vendel 'Vrij Nederland' wordt op 5 mei 1945 gemobiliseerd. Fetter is ook betrokken bij voedseltransporten. Een oom van hem is in Leeuwarden agent van de Amstelbrouwerij en moet regelmatig vaten bier naar Friesland transporteren. Bij de terugtocht liggen er in het schip onder de luiken waar de lege vaten op liggen kilo's aardappelen verstopt. Ben zorgt er in Amsterdam vervolgens voor dat de aardappelen bij het verzet terechtkomen.

Ben Fetter trouwt op 19 april 1945 te Amsterdam met Ada (Aartje) Bonte (1924-1994).

Ada is in de oorlog koerierster voor het verzet geweest.

In 1945 werkt hij nog enige tijd bij de Rijkspolitie te water. Dan verhuist het gezin naar Den Burg (Texel). Het echtpaar krijgt twee dochters. Vervolgens werkt Ben een aantal jaren bij de Centrale Controledienst en de Belastingdienst. In 1951 emigreert hij naar Canada. Hij wordt daar directeur van een technische school. Daar overlijdt hij op 17 juni 2013, 93 jaar oud.

FR

Madeline van Geuns (1923- 2010)

705

- Beroep onbekend.
- Onderzoekt steunaanvragen van onderduikers en is een van de assistenten van Jacoba.

Madeline Fenna van Geuns wordt geboren op 2 juni 1923 te Amsterdam. Zij is al in een vroeg stadium bij de Groep betrokken. Haar taak betreft het onderzoeken van steunaanvragen van onderduikers. De Groep krijgt honderden aanvragen om steun: onderzocht wordt wat de aard is van het steungeval (bonkaart of geld en dergelijke) en of er ook agents-provocateur onder zijn. De Onderzoeks-Centrale (OC) van de Groep moet ook recherchewerk verrichten om dat uit te zoeken. Daarvoor heeft de OC uitstekende contacten met de politie.

Madeline van Geuns is de assistente van Jacoba, die onvermoeid de stad doorkruist en soms het werk van Jacoba geheel overneemt op dit terrein. Zij levert uitvoerige verslagen in over de steunaanvragen. Later krijgt Madeline een belangrijke taak bij de Bonnen-Centrale van de Groep. Op tijd moeten duizenden bonnen, elke periode opnieuw, vanuit het centraal-depot bij de verschillende wijkbezorgers worden gebracht. Voorts onderhoudt ze de contacten met de Arbeidsbeurs. Dit is ook van groot belang voor de Groep.

In 1943/1944 is zij samen met Gerda Meijer betrokken bij de hulp aan onderduikers op de Veluwe in het 'Pas-op'-kamp. Beiden zijn daar als lid van Groep 2000 door Jacoba naar toe gestuurd. In dit kamp zitten hoofdzakelijk Joodse onderduikers. Madeline gaat naar Amsterdam terug als het geheime dorp in september 1944 door de Duitsers wordt ontdekt. Ze wordt koerierster van geheim agent ir. P. De Vos (schuilnaam Bram). Hij moet de radiocommunicatie vanuit Amsterdam met Londen verzorgen. Hij werkt weer voor geheim agent Biallosterski (Hans) werkt, die later door de SD wordt vermoord. In april 1945 begeleidt zij Joke als die voor het Parool wapens van Vierhouten naar Amsterdam brengt. Ze worden aangehouden. Joke wordt gearresteerd, Madeline weer vrijgelaten.

Op 3 maart 1948 trouwt zij met Gerard Benjamin du Celliee Mueller, geboren 28 februari 1918 te Amsterdam. Hij was eveneens actief in het verzet.

Na 1948 emigreert Madeline met haar man naar de Verenigde Staten waar ze drie kinderen krijgen. Zij overlijdt in de VS in 2010.

PvT

ds. Marinus Groenenberg (1904-1981)

700

- Predikant.
- Ondersteunt de Groepsleden geestelijk en moreel.

Marinus Groenenberg wordt geboren op 8 juli 1904 te Dordrecht. Hij studeert theologie aan de RU Utrecht. In de oorlogsjaren is hij achtereenvolgens predikant in Vlaardingen (tot 1943) en in Amsterdam (1943-1953).

Groenenberg heeft in de Nederlands Hervormde Kerk diverse bestuursfuncties vervuld. Ook als hij predikant is in Amsterdam zit hij in het kerkbestuur; hij is dan scriba van de Centrale Kerkenraad.

Niet alleen steunt hij vanuit het kerkbestuur de Groep 2000. Ook neemt hij actief deel aan de bijeenkomsten van Groep 2000 in het wijkgebouw aan de Van Lennepkade, om de Groepsleden die hier behoefte aan hebben geestelijk en moreel te ondersteunen.

Kort na de bevrijding behoort Groenenberg tot de groep Amsterdamse predikanten die 'de doorbraak' tot stand brengen en lid worden van de SDAP en later van de PvdA.

Ds. Groenenberg geniet in de Hervormde Kerk grote bekendheid. Onder meer omdat hij wekelijks artikelen schrijft in het weekblad Hervormd Nederland onder de titel: 'Groen bekeken'.

Marinus Groenenberg overlijdt op 21 december 1981 in Utrecht.

FR

Henriëtte Haak - van Eek (1894-1944)

8028

- *Huisvrouw.*
- *Zet zich in voor hulp aan Joodse onderduikers.*

Henriëtte Augusta van Eek wordt geboren op 10 april 1894 te Batavia. Zij trouwt op 17 oktober 1918 te Batavia met Jurriaan Haak. Zij behoren tot de Doopsgezinde Broederschap. Het echtpaar krijgt vijf kinderen. In 1922 komt het gezin naar Nederland. Eerst woont men in Bloemendaal, vanaf 1926 woont het gezin in Amsterdam.

Als de oorlog uitbreekt, woont het gezin in De Lairessestraat in Amsterdam-Zuid . De heer en mevrouw Haak werken samen met het studentenverzet, de groep 'P. van Doorn' en Groep 2000. Via de Doopsgezinde Gemeente is het gezin Haak in contact gekomen met Groep 2000. Zij werken onder meer samen met Cor Inja, die ook lid is van Groep 2000.

Door haar uitgebreide kerkelijke- en maatschappelijke connecties kan Henriëtte Haak voor veel Joden, vooral kinderen, onderduikadressen verzorgen. Ook bij de bonnenvoorziening is zij behulpzaam. Thuis zijn bij de heer en mevrouw Haak twee Joodse kinderen ondergedoken.

Als een zoon van het echtpaar Haak bij de verspreiding van het gedicht van Jan Campert 'De Achttien Dooden' wordt aangehouden doordat hij op een gecompromitteerd adres komt, volgt een inval in de woning van de familie Haak. Hier worden nog verscheidene exemplaren van dit gedicht aangetroffen. Daarop worden op 3 augustus 1943 de heer en mevrouw Haak in hun woning gearresteerd. Gelukkig vindt de SD bij de inval niet de Joodse kinderen, die boven in het huis verblijven. De anderen kinderen zijn niet thuis.

Na drie maanden aan de Amstelveenseweg gevangen te hebben gezeten, worden de heer en mevrouw Haak op 6 oktober 1943 naar kamp Vught overgebracht.

Mevrouw Haak gaat pas in september 1944 met het laatste vrouwentransport uit Vught naar Ravensbrück. Na enige tijd moet zij vandaar naar Rheinenbach, waar zij op 6 december 1944 aan malaria overlijdt.

In het 'Beknopt Verslag' schrijft Jacoba: 'Tot op het laatste toe is mevrouw Haak gebleven wie zij was: een steun voor ieder, die met haar in aanraking kwam. Ondanks alle wederwaardigheden tijdens haar gevangenschap, bleef zij deze innerlijke kracht bewaren en doorgeven. Velen is zij daar nog tot zegen geweest.'

FR

Jurriaan Haak
(1891-1944)

8028J

- Leraar en conrector op Lyceum.
- Zet zich in voor hulp aan Joodse onderduikers.

Jurriaan Haak wordt geboren op 3 november 1981 te Semarang. Hij trouwt op 17 oktober 1918 te Batavia met Henriëtte van Eek. Zij behoren tot de Doopsgezinde Broederschap. Het echtpaar krijgt vijf kinderen.

In 1922 komt het gezin naar Nederland. Eerst woont men in Bloemendaal, vanaf 1926 woont het gezin in Amsterdam. De heer Haak wordt leraar wis- en natuurkunde op het Amsterdams Lyceum en leraar en tevens conrector van het Montessori Lyceum in Amsterdam-Zuid.

Als de oorlog uitbreekt, woont het gezin in De Lairessestraat in Amsterdam-Zuid . Van 1940 af houdt Haak zich op velerlei gebied met verzetswerk bezig. Hij verzorgt onderduikers en verleent zijn bemiddeling bij het belangeloos onderbrengen van een groot aantal Joodse kinderen. Het echtpaar neemt zelf twee Joodse kinderen in huis.

Haak werkt samen met het studentenverzet, de Groep 'P.van Doorn' en Groep 2000. Via de Doopsgezinde Gemeente is het gezin Haak in contact gekomen met Groep 2000. Zij werken onder meer samen met Cor Inja, die ook lid is van Groep 2000.

Als een zoon van het echtpaar Haak bij de verspreiding van het gedicht van Jan Campert 'De Achttien Dooden' wordt aangehouden doordat hij op een gecompromitteerd adres komt, volgt een inval in de woning van de familie Haak. Hier worden nog verscheidene exemplaren van dit gedicht aangetroffen. Daarop worden op 3 augustus 1943 de heer en mevrouw Haak in hun woning gearresteerd. Gelukkig vindt de SD bij de inval niet de Joodse kinderen, die boven in het huis verblijven. De anderen kinderen zijn niet thuis.

Na drie maanden aan de Amstelveenseweg gevangen te hebben gezeten, worden de heer en mevrouw Haak op 6 oktober 1943 naar kamp Vught overgebracht. In mei 1944 wordt Jurriaan Haak op transport gesteld naar Dachau; vandaar omstreeks november naar Sachenhausen. Het transport is heel zwaar en al spoedig na aankomst in Sachenhausen (in december 1944 of begin januari 1945) overlijdt Haak aan algehele uitputting.

FR

Wilhelmina Hageraats
(1921 – onbekend)

801

- *Modetekenares.*
- *Assistente bij de Onderzoek-Centrale en koerierster bij de Pers van Groep 2000.*

Wilhelmina Hageraats wordt geboren op 17 februari 1921 te Amsterdam. Zij woont bij haar moeder Wilhelmina van der Horst aan de Hoofdweg in Amsterdam op het moment dat de oorlog uitbreekt.

Wilhelmina is van beroep modetekenares. Zij sluit zich in juni 1944 aan bij Groep 2000. Hier wordt zij assistente bij de Onderzoek-Centrale en wijkverzorgster in Amsterdam-West, sectie I; de Bos en Lommer en Zeeheldenbuurt. Haar activiteiten bestaan uit het distribueren van geld en bonkaarten voor onderduikers.

Ook wordt zij koerierster bij de Pers van Groep 2000; in het laatste oorlogsjaar brengt zij dagelijks bulletins van Vrij Nederland rond.

Opgemerkt wordt dat in de woning van haar moeder soms vergaderingen plaatsvinden van Groep 2000. Moeder heeft enige tijd twee onderduikers in huis: Groepslid 1302 (J.O.C. van der Meer) en een joodse onderduiker. J.O.C. van der Meer is wijkverzorger in de Staatsliedenbuurt, ook hij is betrokken bij de Pers van Groep 2000.

FR

Jacobus Hazebroek
(1899- 1958)

807

- Directeur bij Ten Have papierwaren-fabriek.
- Districtshoofd van een van de wijken. Verzorgt ook het clandestiene drukwerk van Groep 2000.

Jacobus Cornelis Hazebroek is op 14 juni 1899 geboren. Hij trouwt met Anna Maria Berghuis en wordt vader van drie zonen en een dochter. Hazebroek is tot 1936 procuratiehouder bij Betke chocoladefabriek in de Haarlemmerhout-tuinen te Amsterdam. Daarna wordt hij directeur bij Ten Have's papierwarenfabriek in Amsterdam.

Hij woont in de oorlog vlak naast Jacoba van Tongeren en komt zo met Groep 2000 in contact. Spil van het werk van Groep 2000 is het werk in de wijken. Hazebroek leidt vanaf het begin een van wijken, Sectie Noord. Hij is een van de vijf Districtshoofden.

Hij verzorgt ook als directeur van Ten Have's papierwarenfabriek het clandestiene drukwerk voor het coderegister, e.d.

Jacobus Hazebroek overlijdt op 21 april 1958 aan een hartinfarct.

Iny (dochter) en Gerard van Well

Johannes Heijboer (1912-1945)

- Ingenieur bij Philips.
- Chef van het Marine Zendstation.

Johannes Pieter Heijboer, geboren op 8 maart 1912, is reserve-tweede-luitenant voor Speciale Diensten en werkt als ingenieur bij Philips in Eindhoven.

Nadat OD-chefstaf jhr. P.J. Six in 1943 in conflict is geraakt met J. Thijssen, hoofd van de OD-Radiodienst, wordt Heijboer als radiospecialist ingeschakeld om de zendapparaten in het land te onderzoeken. Op grond van zijn bevindingen (de dienst functioneert onvoldoende in zowel technisch als organisatorisch opzicht) wordt besloten dat hij als nieuw hoofd van de OD-Radiodienst 24 nieuwe zendapparaten zal construeren en plaatsen. Medio 1944 beschikt de OD aldus over een nieuw opgebouwd, verbeterd binnenlands zendernet, dat over vrijwel het hele land is verspreid. De radio-, zend- en ontvangststations Leidend Station -I (in Blaricum) en II (in Amsterdam, ten huize van D. Hulsman) onderhouden ten behoeve van het Algemeen Hoofdkwartier van de OD in Amsterdam verbindingen met de radionetten in de OD-gewesten en wisselen honderden codetelegrammen met het reeds bevrijde Eindhoven. Leidend Station II werkte ook ten behoeve van Groep 2000.

Johan Heijboer, chef van het Marine zendstation, hoewel zelf geen lid van Groep 2000, is als contact van alles op de hoogte en verleent steeds zijn volle medewerking als Groep 2000 een verzoek heeft.

Op 30 januari 1945 wordt Heijboer- bij Hulsman wonend- door de Sipo gearresteerd nadat LS-II vermoedelijk is uitgepeild. Op 14 april 1945 wordt hij aan de Amsteldijk in Amsterdam gefusilleerd.

Uit: 'De Eerebegraafplaats te Bloemendaal'.

Henk Hellinga (1908- 1944) alias Paul Guermonprez

- Eigenaar van een fotografie-en reclamebureau.
- Maakt deel uit van de Raad van Verzet en is bij meerdere overvallen betrokken.

Henk Hellinga, alias Paul Guermonprez, wordt op 28 december 1908 te Gent (België) geboren. Hij krijgt in augustus 1940 de 'technische leiding' bij het Algemeen Secretariaat van de Nederlandse Unie in Den Haag. Hellinga is eigenaar van een fotografie-en reclamebureau, dat hij op 1 april 1942 opheft omdat hij zich niet wil aansluiten bij de Kultuurkamer. Van 4 mei 1942 tot 30 juli 1943 is hij als gijzelaar geïnterneerd in St. Michielsgestel. Na zijn vrijlating duikt hij onder en neemt hij actief deel aan het verzet.

Hij werkt mee aan de Brandarisbrief en heeft contact met de Persoonsbewijzen Centrale. Met onder anderen G.J. van der Veen en G. Wagenaar maakt hij vanaf de nazomer van 1943 deel uit van de leiding van de Raad van Verzet en onderhoudt hij de contacten met verzetsgroepen in Twente, Noord-Brabant en Limburg. In Noord- en Zuid-Holland is hij betrokken bij het organiseren en uitvoeren van diverse overvallen (o.a. op het distributiekantoor Borgerstraat in Amsterdam) en sabotage-acties.

Hellinga is onder zijn schuilnaam Paul Guermonprez de leider van Kring Borgerstraat, waar ook Henk Dienske deel van uitmaakt en Jaap Balder mee samenwerkt. De contacten van Groep 2000 met de Kring Borgerstraat lopen steeds indirect via Henk Dienske, Henk Hellinga en Jaap Balder. Na de arrestatie van Henk Dienske sluit Kring Borgerstraat zich als Kring 1400 bij Groep 2000 aan. Hellinga/Guermonprez is een trouwe vriend van Groep 2000 en Kring 1400 is een grote steun op meerdere terreinen voor Groep 2000.
Op 4 april 1944 wordt Henk Hellinga gearresteerd en op 10 juni 1944 als Paul Guermonprez ter dood veroordeeld en direct gefusilleerd.

Uit: 'De Eerebegraafplaats te Bloemendaal'.

Simon Hoekstra (1888- 1989)

804

- Hoofdkassier bij het Gemeentelijk Girokantoor.
- Betrokken bij Vrij Nederland in het eerste jaar. Houdt zich later vooral met financiering en propaganda bezig.

Simon Hoekstra is op 22 april 1888 in Oosterwolde geboren.
Hij is hoofdkassier bij het Gemeentelijk Girokantoor.

Hoekstra is betrokken bij de oprichting van Vrij Nederland in 1940. Als in het voorjaar van 1941 veel arrestaties in de gelederen van Vrij Nederland plaatsvinden (en dus ook onder Groepsleden), moet de Groep zonder Naam de bakens verzetten. Vrij Nederland is niet langer de hoofdactiviteit van de Groep; door de Februaristaking van 1941, wordt het probleem van de verzorging van onderduikers urgent. Drie Groepsleden en vrijmetselaars pakken dit pionierswerk op: Troostwijk, Hoekstra en Kroon. Hoekstra houdt zich vooral met de financiering en propaganda bezig.

Simon Hoekstra overlijdt in 1989.

PvT

Frans Hofker
(1921- 2000)

- Typist bij de PTT.
- Initiatiefnemer van Vrij Nederland, waarvan het eerste nummer op 31 augustus 1940 uitkomt.

Frans Hofker is geboren op 4 maart 1921 in Amsterdam. Hij is 19 jaar als de oorlog uitbreekt. Hij heeft dan al z'n diploma van de HBS op zak en is werkzaam bij de PTT in Amsterdam als typist. Daar vat hij het plan op de ondergrondse pamfletten, brieven en gedichten die sinds de capitulatie van Nederland in mei 1940 circuleren, in één krant onder te brengen. Op deze manier, zo oordeelt hij, zal de Duitse leugen-propaganda ontmaskerd worden en de Nederlandse bevolking op de hoogte blijven van de werkelijke stand van zaken. Bovenal moet het blad het gekrenkte rechtsgevoel van de bevolking en het recht doen wedervaren. Samen met twee vrienden van school, Kalkman en Van Donge en PTT collega Galjaard wordt het plan uitgewerkt.

Daan Levendig, Jan van der Neut en Jan Peppink zijn in deze beginperiode ook nauw betrokken bij het initiatief, waarbij het contact met 'Groep 2000' door Jan van der Neut wordt gelegd. 'Groep 2000' ondersteunt Vrij Nederland op verschillende manieren.

Het eerste nummer verschijnt op op 31 augustus 1940, de verjaardag van koningin Wilhelmina. Op 9 mei 1941 wordt Frans opgepakt door de Sicherheitspolizei en na een verblijf van een jaar in het Oranje Hotel in Scheveningen begint het proces.

Hij wordt veroordeeld tot 6 jaar tuchthuisstraf en gaat op transport naar Kleef, daarna naar Keulen om te eindigen in Siegburg.

In maart 1945 ontsnapt hij uit Siegburg met een paar vrienden en na een barre tocht vol ontberingen komt hij uiteindelijk op 1 juni 1945 aan in Amsterdam.

Na de oorlog werkt hij nog even bij de PTT, daarna is hij korte tijd redacteur van Ons Baken geweest. Hij trouwt, waarna hij gaat werken bij de Hollandse Lloyd en voor een paar jaar naar Brazilië afreist als buitenland correspondent en vertaler. Hij krijgt drie kinderen. Eenmaal terug in Nederland werkt hij tot aan zijn pensionering als technisch vertaler.

Frans overlijdt op 25 mei 2000 in Delft.

Karen Hofker (dochter)

Jan Piet van Hoften (1890 – 1980)

8047

- Opperwachtmeester bij de Staatspolitie.
- Leidt de hoofdafdeling Persoonsbewijzen en falsificaties van Groep 2000 en heeft de leiding over het recherchewerk naar speciale gevallen bij binnengekomen steunaanvragen.

Jan Piet van Hoften wordt op 4 juni 1890 in Utrecht geboren. Hij is van beroep elektricien en heeft bij de Staatsmijnen gewerkt. In 1922 komt hij in dienst bij de politie. Maart 1943 wordt hij aangesteld als opperwachtmeester van de Staatspolitie in Amsterdam.

Van Hoften is voor Groep 2000 de contactman met de Persoonsbewijzen-Centrale en leidt vanaf midden 1942 de hoofdafdeling Persoonsbewijzen en falsificaties van Groep 2000. Hij verzorgt ook met grote voortvarendheid en nauwgezetheid in het verband van Groep 2000 een groot aantal ondergedoken politie-agenten of hun gezinnen. De Onderzoek-Centrale van Groep 2000 is belast met het onderzoek naar binnenkomende steungevallen. Van Hoften heeft bij de Onderzoek-Centrale de leiding over het recherchewerk naar speciale gevallen. Hij zorgt ervoor dat alle informatie uit politiedossiers beschikbaar komt.

Hij krijgt in 1944 opdracht van burgemeester Voûte Jacoba en Groep 2000 te informeren als er onraad dreigt voor hen of voor de illegaliteit.

Op 27 januari 1945 wordt Jan Piet van Hoften formeel om disciplinaire redenen ontslagen. Kort tevoren had de Duitse politie 130 politiemannen opgepakt op verdenking van anti-Duitse gezindheid. Van Hoften is toen – evenals diverse andere collega's – uit veiligheidsoverwegingen weggebleven van zijn werkplek, waarna hij is ontslagen. Na de bevrijding komt hij weer in dienst van de Amsterdamse politie.

Van Hoften gaat in oktober 1948 met pensioen. Hij overlijdt op 24 september 1980 te Roermond.

FR

Jan Holm
(1896-1972)

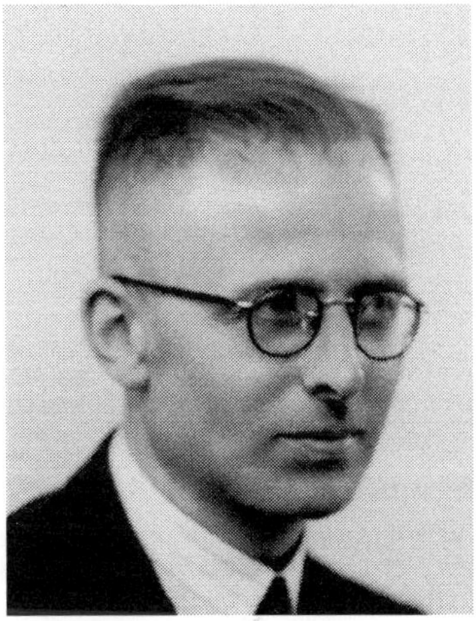

- Onderwijzer.
- Mede-oprichter van de 'verzetsgroep Henk Dienske'. Zit in de top van Trouw in Amsterdam.

Jan Weijert Holm wordt geboren op 2 november 1896. Hij woont in Amsterdam en is daar onderwijzer op een Lagere School. Voor de oorlog is hij een zeer actief lid van de AR-Partij.

Kort na het uitbreken van de oorlog in 1940 begint Holm met illegale activiteiten. Met zijn vriend Henk Dienske, die hij kent uit de Gereformeerde Kerk en de ARP, begint hij de 'verzetsgroep Henk Dienske'. De groep verzorgt geld, bonkaarten en persoonsbewijzen voor onderduikers en geeft ook hulp en steun aan achtergebleven families van onderduikers. Jan Holm brengt onderduikers, onder wie veel Joden, naar hun onderduikadres, bijvoorbeeld in Broek op Langendijk. Hij haalt regelmatig grote aantallen bonkaarten uit diverse plaatsen, bijvoorbeeld Aalten en Haarlem, naar Amsterdam. Op een zeker moment zijn dit 1.500 bonkaarten per maand. Ook verzamelt hij gelden in het kader van het NSF.

Jan Holm verspreidt ook diverse illegale bladen: Trouw, Het Parool en Vrij Nederland. Hij zit in de top-organisatie van Trouw in Amsterdam.

Aanvankelijk deed hij deze activiteiten alleen met Henk Dienske. Later in LO en NSF verband. Zijn illegale werk breidt zich steeds verder uit. In 1943 wordt hij door een mede-kerklid, die rechercheur van politie is, gewaarschuwd dat hij op een opsporingslijst van de SD staat. Daarom gaat hij na de zomervakantie niet meer terug naar zijn school; van het schoolbestuur krijgt hij 'studieverlof voor hoofdakte', een excuus voor de vrijstelling van zijn onderwijstaak. Al voor die tijd is hij ondergedoken, en hij zet zijn illegale werk voort. Jan Holm werkt in de illegaliteit onder de schuilnamen 'de Wit' en 'Jansen'.

Jan Holm heeft – net zoals Henk Dienkse- samengewerkt met Jacoba en Groep 2000. Pas in 1944 komt hij erachter dat Jacoba, met wie hij al jarenlang samenwerkt, bij Groep 2000 hoort.

Na de oorlog gaat Holm weer in het onderwijs werken. Daarnaast is hij nog enige tijd actief voor de Stichting 1940-1945. Maar Jan Holm heeft gezondheidsklachten gekregen door het langdurige illegale werk. In 1959 moet hij zijn werkzaamheden beëindigen wegens overspannenheid en hoge bloeddruk. Kort daarna krijgt hij tweemaal een hartinfarct, waarna ook zijn gezichtsvermogen achteruit gaat. Hij kan dan nauwelijks meer lopen. In januari 1969 wordt Jan Holm opgenomen in een verpleegtehuis in Amsterdam, waar hij op 6 december 1972 overlijdt.

FR

Isidoor Huijkman (1909-1944)

800

- Kantoorbediende.
- Neemt deel aan overvallen waarbij bonkaarten en geld worden buitgemaakt ten behoeve van Groep 2000.

Isidoor Huijkman wordt geboren op 20 maart 1909. Hij is joods. In 1931 trouwt hij met Caroline Louise Hermine Strubelt. Zij is niet joods. Het echtpaar krijgt drie kinderen. Als de oorlog uitbreekt, is Isidoor Huijkman kantoorbediende bij de Algemene Brandstoffenhandel 'Amsterdam' in de hoofdstad. Om wat bij te verdienen geeft hij in zijn vrije tijd pianolessen. Isidoor weigert een jodenster te dragen. Op het moment dat dit verplicht wordt, neemt hij een andere naam aan, de naam van zijn overleden oom Martin van Bremen.

Isidoor Huijkman verricht vanaf eind 1941 illegaal werk. Aanvankelijk bestaat dit uit het onderbrengen en verzorgen van onderduikers. Op zeker moment sluit hij zich aan bij de Knokploeg (KP) Alkmaar van Frits Conijn. Zijn vrouw sluit zich hier ook bij aan; zij wordt koerierster en werkt onder de schuilnaam 'Puck'.

De KP maakt bonkaarten en blanco persoonsbewijzen buit bij overvallen op distributiekantoren en gemeentehuizen. Via Martien Buring (groepslidnr. 2014), de buurman van het echtpaar Huijkman, worden bonkaarten en blanco persoonsbewijzen aan Groep 2000 geleverd.

Als in de eerste helft van 1944 veel illegale werkers worden gearresteerd, gaat Isidoor Huijkman samen met zijn ploeggenoot Jan Arie Groot naar Rotterdam-Kralingen. Samen vormen zij in juli 1944 de KP Jos. Ook 'Puck' Strubelt wordt lid van KP Jos.

De KP Jos overvalt in de nacht van 25 op 26 juli 1944 het Raadhuis te Amstelveen met hulp van de plaatselijke politieman Anton van den Hurk. Deze kraak wordt uitgevoerd ten behoeve van Groep 2000 en levert bonkaarten, ruim 500 blanco persoonsbewijzen en diverse stempels op.

Na de arrestatie van een Groepslid wordt Isidoor Huijkman op 1 september 1944 op zijn huisadres opgepakt en vanuit het Huis van Bewaring op de Weteringschans in Amsterdam naar kamp Vught overgebracht. Op 5 september (Dolle Dinsdag) en op 6 september 1944 wordt kamp Vught ontruimd. Niet alle gevangenen worden op transport gesteld. Op 5 en 6 september worden 71 mannen omgebracht op de fusilladeplaats nabij het Kamp Vught. Isidoor Huijkman is een van deze mannen; hij wordt op 6 september 1944 gefusilleerd.

FR

Dirk Hulsman (1920- 1945)

19016H

- Matroos bij de Marine.
- Marconist bij het Marine Zendstation van Groep 2000.

Dirk/Dick Hulsman is geboren op 14 oktober 1920. Hij wordt in mei 1937 matroos bij de Koninklijke Marine en wordt medio 1940 op wachtgeld gesteld. In 1941 komt hij op contractbasis in dienst bij het Rijksbureau voor Diamant. Nadat hij eind april 1943 een oproep voor terugkeer in Duitse krijgsgevangenschap ontvangt, duiken hij en zijn jonge echtgenote onder op diverse plekken. Hij vervalst individueel enkele persoonsbewijzen.

In januari 1944 keren zij, in verband met de geboorte van hun zoon, terug naar Amsterdam, waar Hulsman majoor-telegrafist/OD'er Th. J. Schamp ontmoet. Kort hierna wordt in een door het echtpaar Hulsman gehuurde woning in het Oudelieden tehuis-complex van de NH Diaconie aan de Nieuwe Herengracht 2 ten behoeve van de OD en Groep 2000 een radio-, zend-, en ontvangpost ingericht: Leidend Station -II. In hun woning is een geheime telefoonlijn met het AHK-OD, worden verzetsvergaderingen gehouden, verblijven korte tijd een geheim agent en een joods gezin en werken constant marconisten. Op 30 januari 1945 overvalt de Sipo het pand en worden alle aanwezigen, onder wie Hulsman, gearresteerd. Op 14 1945 april wordt hij gefusilleerd.

Uit: 'De Eerebegraafplaats' te Bloemendaal'.

Cor Inja (1903-1989)

901

- Werkman.

- Principieel dienstweigeraar. Zet zich in voor hulp aan protestantse joden.

Cornelis Paulus Inja wordt op 27 juli 1903 geboren. Hij behoort tot de Doopsgezinde Broederschap. Inja is een religieus socialist en principieel dienstweigeraar. Op grond hiervan brengt hij in 1925 acht maanden in de strafgevangenis in Scheveningen door. In 1930 trouwt hij met Ellen Weyl; zij is van joodse afkomst, maar van huis uit doopsgezind. Als de oorlog uitbreekt, woont het echtpaar in Zaandam. Cor Inja is werkman.

Direct bij het begin van de oorlog in 1939 wordt Inja actief in de organisatie van hulpwerk voor evacuées uit Duitsland. Hieronder zijn veel protestantse joden. Inja raakt betrokken bij de Werkgemeenschap van Quakers en Doopsgezinden, die dit hulpwerk tot zijn taak rekent. Begin 1942 moeten de gemengd gehuwden verhuizen naar Amsterdam. Daar ontmoet Inja via het kerkelijk werk Jacoba van Tongeren. Hij sluit zich aan bij de Groep 2000. Inja krijgt opdracht om predikanten te bezoeken van de protestantse kerken om bijdragen in te zamelen voor het werk onder de protestantse joden. Daarnaast probeert hij via hen adressen voor onderduikers te verkrijgen. Vanaf juli 1943 tot voorjaar 1944 heeft Inja bij Groep 2000 de leiding van het bureau dat levensmiddelenpakketten verstuurt naar de protestantse joden in Westerbork met een kerkstempel. Later worden ook pakketten verstuurd naar joden in Bergen Belsen en Theresiënstadt. Om vrij te kunnen reizen beschikt Cor Inja over een aanstelling van de Hervormde Kerk tot hulppredikant. Hij is op verschillende fronten actief. Zowel in het verzet, maar ook openlijk ten behoeve van het hulpwerk. Hij kan hiervoor over grote donaties beschikken van de doopsgezinde families Honig en Verkade uit de Zaanstreek. In 1944 blijkt dat de SD jacht op hem maakt. Door toeval ontkomt hij tweemaal aan arrestatie, waarna Inja en zijn vrouw voorjaar 1944 weten onder te duiken in Baarn. Ook van hieruit blijft hij actief in het verzet en het hulpwerk aan de gedetineerden in Westerbork.

Na de oorlog treedt Cor Inja hij in dienst van het Vredesbureau van de Doopsgezinde Broederschap. Daarnaast wordt hem gevraagd de begeleiding en geestelijke verzorging van dienstweigeraars op zich te nemen. Tot 1973 bezoekt hij enkele dagen per week de erkende gewetensbezwaarden en tewerkgestelden. Vanwege zijn verdiensten op dit terrein wordt hij benoemd tot Ridder in de orde van Oranje Nassau. In 1978 wordt hij aangesteld als hulppredikant in Baarn. Cor Inja overlijdt op 23 oktober 1989.

FR

Ellen Inja-Weijl (1903-1968)

901e

- *Lerares.*
- *Zet zich met haar man in voor hulp aan protestantse joden.*

Ellen Justine Weijl wordt geboren op 13 juli 1903 te Enschede. Haar beide ouders zijn van Joodse afkomst. Ellen wordt echter samen met haar moeder doopsgezind. Ellen is lerares bij het nijverheidsonderwijs. In 1930 trouwt ze met Cor Inja (Groepslid 901), die niet Joods is. Hij is doopsgezind, christen-socialist en dienstweigeraar. Als de oorlog uitbreekt, woont het echtpaar in Zaandam.

Al voor de oorlog zijn Cor en Ellen actief bij de opvang van Joodse en andere vluchtelingen uit Duitsland en Oost-Europa in de Werkgemeenschap van Quakers en Doopsgezinden. In september 1940 krijgt de Zaandamse groep het verzoek om pakketten te maken voor 'niet arische protestantse vluchtelingen' in kamp Westerbork.

Op 31 januari 1942 worden de gemengd gehuwden uit Zaandam gedwongen om naar Amsterdam te verhuizen. Cor en Ellen Inja komen daar via het kerkelijk werk in 1942 in contact met Jacoba van Tongeren en sluiten zich aan bij Groep 2000. Zij werken samen op het gebied van hulp aan onderduikers.

Ellen geeft daarnaast leiding aan de sociale activiteiten van de Werkgemeenschap van Doopsgezinden en Geestverwanten. De leden werken in de armste buurten van Amsterdam en ondersteunen onder andere vrouwen wier man gevangen zit. Ellen heeft een vervalst persoonsbewijs, zonder J. In juli 1943 wordt in de Nieuwe Kerk in Amsterdam door Groep 2000 een bureau opgezet dat levensmiddelenpakketten gaat sturen naar de protestantse joden in Westerbork en enkele andere kampen. De leiding van het bureau berust bij Cor Inja, maar die schrijft in zijn dagboek dat zijn vrouw Ellen en ook Truus Wijsmuller het leeuwendeel van het werk voor hun rekening nemen.

In het voorjaar van 1944 wordt de situatie in de regio Amsterdam te gevaarlijk voor het echtpaar. Verschillende contactpersonen worden opgepakt. Ellen en Cor duiken onder in Baarn. Van hieruit blijven ze echter actief in het verzet en het hulpwerk aan gedetineerden in Westerbork.

Na de bevrijding zijn Ellen en Cor Inja in Baarn blijven wonen. Ellen Weijl is na een lang ziekbed in 1968 overleden. Haar man overlijdt in 1989.

FR

Ariëne van Kalken (1913-1979)

11040

- *Verpleegster.*
- *Chef Koeriersdienst.*

Ariëne Anna van Kalken wordt geboren op 31 oktober 1913. Zij is van beroep verpleegster. Vanaf 1940 doet zij samen met haar verloofde Jan Peppink illegaal werk. Beiden behoren tot de oprichters van 'Vrij Nederland'. Zij verrichte koeriersdiensten en werkt voor dit blad als typiste. Na een meningsverschil binnen de redactie richt zij met Jan Peppink in februari 1941 het blad 'Nederland Vrij' op. In april 1941 wordt Jan Peppink gearresteerd en later ook andere VN-werkers en Ariëne van Kalken. Zij wordt gebracht naar de Euterpestraat en nog dezelfde avond vrijgelaten. Bij het verhoor door de SD wordt zij geslagen, waardoor zij aan een kant volslagen doof wordt. Haar beide scheenbenen worden opengetrapt. Ariëne volgt haar verloofde bij zijn transport naar een tuchthuis in Kiel. Zij probeert hem vrij te krijgen. In haar bijzijn wordt Jan Peppink doodgeslagen, Ariëne wordt gedwongen haar verloofde te begraven. Na terugkomst in Nederland neemt zij weer contact op met de illegaliteit en wordt zij koerierster van Henk Dienske. Eind 1943 wordt ze lid van Groep 2000. Ariëne is wijkverzorgster in Amsterdam Zuid onder de schuilnaam zuster Agnes. Ook verspreidt zij illegale lectuur, bonkaarten en valse bescheiden. Later wordt zij opgenomen in het EHBO-werk van de Groep en komt zij ook op het Centraal Bureau. Ze wordt chef koeriersdienst en tevens de persoonlijk koerierster van Jacoba van Tongeren.

Na de bevrijding gaat zij (met enkele andere groepsleden) in opdracht van Groep 2000 en het Nederlandse Rode Kruis naar de Amerikaanse zone in Duitsland om gevangenen te zoeken en te repatriëren. Zij heeft uit eigen middelen een colonne geformeerd. Hierna werkt zij anderhalf jaar in Engelse dienst als hoofdverpleegster. In 1946 wordt haar verloofde Jan Peppink herbegraven op de Erebegraafplaats in Bremerhaven. Ariëne is hierbij aanwezig.

Haar gezondheid heeft door wat zij heeft meegemaakt erg onder de oorlog geleden. Na terugkeer in Nederland verhuist zij naar Maastricht waar zij met een vriendin samenwoont. Zij wordt maatschappelijk werkster bij de Rubberfabriek Ceylon in Maastricht.

Ariëne is een vrouw met een zwakke gezondheid, maar een sterk karakter. Ze is opgewekt en zet zich onvermoeibaar in voor zwakken in de samenleving. Daarbij werkt zij stimulerend op anderen. Zij doet dit vanuit een sterke religieuze bewogenheid. De oorlog heeft een onuitwisbaar stempel op haar leven gedrukt.

Ariëne van Kalken overlijdt op 28 december 1979.

PvT

Jan van Kan
(1900- 1945)

1400JK

- Bankwerker.
- Ambtenaar bij de distributiedienst, organiseert duizenden bonkaarten voor onderduikers. Later ook actief in KP Reintje de Vos.

Johannes Petrus van Kan wordt op 10 december 1900 geboren. Jan, alias 'Ketel' of 'Potter', werkt als bankwerker bij een fabrikant van stalen ramen in Amsterdam. Eind 1940 wordt hij aangesteld als bestuurder van de RK Metaalbewerkers-bond St. Eloy in Utrecht tot de 'gelijkschakeling' van deze bond door de bezetter in juli 1941.

In maart 1942 wordt hij aangesteld als ambtenaar bij de distributiedienst in Amsterdam. Samen met mej. A.L. van Parreren van Groep 2000 organiseert hij duizenden bonkaarten ten behoeve van onderduikers. Daarnaast zorgt hij voor het afstempelen van (vervalste) documenten. Zijn relaties bij onder andere het Stamkaarten-bureau, het Bevolkingsregister, de Arbeidsbeurs en Centrale voedselvoorziening zijn voor Groep 2000 van grote waarde. Veel van de bonkaarten en documenten komen ook ten goede aan de uiteindelijk ca. 1.800 onderduikers die door de groep 'Van Dongen' (o.l.v. D. Bons) worden verzorgd.

Vanaf juli 1944 is Van Kan werkzaam voor de intendance in de door Bons opgerichte KP Reintje de Vos (later BS-onderdeel Bruggenlinie-West). Dankzij hun beider onvermoeide arbeid wordt deze KP weldra een van de best verzorgde en georganiseerde KP's van Amsterdam. Jacoba van Tongeren schrijft over hem in haar Beknopt Verslag: 'Menigmaal ook, wanneer enkelen onzer in sombere ogenblikken twijfelden aan de uiteindelijke overwinning, wist hij hun door zijn houding en woorden weer moed te geven'.

Op 27 maart 1945 wordt hij op een vergadering, samen met onder anderen Bons, gearresteerd tijdens een Sipo-inval. Jan van Kan wordt op 11 april 1945 in Zijpe gefusilleerd.

Uit: 'De Eerebegraafplaats te Bloemendaal'.

Maja Kaufmann
(1919 – onbekend)

11050

- Beeldhouwster.
- Assistente bij de Onderzoek-Centrale en later koerierster bij de Pers van Groep 2000.

Maja Malvine Kaufmann wordt op 7 december 1919 te Amsterdam geboren. Zij is van joodse afkomst. Maja wordt beeldhouwster en woont dan in De Lairessestraat in Amsterdam.

Maja Kaufmann maakt sinds eind 1943 deel uit van Groep 2000. Zij is co-assistente (hulp-huisbezoekster) bij de Onderzoek-Centrale en later ook koerierster bij de Pers van Groep 2000. In het laatste oorlogsjaar verspreidt zij dagelijks bulletins van Vrij Nederland.

FR

Els Kersvers-van Tholen (onbekend)

1400

- *Ambtenaar bij de Gemeentelijke Distributiedienst.*
- *Oprichtersabotageploeg bij het distributiekantoor Borgerstraat (Kring 1400), die distributiebonnen voor onderduikers leverde aan Groep 2000.*

Els van Tholen is de zuster van Grietje van Tholen. Als de oorlog uitbreekt, woont zij bij haar ouders in de Orteliusstraat in Amsterdam. Zij is van beroep ambtenaar bij de Gemeentelijke Distributiedienst.

Els van Tholen maakt vanaf september 1942 deel uit van Kring 1400. Zij is actief onder de schuilnaam ‚Ninkema'. Evenals haar zuster is zij lid van de 'Groep Paul Guermonprez' (gefusilleerd op 10 juni 1944).

Samen met G.S.W. Keur en Gré Ruhe besluit zij een soort sabotageploeg te vormen waardoor onderduikers vanuit distributiekantoor Borgerstraat van de nodige distributiebescheiden kunnen worden voorzien. Tevens wordt een soort verkenningsdienst op touw gezet voor het plegen van overvallen om aan bonkaarten te komen.

Zij komen in contact met Jaap Balder die aanraadt om het werk in het groot op te zetten en die het contact legt met Henk Dienske. Vanaf dat moment ontstaat er een vruchtbare samenwerking, eerst met Henk Dienske, later met Groep 2000, zowel wat de distributie van door overvallen verkregen kaarten betreft, als wel van kaarten die door manipulatie op het distributiekantoor worden veroverd.

Els van Tholen maakt tot augustus 1944 deel uit van Groep 2000. Dan trouwt ze met de heer Kervers en verhuist zij naar Vlaardingen.

FR

E. Kits van Waveren (1906-1995)

136815 K

- Arts.
- Medisch contactpersoon tussen Groep 2000 en de Binnenlandse Strijdkrachten (najaar 1944).

E. Kits van Waveren wordt op 20 maart 1906 te Haarlem geboren. Hij studeert geneeskunde aan de Universiteit van Amsterdam en legt in 1932 het artsexamen af. In 1935 promoveert hij aan deze Universiteit. Van 1937 tot 1954 werkt hij als internist bij het Nederlands Kanker Instituut. Hij heeft ook een particuliere praktijk van 1937 – 1981.

Als de oorlog uitbreekt, is Kits van Waveren als officier van gezondheid gemobiliseerd bij het 1e Regiment Huzaren. Medio 1943 treedt hij toe tot de verzetsorganisatie Ordedienst, als hoofd van de medische sectie IIIa. Hij is onder meer belast met de materiaalvoorziening voor de veertig in Amsterdam geprojecteerde, voor illegale gevechtstroepen noodzakelijk geachte eerste hulpposten.

In oktober 1944 wordt hij hoofd van sectie IIIa van het landelijk Algemeen Hoofdkwartier Binnenlandse Strijdkrachten (BS), tevens is hij lid van sectie V (spionage en inlichtingen). Driemaal brengt hij in die functie persoonlijk microfilms aan een in bezet gebied geparachuteerde ondergedoken 'intelligence officer'.

Kits van Waveren fungeert als contactman tussen het Algemeen Hoofdkwartier van de BS en de top van Medisch Contact.

In september 1944 besluit Groep 2000 om een complete Geneeskundige Dienst op te zetten met een groot aantal EHBO-verbandplaatsen, om in staat te zijn geneeskundige hulp te verlenen aan slachtoffers van eventuele oorlogshandelingen in Amsterdam. Deze Dienst wordt via Vrij Nederland ingeschakeld bij de BS.

De aangewezen persoon in het contact tussen de EHBO van Groep 2000 enerzijds en de BS anderzijds, is dan Kits van Waveren. Hij helpt Groep 2000 ook daadwerkelijk door het geven van instructies om deze Dienst op te zetten.

Na de oorlog vervult Kits van Waveren diverse functies. Hij is onder meer van 1945 – 1947 voorzitter van de medische sectie van de Commissie Beoordeling Officieren Bezet Gebied, een zuiveringscommissie van het Ministerie van Defensie.

Kits van Waveren wordt onderscheiden met het Verzetsherdenkingskruis (1983) en benoemd tot Officier in de Orde van Oranje-Nassau (1987).

Dr. Kits van Waveren overlijdt op 3 september 1995.

FR

Nico Knoppers (1917- 2006)

- Gereformeerd predikant.
- Helpt samen met andere predikanten Groep 2000 aan contacten met knokploegen die in 44/45 distributiekantoren overvallen, waardoor Groep 2000 aan de benodigde voedselbonnen komt.

Nicolaas Bastiaan Knoppers wordt geboren op 3 maart 1917 in Almelo als zoon van Annetje Valkenier en ds. dr. Bastiaan Antonie Knoppers. Zijn vader is predikant in de Gereformeerde Kerk en zijn moeder is voorzitter van de Nederlandse Christen Vrouwen Bond (NCVB). Nico Knoppers studeert theologie aan de Vrije Universiteit in Amsterdam en aan de McGill University te Montreal (Canada).

In 1942 trouwt hij met Barthie Boon en wordt hij gereformeerd predikant te Lollum. Daar is hij actief in het verzet. Hij en zijn vrouw bieden onderdak aan Joden en andere onderduikers en verbergen wapens in de pastorie en kerk. Die wapens worden vaak 's nachts vervoerd via sloten terwijl Duitsers op de wegen patrouilleren.

Als de LO midden 1944 dreigt geen voedselbonnen meer te zullen leveren aan Groep 2000 als de Groep niet alle adressen aan hen geeft, weigert de Groep dat te doen. Een paar predikanten, onder wie ds. Knoppers, brengen de Groep met knokploegen in contact die bereid zijn overvallen op distributiekantoren te plegen. Zo worden alsnog de benodigde 4.500 voedselbonnen per periode verkregen.

Zijn oudste zoon wordt geboren op 17 april, de dag van bevrijding van Lollum. Na de oorlog staat hij te Hardenberg (1946) en Hilversum (1949). In 1955 vertrekt hij met zijn gezin naar Canada, waar hij predikant wordt in de Christian Reformed Church te Edmonton. Van 1960 tot 1968 staat hij te Montreal en vervolgens is hij evangelisatie-predikant in El Paso, Texas in de Verenigde Staten. Van 1971 tot zijn emeritaat in 1982 is hij predikant van Red Deer-First Christian Reformed Church (Canada). Tijdens zijn emeritaat is hij scriba van Classis Alberta-North en zijn zijn vrouw en hij actief betrokken bij het oprichten van een basisgemeente (Fellowship) waarvan hij als associate pastor fungeert. Hij wordt een van de grondleggers van King's University, een Christelijke universiteit in Edmonton, Alberta en is pastor voor predikanten in de regio. Vele jaren na de oorlog, in 1995, wordt Nico Knoppers onderscheiden voor zijn verzetswerk. Hij overlijdt op 28 oktober 2006 in Sherwood Park, Alberta.

Annelies Knoppers (dochter)

Anna Koster-Buring (1916-1989)

2050

- *Bontwerkster.*
- *Informatrice bij de Onderzoek-Centrale.*

Anna Maria Wilhelmina Buring wordt geboren op 30 januari 1916. Zij is van beroep bontwerkster. Eerst werkt zij in loondienst (tot 1940), daarna is zij thuiswerkster. In 1939 trouwt zij met Gerard Koster. Het echtpaar krijgt een dochter.

Anna Koster is vanaf 1943 betrokken bij illegale activiteiten. In het begin beperkt dit zich tot het verspreiden van illegale lectuur. Medio 1944 wordt zij - via haar broer Martin Buring (ook Groepslid) -lid van Groep 2000. Zij maakt als assistente deel uit van de Onderzoek-Centrale. Zij heeft een taak als informatrice. Aan de hand van door haar bij huisbezoeken opgedane informatie (3 tot 5 huisbezoeken per week) wordt al of niet tot hulpverlening aan onderduikers vanuit Groep 2000 overgegaan. Ook verricht zij een enkele keer koeriersdiensten; zo haalt zij bijvoorbeeld bonkaarten uit de provincie op.

Na de oorlog is Anna Koster nog tot 1960 bontwerkster. Zij sukkelt tientallen jaren met haar gezondheid in verband met darm-, hart- en hoofdpijnklachten. Haar echtgenoot overlijdt in 1980. De laatste jaren van haar leven woont zij met haar dochter en haar gezin in dezelfde woning te Amsterdam. Anna Koster-Buring overlijdt op 24 april 1989.

FR

Jan Kranenburg (1916- 1989)

- Medewerker bij een import-en export-bedrijf.
- Werkt aan het begin van de oorlog met paar vrienden aan het organiseren en uitvoeren van inlichtingenwerk voor Vrij Nederland.

Jan Kranenburg wordt in 1916 geboren in een groot gereformeerd gezin in Enkhuizen. Na de middelbare school leert hij in de praktijk alles over de zaadteelt en -handel. Daarna gaat hij in Amsterdam bij een groot import- en exportbedrijf werken. Hier leert hij zijn latere echtgenote Leni Broersma kennen.

Begin 1940 neemt hij ontslag om voor een andere handelsfirma uitgezonden te kunnen worden naar Indië. Maar voor hij weg kan, wordt Nederland bezet. Met een paar vrienden doet hij mee aan het organiseren en uitvoeren van inlichtingenwerk voor Vrij Nederland. Negen dagen nadat Leni en hij zich verloven wordt hij in mei 1941 gearresteerd en als politiek gevangene vastgezet in het Oranje Hotel in Scheveningen. Tijdens zijn proces wordt hij in hoger beroep wegens spionage ter dood veroordeeld. Dat vonnis wordt herzien en omgezet in een tuchthuisstraf van 15 jaar. Het is dan ondertussen eind 1942 en er staat een slopende serie gevangenissen en strafkampen in Duitsland te wachten. Als hij eind januari 1945 zwaar ziek wordt, leggen de Duitsers hem in het lijkenhuis om te sterven. Daar treffen de Amerikanen hem in maart aan, in leven gehouden door zijn makkers die voor hem voedsel stalen. Het kost hem 5 maanden om lichamelijk te herstellen.

Ook zijn verloofde Leni (Groepslid 2045) blijkt oorlog en verzet te hebben overleefd en eind 1945 trouwen ze. Samen vertrekken ze naar Indië waar het pionierswerk op Borneo en Java de oorlogsontberingen lijkt te doen vergeten. Na negen jaar komen ze terug naar Nederland omdat ze daar voor hun vijf kinderen een betere toekomst verwachten. Jan vindt een baan als filiaalchef bij een verzekeringsbedrijf en het gezin verhuist naar Groningen. Begin jaren zestig wordt het langzaam maar zeker duidelijk dat de gruwelen uit zijn verleden zich niet meer laten verdringen. Jan Kranenburg krijgt psychische problemen die hij niet langer de baas kan en raakt tenslotte volledig arbeidsongeschikt. Na een toevallige ontmoeting schakelt een verzetscontact met Leni de Stichting '40-'45 in. Het daarop toegekende Buitengewoon Pensioen vanwege zijn verzetsverleden helpt het gezin uiteindelijk weer wat op de been.

Zonder baan kost het hem veel moeite om zijn nieuwe rol in huis te vinden. Vooral de komst van de kleinkinderen, met wie hij op zijn eigen grandioze manier omgaat, helpt hem tenslotte weer vooruit. Deze gevoelige, zachtaardige man overlijdt in 1989.

Jan Kranenburg (zoon)

Ds. Kleijs Hendrik Kroon (1904-1983)

- Predikant.
- Ondersteunt Groepsleden geestelijk en moreel en roept op tot geestelijke verzet.

Kleijs Kroon is geboren op 5 mei 1904 in Hengelo. Hij studeert theologie aan de VU en de RU Utrecht. Hij is een man met een kritische instelling, die niet bang is de discussie aan te gaan. Kroon stapt uit de Gereformeerde Kerk (n.a.v. een leerstellig conflict) en treedt toe tot de Hervormde Kerk. Hij vestigt zich kort voor de oorlog in Amsterdam, waar hij veel contact heeft met Ds. Buskes, Fedde Schurer en Henk van Randwijk.

Al voor de oorlog staat Kroon in contact met de Bekennende Kirche. Hij sluit zich aan bij een door ds. Koopmans (degene die bij de fusillade op de Weteringschans bij toeval door een kogel wordt geraakt en overlijdt) geleide studiegroep die in 1939 naar buiten treedt met een verklaring waarin stelling wordt genomen tegen het antisemitisme. In 1941 spoort hij – (wederom) samen met ds. Koopmans en met ds. Miskotte – in een illegaal pamflet aan tot geestelijk verzet.

Tijdens de oorlog woont Kroon op de Olympiaweg in Amsterdam-Zuid. Kroon heeft zich ingezet voor hulp aan onderduikers. Vanaf 1942 tot het eind van de oorlog heeft hij diverse joodse onderduikers in zijn huis verborgen gehouden. Speciaal hiervoor is in zijn huis een dubbele muur als schuilplaats gemaakt.

Kroon komt geregeld naar bijeenkomsten van Groep 2000 in het wijkgebouw aan de Van Lennepkade, om de groepsleden die hier behoefte aan hebben geestelijk en moreel te ondersteunen. Het gaat er dan informeel aan toe: Kroon is een joviale man, gekleed in een versleten leren jasje die zijn koperen shag-doos onder de toehoorders laat rondgaan.

Kort na de bevrijding behoort Kroon tot de groep predikanten die 'de doorbraak' tot stand brengen en achtereenvolgens lid worden van de SDAP en PvdA. Hij zegt zijn lidmaatschap van de PvdA overigens in 1948 weer op vanwege de houding van de partijtop bij de stichting van de staat Israël. Zijn bijnaam is 'de rooie dominee'. Kroon overlijdt op 20 oktober 1983.

FR

Riek Kruyshoop (1925 – onbekend)

2085

- *Bontstikster.*
- *Koerierster bij Groep 2000.*

Hendrika Maria Kruyskoop wordt op 3 december 1925 in Amsterdam geboren als dochter van Hendrik Kruyshoop en Maria Elisabeth Troostheide. Het gezin is Nederlands Hervormd en woont in de Jordaan. Haar vader is werkzaam bij het Gemeentelijk Waterleidingbedrijf.

Riek is van beroep bontstikster. Zij maakt vanaf juni 1943 deel uit van Groep 2000. Riek Kruyshoop is dan beter bekend onder haar schuilnaam Riek Brouwer. Riek is werkzaam als koerierster en brengt onder meer geld en bonkaarten voor levensonderhoud rond voor onderduikers. Na de bevrijding raakt zij een tijdlang overspannen. Haar huisarts concludeert dat zij dringend behoefte heeft aan rust en dat uitzending 'naar buiten' (een herstellingsoord) noodzakelijk is.

FR

Sebastianus Gerardus Kuster (1901- 1945)

19016K

- Majoor-monteur bij de Koninklijke Marine.
- Monteur van het Marine Zendstation.

Sebastianus Gerardus Kuster wordt op 24 augustus 1901 in Rotterdam geboren. Hij komt in 1920 als korporaal-monteur in dienst bij de Koninklijke Marine en wordt ook uitgezonden naar Nederlands-Indië. Kuster is enige tijd controleur van het Rijksbureau voor metaalverwerkende industrieën geweest.

In 1944 is ten behoeve van het Algemeen Hoofdkwartier van de Ordedienst en Groep 2000, het Marine Zendstation dagelijks actief met het verzenden van gecodeerde telegrammen vanaf het Leidend Station-II. Kuster verricht als monteur de noodzakelijke reparaties.
Mevrouw Kuster-de Man is actief in het ondersteunen van nabestaanden van omgekomen Marinemensen.

Op 1 februari 1945 wordt Kuster gearresteerd in het pand aan de Nieuwe Herengracht 2 in Amsterdam van waaruit wordt uitgezonden. Op 14 april 1945 wordt hij aan de Amsteldijk gefusilleerd.

PvT

Leendert Lauwerens (1903- 1945)

19016L

- Sergeant-telegrafist bij de Koninklijke Marine.
- Chef-marconist bij het Marine Zend-station van Groep 2000 en de Orde Dienst.

Leendert Lauwerens, 'Etty', is geboren op 24 juli 1903. Hij dient van 1919 tot 1940 bij de Koninklijke Marine waar hij werkt als sergeant-telegrafist. Vanwege langdurig verblijf in Nederlands-Indië kan hij met 30 dienstjaren in 1940 met pensioen gaan. Als hij in 1943 wordt opgeroepen voor terugvoering in krijgsgevangenschap, duikt hij onder.

Vanaf 1943 houdt Lauwerens, die zich heeft aangesloten bij de OD, zich bezig met spionage en kartering van het zojuist ontdekte olieveld bij Schoonebeek. Vanaf voorjaar 1944 is hij ten behoeve van het Hoofdkwartier van de Orde Dienst (OD) en Groep 2000 betrokken bij het werk van de OD-radiodienst. Als chef-marconist van de radio-, zend- en ontvangstpost Leidend Station-II, die geïnstalleerd is in de woning van D. Hulsman aan de Nieuwe Herengracht 2 in Amsterdam, heeft hij tot september 1944 regelmatig contact met de zendposten in de diverse OD-gewesten. Na Dolle Dinsdag onderhoudt hij dagelijks verbinding met het reeds bevrijde Eindhoven. Op 30 januari 1945 wordt Lauwerens bij een inval door de Sipo in het pand gearresteerd. Op 14 april 1945 wordt hij aan de Amsteldijk gefusilleerd.

Uit: 'De Eerebegraafplaats te Bloemendaal'.

Co van Ledden Hulsebosch (1877- 1952)

- Politiescheikundige van de Amsterdamse recherche.
- Helpt Groep 2000 met het vervalsen van persoonsbewijzen.

Christiaan Jacobus (Co) van Ledden Hulsebosch wordt op 20 maart 1877 in Amsterdam geboren. Zijn vader is een bekend apotheker. Co studeert farmacie aan de Universiteit van Amsterdam. Omstreeks 1902 neemt hij de apotheek van zijn vader over. Aan die apotheek is een onderzoeksbureau verbonden. Zijn vader is vanaf 1885 herhaaldelijk belast geweest met justitieel onderzoek. Hij richt zich daarbij met name op vergiftigingen, inkt en 'visitekaartjes' die inbrekers achterlaten. In 1902 komt van de officier van justitie te Alkmaar een verzoek binnen voor nader onderzoek. Omdat vader Van Ledden Hulsebosch op dat moment in het buitenland is, lost zijn zoon Co de zaak succesvol op. Zo begint zijn carrière als forensisch onderzoeker.

In 1910 stopt Co met de apotheek en richt hij zich helemaal op wetenschappelijk onderzoek voor de industrie, particulieren en justitie. In 1916 volgt zijn aanstelling als politiescheikundige van de Amsterdamse recherche. Tijdens de oorlog is Co van Ledden Hulsebosch geen lid van Groep 2000 maar werkt hij achter de schermen mee bij de vervalsingen van en de proeven met persoonsbewijzen. Hij blijft tot zijn pensioen in 1950 werkzaam bij de Amsterdamse recherche. Co overlijdt in zijn geboortestad op 18 april 1952.

PvT

Daan Levendig (1920- onbekend)

- Mede-oprichter van het illegale Vrij Nederland.

Daan Levendig wordt in 1920 geboren. Jan van der Neut is al vroeg betrokken bij het illegale Vrij Nederland. Hij is als aankomend elektrotechnicus in dienst bij de vader van zijn schoolvriend Daan Levendig die een installatie-bureau heeft. Ook Daan sluit zich aan bij van der Neut en Hofker. De technische verzorging van het eerste nummer is bij Daan en Jan van der Neut. Frans Hofker is verantwoordelijk voor de redactie. Het ontwerp van het hoofd van Vrij Nederland is van Daan Levendig: de Nederlandse driekleur met in de middelste baan de naam, daarboven de kroon en daaronder de twee ineen geklonken schakels: Nederland en Oranje. Half april 1941 wordt hij gearresteerd. Hij wordt tot zes jaar veroordeeld. Hij overleeft niet minder dan zeven gevangenissen en tuchthuizen. Op 12 juni 1945 keert hij terug in Nederland.

Na de oorlog is hij naar Zuid-Afrika geëmigreerd waar hij twee dochters heeft gekregen.

PvT

Frits van Meer
(1893- 1987)

13035

- Directeur van de Hollandse Koopmans-bank.
- Lid van de Commissie van Beheer van Groep 2000.

Hendrik Frederik van Meer is op 2 november 1893 geboren in Wijk en Aalburg, Noord-Brabant. Hij studeert rechten in Leiden. In 1919 trouwt hij met Titia Oberman. De vaders van Frits en Titia zijn allebei predikant. Zij krijgen drie kinderen. Van Meer wordt in 1931 directeur van een bank die in 1937 door een fusie de Hollandse Koopmans Bank gaat heten.

In de oorlog is Van Meer President Kerkvoogd van de Amsterdamse Hervormde Kerkenraad. Hij is met Abas lid van de Commissie van Beheer van Groep 2000.

Samen met Abas controleert hij de boeken en vertegenwoordigt hij de Groep bij kerkelijke instanties als de Kerkenraad. De Commissie van Beheer is geboren in de dagen van hoogspanning en conflict met Vrij Nederland; najaar 44. Jacoba van Tongeren beschrijft in haar 'Beknopt Verslag' uit 1945 heel duidelijk de rol van Van Meer en Abas in de Commissie van Beheer: 'Aan de beslistheid waarmede zij zich toen in die dagen achter Groep 2000 en haar leiding hebben geschaard, danken wij het dat wij als Groep zijn blijven bestaan en thans ons deel hebben aan de wederopbouw van ons land.' In de 'Memoires' valt te lezen hoe Jacoba vaak even langs Van Meer fietst, hem rapporteert en hij haar steunt.

Na de oorlog wordt Van Meer directeur van de Trustmaatschappij voor Handel met Buitenland. Hij overlijdt op 8 januari 1987 in Naarden.

PvT

Gerda Meijer (1923-2014)

1300

- Ambtenaar.
- Verleent hulp aan onderduikers en wordt koerierster.

Geertje Meijer wordt geboren op 13 juni 1923 in een joods gezin. Zij volgt de MULO. Tot 1941 werkt zij bij de Raad van Arbeid Leiden waar ze wordt ontslagen vanwege haar afkomst. In het voorjaar van 1942 duikt Gerda onder, maar onderduik past eigenlijk niet bij haar karakter. Via Ds. Nicolette Bruining komt zij in contact met Jacoba, waarna zij lid wordt van Groep 2000. Gerda neemt verschillende schuilnamen aan.

Tussen juni 1942 en april 1943 verleent Gerda hulp aan Joodse onderduikers. In 1943 wordt zij, samen met Madeline van Geuns, door Jacoba ingeschakeld bij het verzorgen van ondergedoken studenten in Vierhouten (de studenten-centrale). Tegelijkertijd is er op de Veluwe door de familie Bakker een schuilplaats voor Joodse onderduikers gemaakt, die uitgroeit tot een geheim dorp (het 'Pas-op' kamp). De studenten-centrale wordt vanwege de risico's opgeheven. Gerda gaat de familie Bakker helpen. Zij wordt koerierster en reist vaak per trein om contact te onderhouden met Groep 2000. Ondertussen verricht zij ook koeriersdiensten voor Vrij Nederland vanuit Utrecht.

In oktober 1944 wordt het geheime dorp door de Duitsers ontdekt. De Joodse onderduikers weten te vluchten. Gerda komt daarna terecht in Amsterdam bij het Bureau Bijzondere Opdrachten. Haar directe chef is Hans Biallosterski die in bezet gebied is gedropt en verbindingsman is tussen de BS en Prins Bernhard. Gerda wordt weer koerierster en is betrokken bij decodering van doorgeseinde boodschappen over wapendroppings. In januari 1945 wordt Biallosterski gearresteerd.

Als ze daar wordt verhoord, ziet ze de stuk geslagen Biallosterski die later aan zijn verwondingen bezwijkt. Gerda laat bij de verhoren niets los, haar joodse identiteit wordt niet ontdekt. Op 1 mei 1945 wordt zij onverwacht in vrijheid gesteld.

Na de bevrijding werkt zij eerst voor de Special Forces Mission. Daarna is ze actief bij de hulpverlening aan uit concentratiekampen gekomen Joodse kinderen. Eind 1947 emigreert zij naar Israël. In 1949 trouwt Gerda met Louis Wijler. In 1950 begint zij een opleiding tot maatschappelijk werkster. Wegens ziekte kan zij deze opleiding niet afmaken. Later wordt zij nog freelance maatschappelijk werkster voor de WUV.

In 1982 ontvangt Gerda Meijer het Verzetsherdenkingskruis. Zij overlijdt op 19 januari 2014.

FR

Joseph Mendes (1913-2002)

- *Gymnastiekleraar in Amsterdam.*
- *Voert spionageactiviteiten uit voor Groep 2000.*

Joseph Mendes is geboren op 4 maart 1913. Hij is joods. Hij wordt gymnastiekleraar. Als de oorlog uitbreekt, vecht hij als militair bij Katwijk aan de Maas. Hierbij raakt hij gewond. Na de capitulatie is hij twee maanden krijgsgevangen. Daarna keert hij terug in Amsterdam bij zijn vrouw en drie kinderen. Direct begint hij met illegaal werk. Eerst heeft hij contact met Vrij Nederland, later met Groep 2000.

Zijn illegaal werk bestaat uit spionageactiviteiten. Joseph Mendes vervaardigt situatietekeningen van installaties in de Amsterdamse haven en geeft deze door aan H.R.J. Kroon. Tot mei 1942 werkt hij met Kroon samen. Door zijn contact met en actief aandeel in de spionagegroep wordt hij een waardevol contact voor Groep 2000.

Joseph Mendes wordt enkele keren gearresteerd, doch twee keer wegens gebrek aan bewijs vrijgelaten. Na zijn eerste arrestatie in februari 1941 komt hij terecht in het Huis van Bewaring aan de Amstelveenseweg en in de gevangenis aan de Weteringschans te Amsterdam. Daar ontmoet hij de vader van Jacoba.

Op 1 juni 1943 wordt Mendes wegens sabotage aan Wehrmacht auto's gearresteerd, waarbij wordt geconstateerd dat hij een revolver bij zich draagt. Hij wordt overgebracht naar het Huis van Bewaring te Arnhem en daarna naar kamp Vught. Daarna wordt hij in november 1943 achtereenvolgens getransporteerd naar de kampen Birkenau en Dachau. Met hulp van een Oostenrijks officier wordt hij overgeplaatst naar het krijgsgevangenkamp te Sanowitz. Op 16 januari 1945 weet hij te ontvluchten door uit een trein te springen. Er wordt op hem geschoten en hij loopt meerdere verwondingen op. Hij verbindt de wond met toiletpapier en vindt een schuilplaats waar hij door Tsjechische partizanen wordt verzorgd. Hij sluit zich aan bij deze partizanen. Op 16 juli 1945 keert hij in Amsterdam terug.

Door de vele mishandelingen in gevangenschap is Mendes na de oorlog voortdurend ziek. Het huwelijk met zijn eerste vrouw houdt geen stand. Hij kan zijn oorspronkelijke beroep niet meer uitoefenen. Gelukkig krijgt hij materiële en immateriële steun van de Stichting 1940-1945. Ook zijn vrouw en kinderen zijn door de Stichting geholpen. Begin jaren 50 werkt hij als gymleraar. In '53 emigreert hij naar Nieuw Zeeland, waar hij instructeur is van parachutisten. Vervolgens woont hij in Australië. In het laatste land, waar hij met zijn vierde vrouw woont, sterft hij op 7 september 2002 in Adelaide.

FR

Harry Mouthaan (1902- 1972)

1900

- Stoker en olieman op de grote vaart.
- Algemeen Hoofd van de Wijkverzorging (AHW) en chef van de Vrije Pers.

Henri (Harry) Mouthaan wordt op 5 juli 1902 in Amsterdam geboren en monstert op 15-jarige leeftijd aan op de SS Leda als messroombediende. Later is hij tremmer. Hij trouwt in 1929 met Jansje de Haan en bevaart tot 1932 de wereldzeeën als stoker/olieman. Hij heeft dan inmiddels twee dochters: Jansje (Jos, geb 1927) en Anna (Anneke, geb 1932). Het gezin woont in de Baffinstraat 25-I, zijn benedenbuurman is Jan van der Neut.

In de crisisjaren is het moeilijk voor Mouthaan om aan werk te komen. Hij is even taxichauffeur, maar komt uiteindelijk in de werkverschaffing terecht. Hij werkt dan mee aan de aanleg van het Amsterdamse Bos. Dan breekt de oorlog uit.

Jacoba van Tongeren schrijft over Mouthaan (1900) in haar Beknopt Verslag: 'De ziel van het wijkwerk was (1900) Henri Mouthaan. Hoewel zijn verdiensten op velerlei terrein liggen, heeft het wijkwerk steeds zijn volle ambitie gehad.' Als AHW vormt hij samen met Jacoba en Kees Reitema (1802, hoofd Onderzoek Centrale) het Dagelijks Bestuur. Sinds [zij] met mij samen de lasten [...] dragen [is] mijn taak aanmerkelijk lichter en prettiger geworden', tekent Jacoba hierover op in het Beknopt Verslag. In augustus 1944 wordt Mouthaan daarnaast Hoofd van de Pers. Niet alleen Harry speelt een rol in Groep 2000. Ook zijn dochters worden af en toe ingezet als koerier van kranten en distributiebonnen. Op het huisadres van Mouthaan (bekend als 'BAFF') staat de stencilmachine en lange tijd is daar Hoofdstation F gevestigd. Dat wijzigt in januari 1945 na een bezoek van de SD. Volgens Jacoba is het 'aan de tegenwoordigheid van geest van 1900 en diens vrouw [...] te danken geweest' dat het SD bezoek geen gevolgen heeft.

Na de oorlog heeft Mouthaan kort de leiding over een aan een NSB'er ontnomen café nabij de Dam. Voorts is hij adressograaf: hij ponst adresplaatjes. Enkele jaren later komt hij in dienst van scheepswerf Verschure; eerst als kraanmachinist en later als magazijnbeheerder. Hij blijft dat tot zijn pensionering in 1967, waarna hij nog een paar jaar het magazijn beheert van kinderkledingmerk Bobby Brooks. Harry Mouthaan overlijdt op 23 september 1972 na een kort ziekbed.

Frank Maas (kleinzoon)

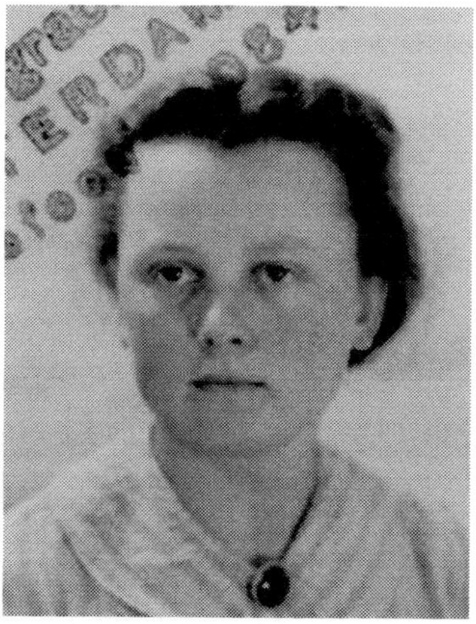

Dokie Nater (onbekend - 2010)

2606

- Kleuterjuf.
- Werkt voor de Onderzoek-Centrale van Groep 2000 als huisbezoekster.

Van Dokie Nater is geen geboortedatum bekend. Voor Groep 2000 is zij huisbezoekster in Amsterdam-Oost. Huisbezoeksters onderzoeken de aard van de aanvraag om ondersteuning, een belangrijke, persoonlijke taak. In 1944 verhuist ze vanwege haar werk naar Amstelveen, waardoor ze zich minder voor Groep 2000 kan inzetten. Dokie Nater wordt in de Groep alom gewaardeerd vanwege haar enthousiasme en grote trouw aan de Groep. Dat benadrukt Jacoba als zij Dokie na de oorlog de Oorkonde van Groep 2000 aanbiedt. Jacoba schrijft hoezeer zij het enthousiasme waardeert waarmee Dokie haar werd deed, maar ook hoe Dokie de goede toon met haar kring van medewerkers altijd wist te bewaren.

Dokie Nater trouwt met groepslid Ary Smith (19050), die Districtshoofd van de wijk Centrum-Zuid is.

Zij overlijdt op 21 oktober 2010.

PvT

Max Nauta
(1896- 1957)

- Schilder van portretten, stadsgezichten en landschappen.
- Ontwerper van het Groepsembleem van Groep 2000 en de oorkonde die in 1945 aan Prins Bernhard wordt aangeboden. Schilder van het portret van Jacoba.

Max Nauta is 2 april 1896 geboren in Deventer als zoon van een bakker die een begaafd autodidact is in de schilderkunst. Op studiereis in Tsjechië, leert Max zijn vrouw kennen. Zijn liefde voor Boheems glas doet hem naast het schilderen, ook kiezen voor glasbeschildering. Zijn beschilderde glas-in-loodramen, met historische figuren en symbolen die ontleend zijn aan de Nederlands protestantse traditie en de vrijmetselarij, zijn verspreid over Nederland en Engeland.

Nauta maakt veel schilderijen van monumentale architectuur, stadsgezichten en landschappen. Na de bevrijding krijgt hij veel eervolle opdrachten voor officiële portretten. Hoogtepunt is het portret van Winston Churchill uit 1955 dat in de Tweede Kamer hangt. Hij maakt ook portretten van koningin Wilhelmina in 1936 en een Staatsieportret van koningin Juliana in 1948.

Hij is vrijmetselaar en betrokken bij Groep 2000. Hij ontwerpt onder andere het groepsembleem en ook de Oorkonde van Groep 2000 die is opgedragen aan Prins Bernhard als Opperbevelhebber der Binnenlandse Strijdkrachten en hem in juli 1945 wordt aangeboden.

In het najaar van 1945 organiseren de 'ondergedoken kunstenaars' in het Rijksmuseum een tentoonstelling. Max Nauta wil aandacht vragen voor de vrouw en het verzet. Zeer tegen haar zin poseert Jacoba van Tongeren na lang aandringen van Max Nauta voor het portret dat op de cover van dit boek staat afgebeeld. Nauta schildert ook een portret van haar vader. Max Nauta overlijdt op 18 december 1957 in Amsterdam.

PvT

Jan van der Neut (1921- 1945)

- Elektrotechnisch installateur.
- Een van de oprichters van het illegale blad Vrij Nederland.

Jan Tijmen van der Neut wordt 26 februari 1921 geboren. Hij slaagt medio 1939 voor zijn hbs-examen en besluit elektrotechnisch installateur te worden.

Jan van der Neut, alias Jan de Raad, behoort in augustus 1940 tot een van de oprichters van het illegale blad Vrij Nederland. Zijn kameraad Frans Hofker neemt het initiatief om in brede kring de verklaring van Generaal Winkelman inzake het bombardement van Rotterdam en de capitulatie van het Nederlandse leger te verspreiden. Hofker wordt hierbij geassisteerd door Daan Levendig en Jan van der Neut. Het eerste nummer van Vrij Nederland op 31 augustus 1940 wordt in een oplage van 130 exemplaren in zijn ouderlijk huis aan Baffinstraat 25-III in Amsterdam gestencild. In Alkmaarse vrijmetselaarskring weet hij gelden te verzamelen ter financiering van het derde nummer (november 1940), met 750 exemplaren. Ook verspreidt hij het blad en tracht hij in het land adressen te vinden waar het kan worden her-stencild. Als lid van een groepje rond gepensioneerd KNIL generaal-majoor Hermannus van Tongeren en -na diens arrestatie in oktober 1940- van de VN-groep van mr. C. van Rij verzamelt hij spionagemateriaal dat via Jan Peppink naar Engeland wordt gezonden. Ook is hij werkzaam voor de pilotenlijn rond Ed. de Neve. In maart/april 1941 is Jan betrokken bij de uitgave van het blad Nederland Vrij! Waarin onder andere uit het spionagewerk verkregen informatie wordt gepubliceerd in een oplage van 40.000 exemplaren. Na verraad wordt Van der Neut op 19 april 1941 gearresteerd, waarbij op hem gegevens werden gevonden over militaire installaties op en rond vliegveld Bergen. Na tweemaal ter dood te zijn veroordeeld, verblijft hij -begenadigd tot vijftien jaar tuchthuisstraf- in Kleef, Rheinbach en Siegburg, waar hij op 15 april 1945 in gevangenschap overlijdt.

Uit: 'De Eerebegraafplaats te Bloemendaal'.

Bep van Parreren (1901-onbekend)

1400B

- Distributieambtenaar.
- Maakt deel uit van Kring 1400, die Groep 2000 voor een belangrijk deel van bonkaarten voorziet.

Anna Elisabeth van Parreren wordt geboren op 2 oktober 1901. Als de oorlog uitbreekt, woont zij in de Orteliusstraat in Amsterdam West.

Van 1940 tot februari 1943 is zij werkzaam bij de Firma De Ridder. In die periode helpt zij mee aan de verspreiding van illegale lectuur. In februari 1943 wordt zij bij de Distributiedienst in Amsterdam geplaatst als distributieambtenaar. Op dat moment wordt Bep ook lid van Groep 2000 en is ze sindsdien zeer actief in de illegaliteit.

Bep van Parreren houdt zich bezig met diverse activiteiten, zoals het verzorgen van onderduikers (door het verstrekken van bonkaarten), het vervalsen van persoonsbewijzen, stamkaart-acties, het maken van vingerafdrukken, het stempelen van bonnen etc.

In augustus 1944 wordt zij hoofd van het Distributie Contact van Groep 2000, te weten Kring 1400 van het Distributie Kantoor Borgerstraat. Van hieruit wordt door haar contact onderhouden met het Centraal Bureau van Groep 2000 en worden door haar bonkaarten geleverd voor onderduikers. Als in de septemberdagen van 1944 het contact met het platteland wordt verbroken en er vandaar geen bonkaarten meer geleverd kunnen worden, voorziet Kring 1400 Groep 2000 voor een groot deel van bonkaarten. Bep van Parreren is hiervoor verantwoordelijk.

In januari 1945 duikt Bep onder wegens twee invallen van de SD.

Na de bevrijding is zij niet in staat om meteen haar werkzaamheden als distributieambtenaar te hervatten. Zij is hypernerveus geworden. De eerste tijd is zij op kosten van de Stichting 1940-1945 opgenomen geweest in een herstellingsoord voor oud-illegale werkers om tot rust te komen. Oud Groepslid dokter Stiggelbout (arts GG en GD) bemiddelt bij haar opname. Daarna werkt zij enige tijd voor de Stichting 1940-1945 als rapportrice.

FR

Jan Peppink (1918- 1942)

- Mede-oprichter van Vrij Nederland.
- Bracht 'Nederland Vrij' uit.

Jan Peppink wordt in 1918 in Meppel geboren. Zijn vader is makelaar. Als de oorlog uitbreekt, studeert Jan theologie aan de Vrije Universiteit.

Vanaf 1940 is hij met zijn verloofde, de verpleegster Ariëne van Kalken (Groepslid 11040), betrokken bij 'Vrij Nederland'. Jan komt ermee in aanraking door een jeugdvriend, Jan van der Neut. Zo krijgt hij het eerste blaadje van Frans Hofker in handen. Aan Jan Peppink is het te danken dat hij vóór het tweede nummer beslag kan leggen op de verklaring van minister Kleffens, inzake de Duitse aanval op de koninklijke familie, met de daarin gegeven rechtzetting van feiten. Jan Peppink heeft ook een rechtstreekse briefwisseling met minister Kleffens en prof. Gerbrandy. Hierdoor was het contact met de regering in Londen gelegd. Jan levert ook een grote bijdrage in het opzetten van een landelijke verspreiding van Vrij Nederland.

Jan is met Jan van der Neut en Jan Kranenburg actief in het opzetten van een spionage-netwerk. Zij reizen het land door en bezoeken veel vrijmetselaren. In februari 1941 ontstaat er een meningsverschil in de redactie over opname van bepaalde artikelen over het Koninklijk huis. Enkele van de oprichters van het eerste uur, waaronder Jan Peppink, treden uit de redactie en richten een nieuw blad op:'Nederland Vrij'. Enkele nummers worden uitgebracht. Eind april wordt Jan gearresteerd, net zoals bijna alle andere mede-oprichters van Vrij Nederland. Na het proces, wordt hij naar een tuchthuis in Kiel vervoerd. Ariëne volgt hem naar Kiel. In haar bijzijn wordt hij doodgeslagen en word zij gedwongen hem te begraven, in september 1942.

De vader van Jan leidt een verzetsgroep.

In 1946 wordt Jan herbegraven op de Erebegraafplaats in Bremerhaven. Ariëne is hierbij aanwezig.

PvT

Henk van Randwijk (1909-1966) alias Sjoerd van Vliet

4711

- *Onderwijzer en schrijver/dichter.*
- *Verzetsleider en de eerste hoofdredacteur van Vrij Nederland.*

Hendrik Mattheus van Randwijk wordt 11 november 1909 geboren in een gereformeerd tuindersgezin met zes kinderen. Hij wordt onderwijzer op de School voor Havelooze kinderen in de Amsterdamse Jordaan. De ellende van de crisis grijpt hem aan en hij schrijft daarover in 1936 'Burgers in Nood'. In de oorlog is hij snel bij de illegaliteit betrokken. Juni 1941 wordt hij redacteur en later hoofdredacteur van 'Vrij Nederland'. Hij maakt VN tot één van de grootste en meest toonaangevende illegale bladen die er in de oorlog in Nederland verschijnen. In september 1944 komt er contact tussen Jacoba en Sjoerd. Omdat Groep 2000 mede aan de wieg heeft gestaan van VN, vindt Sjoerd dat ze moeten fuseren. Vele moeilijke besprekingen volgen. Jacoba en Sjoerd botsen vaak, maar VN wil de fusie doordrukken. Vlak voor de bevrijding ontslaat de Centrale Leiding van VN alle leden van Groep 2000 uit hun VN verband en komt de fusie uiteindelijk niet tot stand.

Op 9 mei 1945 spreekt Van Randwijk op de Dam de bevrijde hoofdstad toe.

Na de bevrijding veroordeelt Van Randwijk in scherpe bewoordingen de beide politionele acties. In de zestiger jaren wordt hij een televisiepersoonlijkheid. Hij geniet groot aanzien als verzetsleider.
Van Randwijk overlijdt op 13 mei 1966.

Sjoerd is geen lid van Groep 2000, maar door de fusie is hij voor korte periode verbonden met Groep 2000. Jacoba geeft Sjoerd code 4711.

PvT

Frans Reitema (1877-1949)

1802B

- Chef van een expeditieafdeling.
- Districtshoofd Zuid-West van het wijkwerk van Groep 2000 en beheerder van wijkgebouw 'Irene' aan de Jacob van Lennepkade.

Frans Reitema is geboren op 30 augustus 1877. Hij heeft vrijwel zijn gehele werkzame leven bij de firma J. Duyvis & Zn in Amsterdam gewerkt, een groothandel in koffie en thee. Hij klimt er op tot chef van de expeditieafdeling. Frans is lidmaat van de Nederlands Hervormde Kerk.

Als de oorlog uitbreekt, is hij penningmeester van wijk XVI in Amsterdam-West en lid van de Commissie Schaal, een fonds ter ondersteuning van noodlijdenden voor heel kerkelijk Amsterdam. Met vrouw en zoon (Groepslid 1802) is hij woonachtig in de 1e Helmersstraat. Via een buurman raakt Frans in de loop van 1940 betrokken bij de eerste groep verspreiders van Vrij Nederland. Vanaf augustus 1940 verspreidt hij VN in zijn netwerk. Op 9 juli 1941 wordt hij op zijn huisadres gearresteerd en overgebracht naar het Oranjehotel in Scheveningen. Zes maanden later gaat hij naar de Strafgevangenis in Scheveningen. Het VN-proces wordt op 24 februari 1942 gehouden. Frans wordt tot zes maanden gevangenisstraf veroordeeld wegens het in bezit hebben van "Duits-vijandige geschriften". Deze lichte straf krijgt hij uiteindelijk omdat hij volhoudt deze geschriften wel te hebben gekregen maar direct in de kachel te hebben verbrand. Omdat hij reeds bijna acht maanden in voorarrest heeft gezeten, wordt hij nog diezelfde dag in vrijheid gesteld.

Na zijn vrijlating stelt Frans zich direct weer beschikbaar voor Groep 2000. Hij neemt deel aan activiteiten van het wijkwerk van de Groep, met name de hulp aan onderduikers. Hij wordt districtshoofd van district Zuid-West (de Concertgebouw- en Minervabuurt). Daarnaast speelt hij vanwege zijn functie bij de Hervormde Kerk een rol bij het gebruik door Groep 2000 van het wijkgebouw 'Irene' van wijk XVI aan de Jacob van Lennepkade 310-312. Frans is beheerder van dit gebouw. Dit wijkgebouw wordt in de periode 1943-1945 als postadres gebruikt voor de Groep, waarbij de post is gecodeerd. Bijeenkomsten van de Groep vinden hier plaats met catechisatie als dekmantel.

Tijdens een bijeenkomst op 31 augustus 1945, bij de viering van het eerste lustrum van Groep 2000, spreekt Frans als oudste Groepslid Jacoba toe.

Frans Reitema is overleden op 27 januari 1949. In 1984 wordt aan hem postuum het Verzetsherdenkingskruis toegekend.

Frans Reitema (kleinzoon)

Kees Reitema (1920-2003)

1802

- PTT-beambte.
- Hoofd van de Onderzoek-Centrale en lid van het Dagelijks Bestuur Groep 2000.

Cornelis Douwe Reitema wordt op 5 september 1920 te Amsterdam geboren als enig kind van Frans Reitema en Marretje ter Beek. Het gezin is zeer actief binnen de Nederlands Hervormde Kerk; deze achtergrond heeft zeker bijgedragen aan de sociale betrokkenheid die Kees zo kenmerkt. Dat hij vroeg in de oorlog samen met zijn vader betrokken raakt bij het verspreiden van Vrij Nederland, vindt hierin zijn oorsprong.

Kort na de vrijlating van zijn vader uit het 'Oranjehotel' ontmoet hij Jacoba van Tongeren. Dit is het begin van een nauwe samenwerking.

In de eerste oorlogsjaren is Kees nog werkzaam bij de PTT wat hem in staat stelt om na Spertijd op straat te kunnen zijn. Na geen gehoor te hebben gegeven aan de Arbeitseinsatz wordt hij gedwongen zijn baan op te zeggen en onder te duiken. Vanaf dat moment kan hij zich slechts met vervalste papieren op straat begeven en slaapt hij veiligheidshalve op wisselende adressen.

Hoewel Kees Reitema voor Jacoba verschillende werkzaamheden verricht (van het na Spertijd plakken van illegale pamfletten tot het begeleiden van een voedseltransport naar Vught), is hij hoofdzakelijk werkzaam in de Onderzoek-Centrale van de Groep die een groot aandeel heeft in de organisatie van hulp aan onderduikers. Vanaf september 1944 tot het einde van de oorlog neemt hij tot grote tevredenheid van Jacoba de leiding van de Onderzoek-Centrale op zich en maakt hij deel uit van het Dagelijks Bestuur van de Groep.

Na de ontbinding van Groep 2000 wordt Kees gevraagd om bij de Stichting 1940-1945 te komen werken. Na aanvankelijk werkzaam te zijn op het hoofdkantoor geeft hij later tot zijn pensionering leiding aan het districtskantoor Amsterdam/Noord-Holland. Na zijn pensionering is hij tot zijn 70^{e} levensjaar (hoofd)bestuurslid van de Stichting geweest. Zo heeft hij zich een groot deel van zijn leven ingezet voor, zoals hij het noemde, 'mijn makkers uit het verzet'.

Kees is het contact met Jacoba tot haar dood in 1967 blijven onderhouden. Hij heeft haar waar nodig zowel administratief, als emotioneel ondersteund. Kees wordt in 1985 benoemd tot Ridder in de Orde van Oranje-Nassau. In 1986 is aan hem de Yad Vashem onderscheiding uitgereikt wegens hulp aan Joodse landgenoten. Hij overlijdt op 21 augustus 2003 te midden van zijn familie.

Frans Reitema (zoon)

Herman Ruhe (1890-1965)

- Glastuinder.
- Werkt mee aan wapendroppings. Verzorgt schuilplaats in zijn groenteloods waar Jacoba in het laatste oorlogsjaar kan overnachten.

Hermanus Gerardus Ruhe is geboren op 3 juli 1890 te Amsterdam. Hij trouwt in 1913 met Wilhelmina Wichmann. Het echtpaar is Rooms-Katholiek en krijgt dertien kinderen.

Herman Ruhe is glastuinder. Hij kweekt komkommers in platte bakken, tomaten in kassen en buiten diverse groenten. Hij woont met zijn gezin bij de Postjeswetering, in de Sloterpolder aan de rand van Amsterdam. Iedere ochtend brengt hij om 4 uur per boot zijn groenten naar de Centrale Markthallen aan de Jan van Galenstraat. In deze polder, die je bijna alleen per boot kunt bereiken, wonen veel tuinders. De bewoners hebben een groot saamhorigheidsgevoel; burenhulp is er een goed gebruik.

In de oorlog raakt Herman Ruhe na verloop van tijd betrokken bij Groep 2000, evenals zijn dochter Gré die Groepslid is. Hij heeft diverse onderduikers in huis die zich kunnen verstoppen in de kelder. Daarnaast werkt hij mee aan wapendroppings.

Herman Ruhe is voor Groep 2000 zeer belangrijk omdat Jacoba van Tongeren in de oorlog geregeld 's avonds en 's nachts bij hem een veilige schuilplaats vindt op de vliering van een groenteloods, waarvan het trapje kan worden ingehaald. Herman Ruhe heeft dat kamertje speciaal voor Jacoba gemaakt en haar daarvan een extra sleutel gegeven.

Wapens die door de geallieerde vliegtuigen worden gedropt in de polder, worden 's nachts door Ruhe naar de loods gebracht en tijdelijk onder rietmatten verborgen. Zijn schuur wordt een opslagplaats voor wapens. Aan het eind van de Middellantstraat is in die tijd een ophaalbrug over de vaart langs de Orteliuskade, die toegang geeft tot de Sloterpolder. De brug wordt neergelaten waarna politiemannen in burger, of andere verzetslieden, het tuindersgebied binnen kunnen komen. Ze komen soms ook met bootjes. Het behoeft geen betoog dat Herman Ruhe, als vader van dertien kinderen, bij zijn illegale activiteiten grote risico's heeft gelopen.

Na de oorlog raakt Herman Ruhe door wat hij heeft meegemaakt enige tijd overspannen. Op aanraden van een bevriende psychiater van de Valeriuskliniek wordt hij korte tijd in deze kliniek opgenomen. In 1958 moet het familiebedrijf worden verplaatst vanwege de stadsuitbreiding. Het huidige Rembrandtpark ligt op de plaats waar het bedrijf van Herman Ruhe destijds was gevestigd. Herman Ruhe is op 14 mei 1965 te Sloten overleden.

In 1982 is aan hem postuum het Verzetsherdenkingskruis toegekend.

FR

Helena Savi-Buring (1919-1992)

2060

- *Bontwerkster.*
- *Verleent als wijkverzorgster hulp aan onderduikers.*

Helena Johanna Maria Buring wordt geboren op 10 september 1919. Zij is van beroep bontwerkster. Als de oorlog uitbreekt, woont zij in Amsterdam.

Helena Buring werkt tot haar huwelijk met Mattheus G.J. Savi in juli 1944 als bontwerkster. Zij houdt zich daarnaast bezig met illegale activiteiten. In eerste instantie met het verspreiden van illegale lectuur, die zij ontvangt van haar beide broers. Eind 1943 / begin 1944 is zij – via haar broer Martien Buring (Groepslidnummer 2014)- lid geworden van Groep 2000. Ook haar zuster Anna is lid geworden van Groep 2000 (lidnr. 2050). Hier wordt zij ingeschakeld bij hulpverlening aan onderduikers.

De hulpverlening bestaat uit het verstrekken van bonkaarten en soms uit het verstrekken van geld. Zij wordt voor Groep 2000 wijkverzorgster in district West, in de Surinamebuurt. Tot haar taak behoort ook onderzoekswerk naar de noodzaak van de gevraagde hulp. De onderzoekers komen frequent bij elkaar, soms 1x per week, voor het uitwisselen van gegevens en het geven van nieuwe opdrachten.

Opmerkelijk is dat echtgenoot Mattheus Savi de gehele oorlog lid is geweest van de NSB. Hij heeft echter zijn vrouw geen strobreed in de weggelegd bij haar illegale activiteiten. Enkele keren zijn er korte tijd onderduikers bij hen in huis geweest.

Mevrouw Savi heeft na de oorlog veel last van slapeloosheid en nachtmerries en krijgt ook maag- en darmklachten. Zij heeft nog getracht enkele jaren (in 1968 – 1972) te werken als bontwerkster. Maar vanwege gezondheidsklachten is zij uiteindelijk afgekeurd.

Mevrouw Savi is draagster van het Verzetsherdenkingskruis. Zij overlijdt op 4 december 1992.

FR

Theodorus Johannes Schamp (1904- 1945)

19016Th

- Sergeant-majoor-telegrafist bij de Koninklijke Marine.
- Marconist bij het Marine Zendstation van OD en Groep 2000.

Theodorus Johannes Schamp is geboren op 30 juni 1904. Hij wordt sergeant-majoor-telegrafist bij de Koninklijke Marine. Na de capitulatie in mei 1940 wordt hij met wachtgeld gestuurd. In september 1941 aanvaardt hij een betrekking als controleur bij de Dienst Luistervergunningen van de PTT. Na een oproep voor terugvoering in Duitse krijgsgevangenschap te hebben ontvangen, duikt hij medio mei 1943 onder.

Vanaf september 1943 is Schamp als reserve-marconist verbonden aan de Radiodienst van de OD. Sinds september 1944 is hij ten behoeve van het AHK-OD en Groep 2000 als marconist dagelijks actief bij het verzenden van gecodeerde telegrammen vanaf Leidend Station-II, een in de woning van Dirk Hulsman geïnstalleerd radio-, zend- en ontvangpost. Daarnaast is hij betrokken bij het verzorgen van dropping terreinen.

Op 30 januari 1945 wordt hij bij de inval door de Sipo in het pand waar LS-II staat opgesteld, gearresteerd. Hij wordt op 14 april 1945 op de Amsteldijk gefusilleerd.

Uit: 'De Eerebegraafplaats te Bloemendaal'.

Johan Schrijver (1898-1970)

1400 S

- Ambtenaar bij Distributiedienst.
- Maakt deel uit van Kring 1400; zet zich in voor hulp aan onderduikers en leidt wapentransporten.

Johannes Gerardus Schrijver wordt geboren op 9 april 1898. Hij is van beroep vertegenwoordiger. Hij trouwt op 14 december 1938 met Geertruide Koehorst. Als de oorlog uitbreekt, woont het echtpaar in de Heemstedestraat in Amsterdam-West. Het echtpaar krijgt geen kinderen.

In het begin van de oorlog is Johan Schrijver werkeloos en wordt hij tewerkgesteld in de werkverschaffing voor intellectuelen. In 1941 wordt hij geplaatst bij de Gemeentelijke Distributiedienst te Amsterdam. Hij werkt onder meer op het Stamkaartenbureau Nieuwendijk en op het Distributiekantoor in de Borgerstraat.

Johan Schrijver gaat na verloop van tijd deel uitmaken van de illegale Kring 1400 van de Distributie, die zich heeft aangesloten bij Groep 2000. Hij verricht diverse illegale activiteiten. Als lid van Groep 2000 zet hij zich vooral in voor hulp aan onderduikers. Hij verleent hulp bij de distributie van onderduikers door het verstrekken van stamkaarten, bonkaarten en persoonsbewijzen. Zo levert hij geblokkeerde kaarten aan Groep 2000.

Als in 1944 op last van de Duitsers een Tweede Distributie-stamkaart moet worden uitgereikt, weet Schrijver dit vaak te saboteren, waardoor de illegale legalisering van personen door kan blijven gaan. Vooral in die tijd neemt hij grote risico's om aan de grote vraag te voldoen die hem uit illegale kringen bereikt Daarnaast helpt hij ijverig mee wapens te stelen van de Wehrmacht, leidt hij wapentransporten en bewijst hij zijn diensten als wapeninstructeur.

Johan Schrijver staat bekend als onkreukbaar. Desalniettemin heeft hij op grote schaal gesaboteerd en falsificaties van allerlei aard verzorgd. Maar juist door zijn onkreukbaarheid is hij van onschatbare waarde op zijn post.

Na de bevrijding werkt Johan Schrijver nog tot september 1946 bij de Gemeentelijke Distributiedienst. Daarna wordt hij korte tijd boekhouder en vervolgens corrector. Reeds spoedig openbaren zich bij hem klachten van psychische aard. Reeds in 1947 wordt hij in verband hiermee voor 20% afgekeurd. Hij probeert nog om een sigarenwinkeltje te beginnen met hulp van de Stichting 1940-1945, maar dit is niets geworden. Vanaf 1954 is hij niet meer in staat om te werken, waarna hij in aanmerking komt voor een Buitengewoon verzetspensioen.

Het echtpaar Schrijver verhuist in 1958 vanwege de gezondheid van Johan van Amsterdam naar Dieren (Gelderland). Johan Schrijver overlijdt daar op 10 juli 1970.

FR

Gerda Sergeant-Richter (1898-1983)

1903

- Moeder en huisvrouw.
- Heeft diverse joodse kinderen laten onderduiken na ze gered te hebben uit de Hollandsche Schouwburg. Zij is wijkverzorgster in de Indische buurt.

Gerardina Wilhelmina Christina Richter is geboren op 7 juli 1898. Zij is voor de oorlog getrouwd met E.J. Sergeant. Haar man is postbesteller bij de PTT. Als de oorlog uitbreekt, is het echtpaar woonachtig in de Indische buurt in Amsterdam-Oost. Het echtpaar heeft dan drie kinderen.

Mevrouw Sergeant sluit zich in 1942 aan bij Groep 2000. Via dominee Aris (ook Groepslid) komt zij in contact met Jacoba van Tongeren. Zij wordt wijkverzorgster in de Indische buurt en houdt zich voornamelijk bezig met het verzorgen van bonkaarten en het inzamelen van gelden voor onderduikers. Haar echtgenoot assisteert haar hierbij.

Het echtpaar Sergeant neemt in 1942 Joodse kinderen in huis. Hun dochter werkt in een crèche in de Van Swindenstraat. Zij brengt een joods jongetje mee naar huis. Later volgt ook zijn zusje. Het echtpaar Sergeant heeft deze kinderen, waarvan de ouders waren gedeporteerd, ongeveer een jaar in huis gehad. Op 28 juni 1943 krijgen ze bezoek van de SD en worden beide kinderen opgehaald en naar de crèche in de Hollandsche Schouwburg gebracht. Vermoedelijk heeft deze inval plaats doordat iemand gezien heeft dat de heer Sergeant in PTT-uniform het meisje had opgehaald.

Gerda Sergeant heeft een contact in de Hollandsche Schouwburg. Zij slaagt er in beide kinderen vrij te krijgen en brengt ze op onderduikadressen in Utrecht en Portugaal onder. Daarna lukt het haar ook andere Joodse kinderen uit de Hollandsche Schouwburg te krijgen en op onderduikadressen onder te brengen.

Na de bevrijding neemt zij de beide ondergedoken kinderen weer bij haar in huis. Zij heeft er veel zorg mee, omdat zij beiden 'niet normaal' zijn. Na enkele jaren worden de kinderen, vanwege de wankele gezondheidstoestand van hun pleegmoeder, in een Joods gezin opgenomen. Met haar pleegkinderen staat zij tot haar dood op zeer goede voet.

Mevrouw Sergeant sukkelt na de oorlog met haar gezondheid. Ze is onder behandeling van een zenuwspecialist, en wordt behandeld voor maag- en darmklachten. Ze heeft last van ernstige slapeloosheid.

Haar man overlijdt in 1958. De laatste jaren van haar leven verblijft zij in een verzorgingshuis in Amsterdam, waar ze op 20 december 1983 sterft.

FR

Evert Louis Smelik (1900- 1984)

- Gereformeerd dominee.
- Werkt mee aan de geestelijke verdiepings-bijeenkomsten van Groep 2000.

Evert Louis Smelik wordt geboren op 8 september 1900 in Den Haag. Het christelijke onderwijzersgezin leeft sober. De opvoeding is vroom maar niet streng godsdienstig, mild en nogal muzisch: zijn vader, die tamelijk jong sterft, is muzikaal begaafd. Evert erft die liefde voor muziek. Als enige jongen in een gezin met meisjes mag hij naar het gymnasium. Hij gaat studeren aan de toen nog zeer steile, conservatieve theologische opleiding van de Vrije Universiteit en wordt daarna dominee in de toen nog zeer orthodoxe Gereformeerde Kerken, in het dorp Tienhoven bij Utrecht. Na een fel kerkelijk conflict wordt hij met enkele anderen uitgestoten uit de Gereformeerde Kerken. Met de zijnen (want een goed deel van zijn Tienhovense gemeente blijft hem trouw) zet hij de kerkdiensten als een soort hagenpreken voort. Eerst in een koestal, later in een houten noodgebouw. Het zijn economisch heel moeilijke jaren, temeer daar hij kort voor het conflict losbarstte, is getrouwd met Geertje Jaape, verpleegster in een psychiatrisch ziekenhuis in Bloemendaal. Uit dat huwelijk worden vier dochters geboren.

Via Rotterdam en Hilversum wordt Smelik in 1939 in Amsterdam beroepen. Mede om af te rekenen met de vanzelfsprekendheid van het verleden besluit hij zijn studie geheel over te doen. Hij gaat theologie studeren aan de Leidse Universiteit, waar hij op 27 juni 1939 cum laude het doctoraal examen aflegt. Op 8 april 1943 volgt zijn promotie aan de gemeentelijke Universiteit van Amsterdam.

Al in 1937 krijgt hij moeilijkheden met gemeenteleden die de NSB-gedachten toegedaan zijn. Hij wijst het nationaal socialisme principieel af en brengt zijn principes in de praktijk als hij in de oorlogsjaren betrokken raakt in het verzet. In Groep 2000 zijn het vooral de Joodse onderduikers die zijn inzet vergen. Smelik is een van de dominees die meewerken aan de geestelijke verdiepings-bijeenkomsten die regelmatig in het wijkgebouw van de NH Kerk aan de Jacob van Lennepkade worden gehouden.

Na de oorlog wordt hij in 1949 kerkelijk hoogleraar in Amsterdam. Op 1 september 1967 gaat hij met emeritaat, twee jaar later verlaat hij Amsterdam en verhuist hij naar Noord-Brabant: eerst naar Bergeyk, in 1980 naar Geldrop. Hier preekt hij nog geregeld en wijdt hij zich aan het dichten en het componeren van liederen. Op 84-jarige leeftijd overlijdt Evert Smelik aan de gevolgen van een hersenbloeding.

Pim Stiggelbout (zoon van Groepsarts Piet Stiggelbout)

Ary Smith (1888-1974)

19050

- Kunstschilder en leraar.
- Districts-Hoofd in het wijkwerk. Had later een leidende functie bij de EHBO van Groep 2000.

Ary Willem Smith wordt geboren op 23 november 1888 te Amsterdam. Hij is kunstschilder en leraar op het VHMO (vakken: tekenen en kunstgeschiedenis).

Na 1918 volgt hij de officiersopleiding bij de Geneeskundige Dienst van de Burgerwacht in Amsterdam; hij volgt daar ook een EHBO-opleiding.

Ary Smith raakt betrokken bij het Wijkwerk van Groep 2000. Hij wordt Districts-Hoofd van de wijk Centrum-Zuid (waar de Rivierenbuurt en 'de Pijp' onder vielen). Hij is ook behulpzaam bij de verspreiding van de Vrije Pers.

In 1944 is hij docent anatomie aan de Hendrik de Keyserschool in Amsterdam. Als in september 1944 Groep 2000 een volledige geneeskundige dienst opzet (om eventueel hulp aan slachtoffers van oorlogshandelingen te kunnen verlenen), behoort Ary Smith bij degenen die daarin een leidende functie krijgen. Er wordt een volledig geoutilleerde EHBO opgezet, met op een bepaald moment 13 EHBO-verbandplaatsen in de stad. Ary Smith geeft een spoedcursus aan mensen die zich voor de EHBO-dienst beschikbaar stellen. Daarna geeft Smith twee weken dagelijks les in een van de wijklokalen van de Hervormde Gemeente. Voor deze cursus is zo veel belangstelling dat Smith daarna ook nog in kleinere kring thuis les geeft.

Bij de mobilisatie van de BS wordt Smith namens Groep 2000 gedetacheerd als Officier voor Speciale Diensten bij de Staf van het Vendel Vrij Nederland, met onder meer als opdracht leiding te geven aan de eerste hulpverlening die eventueel nodig zal zijn voor de leden van dit Vendel.

Ary Smith is getrouwd met Groepslid Dokie Nater. Hij overlijdt op 30 juni 1974 in Ede.

FR

Anton Stam
(1919-2000)

- Navigator Radio-officier.
- Radio-telegrafist bij het Marine Zend-station.

Antonie Hendrik Stam wordt op 13 oktober 1919 geboren te Rotterdam.

Hij dient bij de Nederlandse koopvaardij als Navigator Radio-officier.

Stam trouwt met Therese Amy Lilly Duif. Zij krijgen twee dochters. Samen met zijn echtgenote zit Stam in het verzet. In 1941 wonen zij aan de Oude Schans bij de Montelbaanstoren in Amsterdam. Vanaf dit adres wordt later 'Vrij Nederland' gestencild en verspreid. Anton behoort tot de leiding van VN in de tweede helft van 1941, tot begin 1942. Dan vertrekt hij naar Zwitserland om zo Engeland proberen te bereiken. Dit mislukt en terug in Nederland maakt hij in het najaar 1944 deel uit van het Marine Zendstation van Groep 2000. Oudjaar1944 gaat Stam naar Leeuwarden waar hij het Zendstation zal bedienen. Daarna worden de activiteiten verlegd naar een boerderij in Drenthe. Hij wordt gearresteerd en belandt in de gevangenis in Assen.

In 1946 treedt Stam in dienst van de KLM, waar hij tot zijn pensioen in 1970 werkt. Hij overlijdt omstreeks 2000.

PvT

Piet Stiggelbout (1895- 1969)

1400St

- *Gemeenteart in Amsterdam.*
- *Groepsarts van Groep 2000 en van Jacoba.*

Pieter Marinus Stiggelbout wordt op 5 oktober 1895 op Texel geboren. In 1913 gaat hij medicijnen studeren in Amsterdam. Daar leert hij zijn vrouw Anna Cornelia Luyrink kennen, met wie hij na zijn afstuderen op 29 september 1921 trouwt. Als arts verhuist hij naar Drenthe. Zijn vrouw vindt het leven in de toen nog doodarme veenkoloniën zó afschuwelijk dat zij de in die tijd enige uitweg kiezen: naar Nederlands-Indië. Piet Stiggelbout werkt een korte tijd als gouvernementsarts in Batavia en accepteert dan al snel een baan als arts bij de Hospitaal-vereniging Martabing in Tebing-Tinggi (Sumatra's Oostkust). In 1933 verhuist het gezin naar Amsterdam waar hij gemeentearts op Kattenburg wordt. Hij wordt lid van de vrijmetselaarsloge Nos Vinxit Libertas. In die loge raakt hij nauw bevriend met Hermannus van Tongeren: dit zou zijn leven in de daarop volgende oorlogsjaren bepalen.

In de crisisjaren na 1933 is het leven op Kattenburg alles behalve gemakkelijk. Het is een arme, politiek zeer actieve communistische wijk, waar vechtpartijen met de politie schering en inslag zijn. Hij heeft er een grote, overwegend orthodoxe en straatarme, Joodse praktijk. Als Stiggelbout de kans krijgt, verhuist hij naar de 2e Constantijn Huygensstraat in Oud West.

Als de oorlog uitbreekt, is het dáár dat hij actief wordt in de Groep 2000 met 'juffrouw' van Tongeren (vrouwen blijven in die tijd tot hun trouwen 'juffrouw') als naaste medewerkster. Hij is lid van Groep 2000, Groepsarts én (huis) arts van Jacoba van Tongeren.

Hij spreekt vrijwel nooit over dat werk, niet in de oorlog en ook ná de oorlog niet. Wél vertelt hij mij (zijn 3e zoon, Pim) eens - ik studeer dan zelf medicijnen - dat het verzet (de 'illegaliteit') gebruik maakt van de angst die de Duitsers hebben voor infectieziekten als tuberculose, waar toen nog geen behandeling voor was. Jonge mannen die zich moeten melden voor de 'Arbeitseinsatz', laat hij 's morgens vroeg naar zijn ziekenfondsspreekuur komen. Hij brengt daar een blaascatheter (een flexibel rubber slangetje) in waardoor hij urine inbrengt die besmet is met tuberculose bacillen. Bij de keuring, die dezelfde ochtend plaatsvindt, zegt de 'patiënt' dat hij niertuberculose heeft en worden onder de microscoop die tuberkel bacillen vanzelfsprekend direct ontdekt. De man wordt natuurlijk vrijgesteld van de arbeidsdienst - en krijgt als bonus nog extra bonkaarten om aan te sterken.

Piet Stiggelbout overlijdt in 1969.

Pim Stiggelbout (zoon)

Caroline Strubelt (1911-1999)

alias Puck

- Huisvrouw.
- Achtereenvolgens lid van twee knokploegen. Heeft geld en bonkaarten geleverd aan Groep 2000.

Caroline Louise Hermine Strubelt, haar schuilnaam in de oorlog is 'Puck', wordt geboren op 17 juni 1911. Zij trouwt in 1931 met Isidoor Huijkman (groepslidnr. 800). Het echtpaar krijgt drie kinderen. Als de oorlog uitbreekt, woont het gezin op het adres Joos Bankersweg 21 II, Amsterdam.

Haar echtgenoot, die KP-lid is, wordt op 1 september 1944 gearresteerd en op 6 september 1944 gefusilleerd.

Caroline Strubelt assisteert haar echtgenoot bij diens illegale werk en treedt onder meer als koerierster op. Zij wordt – met haar man - achtereenvolgens lid van de KP Alkmaar (van Frits Konijn) en vanaf juli 1944 van de KP Jos, die vanuit Rotterdam opereert. Deze knokploegen maken bonkaarten en blanco persoonsbewijzen buit bij overvallen op distributiekantoren en gemeentehuizen. Via Martin Buring (groepslidnr. 2014), de buurman van het echtpaar Huijkman, worden bonkaarten en blanco persoonsbewijzen aan Groep 2000 geleverd.

De KP Jos pleegt in 1944 een overval op het postkantoor van het Centraal-Station te Rotterdam. Bij deze overval wordt onder meer een groot geldbedrag buitgemaakt. Op een dag krijgt Jacoba bezoek van een betrekkelijk gedrongen figuurtje in een sjofel kort leren jasje met een pakje onder haar arm dat verpakt is in de Deutsche Zeitung. Het is Puck. Zij komt namens de KP Jos een bedrag van fl.10.000,-- aanbieden als steun voor het werk van Groep 2000.

In december 1946 hertrouwt Caroline Strubelt met J.H. de Reus, ook een KP-er uit Rotterdam. Zo wordt dat kleine vrouwtje niet alleen in daad, maar ook in naam Mevrouw de Reus.

Na de oorlog heeft zij regelmatig last van hoofdpijnen en geheugenstoornissen. 's Nachts kan zij bijna niet slapen. Haar klachten zijn vermoedelijk het gevolg van de spanningen die zij in de oorlog heeft doorgemaakt.

Om gezondheidsredenen verhuist zij in 1951 met haar gezin vanuit Amsterdam naar een rustiger omgeving in Zandvoort. In die plaats overlijdt zij op 13 december 1999.

FR

Jan Tabak (1904-1978)

20010

- Bankier.
- Verzorgt de financiering van Groep 2000 vanuit de Kas van de Diakonie van de Hervormde Kerk.

Johannes Tabak wordt geboren op 2 augustus 1904. Hij is een groot deel van zijn werkzame leven bankier bij de Nederlandsche Handelmaatschappij.

Daarnaast zet hij zich zijn gehele leven in om, zoals hij het zelf noemde, 'de noden van mensen die het moeilijk hebben te lenigen'. Hij is lidmaat van de Nederlands Hervormde Kerk en vanaf 1933 -met enkele onderbrekingen- diaken van de Hervormde Kerk in Amsterdam. Ook is Johannes Tabak van 1962 tot 1968 wethouder voor Sociale Zaken in Amsterdam.

Binnen de diaconie van de Hervormde Kerk bekleedt Tabak verschillende bestuurlijke functies. Hij is onder meer zowel vóór, tijdens, als na de oorlog, voorzitter van de 'Diaconie van Amsterdam-Centrum'.

Johannes Tabak kent, zeker ook als bankman, de waarde van het geld. Maar hij weet óók dat nood gelenigd moet worden. In dit opzicht betekent hij veel voor Groep 2000. Vanaf mei 1944 regelt hij de financiering van de Groep vanuit de Hervormde Kerk. Hij zorgt er persoonlijk voor dat er maandelijks gelden uit de kas van de Diaconie (het Fonds voor Bijzondere Noden) bij de Groep terecht komen. In totaal gaat het hierbij tot de bevrijding om een bedrag van circa fl. 300.000,-.

Bij het moderamen van de Diakonie brengt hij steeds weer het werk van Groep 2000 naar voren, waarbij hij wijst op de taak van de Kerk.

Vanwege zijn verdiensten voor de publieke zaak is in Amsterdam een straat naar hem vernoemd: de Wethouder Tabakstraat in stadsdeel Zuid-Oost.

Johannes Tabak overlijdt op 4 juni 1978.

FR

Grietje van Tholen (1908 - onbekend)

20015

- *Onderwijzeres.*
- *Koerierster bij Groep 2000.*

Grietje van Tholen wordt geboren op 3 juni 1908 te Winschoten. Zij is de dochter van Willem van Tholen en Eefke Drent. Grietje van Tholen is lidmaat van de Vrije Gemeente. Als de oorlog uitbreekt, woont zij bij haar ouders op de Orteliusstraat in Amsterdam.

Grietje van Tholen is van beroep onderwijzeres. Zij houdt zich al in een vroeg stadium van de oorlog bezig met illegale activiteiten. In eerste instantie wordt zij lid van de 'Groep Paul Guermonprez' (gefusilleerd op 10 juni 1944), evenals haar zus Els.

In 1943 sluit zij zich aan bij Groep 2000. Zij wordt koerierster. Voor Groep 2000 legt zij contact met Jan Piet van Hoften die in Amsterdam bij de Staatspolitie werkzaam is. Jan Piet van Hoften (groepslid 8047) wordt voor Groep 2000 van groot belang.

Na de bevrijding schrijft Grietje op 14 mei 1945 een gedicht voor Jacoba: 'Wij willen staan als een sterke boom'. Jacoba ziet in dit gedicht een opdracht voor Groep 2000 voor na de oorlog.

FR

Herman van Tongeren (1899-1944)

- Werktuigkundig ingenieur en uitvinder.
- Vervoert onderduikers, wapens en bonnen en ontwikkelt microfilms.

Herman van Tongeren wordt op 6 oktober 1899 geboren in Kota Radja in het toenmalige Nederlands-Indië. Zijn vader is daar drie jaar eerder, in 1896 als genieofficier van het Koninklijk Nederlands Indisch Leger (KNIL) aangekomen. Als het gezin na verlof in Nederland in 1909 weer vertrekt naar Indië, blijft Herman achter bij zijn grootouders in Rotterdam die een hervormd bejaardentehuis leiden. In 1916 keren zijn ouders en twee zusters (Jacoba en Lot) naar Nederland terug en gaan ze in Amsterdam wonen. In 1917 gaat hij in Delft studeren voor werktuigkundig ingenieur. Hij is heel veelzijdig en heeft veel interesses. Hij verdiept zich in de meest uiteenlopende technische onderwerpen, maar ook geestelijke vraagstukken. Hij is in de twintiger jaren bezorgd om de verontreiniging van het milieu en ontwikkelt een apparaat waarmee vuil en verontreinigde stoffen uit de schoorstenen van fabrieken kan worden opgevangen. Deze uitvinding heeft hij al gedaan voordat hij afstudeert. Hij zet een Bureau voor Aërodynamica (stromingsleer) op, waarmee hij verbeterde constructies ontwikkelt, octrooien aanvraagt en licenties uitgeeft om deze stofvangers te maken. Hiermee wordt vuiluitstoot in industriegebieden effectief bestreden.

In de oorlog onderneemt hij veel verzetswerk, maar zo geheim mogelijk omdat immers zijn vader in 1941 al in Sachsenhausen is omgekomen en zijn zuster Jacoba een verzetsgroep leidt. Hij heeft Jacoba veel geholpen met het maken en ontwikkelen van microfilms in zijn bedrijf; met vervoer van Joden en piloten; met wapen-en bonnentransporten.

De Duitsers vorderen op 7 september 1944 zijn huis in Heemstede voor inkwartiering van hoge militairen. Zij vinden in zijn huis verzetsbladen die verspreid moesten worden, maar bovenal constateren ze dat hij de zoon van de Grootmeester der Vrijmetselaren is. De Euterpestraat wordt gebeld. Herman wordt voor verder verhoor meegenomen, maar wordt onderweg uit de rijdende auto gegooid en doodgeschoten. Hij overlijdt op 9 september 1944. Dezelfde dag dat hij wordt meegenomen, 7 september, wordt zijn vrouw met vijf kinderen uit het huis gezet en is daar niet teruggekeerd.

PvT

Hermannus van Tongeren (1876-1941)

- Officier van het KNIL, Grootmeester in de Orde van Vrijmetselaren.
- Helpt bij de oprichting en ontwikkeling van Groep 2000.

Hermannus van Tongeren wordt op 16 april 1876 te Bergen op Zoom geboren. Na de middelbare school gaat hij naar de Koninklijke Militaire Academie, die hij in 1895 op 19-jarige verlaat als eerste van zijn jaargenoten. Hij wordt benoemd als tweede luitenant en in 1896 geplaatst bij de genie in Indië in het Koninklijk Nederlandsch-Indisch Leger (KNIL).

Hij trouwt in 1898 in Indië met Jeanne Holle. Uit dit huwelijk worden drie kinderen geboren: een zoon, Hermannus (1899) en twee dochters: Charlotte (1902) en Jacoba (1903). Hij dient in Atjeh waar de genie doorgangen maakte in de doornen hagen rond versterkte dorpen. Hermannus doet dit met veel beleid en moed onder vijandelijk vuur. Hiervoor wordt hem de Militaire Willemsorde verleend. Hij legt een spoorweg aan door het oerwoud in Sumatra over brede rivieren die moeilijk overbrugbaar zijn. Jacoba wordt door hem opgevoed, terwijl hij een verplaatsbare ambtswoning bewoont vlakbij zijn werk. In 1916 gaat hij met pensioen en keert met zijn gezin terug naar Nederland. In 1939 wordt hem de titulaire rang van Generaal-Majoor verleend.

Hij gaat in Amsterdam wonen. Hij wordt mede-directeur van de firma Fuchs & Rens. Hij vervult veel functies in het maatschappelijk leven. Maar bovenal is hij actief in de vrijmetselarij. Hij is Grootmeester van de Orde van Vrijmetselaren van 1929 tot 1941.

In de dertiger jaren heeft hij zich al in woord en geschrift een fel tegenstander van het Nationaal Socialisme betoond. De Duitsers beschouwen de Vrijmetselarij als een volksvijandige organisatie. Samen met Troostwijk legt hij de grondslagen voor de spionage-afdeling van het illegale Vrij Nederland. Hij steunt ook op verschillende manieren het illegale blad Vrij Nederland. Hij weet 600.000 gulden uit de kring van vrijmetselaren apart te zetten voor illegaal werk. Hij leert zijn dochter Jacoba de grondbeginselen van een Code en raadt haar dringend aan nooit namen te gebruiken, maar alleen een Code. Hij introduceert Jacoba bij veel vrijmetselaren voor haar verzetswerk en geeft haar de opdracht hen toe te spreken met: 'De Orde roept U'. Met zijn grote netwerk en met het grote respect dat velen voor hem hebben, heeft hij een cruciale bijdrage aan de oprichting en verdieping van Groep 2000 geleverd. Hij was een nobel, moedig en integer leider en hij heeft velen geïnspireerd en moreel gesteund.

Oktober 1940 wordt hij gevangen genomen en eind maart 1941 komt hij in Sachsenhausen om.

PvT

Jacoba van Tongeren (1903-1967)

2000

- *Maatschappelijk werkster.*
- *Leidster Groep 2000.*

Jacoba van Tongeren wordt op 14 oktober 1903 geboren in Tjimahi bij Bandoeng, op Java, in Nederlands-Indië. Haar vader, Hermannus van Tongeren, is officier in het Koninklijk Nederlands-Indisch Leger (KNIL). Hij bouwt bruggen over ravijnen en woont daar vlakbij. Jacoba brengt een belangrijk deel van haar jeugd bij haar vader in het oerwoud door en wordt door hem opgevoed. In 1916 gaat het gezin terug naar Nederland. Jacoba volgt een verpleegstersopleiding en als de oorlog uitbreekt, is zij maatschappelijk werkster bij de Bijzondere Kerkelijke Gezinszorg. Direct na de Duitse inval neemt haar vader initiatieven tot verzet en betrekt zijn dochter Jacoba daarbij. Ze wordt door hem opgeleid en voorbereid om een verzetsgroep te leiden. Zo zijn ze vanaf het begin betrokken bij het eerste jaar van Vrij Nederland. Haar vader is Grootmeester van de Orde van Vrijmetselaren. Hij wordt al in oktober 1940 door de Duitsers gearresteerd en komt in maart 1941 in Sachsenhausen om.

Jacoba van Tongeren is de enige vrouw die een verzetsgroep heeft opgericht en geleid gedurende de hele oorlog.

Groep 2000 heeft een Code met nummers, die op alle Groepsleden en 4.500 onderduikers wordt toegepast. Jacoba en haar Groep 2000 hebben twee machtige beschermers op de achtergrond: de Hervormde Kerk en de Orde van Vrijmetselaren.

Voor de oorlog heeft zij al tuberculose gehad, waarvoor ze zeven jaar moest kuren. Zij raakt door deze ziekte van voor de oorlog en de uitputting tijdens de oorlogsjaren snel na de bevrijding aan haar bed gekluisterd. Jacoba overlijdt op 15 september 1967.

PvT

Isaac Troostwijk (1880- 1942)

20025

- KNIL-officier.
- Helpt Groep 2000 bij spionage-activiteiten en financiering van het verzet.

Isaac Troostwijk wordt geboren op 24 september 1880. Hij is van Joodse afkomst. Hij wordt in juli 1903, na de Koninklijke Militaire Academie te hebben doorlopen, benoemd tot 2e luitenant van het KNIL. In oktober 1903 huwt hij met Maria van der Heijden, ook van Joodse afkomst. In december 1903 vertrekt het jonge paar naar Nederlands-Indië. In november 1930 wordt overste Troostwijk gepensioneerd en vestigt hij zich met zijn echtgenote in Amsterdam. Hij is tijdens zijn werkzame leven in Nederlands-Indië vrijmetselaar geworden. In Amsterdam raakt hij bevriend met de eveneens in Amsterdam wonende Hermannus van Tongeren, ook een gepensioneerd KNIL-officier en zeer actief in de vrijmetselarij.

Direct nadat de Duitsers Nederland hebben bezet, ondernemen Van Tongeren (met zijn dochter Jacoba) samen met Troostwijk en anderen verschillende activiteiten die later gestalte krijgen in de verzetsgroep 2000. Van Tongeren en Troostwijk beginnen in de zomer van 1940 al met het verzamelen van gegevens betreffende militaire objecten van de Duitsers, teneinde die aan de Engelsen door te geven. Zij leggen de grondslag voor de spionage-afdeling van de Groep. Na het wegvallen van Van Tongeren zet Troostwijk het verzetswerk voort en is nauw betrokken bij het opzetten van hulp aan onderduikers. Op verzoek van Jacoba van Tongeren haalt hij in de zomer van 1942 een bedrag van 600.000 gulden uit Zwolle op, afkomstig uit de kring van de vrijmetselarij. Daarmee kan het werk van Groep 2000 voorlopig worden gefinancierd.

In september 1942 wordt zijn echtgenote als Joodse opgeroepen zich naar Westerbork te begeven. Isaac Troostwijk, die zich nog niet hoeft te melden (wellicht omdat hij oud-officier is), wil zijn vrouw niet alleen laten gaan en vertrekt met haar naar Westerbork. Op dat tijdstip zijn de Duitsers niet op de hoogte van het verzetswerk van Troostwijk. Op 28 november 1942 overlijdt Isaac Troostwijk in Westerbork (hij is hartpatiënt). Zijn vrouw is eind januari 1943 op transport gesteld naar Auschwitz en daar vermoord.

Rienk Arnold (kleinzoon)

Jan Harm Tuntler
(1887- 1957)

136815 T

- Directeur GGD, Amsterdam.
- Helpt Groep 2000 bij het opzetten van EHBO-posten en noodhospitalen.

Jan Harm Tuntler wordt op 8 december 1887 in Groningen geboren. In 1917 wordt hij gemeente-arts te Groningen en in 1921 geneeskundig inspecteur voor de noordelijke provincies. In 1938 wordt hij benoemd als directeur van de Gemeentelijke Geneeskundige en Gezondheidsdienst van Amsterdam.

Hij verleent Jacoba alle medewerking bij het opzetten van EHBO-posten en noodhospitalen. Medicijnen, verbandmiddelen, instrumenten, volledig als veldhospitaal ingerichte ambulancewagens verdwijnen voor het verzet. Hij vervult een belangrijke functie in het door Jacoba opgezette onderdeel 'Medische en Geneeskundige Hulpverlening bij Oorlogshandelingen'. De hoofd EHBO-post is in de Nieuwe Kerk. Als Tuntler en andere betrokkenen daar door Jacoba worden rondgeleid, zegt hij: 'Mijn ziel weidt hier met een bewonderend oog en nu doel ik niet slechts op deze schone, historische omgeving maar op alle materiaal dat u heeft kunnen bijeen brengen. Het overtreft zelfs mijn toch waarlijk niet geringe verwachtingen na alles wat ik reeds heb gezien aan prestaties van uw Groep'.

In 1947 keert Tuntler naar Groningen terug als hoogleraar in de sociale hygiëne en sociale en preventieve geneeskunde. Hij overlijdt in 1957.

PvT

Gerrit Jan van der Veen (1902- 1944)

2200

- Beeldhouwer te Amsterdam.
- Oprichter Persoonsbewijzen-centrale en lid van de Raad van Verzet.

Gerrit Jan van der Veen is op 26 november 1902 geboren. Hij wordt beeldhouwer. Eerst maakt hij portretkoppen, later meer portret-reliefs. Van der Veen weigert in juli 1940 als blokhoofd van de Vrijwillige Luchtbescherming een Ariër-verklaring te tekenen. Vanaf de oprichting, eind 1941, van de Kultuurkamer richt hij zich hier fel tegen; hij is mede-initiatiefnemer van een 'Adres aan Seyss-Inquart' (ondertekend door 1902 kunstenaars), zamelt gelden in ter ondersteuning van kunstenaars die weigeren toe te treden en schrijft bijdragen voor W.J.C. Arondeus' illegale Brandarisbrief. De Jodenvervolging leidt februari 1941 tot de Februaristaking en daardoor doet zich het probleem voor van onderduikers en hun verzorging. Gerrit van der Veen experimenteert, samen met onder anderen Frieda Belinfante en Rudi Bloemgarten, met het maken van valse Persoonsbewijzen. Gerrit Jan vindt een manier waarop hij het watermerk op een heel precieze wijze kan namaken. De Groep zonder Naam, later: Groep 2000, zet vanaf midden 1941 onder het mom van kerkelijk maatschappelijk werk, een landelijk netwerk op om onderduikadressen te vinden, financiële ondersteuning te verkrijgen en te voorzien in persoonsbewijzen en bonkaarten. Gerrit Jan en zijn vrienden besluiten met de Groep zonder Naam samen te werken.

Vanaf mei 1942 is hij redactielid van het illegale blad De Vrije Kunstenaar. Samen met F. Duwaer vormt hij in de zomer van 1942 de Persoonsbewijzen-centrale die zich bezighoudt met het (in eerste instantie met name voor Joodse onderduikers) vervalsen van onder meer Persoonsbewijzen, Ausweisen en stamkaarten. Een jaar later krijgt hij een leidinggevende positie in de Raad van Verzet. Als medeorganisator en deelnemer is hij betrokken bij diverse overvallen en brandstichtingen: op 10 februari 1943 op de GAB-cartotheek in Amsterdam, op 27 maart 1943 op het Amsterdamse Bevolkingsregister en op 29 april 1944 op de Algemene Landsdrukkerij in Den Haag waarbij 10.000 blanco PB's worden buitgemaakt. Met het doel gevangenen te bevrijden, leidt hij op 1 mei 1944 de overval op het Huis van Bewaring aan de Weteringschans. De overval mislukt en Van der Veen wordt door kogels geraakt. Zwaargewond – hij loopt een dwarslaesie op- weet hij aanvankelijk te ontkomen. In mei 1944 wordt Gerrit Jan van der Veen door de Sipo gearresteerd, op 10 juni 1944 ter dood veroordeeld en diezelfde dag gefusilleerd.

Uit: 'De Eerebegraafplaats te Bloemendaal'.

Leo Verwoerd (1899-1945)

- Kantoorbediende.
- Stelt een etage van zijn huis op de Stadhouderskade 56 te Amsterdam beschikbaar aan Groep 2000.

Leendert Verwoerd wordt geboren op 23 november 1899 te Amsterdam. Hij is Nederlands-Hervormd. In 1924 trouwt hij met Petronella Christina Veltrop (geboren op 1 mei 1890). Het echtpaar krijgt twee kinderen. Leo Verwoerd is van beroep kantoorbediende. Zijn hele werkzame leven (in totaal 26 jaar) werkt hij op kantoor in Amsterdam bij het assurantiebedrijf Mercier & Matthes.

Als de oorlog uitbreekt, gaat Verwoerd in het verzet. Hij levert vervalste persoonsbewijzen aan onderduikers. In de loop van de oorlog helpt hij Joodse landgenoten aan onderduikadressen en huisvest en verzorgt, samen met zijn echtgenote, gedurende twee jaar een Joods jongetje (Rob Waaker) in zijn woning.

In januari 1945 stelt Verwoerd een etage van zijn woning beschikbaar aan Groep 2000. Kort nadat zijn zoon Henk, op vrijdagmiddag 9 maart 1945, voor de deur door twee politieagenten is aangehouden bij een straatcontrole en verhoord door de Sipo, wordt de woning van de familie Verwoerd uitgebreid doorzocht en worden Verwoerd, zijn vrouw en zijn dochter gearresteerd. Het Joodse onderduikertje, dan 5 jaar oud, wordt snel via de deur van de 1^e^ etage bij buren in veiligheid gebracht. Een andere onderduiker (die er pas een week verblijft) is kort daarvoor via het dak gevlucht.

Als op 10 maart 1945 leden van Groep 2000 de in het pand verborgen codesleutel in veiligheid wilden brengen, schieten zij een Sipo-medewerker dood. Op 12 maart 1945 worden Leo Verwoerd, zijn zoon Henk en 28 anderen gefusilleerd als represaille voor de dood van de Sipo-medewerker. Mevrouw Verwoerd en haar dochter Ina worden een week later uit de gevangenis aan de Amstelveenseweg vrijgelaten.

Na de oorlog emigreert is mevrouw Verwoerd in mei 1952 met haar dochter, schoonzoon en kleinkind naar Australië (Sylvania). Maar zij kan er niet aarden en keert in mei 1963 alleen weer terug naar Amsterdam. Hier overlijdt zij op 5 juni 1977.

FR

Nel Wateler (1886-1971)

2300

- *Verpleegster.*
- *Voorvechtster van Groep 2000.*
- *Levensgezellin van Jacoba.*

Cornelia Christina Wateler wordt geboren op 15 oktober 1886 te Driebergen. Al voor de oorlog leert ze Jacoba van Tongeren kennen, met wie zij is gaan samenwonen rond 1937. Als de oorlog uitbreekt, wonen zij in Amsterdam-West. Nel Wateler werkt als verpleegster bij de Tuberculose-Bestrijding aan de Nieuwe Achtergracht in Amsterdam.

Nel Wateler is vanaf het begin lid van Groep 2000. Zij speelt een belangrijke rol als verzorgster van Jacoba en bewaakster van haar gezondheid. Nel fungeert altijd als schakel tussen Groepsleden en andere belangstellenden en Jacoba als Jacoba thuis aan het werk is en haar aandacht nodig heeft voor bijvoorbeeld planning van activiteiten. Nel waakt ervoor dat Jacoba de noodzakelijke rust krijgt en zich in acht neemt. In die rol vangt zij heel wat medewerkers of contacten op die dan niet verder komen dan de voordeur.

Ook slaagt Nel er altijd in om het illegale werk van Jacoba te camoufleren voor wat al te belangstellende en niet geheel vertrouwde buurtbewoners. De laatste jaren van de oorlog moet Jacoba onderduiken en verblijft zij steeds op verschillende adressen. Nel duikt onder bij haar zuster.

In haar werkkring op de Nieuwe Achtergracht is Nel steeds de propagandiste en voorvechtster van Groep 2000. Om aan geld te komen voor hulp aan onderduikers zorgt Nel ervoor dat de wol die in de huisindustrie van Groep 2000 wordt gefabriceerd, via haar werkkring rechtstreeks aan particulieren en ziekenhuizen kan worden verkocht.

In de laatste periode van de bezetting zet Groep 2000 een geneeskundige dienst op om hulp te kunnen bieden aan slachtoffers van eventuele oorlogshandelingen in Amsterdam. Nel Wateler vervult hierin een leidende functie.

Enkele jaren na de oorlog verhuizen Jacoba en Nel vanuit Amsterdam naar Bergen (NH) in de verwachting dat een gezondere en rustiger omgeving goed voor Jacoba zal zijn. Ook dan schermt zij Jacoba altijd af voor de buitenwereld, omdat wegens haar gezondheidstoestand strikte rust geboden is.

Na het overlijden van Jacoba in 1967 blijft Nel nog kort in Bergen wonen voordat zij naar een verzorgingstehuis in Obdam verhuist. Zij overlijdt daar met Kerstmis op 26 december 1971. Nel en Jacoba hebben dertig jaar samengewoond.

FR

Hermine Weijl
(1905 – onbekend)

901M

- *Lerares.*
- *Werkt voor de Onderzoek-Centrale.*

Hermine Henriëtte Clara Weijl wordt geboren op 29 oktober 1905 te Enschede. Zij is de (jongere) zuster van Ellen Inja-Weijl (groepslid 901E). Zij is joods en wordt vóór de oorlog, evenals de andere gezinsleden, lidmaat van de Doopsgezinde Broederschap. Hermine geeft les op een ULO.

In 1943 sluit Hermine Weijl zich aan bij Groep 2000. Zij werkt voor de Onderzoek-Centrale waar zij zich met name bezig houdt met het onderzoek van speciale gevallen (recherche werk).

Aan het eind van de oorlog is zij betrokken bij het opzetten van en het daadwerkelijk uitvoeren van gezinshulp, met name de hulp aan huisvrouwen, samen met mevrouw M.J. van Everdingen van het Bureau Quakerswerkgroep en Service Civil Voluntaire International.

Na de oorlog woont Hermine op de Prinsengracht in Amsterdam.

FR

Wim Wiebeld (1902-1978)

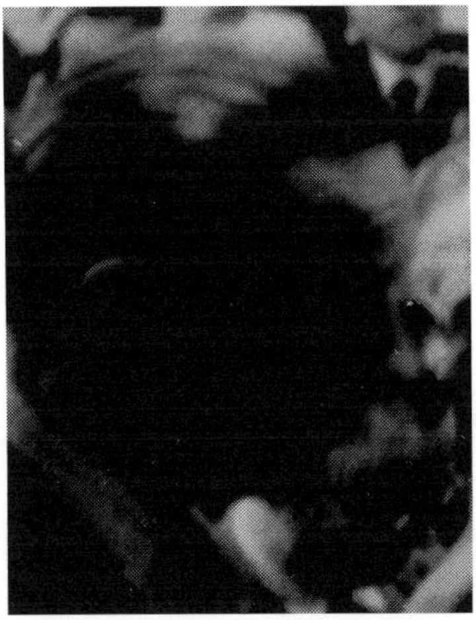

23013

- Chauffeur bij GG en GD.
- Gebruikt zijn ambulance auto voor diverse riskante transporten voor Groep 2000.

Willem Frederik Wiebeld wordt geboren op 23 juli 1902. Hij woont in Amsterdam West. Voor de oorlog is hij achtereenvolgens zelfstandig handelsagent in textiel en textiel detaillist. Hij kan zijn zaak door de oorlog niet voortzetten en wordt chauffeur bij de GG en GD.

In de periode 1941 – 1945 is hij chauffeur op een ambulance-auto. Omstreeks 1942 begint hij met verzetswerkzaamheden. Eind 1943 sluit Wiebeld zich aan bij Groep 2000. Hij houdt zich bezig met het verzorgen van Joodse- en andere onderduikers door deze mensen van bonkaarten, valse persoonsbewijzen en geld te voorzien. Hij vervoert met zijn ambulance de ondergedoken mensen desnoods naar ziekenhuizen. Ook transporteert hij dikwijls bonkaarten.

Wiebeld wordt bij Groep 2000 op zeker moment chef depôt en expeditie bij de Fourage dienst. Samen met zijn vrouw ondersteunt hij de familie van gevallen of in het buitenland strijdende leden van de Marine. Als het contact van Groep 2000 met de LO wordt verbroken door diverse arrestaties legt hij weer verbindingen met het Marine-zendstation, waardoor de geheime berichtgeving kan doorgaan.

Hij schrikt niet terug voor de gevaarlijkste karweitjes en volbrengt menig riskant transport.

Na de oorlog werkt Wiebeld eerst enkele jaren bij de Rijksverkeersinspectie. Daarna gaat hij weer in de textiel. Hij is jaren verkoper en wordt ook filiaalhouder van een herenmodezaak. Wiebeld werkt tot 1973. In 1975 krijgt hij tweemaal een hersenbloeding. Zijn gezondheidstoestand gaat sindsdien steeds meer achteruit. Wim Wiebeld overlijdt op 15 december 1978.

FR

Truus Wijsmuller-Meijer (1896- 1978)

23030

- Organiseert vele transporten van Joodse kinderen naar onder meer Engeland. Verstuurt voedselpakketten naar protestantse Joden in kampen.

Geertruida Meijer wordt geboren op 21 april 1896 in Alkmaar. Haar ouders zijn liberaal hervormd. Vanaf 1933 is Truus betrokken bij het Comité voor Joodse Vluchtelingen (CJV) en reist ze naar Duitsland om verwanten van in Nederland wonende Joden op te halen. Begin december 1938 vraagt ze in Wenen, namens het CJV, aan Adolf Eichmann toestemming voor kinder-emigratie naar Engeland. Eichmann, toen hoofd van de emigratie-afdeling, wil een grap met haar uithalen: als het haar lukt binnen vijf dagen 600 kinderen mee te nemen, mag ze bij de volgende transporten haar gang gaan. Op 10 december vertrekt een trein met 600 Joodse kinderen van Wenen naar Nederland. Truus heeft het voor elkaar gekregen. 500 kinderen reizen door naar Engeland. Tot het uitbreken van de oorlog in september 1939 organiseert Wijsmuller vele kindertransporten; de meeste kinderen gaan naar Engeland.

Op 10 mei 1940 is Truus in Parijs. Ze reist meteen terug naar Amsterdam omdat ze 75 vluchtelingen-kinderen heeft ondergebracht in het Burgerweeshuis. Zij weet deze kinderen nog op tijd aan boord van het SS Bodegraven te brengen, het laatste schip dat de haven van IJmuiden verlaat. Vanaf 1941 tot juni 1943 begeleidt zij op verzoek van de SS groepen Joden, die voor veel geld hun reis naar de vrijheid hebben gekocht, naar de Spaanse grens. Op die reizen neemt ze Joodse kinderen mee.

Daarna wordt zij lid van Groep 2000 en houdt zij zich bezig met het versturen van voedselpakketten naar protestantse Joden in Westerbork, Bergen-Belsen en Theresiënstadt. Cor Inja (901) heeft de leiding maar het is mede aan Truus te danken dat dit werk zo'n grote vlucht neemt. Tijdens de hongerwinter heeft zij als medewerkster van het Interkerkelijk Overleg een belangrijk aandeel in de verhuizing van kinderen naar het platteland.

In oktober 1945 wordt zij lid van de Amsterdamse gemeenteraad namens de VVD. Ze blijft lid van de Raad tot 1966. Ze krijgt ze vele onderscheidingen, waaronder de benoemingen tot Ridder en Officier in de Orde van Oranje Nassau, de Yad Vashem onderscheiding en medailles van het Nederlandse-, Duitse- en Franse Rode Kruis. Tevens ontvangt zij de zilveren medaille van de stad Amsterdam.

De tomeloze inzet van Truus Wijsmuller heeft het leven van meer dan 10.000 Joodse kinderen gered. Zij overlijdt op 30 augustus 1978 in Amsterdam.

FR

Jo Willemse (1908- 2000)

2307

- Nacht-hoofdzuster in de Valeriuskliniek te Amsterdam.
- Wijkverzorgster voor de Rivierenbuurt en beheerder van een van de Logementen 2000. Geeft ook EHBO herhalingscursussen.

Johanna Philippine Helene Willemse is in 1908 geboren. Voor en tijdens de oorlog is ze nacht-hoofdzuster in de Amsterdamse Valeriuskliniek. Zij is vanaf de meidagen 1940 een van de contactadressen van Vrij Nederland. Na de arrestaties rond VN in maart '41 blijkt zij als wijk-contactadres een waardevolle informatiebron. Jo wordt lid van Groep 2000 als wijkverzorgster voor de Rivierenbuurt, waar veel Joden, maar ook veel NSB'ers wonen.'Daar konden alleen doorgewinterde en goed getrainde professionals werken, en zo iemand was Zuster Willemse', schrijft Jacoba van Tongeren over haar in haar memoires. Ook verleent Jo Willemse als Groepslid specifieke steun aan familieleden van omgekomen of in het buitenland strijdende leden van de Koninklijke Marine.

Als Groep 2000 over een pand kan gaan beschikken op de Nieuwe Keizersgracht, wordt Jo beheerder van een van de Logementen 2000, waar zeven slaapplaatsen zijn voor doorreizende Groepsleden, tijdelijke onderduikers en andere mensen die een plek voor de nacht zoeken. Zij neemt de verantwoordelijkheid op zich om "onderduikmoeder" te zijn in haar woning. Vanuit dit adres voert menig verzetsman of verzetsvrouw illegale opdrachten uit, na lichamelijk en geestelijk door Jo te zijn gesterkt. Bovendien komt in dat pand een van de EHBO verbandplaatsen en noodziekenhuizen voor het 'uur U', met 20 bedden.

Zuster Willemse speelt als gediplomeerd verpleegster een leidende rol bij de vorming van een EHBO -dienst van Groep 2000. Zij geeft herhalingscursussen EHBO.

Rond 1960 trouwt ze met de heer Wopkes, accountant. Hij overlijdt in 1984, zij overlijdt in 2000.

Kees Reitema typeert haar na haar overlijden als volgt: 'Zij blijft in onze herinneringen voortleven als een moedige kordate vrouw, die met haar hese stem als een generaal de soms wilde horde in bedwang wist te houden.'

PvT

Jan Ziel
(1926 – onbekend)

- Ambtenaar bij de Belastingdienst.
- Assistent bij de Onderzoek-Centrale van Groep 2000.

Jan Ziel wordt geboren op 26 februari 1926 te Amsterdam. Hij is Nederlands Hervormd. Als de oorlog uitbreekt is hij 'schrijver der Belastingen' te Amsterdam. Hij is dit formeel tot november 1944 gebleven.

Jan Ziel wordt begin 1944 lid van Groep 2000. Hij zet zich in voor hulp aan onderduikers in de wijk Overtoom –Kostverlorenkade – Nassaukade – Staatsliedenbuurt. Hij is als co-assistent (hulp-huisbezoeker) werkzaam bij de Onderzoek-Centrale die belast is met het onderzoek naar de binnengekomen steungevallen.

Na de bevrijding wordt Jan Ziel opgenomen in BS-verband, de eerste maanden in Amsterdam. Begin augustus 1945 gaat hij vrijwillig in Militaire Dienst, vervolgens maakt hij deel uit van de bezettingstroepen in Duitsland. Hier krijgt hij een ernstig ongeluk, waarna hij met zijn bataljon in januari 1947 terugkomt in Amsterdam. Hij verlaat de Militaire Dienst en gaat weer bij de Belastingdienst werken.

Jan Ziel is na de oorlog getrouwd. Begin 1960 woont hij met zijn vrouw Cobie en hun kind aan het Jacob Marisplein in Amsterdam.

FR

Lijst Groepsleden en personen die meewerkten met Groep 2000; OPROEP

Toelichting en Oproep

Wij hebben onderzocht wie naast de 90 namen die vermeld staan op de ***Oorkonde,*** *ook lid is geweest van Groep 2000 of zeer nauw met de Groep of Jacoba heeft samengewerkt. Dat heeft onderstaande lijst van ruim 140 personen opgeleverd. Van circa 85 personen hebben we een korte persoonsbeschrijving gemaakt; in onderstaande tekst met een* ***B*** *aangegeven. Achter de naam staat de Code. Van circa 55 personen weten wij vrijwel niets, terwijl wij meer over hen zouden willen weten. Achter hun naam hebben wij* ***Oproep*** gezet: *wie meer over hen weet, vragen wij met ons contact op te nemen. Misschien kunnen we dan in een volgende druk meer persoonsbeschrijvingen opnemen. Wij hebben nu contact met familie van zo'n 45 Groepsleden en zouden op zich graag in contact willen komen met meer familie van Groepsleden. De familie wordt bijvoorbeeld voor de boekpresentatie uitgenodigd en wij voorzien nog wel meer bijeenkomsten, zoals in kader van 'Huizen van Verzet' in Amsterdam op 4 mei.*

Wij nodigen familie van Groepsleden uit met ons contact op te nemen: paulvtongeren@gmail.com

Lijst

- Abas, Abraham; 1015; lid Commissie van Beheer Groep 2000; B. En:
- Albertine Olga Abas, dochter van Abraham. Koerierster en secretaresse van Jacoba.
- Ds. Aris, Bernard; 102; verbindende schakel met Amsterdamse Kerkenraad; B.
- Baaij, P.; 200; Conciërge wijkgebouw Jac. Van Lennepkade. En: ***Oproep***
- Mevrouw Baaij, hielp haar man met concierge-werkzaamheden.

- Bakker, Martha; 10015; Huisbezoekster. ***Oproep***
- Balder, Jaap; 1400J; nam deel aan overvallen op distributiekantoren; legde band met Henk Dienske van LO en Kring Borgerstraat; B.
- Barg, Joek; 500A; Koerierster. ***Oproep***
- Batterman, Ger; 205; organiseerde huisindustrie voor onderduikers, eerst in Bussum. ***Oproep***
- Ds. Beks, Klaas uit Harlingen; 2035; verloofde van Ge van der Neut. ***Oproep***
- Belinfante, Frieda; 203; vervalste persoonsbewijzen; nam deel aan aanslag op Bevolkingsregister in Amsterdam; B.
- Bloemgarten, Rudi; 2010; vervalste persoonsbewijzen en betrokken bij overvallen; B.
- Ds. Frans Boenders; regelde distributiebonnen in zijn gemeente voor Groep 2000; B
- Boer, Ab de; 206; B. Eerst Hoofd Onderzoek Centrale, later Hoofd K.P. ***Oproep*** En:
- Nel Coens, zijn vrouw en zijn broer Theo hebben hem in zijn werk ondersteund.
- Bol, Pieter; 207; kruidenier, verzorgde voedselpakketten voor onderduikers en gevangenen; B.
- Borgman, W.F.; 2058; conciërge Herengracht 520. ***Oproep***.
- Dr. Bos, J.; 2040; hoofd afdeling Amsterdam van het Rode Kruis. ***Oproep***
- Bouwma
- Broersma, Leni; 2045; centrale administratie en codificering; B.
- Brolsma, A.
- Ds. Bruggen, J.P. van; voorzitter van de Amsterdamse Kerkenraad. ***Oproep***
- Bunt, Willem van de; 2047; hoofd brigadier van politie, beheerder Voedselbonnen-depot; B.
- Buring, Martin; 2014; bedrijfsleider van Groep 2000 en betrokken bij 'VN-Vendel'; B.
- Buwalda, Mimi; 20100; koerierster. ***Oproep***
- Buijtenhuis, Tuuk; werkte voor VN en ook voor Groep 2000, legde het contact met Henk van Randwijk in '44. ***Oproep***
- Cochius, L. Chr; 300; hulp-huisbezoeker. ***Oproep***
- Dekker, Jan; 23025; leidende positie inzake Veiligheid en Voedselvoorziening; B.
- Dentz, A; 404; voorman van het Parool, verzorgde nieuwsberichten. ***Oproep***

- Dhont, J.; 4022; boekhouder. ***Oproep***
- Dienske, Henk; hoofd LO-LKP Noord-Holland; werkte intensief met Jacoba samen i.v.m. hulp aan onderduikers en voedselbonnen; B.
- Dobbinga, Chris; 19016D; Marine Zendstation; B.
- Doesburg, Arie, van; 4012; diaken Hervormde kerk in A'dam; lid DB begin '45; geroyeerd als lid. ***Oproep***
- Donk, J. van; 00D; conciërge Herengracht 162. ***Oproep***
- Duvivier
- Euwe, Henk; 500; de man van de 'Verborgen Camera': distributie van foto's en microfilms; B. En:
- Anna Cornelia Elisabeth Bard, vrouw van Euwe. Zij heeft grote aantallen bonkaarten vanuit Groningen naar Amsterdam gebracht.
- Fetter, Ben; 2049; lid KP van de Groep; B.
- Francoise, W., betrokken bij Marine Zendstation.
- Geuns, Madeline van; 705; onderzoek steunaanvragen en assistente van Jacoba; B.
- Ds. Groenenberg, Marinus; 700; nam actief deel aan Groepsbijeenkomsten voor morele ondersteuning; B.
- Grootjans, 23014; secretaresse van Van Doesburg.
- Haak, A; 8015; wijkverzorger.
- Haak-van Eek, H.A.; 8028; heeft veel joodse onderduikers ondergebracht; B.
- Haak, Jurriaan.; 8028J, hulp aan joodse onderduikers; B.
- Hageraats, Wilhelmina; 801; koerierster; B. En:
- Wilhelmina van der Horst, moeder van Wilhelmina Hageraats. Bij haar thuis was groepslid ondergedoken (J.O.C. van der Meer) en er werden bij haar thuis bijeenkomsten van Groep 2000 gehouden.
- Hazebroek, Jacobus; 807; verzorgde clandestien drukwerk en Districtshoofd; B.
- Heijboer, Johannes; B; werkte bij Philips; betrokken bij Marine Zendstation.
- Hellinga, Henk; alias Paul Guermonprez; leider van Kring Borgerstraat, waar Groep 2000 nauw mee samenwerkte; B. ***Oproep***
- Hertog, P. J.; 100H; hulp huisbezoeker. ***Oproep***
- Hoedemaker, W.E.; 1304; hulp aan onderduikers. ***Oproep***
- Hoekstra, Simon; 804; betrokken bij oprichting Vrij Nederland en bij pionierswerk hoe hulp aan onderduikers zou worden georganiseerd; B. ***Oproep***
- Hofker, Frans; mede-oprichter van Vrij Nederland; B.

- Hoften, Jan Piet; 8047; opperwachtmeester van politie in Amsterdam; leidde hoofdafdeling Persoonsbewijzen en belast met onderzoek naar steungevallen; B. ***Oproep***
- Holm, Jan; werkte nauw samen met Henk Dienske bij hulp aan onderduikers; zat in top van Trouw in Amsterdam; B.
- Hulsman, Dirk; 19016H; Marine Zendstation; B.
- Hulst, mr. L. v.d.; 2301H; Pro Juventute. ***Oproep***
- Huijkman, Isidoor; 800; lid van KP; B.
- Inja, Cor; 901; leider van het werk onder protestantse joden; B.
- Inja-Weyl, Ellen; 901^{E}; steun aan protestantse joden en verstuurde voedselpakketten; B.
- Kalken, Ariëne van; 11040; chef koeriersdienst en persoonlijk koerierster van Jacoba; wijkverzorgster; B.
- Kan, Johannes van;1400JK; organiseerde duizenden bonkaarten voor onderduikers; lid KP; B.
- Kaufmann, Maja; 11050; koerierster. ***Oproep***
- Kervers-Tholen, Els.; 1400; distributie-contact voedselbonnen. ***Oproep***
- Keur, G. S. W.; 1400K; directeur distributiekantoor. ***Oproep***
- Kits van Waveren, E.; medisch contactpersoon tussen Groep 2000 en de BS.
- Ds. Knoppers, Nico; helpt in 44/45 Groep 2000 aan contacten met KP's voor voedselbonnen. B.
- Koster-Buring, Anna; 2050; koerierster en assistente Onderzoekcentrale; B. En:
- Gerardus Koster, haar man, verleende hand- en spandiensten in de expeditie.
- Kranenburg, Jan; inlichtingen en spionagewerk voor Vrij Nederland; B.
- Ds. Krebs uit Hoogwoud.
- Kroon, Henk; 1106; vrijmetselaar in Amsterdam. ***Oproep***
- Ds. Kroon, Kleijs Hendrik; spoorde aan tot geestelijk verzet; actief in Groepsbijeenkomsten ter morele ondersteuning van Groepsleden; B.
- Kruyshoop, Riek , H.M.; 2085; koerierster; B.
- Kuster, S.G.;19016K; Marine Zendstation. B
- Kuster, mevrouw; 19016K.; ondersteunde de familie van gevallen Marine mensen
- Laan, S.;12020; chauffeur-monteur en rechterhand Ariëne van Kalken. ***Oproep***

- Lauwerens, Leendert; 19016L; Marine Zendstation; B.
- Ledden Hulsebosch, Co van; politiescheikundige, hielp bij vervalsen persoonsbewijzen; B.
- Levendig, Daan; mede-oprichter Vrij Nederland; na oorlog naar Zuid-Afrika geëmigreerd. ***Oproep***
- Loon, L. van; 2018; lid KP van Groep 2000; woonde in 1996 in Heiloo. ***Oproep***
- Luhlf, J.;12035; wijkverzorger. ***Oproep***
- Mansvelt, A. van; 13018; werkte voor Onderzoek-Centrale; geboren circa 1925; vader in 1945 in consulaire dienst. ***Oproep***
- Meer, Frits van; 13035; Lid Commissie van Beheer; B.
- Meer, J.O.C.van der; 1302; lid KP van Groep 2000. ***Oproep***
- Meijer, Gerda (G.Wyler-Meijer); 1300; hulp aan onderduikers, koerierster en betrokken bij wapentransporten; B.
- Mendes, Joseph; voerde spionageactiviteiten uit; B.
- Mouthaan, Harry; 1900; Hoofd Wijkverzorging en van de afdeling Pers; lid DB. B.
- Nater, Dokie; 2606; huisbezoekster van de Onderzoek centrale; B.
- Nauta, Max; portretschilder; ontwierp groepsembleem en portretteerde Jacoba; B.
- Neut, Jan van der; mede-oprichter van Vrij Nederland; B.
- Neut, Zuster Ge van der.; 1401; verpleegster, algemene uitvoering van het EHBO-werk; geb. 16-05-1912; na de oorlog getrouwd met Jensen. ***Oproep***
- Oostergetel, S.H. van; 15013. ***Oproep***
- Parreren, Bep van; 1400B; hoofd Distributie Contact van Groep 2000, Kring 1400; B.
- Peppink, Jan; mede-oprichter Vrij Nederland. B.
- Randwijk, Henk van; (Sjoerd); 4711; hoofdredacteur Vrij Nederland; B.
- Reitema sr., Frans; 1802B ; verspreidde Vrij Nederland; actief in hulp aan onderduikers; B.
- Reitema jr., Kees; 1802; leidde de Onderzoek centrale; lid DB; B.
- ds. Remme, (Jeremia); 18010; Hervormd predikant. ***Oproep***
- Renier, J.R.; 1809; verzorgde onderduikers. ***Oproep***
- Renshof, W; hoofd-bewaker Huis van Bewaring. ***Oproep***
- Ruhe, Gre; 1400G; koerierster en lid sabotageploeg; B.
- Ruhe, Herman.; werkte mee aan wapendroppings en maakte voor Jacoba onderduikadres; B.

- Savi-Buring, Helena; 2060; wijkverzorgster en ondersteunde Onderzoek centrale; B. En:
- Mattheus Savi. Hij heeft zijn vrouw geholpen, o.a. met hand-en spandiensten in de expeditie.
- Schamp, ds. Theo; 19016Th; Marine Zendstation; B.
- Schrijver, Johan; 1400S; werkt op distributiekantoor en helpt Groep aan bonnen en bescheiden; leidde wapentransporten; B.
- Sergeant-Richter, Gerda; 1903; hulp aan onderduikers, heeft veel joodse kinderen uit de creche aan de Pl. Middenlaan gered; wijkverzorgster; B. En:
- Eduardus Jacobus Sergeant, haar man. Hij heeft geholpen bij het naar onderduikadressen brengen van joodse kinderen.
- Sietsma, H.;19055; huisbezoeker van de Onderzoek-centrale. ***Oproep***
- Ds. Smelik, Evert; werkte mee aan geestelijke verdiepingsbijeenkomsten; B.
- Smith, Ary; 19050; leraar en Districtshoofd; B.
- Stam, Anton H., werkte bij Marine Zendstation; B. En:
- Therese Stam-Duif, zijn vrouw. Zij steunde hem in zijn verzetswerk.
- Stiggelbout, Piet; 1400St; huisarts van Jacoba en groepsarts; B.
- Stolk, Arie; vrijmetselaar Amsterdam. ***Oproep***
- Strubelt, Puck;(C.L.M. Huijkman-Strubelt); lid knokploeg; B.
- Swiebel, P.J.; 19016; had leiding over Marine Zendstation; B. En:
- Zijn vrouw hielp bij steun aan gevallen leden der Marine.
- Tabak, Jan; 20010; bankier en van 1962-'68 wethouder in Amsterdam; B.
- Tholen, Grietje van; 20015; koerierster. ***Oproep***
- Tiekstra, P.; 20020; fourage-dienst. ***Oproep***
- Tijen, Lies Honig-van; 2008; steun aan de strijders van de Marine; in 1995 woonachtig in Rotterdam. ***Oproep***
- Tongeren, Herman van jr.; ontwikkelde microfilms; vervoer joden en wapentransporten; B.
- Tongeren, Hermannus van sr.; groot inspirator van Jacoba en Groep 2000; B.
- Tongeren, Jacoba van; 2000; leidster Groep 2000; B.
- Troostwijk, Isaac; 20025; spionage activiteiten, hulp aan onderduikers; financiering van het verzet; B.
- Tuntler, Jan H.; directeur GGD; ondersteunde Groep 2000 op dat terrein; B.

- Veen, Gerrit Jan van der; 2200; maakte valse Persoonsbewijzen en richtte Persoonsbewijzencentrale op; werkte nauw samen met Groep 2000; B.
- Verwoerd, Leo; gaf Groep 2000 onderdak; B. En:
- Petronella Veltrop, de vrouw van Verwoerd. Zij zorgde o.a. voor het bij hen ondergedoken joodse jongetje Rob Waaker.
- Wateler, Nel; 2300; verpleegster en levensgezellin van Jacoba; B.
- Weijl, Hermine.; 901M; werk voor Onderzoek-Centrale; B.
- Wichers Hoeth, mej. H.C., 2301; Pro Juventute. ***Oproep***
- Wiebeld, Willem; 23013; chauffeur op ambulance-auto; vervoerde en verzorgde onderduikers; B. En:
- Zijn vrouw, in verband met steun aan betrekkingen van gevallenen of in het buitenland strijdende leden der Marine.
- Wijsmuller-Meijer, Truus; 23030; heeft meer dan 10.000 joodse kinderen gered; verstuurde voedselpakketten naar joden in diverse kampen; B. ***Oproep***
- Willemse, Jo; 2307; wijkverzorgster Rivierenbuurt in Amsterdam; werkte bij gecoördineerde GGD/EHBO dienst; B.
- Wolf, R.A.J.M.; 2304; Utrecht. ***Oproep***
- Ziel, J.; 2607; hulp-huisbezoeker; B.

B is : Biografie beschikbaar.

Interview met Paul van Tongeren

'Door dit boek heb ik me tot de oorlog kunnen verhouden'

Het boek 'Jacoba van Tongeren en de onbekende verzetshelden van Groep 2000' verschijnt 70 jaar na de bevrijding in een tijd waarin er toenemende aandacht is voor de vrouw in het verzet. Ook over Marie Anne Tellegen, Tina Strobos, Frieda Belinfante en Eelkje Timmenga-Hiemstra[240] zijn nu pas boeken geschreven. Paul van Tongeren: 'Dat is fantastisch. Er is veel te lang gedacht dat het verzet iets van stoere mannen was. In de geschiedschrijving van het verzet zijn vrouwen zwaar onderbelicht. Jolande Withuis[241], onderzoekster van het NIOD, zei in een interview: 'Ik wist door mijn proefschrift al dat De Jong verzetsvrouwen verwaarloosde.'

Paul van Tongeren (1942) is 2,5 jaar oud als zijn vader wordt meegenomen door de Duitsers en nog dezelfde avond wordt neergeschoten. 'De Duitsers hebben niet alleen mijn opa en vader vermoord, ze hebben ons gezin verwoest.' Omdat zijn moeder vaak moet worden opgenomen en zijn oudere broers en zussen al het huis uit zijn, groeit Paul op met huishoudsters. 'Elke keer een ander want ik mocht me niet teveel aan een vreemde gaan hechten. Zo ging dat in die tijd. Ik heb van de eerste 10, 12 jaar van mijn leven geen enkele herinnering. Compleet gewist. '

Paul gaat politieke wetenschappen en rechten studeren aan de Universiteit van Amsterdam. In de jaren '70 wordt hij beleidsmedewerker bij de Nationale Commissie Ontwikkelingsstrategie. Als na de Koude Oorlog de ene na de andere burgeroorlog uitbreekt, richt hij een centrum op voor conflictpreventie: het European Centre for Conflict Prevention (ECCP). Dit centrum organiseerde onder andere een grote internationale conferentie bij de VN in New York over de rol van civil Society in het

240 Verschijnt in 2015.
241 Citaat uit NRC 8 & 9 maart 2014. Jolande Withuis is auteur van het boek 'Juliana's vergeten oorlog' (2014).

voorkomen van gewapende conflicten, waaruit een globaal netwerk van vredesorganisaties is voortgekomen. Het werken aan conflictpreventie voelde hij als zijn roeping. Paul: 'Ik wilde de wereld verbeteren en heb me altijd verre van de Tweede Wereldoorlog gehouden. Mijn vrouw Els ging altijd alleen naar de 4 mei herdenking.'

Dat veranderde toen hij met pensioen ging en zijn kleinkinderen vragen begonnen te stellen over hun opa. 'Ik besloot de archieven in te duiken bij het NIOD, op zoek naar antwoorden. Tot mijn verbazing kwam ik in de documenten over mijn vader en opa steeds de naam tegen van mijn tante Jacoba die de verzetsgroep Groep 2000 had geleid. Toevallig viel mijn oog op een voetnoot: 'Ongepubliceerde memoires van Jacoba van Tongeren'. Ik heb ze uiteindelijk in februari 2013 gevonden in het archief van de Vrijmetselarij in Den Haag waar ze al bijna 50 jaar vrijwel onberoerd in een la lagen. Niemand van de familie wist van deze memoires.'

Heftige emoties

Het handgeschreven origineel bleef in Den Haag en met een dik pak fotokopieën ging Paul naar huis. Daar begon hij te lezen. 'Het riep direct heftige emoties bij me op. De bewondering voor mijn tante die dit allemaal had meegemaakt en opgeschreven. Het lezen over de dood van mijn opa, de moord op mijn vader, Jacoba's wanhoop toen ze in conflict was met Van Randwijk; het was heel zwaar en emotionerend voor me. Ik werd ook kwaad dat er nooit iets mee gebeurd was. Mijn tante had een boek willen maken over Groep 2000, dat is haar niet meer gelukt. We vroegen ons af of het nu nog wel zin zou hebben.' Paul en Els spraken erover met Marjan Schwegman, directeur van het NIOD. 'Zij was direct enthousiast. Marjan heeft in 1980 haar doctoraal scriptie geschreven over vrouwen in het verzet. Ze vertelde ons hoe bijzonder het was dat een vrouw een verzetsgroep heeft opgericht en vijf jaar lang heeft kunnen leiden. Ze was zeer positief over het verhaal van Jacoba omdat die van binnenuit het verzet in de oorlog beschrijft en dat verweeft met haar persoonlijke leven. Zoiets is uniek.'

In het jaar dat volgde werden de memoires uitgetypt door hun dochter Merit en bracht Paul een selectie en volgorde aan. 'Het waren 330 volgeschreven A4 vellen en de chronologie ontbrak hier en daar. Ook de paginalange religieuze overpeinzingen heb ik niet helemaal overgenomen. Op 4 mei 2014 heb ik over Jacoba en Groep 2000 mogen vertellen tijdens de Huizen van Verzet, een activiteit van het Amsterdams 4 en 5 mei comité. Daar ontmoette ik Job Cohen die voorzitter is van dat comité. Hij was onder de indruk van het verhaal en adviseerde me om bij het schrijven van het boek hulp te zoeken. Hij wist wel iemand: Trudy Admiraal. Wij waren opgelucht. Jacoba woonde al 16 maanden bij ons in en de zwaarte van de oorlog drukte op ons. Samen met Trudy kon ik dit boek afmaken. De memoires zijn het goud dat ik vond, Trudy is onze goudsmid. Zij maakte er een sieraad van.'

Jacoba

Paul heeft grote bewondering gekregen voor Jacoba. 'Haar enorme wilskracht, organisatietalent, zeer hoogstaande instelling en principes. Hoe betrokken en loyaal ze was naar Groepsleden. Ik vind het tragisch dat ze zo'n zwaar leven heeft gehad, met zoveel *ontkenning:* door haar moeder; van haar vrouw zijn; als leidster in het verzet, wat een vrouw volgens sommigen niet kon zijn. Op 30 april 1945 worden alle Groepsleden uit het verband van Vrij Nederland gezet. Wat een vernedering! Een paar dagen na de bevrijding spreekt Van Randwijk, als grote man van het verzet, de Amsterdamse bevolking toe op de Dam.

Dat nu haar verhaal naar buiten komt, vind ik fantastisch: de memoires waren onbekend; het Beknopt Verslag en het Album waren onbekend. Ook de Code en het schilderij van Jacoba waren niet bekend. Dat gaat nu allemaal veranderen.'

Groepsleden

Gaandeweg het proces nam Pauls aandacht voor de Groepsleden toe. 'Groep 2000 telde ongeveer 140 leden. Door het gebruik van de code zijn al die mensen voor het grote publiek onbekend gebleven. Mannen en vrouwen die met gevaar voor eigen leven stil verzet pleegden tegen de bezetter, vaak in het verlengde van hun beroep.'

Paul en Els besloten de families van de Groepsleden op te sporen. O.a. via oproepen in een paar kranten. 'Een boeiende fase! We zijn begonnen met het telefoonboek. Hoeveel Mouthanen wonen er in Amsterdam? Acht, dus die zijn Els en ik gaan bellen en dan kom je ineens uit bij een ver familielid van Groepslid Harry Mouthaan. We hebben een tante van Nel Wateler bezocht, ze is 98 jaar maar haar stem klinkt 30 jaar jonger. En ik heb gesproken met de zus van Jan Peppink, dat was ook bijzonder. Alle Groepsleden zijn inmiddels overleden, maar hun zonen en dochters, hun kleinkinderen zijn er nog. Voor veel van hen is het een verrassing te horen over het verzetsverleden van hun familielid. Je hoort heel aparte verhalen. De zoon van Jan Kranenburg en Leni Broersma (beiden Groepsleden) zei: 'Mijn ouders hebben twee totaal verschillende oorlogen meegemaakt; vader in kampen, moeder al die jaren in het verzet.' De afgelopen maanden hebben we persoonlijk contact gelegd met ruim 45 families, veel familieleden komen bij de boekpresentatie.'

In de speurtocht naar Groepsleden stuitte Paul op de aanwijzing dat er bij Jeanne Reitema -de weduwe van Groepslid Kees Reitema- nog de Codesleutel zou zijn. Jeanne is gaan zoeken en heeft inderdaad de codesleutel gevonden. Frans Reitema, die evenals zijn vader Kees bij de stichting 1940-1945 heeft gewerkt, heeft mij enorm geholpen bij het maken van de biografieën. Het is ons gelukt om van zo'n 85 Groepsleden een korte levensbeschrijving op te nemen in dit boek. Daar ben ik enorm trots op. Wij hebben ook met de titel van dit boek deze Groepsleden eer willen bewijzen.'

Wie de 4.500 onderduikers waren, is onbekend gebleven. Ook zij kregen een codenummer. In de stukken over Groep 2000 wordt gesproken van veel Joodse onderduikers, maar hun identiteit is niet bekend.

Familie
Het boek is klaar. Maar voor Paul is het meer dan een papieren bundel. 'Door dit boek heb ik me kunnen verhouden tot de oorlog. Voor het eerst kon ik er met mijn broer en zussen over praten, daarvóór was de oorlog eigenlijk niet bespreekbaar. Zij zijn veel ouder dan ik en hebben uiteraard andere herinneringen aan de oorlog. Over sommige passages in de memoires hebben zij hun bedenkingen, maar ze vinden het fantastisch dat er nu een eerbetoon is aan vader, opa en tante Jacoba. Je identiteit heeft met familie te maken en de familie bestond niet echt meer na de moord op mijn vader. Het doet me goed dat er binnen de familie Van Tongeren veel belangstelling is voor dit boek. En het was ongelooflijk fijn om dit samen met mijn vrouw en kinderen te kunnen maken.'

Verzetsprijs
In het onderzoeksplan 'Nieuwe visies op het verzet' van het NIOD wordt het wenselijk geacht met meer openheid te kijken naar de werkelijkheid van het verzet. Paul: 'Het stereotype beeld dat het verzet een zaak was van stoere mannen die spannende acties ondernamen, dient te worden bijgesteld. Verzet kwam bijvoorbeeld voort uit liefde voor het vaderland:

Jacoba is voorjaar '41 totaal verslagen en moedeloos als haar vader in Sachenhausen is omgekomen en alle 'VN-jongens' zijn gearresteerd. Dan zit ze in de trein en ziet de prachtige bollenvelden in het Hollandse landschap. Het motiveert haar om dóór te gaan. Verzet kwam voort uit woede tegen de Duitse onderdrukking, over het onrecht dat ons werd aangedaan en de deportatie van Joden, maar ook uit solidariteit met vrienden en collega's. Het vloeide vaak voort uit het dagelijks werk, zoals bij Jacoba die haar beroep van maatschappelijk werkster gebruikte als camouflage. Ik juich meer publicaties en onderzoek naar een nieuwe visie op het verzet toe, het liefst met een focus op de jeugd van nu. Een idee zou kunnen zijn een Verzetsprijs te introduceren voor initiatieven op dit gebied. Ik hoop dat verhalen als van Jacoba en haar groepsleden jongeren zullen inspireren. Nu dit boek af is, wil ik dit idee verder uitwerken.'

Trudy Admiraal

Groepsfoto van aanwezige familieleden van Groepsleden tijdens de bijeenkomst op 4 mei 2014, in het kader van 'Huizen van Verzet'.

Jeanne Reitema (weduwe van Kees) en zoon Frans Reitema tijdens de bijeenkomst op 4 mei 2014.

Broer van Rudi Bloemgarten tijdens de bijeenkomst op 4 mei 2014.

Mevrouw Ena Verrijn Stuart-Abas (dochter) en haar dochter Heikelien Verrijn Stuart.

Zoon van Jan en Leni Kranenburg-Broersma.

Zoon van ds. Bernard Aris.

Zoon van dr. Piet Stiggelbout.

Logegebouw, Vondelstraat 39 Amsterdam.

De weduwe van Frans Hofker.

Job Cohen, voorzitter Amsterdams 4 & 5 mei comité.

Paul van Tongeren.

Els van Tongeren en kinderen Merit en Sander-Paul van Tongeren.

Bijeenkomst 4 mei 2014 in het kader van 'Huizen van Verzet' in het logegebouw van de vrijmetselaren in Amsterdam; Paul van Tongeren in gesprek met Harm Botje, Vrij Nederland.

Lijst Locaties Groep 2000

Hoofdkantoor Groep 2000

- Weteringschans 100 (Jacoba houdt hier spreekuur voor illegalen bij het Centraal Bureau van de Vrijzinnig Hervormden, tot voorjaar 1943).
- Jac. van Lennepkade 310-312 (voorjaar 1943 - begin 1944).
- Herengracht 504 (begin 1944- eind december 1944).
- Stadhouderskade 56 (eind december 1944- 9 maart 1945).
- Herengracht 162 (1 april 1945- 31 augustus 1945).

Overige locaties

Bonkaartendepot: KAMBO-Huis
Stadhouderskade 34
In dit gebouw van de politie heeft Groep 2000 haar centraal depot van voedselbonnen.Brigadier van Politie van de Bunt en Jacoba zijn de enigen die een sleutel hebben van het depot. Van hieruit worden de bonnen over de districtshoofden verdeeld.

Nieuwe Kerk
Gravenstraat 17
In de Nieuwe Kerk is de Hoofd-EHBO post van Groep 2000. Op 7 mei 1945 is deze post zichtbaar actief. Ook zijn in de Nieuwe Kerk voedselvoorraden opgeslagen voor de Rode Kruispakketten naar Westerbork en Duitse kampen.

Logementen 2000
o.a. Nieuwe Keizersgracht 45
Groep 2000 heeft op meerdere plekken in de stad een paar 'Logementen 2000'. Deze dienen voor huisvesting van doorreizende Groepsleden, plotselinge onderduikers in afwachting van hun nieuwe adres of van Groepsleden die tot laat in een bepaald stadsgedeelte bezig zijn geweest en die niet meer voor spertijd thuis kunnen komen.

Vaak ook zijn ze ingericht met aantal ziekenhuisbedden. In de spoelkeuken zijn ook instrumenten, verbandmiddelen e.d. ondergebracht voor het uur U.

Voedseldepot

Nieuwe Keizersgracht

Op een paar plekken, waaronder Nieuwe Keizersgracht en Nieuwe Kerk, heeft Groep 2000 voedseldepots. In principe is er een voedseldepot in de buurt van elke hoofdverbandplaats en eerste hulpziekenhuis.

Wapendepot

Entrepotdok, Prins Hendrikkade

Groep 2000 heeft in opdracht van RVV belangrijke opslagplaats van wapens te bewaken in het oude entrepotdok op het eind van de Prins Hendrikkade. Door verraad van Brouwer, wordt dit in februari 1945 door de Duitsers ontdekt en leeggehaald.

Marine Zendstation

Nieuwe Herengracht 14

Het Marine Zendstation werkt ten behoeve van het Hoofdkwartier van de Ordedienst en Groep 2000. Op de Nieuwe Herengracht is een complete zendinstallatie van de Marine ondergedoken. De daar werkzame Marine-mensen verzorgen de zogenaamde 'binnenlandse dienst', dat wil zeggen: het verspreiden van alle Engelse berichten door het binnenland; sporadisch wordt ook naar Engeland uitgezonden. 30 Januari 1945 is het ontdekt. 14 April 1945 zijn vijf mannen van de Marine gefusilleerd.

Vrije Illegale Pers

Station F, Baffinstraat 3

In een oude theemutsen-makerij heeft Groep 2000 hier faciliteiten gecreëerd voor drie illegale bladen (Vrij Nederland, Trouw en Parool) om redactie en distributie uit te breiden. Drie journalisten van de drie bladen typen hier 's nachts hun copy. Vervolgens wordt de tekst gestencild en s'ochtends naar de wijken gebracht voor verspreiding.

Monument Eerste Weteringplantsoen: 'De gevallen hoornblazer', ter herinnering aan de 30 gefusilleerden op 12 maart 1945.

De gegevens zijn ontleend aan het 'Beknopt Verslag' van Groep 2000 uit 1945, de 'Memoires' van Jacoba van Tongeren en 'De bezette stad' van Bianca Stigter.

Ledenlijst Groep 2000 op alfabetische volgorde:

1015	Abraham Abas	
102	ds. Bernard Aris	
200	P. Baaij	
1400J	Jaap Balder	†
10015	Martha Bakker	
500A	Joek Barg	
205	Ger Battermann	
2035	Klaas Beks	
203	Frieda Belinfante	
2010	Rudi Bloemgarten	†
	Frans Boenders	
206	Ab de Boer	
207	Pieter Bol	
2058	W.F. Borgman	
2040	J. Bos	
2045	Leni Broersma	
2047	Willem van de Bunt (niet 35)	
2014	Martin Buring	
20100	Mimi Buwalda	
300	L. Chr. Cochius	
23025	Jan Dekker	
404	A. Dentz	
4022	J. Dhont	
	Henk Dienske	
19016D	Chris Dobbinga	†
4012	Arie van Doesburg (geroyeerd)	
00D	J. van Donk	
1400G	Gré Driessen-Ruhe	
500	Henk Euwe	
2049	Ben Fetter	
705	Madeline van Geuns	
700	ds. Marinus Groenenberg	
23014	Ina Grootjans	
8015	A. Haak	
8028	Henriëtte Haak-v. Eek	†
8028J	Jurriaan Haak	†

801	Wilhelmina Hageraats
807	Jacobus Hazebroek
	Johannes Heijboer
	Henk Hellinga alias Paul Guermonprez †
1304	W.E. Hoedemaker
804	Simon Hoekstra
	Frans Hofker
8047	Jan Piet van Hoften
	Jan Holm
100H	P.J. Hertog
800	Isidoor Huijkman †
19016H	Dirk Hulsman †
2301H	L. van der Hulst
901	Cor Inja
901E	Ellen Inja-Weyl
11040	Ariëne van Kalken
1400JK	Jan van Kan †
11050	Maja Kaufmann
1400	Els Kervers - van Tholen
1400K	G.S.W. Keur
136815K	E. Kits van Waveren
	Nico Knoppers
2050	Anna Koster-Buring
	Jan Kranenburg
1106	H.R.J. Kroon
	ds. Kleijs Kroon
2085	Riek Kruyshoop
19016K	Sebastianus Kuster †
19016K	Kuster, mevrouw
12020	S. Laan
19016L	Leendert Lauwerens †
	Co van Ledden Hulsebosch
	Daan Levendig
2018	L. van Loon
12035	J.H.W. Luhlfs
13018	A. Mansvelt
1302	J.H./J.O.C. v.d Meer
13035	Frits van Meer
1300	Gerda Meijer
	Joop Mendes
1900	Harry Mouthaan
2606	Dokie Nater
	Max Nauta
	Jan van der Neut †

1401	Zr. Gé v.d. Neut
1400B	Bep van Parreren
	Jan Peppink †
4711	Henk van Randwijk (Sjoerd van Vliet)
1809	J.R. Renier
1802B	Frans Reitema sr.
1802	Kees Reitema jr.
18010 d	ds. Remme (Jeremia)
	Herman Ruhe
2060	Helena Savi-Buring
19016Th	Theo Schamp †
1400S	Johan Schrijver
1903	Gerda Sergeant-Richter
19055	H. Sietsma
	ds. Evert Smelik
19050	Ary Smith
	Anton Stam
1400St	Piet Stiggelbout
	Puck Strubelt
19016	P.J. Swiebel
20010	Jan Tabak
20015	Grietje van Tholen
20020	P. Tiekstra
2008	Lies van Tijen
	Herman van Tongeren jr. †
	Hermannus van Tongeren sr. †
2000	Jacoba van Tongeren
20025	Isaac Troostwijk †
136815T	Jan Tuntler
2200	Gerrit Jan van der Veen †
	Leo Verwoerd
12000	P. v.d. Vliet
2300	Nel Wateler
901M	Hermine Weijl
2301	H.C. Wichers Hoeth
23013	Wim Wiebeld
23030	Truus Wijsmuller-Meijer
2307	Jo Willemse
2304	R.A.J.M. Wolf
2607	Jan Ziel

Ledenlijst Groep 2000 code op nummer:

00D	J. van Donk
100H	P.J. Hertog
102	ds. Bernard Aris
10015	Martha Bakker
1015	Abraham Abas
1106	H.R.J. Kroon
11040	Ariëne van Kalken
11050	Maja Kaufmann
12000	P. v.d. Vliet
12020	S. Laan
12035	J.H.W. Luhlfs
1300	Gerda Meijer
1302	J.H./J.O.C. v.d. Meer
1304	W.E. Hoedemaker
13018	A. Mansvelt
13035	Frits van Meer
13.6.8.15K	dr. E. Kits van Waveren
T	dr. Jan Tuntler
S	dr. Stiggelbout
B	dr. J. Bos
L	dr. G.H. de Leeuw
1400	Els Kervers - van Tholen
1400B	Bep van Parreren
1400G	Gré Driessen-Ruhe
1400JK	Jan van Kan †
1400J	Jaap Balder †
1400S	Johan Schrijver
1400St	Piet Stiggelbout
1401	Zr. Gé v.d. Neut
15013	Fie
1802	Kees Reitema jr.
1802B	Frans Reitema sr.
1809	J.R. Renier
1900	Harry Mouthaan
1903	Gerda Sergeant-Richter
19016	P.J. Swiebel

19016D	Chris Dobbinga †
19016H	Dirk Hulsman †
19016K	Sebastianus Kuster † & mevrouw Kuster
19016L	Leendert Lauwerens †
19016Th	Theo Schamp †
19050	Ary Smith
19055	H. Sietsma
200	P. Baaij
203	Frieda Belinfante
205	Ger Battermann
206	Ab de Boer
207	Pieter Bol
2000	Jacoba van Tongeren
2008	Lies van Tijen
2010	Rudi Bloemgarten †
20010	Jan Tabak
20015	Grietje van Tholen
20020	P. Tiekstra
20025	Isaac Troostwijk †
2014	Martin Buring
2018	L. van Loon
2026	Hoofd Ongevallendienst Binnen Gasthuis
2035	Klaas Beks
2040	J. Bos
2045	Leni Broersma
2047	Willem van de Bunt (niet 35)
2049	Ben Fetter
2050	Anna Koster-Buring
2058	W.F. Borgman
2060	Helena Savi-Buring
2085	Riek Kruyshoop
20100	Mimi Buwalda
2200	Gerrit Jan van der Veen †
2300	Nel Wateler
2301	H.C. Wichers Hoeth
2301H	L. van der Hulst
2304	R.A.J.J. Wolf
2307	Jo Willemse
23013	Wim Wiebeld
23014	Ina Grootjans
23025	Jan Dekker
23030	Truus Wijsmuller-Meijer
2606	Dokie Nater
2606	Jan van der Neut †

2607	Jan Ziel
300	L. Chr. Cochius
306	hulp van Harry Mouthaan
404	A. Dentz
4012	Arie van Doesburg (geroyeerd)
4022	J. Dhont
4711	Henk van Randwijk (Sjoerd van Vliet)
500	Henk Euwe
500A	Joek Barg
700	ds. Marinus Groenenberg
705	Madeline van Geuns
7016	Wnd Hoofd Prinsengracht ziekenhuis
800	Isidoor Huijkman †
801	Wilhelmina Hageraats
804	Simon Hoekstra
807	Jacobus Hazebroek
8015	A. Haak
8028	Henriëtte Haak-van Eek †
8028J	Jurriaan Haak †
8047	Jan Piet van Hoften
901	Cor Inja
901E	Ellen Inja-Weyl

N.B.:
Hoewel de letter K het Code-nummer met 11... wordt (1106 H.R.J. Kroon) en L met 12.. (12020 S. Laan), vinden wij het toch gebruiksvriendelijker om de lijst zo op te stellen als wij hebben gedaan.

Lijst gefusilleerden op 12 maart 1945, Weteringplantsoen Amsterdam

Boonstra, Wieger (geb. 30.04.1893 te Tietjerksteradeel, gehuwd, eerste verpleger)
Brittijn, Pieter Fransciscus (geb. 17.3.1902)*
Coelen, Frederik Cornelis Christiaan Michel (geb. 19.2.1906)*
Engelen, Antonius Johannes (geb. 25.12.1920 te Amsterdam, ongehuwd, automonteur)
Engelen, Gerardus Wilhelmus (geb. 2.11.1914 te Amsterdam, gehuwd, tramconducteur)
Eijk, Jacobus Cornelis Rudolf van (geb. 2.12.1923)*
Eskens, Johan Gerard (geb. 4.11.1924)*
Fliert, Willem van de (geb. 12.5.1911 te Ede, gehuwd, zelfstandig landbouwer)
Goris, Jacobus (geb. 17.1.1901)*
Haan, Johannes Theodorus de (geb. 12.2.1901)*
Hekking, Hendrik (geb. 28.3.1925 te Krimpen aan de Lek, ongehuwd, kantoorbediende)
Kleuver, Sander de (geb. 10.11.1923 te Veenendaal, ongehuwd, magazijnbediende/landarbeider
Merlijn, Pieter Lambertus (geb. 31.12.1920 te Ede, ongehuwd, machinebankwerker/smid)
Murraij, Robert (geb. 7.1.1919 te Laren NH, ongehuwd, kantoorbediende, expeditieknecht)
Oost, Roelof Tiede (geb. 11.3.1908)*
Pas, Frans ten (geb. 13.9.1913)*
Pijl, Johannes Cornelis (geb. 26.6.1922 te Tjimahi, Java, Nederlands-Indië, ongehuwd, leerling-torpedomaker Koninklijke Marine/machinebankwerker/landarbeider)
Pijl, Marinus Adolph (geb. 25.2.1894 te Amsterdam, gehuwd, fortwachter/onbezoldigd rijksveldwachter)

Pijl, Marinus Adolph (geb. 5.6.1921 te Tjimahi, Java, Nederlands-Indië, ongehuwd, leerling-torpedomaker Koninklijke Marine/machinebankwerker/landarbeider)
Pleeging, Jan (geb. 12.7.1896 te Wijk aan Zee en Duin, gehuwd, zelfstandig tuinder/bloembollenkweker)
Pletting, Reinier (geb. 28.8.1918 te Beverwijk, gehuwd, PTT-hulpbesteller)
Randen, Jan Willem van (geb. 8.8.1923 te Amsterdam, ongehuwd, instrumentglasblazer)
Semeins, Jan Dirk (geb. 22.3.1916 te Wijk aan Zee en Duin, ongehuwd, huisschilder)
Stoof, Gerrit (geb. 22.5.1918 te Kamerik, gehuwd, vrachtwagenchauffeur)
Sturm, Hans (geb. 7.4.1923)*
Tiel, Gerard Hendrik van (geb. 7.6.1925)*
Velzen, Willem Johannes van (geb. 20.8.1886)*
Verwoerd, Arie Henk (geb. 12.8.1926)*
Verwoerd, Leendert (geb. 23.11.1899)*
Wever, Klaas (geb. 28.7.1924)*

Bronnen:

Over Jacoba van Tongeren

Beknopt Historisch Verslag van de werkzaamheden van Groep 2000; door Jacoba van Tongeren; 1945 (eerste uitgave juli '45, 89 blz.; uitgave maart '46 100 blz.). Een digitale versie is beschikbaar via de website van het NIOD. www.niod.nl -> via rubriek Bibliotheek -> via Bibliotheek catalogus; Van Tongeren.

Het **Handschrift** van mej. J.J. van Tongeren. Brieven van haar aan ds. Klamer; 1964; 330 blz. Afkomstig uit de Verzamelingen Orde van Vrijmetselaren (CMC), Het Cultureel Maçonniek Centrum in Den Haag.

Album, met foto's, gedichten en tekst van Jacoba van Tongeren, 100 blz., 1965.
Afkomstig uit de Verzamelingen Orde van Vrijmetselaren (CMC), Het Cultureel Maçonniek Centrum in Den Haag.

Het aandeel der Vrijmetselarij in de werkzaamheden van Groep 2000; lezing van Jacoba van Tongeren voor de Amsterdamse Vrijmetselaren Loge, op 8 november 1945; 30 blz.
Afkomstig uit de Verzamelingen Orde van Vrijmetselaren (CMC), Het Cultureel Maçonniek Centrum in Den Haag.

Algemeen

Cohen, Jaap en Hinke Piersma: *Moedige mensen, helden in oorlogstijd;* Amsterdam, 2014.

Heere, Peter H. en Arnold Th. Vernooij: *De Eerebegraafplaats te Bloemendaal;* Den Haag, 2005.

de Jong, dr. L.: *Het Koninkrijk der Nederlanden in de Tweede Wereldoorlog;* met name de delen 7, tweede helft en 10b, eerste helft; Den Haag.

Koedijk, Paul en Gerard Mulder: *Inventarisatie* van het Archief van Vrij Nederland; archiefnummer 185; NIOD.

Koedijk, Paul en Gerard Mulder: *Een Calvinistische Afkeer van liegen.* VN 2 september 1995.

Mulder, Gerard en Paul Koedijk: *H.M. van Randwijk; Een biografie;* Amsterdam, 1988.

Schulten, dr. C.M.: *Verzet in Nederland 1940-1945;* RIOD, Den Haag, 1995.

Schwegman, Marjan: *Het stille verzet; vrouwen in illegale organisaties, Nederland, 1940-1945;* Amsterdam, 1980.

Stigter, Bianca: *De bezette stad; Plattegrond van Amsterdam, 1940-1945*; Amsterdam, 2005.

Weenink, W.H.: *Vrouw achter de troon, Marie Anne Tellegen 1893-1976;* Amsterdam, 2014.

Het Grote Gebod, gedenkboek van het verzet in LO en LKP; Amsterdam, 1951.

Vrijmetselarij en Hermannus van Tongeren

Boer, Bote de Lzn: *Dochter Grootmeester Van Tongeren wijst Barbie aan als medeschuldig aan dood van vader en broer,* AMT, 37-4 (1983).

Haan, dr. M.J.M.: publicatie over Hermannus van Tongeren ter gelegenheid van uitreiking van de van Tongeren-prijs in 2015 (nog niet gepubliceerd).

Haan, dr. M.J.M. de en W. van Keulen: *Enkele lotgevallen van de Vrijmetselarij in het eerste oorlogsjaar,* Thoth, 51, (2000), blz 67-88.

Hofman, ir. W.B.I.: *Vrijmetselarij en de oorlogsjaren,* AMT, 19 (1965), blz 297-311.

Zeevalking, mr. H.J.: *Hermannus van Tongeren (1876-1941),* Thoth, 1957-1, blz 4-14.

Fedi, H.C.: *Biografie van Hermannus van Tongeren,* circa 1985 (ongepubliceerd).

Bronvermelding foto(katernen):

Foto's: op blz. 12, 21 t/m 27, 86, 93 t/m 106, 110, 126, 131, 172, 173, 340 uit het *Album Jacoba van Tongeren*, 1965. Afkomstig uit de Verzamelingen Orde van Vrijmetselaren (CMC), Het Cultureel Maçonniek Centrum in Den Haag.

Foto: op blz. 20 is afkomstig uit Trouw; archief familie van Tongeren.

Foto's: op blz. 19, 35, 325, 326, 327, 328, 329, 335 zijn afkomstig uit het archief familie van Tongeren.

Foto's: op blz. 36 zijn afkomstig uit het boek van van Ballegoyen de Jong: 'Stations en spoorbruggen op Sumatra 1876-1941' (Bataafse Leeuw 2001). Met dank aan de heer B. de Vries, Cultureel Erfgoed.

Foto's: op blz. 37 en 346 zijn afkomstig uit de Verzamelingen Orde van Vrijmetselaren (CMC), Het Cultureel Maçonniek Centrum in Den Haag.

Foto's: op blz. 79, 87 zijn afkomstig uit het archief van Edwin Elderhorst, verzamelaar militaria in Alkmaar.

Foto's: op blz. 88 en 298 zijn afkomstig uit het archief van Groep 2000, in beheer bij de familie Reitema.

Foto: op blz. 107 is afkomstig van mevrouw Ena Verrijn Stuart-Abas.

Foto's: op blz. 80 t/m 85 en 287 zijn afkomstig uit het *Beknopt Historisch Verslag van de werkzaamheden van Groep 2000*, door Jacoba van Tongeren, uit 1945.

Foto's: op blz. 13, 89 t/m 92, 238, 239, 481 t/m 488 zijn gefotografeerd door Rogier Veldman Fotografie.

Foto's: op blz. 236 en 237 zijn afkomstig uit het *De Eerebegraafplaats te Bloemendaal*, Peter H. Heere en Arnold Th. Vernooij, Den Haag, 2005.

Foto: op blz. 328 is afkomstig uit het familie archief van mevrouw Mieke Vink-Sluis.

Foto's: op blz. 330, 331, 332, 333, 334, 336, 338, 339, 340, 342, 344, 345 zijn afkomstig uit het Archief van Herman van Tongeren.

Foto: op blz. 337 is afkomstig uit Ken Uzelve, Algemeen Maçonniek Tijdschrift, nummer 9 uit 2010, blz. 39.

Foto: op blz. 341 is afkomstig uit het Haarlems Dagblad, artikel 3 en 4 mei 1983.

Foto: op blz. 343 is afkomstig uit digitale archief van www.librariana.com.

Foto's: op blz. 384 t/m 468 zijn alle foto's voor de biografieën, die afkomstig zijn uit diversen archieven van nabestaanden van de groepsleden en 10 uit de erebegraafplaats.

Register van Persoonsnamen

Abas, Abraham 32,98,103,104,107,192,240,249,279,280,289,321,354,**384**,432
Abas, mevrouw Heikelina Abas-Nijman Tak 107,384
Abas, Olga 234,384
Admiraal, Trudy 8,15,16,478,480

Aris, ds. Bernard 69,70,71,73,74,76,97,122,123,124,149,150,176,195,202-207,209,210,212,213 216,221,223,224,233,257,265,272,279, 310,312,313, 349,352,355,360,361,**385**, 390,448,484
Aris, Cor 76,77,203,204,205,206,207,212,213,360
Aris, Titus 77,385
Armgard 282
Arnold, Rienk 7,8,303,459
Arondeus, Willem 133,134,135,388,461
Aschwin 282
Atmoh 42,47,48,50

Baaij, P. 138,197,
Baan, van der 159
Bakker 433
Balder, Jaap 130,139,208,277,287,314,**386**,409,421
Ballegoyen de Jong, van 47
Banning 348
Barbie, Klaus 155,378,379,380
Battermann, Ger 141
Beatrix, prinses 281
Beks, Klaas 202
Belinfante, Frieda 128,129,133,134,135,230,265,289,321,**387**,**388**,389,461, 476
Belinfante, A.D. 304
Berkhout, Hubert 7
Bernhard, prins 12,31,33,98,107,179,245,269,279,280,281,283,306,308,317, 381,384,396,433,437
Bertha 62,63
Besnyö, Eva 187
Biallosterski, Hans 402,403
Bibeb (Elisabeth Lampe-Soutberg), 350
Blankenstein, Elisabeth van 8
Bloemgarten, Rudi 124,127,128,129,131,132,133,134,135,142,208,230,268, 287,289,321,387,**389**,461,482
Blok, Jan 310
Bodewes, Ineke 8
Boenders,ds.FCM 69, **390**
Boer, de, Ab 100,165,166,167,170,195,204, 214-218,222,223,224,225,230, 234,240, 241,242,245,246,247,248,256,258,293,302,319,**391**

Boers, Miek, zie van Tongeren
Bol, Pieter **392**
Bons, D 419
Bonte, Ada 401
Borst, Els 228
Bos, J. 185,186,218,222,276,291,323
Bosman 153,154,156,157,378
Botje, Harm 488
Boumans, Toni 128,388
Bouwer, MJ 371,372
Brilman 380
Brinkman, jufr. 123,124,295,312
Broersma, Leni 100,106,161
-166,202,210,211,212,223,224,226,233,234,244,246,257,
266,270,271,290, **393**, 425,479,483
Brouwer, Johan 133,245,255,256
Bruggen, ds. PJ van 148,149,151,195,233,247,261
Bruining,ds.Nicolette 433
Bunt, Willem van de 199,246,247,293,303,**394**
Burgerhout, dr. 66
Buring 189
Buring, Martin 151,165,167,189,190,202,218,222,225,234,242,247,248,249
256,391, **395**,414,424,445,453
Buskes, ds. 426
Bunders 138,226,294
Buuren, Ge van 378
Buijtenhuijs, Tuuk 162,211

Campert, Jan 276,404,405
Celliee Mueller, Gerard Benjamin 402
Churchill 280,437
Coens, Nel 391
Cohen, Jaap 383
Cohen, Job 8,478,486
Conijn, Frits 414
Copijn 69
Cramer, Jaap 320

Dekker, Jan 100,180,186,202,234,245,291,**396**
Dentz, A. 168,265
Dhont, J. 212,223,224,229,233,234,245,246
Die, Frits de 397
Dienske, Henk 127,130,139,140,142,144,145,146,147,162,164,165,263,268,
277,308,314,315,382,386,**397**,409,413,418,421
Dienske, Job 397
Dobbinga, Chris 106,182,208,256,287,**398**
Doesburg, van, Arie 145,218,223,230,242,248,256,258,260,261,262,272
Domburg,Frans van 382
Donge, van 411
Dongen, Karel van 256
Donk, J. Van 243,244,245,246,247
Donner, Ella 123,124
Dons, J 256

Douque (schuilnaam Fernhout) 145,315
Driessen, Gré Driessen- Ruhe, zie Ruhe **399**
Duwaer, F 461

Eck, van, kapitein 40,45,47,50
Eggink, Cora & Chris 8
Eichmann, Adolf 466
Eisenhower 280
Elderhorst, Edwin 8
Es, Corline van 8
Euwe, Henk 161,165,187,265,**400**
Everdingen, MJ van 464

Ferwerda, ds. 159
Fetter, Ben **401**
Frankema, Door 8
Francoise, W 183
Fritsche 282

Galjaard 411
Gardner 3,355
Geelkerken, ds. 122
Gerard R., ds. 65,73,74,75,76,204
Gerbrandy, S. 145,147,158,168,169,170,
174-179,187,195,199,210,216,217,244,245,246,248,249,315,319,440
Gerbrandy, prof. 309,319
Geuns, Madeline van 147,223,225,234,262,263,265,302,304,394,**402**,433
Goedhart, Frans 320
Gravemeijer, ds. 144,148,149,150,151,230,313,314,320,348,349
Groenenberg, ds. Marinus 96,136,138,191, 195,202,312,313,**403**
Groot, Jan Arie 414
Grootjans, Ina 186

Haak, A.
Haak-v. Eek, Henriëtte 276,287,**404**
Haak, Jurriaan 276,287,**405**
Haan, dr.MJM 114,356,359,362
Hageraats, Wilhelmina **406**
Hall,van, Gijsbert 210,216,217
Hall, van, Walraven 167,172,174-179,199,210,216,256,311,363
Hazebroek, Jacobus **407**
Heere,Jan 402
Heere, Peter 187,208
Heijboer, Johannes 182, **408**
Hellinga, Henk alias Paul Guermonprez 130,140,208,277,287,308,314,**409**,455
Hemelman,Albert 336
Hilmer 54
Hoekstra, Simon 128,129,222, 310,**410**
Hofker, Frans 96,100,111,112,113,114,115,116,119,127,163,276,316,**411**,
431,438,440,486
Hofker, Karen 411
Hoffman, ir. 113,363
Hoften, Jan Piet van 96,100,135,159,192,204,210,211,218,219,220,225,228,

246,247,264,266,292,303,304,305,315,321,**412**,455
Holle, Aldonse 304
Holle, Jeanne, zie Jeanne van Tongeren-Holle
Holm, Jan, alias Jaap de Wit 140,165,166,177,308,**413**
Hoogenhuysen, Esther van 123,124
Huikman, Isidoor 287,289,**414**,453
Hulsman, Ans 292,**415**
Hulsman, Dick 292
Hulsman, Dirk 106,182,208,256,287,291,408, 415,429,446
Hurk, Anton van den 414

Inja, Cor 96,137,404,405,**416**,466
Inja-Weyl, Ellen 289,416,**417**,464
Irene, prinses 281

Joke (Rietveld) 147,203,234,262-270,402
Jong, de, dr. L. 33,134,135,140,218,303,316,317,364
Jong, de, C. 255
Jong, de, Josselin 225
Jong, kardinaal de 148
Joop 70,72,204
Juliana, prinses 33,187,281,282,437

Kahlenberg,Fritz 187,
Kalb 155,379
Kalken, Ariëne van 161,165,186,214,215,216,223,233,234,275,276,291,**418** ,440
Kalkman 411
Kan, Jan van 208,256,287,303,396,**419**
Kan, Isaac van 181,182
Kappers, Ariens 311
Kaufmann, Maja 186,289,**420**
Kemeling 373
Kempin, Otto 155,278,375,377,378,379
Kervers - van Tholen, Els 130,**421**,455
Keulen, W van 356,362
Keur, G.S.W. 130,245,303,399,421
Key 260
Kits van Waveren, E. 185,186,323,**422**
Klamer, Ds. 15, 34, 37, 38, 39,76,198,352,354,355
Kleffens, van 309,440
Klep,VC 155, 376,377,378,379
Klusman 54
Knoppers, Nico **423**
Knoppers, Annelies 423
Koedijk, Paul 112,161,211,213,240,248,255,318,319,320
Kohlbrugge, Hebe 316,317
Kool, Yvonne 8
Koopmans, Ds. J 228,256,426
Koppe 380
Koster-Buring, Anna **424**,445
Kranenburg, Jan 117,119,127,161,163,181,187,277,316,393,**425**,440,479,483
Kranenburg, Jan (zoon) 393,425,479,483
Krebs, ds. 124

Kroon, H.R.J. 127,128,129,139,310,410,434
Kroon, ds. Kleijs 313, **426**
Kruyshoop, Riek **427**
Kuster, Sebastianus 106,182,256,287,**428**
Kuster, mevrouw Kuster-de Man 428
Kymmell, AW 380

Labohm 131
Lampe-Soutberg, Elisabeth (Bibeb) 350
Last, JC 376
Lauwerens, Leendert 106,182,256,287,**429**
Ledden Hulsebosch, Co van 128,310,**430**
Leeuw, GH de 185,186,323
Levendig, Daan 82,96,100,111,112,115,116,119,127,163,164,276,277,279,316,411,**431**,438
Liesje 124

Maas, Frank 435
Mackaay, freule 348
Margriet, prinses 281
Martha 266
Mechanicus, Philip 137
Meer, v.d., J.H./J.O.C. 401,406
Meer, van, Frits 31,101,103,107,148,150,158,167,174,175,176,177,185,195,197,198,199,200,201,202,215,216,217,218,228,233,279,280,281,289,384,**432**
Meershoek, Guus 306
Meijer, Gerda 262,289,402, **433**
Mendes, Joop 278,289,**434**
Miskotte, ds. 426
Montgomery 280
Mossel, Jac 122
Mouthaan, Harry 96,100,103,106,138,165,168,169,190,202,217,214,215,216,220,222,223,226,234,244,245,246,270,271,275,290,292,293,**435**,478
Mulder, Gerard 112,161,211,240,248,255,318,319,320

Nater, Dokie **436**,450
Nauta, Max 12,13,279,310,**437**
Neut, Jan van der 111,112,113,114,115,116,117,118,119,127, 161,163,164,202,208,276,277,278,287,295,310,316,363,411,431,**438**,440
Neut, Zr. Ge van der 151,161, 177,186,201,202,241,242,291,394
Neve, Ed. De 438
Nierop, van, Arie 249,319
Noppen 156,159

Oorthuys, Cas 187,231,236,237,
Oost, Josine 382

Parreren, Bep van 96,100,290,399,419,**439**
Peletier, ir. L.A. 378
Penterman 378
Peppink, Jan 111,112,115,117,119,127,142,161,163,268,276,278,283,287,295,316,411,418,438,**440** 478
Piepenbrock, Jac 7

Piersma,Hinke 383
Post, Johannes 397
Prins, alias Vos de Mooij 174,179,315

Quant, L. J. 310

Randwijk, Henk van (Sjoerd van Vliet) 11,30,161,169,174,175,176,177
,179,187,194,195,196,197,198,199,200,201,202,203,210,211,213,214,
216,217,230,240-249,
251,255,262,275,310,315-321,363,382,426,**441**,477,478
Reitema sr., Frans 100,119,127,136,138,161,165,192,284,312,381,**442**
Reitema, Frans jr (zoon van Kees) 7, 8,381,382,442,443,479,482
Reitema jr., Kees 7,92,96,100,103,104,106,138,161,165,
166,168,169,170,177,202,213,224,226,233,234,
246,247,250,270,271,275,290,292,296,302,303,
381,435,442, **443**,467,479,482
Reitema, mevrouw Jeanne 296,479,482
Remme,ds. (Jeremia) 145,209,212,213,216,223,233,258,272
Rens, Ena 304
Rens 54,304,357
Rens, Daniel 304
Renshof,W 96,140,189,263,268
Roegholt, Richter 306
Roos,Jan de 366
Romijn, Peter 305,306
Ruhe, Herman 159,198,**444**
Ruhe, Gre Driessen-Ruhe 130,159,**399**,421,444
Rij, C van 438

Sandberg,Willem 133,387
Sandman 323,354
Savi-Buring, Helena **445**
Schamp, Theo 106,182,208,256,287,415,**446**
Schmutzer, J. 278
Schokking, Nel 123,124
Schrijver, Johan **447**
Schurer, Fedde 426
Schwegman, Marjan 7,11,289,477
Sergeant-Richter, Gerda **448**
Simah, baboe 46, 49, 50,
Six 317,408
Smelik,ds. Evert 313, **449**
Smink, M 376
Smuling 256
Smith, Ary 186,220,223,224, **450**
Smitt, Willem 33
Stam, Anton **451**
Steyling 67
Stiggelbout, Piet 7,72,104,185,186,195,225,234,243,257,275,291,310,
323,349,439,**452**,484
Stiggelbout, Pim 7,8,275,449,452
Stigter, Bianca 184
Stolk 310

Strobos, Tina 476
Strubelt, Puck 414, **453**
Swiebel, P.J. 183,291

Tabak, Jan 104, **454**
Tellegen, Marie Anne 317,476
Temmink, juffr. 68,69,70,390
Thijn, van, Ed 305,306
Tholen, van, Grietje 421,**455**
Thijssen, J. 408
Tiekstra, P. 180,196,197,202,291
Timmenga-Hiemstra, Eelkje 476
Tjong Phat Pho 45
Toekoe Oemar 40
Tongeren, Ben van 345,370
Tongeren, Ellen van 345,370
Tongeren, Els van 8,477,478,487
Tongeren, Herman (zoon van Herman jr) 345,366,370,376
Tongeren jr.,Herman 14,18,39,43,52,53,54,57,58,59,62,64,65,141,152,154,155,157,158,187,191,221,227,268,270,287,310,326,334,339,340,341,342,353-358,366-380,**456**,457,477
Tongeren sr.,Hermannus van 14,18,24,39,41,44,47,51,52,53,54,55,57,58,60,61,62,63,64,66,68,69,70,72,77,111,113,114,115,117,119,163,175,176,221,227,268,270,274,287,295,309,310,311,330,336,338,346,355-367,376,390,438,452,456,**457**,459,477
Tongeren, Herman-Igor van 8
Tongeren, Hettie van Tongeren-Belgraver 7
Tongeren Ingrid 7,345,370
Tongeren, Jeanne van Tongeren-Holle 39,51,53,54,55,57,58,60,61,62,63,67,73,77,155,156,157,159,160,221,223,233,269,326,331,353,355,357,358,366,375,457
Tongeren, Lot van 39,52,53,54,58,59,62,67,73,155,156,159,160,221,223,233,269,334,357,358,367,379,456,457
Tongeren, Miek van Tongeren-Boers 152,154,156,158,345,368,369,376,377,379
Tongeren, Paul van 8,9,10,14,15,16,18,153,154,157,345,378,381,382,383,476-480,487,488
Tongeren, Sander Paul van 7,8,487
Treffers, Jan 8
Troostwijk, Isaac 7,117,118,127,128,129,142,278,287,289,303,310,363,410,457,**459**
Touw, Ds. 314
Tulp 306
Tuntler, Jan 185,303,310,322,323,**460**
Tuyl Serooskerken, van 280

Veen, van der, Gerrit Jan 127,128,129,133,134,136,139,140,208,230,265,268,287,321,387,388,389,409,**461**
Velden, Henk van der 8
Veldman, Rogier 7
Veldman- van Tongeren, Merit 7,477,487
Vernooij, Arnold Th. 187,208
Verrijn-Stuart, mevrouw Ena Verrijn Stuart-Abas 483

Verrijn Stuart, Heikelien 384,483
Verspoor 378
Verspoor, Jan 366,373
Verwoerd 209,211,213,248,
Verwoerd, Leo 228, **462**
Verwoerd, mevrouw 210,272
Verwoerd, Henk 210,228,462
Viebahn,F 211
Vlies, van de 225
Vliet, van, Sjoerd (HM van Randwijk), zie van Randwijk
Voogt, Arnold de 8
Vorrink, Koos 395
Vos, de Mooy, alias Prins 179,199,249,348
Vos, ir. P. De 402
Voute, EJ 194,288,303-307,363,396,412
Vries, Marijke de 7

Waaker, Rob 210,228,462
Wagenaar, G. 409
Walter, Theo 7
Wateler, Nel 20,73,76,138,141,145,150,159,181,185,186,194,203,204,206,210,221,225,228,229,234,248,257,259,266,267,268,270,271,323,328,329,349,350-355,**463**,478
Weber 155,278,375,378
Weenink, WH 317
Wehner, Ernst 218,222,228,236,256
Well, Iny en Gerard van 407
Wellensiek,Sander 240,249,255,321
Weyl, Hermine 289,**464**
Wiebeld, Wim 100,182,183,186,234,291,323,**465**
Wienk, Janneke 8
Wilhelmina, koningin 87,270,281,284,306,411,437
Willemse, Jo 165,183,184,186,**467**
Winkelman, HG 113,114,438
Withuis, Jolanda 33,476
Wijsmuller-Meijer, Truus 137,186,417,**466**

Zeevalking, HJ 356,363
Ziel, Jan **468**
Zijtregtop 213,214,215,218,219,220,234
Zwartjes, majoor 40, 45, 50